Ergänzungstatbestände in der Grunderwerbsteuer

Internationale Steuerlehre, Steuerrecht und Wirtschaftsprüfung

Herausgegeben von Rainer Heurung/Gerd Morgenthaler/Andreas Dutzi

Band 11

Zur Qualitätssicherung und Peer Review der vorliegenden Publikation

Die Qualität der in dieser Reihe erscheinenden Arbeiten wird vor der Publikation durch einen Herausgeber der Reihe geprüft.

Notes on the quality assurance and peer review of this publication

Prior to publication, the quality of the work published in this series is reviewed by one of the editors of the series.

Corinna Tigges

Ergänzungstatbestände in der Grunderwerbsteuer

Möglichkeiten einer Neukonzeption unter Berücksichtigung steuersystematischer, betriebswirtschaftlicher und administrativer Anforderungen

PETER LANG

Bibliografische Information der Deutschen Nationalbibliothek
Die Deutsche Nationalbibliothek verzeichnet diese Publikation in der Deutschen Nationalbibliografie; detaillierte bibliografische Daten sind im Internet über http://dnb.d-nb.de abrufbar.

Zugl.: Siegen, Univ., Diss., 2018

D 467
ISSN 2191-1223
ISBN 978-3-631-76720-7 (Print)
E-ISBN 978-3-631-76721-4 (E-PDF)
E-ISBN 978-3-631-76722-1 (EPUB)
E-ISBN 978-3-631-76723-8 (MOBI)
DOI 10.3726/b14654

Peter Lang – Berlin · Bern · Bruxelles · New York · Oxford · Warszawa · Wien

Diese Publikation wurde begutachtet.

www.peterlang.com

Geleitwort

Die vorliegende Arbeit widmet sich den Ergänzungstatbeständen in der Grunderwerbsteuer, die derzeit in § 1 Abs. 2a, Abs. 3 und Abs. 3a GrEStG normiert sind. Sie fingieren einen grunderwerbsteuerlichen Erwerbsvorgang auch dann, wenn tatsächlich nicht das Grundstück, sondern Anteile an grundbesitzenden Gesellschaften Gegenstand des zivilrechtlichen Rechtsvorgangs sind. Ihr Zweck ist in erster Linie die Bekämpfung von Steuerumgehungen.

Aus betriebswirtschaftlicher Sicht sind die Ergänzungstatbestände insbesondere für den Bereich der Umstrukturierungen und Unternehmensakquisitionen von Bedeutung. Die Grunderwerbsteuer kann gravierenden Einfluss auf Unternehmensentscheidungen haben und die Ergänzungstatbestände werden in der Literatur teils scharf als Investitionshemmnis kritisiert. Ihre Bedeutung in der betriebswirtschaftlichen Steuerplanung hat in den letzten Jahren durch steigende Steuer- sätze und eine faktische Erhöhung der Bemessungsgrundlage noch zugenommen. Gleichzeitig werden die Ergänzungstatbestände aus Sicht der Politik ihrer Funktion der Verhinderung von Steuerumgehungen nicht ausreichend gerecht und in der Öffentlichkeit sogar als Steuerbefreiungen für die Übertragung von Immobilien im Wege von Share Deals wahrgenommen. Die Aktualität und Bedeutung des Themas zeigt sich u.a. auch darin, dass der Koalitionsvertrag der derzeitigen Regierung aus März 2018 die Einführung einer neuen gesetzlichen Regelung zur Verhinderung von Steuerumgehungen durch Share Deals vorsieht.

Vor diesem Hintergrund unterzieht Frau Tigges zunächst das bestehende System der Ergänzungstatbestände einer tiefgreifenden Analyse. Dabei werden im Rahmen eines interdisziplinären Ansatzes sowohl betriebswirtschaftliche Problembereiche, z.B. im Rahmen der unternehmerischen Steuerplanung, herausgearbeitet als auch rechts- bzw. steuersystematische Widersprüche im Verhältnis zu den Grundtatbeständen der Grunderwerbsteuer aufgedeckt. Auf Basis dieser Analyse erstellt die Verfasserin einen Anforderungskatalog für eine mögliche Reform der Ergänzungstatbestände. Im weiteren Teil der Arbeit untersucht Frau Tigges im Rahmen eines Ländervergleichs ausgewählte ausländische Regelungen zur grunderwerbsteuerlichen Behandlung von Share Deals und beurteilt sie im Hinblick auf eine mögliche Übertragbarkeit in das deutsche Recht. Das Ergebnis der Arbeit ist ein überzeugender Vorschlag einer Neukonzeption in Form eines abschließend formulierten Gesetzestextes, dessen Kernstück eine Regelung zur grunderwerbsteuerlichen Transparenz von gesondert definierten Immobiliengesellschaften ist.

Die vorliegende Arbeit untersucht erstmals das Gesamtkonzept der grunderwerbsteuerlichen Ergänzungstatbestände aus betriebswirtschaftlicher und steuersystematischer Sicht und leistet damit einen wertvollen Beitrag zur Weiterentwicklung des Forschungsgebiets der betriebswirtschaftlichen Steuerlehre. Im Rahmen der derzeitigen Reformbemühungen zur Verhinderung von Share Deals kann der Vorschlag einer Neukonzeption auch für den Steuergesetzgeber eine mögliche Alternative zu den bisher publik gewordenen Änderungsvorschlägen sein, da er eine Verhinderung von Umgehungen ermöglicht, ohne die Umstrukturierungen operativ tätiger Unternehmen einzuschränken. Aufgrund der hervorragenden wissenschaftlichen Qualität und der aktuellen politischen Relevanz wünsche ich der Publikation eine umfassende Verbreitung.

Siegen, im Juni 2018
Univ.-Prof. Dr. Rainer Heurung

Vorwort der Verfasserin

Die vorliegende Arbeit wurde im Juni 2018 von der Fakultät Wirtschaftswissenschaften, Wirtschaftsinformatik und Wirtschaftsrecht der Universität Siegen als Dissertation angenommen. Das Promotionsverfahren wurde mit der Disputation am 22. Juni 2018 erfolgreich abgeschlossen. Die Arbeit berücksichtigt den Stand von Literatur, Rechtsprechung und Gesetzgebung bis einschließlich Februar 2018.

An dieser Stelle möchte ich mich bei all jenen Personen bedanken, die mich während meines Dissertationsprojektes in vielfältiger Weise unterstützt und damit zu dessen Gelingen beigetragen haben.

Mein ganz besonderer Dank gilt meinem hoch geschätzten Doktorvater Univ.-Prof. Dr. Rainer Heurung für seine Bereitschaft, mich als externe Doktorandin zu betreuen und für die fachliche und persönliche Unterstützung sowie die stete Diskussionsbereitschaft. Mein weiterer Dank gilt Herrn Prof. Dr. Gerrit Adrian für die Erstellung des Zweitgutachtens, die wertvolle Unterstützung bei der Themenfindung sowie die Begleitung und Ermutigung gerade in der Anfangsphase meiner Dissertation. Bei Herrn Univ.-Prof. Dr. Gerd Morgenthaler bedanke ich mich herzlich für die Übernahme des Vorsitzes der Promotionskommission.

Darüber hinaus möchte ich mich bei meinen ehemaligen Kollegen des *DPP Tax* der *KPMG AG* in Frankfurt und bei meinen neuen Kollegen bei *Flick Gocke Schaumburg* in Bonn bedanken, die einen wesentlichen Anteil daran haben, dass ich Berufseinstieg und Dissertation verbinden konnte und die mich sowohl mit fachlichen Anregungen als auch persönlichen Erfahrungen auf meinem Weg voran gebracht haben. Besonders bedanken möchte ich mich bei Frau Dr. Tanja Krapat und Frau Franziska Ferdinand für die tolle Zusammenarbeit, die Durchsicht meines Manuskripts und die Unterstützung bei der Vorbereitung meiner Disputation.

Mein weiterer Dank gilt den Mitarbeitern des Lehrstuhls von Herrn Prof. Dr. Heurung, insbesondere Frau Sinja Kollmann, die mir in allen Fragen zum Promotionsverfahren und zur Organisation an der Uni stets eine große Hilfe waren.

Meinem Freund Herrn Steffen Knümann danke ich für seine unendliche Geduld und seine Fähigkeit, stets die richtigen Worte zu finden, um mich gerade in der schwierigen Schlussphase der Dissertation immer wieder zu motivieren. Seine liebevolle Unterstützung hat entscheidend zum Gelingen der Arbeit beigetragen.

Während der gesamten Zeit meines Promotionsprojektes war mir meine Familie beständig ein großer Rückhalt. Meine Eltern Birgit und Peter Tigges haben mich in allen Phasen meiner Ausbildung unterstützt, meine beruflichen Entscheidungen mitgetragen und mir damit den erfolgreichen Abschluss der Promotion ermöglicht. Ihnen ist die vorliegende Arbeit in Liebe und Dankbarkeit gewidmet.

Bonn, im Juni 2018
Corinna Tigges

Inhaltsverzeichnis

Abkürzungsverzeichnis

a.A.	anderer Ansicht
Abl. EU	Amtsblatt der Europäischen Union
Abs.	Absatz
AEAO	Anwendungserlass zur Abgabenordnung
a.F.	alte Fassung
AG	Aktiengesellschaft
AG	Die Aktiengesellschaft (Zeitschrift)
AktG	Aktiengesetz
AmtshilfeR-LUmsG	Gesetz zur Umsetzung der Amtshilferichtlinie sowie zur Änderung steuerlicher Vorschriften
AO	Abgabenordnung
Art.	Artikel
AS	Amtliche Sammlung (Schweizer Bundesrecht)
AStG	Außensteuergesetz
Aufl.	Auflage
(B)	(Beschluss) bei BR-Drs.
BB	Betriebsberater (Zeitschrift)
Bd.	Band
BewG	Bewertungsgesetz
BFH	Bundesfinanzhof
BFHE	Sammlung der Entscheidungen des Bundesfinanzhofs (Entscheidungssammlung)
BFH/NV	Sammlung amtlich nicht veröffentlichter Entscheidungen des Bundesfinanzhofs (Entscheidungssammlung)
BG	Schweizerisches Bundesgericht
BGB	Bürgerliches Gesetzbuch
BGBl.	Bundesgesetzblatt
BGE	Bundesgerichtsentscheid (Schweiz)
BGH	Bundesgerichtshof

BGHZ	Entscheidungen des Bundesgerichtshofes in Zivilsachen (Entscheidungssammlung)
BMF	Bundesministerium der Finanzen
BMF-Ö	Bundesministerium für Finanzen (Österreich)
BR-Drs.	Bundesrats-Drucksache
BStBl.	Bundessteuerblatt
bspw.	Beispielsweise
BT-Drs.	Bundestags-Drucksache
BVerfGE	Entscheidungen des Bundesverfassungsgerichts (Entscheidungssammlung)
BWL	Betriebswirtschaftslehre
bzgl.	bzgl.
bzw.	beziehungsweise
ca.	circa
DBA	Doppelbesteuerungsabkommen
DB	Der Betrieb (Zeitschrift)
d.h.	das heißt
DK	Der Konzern (Zeitschrift)
DStJG	Deutsche Steuerjuristische Gesellschaft
DStR	Deutsches Steuerrecht (Zeitschrift)
DStZ	Deutsche Steuer-Zeitung (Zeitschrift)
EG	Europäische Gemeinschaft
ErbStG	Erbschaftsteuer- und Schenkungsteuergesetz
ErlRV	Erläuterungen zur Regierungsvorlage (Österreich)
EStG	Einkommensteuergesetz
etc.	et cetera (und so weiter)
EUGH	Europäischer Gerichtshof
EWIV	Europäische wirtschaftliche Interessenvereinigung
f. ff.	folgend, fortfolgend
FG	Finanzgericht
FGO	Finanzgerichtsordnung

FM	Finanzministerium
FN-IDW	IDW-Fachnachrichten (Zeitschrift)
FR	Finanzrundschau (Zeitschrift)
GbR	Gesellschaft bürgerlichen Rechts
gem.	gemäß
GewStG	Gewerbesteuergesetz
GG	Grundgesetz
ggfs.	gegebenenfalls
gl.A.	gleicher Ansicht
GmbH	Gesellschaft mit beschränkter Haftung
GmbHG	Gesetz betreffend die Gesellschaften mit beschränkter Haftung
GmbHR	Die GmbH-Rundschau (Zeitschrift)
GmbH-StB.	Der GmbH-Steuerberater (Zeitschrift)
GP	Gesetzgebungsperiode (Österreich)
grds.	grds.
GrEStG	Grunderwerbsteuergesetz
h. M.	herrschende Meinung
HBdF	Handbuch der Finanzwissenschaft
Hdb.	Handbuch
HFR	Höchstrichterliche Finanzrechtsprechung (Zeitschrift)
HGB	Handelsgesetzbuch
Hrsg.	Herausgeber
i.d.F.	in der Fassung
i.d.R.	in der Regel
IDW	Institut der Wirtschaftsprüfer
i.H.v.	in Höhe von
INF	Die Information für Steuerberater und Wirtschaftsprüfer (Zeitschrift)
InsO	Insolvenzordnung
i.S.	im Sinne

i.S.d.	im Sinne des/der
IStR	Internationales Steuerrecht (Zeitschrift)
IStR-LB	Internationales Steuerrecht – Länderbericht (Zeitschrift)
i.V.m.	in Verbindung mit
JBFfSt	Jahrbuch der Fachanwälte für Steuerrecht
JStG	Jahressteuergesetz
KStG	Körperschaftsteuergesetz
lit.	littera (Buchstabe)
lt.	laut
MAH	Münchener Anwaltshandbuch
m.E.	meines Erachtens
MHB	Münchener Handbuch
min.	mindestens
m.w.N.	mit weiteren Nachweisen
n.F.	neue Fassung
Nr.	Nummer
NWB	Neue Wirtschaftsbriefe (Zeitschrift)
OECD	Organization for Economic Cooperation and Development
öGrEStG	österreichisches Grunderwerbsteuergesetz
öKStG	österreichisches Körperschaftsteuergesetz
OFD	Oberfinanzdirektion
o.V.	ohne Verfasser
OWiG	Gesetz über Ordnungswidrigkeiten
PartG	Partnerschaftsgesellschaft
PersG	Personengesellschaft
PS	Prüfungsstandard
REITG	Gesetz über die deutsche Immobilien-Aktiengesellschaft mit börsennotierten Anteilen
RFH	Reichsfinanzhof
RGBl.	Reichsgesetzblatt
RStBl.	Reichsteuerblatt

RS	Rechtssatz (Leitsatz einer Erkenntnis des österreichischen VwGH)
Rz.	Randziffer
S.	Satz
S.	Seite
s.	siehe
sog.	sogenannte
Sp.	Spalte
StÄndG	Steueränderungsgesetz
StB	Der Steuerberater (Zeitschrift)
Stbg.	Die Steuerberatung (Zeitschrift)
StEntlG.	Steuerentlastungsgesetz
SteuK	Steuerrecht kurzgefasst (Zeitschrift)
StGB	Strafgesetzbuch
StJB	Steuerberater Jahrbuch
StRefG	Steuerreformgesetz
StuB	Steuern und Bilanzen (Zeitschrift)
TCMS	Tax Compliance Management System
Tz.	Textziffer
u.a.	und andere
Ubg	Die Unternehmensbesteuerung (Zeitschrift)
UStG	Umsatzsteuergesetz
UStR	Umsatzsteuer Rundschau (Zeitschrift)
UVR	Umsatzsteuer- und Verkehrsteuer-Recht (Zeitschrift)
v.	vom
vgl.	vergleiche
VwGH	Verwaltungsgerichtshof Österreich
WD	Wirtschaftsdienst (Zeitschrift)
Wpg	Die Wirtschaftsprüfung (Zeitschrift)
z.B.	zum Beispiel
ZfIR	Zeitschrift für Immobilienrecht (Zeitschrift)

Zif.	Ziffer
zit.	zitiert
ZGB	Schweizerisches Zivilgesetzbuch

Tabellenverzeichnis

A. Einführung

I. Problemstellung und Forschungsrelevanz

§ 1 Abs. 2a, Abs. 3 und Abs. 3a GrEStG fingieren einen grunderwerbsteuerlichen Erwerbsvorgang bei Rechtsgeschäften auf gesellschaftsrechtlicher Ebene, die dazu führen, dass ein Grundstück zwar nicht zivilrechtlich, wohl aber wirtschaftlich auf einen neuen Rechtsträger übergeht.[1] Die sog. Ergänzungstatbestände[2] sollen Konstellationen erfassen, in denen die Grunderwerbsteuer vermieden werden könnte, indem statt des Grundstücks Anteile an einer Grundstücksgesellschaft übertragen werden. Sie dienen somit der Verhinderung der Steuerumgehung.[3] Der Gesetzgeber hat aber nicht lediglich Missbrauchsvermeidungsnormen, sondern eigenständige Besteuerungstatbestände geschaffen.[4] Die einzelnen Ergänzungstatbestände unterscheiden sich unter anderem in ihrer Anwendung auf bestimmte Rechtsformen, der Definition der Beteiligung, der Zuordnung der Grundstücke, den zeitlichen Fristen, dem Zeitpunkt des Inkrafttretens sowie der Ausgestaltung der Rechtsfolge.[5] Die Normen sind für sich betrachtet bereits komplex, werden aber durch ihr Zusammenwirken in der Komplexität noch gesteigert.[6] Aus steuersystematischer Sicht werden Zweifel an der Rechtfertigung der wirtschaftlichen Betrachtungsweise im ansonsten zivilrechtlich geprägten GrEStG geäußert.[7] Die Entwicklungen der letzten Jahre bieten diesbezüglich weiteren Diskussionsstoff: § 1 Abs. 3a GrEStG[8] führt den Begriff der wirtschaftlichen Beteiligung ausdrücklich in den Gesetzeswortlaut ein und der BFH wendet

---

1 Vgl. *Pahlke*, GrEStG, 2018, § 1, Rz. 4; *Cortez/Göbel*, ZfIR 2015, S. 695.

2 Zum Begriff s. nachfolgend unter B.II.1.a.

3 Vgl. *Schnitter* in: Wilms/Jochum, ErbStG, 2017, § 1 GrEStG, Rz. 245, 291.2, 414.2.

4 Vgl. *Tiede*, StuB 2014, S. 576; *Heine*, Stbg 2014, S. 215; *Micker*, DStZ 2009, S. 287; *Hey*, Umstrukturierungen, 2009, S. 228.

5 Vgl. *Tiede*, StuB 2014, S. 571; zur Kritik an der unterschiedlichen Ausgestaltung der Ergänzungstatbestände: *Behrens*, UVR 2014, S.148.

6 Vgl. *Pirner/Könemann*, IStR 2013, S. 424; *Behrens*, DStR 2013, S. 1407; *Tiede*, StuB 2014, S. 571 u. 576, der u.a. das ungeklärte Verhältnis der Ergänzungstatbestände zueinander bemängelt.

7 Vgl. *Hey*, Umstrukturierungen, 2009, S. 230; *Schober/Kuhnke*, NWB 2013, S. 2234; *Pirner/Könemann*, IStR 2013, S. 426; *Behrens/Bielinis*, DStR 2014, S. 2373, 2374.

8 AmtshilfeRLUmsG v. 26.06.2013, BStBl. I 2013, S. 1809, Art. 26 Nr. 1.

in der jüngeren Rechtsprechung[9] die Grundsätze des § 39 Abs. 2 Nr. 1 AO an, was bisher nach h. M. im GrEStG nicht möglich sein sollte[10]. Aus der Politik ist in jüngster Vergangenheit Kritik an den Ergänzungstatbeständen laut geworden.[11] Die Ergänzungstatbestände werden als eine faktische Steuerbefreiung für große Immobiliengesellschaften verstanden.[12] In diesem Zusammenhang werden verschiedene Möglichkeiten einer gesetzlichen Änderung der Ergänzungstatbestände diskutiert.[13]

Aus betriebswirtschaftlicher Sicht stellen die Ergänzungstatbestände der Grunderwerbsteuer insbesondere im Bereich der Steuerplanung und der Tax Compliance eine große Herausforderung dar. Durch die Erhöhung der Steuersätze und der (Ersatz-)Bemessungsgrundlage[14] hat sie in den letzten Jahren weiter an Bedeutung für die unternehmerische Planung speziell im Bereich der Umstrukturierungen gewonnen.[15] Durch die Komplexität der Ergänzungstatbestände lässt sich der Kostenfaktor Grunderwerbsteuer in der Planung aber nur unzureichend berücksichtigen. Insbesondere in mehrstufigen grenzüberschreitenden Strukturen ist den Entscheidungsträgern einer Umstrukturierung möglicherweise nicht bewusst, dass der Vorgang viele Ebenen weiter unten zum Anfall deutscher Grunderwerbsteuer führen kann.[16] Es sind Fälle denkbar, in

---

9 Vgl. BFH, Urteil v. 30.08.2017, II R 39/15, BFH/NV 2018, S. 291; BFH, Urteil v. 09.07.2014, II R 49/12, BStBl. II 2016, S. 57; BFH, Urteil v. 25.11.2015, II R 18/14, BFHE 251, S. 492.

10 Vgl. *Fischer* in: Boruttau, GrEStG, 2016, § 1 Rz. 638; *Pahlke*, GrEStG, 2018, § 1, Rz. 87; *Behrens/Bielinis*, DStR 2014, S. 2369; *Hofmann*, FR 2016, S. 767.

11 Vgl. bspw.: *Hessisches Ministerium der Finanzen*, Pressemitteilung v. 08.09.2016; BT-Drs. 18/8617 v. 01.06.2016, S. 1; zu den derzeit im Rahmen einer Bund-Länder-Arbeitsgruppe diskutierten Reformmöglichkeiten s. bei *Behrens*, UVR 2017, S. 15 ff.

12 Vgl. bspw. Zitat des Berliner Finanzsenators *M. Kollatz-Ahnen*: „Wir können und wollen nicht auf Dauer Immobilienspekulationen mit Steuerbefreiungen subventionieren" (*o. V.*, Der Spiegel v. 20.05.2016); Antrag der Fraktion Bündnis 90/Die Grünen, BT-Drs. 18/8617 v. 01.06.2016, S. 1: „Keine Steuerbegünstigung für Übernahmen durch Share Deals". Auch der neue Koalitionsvertrag enthält das Vorhaben, „missbräuchliche Steuergestaltungen bei der Grunderwerbsteuer mittels Share Deals zu beenden „*CDU/CSU/SPD*, Koalitionsvertrag 2018, S. 110.

13 Vgl. *Behrens*, UVR 2017, S. 15 ff.

14 Änderung von § 8 Abs. 2 GrEStG durch StÄndG 2015 v. 02.11.2015, BStBl. I 2015, S. 1834, Art. 8 Nr. 2; zu den quantitativen Auswirkungen vgl. *Keller/Petersen*, BB 2016, S. 155.

15 Vgl. *Keller/Petersen*, BB 2016, S. 155.

16 Vgl. *Pirner/Könemann*, IStR 2013, S. 424; *Behrens*, UVR 2014, S.149; *Sedemund/Fischenich*, BB 2008, S. 536.

denen die Grundstücksgesellschaft nicht in den Entscheidungsprozess über die Umstrukturierung eingebunden ist und es daher bei ihr zu einem drittbestimmten Anfall von Grunderwerbsteuer kommt.[17] Die Grunderwerbsteuer hat damit das Potenzial betriebswirtschaftliche sinnvolle und notwendige Umstrukturierungen zu erschweren oder sogar zu verhindern[18] oder als Kostenfaktor übersehen zu werden. Das GrEStG sieht für die Ergänzungstatbestände in § 19 Abs. 1 GrEStG gesonderte Anzeigepflichten der Beteiligten vor. Bei Nichteinhaltung dieser Pflichten drohen verschiedene Sanktionen[19] für das Unternehmen bis hin zu strafrechtlichen Konsequenzen für dessen gesetzliche Vertreter. Daher ist die Verwirklichung grunderwerbsteuerlicher Ergänzungstatbestände auch im Rahmen der Tax Compliance[20] relevant. Dies gilt umso mehr als die Einhaltung steuerlicher Pflichten zunehmend in der öffentlichen Wahrnehmung steht und Verletzungen neben den genannten steuerrechtlichen Sanktionen auch Imageverluste nach sich ziehen können.[21] Auf der Seite der Finanzverwaltung führen die komplexen Tatbestände dazu, dass ihre Verwirklichung nur eingeschränkt überwacht werden kann und teils nur zufällig erkannt wird.[22] Einige Autoren sehen darin ein strukturelles Vollzugsdefizit, das die Verfassungskonformität der Normen gefährden könnte.[23]

Soweit ersichtlich, wurden in bisherigen Arbeiten lediglich Einzelaspekte der Ergänzungstatbestände analysiert bzw. Strategien zur Steuerplanung unter Geltung der Ergänzungsbestände entwickelt.[24] Daneben fordert das überwiegend

---

17 Vgl. *Behrens*, UVR 2014, S. 149; *Sedemund/Fischenich*, BB 2008, S. 536.

18 Vgl. *Wischott/Adrian/Schönweiß*, DStR 2011, S. 497; *Wischott/Schönweiß*, DStR 2009, S. 2640; *Cortez/Göbel*, ZfIR 2015, S. 693; *Fumi*, DStZ 2015, S. 433; *Hey*, Umstrukturierungen, 2009, S. 226; *Wagner/Mayer*, BB 2014, S. 289.

19 Vgl. *Viskorf* in: Boruttau, GrEStG, 2016, § 19, Rz. 32–35. Neben den regulären Sanktionen der AO bei Nichtabgabe einer Steuererklärung ist insbesondere § 16 Abs. 5 GrEStG zu beachten. Danach ist bei Rückgängigmachung eines Erwerbsvorgangs die Grunderwerbsteuer dennoch festzusetzen, wenn der Erwerbsvorgang nicht ordnungsgemäß angezeigt wurde.

20 Vgl. zum Begriff: IDW, PS 980, Rz. 5; IDW, Praxishinweis 1/2016 v. 31.05.2017, Rz. 3–5.

21 Vgl. mit verschiedenen Beispielen aus der öffentlichen Diskussion: *Aichberger/Schwartz*, DStR 2015, S. 1760.

22 Vgl. *Behrens*, UVR 2014, S. 149; *Micker*, DStZ 2009, S. 290.

23 Vgl. *Pirner/Könemann*, IStR 2013, S. 424; *Behrens*, UVR 2014, S.149.

24 Vgl. *Kroschewski*, Anteilsvereinigung, 2001, passim; *Wiese*, Gesamthand, 2003, passim; *Verweyen*, Konzerninterne Umstrukturierungen, 2005, passim; *Kaiser*, Grunderwerbsteuerplanung, 2008, passim; *Rothenöder*, Anteil, 2009, passim; *Arnold*, Umstrukturierungen, 2015, passim.

praxisorientierte Schrifttum zwar immer wieder zumeist punktuelle Änderungen.[25] Es fehlt aber bisher an einer Analyse des Gesamtkonzepts der Ergänzungstatbestände und an Vorschlägen für übergreifende, ganzheitliche Änderungen. Auch die eingangs geschilderte Diskussion in Literatur und Politik weist auf einen Reformbedarf hin. Die grunderwerbsteuerlichen Ergänzungstatbestände stellen damit aus Sicht der wertend-normativen Betriebswirtschaftlichen Steuerlehre[26] einen geeigneten Forschungsgegenstand dar.

II. Zielsetzung und Gang der Untersuchung

Ziel dieser Arbeit ist die Entwicklung eines Reformvorschlags für die grunderwerbsteuerlichen Ergänzungstatbestände. Die Neuregelung soll, anders als bisher in der Gesetzgebung praktiziert[27], in einem Gesamtkonzept von aufeinander abgestimmten Regelungen zur Grunderwerbsteuerbarkeit gesellschaftsrechtlicher Vorgänge bestehen. Aus der Problemstellung ergibt sich, dass die derzeitigen Ergänzungstatbestände aus mehreren Perspektiven unbefriedigend sind. Die Neuregelung soll daher so konzipiert sein, dass sie sich sowohl aus steuersystematischer Sicht stimmig in das Konzept der Grunderwerbsteuer einfügt als auch betriebswirtschaftlichen Anforderungen an die Besteuerung genügt und durch die Finanzverwaltung administrierbar ist. Zur Entwicklung der Neukonzeption bedarf es zunächst einer Analyse der bestehenden Ergänzungstatbestände insbesondere im Hinblick auf die drei genannten Anforderungsperspektiven. Außerdem soll geprüft werden, ob es in anderen Staaten vergleichbare Regelungen gibt, die sich für eine Übertragung in das deutsche Recht eignen. Aus der Zielsetzung ergibt sich der folgende Aufbau der Arbeit:

Auf die Einführung in das Thema und das Forschungsziel in Teil A folgen in Teil B Grundlagen zum Verständnis der Ergänzungstatbestände. Dort wird das derzeitige System der Ergänzungstatbestände gem. § 1 Abs. 2a, Abs. 3 und Abs. 3a GrEStG dargestellt und in das Gesamtsystem der Grunderwerbsteuer

25 Vgl. übergreifend: *Behrens*, UVR 2014, S. 148–150; für § 1 Abs. 2a GrEStG: *Lange/Broemel*, DStR 2017, S. 362; für § 1 Abs. 3 GrEStG: *Hey* Umstrukturierungen 2009, S. 230–231; *Figatowski*, Ubg 2016, S. 463.

26 Vgl. zur wertend-normativen Betriebswirtschaftlichen Steuerlehre als eine der Hauptaufgaben der Betriebswirtschaftlichen Steuerlehre, deren Inhalt rechtsorientierte Gestaltungsaufgaben wie bspw. Empfehlungen für Steuerrechtsänderungen aus betriebswirtschaftlicher Sicht sind: *Rose*, Betriebswirtschaftliche Steuerlehre, 1992, S. 19–20.

27 Die Ergänzungstatbestände in ihrer derzeitigen Form wurden nach und nach in das Gesetz eingefügt. Vgl. zur Gesetzeshistorie unter B.I.1.

eingeordnet. Dafür werden die Gesetzeshistorie sowie das Wesen der Grunderwerbsteuer und die Ergänzungstatbestände de lege lata im Überblick betrachtet.

Im Analyseteil der Arbeit wird zunächst das bestehende System der Ergänzungstatbestände untersucht. Teil C beinhaltet eine grundlegende Analyse des derzeitigen Konzepts und Gesetzeswortlautes der Ergänzungstatbestände. Indem die Ergänzungstatbestände auf der Ebene ihrer einzelnen Tatbestandsmerkmale und Rechtsfolgen verglichen werden, sollen Gemeinsamkeiten, Unterschiede und eventuelle Widersprüche der Normen aufgedeckt werden. Es folgen vertiefende Betrachtungen jeweils aus steuersystematischer, betriebswirtschaftlicher und administrativer Sicht. Teil D enthält eine steuersystematische Untersuchung zur Frage, ob die Besteuerung gesellschaftsrechtlicher Vorgänge im Hinblick auf die Belastungsentscheidung der Grunderwerbsteuer gerechtfertigt werden kann. Außerdem werden das Nebeneinander von wirtschaftlichen und zivilrechtlichen Auslegungsgrundsätzen sowie die unterschiedliche Behandlung der Rechtsformen einer kritischen Würdigung unterzogen. Teil E beleuchtet die Risiken und Unsicherheiten, die die Ergänzungstatbestände in ihrer derzeitigen Ausgestaltung für die betriebswirtschaftliche Planung und die Tax Compliance auslösen und untersucht, inwieweit sich dadurch negative Effekte bei Investitionsentscheidungen von Unternehmen ergeben können. Teil F geht schließlich auf den Gesetzesvollzug durch die Finanzverwaltung ein und erläutert das Risiko eines strukturellen Vollzugsdefizits im Bereich der grunderwerbsteuerlichen Ergänzungstatbestände.

Auf die Betrachtung des deutschen Systems der Ergänzungstatbestände folgt in Teil G ein Vergleich mit grunderwerbsteuerlichen Regelungen ausgewählter anderer Länder. Der Fokus liegt auf der Besteuerung gesellschaftsrechtlicher Vorgänge bzw. den ausländischen Normen, die eine Steuerumgehung verhindern sollen. Dabei soll eine mögliche Übertragbarkeit der ausländischen Regelungen auf das deutsche Grunderwerbsteuersystem geprüft werden.

Teil H widmet sich schließlich der Erarbeitung einer Neukonzeption anhand der Ergebnisse der vorherigen Abschnitte. Aus den Kritikpunkten am bestehenden System, die in den vorherigen Teilen herausgearbeitet wurden, sollen Anforderungen an eine Neukonzeption entwickelt werden. Anhand dieses Katalogs steuersystematischer, betriebswirtschaftlicher und administrativer Anforderungen werden dann verschiedene mögliche Varianten verglichen. Die potenziellen Varianten der Neukonzeption können aus der Gesetzeshistorie, der Literatur oder dem Ländervergleich in Teil G stammen. Ziel des Abschnitts ist die detaillierte Ausarbeitung der Variante, die die aufgestellten Anforderungen am besten erfüllt. Zusammenfassung und Ausblick in Teil I schließen die Arbeit ab.

III. Beschränkungen

Die vorliegende Arbeit behandelt ausschließlich die Ergänzungstatbestände, die an die Übertragung von Gesellschaftsanteilen anknüpfen. Im derzeitigen System sind dies § 1 Abs. 2a, Abs. 3 und Abs. 3a GrEStG. Die Ersatztatbestände des § 1 Abs. 1 GrEStG sowie die Verwertungsbefugnis gem. § 1 Abs. 2 GrEStG werden nicht untersucht. Er erfolgt keine verfassungsrechtliche Prüfung der Ergänzungstatbestände. Verfassungs- und Europarecht werden nur am Rand thematisiert, soweit sie bestimmten Varianten einer Neukonzeption entgegenstehen könnten oder soweit einzelne steuersystematische Kritikpunkte auch verfassungsrechtlich problematisch sein könnten. Der Reformvorschlag, der als Ziel der Arbeit entwickelt werden soll, wird nur anhand systematischer, betriebswirtschaftlicher und administrativer Anforderungen konzipiert. Volkswirtschaftliche Auswirkungen oder haushaltspolitische Fragen einer Finanzierung der Reform werden nicht geprüft.

B. Grundlagen zum Verständnis der Ergänzungstatbestände

I. System der Grunderwerbsteuer

1. Historische Entwicklung

Verkehrs- bzw. Verbrauchsteuern waren lange vor der Einführung von Ertragsteuern bekannt und verbreitet.[28] Dies lag insbesondere in der relativ einfachen Administrierbarkeit begründet.[29] Für Grund- und Boden gilt dies aufgrund der frühzeitigen urkundlichen Erfassung noch verstärkt, sodass eine an den Grund- und Boden geknüpfte Besteuerung mittels Stempelabgaben bereits im 17. Jahrhundert vorlag.[30] Die Besteuerung von Grundstücken in Form sog. Akzisen wurde sogar schon im Mittelalter betrieben.[31] Die heutige Grunderwerbsteuer geht zurück auf die Urkunden- und Stempelsteuern, die im 19. Jahrhundert in den deutschen Bundesstaaten erhoben wurden.[32] Eine erste reichseinheitliche Steuer entstand mit dem Reichsstempelgesetz vom 15.07.1909[33], das noch an die Urkunde als Besteuerungsgegenstand anknüpfte. Mit dem GrEStG vom 12.09.1919[34] wurde die Urkunde als Besteuerungsgegenstand aufgegeben und stattdessen in § 1 S. 1 GrEStG 1919 auf den Übergang des Eigentums an einem Grundstück abgestellt. Das GrEStG 1919 wurde nach mehrfacher Änderung zum

---

28 Die heutigen Ertragsteuern als direkte Steuern wurden lange Zeit für unpraktikabel gehalten, da die Feststellung des persönlichen Einkommens umfangreiche Ermittlungsmaßnahmen voraussetze, vgl. *Wesselbaum-Neugebauer*, Staatsfinanzierung, 2002, S. 204, 206 m.w.N.

29 Vgl. *Klein* in: Gerloff/Neumark, HBdF, 1956, S. 605; *Wiese*, Gesamthand, 2003, S. 6; für den internationalen Kontext: *Wruuck/Zipfel*, Immobilienbesteuerung 2015, S. 3.

30 Vgl. *Vogel* in: Neumark, HBdF, 1980, S. 305, der die Stempelabgaben als neue Steuerart des 17. Jahrhunderts beschreibt. Grundsteuern und Immobiliensteuern gab es grds. aber bereits in der Römerzeit. Sie verschwanden jedoch aufgrund der fehlenden für die Steuererhebung notwendigen Infrastruktur während des Mittelalters (vgl. *Blankart*, Öffentliche Finanzen 2008, S. 176–178).

31 Vgl. *Wesselbaum-Neugebauer*, Staatsfinanzierung, 2002, S. 200–201.

32 Vgl. *Weilbach*, GrEStG, 2017, Einführung, Rz. 1; *Fischer* in: Boruttau, GrEStG, 2016, Vorbemerkungen, Rz. 21.

33 Reichsstempelgesetzes v. 15.07.1909, RGBl. 1909, S. 717.

34 Grunderwerbsteuergesetz 1919 v. 12.09.1919, RGBl. 1919, S. 1617.

01.05.1940 durch das GrEStG 1940[35] abgelöst. Die Struktur des GrEStG 1940 ist bis heute in großen Teilen erhalten geblieben. Insbesondere die Anknüpfung der Besteuerung an das Verpflichtungsgeschäft hat hier ihren Ursprung.[36] Nach 1949 ging das ehemalige Reichsgesetz gem. Art. 123 Abs. 1 GG in Landesrecht über, da dem Bund zunächst keine Gesetzgebungskompetenz für die Grunderwerbsteuer zustand (Art. 30, 70 Abs. 1 GG)[37]. Dies führte dazu, dass das Grunderwerbsteuer-Recht zunehmend zersplittert und unübersichtlich wurde[38] und bereits in den 1970er Jahren Reformüberlegungen aufkamen.[39] Insbesondere die zahlreichen kasuistischen Befreiungstatbestände, die dem hohen Steuersatz von 7 % geschuldet und in den Ländern durch die Unterschiede in der gesetzgeberischen Zielsetzung nicht einheitlich ausgestaltet waren, wurden als Missstand empfunden.[40]

Nach mehrjährigen Reformüberlegungen, wurde die Grunderwerbsteuer daher durch das GrEStG 1983[41], das als Bundesgesetz durch Ausübung der konkurrierenden Gesetzgebungskompetenz entstand, grundlegend überarbeitet. Die Struktur des GrEStG 1940 blieb dabei erhalten, wurde aber wesentlich verschlankt.[42] Zahlreiche Befreiungsvorschriften fielen weg, was zu einer Verbreiterung der Bemessungsgrundlage führte, die wiederum eine Reduzierung des Steuersatzes auf 2 % ermöglichte.[43] Den ebenfalls diskutierten Möglichkeiten einer völligen Abschaffung der Grunderwerbsteuer sowie einer Lösung auf der sog. mittleren Linie, d.h. eine Vereinheitlichung der Befreiungsvorschriften bei nur geringer Reduzierung des Steuersatzes, wurde eine Absage erteilt.[44] Die

35 Grunderwerbsteuergesetz 1940 v. 29.03.1940, RGBl. I 1940, S. 585.

36 Vgl. *Fischer* in: Boruttau, GrEStG, 2016, Vorbemerkungen, Rz. 35; *Pahlke*, GrEStG, 2018, Einleitung, Rz. 3.

37 Dies änderte sich erst durch das Finanzreformgesetz v. 12.05.1969 (BGBl. I 1969, S. 359). Durch Änderung des Art. 105 Abs. 2 GG erlangte der Bund ab 01.01.1970 die konkurrierende Gesetzgebungskompetenz für die Grunderwerbsteuer.

38 Vgl. *Hofmann*, GrEStG, 2017, Einführung, Rz. 3; *Weilbach*, GrEStG, 2017, Einführung, Rz. 2; *Steuerreformkommission 1971*, Gutachten, 1971, Abschnitt IX Nr. 9, Rz. 101.

39 Vgl. *Steuerreformkommission 1971*, Gutachten, 1971, Abschnitt IX Nr. 9, Rz. 115.

40 Vgl. *Fischer* in: Boruttau, GrEStG, 2016, Vorbemerkungen, Rz. 44; *Pahlke*, GrEStG, 2018, Einleitung, Rz. 3; *Steuerreformkommission 1971*, Gutachten, 1971, Abschnitt IX Nr. 9, Rz. 112.

41 GrEStG 1983 v. 17.12.1982, BGBl. I 1982, S. 1777.

42 Vgl. *Fischer* in: Boruttau, GrEStG, 2016, Vorbemerkungen, Rz. 57; *Hofmann*, GrEStG, 2017, Einführung, Rz. 3; *Pahlke*, GrEStG, 2018, Einleitung, Rz. 6.

43 Vgl. Pahlke, GrEStG, 2018, Einleitung, Rz. 4.

44 Vgl. *Fischer* in: Boruttau, GrEStG, 2016, Vorbemerkungen, Rz. 55; *Weilbach*, GrEStG, 2017, Einführung, Rz. 2.

Reform gilt allgemein als gelungen, da sie zu einer spürbaren Vereinfachung führte.[45] Durch die Übertragung des Rechts zur Bestimmung der Steuersätze auf die Länder[46] und die dadurch ermöglichte Erhöhung der Steuersätze, können die Errungenschaften der Reform allerdings als gefährdet angesehen werden. Die Abschaffung der Befreiungsvorschriften und die Senkung des Steuersatzes im Rahmen der Grunderwerbsteuerreform 1983 bedingten sich gegenseitig.[47] Dieses Gleichgewicht wird durch die in den letzten Jahren mehrfach erhöhten Steuersätze, die in einigen Ländern nahezu das Niveau vor der Reform erreicht haben[48], gestört. Die Reaktion sind Forderungen nach neuen Befreiungsvorschriften und ein Anreiz zu komplizierten Steuergestaltungen, die die erreichte Vereinfachung ad absurdum führen.[49] Wichtige Änderungen des GrEStG seit 1983 betrafen insbesondere die Neueinführung und Anpassung von Ergänzungstatbeständen und Befreiungsvorschriften sowie die Ersatzbemessungsgrundlage.[50]

2. Rechtsnatur und Belastungsgrund

a. Grunderwerbsteuer im Steuersystem

Die Grunderwerbsteuer zählt nach h. M. zu den Rechtsverkehrssteuern.[51] Das Wesen der Verkehrssteuern ist nach ständiger Rechtsprechung der BVerfG dadurch geprägt, „dass sie an Akte oder Vorgänge des Rechtsverkehrs, an einen rechtlichen oder wirtschaftlichen Akt, an die Vornahme eines Rechtsgeschäfts oder

---

45 Vgl. *Pahlke,* GrEStG, 2018, Einleitung, Rz. 4; *Hofmann*, GrEStG, 2017, Einführung, Rz. 3; *Weilbach*, GrEStG, 2017, Einführung, Rz. 2.

46 Gesetz zur Änderung des Grundgesetzes v. 28.08.2006, BGBl. I 2006, S. 2034. Das Recht steht ihnen gem. Art. 105 Abs. 2a S. 2 GG zu.

47 Vgl. *Fischer* in: Boruttau, GrEStG, 2016, Vorbemerkungen, Rz. 57.

48 Vgl. *Weilbach,* GrEStG, 2017, Einführung, Rz. 2. Eine grafische Darstellung der Steigerungen der Grunderwerbsteuersätze seit der Übertragung der Gesetzgebungskompetenz auf die Länder findet sich bei: *Hentze/Voigtländer*, Reformoptionen, 2017, S. 7.

49 Vgl. *Weilbach*, GrEStG, 2017, Einführung, Rz. 2.

50 Hier sind insbesondere die Einführung der Ergänzungstatbestände § 1 Abs. 2a und 3a GrEStG, die Änderung von § 1 Abs. 3 GrEStG, die Einführung der Konzernklausel in § 6a GrEStG, die Änderungen bei den Befreiungen in §§ 5 und 6 GrEStG, sowie die mehrmalige verfassungsrechtlich gebotene Änderung der Ersatzbemessungsgrundlage in § 8 Abs. 2 GrEStG zu nennen.

51 Vgl. BVerfG, Beschluss v. 08.01.1999, 1 BvL 14/98, BStBl. II 1999, S. 152, Rz. 27; *Fischer* in: Boruttau, GrEStG, 2016, Vorbemerkungen, Rz. 131; *Pahlke*, GrEStG, 2018, Einleitung, Rz. 8.

an einen wirtschaftlichen Vorgang oder einen Verkehrsvorgang anknüpfen."[52] Besteuerungsgegenstand der Grunderwerbsteuer ist der Eigentumserwerb an einem Grundstück aufgrund tatbestandlich abschließend definierter Erwerbsvorgänge.[53] Das Gesetz knüpft dabei stets an zivilrechtliche Rechtsvorgänge an.[54] Das gilt auch für die Ergänzungstatbestände, die den Rechtsvorgang bezogen auf das Grundstück lediglich fingieren.[55] Ein wirtschaftlicher Umsatz ist nicht Voraussetzung für die Verwirklichung eines steuerbaren Tatbestands, weil Anknüpfungspunkt eine formale Rechtsänderung ist.[56] Die enge Bindung an das Zivilrecht[57] und die abschließend definierten Tatbestände erlauben nach h. M. keine Heranziehung der im Ertragssteuerrecht angewendeten wirtschaftlichen Betrachtungsweise.[58]

Die Verkehrssteuern sind in Art. 106 Abs. 2 Nr. 3 GG als Sammelbegriff aufgeführt. In der ursprünglichen Fassung war die Grunderwerbsteuer noch einzeln in Art. 105 Abs. 2 Nr. 1 GG genannt.[59] Durch die Nennung im GG ergibt sich nach h. M. eine ausdrückliche verfassungsrechtliche Billigung der Steuer, sodass es jedenfalls aus verfassungsrechtlicher Sicht keiner weitergehenden Rechtfertigung der Grunderwerbsteuer mehr bedarf.[60] Neben diese steuerrechtliche Einordnung anhand der Tatbestände[61] oder anders ausgedrückt der Einordung anhand der Gesetzestechnik treten verschiedene Kategorisierungen, die nach

---

52 BVerfG, Beschluss v. 08.01.1999, 1 BvL 14/98, BStBl. II 1999, S. 152, Rz. 27; BVerfG, Beschluss v. 07.05.1963, 2 BvL 8/61, 2 BvL 10/61, BVerfGE 16, S. 64.

53 Vgl. BVerfG, Beschluss v. 27.12.1991, 2 BvR 72/90, BStBl. II 1992, S. 212.

54 Vgl. *Fischer* in: Boruttau, GrEStG, 2016, Vorbemerkungen, Rz. 131.

55 Tatsächlich ist Gegenstand des Rechtsvorgangs regelmäßig der Gesellschaftsanteil, vgl. *Fischer* in: Boruttau, GrEStG, 2016, Vorbemerkungen, Rz. 131, 135.

56 Vgl. *Pahlke*, GrEStG, 2014, Einleitung, Rz. 8; *Fischer* in: Boruttau, GrEStG, 2016, Vorbemerkungen, Rz. 136, 138; BFH, Urteil v. 09.04.2008, II R 32/06, BFH/NV 2008, S.1526, Rz. 11 m.w.N; Begründung zum GrEStG 1940, RStBl. 1940, S. 387.

57 Zur Diskussion um den Einfluss des Zivilrechts auf die Grunderwerbsteuer und die Heranziehung zivilrechtlicher Auslegungsmaßstäbe s. unter D.IV.

58 Vgl. *Fischer* in: Boruttau, GrEStG, 2016, Vorbemerkungen, Rz. 138; *Pahlke*, GrEStG, 2018, Einleitung, Rz. 28, 31; zur Nichtanwendung von § 39 Abs. 2 Nr. 1 AO zudem: *Behrens/Bielinis*, DStR 2014, S. 2369; *Hofmann*, FR 2016, S. 767.

59 Grundgesetz für die Bundesrepublik Deutschland v. 23.05.1949, BGBl. 1949, S. 1 i.d.F. bis zur Änderung durch das Finanzreformgesetz v. 12.05.1969, BGBl. I 1969, S. 359.

60 Vgl. *Fischer* in: Boruttau, GrEStG, 2016, Vorbemerkungen, Rz. 152–154; *Pahlke*, GrEStG, 2018, Einleitung, Rz. 9; zweifelnd im Hinblick auf wirtschaftliche Entwicklungen und das Verhältnis zu anderen Steuerarten (insb. Umsatzsteuer): *Kirchhof*, in: Isensee/Kirchhof, HBdSR, 2007, § 118, Rz. 251; *Englisch* in: Tipke/Lang, Steuerrecht, 2015, § 18, Rz. 6.

61 So *Fischer* in: Boruttau, GrEStG, 2016, Vorbemerkungen, Rz. 140.

der Wirkungsweise oder aber der Rechtfertigung der Grunderwerbsteuer fragen. Dabei handelt es sich regelmäßig um finanzwissenschaftliche Kategorien.[62] Diese werden im Einzelnen nachfolgend unter dem Aspekt des Belastungsgrundes[63] betrachtet. Für das Ziel der Arbeit, eine Neukonzeption der Ergänzungstatbestände zu entwickeln, sind beide Sichtweisen gleichermaßen wichtig. Denn die Ergänzungstatbestände müssen einerseits vom Belastungsgrund gedeckt sein, aber gleichzeitig auch der Rechtstechnik einer Rechtsverkehrssteuer folgen, d.h. den Eigentumserwerb am Grundstück durch zivilrechtlichen Rechtsvorgang als Besteuerungsgegenstand folgerichtig umsetzen.[64]

b. Belastungsgrund

Trotz ihres Charakters als Rechtsverkehrssteuer handelt es sich bei der Grunderwerbsteuer nicht um eine reine Rechtsformsteuer, die ausschließlich auf die vertragliche Gestaltung unabhängig von deren wirtschaftlichem Gehalt abstellt.[65] Sie will den wirtschaftlichen Erfolg besteuern, der im Grundstückswechsel zu sehen ist. Dieser Erfolg ist den tatbestandlichen Rechtsvorgängen immanent.[66] Der wirtschaftliche Gehalt der Grunderwerbsteuer kommt bereits in der Gesetzesbegründung zum GrEStG 1940 zum Ausdruck. Danach will die Grunderwerbsteuer den wirtschaftlichen Vorgang des Umsatzes von Grundstücken erfassen.[67] Teile der Literatur sehen die Grunderwerbsteuer daher als eine

---

62 Vgl. zur Abgrenzung der steuerrechtlichen von der finanzwissenschaftlichen Kategorisierung *Fischer* in: Boruttau, GrEStG, 2016, Vorbemerkungen, Rz. 140.

63 Der Belastungsgrund wird hier verstanden als die Rechtfertigung des Besteuerungsgegenstandes im Hinblick auf die finanzwissenschaftliche Forderung nach Gerechtigkeit des Steuersystems, sowie die verfassungsrechtlichen Anforderungen der Gleichheit der Besteuerung und der Systembindung. Vgl. zu diesen Anforderungen ausführlich unter D.I. und bei *Weber-Grellet*, Verfassungsstaat, 2001, S. 149–150, 160–161; *Kirchhof* in Isensee/Kirchhof, HBdSR, 2007, § 118, Rz. 170–172, 175–178, 182–183; *Rückle*, Mobilität, 2005, S. 236.

64 Vgl. zur Bedeutung der Folgerichtigkeit und der Legitimation durch einen an die Leistungsfähigkeit anknüpfenden Belastungsgrund: *Kirchhof* in: Isensee/ Kirchhof, HBdSR, 2007, § 118, Rz. 170–172.

65 Vgl. *Fischer* in: Boruttau, GrEStG, 2016, Vorbemerkungen, Rz. 132; *Pahlke*, GrEStG, 2018, Einleitung, Rz. 8; BFH, Urteil v. 19.11.1968, II 112/65, BStBl. II 1969, S. 68, Rz. 8.

66 Vgl. *Fischer* in: Boruttau, GrEStG, 2016, Vorbemerkungen, Rz. 132; BVerfG, Beschluss v. 27.12.1991, 2 BvR 72/90, BStBl. II 1992, S. 212.

67 Vgl. Begründung zum GrEStG 1940 v. 29.03.1940, RStBl. 1940, S. 387.

Sonderumsatzsteuer.[68] Der Gedanke einer Sonderumsatzsteuer kann weitergeführt werden zu einer Einordnung unter die Verbrauchsteuern, da auch diese an die Vermögensverwendung anknüpfen.[69] Der Fokus dieser Betrachtung liegt auf der Besteuerung der freiwilligen Vermögensdisposition des Steuerpflichtigen, die sich im Grundstückserwerb vollzieht. In diesem Kontext wird auch von einer Einkommensverwendungsteuer[70] oder speziellen Ausgabensteuer[71] gesprochen. Der Einordnung unter die Einkommens- oder Vermögensverwendung liegt übergreifend der Gedanke zugrunde, dass sich in dem Erwerb eines Grundstücks eine gewisse steuerliche Leistungsfähigkeit zeige, die der Besteuerung unterworfen werden könne.[72] Während diese Argumentation auf die Leistungsfähigkeit des Erwerbers abstellt, geht eine andere Sichtweise von einem Zuwachs der Leistungsfähigkeit beim Veräußerer aus und sieht die Grunderwerbsteuer als indirekte Einkommensteuer.[73] Als alternative Rechtfertigung wird angeführt, dass durch die Veräußerung eine Neubewertung des Wirtschaftsguts Grundstück erfolge, an derer der Staat beteiligt werden solle.[74] Schließlich wird auf den

---

68 Vgl. *Englisch* in: Tipke/Lang, Steuerrecht, 2015, § 18, Rz. 3; *Schmölders* in: Gerloff/Neumark, HBdF, 1956, S. 570; *Hey*, Umstrukturierungen, 2009, S. 227; *Rückle*, Mobilität, 2005, S. 236; *Tipke*, UStR 1972, S. 4 mit der Forderung der Anpassung des Besteuerungstatbestands an den Wortlaut des UStG also den wirtschaftlichen Grundstücksumsatz. Vgl. auch *Weber-Grellet*, Verfassungsstaat, 2001, S. 97, der eine solche Wertung jedenfalls in der Umsatzsteuerbefreiung des § 4 Nr. 9 UStG sieht, aber anführt, dass eine entsprechende Ausgestaltung des GrEStG (z.B. der Vorsteuerabzug) fehlt.

69 Vgl. *Kirchhof*, in: Isensee/Kirchhof, HBdSR, 2007, § 118, Rz. 241.

70 Vgl. *Tipke*, Steuerrechtsordnung, Bd. II, 2003, S. 1023; *Englisch* in: Tipke/Lang, Steuerrecht, 2015, § 18, Rz. 4; FG Niedersachsen, Vorlagebeschluss v. 18.08.1998, VII (III) 306/97; EFG 1999, S. 37, Rz. 48; *Hey*, Umstrukturierungen, 2009, S. 227; kritisch: *Fischer* in: Boruttau, GrEStG, 2016, Vorbemerkungen, Rz. 149–150.

71 Vgl. *Peffekoven* in: Neumark, HBdF, 1980, S. 419.

72 Vgl. *Weber-Grellet*, Verfassungsstaat, 2001, S. 73; *Steuerreformkommission 1971*, Gutachten, 1971, Abschnitt IX Nr. 9, Rz. 106; BT-Drs. 9/251 v. 19.03.1981, S. 12; vgl. grds. zustimmend: *Fischer* in: Boruttau, GrEStG, 2016, Vorbemerkungen, Rz. 142; *Pahlke*, GrEStG, 2018, Einleitung, Rz. 9, der jedoch anmerkt, dass es sich um ein „finanzwissenschaftliches Postulat" handele, dem keine normative Bindungswirkung zukommt.

73 Vgl. dazu bei *Kaiser*, Grunderwerbsteuerplanung, 2008, S. 21; ähnlich bereits *von Stein*, Lehrbuch Finanzwissenschaften 1886, Bd. II, Abt. II Steuersysteme, S. 212–213.

74 Vgl. *Jochum* in: Wilms/Jochum, ErbStG, 2008, Einführung zum GrEStG, Rz. 6. Eine ähnliche Begründung liefert die Bewertungs- oder Wertdifferenztheorie von *Mirre*, der Verkehrssteuern aufgrund der subjektiven Bewertungsunterschiede zwischen Veräußerer und Erwerber als gerechtfertigte Steuerquelle ansieht (vgl. *Mirre* in: Gerloff/Meisel, HBdF, Bd. II, 1927, S. 290).

besonderen Zusammenhang der Grundstücke zum Staatsterritorium hingewiesen. Zusammen mit der Tatsache, dass es sich bei Grundstücken um endliche und damit knappe Güter handelt, rechtfertige dies eine Besteuerung der Grundstücksumsätze als in besonderer Weise staatenbezogene Verwertung von Wirtschaftsgütern.[75]

Den Einordnungen ist überwiegend gemein, dass sie als Belastungsgrund der Grunderwerbsteuer eine Leistungsfähigkeit[76] betrachten, die sich im wirtschaftlichen Grundstücksumsatz, d.h. der Übertragung des Grundstücks von einem auf den anderen Rechtsträger, zeigt. Da die Grunderwerbsteuer aber als Besteuerungsgegenstand ausdrücklich den Erwerb eines Grundstücks gewählt hat, ist denjenigen zuzustimmen, die den Belastungsgrund auf der Erwerberseite sehen. Der Belastungsgrund der Grunderwerbsteuer ist die Leistungsfähigkeit des Erwerbers, die durch die Vermögens- bzw. Einkommensverwendung für den Grundstückserwerb zum Ausdruck kommt.[77] Das Äquivalenzprinzip[78] kommt zur Rechtfertigung der Grunderwerbsteuer dagegen nicht in Betracht, da keine staatlichen Leistungen ersichtlich sind, durch die sich die Grunderwerbsteuer rechtfertigen ließe.[79] Die formale Ausgestaltung als Rechtsverkehrssteuer mit der tatbestandlichen Anknüpfung an formale Rechtsänderungen[80] führt jedoch dazu, dass die Besteuerung teilweise über den Belastungsgrund hinausgeht. Ein

---

75 Vgl. *Jochum* in: Wilms/Jochum, ErbStG, 2008, Einführung zum GrEStG, Rz. 2. Diese Einordnung ist eng mit der historischen Entwicklung der Grunderwerbsteuer verzahnt (vgl. *Wesselbaum-Neugebauer*, Staatsfinanzierung, 2002, S. 189, die ausführt, dass Steuerformen und -systeme das Ergebnis geschichtlicher Entwicklung und daher keiner grds. Rechtfertigung zugänglich sind).

76 Vgl. allgemein zum Leistungsfähigkeitsprinzip als Rechtfertigung der Rechtsverkehrssteuern: *Weber-Grellet*, Verfassungsstaat, 2001, S. 97.

77 Vgl. *Tipke*, Steuerrechtsordnung, Bd. II, 2003, S. 1023; *Kirchhof*, in: Isensee/Kirchhof, HBdSR, 2007, § 118, Rz. 241. Kritisch und m.w.N. zu den unterschiedlichen Auffassungen: *Fischer* in: Boruttau, GrEStG, 2016, Vorbemerkungen, Rz. 149–150.

78 Vgl. zur grds. Möglichkeit der Rechtfertigung durch das Äquivalenzprinzip: *Steuerreformkommission 1971*, Gutachten, 1971, Abschnitt IX Nr. 9, Rz. 106; *Hey*, Umstrukturierungen, 2009, S. 226.

79 Als staatliche Leistungen könnten lediglich kommunale Infrastrukturleistungen in Betracht kommen, die allerdings bereits durch die laufend zu zahlende Grundsteuer abgedeckt sein sollten. Vgl. ebenfalls ablehnend: *Hey*, Umstrukturierungen, 2009, S. 226; *Kaiser*, Grunderwerbsteuerplanung, 2008, S. 18; a.A. *Lang*, Steuergesetzbuch, 1993, S. 212.

80 Diese Ausgestaltung führt dazu, dass ein wirtschaftlicher Umsatz i.S. eines Leistungsaustausches gerade nicht Voraussetzung für eine Besteuerung ist (vgl. *Pahlke*, GrEStG, Einleitung, 2018, Rz. 8; *Fischer* in: Boruttau, GrEStG, 2016, Vorbemerkungen,

Beispiel sind konzerninterne Umstrukturierungen, in denen die Grundstücksübertragung nicht im Rahmen eines Leistungsaustauschs erfolgt und daher auch keine Einkommensverwendung vorliegt, die eine Besteuerung nach dem Leistungsfähigkeitsprinzip rechtfertigen könnte.[81]

II. Einordnung der Ergänzungstatbestände

1. Ergänzungstatbestände im Überblick

a. Begriff

Als Ergänzungstatbestände werden in der Literatur die Regelungen des § 1 Abs. 2, Abs. 2a, Abs. 3 und Abs. 3a GrEStG bezeichnet, die eine Besteuerung auch ohne zivilrechtlichen Eigentumserwerb vorsehen.[82] Neben dem Begriff „Ergänzungstatbestand" wird häufig der Begriff „Ersatztatbestand" und seltener die Begriffe „Umgehungstatbestand" bzw. „Sondertatbestand" verwendet, wobei regelmäßig von einer synonymen Verwendung auszugehen ist.[83] In Übereinstimmung mit dem Ergebnis von *Gassner*[84] soll hier der Begriff „Ergänzungstatbestand" verwendet werden. Dadurch wird die Funktion der § 1 Abs. 2a, 3 und 3a GrEStG als eigenständige Tatbestände, die die Erwerbstatbestände des § 1 Abs. 1 GrEStG um in wirtschaftlicher Hinsicht vergleichbare Vorgänge ergänzen, am besten beschrieben. Soweit in der Literatur auch § 1 Abs. 2 GrEStG unter die Ergänzungstatbestände gefasst wird[85], soll dieses Begriffsverständnis hier nicht übernommen werden.[86] Gegenstand der Arbeit sind lediglich die auf gesellschaftsrechtliche Vorgänge abzielenden Tatbestände des § 1 Abs. 2a, Abs. 3, Abs. 3a GrEStG.

Rz. 136–138; BFH, Urteil v. 09.04.2008, II R 32/06, BFH/NV 2008, S.1526, Rz. 11 m.w.N; Begründung zum GrEStG 1940, RStBl. 1940, S. 387).

81 Vgl. *Hey*, Umstrukturierungen, 2009, S. 230; *Fischer* in: Boruttau, GrEStG, 2016, Vorbemerkungen, Rz. 163, der die verfassungskonforme Erhebung der GrEStG nur dann annehmen will, wenn eine Gegenleistung vorhanden ist.

82 Vgl. bspw. *Schnitter* in: Wilms/Jochum, ErbStG, 2017, § 1 GrEStG, Rz. 4; *Cortez/Göbel*, ZfIR 2015, S. 693.

83 Eine ausführliche Analyse zu den Begriffen findet sich bei *Gassner*, Anteilsvereinigung und Übergang, 1970, S. 25–29.

84 Vgl. *Gassner*, Anteilsvereinigung und Übergang, 1970, S. 25–29.

85 Vgl. bspw. *Schnitter* in: Wilms/Jochum, ErbStG, 2017, § 1 GrEStG, Rz. 4.

86 Vgl. zur Abgrenzung von § 1 Abs. 3 GrEStG als Ergänzungstatbestand und § 1 Abs. 2 GrEStG als Ersatztatbestand auch: BFH, Urteil v. 16.03.1966; II 70/63, BStBl. II 1966, S. 378, Rz. 21.

b. *Überblick über die Einzeltatbestände*

Alle Ergänzungstatbestände dienen primär dem Ziel, Steuerumgehungen zu vermeiden.[87] Sie fingieren eine Grundstücksübertragung aufgrund bestimmter gesellschaftsrechtlicher Vorgänge.[88] Eine Steuerumgehungsabsicht ist zur Erfüllung der Tatbestände nicht erforderlich.[89] Nach h. M. schließen sie als spezielle Missbrauchsvorschriften die Anwendung von § 42 AO aus.[90] § 1 Abs. 2a GrEStG knüpft an den Wechsel im Gesellschafterbestand einer grundstücksbesitzenden Personengesellschaft an und fingiert „ein auf die Übereignung des Grundstücks auf eine neue Personengesellschaft gerichtetes Rechtsgeschäft"[91]. Der Steuertatbestand wird ausgelöst, wenn min. 95 % der Anteile an einer grundbesitzenden Personengesellschaft innerhalb von fünf Jahren auf neue Gesellschafter übergehen. Anteilsverschiebungen zwischen den Gesellschaftern sind unbeachtlich, da sich der Gesellschafterbestand als Ganzes dadurch nicht verändert.[92] Sowohl unmittelbare als auch mittelbare Änderungen des Gesellschafterbestandes sind tatbestandsmäßig. § 1 Abs. 2a S. 2–5 GrEStG enthält ausdrückliche Vorgaben zur Einbeziehung mittelbarer Änderungen in mehrstufigen Beteiligungsstrukturen. Gem. § 1 Abs. 2a S. 6 GrEStG sind Änderungen im Gesellschafterbestand durch Erwerb von Todes wegen nicht in die Berechnung der 95 % - Grenze einzubeziehen. Der Grunderwerbsteuer unterliegt bei tatbestandlicher Erfüllung von § 1 Abs. 2a GrEStG nicht der zivilrechtliche Gesellschafterwechsel, sondern die fiktive Grundstücksübertragung, wobei für jedes einzelne Grundstück, das der Personengesellschaft zuzuordnen ist, ein eigener Erwerbstatbestand angenommen wird.[93] In der Konsequenz bemisst sich die Steuer gem. § 8 Abs. 2 GrEStG nach dem Wert des Grundvermögens und Steuerschuldnerin ist gem. § 13 Nr. 6 GrEStG die fingierte neue Personengesellschaft. § 1 Abs. 2a GrEStG

---

87 Vgl. Begründung zum Grunderwerbsteuergesetz v. 29.03.1940, RStBl. 1940, S. 392; *Schnitter* in: Wilms/Jochum, ErbStG, 2017, § 1 GrEStG, Rz. 245, 291.2, 414.2; *Pahlke*, GrEStG, 2018, § 1, Rz. 4.

88 Vgl. *Fischer* in: Boruttau, GrEStG, 2016, Vorbemerkungen, Rz. 131, 135.

89 Vgl. *Fischer* in: Boruttau: GrEStG, 2011, § 1, Rz. 823; *Meßbacher-Hönsch* in: Boruttau, GrEStG, 2016, § 1, Rz. 947, 1168.

90 Vgl. BFH, Beschluss v. 29.05.2011, II B 133/10, BFH/NV 2011, S. 1539; *Meßbacher-Hönsch* in: Boruttau, GrEStG, 2016, § 1, Rz. 827, 945, 1198.

91 § 1 Abs. 2a S. 1 letzter HS. GrEStG.

92 Vgl. zum Konzept der Alt- und Neugesellschafter: Gleichlautende Erlasse der Länder v. 18.02.2014, BStBl. I 2014, 561, Tz. 2.1.

93 Vgl. *Schnitter* in Wilms/Jochum, ErbStG, 2017, § 1 GrEStG, Rz. 247; *Pahlke*, GrEStG, 2018, § 1, Rz. 269, 275.

ist gegenüber den anderen Ergänzungstatbeständen in § 1 Abs. 3 und Abs. 3a GrEStG vorrangig anzuwenden, soweit die Voraussetzungen gleichzeitig erfüllt sind. Dies gilt auch, wenn z.B. aufgrund von Steuerbefreiungen tatsächlich keine Grunderwerbsteuer erhoben wird.[94]

§ 1 Abs. 3 GrEStG enthält vier unterschiedliche Steuertatbestände, die sich in zwei Fallgruppen einordnen lassen.[95] § 1 Abs. 3 Nr. 1 GrEStG unterwirft der Grunderwerbsteuer ein Rechtsgeschäft, das den Anspruch auf Übertragung eines oder mehrerer Anteile an einer grundbesitzenden Gesellschaft begründet, wenn durch die Übertragung min. 95 % der Anteile in der Hand des Erwerbers vereinigt werden (Anteilsvereinigung). § 1 Abs. 3 Nr. 3 GrEStG sieht eine Steuerpflicht vor, wenn ein Rechtsgeschäft den Anspruch auf Übertragung von min. 95 % der Anteile an einer grundstücksbesitzenden Gesellschaft begründet (Anteilsübertragung). Im Unterschied zu Nr. 1 wird im Tatbestand der Nummer 3 also eine Übertragung bereits vereinigter Anteile en bloc vereinbart. Die Nummern 2 und 4 des § 1 Abs. 3 GrEStG sehen die Steuerpflicht für Anteilsvereinigung (Nr. 2) bzw. Anteilsübertragung (Nr. 4) auch dann vor, wenn kein schuldrechtliches Rechtsgeschäft i.S.d. Nummern 1 und 3 vorausgegangen ist. Allen vier Erwerbstatbeständen liegt die Idee zugrunde, dass ein zu min. 95 % beteiligter Gesellschafter die Sachherrschaft über die Grundstücke der Gesellschaft innehat.[96] Der Erwerber der Anteile an einer grundbesitzenden Gesellschaft muss sich daher bei Erreichen der 95 % – Grenze so behandeln lassen, als habe er die zum Vermögen der Gesellschaft gehörenden Grundstücke erworben.[97] Bei der Anteilsvereinigung gem. § 1 Abs. 3 Nr. 1 und Nr. 2 GrEStG wird eine Übertragung des Grundstücks von der Gesellschaft auf den durch Anteilsvereinigung nunmehr zu min. 95 % beteiligten Gesellschafter angenommen.[98] Bei der Anteilsübertragung gem. § 1 Abs. 3 Nr. 3 und 4 GrEStG wird hingegen eine Übertragung des Grundstücks entsprechend der Übertragung der Anteile vom einen auf den anderen Gesellschafter fingiert.[99] Sowohl Anteilsvereinigung als auch Anteilsübertragung können nach dem Wortlaut des § 1 Abs. 3 GrEStG

94 Vgl. *Meßbacher-Hönsch* in: Boruttau, GrEStG, 2016, § 1, Rz. 820.

95 Vgl. *Hofmann*, GrEStG, 2017, § 1, Rz. 136.

96 Vgl. *Pahlke*, GrEStG, 2018, § 1, Rz. 317; *Hofmann*, GrEStG, 2017, § 1, Rz. 135; BFH, Urteil v. 25.08.2010, II R 65/08, BStBl. II 2011, S. 225 m.w.N.; s. auch unter C.I.

97 Vgl. *Meßbacher-Hönsch* in: Boruttau, GrEStG, 2016, § 1, Rz. 948; *Hofmann*, GrEStG, 2017, § 1, Rz. 135; BFH, Urteil v. 16.07.1997, II R 8/95, BFH/NV 1998, S. 81.

98 Vgl. BFH, Beschluss v. 18.11.2005, II B 23/05, BFH/NV 2006, S. 612; BFH, Urteil v. 05.11.2002, II R 23/00, BFH/NV 2003, S. 505.

99 Vgl. BFH, Urteil v. 02.04.2008, II R 53/06, BStBl. II 2009, S. 544.

unmittelbar oder mittelbar erfolgen. Die mittelbare Anteilsvereinigung kann in verschiedenen Fallvarianten auftreten.[100] Gesetzlich geregelt ist der Fall des mittelbaren Erwerbs durch eine grunderwerbsteuerliche Organschaft (§ 1 Abs. 3 Nr. 1 i.V.m. § 1 Abs. 4 GrEStG).[101] Eine grunderwerbsteuerliche Organschaft besteht zwischen einem herrschenden Unternehmen und einem oder mehreren abhängigen Unternehmen oder Personen. Die Anteile an der grundstücksbesitzenden Gesellschaft, die von Unternehmen oder Personen des Organkreises gehalten werden, werden für Zwecke des § 1 Abs. 3 GrEStG zusammen betrachtet. Daneben kann eine mittelbare Anteilsvereinigung oder -übertragung in mehrstufigen Beteiligungsstrukturen auftreten, wenn die Beteiligungsquote auf jeder Stufe 95 % erreicht.[102] Schließlich sind mittelbare Erwerbe im Rahmen von Treuhandstrukturen möglich.[103] Steuerschuldner ist gem. § 13 Nr. 5 GrEStG in den Fällen der Anteilsvereinigung der Erwerber. Bei Übertragung bereits vereinigter Anteile greift dagegen mangels spezieller Regelung § 13 Nr. 1 GrEStG, sodass die Steuer von Veräußerer und Erwerber als Gesamtschuldner geschuldet wird.[104]

§ 1 Abs. 3a GrEStG fingiert unter bestimmten Voraussetzungen einen Rechtsvorgang i. S. d. § 1 Abs. 3 GrEStG. § 1 Abs. 3 GrEStG enthält, wie zuvor beschrieben, seinerseits wiederum die Fiktion eines Grundstückserwerbs für speziell definierte gesellschaftsrechtliche Vorgänge. § 1 Abs. 3a GrEStG führt damit zu einer doppelten Fiktion[105] bzw. zu einer Verlängerung der in Abs. 3 angelegten Fiktion[106]. Trotz dieser Anknüpfung an § 1 Abs. 3 GrEStG wird Abs. 3a überwiegend als eigenständiger Ergänzungstatbestand beurteilt, der jedoch gegenüber § 1 Abs. 2a und Abs. 3 subsidiär ist (§ 1 Abs. 3a S. 1 GrEStG).[107] Gem. § 1 Abs. 3a GrEStG liegt eine Rechtvorgang gem. § 1 Abs. 3 GrEStG und damit ein steuerbarer Erwerb auch vor, wenn ein Rechtsvorgang dazu führt, dass der Erwerber eine wirtschaftliche Beteiligung an der grundstücksbesitzenden Gesellschaft innehat.

---

100 Vgl. *Pahlke*, GrEStG, 2014, § 1, Rz. 334.

101 Vgl. Gleichlautende Erlasse der Länder v. 21.03.2007, BStBl. I 2007, S. 422.

102 Vgl. *Meßbacher-Hönsch* in: Boruttau, GrEStG, 2016, § 1, Rz. 1010.

103 Vgl. *Meßbacher-Hönsch* in: Boruttau, GrEStG, 2016, § 1, Rz. 1013.

104 Vgl. *Behrens*, Fiktion, 2009, S. 1115; *Viskorf* in: Boruttau, GrEStG, 2016, § 13, Rz. 44.

105 Vgl. *Tiede*, StuB 2014, S. 765.

106 Vgl. *Pahlke*, GrEStG, 2018, § 1, Rz. 404.

107 Vgl. Gleichlautende Erlasse der Länder v. 09.10.2013, BStBl. I 2013, S. 1364, Tz. 1, 3; *Pahlke*, GrEStG, 2018, § 1, Rz. 403; *Hofmann*, GrEStG, 2017, § 1, Rz. 187; *Weilbach*, GrEStG, 2017, § 1, Rz. 93l, 93n; *Schnitter* in Wilms/Jochum, ErbStG, 2017, § 1 GrEStG, Rz. 414.8; a.A. *Behrens*, DStR 2013, S. 1408, der einen Ergänzungstatbestand zu § 1 Abs. 3 GrEStG sieht.

Die wirtschaftliche Beteiligung wird in § 1 Abs. 3a S. 2–3 GrEStG nach h. M. legal definiert.[108] Danach werden zur Ermittlung der wirtschaftlichen Beteiligungen alle unmittelbaren und mittelbaren Beteiligungen an der grundbesitzenden Gesellschaft addiert. Die mittelbaren Beteiligungen sind durch Multiplikation aller prozentualen Anteile am Kapital bzw. am Vermögen der Gesellschaften zu bestimmen („Durchrechnungsmethode“[109]). § 1 Abs. 3a GrEStG unterscheidet weder bei der grundbesitzenden Gesellschaft noch bei der zwischengeschalteten Gesellschaft hinsichtlich der Rechtsform und ist damit rechtsformneutral.[110] Der Steuerschuldner ist gem. § 13 Abs. 1 Nr. 7 GrEStG der Rechtsträger, der die wirtschaftliche Beteiligung innehat.

2. Gesetzgebungshistorie

Bereits das GrEStG 1919 enthielt mit § 3 einen Ergänzungstatbestand, der im Wortlaut leicht verändert in § 1 Abs. 3 GrEStG 1940 übernommen wurde und seit dem im Grundsatz bestehen geblieben ist. § 3 GrEStG 1919 stellte die Vereinigung aller Anteile an einer grundbesitzenden Personenvereinigung in der Hand eines Teilhabers sowie die Übertragung bereits vereinigter Anteile auf einen anderen dem Übergang der Eigentums an einem Grundstück gleich. § 1 Abs. 3 Nr. 1 und Nr. 3 GrEStG 1940 stellten im Einklang mit den neu formulierten Haupttatbeständen auf das Rechtsgeschäft ab, das zur Vereinigung bzw. Anteilsübertragung führt. § 1 Abs. 3 Nr. 2 und 4 GrEStG 1940 unterwarfen ebenfalls korrespondierend zu den Haupttatbeständen die (sachenrechtliche) Anteilsvereinigung bzw. Anteilsübertragung der Grunderwerbsteuer, falls kein schuldrechtliches Rechtsgeschäft vorausgegangen war.[111] Gesetzestechnisch erfolgte im GrEStG 1940 keine Gleichstellung dieser Vorgänge mit dem Grundstückserwerb mehr, sondern die Anteilsvereinigung bzw. –übertragung wurden eigene grunderwerbsteuerpflichtige Erwerbsvorgänge.[112] Zudem normierte das GrEStG 1940 bereits die grunderwerbsteuerliche Organschaft, in dem es eine

---

108 Vgl. *Pahlke*, GrEStG, 2018, § 1, Rz. 425; *Hofmann*, GrEStG, 2017, § 1, Rz. 189, 191.

109 *Pahlke*, GrEStG, 2018, § 1, Rz. 402.

110 Vgl. BT-Drs. 17/13033 v. 10.04.2013, S. 110; Gleichlautende Erlasse der Länder v. 09.10.2013, BStBl. I 2013, S. 1364, Tz. 5; *Joisten/Liekenbrock*, Ubg 2013, S. 473; *Pahlke*, GrEStG, 2018, § 1, Rz. 402; *Schnitter* in: Wilms/Jochum, ErbStG, 2017, § 1 GrEStG, Rz. 414.14.

111 Vgl. *Fischer* in: Boruttau, GrEStG, 2011, § 1, Rz. 904.

112 Steuergegenstand soll allerdings nicht der gesellschaftsrechtliche Vorgang sondern die dadurch begründete geänderte Zuordnung des Grundstücks sein. Vgl. *Pahlke*, GrEStG, 2018, § 1, Rz. 317. S. ausführlich unter B.III.2.

Anteilsvereinigung auch als erfüllt ansah, wenn diese in der Hand von Ehegatten, Eltern und Kindern oder herrschendem und abhängigem Unternehmen erfolgte (§ 1 Abs. 3 Nr. 1 GrEStG 1940). Weder § 3 GrEStG 1919 noch § 1 Abs. 3 GrEStG 1940 sahen eine Differenzierung zwischen verschiedenen Rechtsformen der grundbesitzenden Gesellschaft vor.[113] Ein steuerpflichtiger Tatbestand wurde nur durch Vereinigung aller Anteile verwirklicht, sodass die Zurückbehaltung eines Zwerganteils zur Verhinderung der Steuerpflicht ausreichte.[114] Bereits dem Gesetzgeber des GrEStG 1940 war bewusst, dass Steuerumgehungen durch die Veräußerung von Beteiligungen an grundbesitzenden Gesellschaften anstelle der Veräußerung des Grundstücks nur dann restlos vermieden werden können, wenn jede Anteilsveräußerung besteuert wird, sodass ein Anteil an einer grundbesitzenden Gesellschaft faktisch einem Grundstück gleichstehen würde.[115] Der Gesetzgeber nahm ausweislich der Gesetzesbegründung die Möglichkeit der Vermeidung dieses Steuertatbestands durch Zurückhalten von Zwerganteilen in Kauf.[116] Als Begründung führte er an, dass sich Anteilsübertragungen insbesondere bei (Inhaber-)Aktien nur schwer feststellen lassen und der dadurch entstehende Verwaltungsaufwand im Verhältnis zu den zusätzlichen Steuereinnahmen zu hoch sein könnte. Diese Gründe bestehen bis heute uneingeschränkt fort.[117] § 1 Abs. 3 GrEStG 1940 wurde dementsprechend auch nahezu unverändert in das GrEStG 1983 übernommen.[118] Eine wesentliche Änderung erfuhr § 1 Abs. 3 GrEStG seitdem nur noch durch das StEntlG 1999/2000/2002, das die Anteilsgrenze von 100 % („alle Anteile") auf 95 % herabsetzte und ausdrücklich auch mittelbare Anteilsvereinigungen und –übertragungen einbezog.[119]

Mit dem JStG 1997 wurde § 1 Abs. 2a GrEStG eingeführt.[120] Der Gesetzgeber schuf damit einen eigenen Ergänzungstatbestand für Personengesellschaften, da diese in besonderer Weise zur „Mobilisierung" von Grundvermögen geeignet

---

113 Zur Problematik bei der Anwendung auf Personengesellschaft s. unter C.II.1. und 3.

114 Vgl. Begründung zum Grunderwerbsteuergesetz v. 29.03.1940, RStBl. 1940, S. 392; *Fischer* in: Boruttau, GrEStG, 2011, § 1, Rz. 903.

115 Vgl. Begründung zum Grunderwerbsteuergesetz v. 29.03.1940, RStBl. 1940, S. 392.

116 Vgl. Begründung zum Grunderwerbsteuergesetz v. 29.03.1940, RStBl. 1940, S. 392.

117 Vgl. *Pahlke*, GrEStG, 2018, § 1, Rz. 317.

118 Vgl. *Fischer* in: Boruttau, GrEStG, 2011, § 1, Rz. 904. Die Änderungen waren im Wesentlichen redaktioneller Natur. Die einzige materiell-rechtliche Änderung bestand in der Abschaffung der Anteilsvereinigung durch Ehegatten bzw. Kinder, wobei dieser Satzteil bereits durch Beschluss des BVerfG v. 10.06.1963, 1 BvR 345/61, BVerfGE 16, S. 203 für nichtig erklärt worden war.

119 Art. 15 Nr. 1 Buchst. b) StEntlG 1999/2000/2002 v. 24.03.1999, BGBl. I 1999, S. 494.

120 Art 7 Nr. 1 Buchst. a) JStG 1997 v. 20.12.1996, BGBl. I 1996, S. 2062.

schienen[121] und zudem aufgrund der sachenrechtlichen Betrachtungsweise jedenfalls auf unmittelbarer Ebene nicht von § 1 Abs. 3 GrEStG erfasst wurden.[122] Der BFH hatte zuvor unter Heranziehung von § 42 AO Grundsätze entwickelt, die den Wechsel aller Gesellschafter einer vermögensverwaltenden Personengesellschaft in engem zeitlichem Zusammenhang als missbräuchlich einstufte und der Grunderwerbsteuer unterwarf.[123] Diese Grundsätze waren dem Gesetzgeber jedoch nicht weitreichend genug, da § 42 AO nicht anwendbar war, wenn ein Zwerganteil zurückbehalten wurde oder lediglich ein nicht am Vermögen beteiligter Gesellschafter in der Personengesellschaft verblieb.[124] Der neue § 1 Abs. 2a GrEStG enthielt daher eine weitergehende Typisierung der missbräuchlichen Gestaltung, wobei der vom BFH auf Grundlage des § 42 AO geforderte enge zeitliche Zusammenhang der Gesellschafterwechsel durch eine Fünfjahresfrist ersetzt und die Unterscheidung zwischen vermögensverwaltenden und werbenden Personengesellschaften nicht übernommen wurde.[125] Die Ursprungsfassung von § 1 Abs. 2a GrEStG erfasste die „wesentliche Änderung des Gesellschafterbestands", die vorliegen sollte, wenn „bei wirtschaftlicher Betrachtung eine Übertragung des Grundstücks auf die neue Personengesellschaft" gegeben sei.[126] Eine wesentliche Änderung sollte gem. § 1 Abs. 2a S. 3 GrEStG i.d.F. des JStG 1997 stets vorliegen, wenn eine Änderung im Gesellschafterbestand von min. 95 % stattfand. Durch die wirtschaftliche Betrachtung kam eine wesentliche

121 Zur Eignung von Personengesellschaften zum „Transport" von Grundstücken vgl. *Fischer*, DStR 1997, S. 1746–1747; zu Gestaltungen auch unter Anwendung der nur für Personengesellschaften gültigen Befreiungstatbestände der §§ 5 und 6 GrEStG: *Loose*, DB 2015, S. 1004; *Fleischer*, DStR 1996, S. 1390 ff.

122 Aufgrund der für Personengesellschaften im Anwendungsbereich des § 1 Abs. 3 GrEStG geltenden sachenrechtlichen Betrachtungsweise kann eine Vereinigung aller Anteile selbst dann nicht vorliegen, wenn der Komplementär vermögensmäßig nicht und der Kommanditist zu 100 % beteiligt ist, da dem Komplementär dennoch eine gesamthänderische Mitberechtigung am Vermögen der Gesellschaft zusteht und er als solcher Anteilsinhaber i.S.v. § 1 Abs. 3 GrEStG ist, vgl. BFH, Urteil v. 26.07.1995, II R 68/92, BStBl. II 1995, S. 736; BFH, Urteil v. 12.03.2014, II R 51/12, BFH/NV 2014, S. 1315.

123 Vgl. BFH, Urteil v. 19.03.1980, II R 23/77, BStBl. II 1980, S. 598; Urteil v. 04.03.1987, II R 150/83, BStBl. II 1987, S. 394; Urteil v. 13.11.1991, II R 7/88, BStBl. II 1992, S. 202; vgl. m.w.N. zur ständigen Rechtsprechung auch *Hofmann*, GrEStG, 2004, § 1, Rz. 19–22.

124 Vgl. BT-Drs. 13/6151 v. 05.11.1996, S. 16; *Pahlke*, GrEStG, 2018, § 1, Rz. 268.

125 Vgl. *Fischer* in: Boruttau, GrEStG, 2011, § 1, Rz. 823.

126 § 1 Abs. 2a S. 2 GrEStG i.d.F. des JStG 1997.

Änderung jedenfalls lt. Gesetzesbegründung aber im Einzelfall auch bei Gesellschafterwechseln unterhalb dieser Schwelle in Betracht.[127] Bereits 1999 wurde § 1 Abs. 2a GrEStG durch das StEntlG 1999/2000/2002 wieder geändert.[128] Die wirtschaftliche Betrachtungsweise wurde aufgegeben, nachdem sie in der Literatur vielfach als zu unbestimmt kritisiert worden war.[129] Ausdrücklich einbezogen wurden dafür mittelbare Gesellschafterwechsel, die vom ursprünglichen Wortlaut der Norm nicht umfasst waren.[130] Die nächste Änderung erfolgte durch das StÄndG 2001.[131] Neben der Anpassung von § 1 Abs. 2a S. 3 GrEStG, die aufgrund sprachlicher Ungenauigkeiten notwendig war und eine Folgeänderung beinhaltet,[132] wurde der Anteil an der Personengesellschaft genauer definiert. § 1 Abs. 2a S.1 GrEStG bezieht sich nach der Änderung ausdrücklich auf den Anteil am Vermögen der Gesellschaft. Ausweislich der Gesetzesbegründung hat die Änderung lediglich klarstellenden Charakter und soll ausschließen, dass auf den Anteil als dingliche Mitberechtigung abgestellt wird.[133] Die jüngste Änderung von § 1 Abs. 2a GrEStG betrifft die Berechnung mittelbarer Änderungen im Gesellschafterbestand und wurde durch das StÄndG 2015 umgesetzt.[134] Die Änderung schreibt rechtsprechungsbrechend die bisherige Verwaltungsauffassung[135] entgegen der BFH-Auffassung[136] fest.[137] Die Berechnung mittelbarer Beteiligungsquoten ist nunmehr in § 1 Abs. 2a S. 2–5 GrEStG für Erwerbe ab dem 06.11.2015[138] gesetzlich geregelt.

---

127 Vgl. BT-Drs. 13/6151 v. 15.11.1996, S. 16.

128 Art. 15 Nr. 1 Buchst. a) StEntlG 1999/2000/2002 v. 24.03.1999, BGBl. I 1999, S. 494.

129 Vgl. jeweils m.w.N.: *Pahlke/Franz*, GrEStG, 1999, § 1, Rz. 300; *Hofmann*, GrEStG, 2001, § 1 Rz. 98. Der BFH hat sich dieser Kritik mit Urteil v. 30.04.2003 (II R 79/00, BStBl. II 2003, S. 890), d.h. erst nach Gesetzesänderung, angeschlossen und erklärt, dass die Norm für Gesellschafterwechsel unterhalb der Grenze von 95 % leer läuft, da sie insoweit nicht ausreichend bestimmt ist.

130 Vgl. BFH Urteil v. 30.04.2003, II R 79/00, BStBl. II 2003, S.890, Rz. 11.

131 Art. 13 Nr. 1 Buchst. a) StÄndG 2001 v. 20.12.2001, BGBl. I 2001, S. 3806.

132 Vgl. BT-Drs. 14/6877 v. 07.09.2001, S. 31.

133 Vgl. BT-Drs. 14/6877 v. 07.09.2001, S. 31.

134 Art. 8 Nr. 1 StÄndG 2015 v. 02.11.2015, BGBl. I 2015, S. 1840.

135 Gleichlautende Erlasse der Länder v. 18.02.2014, BStBl. I 2014, 561, Tz. 2.2.

136 Vgl. BFH, Urteil v. 24.04.2013, II R 17/10, BStBl. II 2013, 833.

137 Vgl. zu einer ausführlichen Darstellung des Urteils, der bisherigen Verwaltungsauffassung und der gesetzlichen Neuregelung unter C.II.4.b.

138 Art. 18 Abs. 1 StÄndG 2015 v. 02.11.2015, BGBl. I 2015, S. 1845, § 23 Abs. 13 GrEStG.

Der zuletzt eingeführte Ergänzungstatbestand § 1 Abs. 3a GrEStG knüpft an § 1 Abs. 3 GrEStG an und erfasst sog. wirtschaftliche Beteiligungen. Die Neuregelung war im AmtshilfeRLUmsG enthalten[139] und ist für Erwerbe nach dem 06.06.2013 anzuwenden (§ 23 Abs. 11 GrEStG). Sie zielt auf die Verhinderung sog. RETT-Blocker-Strukturen ab, die von Steuerpflichtigen genutzt wurden, um eine Besteuerung gem. § 1 Abs. 2a und Abs. 3 GrEStG zu vermeiden.[140] Eine gesetzliche Lösung für das Problem dieser unerwünschten Steuerumgehungen wurde bereits im Jahr 2000 diskutiert.[141] Weitere Lösungsvorschläge wurden in 2006 und 2011 eingebracht.[142] Zwischenzeitlich gab es Überlegungen im Zuge der gesetzlichen Verhinderung „missbräuchlicher Gestaltungen im Bereich der Grunderwerbsteuer“[143] auch die Berechnung der Beteiligungsquoten zu vereinfachen.[144] Diese Reformbemühungen wurden nicht umgesetzt, sondern stattdessen durch § 1 Abs. 3a GrEStG ein zusätzlicher auf § 1 Abs. 3 GrEStG aufbauender Ergänzungstatbestand mit einer eigenen Berechnungssystematik geschaffen. Nachdem der Bundesrat in seiner Stellungnahme zum Entwurf des Jahressteuergesetzes 2013 erneut eine gesetzliche Verhinderung der RETT-Blocker-Strukturen gefordert hatte,[145] konnte eine Einigung auf einen Wortlaut des § 1 Abs. 3a GrEStG bereits durch den Vermittlungsausschuss im Rahmen dieses Gesetzgebungsverfahrens erzielt werden.[146] Da der Bundestag das Gesetz allerdings ablehnte,[147] war § 1 Abs. 3a GrEStG mit leichten redaktionellen Änderungen gegenüber der Fassung aus dem JStG 2013 erst im AmtshilfeRLUmsG enthalten.[148]

---

139 Art. 26 Nr. 1 Buchst. a) AmtshilfeRLUmsG v. 26.06.2013, BGBl. I 2013, S. 1840.

140 Vgl. BR-Drs. 157/13 (B) v. 22.03.2013, S. 2.

141 Vgl. *Fischer* in Boruttau, GrEStG, 2011, § 1, Rz. 970, der auf einen Referentenentwurf zur Änderung der Grunderwerbsteuer v. 28.04.2000 verweist.

142 Vgl. BT-Drs, 17/10604 v. 05.09.2012, S. 41, in der u.a. auf Vorlagen der Länder Nordrhein-Westfalen und Hessen im Rahmen einer Bund-Länder-Arbeitsgruppe verwiesen wird.

143 Vgl. BR-Drs. 850/10 (B) v. 11.02.2011, S. 13.

144 Vgl. BR-Drs. 850/10 (B) v. 11.02.2011, S. 13.

145 Vgl. BT-Drs, 17/10604 v. 05.09.2012, S. 41.

146 Vgl. Art. 26 des Gesetzentwurfs eines JStG 2013 i.d.F. der Beschlussempfehlung des Vermittlungsausschuss, BT-Drs. 17/11844 v. 13.12.2012, S. 5.

147 Vgl. BR-Drs. 33/13 v. 17.01.2013; S. 1.

148 Vgl. Art. 26 Nr. 1 Buchst. a) AmtshilfeRLUmsG v. 26.06.2013, BGBl. I 2013, S. 1840. S. auch Darstellung des Gesetzgebungsverfahrens bei *Weilbach*, GrEStG, 2017, § 1, Rz. 93i.

C. Vergleichende Analyse der Ergänzungstatbestände

I. Normzweck und dogmatische Rechtfertigung

§ 1 Abs. 3 GrEStG ist der älteste Ergänzungstatbestand[149] und sollte ursprünglich alle vom Gesetzgeber als missbräuchlich eingestuften Fälle der Umgehung von Grunderwerbsteuer mittels Einschaltung von Gesellschaften erfassen.[150] In der Konsequenz unterscheidet § 1 Abs. 3 GrEStG nicht zwischen Personen- und Kapitalgesellschaften, sondern stellt allgemein auf Gesellschaften ab. Nach Auffassung des BFH und großen Teilen der Literatur liegt die Besteuerung nach § 1 Abs. 3 GrEStG in der Sachherrschaft des zu mehr als 95 % (vor StEntlG 1999/2000/2001: 100 %) beteiligten Gesellschafters über das zum Gesellschaftsvermögen gehörende Grundstück begründet.[151] Seine Rechtsstellung gleicht der eines Eigentümers.[152] Bei erstmaliger Entstehung dieser Sachherrschaft in der Hand eines Gesellschafters sowie bei Übertragung der Sachherrschaft auf eine anderen Gesellschafter kommt es zu einem Wechsel der Zuordnung des Grundstücks, die wirtschaftlich mit dem Grundtatbestand des Eigentumswechsels an einem Grundstück i.S.v. § 1 Abs. 1 GrEStG vergleichbar ist.[153] Letztlich wollte der Gesetzgeber also den Wechsel des wirtschaftlichen Eigentums erfassen[154],

---

149 Er war bereits im GrEStG 1919 (dort noch in § 3) enthalten und wurde mit leichten Anpassungen in das GrEStG 1940 übernommen, vgl. *Rothenöder*, Anteil, 2009, S. 35.

150 Vgl. Begründung zum Grunderwerbsteuergesetz v. 29.03.1940, RStBl. 1940, S. 392.

151 Vgl. BFH, Urteil v. 25.08.2010, II R 65/08, BStBl. II 2011, S. 225; BFH, Urteil v. 08.08.2001, II R 66/98, BStBl. II 2002, S. 156; *Pahlke*, GrEStG, 2018, § 1, Rz. 317; *Fischer* in: Boruttau, GrEStG, 2011, § 1 Rz. 912; *Weilbach*, GrEStG, 2017, § 1, Rz. 87; *Schnitter* in: Wilms/Jochum, ErbStG, 2017, § 1 GrEStG, Rz. 295.

152 Vgl. BFH, Beschluss v. 15.12.2006, II B 26/06, BFH/NV 2007, S. 500; BFH, Urteil v. 16.03.1966, II 70/63, BStBl. III 1966, S. 378.

153 Vgl. *Fischer* in: Boruttau, GrEStG, 2011, § 1 Rz. 902.

154 Vgl. BVerfG, Beschluss v. 16.05.1969, 1 BvR 600/66, HFR 1969, S. 398, das im wirtschaftlichen Eigentum des Gesellschafters am Grundstück jedenfalls die Rechtfertigung des Ergänzungstatbestands sieht; *Rothenöder*, Anteil, 2009, S. 75; kritisch: *Fischer* in: Boruttau, GrEStG, 2011, § 1 Rz. 913, der im Begriff des wirtschaftlichen Eigentums keinen praktischen Nutzen für die Gesetzesanwendung sieht, da § 39 Abs. 2 AO im Bereich des GrEStG keine Anwendung finde und zudem nur ein Sammelbegriff vieler möglicher zivilrechtlicher Rechtsgestaltungen sei, der seinerseits der Auslegung bedürfe.

wobei er das wirtschaftliche Eigentum typisierend ab einer Beteiligung von 95 % annimmt. Die Sachherrschaft bzw. das dadurch begründete wirtschaftliche Eigentum wird durch eine „formale Rechtsstellung“[155] und nicht anhand wirtschaftlicher Kriterien definiert. Durch diese Typisierung nimmt der Gesetzgeber in Kauf, dass nicht alle Fälle der Übertragung des wirtschaftlichen Eigentums der Besteuerung unterliegen.[156] Der Normzweck des § 1 Abs. 3 GrEStG ist über die Missbrauchsvermeidung hinaus dahingehend zu konkretisieren, dass der Erwerb einer eigentümerähnlichen Stellung in Bezug auf den Grundbesitz einer Gesellschaft besteuert werden soll. Ein Gesellschafter erlangt diese Stellung durch einen Anteilserwerb, der ihn in die Lage versetzt, wirtschaftlich wie ein Eigentümer über die Grundstücke der Gesellschaft zu verfügen. Diese wirtschaftliche Verfügungsmacht wird durch den Gesetzgeber typisiert ab einer formalrechtlichen Vereinigung von min. 95 % der Anteile in der Hand eines Erwerbers angenommen.[157]

In der Literatur existieren verschiedene Weiterentwicklungen der Sachherrschaftstheorie. *Kroschewskis* Zwecksetzungstheorie sieht die Sachherrschaft in der gesellschaftsrechtlichen Macht des Alleingesellschafters zur Bestimmung des Gesellschaftszwecks begründet[158], während nach *Rothenöder* ein Autonomiedefizit der Gesellschaft, d.h. die faktische Unfähigkeit zur eigenen Willensbildung, eine Sachherrschaft des Gesellschafters ermöglicht.[159] Letztlich handelt es sich bei den Weiterentwicklungen primär um weitergehende Rechtfertigungen der Sachherrschaftstheorie bzw. um unterschiedliche Definitionen der Sachherrschaft.[160] Einen anderen Ansatz zur Rechtfertigung der Besteuerung nach § 1 Abs. 3 GrEStG verfolgt die „Vermögenswerttheorie“[161]. Teile der Literatur vertreten die Auffassung, § 1 Abs. 3 GrEStG knüpfe an eine vermögensmäßige Berechtigung des Gesellschafters an den Grundstücken der Gesellschaft an.[162]

---

155 *Rothenöder*, Anteil, 2009, S. 70.

156 Vgl. *Rothenöder*, Anteil, 2009, S. 70.

157 Vgl. *Rothenöder*, Anteil, 2009, S. 70, 75; *Fischer* in: Boruttau, GrEStG, 2011, § 1, Rz. 907, 909–911; zum Erwerb des wirtschaftlichen Eigentums auch: BVerfG, Beschluss v. 10.06.1963, 1 BvR 345/61, BverfGE 16, S. 203.

158 Vgl. *Kroschewski*, Anteilsvereinigung, 2001, S. 240.

159 Vgl. *Rothenöder*, Anteil, 2009, S. 72 ff.

160 Da der Gesetzgeber die Sachherrschaft typisierend bestimmt hat, kann jedoch der Erkenntnisgewinn einer weitergehenden Rechtfertigung für die Rechtsanwendung in Frage gestellt werden (so *Fischer* in: Boruttau, GrEStG, 2011, § 1, Rz. 913).

161 *Rothenöder*, Anteil, 2009, S. 52.

162 Vgl. zu § 1 Abs. 3 öGrEStG: *Gassner*, Anteilsvereinigung und Übergang, 1970, S. 25; ablehnend: *Rothenöder*, Anteil, 2009, S. 51–52.

Vor dem Hintergrund der gesetzlichen Anpassungen und der gefestigten BFH-Rechtsprechung zu § 1 Abs. 3 GrEStG kann dieser Auffassung nicht beigepflichtet werden.[163] Dagegen spricht zunächst die explizite Nennung der Beteiligung am Gesellschaftsvermögen in § 1 Abs. 2a GrEStG seit 2001.[164] Hätte diese vermögensmäßige Definition der Beteiligung auch für § 1 Abs. 3 GrEStG gelten sollten, hätte der Gesetzgeber diese Formulierung dort aufnehmen können bzw. müssen.[165] Zudem geht der BFH davon aus, dass es zur Bestimmung des Anteils für Zwecke des § 1 Abs. 3 GrEStG nicht auf die vermögensmäßige Beteiligung des Gesellschafters ankommt.[166] Zuletzt spricht das Konstrukt der grunderwerbsteuerliche Organschaft für die Theorie der Sachherrschaft und gegen eine vermögensmäßige Betrachtung, da der Erwerber über die abhängigen Unternehmen keine stärkere vermögensmäßige Beteiligung an der grundbesitzenden Gesellschaft erlangt, wohl aber eine stärkere Einflussnahme auf deren Willensbildung und damit die Verfügungsmacht über den Grundbesitz.[167]

Auch dem fingierten Grundstückserwerb nach § 1 Abs. 2a GrEStG liegen wirtschaftliche Überlegungen zugrunde.[168] Der Gesellschafterwechsel soll besteuert werden, wenn er „im wirtschaftlichen Ergebnis der Übertragung eines Grundstücks gleichkommt".[169] Als dogmatischer Hintergrund wird bei § 1 Abs. 2a GrEStG regelmäßig eine vermögensmäßige Betrachtung herangezogen. Die Personengesellschaft ist zwar grunderwerbsteuerlicher Rechtsträger[170], dennoch steht das Vermögen der Personengesellschaft den Gesellschaftern gem. §§ 718, 719 BGB zur gesamten Hand zu.[171] Ein Wechsel der Gesellschafter einer Personengesellschaft führt damit zu einer Änderung der Grundstückseigentümer

---

163 Ebenso: BFH, Urteil v. 25.08.2010, II R 65/08, BStBl. II 2011, 225; *Rothenöder*, Anteil, 2009, S. 52; *Kroschewski*, Anteilsvereinigung, 2001, S. 239.

164 Art. 13 Nr. 1 Buchst. a) StÄndG 2001 v. 20.12.2001, BGBl. I 2001, S. 3806.

165 Gl.A.: *Rothenöder*, Anteil, 2009, S. 55.

166 Vgl. BFH, Urteil v. 26.07.1995, II R 68/92, BStBl. II 1995, S. 736.

167 Vgl. *Rothenöder*, Anteil, 2009, S. 52–53.

168 Vgl. *Wiese*, Gesamthand, 2003, S. 99.

169 BT-Drs. 13/6151 v. 15.11.1996, S. 16.

170 Vgl. BFH, Urteil v. 19.03.1980, II R 23/77, BStBl. II 1980, S. 598.

171 Vgl. BFH, Beschluss v. 11.09.2002, II B 113/02, BStBl. II 2002, S. 777. Auf eine ausführliche Darstellung der zivilrechtlichen Diskussion um die Zurechnung des Vermögens der Personengesellschaft soll hier verzichtet werden. S. dazu ausführlich bei *Wiese*, Gesamthand, 2003, S. 94f. Nach heutigem Stand ist wohl zivilrechtlich von einer weitgehenden Verselbstständigung der Gesellschaft als jedenfalls teilrechtsfähig auszugehen (BGH, Urteil v. 29.01.2001, II ZR 331/00, BGHZ 146, S. 341). Dennoch bleiben die genannten Argumente tragend, da das GrEStG weiterhin in §§ 5, 6 GrEStG die

bezogen auf die zum Gesellschaftsvermögen gehörenden Grundstücke.[172] Da die Gesellschafter jedoch nur in gesamthänderischer Verbundenheit über das Gesamthandsvermögen verfügen können, bleibt beim Ausscheiden oder Eintreten von Gesellschaftern die Zuordnung zum Gesellschaftsvermögen unverändert bestehen und es liegt kein grunderwerbsteuerlich relevanter Rechtsträgerwechsel vor.[173] Ändert sich hingegen innerhalb kurzer Zeit der gesamte Gesellschafterbestand kommt dies im Ergebnis der Veräußerung eines Grundstücks von den Altgesellschaftern in gesamthänderischer Verbundenheit auf die aus den neuen Gesellschaftern bestehende Gesamthand gleich.[174] § 1 Abs. 2a GrEStG nimmt typisierend bereits ab einem Wechsel von 95 % der Anteile am Gesellschaftsvermögen eine Übertragung des Grundvermögens auf eine neue Personengesellschaft an.[175] Die Typisierung lässt sich damit begründen, dass ein Zwerganteil regelmäßig nur pro forma gehalten wird und daher am wirtschaftlichen Ergebnis des Rechtsvorgangs nichts ändert.[176] Anders als bei § 1 Abs. 3 GrEStG spielt die Einflussmöglichkeit des einzelnen Gesellschafters auf die Personengesellschaft bei § 1 Abs. 2a GrEStG keine Rolle[177], sondern es wird auf alle neuen Gesellschafter in ihrer gesamthänderischen Verbundenheit abgestellt, sodass die zuvor erläuterte Sachherrschaftstheorie für § 1 Abs. 2a GrEStG nicht einschlägig sein kann.

Auch wenn § 1 Abs. 2a GrEStG wie auch § 1 Abs. 3 GrEStG wirtschaftliche Überlegungen und eine dogmatische Rechtfertigung zugrunde liegen, ist der Normzweck im Vergleich zu § 1 Abs. 3 GrEStG aus dem Kontext der Entstehung heraus sehr viel enger. § 1 Abs. 2a S.1 GrEStG beschreibt eine klassische

---

Besonderheiten der Gesamthand berücksichtigt und nicht völlig zwischen Gesellschaft und Gesellschafter abstrahiert, wie dies bei Kapitalgesellschaften der Fall ist.

172 Vgl. *Fischer* in Boruttau, GrEStG, 2016, § 1 Rz. 123.

173 Vgl. *Fischer* in: Boruttau, GrEStG, 2016, § 1 Rz. 124; BFH, Urteil v. 19.03.1980, II R 23/77, BStBl. II 1980, S. 598.

174 Vgl. BFH, Urteil v. 19.03.1980, II R 23/77, BStBl. II 1980, S. 598; BFH, Urteil v. 04.03.1987, II R 150/83, BStBl. II 1987, S. 394: Der BFH nahm eine grunderwerbsteuerlich relevante Grundstücksübertragung jedenfalls bei vermögensverwaltenden Gesellschaften an, da der einzige Erfolg der Übertragung der Gesellschaftsanteile in der Verschaffung des Eigentums am Gesellschaftsvermögen besteht (BFH, II R 150/83, a.a.O., Rz. 14). Zur Diskussion um eine daher gebotene teleologische Reduktion des § 1 Abs. 2a GrEStG s. unter II.1.

175 Vgl. *Wiese*, Gesamthand, 2003, S. 111, 112; BFH, Beschluss v. 11.09.2002, II B 113/02, BStBl. II 2002, S. 777.

176 Vgl. *Wiese*, Gesamthand, 2003, S. 112.

177 Vgl. BFH, Beschluss v. 11.09.2002, II B 113/02, BStBl. II 2002, S. 777.

Umgehungskonstellation, nämlich den nahezu vollständige Gesellschafterwechsel innerhalb kurzer Zeit, der i.S. eines Gesamtplans zur Mobilisierung von Grundvermögen genutzt wird.[178] § 1 Abs. 2a GrEStG will speziell solche Fälle erfassen, die bisher aufgrund der Besonderheiten der Gesamthand weder von den Grundtatbeständen noch von § 1 Abs. 3 GrEStG erfasst wurden.[179] Er dient als Reaktion auf in der Praxis beobachtete Umgehungsstrategien[180] und stellt damit eine Erweiterung der vom BFH für diese Fälle entwickelten Gesamtplanrechtsprechung dar.[181]

§ 1 Abs. 3a GrEStG wurde als gesetzliche Gegenmaßnahme zu sog. Real-Estate-Transfer-Tax-Blocker (RETT-Blocker) Strukturen eingeführt. Die Änderung war dabei fiskalisch motiviert, da sie weitere „Steuerausfälle" durch die RETT-Blocker Strukturen verhindern sollte.[182] Diese Strukturierungen dienten zur Umgehung eines Erwerbsvorgangs i.S.v. § 1 Abs. 3 GrEStG und basierten im Wesentlichen darauf, durch Zwischenschaltung einer zu min. 5 % beteiligten „Blocker"-Gesellschaft, an der wiederum ein Dritter zu min. 5 % beteiligt war, die 95 % – Grenze zu unterschreiten, obwohl wirtschaftlich bei gemeinsamer Betrachtung von mittelbarer und unmittelbarer Beteiligung eine fast 100 % (99,74 %) Beteiligung vorlag.[183] Bei einer grundstücksbesitzenden Personengesellschaft war sogar eine vermögensmäßig nicht beteiligte Blocker-Gesellschaft ausreichend.[184] Durch Einführung der sog. wirtschaftlichen Beteiligung in § 1 Abs. 3a GrEStG wird auch in diesen Fällen zukünftig Grunderwerbsteuer

---

178 Vgl. *Fischer* in: Boruttau, GrEStG, 2011, § 1, Rz. 822.

179 Wohl ebenso: *Wiese*, Gesamthand, 2003, S. 139, die ebenfalls von unterschiedlichen Zielsetzungen der beiden Ergänzungstatbestände ausgeht, wobei § 1 Abs. 2a GrEStG die steuerfreie Verfügung i.S. einer Missbrauchsverhinderung unterbinden soll, während § 1 Abs. 3 GrEStG auf der Annahme einer von durch die Mehrheitsbeteiligung vermittelten Rechtsposition am Grundstück fußt.

180 Zur Eignung von Personengesellschaften zum „Transport" von Grundstücken vgl. *Fischer*, DStR 1997, S. 1746–1747; zu Gestaltungen auch unter Anwendung der nur für Personengesellschaften gültigen Befreiungstatbestände der §§ 5 und 6 GrEStG: *Loose*, DB 2015, S. 1004; *Fleischer*, DStR 1996, S. 1390 ff.

181 Vgl. BT-Drs. 13/5359 v. 26.08.1996, S. 116: Dort werden ausdrückliche die Fälle des Wechsels der Gesellschafter einer GmbH & Co. KG sowie der Treugeberwechsel genannt sowie auf die BFH-Rechtsprechung Bezug genommen; vgl. auch: *Wiese*, Gesamthand, 2003, S. 102.

182 Vgl. BT-Drs. 17/10604 v. 05.09.2012, S. 41; *Demleitner*, SteuK 2013, S. 265.

183 Vgl. *Schnitter* in Wilms/Jochum, ErbStG, 2017, § 1 GrEStG, Rz. 414.2; Darstellung der klassischen RETT-Blocker Strukturen: *Joisten/Liekenbrock*, Ubg 2013, S. 470.

184 Vgl. *Schnitter* in Wilms/Jochum, ErbStG, 2017, § 1 GrEStG, Rz. 414.2.

ausgelöst. Dabei knüpft § 1 Abs. 3a GrEStG an § 1 Abs. 3 GrEStG an, indem ein Rechtsvorgang i.S.d. § 1 Abs. 3 GrEStG fingiert wird, wenn der Anteilserwerber eine sog. wirtschaftliche Beteiligung innehat.

Die für die Fiktion des § 1 Abs. 3 GrEStG tragende Sachherrschaftstheorie kann bei § 1 Abs. 3a GrEStG allerdings nicht mehr einschlägig sein, da auch Beteiligungen an zwischengeschalteten Gesellschaften einbezogen werden, die nicht durch den Erwerber beherrscht werden oder/und die ihrerseits keinen herrschenden Einfluss auf die grundbesitzende Gesellschaft haben.[185] Auch die vermögensmäßige Betrachtung kommt als methodische Dogmatik nicht in Betracht, da sowohl Personen- als auch Kapitalgesellschaften von § 1 Abs. 3a GrEStG erfasst werden und ein Vorgang i. S. d. § 1 Abs. 3 GrEStG fingiert wird, während die vermögensmäßige Betrachtung auf die Besonderheiten der Gesamthand gestützt ist. Damit ist der Normzweck des § 1 Abs. 3a GrEStG noch enger als bereits § 1 Abs. 2a GrEStG auf die Verhinderung spezieller, in der Praxis beobachtete Gestaltungen beschränkt. Zudem ist keine über die Verhinderung dieser konkreten Fälle hinausgehende Rechtfertigung i.S. einer tragenden methodischen Grundlage zu erkennen[186], da weder Sachherrschaftstheorie noch vermögensmäßige Betrachtung greifen.

Den drei Ergänzungstatbeständen ist damit bezogen auf den Normzweck gemein, dass sie zur Missbrauchsvermeidung dienen und ihnen wirtschaftliche Überlegungen in Abgrenzung zu den zivilrechtlich definierten Grundtatbeständen zugrunde liegen. Sie erfassen wirtschaftlich dem Grundtatbestand vergleichbare Vorgänge, wobei die wirtschaftliche Vergleichbarkeit typisiert an einen zivilrechtlichen Rechtsvorgang geknüpft wird.[187] Diese Technik wird in allen drei Vorschriften angewandt. Sie unterscheiden sich aber in der methodisch-dogmatischen Grundlage der Typisierung, wobei eine solche für § 1 Abs. 3a GrEStG nicht zu erkennen ist. Unterschiede sind zudem hinsichtlich der vom Gesetzgeber bei Entstehung der Norm in den Blick genommenen Anwendungsfälle erkennbar. Hier ist festzuhalten, dass der beabsichtigte Anwendungsbereich im Zeitablauf der Einführung (d.h. von § 1 Abs. 3 über Abs. 2a bis zu Abs. 3a GrEStG) immer enger wird.

---

185 Vgl. *Behrens*, DStR 2013, S. 1407.

186 Im Ergebnis ebenso: *Behrens*, DStR 2013, S. 1407.

187 Vgl. zur Rechtfertigung der Typisierung und zum Vorliegen einer Vergleichbarkeit unter D.II.

II. Tatbestandsmerkmale

1. Rechtsform der Gesellschaft

§ 1 Abs. 2a GrEStG findet ausdrücklich nur auf Personengesellschaften Anwendung. Der Begriff der Personengesellschaften ist mangels eigenständiger Definition im GrEStG oder der Abgabenordnung zunächst anhand des allgemeinen zivilrechtlichen Verständnisses zu bestimmen.[188] Nach zivilrechtlichem Verständnis fallen unter den Begriff der Personengesellschaft die GbR (§§ 705 ff BGB), die OHG (§§ 105 ff HGB), die KG (§§ 161 ff HGB), die stille Gesellschaft (§§ 230 ff HGB), die PartG (PartGG) und die EWIV (EWIVAG).[189] Dieser Katalog ist aufgrund des numerus clausus der Gesellschaftsformen abschließend, wobei die Möglichkeit der Vermischung einzelner Gesellschaftsformen besteht.[190] Dem zivilrechtlichen Verständnis von Personengesellschaften unterfallen dagegen nicht Bruchteilsgemeinschaften, Erbengemeinschaften, Stiftungen und die Kapitalgesellschaften.[191] Die zivilrechtliche Definition der Personengesellschaft ist für die Anwendung des GrEStG zu modifizieren.[192] Dem § 1 Abs. 2a GrEStG unterliegt nicht die stille Gesellschaft, weil es sich dabei lediglich um eine Innengesellschaft handelt, die kein selbstständiger Rechtsträger für Zwecke der Grunderwerbsteuer ist[193], sodass ein Durchgriff auf die dahinterstehenden Gesellschafter wie ihn der Normzweck des § 1 Abs. 2a GrEStG vorsieht, ins Leere laufen würde.[194] Dagegen muss der Begriff auf ausländische Rechtsformen erweitert werden, die mit den oben genannten inländischen Rechtsformen vergleichbar sind.[195]

---

188 Vgl. *Fischer* in Boruttau, GrEStG, 2016, Vorbemerkungen, Rz. 206.

189 Vgl. *Schmidt*, Gesellschaftsrecht, 2002., § 3 I Nr. 2 a). Partenreedereien i.S.v. § 489 HGB a.F. werden hier nicht mehr behandelt, da sie seit dem Gesetz zur Reform des Seehandelsrechts v. 20.04.2013 (BGBl. I 2013, S. 831) nicht mehr gegründet werden können.

190 Vgl. *Mutter* in: Gummert, MAH Personengesellschaftsrecht, 2015, § 1 Rz. 1–5.

191 Bruchteilsgemeinschaft, Erbengemeinschaft und Stiftung sind bereits keine Gesellschaften im gesellschaftsrechtlichen Sinne, vgl. *Schmidt*, Gesellschaftsrecht, 2002, § 1 I Nr. 1 b). Die Kapitalgesellschaften zählen zu den Körperschaften, die im Gesellschaftsrecht von den Personengesellschaften abgegrenzt werden, vgl. *Schmidt*, Gesellschaftsrecht, 2002, § 3 I Nr. 2 a).

192 Vgl. zur Auslegung zivilrechtlicher Begriffe im steuerlichen Kontext: BVerfG, Beschluss v. 27.12.1991, 2 BvR 72/90, BStBl. II 1992, S. 212.

193 Vgl. *Pahlke*, GrEStG, 2018, § 1, Rz. 46.

194 Vgl. zur Überlegung bezogen auf § 1 Abs. 3 GrEStG: *Rothenöder*, Anteil, 2009, S. 101.

195 Vgl. Gleichlautende Erlasse der Länder v. 18.02.2014, BStBl. I 2014, 561, Tz. 1.1.

Die Rechtsprechung hat Kriterien für diesen sog. Typenvergleich entwickelt[196], die die Finanzverwaltung jedenfalls für die ertragsteuerliche Würdigung übernommen hat[197]. Die Grundsätze sollten auch für die Grunderwerbsteuer herangezogen werden können.[198]

Die bei Einführung des § 1 Abs. 2a GrEStG von zahlreichen Literaturstimmen geforderte teleologische Reduktion des Personengesellschaftsbegriffs auf vermögensverwaltende Gesellschaften[199] wurde von der Rechtsprechung abgelehnt[200] und wird daher aktuell auch nicht mehr diskutiert. Zwar lassen sich insbesondere im Hinblick auf den Normzweck und die Entstehungsgeschichte des § 1 Abs. 2a GrEStG gute Gründe für eine solche teleologische Reduktion finden.[201] Der eindeutige Wortlaut der Norm lässt nach Ansicht des BFH jedoch keine einschränkende Auslegung zu und auch die Dokumente des Gesetzgebungsverfahrens lassen keine Anhaltspunkte für eine vom Wortlaut abweichende gesetzgeberische Intention erkennen.[202]

§ 1 Abs. 3 GrEStG ist dem Wortlaut nach auf eine „Gesellschaft" anwendbar. Eine weitere Definition enthält das Gesetz nicht. In § 1 Abs. 3 GrEStG 1940 waren als Klammerzusatz noch ausdrücklich beispielhaft die folgenden Gesellschaften aufgezählt: AG, GmbH, bergrechtliche Gewerkschaft, oHG, GbR. Daraus wird ersichtlich, dass der historische Gesetzgeber sowohl Personen- als auch Kapitalgesellschaften erfassen wollte. Dieses Verständnis gilt grds. auch heute noch.[203] Mit der Streichung des Klammerzusatzes im Rahmen der Grunderwerbsteuer-Reform 1983 sollten keine inhaltlichen Änderungen verbunden sein, sondern die nicht abschließende Aufzählung wurde schlicht für überflüssig erachtet.[204]

196 Vgl. BFH, Urteil v. 20.08.2008, I R 34/08, BStBl. II 2009, S. 263.

197 Vgl. BMF-Schreiben v. 19.03.2004, IV B 4-S 1301 USA-22/04, BStBl. I 2004, S. 411, BMF-Schreiben v. 26.09.2014, IV B 5-S 1300/09/10003, BStBl. I 2014, S. 1258.

198 Vgl. *Behrens*, DStR 2010, S. 787; *Meßbacher-Hönsch* in: Boruttau, GrEStG, 2016, § 1 Rz. 831a.

199 Vgl. *Joecks*, BB 1997, S. 1921; *Wiese*, UVR 2004, S. 58; *Pahlke/Franz*, GrEStG, 1999, § 1, Rz. 273 m.w.N. Für eine einschränkende Anwendung auf Gesellschaften, bei denen der Wertansatz der Grundstücke mehr als 50 % der Bilanzsumme ausmacht: *IDW*, Wpg 1998, S. 387.

200 Vgl. BFH, Beschluss v. 11.09.2002, II B 113/02, BStBl. II 2002, S. 777.

201 Gl.A. *Pahlke*, GrEStG, 2018, § 1, Rz. 276.

202 Vgl. BFH, Beschluss v. 11.09.2002, II B 113/02, BStBl. II 2002, S. 777, Rz. 16.

203 Vgl. *Hofmann*, GrEStG, 2017, § 1 Rz. 140.

204 Vgl. BT-Drs. 9/251 v. 19.03.1981, S. 16. Der Gesetzgeber erfasste lediglich im Wege der Fiktion in § 1 Abs. 4 Nr. 1 GrEStG 1983 auch die bergrechtliche Gesellschaft, die aber seit 1994 nicht mehr existiert und daher hier nicht weiter behandelt wird.

Mangels spezialgesetzlicher Definition ist auch hier zunächst der zivilrechtliche Begriff zugrunde zu legen und ggfs. unter Berücksichtigung der historischen Gesetzesfassung an die grunderwerbsteuerlichen Besonderheiten anzupassen. Nach zivilrechtlicher Definition umfasst der Begriff Gesellschaft im weiteren Sinne alle privatrechtliche Zweckverbände.[205] Diese lassen sich unterscheiden in Personengesellschaften und Körperschaften, wobei zu den Körperschaften die Vereine, die Kapitalgesellschaften und die Genossenschaften zählen.[206] Unter den zivilrechtlichen Gesellschaftsbegriff fallen damit nicht die Bruchteilsgemeinschaften, Erbengemeinschaften und privatrechtlichen Stiftungen[207], sowie Körperschaften, Anstalten und Stiftungen des öffentlichen Rechts[208].

Literatur und Rechtsprechung gehen davon aus, dass neben den bereits zivilrechtlich nicht vom Gesellschaftsbegriff umfassten Rechtsformen auch Vereine und die stille Gesellschaft nicht unter § 1 Abs. 3 GrEStG fallen.[209] Denn Voraussetzung für die Anwendung des § 1 Abs. 3 GrEStG ist, dass es sich bei der Gesellschaft um einen für Zwecke der Grunderwerbsteuer selbstständigen Rechtsträger handelt[210], da andernfalls der durch § 1 Abs. 3 GrEStG angeordnete Durchgriff keinen Sinn ergeben würde.[211] Außerdem bedingt der Tatbestand des § 1 Abs. 3 GrEStG, dass Anteile an der Gesellschaft gehalten werden können.[212] Die stille Gesellschaft erfüllt keine der beiden Voraussetzungen, da sie als rein schuldrechtliche Beteiligung keine Anteile gewährt und als reine Innengesellschaft nicht als grunderwerbsteuerlich selbstständiger Rechtsträger gilt.[213] Der Verein ist zwar Rechtsträger i.S. des Grunderwerbsteuerrechts; er vermittelt aber typischerweise keine Anteile, die mit Anteilen an einer Kapitalgesellschaft oder am Gesellschaftsvermögen von Personengesellschaften vergleichbar wären.[214] Zwar gibt es auch im Personengesellschaftsrecht grds. keinen Gesellschaftsanteil, sondern nur einen Anteil am Gesellschaftsvermögen (§ 719 BGB).[215] Im

---

205 Vgl. *Schmidt*, Gesellschaftsrecht, 2002, § 3 I Nr. 1.

206 Vgl. *Schmidt*, Gesellschaftsrecht, 2002, § 3 I Nr. 2 a).

207 Vgl. *Schmidt*, Gesellschaftsrecht, 2002, § 1 I Nr. 1 b).

208 Vgl. *Schmidt*, Gesellschaftsrecht, 2002, § 1 II Nr. 1 a).

209 Vgl. *Pahlke*, GrEStG, 2018, § 1 Rz. 321. Ausführlich: *Rothenöder*, Anteil, 2009, S. 100–104.

210 Vgl. *Pahlke*, GrEStG, 2018 § 1 Rz. 321.

211 Vgl. referierend *Rothenöder*, Anteil, 2009, S. 101.

212 Vgl. *Rothenöder*, Anteil, 2009, S. 107.

213 Vgl. BFH, Urteil v. 20.03.1988, II R 76/87, BStBl. II 1988, S. 550; *Pahlke*, GrEStG, 2018, § 1 Rz. 46.

214 S. dazu ausführlich: *Rothenöder*, Anteil, 2009, S. 143.

215 Vgl. *Rothenöder*, Anteil, 2009, S. 102.

Hinblick auf den insoweit eindeutigen gesetzgeberischen Willen zur Erfassung der Personengesellschaft[216] folgt daraus aber kein Ausschluss aus dem Anwendungsbereich des § 1 Abs. 3 GrEStG; vielmehr ist der grunderwerbsteuerliche Anteilsbegriff auf seine Übereinstimmung mit dem zivilrechtlichen Begriffsverständnis zu untersuchen.[217] Die genannten spezifischen[218] grunderwerbsteuerlichen Voraussetzungen führen zu einer Einschränkung des zivilrechtlichen Gesellschaftsbegriffs für Zwecke der Grunderwerbsteuer.[219] Dagegen sind wie schon bei § 1 Abs. 2a GrEStG über den deutschen zivilrechtlichen Begriff hinaus auch alle ausländischen Rechtsformen erfasst, die mit den genannten inländischen Rechtsformen (Personengesellschaft, Kapitalgesellschaft, eingetragene Genossenschaft) vergleichbar und damit selbstständige Rechtsträger i. S. d. GrEStG sind.[220]

Da § 1 Abs. 3a GrEStG an § 1 Abs. 3 GrEStG anknüpft, geht die h. M. von einem einheitlichen Begriffsverständnis aus, zumal der Gesetzeswortlaut keine Hinweise auf eine unterschiedliche Auslegung des Begriffs Gesellschaft enthält.[221] Wie bereits dargestellt wurde § 1 Abs. 3a GrEStG zur Verhinderung spezieller RETT-Blocker-Strukturen eingeführt und fußt weniger auf methodischen Überlegungen als auf der Missbrauchsverhinderung konkreter in der Praxis beobachteter Fälle.[222] Daher sprechen auch hier gute Gründe für eine Einschränkung des Anwendungsbereichs auf grundstücksverwaltende Gesellschaften, da bei werbenden Gesellschaften ein Missbrauch unwahrscheinlicher ist und folglich die Typisierung auf zahlreiche vom Gesetzeszweck nicht gedeckte Fälle ausgedehnt wird.[223] Gegen eine teleologische Reduktion spricht jedoch, dass wie bereits bei § 1 Abs. 2a GrEStG auch hier weder im Wortlaut noch in der Entstehungsgeschichte des § 1 Abs. 3a GrEStG Anknüpfungspunkte für eine Einschränkung

---

216 Vgl. Klammerzusatz in § 1 Abs. 3 GrEStG 1940 und den Willen zur unveränderten Übernahme gem. BT-Drs. 9/251 v. 19.03.1981, S. 16.

217 S. dazu ausführlich und mit dem Ergebnis einer eigenen grunderwerbsteuerlichen Anteilsdefinition: *Rothenöder*, Anteil, 2009, S. 138.

218 Vgl. *Rothenöder*, Anteil, 2009, S. 106.

219 Eine ausführliche Analyse des Gesellschaftsbegriffs gem. § 1 Abs. 3 GrEStG findet sich bei *Rothenöder* (Anteil, 2009, S. 139–143).

220 Vgl. *Hofmann*, GrEStG, 2017, § 1, Rz. 140; *Meßbacher-Hönsch* in: Boruttau, GrEStG, 2016, § 1, Rz. 968–970.

221 Vgl. *Pahlke*, GrEStG, 2018, § 1, Rz. 418;

222 S. dazu unter C. I.

223 Vgl. *Pahlke*, GrEStG, 2018, § 1, Rz. 418. Zur überschießenden Tendenz der Norm vgl. *Wagner/Mayer*, BB 2014, S. 279.

bestehen.[224] Eine Einschränkung durch den Gesetzgeber ist ebenfalls nicht zu erwarten, da auch hier die Abgrenzung zwischen Grundstücksverwaltenden und werbenden Gesellschaften das Risiko neuer Umgehungen birgt.[225]

Zusammenfassend lässt sich festhalten, dass die Ergänzungstatbestände grds. von demselben Gesellschaftsbegriff ausgehen. Er umfasst alle Personenvereinigungen, die als selbstständige Rechtsträger für grunderwerbsteuerliche Zwecke behandelt werden und an denen Anteile gehalten werden können. Dazu gehören auch ausländische Gesellschaftsformen, soweit sie die genannten Voraussetzungen erfüllen. § 1 Abs. 2a GrEStG ist einschränkend nur auf Personengesellschaften anwendbar. Abgesehen von diesem im Gesetzeswortlaut ausdrücklich angeordneten eingeschränkten Anwendungsbereich existieren keine Unterschiede im Gesellschaftsbegriff der einzelnen Ergänzungstatbestände.

2. Zuordnung des Grundstücks zum Gesellschaftsvermögen

Die Zuordnung von Grundstücken zum Gesellschaftsvermögen richtet sich bei allen Ergänzungstatbeständen nach identischen Kriterien.[226] Dabei ist weder eine zivilrechtliche noch eine rein wirtschaftliche Betrachtung maßgebend, sondern die Zuordnung ist nach speziellen grunderwerbsteuerrechtlichen Kriterien vorzunehmen.[227] Ein Grundstück gehört der Gesellschaft, wenn es ihr aufgrund eines Erwerbsvorgangs i. S. d. § 1 Abs. 1, 2, 3 oder 3a GrEStG zuzurechnen ist.[228] Diese Tatbestände dienen neben der Normierung eines Steuertatbestands damit auch als Zuordnungsnormen.[229] § 1 Abs. 2a GrEStG hat dagegen keine Zuordnungsfunktion[230], weil sich das Zuordnungssubjekt nicht ändert. Denn § 1

---

224 Mit einer Einschränkung des Anwendungsbereichs durch die Rechtsprechung ist daher wohl nicht zu rechnen. So auch *Pahlke*, GrEStG, 2018, § 1, Rz. 418.

225 Vgl. bezogen auf § 1 Abs. 2a GrEStG: *Weilbach*, GrEStG, 2017, § 1, Rz. 80.

226 Vgl. *Meßbacher-Hönsch* in: Boruttau, 2016, § 1 Rz. 902, 1246; *Pahlke*, GrEStG, 2018, § 1, Rz. 277; 419.

227 Vgl. BFH, Urteil v. 25.08.2010, II R 65/08, BStBl. II 2011, S. 225; *Pahlke*, GrEStG, 2014, § 1, Rz. 325.

228 Vgl. BFH, Urteil v. 11.12.2014, II R 26/12, BStBl. II 2015, S. 402; BFH, Urteil v. 25.08.2010, II R 65/08, BStBl. II 2011, S. 225; Hofmann, GrEStG, 2017, § 1, Rz. 148; *Meßbacher-Hönsch* in: Boruttau, 2016, § 1 Rz. 903, 1030, 1246; *Pahlke*, GrEStG, 2018, § 1, Rz. 325.

229 Vgl. *Rothenöder*, Anteil, 2009, S. 43 bezogen auf § 1 Abs. 1, Abs. 2 und Abs. 3 GrEStG. Für den später eingeführten § 1 Abs. 3a GrEStG ist eine Zuordnungsfunktion ebenfalls anzunehmen, vgl. BFH, Urteil v. 11.12.2014, II R 26/12, BStBl. II 2015, S. 402.

230 Vgl. *Hofmann*, GrEStG, 2017, § 1, Rz. 148; *Pahlke*, GrEStG, 2018, § 1, Rz. 325; insoweit ungenau aber wohl nicht entgegenstehend: BFH, Urteil v. 25.08.2010, II R 65/08,

Abs. 2a GrEStG fingiert den Erwerb des Grundstücks durch eine fiktiv neue Personengesellschaft. Die Zuordnung verbleibt auch nach der Verwirklichung des § 1 Abs. 2a GrEStG bei der Personengesellschaft, wenn auch in ihrer neuen Zusammensetzung.[231]

Bei der Zuordnung der Grundstücke zum Gesellschaftsvermögen ist zu beachten, dass die Gesellschaft den Erwerbsvorgang nicht zwingend selbst verwirklicht haben muss, sondern ihr auch Erwerbsvorgänge anderer Gesellschaften zuzurechnen sein können.[232] Dies ist bei Beteiligungsstrukturen i. S. d. § 1 Abs. 3 und 3a GrEStG der Fall. Einer Gesellschaft sind demnach auch die Grundstücke zuzurechnen, die eine andere Gesellschaft erwirbt oder die bereits zum Vermögen der anderen Gesellschaft gehören, wenn sie an der anderen Gesellschaft min. 95 % der Anteile hält (Beteiligung i.S.v. § 1 Abs. 3 GrEStG) oder sie eine wirtschaftliche Beteiligung i.S.v. § 1 Abs. 3a GrEStG an ihr innehat.[233] Bei Beteiligungsketten sind die Grundstücke der untersten Gesellschaft daher jeder einzelnen Obergesellschaft zuzurechnen, soweit die Beteiligungsquoten erfüllt sind.[234] Die daraus resultierende Mehrfachzuordnung von Grundstücken wird allgemein als vom Gesetzgeber gewollt akzeptiert.[235] Jedenfalls im Anwendungsbereich des § 1 Abs. 3 GrEStG ist diese Mehrfachzuordnung kritisch zu sehen. Während sich die Zuordnung zur grundbesitzenden Gesellschaft über das zivilrechtliche Eigentum und die Zuordnung zum obersten, also herrschenden und willensbildenden Gesellschafter über eine wirtschaftliche Zurechnung begründen lässt, erscheint eine Zuordnung zu den zwischengeschalteten und ebenfalls vom obersten Gesellschafter beherrschten Gesellschaften dogmatisch nicht überzeugend.[236]

BStBl. II 2011, S. 225: Der BFH verweist hier ohne weitere Problematisierung auf Erwerbsvorgänge i.S.d. § 1 GrEStG.

231 Vgl. *Meßbacher-Hönsch* in Boruttau: GrEStG, 2016, Rz. 904.

232 Vgl. *Pahlke*, GrEStG, 2018, § 1, Rz. 325; *Rothenöder*, Anteil, 2009, S. 170; *Behrens*, StJB 2014/2015, S. 548.

233 Vgl. Gleichlautende Erlasse der Länder v. 18.02.2014, BStBl. I 2014, 561, Tz. 1.2; *Pahlke*, GrEStG, 2018, § 1, Rz. 325; *Rothenöder*, Anteil, 2009, S. 170; *Behrens*, StJB 2014/2015, S. 548; BFH, Urteil v. 15.01.2003, II R 50/00, BStBl. II 2003, S. 320.

234 Vgl. *Tiede*, StuB 2014, S. 843.

235 Vgl. *Fischer* in: Boruttau, GrEStG, 2011, § 1, Rz. 995; *Rothenöder*, Anteil, 2009, S. 172.

236 Vgl. zu ähnlichen Überlegungen bei *Kroschewski*, Anteilsvereinigung, 2001, S. 247–252: Er begründet dogmatisch die Zuordnung zum obersten Anteilseigner, da dieser seine Zwecksetzungsmacht auch über zwischengeschaltete Gesellschaften ausüben kann. Eine Problematisierung der Zuordnung zu den zwischengeschalteten

M.E. ergibt sich auch aus dem Urteil des BFH v. 11.12.2014[237] keine abweichende Rechtsauffassung. Der BFH entschied, dass ein Erwerbsvorgang, aufgrund dessen ein Grundstück einer Gesellschaft zuzurechnen ist, i.S.d. § 38 AO verwirklicht sein muss, sodass bei Abschluss eines Vertrags unter aufschiebender Bedingung der Erwerbstatbestand und damit die Zurechnung erst bei Bedingungseintritt angenommen werden kann.[238] In der Urteilsbegründung führte er aus, dass ein Grundstück der Gesellschaft i.S.v. § 1 Abs. 3 GrEStG gehöre, wenn es ihr aufgrund eines Erwerbsvorgangs gem. § 1 Abs. 1, 2, 3, oder 3a GrEStG grunderwerbsteuerrechtlich zuzurechnen sei. Umgekehrt gehöre ein Grundstück nicht mehr der Gesellschaft, wenn es Gegenstand eines Veräußerungsvorgangs i. S. des § 1 Abs. 1, 2, 3 oder 3a GrEStG gewesen sei. Streitfrage war im vorliegenden Fall die Wirkung der aufschiebenden Bedingung, nicht jedoch die Zurechnung von Grundstücken innerhalb einer Beteiligungskette. Es ist auch nicht ersichtlich, dass der BFH von der bisherigen Rechtsprechung und überwiegenden Literaturauffassung abweichen wollte.[239] Daher kann m.E. aus den Ausführungen des BFH nicht geschlossen werden, dass eine Zuordnung des Grundstücks zum Vermögen einer Gesellschaft nur gegeben ist, wenn sie selbst einen Erwerbsvorgang gem. § 1 Abs. 1, 2 ,3 oder 3a GrEStG verwirklicht.[240] Da das Tatbestandsmerkmal „Grundstück im Vermögen der Gesellschaft“ in allen Ergänzungstatbeständen gleich und ohne Einschränkung normiert ist, lässt sich m.E. ebenfalls nicht argumentieren, die Zuordnung von Grundvermögen zum Vermögen der Personengesellschaft müsse für Zwecke des § 1 Abs. 2a GrEStG nach anderen Grundsätzen als denen des § 1 Abs. 3 GrEStG erfolgen. Denn es ist nicht ersichtlich, dass der Gesetzgeber durch § 1 Abs. 2a GrEStG einen anderen Grundstücksbestand der Gesellschaft besteuern wollte als durch § 1 Abs. 3 GrEStG.[241]

Gesellschaften findet allerdings nicht statt. A.A.: *Fischer* in: Boruttau, GrEStG, 2011, § 1, Rz. 912.

237 BFH, Urteil v. 11.12.2014, II R 26/12, BStBl. II 2015, S. 402.

238 Vgl. BFH, Urteil v. 11.12.2014, II R 26/12, BStBl. II 2015, S. 402, Rz. 18.

239 Vgl. zur Möglichkeit der mehrfachen Zuordnung von Grundstücken u.a. BFH, Urteil v. 15.01.2003, II R 50/00, BStBl. II 2003, S. 320.

240 Zweifelnd: *Behrens*, StJB 2014/2015, S. 548.

241 Vgl. im Ergebnis ebenso: Gleichlautende Erlasse der Länder v. 18.02.2014, BStBl. I 2014, 561, Tz. 1.2; a.A. *Heine*, GmbHR 2006, S. 350; *Behrens*, StJB 2014/2015, S. 548.

Das Grundstück ist der Gesellschaft ab dem Zeitpunkt zuzurechnen, in dem der Erwerbstatbestand nach den Grundsätzen des § 38 AO verwirklicht ist.[242] Nicht ausreichend ist die lediglich geplante Verwirklichung eines Erwerbstatbestands.[243] Auf die Zweifelsfragen, die sich durch die Möglichkeit der Rückgängigmachung eines Erwerbsvorgangs gem. § 16 GrEStG ergeben, soll an dieser Stelle nicht eingegangen werden.[244] Das Grundstück ist der Gesellschaft nicht mehr zuzurechnen, wenn sie es verkauft hat.[245] Dabei ist auf den Abschluss des Kaufvertrags gem. § 1 Abs. 1 Nr. 1 GrEStG abzustellen. Überträgt die Gesellschaft lediglich die Verwertungsbefugnis i.S.v. § 1 Abs. 2 GrEStG, ist ihr das Grundstück nach h. M. dennoch weiterhin zuzurechnen, da die Verwertungsbefugnis des anderen die eigenen Verwertungsbefugnis nicht gänzlich ausschließt.[246] In diesen Fällen kommt es daher, wie für § 1 Abs. 3 und 3a GrEStG beschrieben, zu einer Zurechnung desselben Grundstücks zu mehreren Rechtsträgern. Eine andere Auffassung könnte jedoch dem BFH Urteil v. 11.12.2014 zu entnehmen sein. Der BFH entschied ohne weitere Problematisierung hinsichtlich der Verwertungsbefugnis, dass ein Grundstück einer Gesellschaft nicht mehr zuzurechnen ist, sobald das Grundstück Gegenstand eines Veräußerungsvorgangs i. S. d. § 1 Abs. 1, 2, 3 oder 3a GrEStG war.[247] Wie bereits zuvor für die Definition der Erwerbsvorgänge ausgeführt, ist aber auch hier nicht ersichtlich, dass der BFH von der h. M. und bisheriger Rechtsprechung abweichen wollte. Zudem würden

---

242 Vgl. BFH, Urteil v. 11.12.2014, II R 26/12, BStBl. II 2015, S. 402. Von einer Erfüllung i.S.d. § 38 AO ist nach Auffassung des BFH bspw. nicht auszugehen, wenn Verträge unter einer aufschiebenden Bedingung geschlossen werden und die Bedingung noch nicht erfüllt ist (Rz. 21). Zur Verwirklichung und Steuerentstehung vgl. ausführlich unter C.III.4.

243 Vgl. *Meßbacher-Hönsch* in Boruttau: GrEStG, 2016, Rz. 905.

244 Vgl. dazu ausführlich: *Behrens/Schmitt*, UVR 2009, S. 51.

245 Vgl. Vgl. *Meßbacher-Hönsch* in Boruttau: GrEStG, 2016, Rz. 906, 1030, 1246; *Pahlke*, GrEStG, 2018, § 1, Rz. 277.

246 Vgl. Gleichlautende Erlasse der Länder v. 18.12.2014, BStBl. I 2014, S. 561, Tz. 1.2; *Hofmann*, GrEStG, 2017, § 1, Rz. 148; s.a. ausführliche Diskussion bei *Rothenöder*, Anteil, 2009, S. 173–174; a.A. *Kroschewski,* Anteilsvereinigung, 2001, S. 245–246; *Gassner*, Anteilsvereinigung und Übergang, 1970, S. 50. Der BFH hat in jüngerer Rechtsprechung auch § 1 Abs. 2 GrEStG als Grund für den Wegfall der Zurechnung genannt (vgl. BFH, Urteil v. 11.12.2014, II R 26/12, BStBl. II 2015, S. 402), ohne diese Abweichung von Verwaltungsauffassung und bisher wohl h. M. zu problematisieren; vgl. dazu *Meßbacher-Hönsch* in: Boruttau, GrEStG, 2016, § 1, Rz. 907.

247 Vgl. BFH, Urteil v. 11.12.2014, II R 26/12, BStBl. II 2015, S. 402, Tz. 18.

dann die Tatbestände des § 1 Abs. 3 Nr. 3 und Nr. 4 GrEStG in einem Großteil der Fälle ins Leere laufen.[248]

Aus der Zuordnung eines Grundstücks zum Vermögen einer Gesellschaft folgt nicht, dass die Gesellschaft für dieses Grundstück keinen Erwerbsvorgang mehr verwirklichen kann. Dies ergibt sich ausdrücklich aus § 1 Abs. 6 S.1 GrEStG, der einen steuerpflichtigen Erwerb auch dann annimmt, wenn ein Erwerb aufgrund eines anderen Tatbestands vorausgegangen ist. Es kommt daher darauf an, nach welcher grunderwerbsteuerlichen Norm der Gesellschaft das Grundstück zuzurechnen ist. Lediglich Erwerbsvorgänge aufgrund dieser Norm können dann für das betroffene Grundstück durch dieselbe Gesellschaft nicht mehr realisiert werden.[249] So ist der Abschluss eines Kaufvertrags mit einer Tochtergesellschaft über ein Grundstück, das der Gesellschaft bereits nach § 1 Abs. 3 GrEStG gehörte, ein steuerpflichtiger Erwerbsvorgang i. S. d. § 1 Abs. 1 Nr. 1 GrEStG. Diese Fallvariante wird in der Literatur mit Hinweis auf die Qualifizierung der Grunderwerbsteuer als Rechtsverkehrssteuer und die Trennung zwischen Gesellschaft und Gesellschafter noch weitgehend akzeptiert.[250] Kritischer sehen viele Literaturstimmen das Zusammenspiel von § 1 Abs. 3 und Abs. 3a GrEStG.[251] Nach Ansicht der Finanzverwaltung wird durch einen Rechtsvorgang, der dazu führt, dass die Gesellschaft erstmals eine wirtschaftliche Beteiligung an einer anderen Gesellschaft innehat, eine Steuerpflicht nach § 1 Abs. 3a GrEStG auch dann ausgelöst, wenn das betroffene Grundstück der erwerbenden Gesellschaft bereits zuvor nach § 1 Abs. 3 GrEStG zuzurechnen war.[252] Dies ist zwar im Hinblick auf

248 Sollte ein Grundstück der grundbesitzenden Gesellschaft tatsächlich nach einer Anteilsvereinigung nicht mehr zuzurechnen sein, könnte es dem Wortlaut nach bei einer späteren Übertragung der vereinigten Anteile niemals zu einer Besteuerung gem. § 1 Abs. 3 Nr. 3 oder Nr. 4 GrEStG kommen, da zum Vermögen der Gesellschaft kein Grundstück mehr gehören würde.

249 Für die verschiedenen Fallvarianten des § 1 Abs. 1 und 3 GrEStG ergibt sich dies aus der innerhalb der Absätze geltenden Subsidiarität (vgl. *Meßbacher-Hönsch* in: Boruttau, 2016, § 1 Rz. 1149, 1150). Für den Fall der Anteilsverstärkung und der Verlängerung bzw. Verkürzung der Beteiligungskette bei § 1 Abs. 3 GrEStG vgl. BFH, Urteil v. 12.01.1994, II R 130/91, BStBl. II 1994, S. 408; Gleichlautende Erlasse der Länder v. 02.12.1999, BStBl. I 1999, S. 991, Tz. 3.

250 Vgl. *Wagner/Mayer*, BB 2014, S. 286; *Pahlke*, GrEStG, 2018, § 1, Rz. 465; vgl. dazu aber kritisch unter D.IV.

251 Vgl. *Joisten/Liekenbrock*, Ubg 2013, S. 747; *Behrens*, DStR 2013, S. 1410.

252 Vgl. Gleichlautende Erlasse der Länder v. 09.10.2013, BStBl. I 2013, S. 1364, Bsp. 11.

den Normzweck und die dogmatische Rechtfertigung fragwürdig[253], lässt sich über § 1 Abs. 6 GrEStG aber wohl begründen.

Die Ergänzungstatbestände unterscheiden sich bzgl. der Frage, zu welchem Zeitpunkt ein Grundstück der Gesellschaft zuzurechnen sein muss. Für § 1 Abs. 2a GrEStG muss das Grundstück der Personengesellschaft während des gesamten relevanten Zeitraums zuzurechnen sein, in dem die Wechsel im Gesellschafterbestand eintreten, d.h. durchgängig vom Zeitpunkt des ersten relevanten Anteilsübergangs/Gesellschafterwechsels bis zum letzten relevanten Wechsel.[254] Für § 1 Abs. 3 und Abs. 3a GrEStG ist hingegen eine Zeitpunktbetrachtung vorzunehmen, d.h. das Grundstück muss der Gesellschaft im Zeitpunkt der Tatbestandsverwirklichung zuzurechnen sein.[255] Bei sukzessivem Anteilserwerb ist dies der Zeitpunkt des letzten Anteilserwerbs, der zum Überschreiten der 95 % Grenze führt.[256] Dabei ist je nach Norm zu unterscheiden, ob die Tatbestandsverwirklichung bereits mit Abschluss des schuldrechtlichen Vertrags über die Anteilsveräußerung oder bei dinglicher Übertragung des Anteils vorliegt. Für § 1 Abs. 2a GrEStG kommt es nur auf den Zeitpunkt der dinglichen Anteilsübertragung an.[257] Für § 1 Abs. 3 GrEStG sind grds. beide Zeitpunkte relevant. Es ist vorrangig gem. § 1 Abs. 3 Nr. 1 und Nr. 3 GrEStG auf den Abschluss des Rechtsgeschäfts, das den Anspruch auf Übertragung begründet, abzustellen. Für Grundstücke, die zu diesem Zeitpunkt nicht dem Vermögen der Gesellschaft zuzuordnen sind, die aber bei dinglicher Übertragung der Gesellschaftsanteile der Gesellschaft gehören, kommt aufgrund der grundstücksbezogenen Betrachtungsweise eine Besteuerung nach § 1 Abs. 3 Nr. 2 oder Nr. 4 GrEStG in Betracht.[258] Dagegen ist eine Aufhebung der Grunderwerbsteuer für Grundstücke, die bis zur dinglichen Übertragung der Anteile veräußert wurden, nicht möglich.[259] Für § 1 Abs. 3a GrEStG ist hingegen aufgrund der Formulierung

---

253 Vgl. dazu auch unter D.IV:

254 Vgl. Gleichlautende Erlasse der Länder v. 18.02.2014, BStBl. I 2014, S. 561, Tz. 1.2; *Schnitter* in: Wilms/Jochum, ErbStG, 2017, § 1 GrEStG, Rz. 252; *Meßbacher-Hönsch* in: Boruttau, GrEStG, 2016, § 1 Rz. 908; BFH v. 08.11.2000, II R 64/98, BStBl. II 2001, S. 422.

255 Vgl. Gleichlautende Erlasse der Länder v. 09.10.2013, BStBl. I 2013, S. 1364, Tz. 4.

256 Vgl. *Pahlke*, GrEStG, 2018, § 1, Rz. 320, 426.

257 Vgl. BFH, Urteil v. 30.08.2017, II R 39/15, BFH/NV 2018, S. 291, Rz. 12.

258 Vgl. *Pahlke*, GrEStG, 2018, § 1, Rz. 324, 330.

259 S. dazu kritisch: *Kroschewski*, Anteilsvereinigung, 2001, S. 114, der hierin eine Besteuerung zivilrechtlicher Vorgänge ohne Grundstücksbezug sieht und die Nachbildung des § 1 Abs. 1 in § 1 Abs. 3 GrEStG bezogen auf die Einbeziehung schuldrechtlicher Geschäfte kritisiert, da der Erwerb des Grundstücks (§ 1 Abs. 1 GrEStG) im Hinblick

„innehat" nach h. M. ausschließlich auf den Zeitpunkt der dinglichen Anteilsübertragung abzustellen.[260] Die Verwaltung vertritt eine andere Auffassung und will für § 1 Abs. 3a GrEStG dieselben Grundsätze zum Besteuerungszeitpunkt anwenden wie bei § 1 Abs. 3 GrEStG.[261]

3. Anteilsbegriff

Für § 1 Abs. 2a GrEStG ist aufgrund des Anwendungsbereichs nur der Anteil an einer Personengesellschaft relevant.[262] Der Anteil an einer Personengesellschaft ist seit 2002 ausdrücklich als Anteil am Gesellschaftsvermögen in § 1 Abs. 2a GrEStG definiert.[263] Damit wird eine vermögensmäßige Betrachtung normiert.[264] Die Verwaltung definiert den Anteil am Gesellschaftsvermögen weiter als den „Wertanteil am Reinvermögen als schuldrechtlicher, gesellschaftsvertraglicher Anspruch des einzelnen Gesellschafters gegen die Gesamthand".[265] Dabei soll zunächst auf die gesellschaftsinternen Vereinbarungen abzustellen sein und nur hilfsweise eine Ermittlung nach den Gewinnverteilungsregeln der §§ 722, 734 BGB bzw. §§ 120–122 HGB erfolgen.[266] Im Regelfall richtet sich der Anteil

---

auf die bereits mit Abschluss des Rechtsgeschäfts bestehende Verfügungsgewalt über das Grundstück nicht mit dem Erwerb von Gesellschaftsanteilen an Grundstücksgesellschaften vergleichbar sei.

260 Vgl. *Pahlke*, GrEStG, 2018, § 1, Rz. 438; *Hofmann*, GrEStG, 2017, § 1, Rz. 191; *Behrens*, DStR 2013, S. 1405; *Joisten/Liekenbrock*, Ubg 2013, S. 473; a.A.: *Wagner/Mayer*, BB 2014, S. 282.

261 Vgl. Gleichlautende Erlasse der Länder v. 09.10.2013, BStBl. I 2013, S. 1364, Tz. 4.

262 Zwar erfasst § 1 Abs. 2a GrEStG auch mittelbare Übertragungen von Anteilen, sodass auch Beteiligungen über Kapitalgesellschaften relevant sein können. Die Besonderheiten der mittelbaren Zurechnung von Anteilen werden aber erst unter C.II.4.b. behandelt. Der im Folgenden analysierte Anteilsbegriff bezieht sich daher nur auf die unmittelbar an der grundbesitzenden Gesellschaft bestehenden Anteile.

263 Art. 13 Nr. 1 Buchst. a) StÄndG 2001 v. 20.12.2001, BGBl. I 2001, S. 3806. Vorher ließ der Wortlaut auch eine sachenrechtliche Betrachtung zu, die auf die dingliche Mitberechtigung des Gesellschafters abstellte und zu einer Pro-Kopf-Betrachtung führte (vgl. BT-Drs. 14/6877 v. 07.09.2001, S. 31; *Heine*, GmbHR 2006, S. 350). Finanzverwaltung und Literatur gingen aber bereits zuvor von einer vermögensmäßigen Betrachtung aus (vgl. Gleich lautende Erlasse der Länder v. 13.06.1997, BStBl. I 1997, S. 632; Tz. 1; *Behrens/Schmitt*, UVR 2005, S. 380 m.w.N.; *Pahlke/Franz*, GrEStG, 1999, § 1, Rz. 286; *Hofmann*, GrEStG, 2001, § 1, Rz. 112).

264 Vgl. *Schnitter* in Wilms/Jochum, ErbStG, 2017, § 1 GrEStG, Rz. 244.

265 Gleichlautende Erlasse der Länder v. 18.02.2014, BStBl. I 2014, S. 561, Tz. 1.3.

266 Vgl. Gleichlautende Erlasse der Länder v. 18.02.2014, BStBl. I 2014, S. 561, Tz. 1.3.

daher nach den vereinbarten festen Kapitalkonten, die sich durch Gewinnverteilung, Entnahmen und Einlagen grds. nicht ändern.[267] Auch wenn der Personengesellschaft ein Grund- oder Stammkapital, wie es bei Kapitalgesellschaften vorgeschrieben ist, fremd ist, finden sich in vielen Gesellschaftsverträgen Vereinbarungen zu festen Kapitalkonten, die die vermögensmäßige Beteiligung der Gesellschafter abbilden sollen.[268] Die Aussagekraft der vereinbarten Kapitalkonten bezogen auf den vermögensmäßigen Anteil lässt sich u.a. auch anhand der vereinbarten Auseinandersetzungsquoten überprüfen.[269] Ein isoliertes Abstellen auf die Auseinandersetzungs- bzw. Abfindungsquote wird regelmäßig nicht in Betracht kommen, insbesondere wenn lediglich eine unter dem gemeinen Wert des Anteils liegende Abfindung gewährt werden soll.[270] Sind feste Kapitalkonten nicht vereinbart, müssen die sog. beweglichen Kapitalkonten zueinander ins Verhältnis gesetzt werden.[271] Da diese sich durch Gewinnverteilung, Entnahmen und Einlagen jährlich ändern, können bei sukzessiven Anteilsübertragungen Ermittlungsschwierigkeiten auftreten. Die Ermittlung sollte jeweils zum Zeitpunkt der einzelnen Anteilsübertragung und nicht etwa einheitlich auf den Zeitpunkt der letzten Übertragung durchzuführen sein.[272] Nicht entscheidend zur Bestimmung des Anteils sind grds. die Mitwirkungsrechte und an der Gesamthand bestehende schuldrechtliche Beteiligungen und Forderungen wie stille Gesellschaften und partiarische Darlehen.[273] Auch von der vereinbarten Beteiligung

---

267 Vgl. *Behrens/Schmitt*, UVR 2005, S. 382 mit Verweis auf BFH, Urteil v. 03.03.1993, II R 4/90, BFH/NV 1993, S. 494 zur Bestimmung des Anteils für Zwecke des § 6 Abs. 2 GrEStG; *Wischott u.a.*, DB 2013, S. 2236; *Heine*, INF 2003, S. 818; *Behrens/Bielinis*, DStR 2014, S .2372 mit Verweis auf BFH, Urteil v. 09.07.2014, II R 49/12, BStBl. II 2016, S. 57.

268 Vgl. *Karrer* in Gummert, MAH Personengesellschaftsrecht, 2015, § 16, Rz. 35–37.

269 Vgl. *Behrens/Schmitt*, UVR 2005, S. 384.

270 Vgl. *Behrens/Schmitt*, UVR 2005, S. 384.

271 Vgl. *Behrens/Schmitt*, UVR 2005, S. 383; *Schnitter* in: Wilms/Jochum, ErbStG, 2017, § 1 GrEStG, Rz. 255.2.

272 Vgl. *Behrens/Schmitt*, UVR 2005, S. 383; *Heine*, INF 2003, S. 818; *Fischer* in: Boruttau, 2011, § 1 Rz. 843; *Schnitter* in: Wilms/Jochum, ErbStG, 2017, § 1 GrEStG, Rz. 255.2.

273 Vgl. *Wischott u.a.*, DB 2013, S. 2236, *Behrens/Schmitt*, UVR 2005, S. 385; *Meßbacher-Hönsch* in: Boruttau, 2016, § 1 Rz. 853. Ausnahmen können lediglich dann bestehen, wenn einem einzelnen Gesellschafter das Recht zur Änderung des Gesellschaftsvertrags in Bezug auf die Beteiligungsverhältnisse ohne Zustimmung der anderen Gesellschafter zusteht. In diesem Fall liegt nur eine sog. formale Mitgliedschaft der anderen Gesellschafter vor, die für § 1 Abs. 2a GrEStG unbeachtlich ist, vgl. FG Niedersachsen, Urteil v. 09.10.1985, III 153/82, EFG 1986, S. 196.

am Vermögen abweichende Gewinnverteilungsrechte (inkongruente Gewinnverteilungsabreden) sollen keine Rolle spielen.[274] Dies könnte jedoch anders zu beurteilen sein, wenn sie auch die Verteilung der Veräußerungserlöse aus Grundstücken betreffen.[275] Gesellschaftsvertragliche Sonderregelungen über die Zuordnung des Wertes und der Wertveränderungen einzelner Grundstücke zu einzelnen Gesellschaftern sind zu berücksichtigen, wenn sie ernsthaft gewollt und handels- bzw. gesellschaftsrechtlich wirksam sind.[276] Solche Regelungen sind für jedes einzelne Grundstück separat zu prüfen.[277]

§ 1 Abs. 3 GrEStG stellt auf die „Anteile der Gesellschaft" ab.[278] Wie schon beim Begriff der Gesellschaft erfolgt keine eigenständige Definition durch GrEStG oder AO, sodass ausgehend von der zivilrechtlichen Bedeutung des Gesellschaftsanteils eine grunderwerbsteuerliche Begriffsauslegung zu entwickeln ist.[279] Das Zivilrecht verwendet den Begriff allerdings nicht einheitlich sondern jeweils normzweckbezogen.[280] *Rothenöder* stellt unter Verweis auf den Normzweck fest, dass der Anteil das Rechtsverhältnis zwischen Gesellschafter und Gesellschaft sein muss, über die der Gesellschafter seine beherrschende Stellung innerhalb der Gesellschaft erlangt, die ihm die alleinige Willensbildung innerhalb der Gesellschaft ermöglicht.[281] Ausgangspunkt der Überlegung sollte daher die Mitgliedschaft des Gesellschafters sein.[282] Vom Anwendungsbereich des § 1 Abs. 3 GrEStG sind sowohl grundbesitzende Kapital- als auch

---

274 Vgl. *Wischott u.a.*, DB 2013, S. 2236, ausführlich: *Behrens/Schmitt*, UVR 2005, S. 385.

275 Vgl. *Wischott u.a.*, DB 2013, S. 2236, *Behrens/Schmitt*, UVR 2005, S. 385.

276 Vgl. *Behrens/Schmitt*, UVR 2005, S. 382–383.

277 Vgl. *Behrens/Schmitt*, UVR 2005, S. 382.

278 Auch hier wird zunächst nur der unmittelbar an der grundbesitzenden Gesellschaft bestehende Anteil betrachtet, während die Besonderheiten der mittelbaren Zurechnung bzw. Übertragung von Anteilen unter C.II.4.b. behandelt werden.

279 Vgl. *Fischer* in: Boruttau, GrEStG, 2016, Vorbemerkungen, Rz. 206.

280 Vgl. *Rothenöder*, DStZ 2010, S. 335. Als Beispiele können § 719 BGB (Anteil am Vermögen einer Personengesellschaft), § 14 GmbHG (Anteil als Stammeinlage des Gesellschafters) und § 16 Abs. 2 AktG (Anteil am Nennkapital) genannt werden. Bei Personengesellschaften wird der Anteil häufig mit der Mitgliedschaft gleichgesetzt (vgl. BGH, Urteil v. 14.05.1986, IVa ZR 155/84, BGHZ 98, S.48, Rz. IV 2).

281 Vgl. *Rothenöder*, DStZ 2010, S. 337; im Ergebnis ebenso: *Kroschewski*, Anteilsvereinigung, 2001, S. 239.

282 Vgl. *Rothenöder*, Anteil, 2009, S. 115ff; *Kroschewski*, Anteilsvereinigung, 2001, S. 239, der allerdings ohne weitergehende Problematisierung die Anteile als Verkörperung der Mitgliedschaft sieht.

Personengesellschaften betroffen[283], sodass der Begriff „Anteile der Gesellschaft" auf beide Gesellschaftsformen bezogen werden muss, obwohl die Mitgliedschaft für die Gesellschaftsformen sehr unterschiedlich ausgestaltet ist. Personengesellschaften sind jedenfalls nach dem gesellschaftsrechtlichen Idealtypus mit einer personalistischen Struktur vom einzelnen Gesellschafter und seinen individuellen Beitrag zur Förderung des Gesellschaftszwecks geprägt.[284] Daraus resultieren u.a. das Prinzip der Selbstorganschaft, die höchstpersönlichen Mitwirkungs- und Kontrollrechte, sowie die im Grundsatz gemeinschaftliche Geschäftsführungs- und Vertretungsbefugnis.[285] Das Vermögen der Personengesellschaft unterliegt der gesamthänderischen Bindung, sodass die Gesellschafter nur gemeinschaftlich und einheitlich darüber verfügen können.[286] Die Kapitalgesellschaft ist dagegen weniger vom individuellen Gesellschafter geprägt.[287] Die Gesellschaft wird von den kapitalistisch beteiligten Gesellschaftern abstrahiert, besteht grds. unabhängig von deren Ein- oder Austritt fort und wird nach dem gesetzlichen Regelfall nach dem Prinzip der Fremdorganschaft geführt.[288] Sowohl Vermögens- und Gewinnbezugsrechte als auch Stimmrechte der Gesellschafter knüpfen grds. an deren kapitalmäßige Beteiligung an der Gesellschaft an.[289] *Rothenöder* definiert den Gesellschaftsanteil rechtsformübergreifend als „die übertragbare, einer Bewertung zugängliche Mitgliedschaft an einer grunderwerbsteuerlich als rechtsfähig anerkannten Personenvereinigung (...), die eine Einflussnahme auf die Willensbildung der Vereinigung mittels Stimmrechten ermöglicht und dem Mitglied das Vermögen der Vereinigung anteilig zuordnet"[290]. Die abstrakte Definition ist jeweils auf die betrachtete Gesellschaft herunterzubrechen und führt zu den folgenden für Personengesellschaften und Kapitalgesellschaften unterschiedlichen Anteilsbegriffen.

Die Mitgliedschaftsrechte an einer Personengesellschaft entziehen sich jeder Quotelung.[291] Vielmehr hat jeder Gesellschafter eine dingliche Mitberechtigung

283 Vgl. unter C.II.1.

284 Vgl. *Schmidt*, Gesellschaftsrecht, 2002, § 3 I Nr. 2 a).

285 Vgl. insbesondere auch zur Abgrenzung der persönlichen Beteiligung der Gesellschafter einer Personengesellschaft von der anonymen Kapitalbeteiligung an einer Kapitalgesellschaft: *Weber-Grellet*, Verfassungsstaat, 2001, S. 311.

286 Vgl. *Mutter* in Gummert, MAH Personengesellschaftsrecht, 2015, § 1, Rz. 20–21.

287 Vgl. *Weber-Grellet*, Verfassungsstaat, 2001, S. 311.

288 Vgl. *Schmidt*, Gesellschaftsrecht, 2002, § 3 I Nr. 2a).

289 Vgl. *Bayer* in: Lutter/Hommelhoff, GmbHG, 2016, § 14, Rz. 1.

290 *Rothenöder*, DStZ 2010, S. 339.

291 Vgl. *Pahlke*, GrEStG, 2018, § 1, Rz. 323.

an der Gesellschaft unabhängig von seiner vermögensmäßigen Beteiligung.[292] Es gilt die Pro-Kopf-Betrachtung, sodass es so viele Anteile an der Personengesellschaft gibt, wie Gesellschafter an ihr beteiligt sind.[293] Eine vermögensmäßige Definition des Anteils wie sie für § 1 Abs. 2a GrEStG vorgenommen wird, kommt für § 1 Abs. 3 GrEStG nicht in Betracht.[294] Dagegen spricht zunächst der Gesetzeswortlaut, der im Gegensatz zu § 1 Abs. 2a und 3a GrEStG nicht auf den Anteil am Gesellschaftsvermögen abstellt.[295] Zum anderen würde eine vermögensmäßige Bestimmung des Anteils auch nicht der methodischen Rechtfertigung und dem Normzweck des § 1 Abs. 3 GrEStG entsprechen, der eine der Eigentümerstellung vergleichbare Sachherrschaft des zu min. 95 % beteiligten Gesellschafters annimmt.[296] Eine solche alleinige Sachherrschaft ist im Konzept der Personengesellschaft nicht vorgesehen, da dort die Gesellschafter unabhängig von ihren vermögensmäßigen Beiträgen dieselben Mitwirkungsrechte und -pflichten innehaben und kein Gesellschafter allein über das Gesellschaftsvermögen wie ein Eigentümer verfügen kann.[297] Zwar ist zu beachten, dass die dargestellten Grundsätze den gesellschaftsrechtlichen Idealtypus der Personengesellschaft betreffen und jedenfalls teilweise dispositiv sind, sodass es durchaus Personengesellschaften geben kann, die eine weitgehend kapitalistische Struktur aufweisen und damit den Kapitalgesellschaften näher stehen als dem Idealtyp der Personengesellschaft.[298] Eine Einzelfallbetrachtung hinsichtlich der Definition des Gesellschaftsanteils wird aber soweit ersichtlich in der Literatur nicht diskutiert.[299] Dies wäre in der Praxis aufgrund der durch die Vertragsfreiheit unzähligen Möglichkeiten der Ausgestaltung eines Gesellschaftsvertrags wohl auch nicht umsetzbar.

Für Kapitalgesellschaften ist der Anteil regelmäßig mit der vermögensmäßigen Beteiligung, d.h. dem Anteil des Gesellschafters am Grund- oder

---

292 Vgl. BFH, Urteil v. 26.07.1995, II R 68/92, BStBl. II 1995, S. 736.

293 Vgl. *Behrens*, StJB 2014/2015, S. 571.

294 A.A. *Wiese*, Gesamthand, 2003, S. 137–138, die eine vermögensmäßige Betrachtung anwenden will, da der Anwendungsbereich sonst entgegen dem Willen des Gesetzgebers für Personengesellschaften ins Leere liefe.

295 Vgl. *Rothenöder*, Anteil, 2009, S. 55.

296 Vgl. BFH, Urteil v. 26.07.1995, II R 68/92, BStBl. II 1995, S. 736; s. zum methodischen Konzept des § 1 Abs. 3 GrEStG unter C.I.

297 Vgl. BFH, Urteil v. 26.07.1995, II R 68/92, BStBl. II 1995, S. 736.

298 Vgl. *Schmidt*, Gesellschaftsrecht, 2002, § 3 I Nr. 2 b).

299 A.A. wohl *Rothenöder*, Anteil, 2009, S. 138.

Stammkapital identisch.[300] Besonderheiten können sich aber bei Abspaltung einzelner Rechte vom Kapitalanteil ergeben. Während das Aktienrecht eine starke Formstrenge und wenig dispositive Regelungen aufweist[301], können GmbH-Anteile sehr unterschiedliche Rechte und Pflichten vermitteln, da das GmbHG in großen Teilen dispositives Recht ist[302]. *Voßkuhl/Hunsmann* stellen in enger Anlehnung an das Zivilrecht auch für die Bestimmung des Anteils nach § 1 Abs. 3 GrEStG auf die zivilrechtlichen Mindestanforderungen ab. Sie kommen entsprechend der beschriebenen Unterschiede zwischen AktG und GmbHG zu sehr unterschiedlichen Anforderungen je nach Gesellschaftsform.[303] Einschränkungen der idealtypischen Gesellschaftsrechte sind, solange sie zivilrechtlich zulässig sind, nach dieser Ansicht auch für die Annahme eines Anteils i.S.d. § 1 Abs. 3 GrEStG unschädlich.[304] Dies soll auch gelten, soweit die grundbesitzende Gesellschaft nach ausländischem Recht gegründet wurde und das ausländische Recht niedrigere Mindestanforderungen an den Gesellschaftsanteil stellt als das deutsche Zivilrecht.[305] Andere Auffassungen stellen unter Heranziehung der Sachherrschaftstheorie maßgeblich auch die Möglichkeit des Gesellschafters zur Beeinflussung der Willensbildung innerhalb der Gesellschaft und damit auf die Stimmrechte des Gesellschafters in der Gesellschafterversammlung als entscheidendes Kriterium ab.[306] Aus dieser Sichtweise heraus sind insbesondere stimmrechtslose Anteile[307] sowie eigene Anteile und wechselseitige Beteiligungen[308] nicht als Anteile i.S.d. § 1 Abs. 3 GrEStG zu qualifizieren, da es insofern an einer Möglichkeit der Willensausübung durch den Inhaber der Anteile fehlt. Auch rein schuldrechtliche Ansprüche[309] gegen die Gesellschaft vermitteln keine

---

300 Vgl. *Rothenöder*, DStZ 2010, S. 337.

301 Vgl. *Schmidt*, Gesellschaftsrecht, 2002, § 26 III Nr. 1 c).

302 Vgl. *Lutter/Hommelhoff* in: Lutter/Hommelhoff, GmbHG, 2016, Einleitung, Rz. 4; vgl. zur Abgrenzung zwischen AG und GmbH auch: *Weber-Grellet*, Verfassungsstaat, 2001, S. 311, der die GmbH bei entsprechender gesellschaftsvertraglicher Ausgestaltung in einer Zwischenstellung zwischen Personenhandelsgesellschaft und AG sieht.

303 Vgl. *Voßkuhl/Hunsmann*, UVR 2005, S. 54.

304 Vgl. *Voßkuhl/Hunsmann*, UVR 2005, S. 54.

305 Vgl. *Voßkuhl/Hunsmann*, UVR 2005, S. 56.

306 Vgl. *Rothenöder*, DStZ 2010, S. 337; *Wischott u.a.*, DB 2013, S. 2236; a.A. *Voßkuhl/Hunsmann*, UVR 2005, S. 54.

307 Vgl. *Rothenöder*, Anteil, 2009, S. 145; *Wischott* u.a., DB 2013, S. 2236; a.A. *Voßkuhl/Hunsmann*, UVR 2005, S. 54.

308 Vgl. BFH, Urteil v. 18.09.2013, II R 21/12, BStBl. II 2014, S. 326, Rz. 19 und 20.

309 Beispiele hierfür sind die Beteiligung als stiller Gesellschafter oder Genussrechte.

Anteile, da diese Ansprüche kein gesellschaftsrechtliches, mitgliedschaftliches Stimmrecht vermitteln.[310] Die Erfüllung der Einlageverpflichtung ist ebenfalls kein entscheidendes Kriterium, solange aufgrund dieser Pflichtverletzung keine Einziehung des Anteils erfolgt.[311]

Im Gegensatz zu § 1 Abs. 2a und 3 GrEStG verwendet § 1 Abs. 3a GrEStG nicht den Begriff „Anteil", sondern definiert eine „wirtschaftliche Beteiligung" an der grundbesitzenden Gesellschaft, die sich aus der Summe der unmittelbaren und mittelbaren Beteiligungen am Kapital oder am Vermögen der Gesellschaft ergibt. Der Wortlaut „am Kapital oder am Vermögen der Gesellschaft" wird überwiegend so verstanden, dass für Anteile an Personengesellschaften auf die vermögensmäßige Beteiligung und bei Kapitalgesellschaft auf den Anteil am Grund- oder Stammkapital abzustellen ist.[312] Diese Auslegung scheint jedenfalls im Hinblick auf das gesetzgeberische Ziel RETT-Blocker zu verhindern[313], zum richtigen Ergebnis zu führen.[314] Denn sie ermöglicht eine rechtsformneutrale Berechnung der Beteiligung auf Grundlage einer vermögensmäßigen, von der Sachherrschaft unabhängigen Betrachtung[315], wie sie ausweislich der Gesetzesbegründung durch den Gesetzgeber beabsichtigt war.[316] Wie schon zu § 1 Abs. 2a GrEStG erläutert ist durch das ausdrücklich Abstellen auf den Anteil am Vermögen die sachenrechtliche Betrachtungsweise bei Personengesellschaften nicht anzuwenden.[317] Bei idealtypischer zivilrechtlicher Ausgestaltung sollte sich kein Unterschied zwischen dem Anteil der Gesellschaft i.S.d. § 1 Abs. 3 GrEStG und der unmittelbaren Beteiligung am Kapital der Gesellschaft i.S.d. § 1 Abs. 3a

310 Vgl. *Wischott u.a.*, DB 2013, S. 2237; *Rothenöder,* DStZ 2010, S. 339.

311 Vgl. *Rothenöder*, DStZ 2010, S. 338; *Wischott u.a.*, DB 2013, S. 2237; a.A. *Voßkuhl/Hunsmann*, UVR 2005, S. 54.

312 Vgl. *Joisten/Liekenbrock*, Ubg 2013, S. 473; *Behrens*, DStR 2013, S. 1406; *Schanko*, UVR 2014, S. 46.

313 Vgl. BT-Drs. 17/13033 v. 10.04.2013, S. 110.

314 Zwingend ist diese Auslegung des Wortlautes allerdings nicht. Denn bei Kapitalgesellschaften kann sowohl ein Anteil am Kapital (d.h. der Anteil am Grund- oder Stammkapital) als auch ein Anteil am Vermögen (z.B. Anteil am Liquidationserlös) bestimmt werden. Diese müssen nicht zwingend identisch sein. Vgl. zu dieser Argumentation: *Wagner/Mayer*, BB 2014, S. 280.

315 Vgl. *Joisten/Liekenbrock*, Ubg 2013, S. 473; *Wischott u.a.*, DB 2013, S. 2236; *Schanko*, UVR 2014, S. 46.

316 Vgl. BT-Drs. 17/13033 v. 10.04.2013, S. 110.

317 Vgl. *Joisten/Liekenbrock*, Ubg 2013, S. 473; *Wischott* u.a., DB 2013, S. 2236; *Behrens*, DStR 2013, S. 1406.

GrEStG ergeben.[318] Vereinzelte Stimmen in der Literatur sehen in § 1 Abs. 3a GrEStG daher eine Kombination der beiden Anteilsbegriffe von § 1 Abs. 2a und § 1 Abs. 3 GrEStG.[319] Insbesondere die für § 1 Abs. 3 GrEStG angenommene Relevanz der Stimmrechte für die Bestimmung des Anteils kann aber bei § 1 Abs. 3a GrEStG aufgrund des ausschließlichen Abstellens auf die Beteiligung am Kapital wohl nicht gelten.[320] Daher sprechen die besseren Argumente dafür, dass § 1 Abs. 3a GrEStG eine eigenständige Definition der Beteiligung enthält, die jedenfalls vom Anteilsbegriff des § 1 Abs. 3 GrEStG abweicht.[321] In der Literatur wird überwiegend vertreten, dass die „wirtschaftliche Beteiligung" in § 1 Abs. 3a GrEStG abschließend definiert ist und daher durch die Bezeichnung keine allgemeine wirtschaftliche Betrachtungsweise eingeführt wird und auch nicht auf das wirtschaftliche Eigentum i.S.v. § 39 Abs. 2 Nr. 1 AO an den Anteilen abzustellen ist.[322] Rein schuldrechtliche Beziehungen sollen daher auch im Rahmen von § 1 Abs. 3a GrEStG nicht zu berücksichtigen sein.[323]

Der Anteilsbegriff unterscheidet sich nach den vorstehenden Ausführungen je nach Ergänzungstatbestand. Während § 1 Abs. 2a und Abs. 3a GrEStG in ihrem Wortlaut ausdrücklich den Anteil am Gesellschaftsvermögen bzw. Kapital benennen, dürfte der Anteil i.S.d. § 1 Abs. 3 GrEStG als die mitgliedschaftliche Beteiligung an der Gesellschaft verstanden werden[324]. Für Personengesellschaften

318 Vgl. *Behrens*, DStR 2013, S. 1406.

319 Vgl. *Schober/Kuhnke*, NWB 2013, S. 2237. Ausweislich der Gesetzesbegründung soll sich § 1 Abs. 3a GrEStG in der bisherigen Systematik des GrEStG bewegen (vgl. BT-Drs. 17/13033 v. 10.04.2013, S. 110), was ebenfalls i.S. einer Kombination der bestehenden Anteilsbegriffe verstanden werden könnte.

320 Vgl. *Wischott u.a.*, DB 2013, S. 2236; *Wagner/Mayer*, BB 2014, S. 281.

321 Ebenso: *Wagner/Mayer*, BB 2014, S. 281.

322 Vgl. *Joisten/Liekenbrock*, Ubg 2013, S. 473; *Behrens/Bielinis*, DStR 2014, S. 2375; *Behrens*, DStR 2013, S. 1406; *Wagner/Mayer*, BB 2014, S. 280; weniger eindeutig: *Demleitner*, SteuK 2013, S. 267, der von einer „Abkehr von der zivilrechtlichen Betrachtungsweise" ausgeht, aber weiterhin ein gesellschaftsrechtliches Rechtsverhältnis für notwendig und schuldrechtliche Beziehungen für nicht ausreichend hält. *Wagner/Lieber* sprechen sich dagegen für eine Berücksichtigung des wirtschaftlichen Eigentums jedenfalls für die Ermittlung des Besteuerungszeitpunktes aus (vgl. *Wagner/Lieber*, DB 2013, S. 1389).

323 Vgl. *Joisten/Liekenbrock*, Ubg 2013, S. 473; *Behrens/Bielinis*, DStR 2014, S. 2375; *Behrens*, DStR 2013, S. 1406; *Demleitner*, SteuK 2013, S. 267, *Wagner/Mayer*, BB 2014, S. 280.

324 Vgl. *Rothenöder*, Anteil, 2009, S. 115ff; *Rothenöder*, DStZ 2010, S. 339; *Kroschewski*, Anteilsvereinigung, 2001, S. 239.

gilt damit im Anwendungsbereich des § 1 Abs. 3 GrEStG die sog. Pro-Kopf-Betrachtung.[325] Zudem ist die dogmatische Rechtfertigung des § 1 Abs. 3 GrEStG zu beachten, die auf die Sachherrschaft des Gesellschafters abstellt.[326] Auf dieser Grundlage könnte es auf die durch den Anteil vermittelten Stimmrechte ankommen.[327] Insbesondere bei zivilrechtlich zulässigen Vereinbarungen, die vom idealtypischen Anteil abweichen, ist die Frage nach den Mindestanforderungen an einen Gesellschaftsanteil sowie dessen eindeutige Zuordnung umstritten und auch höchstrichterlich wohl noch nicht in allen Einzelfällen geklärt.[328] Zusätzlich nimmt der BFH in jüngerer Rechtsprechung tendenziell eine vom Zivilrecht abweichende wirtschaftliche Betrachtung des Anteilsbegriffs vor und rechnet Anteile nach den Kriterien des wirtschaftlichen Eigentums i.S.d. § 39 Abs. 2 Nr. 1 AO zu.[329] Die bisherigen Urteile ergingen zu § 1 Abs. 2a GrEStG, der eine vermögensmäßige Betrachtung vorsieht, sodass nicht klar ist, inwieweit der BFH eine Anwendung von § 39 Abs. 2 Nr. 1 AO auch für § 1 Abs. 3 und Abs. 3a GrEStG für möglich hält.[330]

4. Rechtsvorgang

a. Unmittelbare Übertragung

Eine unmittelbare Übertragung liegt in allen drei Ergänzungstatbeständen vor, wenn die Anteile an der grundbesitzenden Gesellschaft selbst übertragen werden. Die für § 1 Abs. 3 GrEStG geltenden Grundsätze zur Übertragung unmittelbar

---

325 Vgl. *Behrens,* StJB 2014/2015, S. 571; *Pahlke*, GrEStG, 2018, § 1, Rz. 323; BFH, Urteil v. 26.07.1995, II R 68/92, BStBl. II 1995, S. 736. Dies gilt aber nur auf unmittelbarer Ebene: BFH, Urteil v. 27.09.2017, II R 41/15, DStR 2018, S. 189, Rz. 19, 22.

326 S. dazu unter C.I.

327 Vgl. *Rothenöder*, DStZ 2010, S. 337; *Wischott u.a.*, DB 2013, S. 2236; a.A. *Voßkuhl/Hunsmann,* UVR 2005, S. 54.

328 Vgl. dazu *Voßkuhl/Hunsmann*, UVR 2005, S. 51 ff; *Wischott u.a.*, DB 2013, S. 2236 ff.

329 Vgl. BFH, Urteil v. 30.08.2017, II R 39/15, BFH/NV 2018, S. 291, Rz. 22, 24; BFH, Urteil v. 09.07.2014, II R 49/12, BStBl. II 2016, S. 57; BFH, Urteil v. 25.11.2015, II R 18/14, BFHE 251, S. 492. Es handelt sich zwar um eine wirtschaftliche Zurechnung des unmittelbaren Anteils, der BFH beurteilt diesen Fall aber als einen Unterfall der mittelbaren Anteilsvereinigung bzw. der mittelbaren Gesellschafterwechsels, s. dazu ausführlich unter C.II.4.c.bb.

330 Vgl. auch *Joisten*, DStZ 2016, S. 282; s. ausführlich unter C. II. 4. Da der BFH die wirtschaftliche Betrachtung nicht für die Frage der Qualifizierung des Anteils sondern bei der Prüfung der Übertragung eines bestehenden Anteils vornimmt, werden die Urteile unter der Tatbestandsvoraussetzung Rechtsvorgang ausführlich behandelt.

gehaltener Anteile sollten aufgrund der gesetzlichen Anknüpfung an die dort normierten Rechtsvorgänge auch für § 1 Abs. 3a GrEStG Gültigkeit besitzen.[331] Die unmittelbaren Anteilsübertragungen sind allein nach zivilrechtlichen Gesichtspunkten zu beurteilen.[332] Daher liegt ein steuerpflichtiger Erwerbsvorgang auch dann vor, wenn auf nachfolgenden Ebenen die Gesellschafter dieselben bleiben (Beteiligungskettenverlängerung). Hier gilt keine für den Steuerpflichtigen begünstigende wirtschaftliche Betrachtung.[333] Zu beachten ist allerdings, dass jedenfalls bei § 1 Abs. 3 GrEStG eine Verstärkung einer mittelbaren zu einer unmittelbaren Beteiligung (Beteiligungskettenverkürzung) nicht erneut den Tatbestand des § 1 Abs. 3 GrEStG auslöst.[334] Bei § 1 Abs. 2a GrEStG ist diesbezüglich je nach vermittelnder Gesellschaft zu differenzieren. So soll bei mittelbarer Beteiligung über eine Kapitalgesellschaft keine (mittelbare) Altgesellschafterstellung vorliegen[335], sodass ein steuerbarer Gesellschafterwechsel auch bei Beteiligungskettenverkürzung anzunehmen ist.[336] Die Übertragung kann auch durch Umwandlungen der Gesellschafter der grundbesitzenden Gesellschaft bewirkt werden. Eine Ausnahme bildet der Formwechsel, da es hier nach h. M. am Übergang auf einen neuen Rechtsträger fehlt.[337] Die Übertragung durch Erbanfall ist für Zwecke des § 1 Abs. 2a GrEStG kein relevanter Rechtsvorgang, sondern gem. § 1 Abs. 2a S. 6 GrEStG außer Betracht zu lassen. In § 1 Abs. 3 und 3a GrEStG ist

---

331 Vgl. *Meßbacher-Hönsch* in: Boruttau, GrEStG 2016, § 1, Rz. 1206; Gleichlautende Erlasse der Länder v. 09.10.2013, BStBl. I 2013, S. 1364, Tz. 1; *Behrens,* DStR 2013, S. 1408. Wird hingegen vertreten, dass es sich bei dem Verweis auf § 1 Abs. 3 GrEStG nicht um eine Rechtsgrund-, sondern um eine Rechtsfolgenverweisung handelt, wären die Tatbestandsmerkmale einer vollumfänglich eigenen Auslegung zugänglich (vgl. *Joisten/Liekenbrock*, Ubg 2013, S. 472).

332 Vgl. *Meßbacher-Hönsch* in: Boruttau, GrEStG, 2016, § 1Rz. 854, 989.

333 Vgl. *Pahlke*, GrEStG, 2018, § 1, Rz. 298, 336; *Meßbacher-Hönsch* in: Boruttau, GrEStG, 2016, § 1, Rz. 854, 857, 1022.

334 Vgl. *Pahlke*, GrEStG, 2018, § 1, Rz. 336. In diesen Fällen kann aber eine erstmalige Begründung einer wirtschaftlichen Beteiligung i.S.d. § 1 Abs. 3a GrEStG vorliegen, wenn die mittelbare Beteiligung zuvor durchgerechnet weniger als 95 % betrug. S. zur Besteuerung mehrerer aufeinanderfolgender Rechtsvorgänge unter C.II.8.b.

335 S. zum Konzept der Alt- und Neugesellschafter unter C.II.5; zum Aufeinanderfolgen mehrerer Rechtsvorgänge und zur Besteuerung von Beteiligungskettenverkürzungen s. unter C.II 8.b.

336 Vgl. FG Düsseldorf, Urteil v. 29.03.2017, 7 K 439/10 GE, EFG 2017, S. 852, Rz. 23.

337 Vgl. *Meßbacher-Hönsch* in: Boruttau, GrEStG, 2016, § 1, Rz. 859, 1005, 1237; *Pahlke*, GrEStG, 2018, § 1, Rz. 294.

eine solche Ausnahme nicht vorgesehen.[338] Sonderfälle unmittelbarer Rechtsvorgänge bilden insbesondere Treuhandverträge, Zwischenerwerbe, die Einziehung von Anteilen und der Erwerb eigener Anteile, sowie die Anwachsung bei Personengesellschaften.[339]

b. Mittelbare Übertragung

Die Berücksichtigung mittelbarer Anteilsübertragungen ist im Wortlaut aller drei Ergänzungstatbestände ausdrücklich vorgesehen. Der Tatbestand wird durch die Einbeziehung mittelbarer Erwerbe ausschließlich erweitert und führt nicht dazu, dass unmittelbare Rechtsvorgänge keiner Besteuerung unterliegen, weil mittelbar derselbe Gesellschafter beteiligt bleibt.[340] Der Hauptfall der mittelbaren Anteilsübertragung ist der Erwerb eines Anteils an einer grundbesitzenden Gesellschaft über eine oder mehrere zwischengeschaltete Personen- oder Kapitalgesellschaften[341], d.h. in mehrstufigen Beteiligungsstrukturen.[342] Streitig ist bei mehrstufigen Beteiligungen vor allem, unter welchen Voraussetzungen eine von der zwischengeschalteten Gesellschaft gehaltene Beteiligung ihrem Gesellschafter zugerechnet werden kann.[343]

Die Berücksichtigung mittelbarer Änderungen im Gesellschafterbestand einer Personengesellschaft ist in § 1 Abs. 2a S. 2–5 GrEStG für Erwerbe

---

338 Vgl. *Meßbacher-Hönsch* in: Boruttau, GrEStG, 2016, § 1, Rz. 1005.

339 S. zu diesen Sonderfällen nachfolgend unter C.II.4.c.

340 Vgl. BFH, Urteil v. 29.02.2012, II R 57/09, BStBl. II 2012, S. 917.

341 Vgl. dazu die Definitionen der mittelbaren Anteilsvereinigung in § 1 Abs. 2a und Abs. 3a GrEStG, die ausschließlich den Fall der mehrstufigen Beteiligung regeln.

342 Vgl. *Hofmann*, GrEStG, 2017, § 1, Rz. 154, die zunächst zwischen den Fallgruppen der mehrstufigen mittelbaren Beteiligungen („beherrschte Hand") und der durch Treuhänder vermittelten Anteilsvereinigung unterscheiden und schließlich als dritte Variante die grunderwerbsteuerliche Organschaft nennen.

343 Vgl. zur Zurechnungsfunktion der Ergänzungstatbestände nicht nur bezogen auf Grundstücke sondern auch bezogen auf Anteile an grundbesitzenden Gesellschaften: *Behrens*, Fiktion, 2009, S. 1143. Zur offensichtlichen Streitanfälligkeit dieses Tatbestandsmerkmals s. allein die in jüngster Zeit ergangenen Nichtanwendungserlasse der Finanzverwaltung betreffend BFH-Urteile zum mittelbaren Anteilserwerb: Gleichlautende Erlasse der Länder v. 09.10.2013, BStBl. I 2013, S. 1278 (zu BFH II R 17/10); v. 09.12.2015, BStBl. I 2016, S. 477 (zu BFH II R 51/12); v. 09.12.2015, BStBl. I 2016, S. 136 (zu BFH II R 49/12); vgl. auch *Hofmann*, FR 2016, S. 766.

ab dem 06.11.2015[344] gesetzlich geregelt. Es wird danach differenziert, ob die Beteiligung über eine zwischengeschaltete Personengesellschaft oder Kapitalgesellschaft vermittelt wird. Bei an der grundstücksbesitzenden Gesellschaft beteiligten Personengesellschaften werden Änderungen im Gesellschafterbestand der Ober-Personengesellschaft durch Multiplikation der Beteiligungsquoten auf die Untergesellschaft durchgerechnet.[345] Änderungen im Gesellschafterbestand einer an der grundstücksbesitzenden Personengesellschaft beteiligten Kapitalgesellschaft wirken sich dagegen erst aus, wenn sich ihr Gesellschafterbestand zu mehr als 95 % geändert hat. Sie gilt dann selbst in vollem Umfang als Neugesellschafterin. Diese nunmehr gesetzlich festgelegte Differenzierung wurde bereits zuvor durch die Finanzverwaltung vertreten und in der Literatur größtenteils akzeptiert.[346] Der BFH lehnte sie jedoch mit Urteil vom 24.04.2013 ab.[347] Er nahm stattdessen eine wirtschaftliche Beurteilung[348] mittelbarer Gesellschafterwechsel vor, indem er Personen- und Kapitalgesellschaften gleichermaßen als transparent beurteilte. Ein relevanter mittelbarer Gesellschafterwechsel sollte nur bei einer Veränderung auf der letzten Beteiligungsstufe (sog. Ultimate-Owner-Test[349])

---

344 Art. 18 Abs. 1 StÄndG 2015 v. 02.11.2015, BGBl. I 2015, S. 1845, § 23 Abs. 13 GrEStG.

345 § 1 Abs. 2a S. 2 GrEStG ist sprachlich ungenau und berücksichtigt dem Wortlaut nach keine Änderungen im Gesellschafterbestand der unmittelbar beteiligten Personengesellschaft. Dieser „redaktionelle Fehler" sollte aber im Wege der Auslegung unbeachtlich sein (vgl. *Meßbacher-Hönsch* in: Boruttau, GrEStG 2016, § 1, Rz. 816b; wohl auch *Behrens*, BB 2017, S: 1049; a.A. und mit ausführlicher Darstellung weiterer offener Fragen der Neuregelung: *Lange/Broemel*, DStR 2017, S. 361–362).

346 Vgl. Gleichlautende Erlasse der Länder v. 18.02.2014, BStBl. I 2014, S. 561, Tz. 2; *Pahlke/Franz*, GrEStG, 2005, § 1, Rz. 288, 307, 308; *Fischer* in: Boruttau, GrEStG, 2011, § 1, Rz. 846–857; ähnlich wohl *Behrens/Schmitt*, UVR 2005, S. 379; *Hofmann*, FR 2016, S. 766; a.A. wohl *Teiche*, UVR 2003, S. 261, *Schmitt-Homann*, BB 2010, S. 2278, 2279, der i.S. einer einheitlichen Rechtsanwendung für eine „Alles-oder-Nichts-Betrachtung" auch bei Personengesellschaften plädiert, sodass eine Veränderung von 95 % des Gesellschafterbestands auf jeder Stufe vorliegen müsste.

347 Vgl. BFH, Urteil v. 24.04.2013, II R 17/10, BStBl. II 2013, S. 833.

348 Dies ist nach Ansicht des BFH notwendig, da es zivilrechtlich keine mittelbaren Beteiligungen gibt. Deshalb können auch etwaige zivilrechtliche Unterschiede zwischen den Rechtsformen auf der mittelbaren Beteiligungsebene keine Rolle mehr spielen (BFH, Urteil v. 24.04.2013, II R 17/10, BStBl. II 2013, S. 833, 14, 21).

349 Vgl. *Scheifele/Müller*, DStR 2013, S. 1808.

vorliegen.[350] Zudem lehnte er ausdrücklich eine Übertragbarkeit der zu § 1 Abs. 3 GrEStG entwickelten Grundsätze ab und erkannte auch keine dem GrEStG zu entnehmenden Rechtsgrundsätze, an der sich die Auslegung des § 1 Abs. 2a GrEStG orientieren müsse.[351] Das Urteil wurde in der Literatur aufgrund der für den Steuerpflichtigen vorteilhaften Einschränkung des Besteuerungstatbestands überwiegend begrüßt.[352] Es ist in seinem Ergebnis aufgrund der Einführung von § 1 Abs. 2a S. 2–5 GrEStG zwar nicht mehr anwendbar. Dennoch könnten die Aussagen zum Grundsatz einer wirtschaftlichen Betrachtung auf mittelbaren Ebenen sowie zur fehlenden Übertragbarkeit von Auslegungsgrundsätzen zwischen den verschiedenen Ergänzungstatbeständen allgemeine Bedeutung für das Verständnis der Ergänzungstatbestände haben.[353] Die Neuregelung zur Besteuerung mittelbarer Gesellschafterwechsel wirft derzeit noch Zweifelsfragen auf, zu denen sich die Verwaltung bisher nicht geäußert hat.[354] Dabei ist insbesondere unklar, wie die Berechnung in gemischt mehrstufigen Beteiligungsstrukturen zu erfolgen hat.[355] Darüber hinaus wird vereinzelt vertreten, dass aufgrund des Transparenzgedankens für Personengesellschaften dort noch immer nur die Änderung des obersten Beteiligten (Ultimate Owner) tatbestandsmäßig ist.[356] Es darf bezweifelt werden, dass dies vom Gesetzgeber gewollt war, da es

350 Diese restriktive Auslegung sei im Hinblick auf Rechtssicherheit und Gesetzesklarheit geboten; vgl. BFH, Urteil v. 24.04.2013, II R 17/10, BStBl. II 2013, S. 833, 23–26.

351 Vgl. BFH, Urteil v. 24.04.2013, II R 17/10, BStBl. II 2013, S. 833, Rz. 15 und 30–32.

352 Vgl. *Gottwald/Behrens*, Grunderwerbsteuer, 2015, Rz. 242.1; *Scheifele/Müller*, DStR 2013, S. 1814; *Behrens*, Ubg 2013, S. 434, *Bock*, GmbHR 2013, S. 862; *Joisten*, DStZ 2016, S. 275; wobei die Autoren überwiegend die vom BFH vorgenommene Ungleichbehandlung unmittelbarer Beteiligungen (streng zivilrechtliche Betrachtung) und mittelbarer Beteiligungen (wirtschaftliche Betrachtung) kritisieren.

353 Vgl. zur möglichen Relevanz bei der Auslegung von § 1 Abs. 3a GrEStG: *Joisten*, DStZ 2016, S. 277.

354 Vgl. sehr ausführlich *Lange/Broemel*, DStR 2017, S. 360.

355 Vgl. *Lange/Broemel*, DStR 2017, S. 363; *Behrens*, BB 2017, S. 1050–1051: Nach dem Wortlaut muss sich der Gesellschafterbestand der Kapitalgesellschaft unmittelbar zu 95 % ändern. Davon sind nicht solche Fälle erfasst, an denen an der Kapitalgesellschaft wiederum Personengesellschaften beteiligt sind und deren Gesellschafter wechseln. Nach den Grundsätzen der transparenten Betrachtung von Personengesellschaften sollte dies auf die Kapitalgesellschaft durchschlagen.

356 Vgl. *Joisten*, DStZ 2016, S. 275–276.

weder der bisherigen Verwaltungsauffassung[357] noch der Auslegung der ähnlich formulierten Regelung in § 1 Abs. 3a GrEStG entspricht[358].

Für die Berechnung eines mittelbaren Anteilserwerbs im Rahmen des § 1 Abs. 3 GrEStG gilt nach h. M. eine vom Beherrschungsgedanken getragene und nicht vermögensmäßig geprägte Betrachtung (sog. mehrstufige rechtliche Betrachtungsweise).[359] D.h. unabhängig von der Rechtsform werden mittelbare Anteilsübertragungen über eine oder mehrere zwischengeschaltete Gesellschaft(en), nur berücksichtigt, wenn die 95 % – Quote auf jeder Beteiligungsstufe erfüllt ist.[360] Eine „Durchrechnung" durch die Beteiligungsebenen i.S. einer vermögensmäßiger Betrachtung findet nicht statt.[361] Dem liegt die grunderwerbsteuerliche Grundstückszuordnung nach der Sachherrschaft zugrunde, wonach ein Grundstück, für das der Tatbestand des § 1 Abs. 3 GrEStG verwirklicht wurde, grunderwerbsteuerlich zum Vermögen desjenigen Gesellschafters gehört,

---

357 Vgl. Gleichlautende Erlasse der Länder v. 18.02.2014, BStBl. I 2014, S. 561; Tz. 2.1: In Abweichung zum vorigen Erlass stellt die Finanzverwaltung nicht mehr auf natürliche und juristische Personen ab. Das sollte so zu verstehen sein, dass auch Personengesellschaften selbst Alt- bzw. Neugesellschafter sein können und daher nicht auf den „Ultimate Owner" abzustellen ist. Vgl. dazu auch *Behrens,* DStR 2014, S. 1529. S. zur Tatbestandsverwirklichung bei Beteiligungskettenverlängerung durch Zwischenschaltung einer Personengesellschaft auch: *Viskorf* in: Boruttau, GrEStG, 2016, § 6, Rz. 45. Allerdings dürfte dann die Steuer wohl gem. § 6 Abs. 3 GrEStG nicht erhoben werden. Die Verwaltung scheint aktuell sogar im Gegenteil eher eine strengere Betrachtung jedenfalls auf unmittelbarer Ebene zu vertreten, nach der auch der unmittelbare Anteilserwerb durch mittelbar über eine zwischengeschaltete Personengesellschaft beteiligte Altgesellschafter tatbestandsmäßig sein soll (vgl. dazu kritisch: *Lange/Broemel,* DStR 2017, S. 1625). A.A. *Scheifele/Müller,* DStR 2013, S. 1806, die die bisherige Verwaltungsauffassung für Personengesellschaften als Ultimate Owner Betrachtung verstehen.

358 Vgl. zur Möglichkeit mehrfacher wirtschaftlicher Beteiligungen bei mehrstufigen Strukturen im Anwendungsbereich des § 1 Abs. 3a GrEStG: *Joisten/Liekenbrock,* Ubg 2013, S. 743; zur Wirkung des § 1 Abs. 3a GrEStG ausschließlich zugunsten des Fiskus: *Illing,* DStZ 2013, S. 507.

359 Vgl. BFH, Urteil v. 27.09.2017, II R 41/15, DStR 2018, S. 189, Rz. 15 und 16 zur rechtlich begründeten Beherrschungsmöglichkeit; Urteil v. 20.12.2000, II R 26/99, BFH/NV 2001, S. 1040; *Pahlke,* GrEStG, 2018, § 1, Rz. 333.

360 Vgl. *Meßbacher-Hönsch* in: Boruttau, GrEStG, 2016, § 1, Rz. 998.

361 Vgl. BFH, Urteil v. 25.08.2010, II R 65/08, BStBl. II 2011, S. 225, *Meßbacher-Hönsch* in: Boruttau, GrEStG, 2016, § 1, Rz. 998.

der den Tatbestand erfüllt.[362] Die Tatbestände des § 1 Abs. 3 GrEStG können auch erfüllt werden, wenn die Anteile teils unmittelbar, teils mittelbar gehalten werden, da das Sachherrschaftskonzept auch für die Zurechnung der Anteile heranzuziehen ist.[363] Aus dem Konzept der Sachherrschaft folgt auch, dass eine Beteiligung von weniger als 95 % an der Zwischengesellschaft nicht geeignet ist, Anteile an der grundstückshaltenden Gesellschaft zu vermitteln, da es an der erforderlichen Beherrschung fehlt. Wird die Beteiligungsquote erreicht, sind dem Gesellschafter auch bei einer Beteiligung von weniger als 100 % alle Anteile der beherrschten Gesellschaft zuzurechnen.[364] Im Ergebnis findet damit eine „Alles-oder-Nichts-Betrachtung"[365] Anwendung.

Bei Personengesellschaften ist zu beachten, dass aufgrund der sachenrechtlichen Betrachtungsweise keine Quotelung der Beteiligung möglich ist, sondern der Anteil durch eine Pro-Kopf-Betrachtung ermittelt werden muss.[366] Bisher sollte diese sachenrechtliche Betrachtung auch für zwischengeschaltete Personengesellschaften gelten.[367] Dies führte dazu, dass Anteile, die über eine Personengesellschaft gehalten wurden, dem Gesellschafter nur dann zugerechnet werden konnten, wenn er auch zu min. 95 % an den anderen Gesellschaftern der Personengesellschaft beteiligt war.[368] Da bei Personengesellschaften jedenfalls nach dem gesetzlichen Regelfall das Einstimmigkeitsgebot gilt, kann diese

---

362 Daher wurde bereits vor Aufnahme der mittelbaren Anteilsvereinigung in den Gesetzeswortlaut dieselben Rechtsfolgen mit Verweis auf die Grundstückszuordnung gezogen („gehört"), vgl. *Pahlke*, GrEStG, 2018, § 1, Rz. 333; *Rothenöder*, Anteil, 2009, S. 202; BFH, Urteil v. 11.06.1975, II R 38/69, BStBl. II 1975, S. 834; BFH, Urteil v. 05.11.2002, II R 23/00, BFH/NV 2003, S. 505; BFH, Urteil v. 20.12.2000, II R 26/99, BFH/NV 2001, S. 1040.

363 Vgl. BFH, Urteil v. 11.06.1975, II R 38/69, BStBl. II 1975, S. 834; BFH, Urteil v. 05.11.2002, II R 23/00, BFH/NV 2003, S. 505; BFH, Urteil v. 20.12.2000, II R 26/99, BFH/NV 2001, S. 1040; *Meßbacher-Hönsch* in: Boruttau, GrEStG, 2016, § 1, Rz. 1011; *Rothenöder*, Anteil, 2009, S. 205.

364 Vgl. BFH, Urteil v. 25.08.2010, II R 65/08, BStBl. II 2011, S. 225; *Rothenöder*, Anteil, 2009, S. 205.

365 *Illing*, DStZ 2013, S. 506.

366 Vgl. *Pahlke*, GrEStG, 2018, § 1, Rz. 323; *Meßbacher-Hönsch* in: Boruttau, GrEStG, 2016, § 1, Rz. 999; *Joisten*, Ubg 2016, S. 202; zum Anteilsbegriff vgl. unter C.II.1.

367 Vgl. BFH, Urteil v. 08.08.2001, II R 66/98, BStBl. II 2002, S. 156; Gleichlautende Erlasse der Länder v. 09.10.2013, BStBl. I 2013, S. 1364, Tz. 5; *Joisten*, Ubg 2016, S. 202 (m.w.N.).

368 Vgl. BFH, Urteil v. 11.06.1975, II R 38/69, BStBl. II 1975, S. 834; *Pahlke*, GrEStG, 2018, § 1, Rz. 338.

sachenrechtliche Betrachtung durch den Beherrschungsgedanken gerechtfertigt werden.[369] Der BFH geht dagegen in seiner jüngsten Rechtsprechung von einer weniger restriktiven Auffassung aus und stellt bei zwischengeschalteten Personengesellschaften nicht auf die gesamthänderische Mitberechtigung sondern auf die Beteiligung am Gesellschaftskapital ab.[370] Seiner Ansicht nach ist auf der mittelbaren Ebene keine Anknüpfung an die zivilrechtliche Betrachtung möglich, die eine unterschiedliche Behandlung von Kapital- und Personengesellschaften zulässt.[371] Mit diesem Urteil überträgt der BFH seine Grundsätze zur wirtschaftlichen Betrachtung bei mittelbaren Anteilsübertragungen auch in den Bereich des § 1 Abs. 3 GrEStG und sieht auch hier eine rechtsformneutrale Betrachtung im Hinblick auf den Gleichheitssatz als geboten an.[372] Die Finanzverwaltung lehnt diese neue BFH-Auffassung bisher ab.[373]

§ 1 Abs. 3a GrEStG normiert seit 2013 über die mittelbaren Anteilsvereinigungen gem. § 1 Abs. 2a und 3 GrEStG hinaus den steuerbaren Erwerb durch Innehaben einer wirtschaftlichen Beteiligung, die sich aus der Summe der unmittelbaren und mittelbaren Beteiligungen am Vermögen oder am Kapital der grundbesitzenden Gesellschaft ergibt. Für die Berechnung der mittelbaren Beteiligung bestimmt § 1 Abs. 3a S. 3 GrEStG ausdrücklich, dass die Vomhundertsätze am Kapital oder am Vermögen der Gesellschaften zu multiplizieren sind. Damit werden alle zwischengeschalteten Gesellschaften rechtsformneutral als

---

369 So auch *Schmitt Homann*, BB 2010, S. 2280; vgl. mit dieser Rechtfertigung für den unmittelbaren Erwerb von Anteilen einer Personengesellschaft: BFH, Urteil v. 12.03.2014, II R 51/12, BStBl. II 2016, S. 356; *Joisten*, Ubg 2016, S. 203.

370 Vgl. BFH, Urteil v. 12.03.2014, II R 51/12, BStBl. II 2016, S. 356; Urteil v. 27.09.2017, II R 41/15, DStR 2018, S. 189.

371 Vgl. erstmals BFH, Urteil v. 12.03.2014, II R 51/12, BStBl. II 2016, S. 356, Rz. 13, 20, das zum Sonderfalls einer Einheits-GmbH-&-Co. KG erging. Kritisch: *Behrens*, StJB 2014/2015, S. 574; *Joisten*, Ubg 2016, S. 203: Sie sehen entgegen BFH die Ungleichbehandlung im Hinblick auf das Sachherrschafskonzept als gerechtfertigt an. Mit Urteil v. 27.09.2017 (II R 41/15, DStR 2018, S. 189) hat der BFH seine Rechtsauffassung aus den Urteil II R 51/12 allgemein für alle zwischengeschalteten Personengesellschaften im Rahmen des § 1 Abs. 3 GrEStG bestätigt. Er sieht außerdem eine ausdrückliche Rechtsprechungsänderung im Hinblick auf das Urteil v. 08.08.2001 (II R 66/98, BStBl. II 2002, S. 156) sowie eine Abweichung zur Verwaltungsauffassung (Gleichlautende Erlasse der Länder v. 09.10.2013, BStBl. I 2013, S. 1364) gegeben.

372 Ähnlich hatte der BFH bereits zu § 1 Abs. 2a GrEStG a.F. geurteilt: Urteil v. 24.04.2013, II R 17/10, BStBl. II 2013, S. 833.

373 Vgl. Gleichlautende Erlasse der Länder v. 09.12.2015, BStBl. I 2016, S. 477.

transparent betrachtet und die Beteiligungsquoten werden durchgerechnet.[374] Dem § 1 Abs. 3a GrEStG liegt damit eine vermögensmäßige, wirtschaftliche Sichtweise zugrunde[375], wobei dem Begriff der wirtschaftlichen Beteiligung über die Definition in § 1 Abs. 3a S. 2 und 3 GrEStG hinaus keine eigenständige Bedeutung zukommen soll[376]. Die wirtschaftliche Betrachtung wirkt aber auch hier nur zu Ungunsten des Steuerpflichtigen, indem eine Besteuerung bisher nicht von § 1 Abs. 2a und 3 GrEStG erfasster Fälle vorgenommen wird.[377] Dagegen kommt es nicht zu einer Einschränkung der Besteuerung in Fällen, in denen trotz eines Vorgangs gem. § 1 Abs. 1, 2a oder Abs. 3 GrEStG die wirtschaftliche Beteiligung beim selben Rechtsträger verbleibt[378] (z.B. Umhängen von Beteiligungen im Konzern, wobei die Konzernspitze gleich bleibt). § 1 Abs. 3a GrEStG nimmt hinsichtlich der Zurechnung von Anteilen keine Differenzierung zwischen mittelbaren und unmittelbaren Beteiligungen vor, sondern schreibt viel mehr die rein rechnerische Ermittlung der wirtschaftlichen Beteiligung anhand der mittelbar und unmittelbar bestehenden nominellen Beteiligungsquoten vor.[379]

c. *Sonderfälle*

aa. *Grunderwerbsteuerliche Organschaft*

Gem. § 1 Abs. 3 Nr. 1 GrEStG ist eine Anteilsvereinigung auch durch die Vereinigung von Anteilen in der Hand von herrschenden und abhängigen Unternehmen bzw. abhängigen Personen oder in der Hand mehrerer abhängiger Unternehmen bzw. Personen möglich. Die grunderwerbsteuerliche Organschaft ist ein für § 1 Abs. 3 GrEStG gesetzlich geregelter Fall der mittelbaren Anteilsvereinigung, wobei die notwendige Beherrschung der zwischengeschalteten Gesellschaft nicht aufgrund min. 95%iger Beteiligung, sondern stattdessen aufgrund des Abhängigkeitsverhältnisses angenommen wird.[380] Als abhängig gelten gem. § 1 Abs. 4 Nr. 2 a) GrEStG natürliche Personen, wenn sie in ein Unternehmen dergestalt eingegliedert sind, dass sie bezogen auf die Anteile weisungsgebunden

---

374 Vgl. Gleichlautende Erlasse der Länder v. 09.10.2013, BStBl. I 2013, S. 1364, Tz. 5.

375 Vgl. auch *Illing*, DStZ 2013, S. 510, der von einer „erweiterten wirtschaftlichen Betrachtungsweise" spricht.

376 Vgl. *Pahlke*, GrEStG, 2018, § 1, Rz. 425; *Behrens*, DStR 2013, S. 1406; *Tiede*, StuB 2014, S. 766; im Ergebnis ebenso: *Illing*, DStZ 2013, S. 515.

377 Vgl. *Illing*, DStZ 2013, S. 507; vgl. zum Verhältnis der Ergänzungstatbestände untereinander ausführlich unter C.II.8.

378 Vgl. *Wagner/Mayer*, BB 2014, S. 282; *Tiede*, StuB 2016, S. 843.

379 Im Ergebnis wohl ebenso: *Wagner/Mayer*, BB 2014, S. 281.

380 Vgl. BFH, Urteil v. 20.07.2005, II R 30/04, BStBl. II 2005, S. 839.

sind. Juristische Personen sind als abhängig anzusehen, wenn sie finanziell, wirtschaftliche und organisatorisch in ein Unternehmen eingegliedert sind (§ 1 Abs. 4 Nr. 2 a) GrEStG). Letztere Definition entspricht dem Wortlaut der umsatzsteuerlichen Organschaft (§ 2 Abs. 2 Nr. 2 UStG), weshalb die hierzu entwickelten Grundsätze auch auf die grunderwerbsteuerliche Organschaft anzuwenden sein sollten.[381] Eine finanzielle Eingliederung liegt demnach bei einer Beteiligung vor, die mehr als 50 % der Stimmrechte vermittelt. Die wirtschaftliche Eingliederung setzt eine Verflechtung der geschäftlichen Tätigkeiten von Organträger und Organgesellschaft voraus und die organisatorische Eingliederung erfordert, dass der Organträger tatsächlich seinen Willen in der Organgesellschaft durchsetzen kann, was z.B. bei Identität der Geschäftsführung oder Beherrschungsvertrag angenommen wird.[382] Auch der nicht weiter definierte Begriff des herrschenden Unternehmens wird jedenfalls von Rechtsprechung und Verwaltung i.S.d. umsatzsteuerlichen Unternehmerbegriffs ausgelegt.[383] Dies kann im Vergleich mit dem Grundfall der mittelbaren Anteilsübertragung kritisch gesehen werden. Denn für die Beherrschung durch Anteilsvereinigung in der Hand eines Rechtsträgers allein ist keine Unternehmereigenschaft notwendig.[384] Gleiches gilt für die wohl fehlende Erfassung der Personengesellschaften als abhängige Unternehmen.[385]

---

381 Vgl. *Meßbacher-Hönsch* in: Boruttau, GrEStG, 2016, § 1, Rz. 1094; Gleichlautende Erlasse der Länder v. 21.03.2007, BStBl. I 2007, S. 422, Tz. 1; kritisch: *Rothenöder*, Anteil, 2009, S. 264.

382 Vgl. *Weilbach*, GrEStG, 2017, § 1, Rz. 93; *Meßbacher-Hönsch* in: Boruttau, GrEStG, 2016, § 1, Rz. 1104–1108.

383 Vgl. Gleichlautende Erlasse der Länder v. 21.03.2007, BStBl. I 2007, S. 422, Tz. 1; BFH, Urteil v. 20.03.1974, II R 185/66, BStBl. II 1974, S: 769; *Meßbacher-Hönsch* in: Boruttau, GrEStG, 2016, § 1, Rz. 1095.

384 Vgl. *Rothenöder*, Anteil, 2009, S. 265, 270, der zwar eine begründbare Relevanz der Unternehmereigenschaft für die Grunderwerbsteuer nicht sieht, eine teleologische Reduktion aufgrund des eindeutigen Wortlauts aber nicht für möglich hält.

385 Nach der Gesetzesbegründung sind Personengesellschaften gem. § 1 Abs. 4 Nr. 2a GrEStG als abhängige Personen erfasst (vgl. BT-Drs. 9/251 v. 19.03.1981, S. 16). Der Wortlaut ist jedoch nur auf Personengesellschaften anwendbar, deren Gesellschafter ausschließlich natürliche Personen sind. Zudem wird in der Literatur bezweifelt, dass eine Weisungsgebundenheit der Personengesellschaft in Bezug auf die Anteile möglich ist (vgl. *Rothenöder*, Anteil, 2009, S. 266–268; *Vossel/Peter/Hellstern*, Ubg 2016, S. 272; *Meßbacher-Hönsch* in: Boruttau, GrEStG, 2016, § 1, Rz. 1100, 1101).

Die Anteilsvereinigung erfolgt im Organkreis.[386] Dieser ist jedoch kein selbstständiger grunderwerbsteuerlicher Rechtsträger, sondern stellt jedenfalls nach Verwaltungsauffassung lediglich eine Modifikation des Kriteriums der einen Hand da.[387] Der Tatbestand wird gemeinsam durch alle Mitglieder des Organkreises verwirklicht, die Anteile an der grundbesitzenden Gesellschaft halten.[388] Obwohl die Beherrschung mittels 95%iger Beteiligung, die im Rahmen von mehrstufigen Beteiligungsstrukturen für den mittelbaren Erwerb entscheidend ist, durch die Abhängigkeit ersetzt wird, erfolgt keine Zurechnung der Anteile an der grundbesitzenden Gesellschaft zum herrschenden Unternehmen, sodass dieses (allein) den Tatbestand verwirklichen würde.[389] Insbesondere bei nachfolgenden Anteilsverschiebungen führt diese Sichtweise zu unsystematischen Ergebnissen, da bspw. die nachfolgende Anteilsvereinigung in der Hand des herrschenden Unternehmens erneut Grunderwerbsteuer auslöst, da ihm der Erwerb durch den Organkreis nicht zugerechnet wird.[390] Die Verstärkung einer bisher mittelbaren Anteilsvereinigung, die durch Beherrschung in mehrstufigen Beteiligungsstrukturen bestand, zu einer unmittelbaren Anteilsvereinigung (Beteiligungskettenverkürzung) löst dagegen nicht erneut Grunderwerbsteuer aus.[391]

Im Rahmen von § 1 Abs. 3a GrEStG sollen die Grundsätze der Organschaft nicht anzuwenden sein, da der Wortlaut des § 1 Abs. 3a GrEStG die Formulierung „Rechtsträger" ausschließlich im Singular enthält, was nach h. M. eine wirtschaftliche Beteiligung, die von mehreren Rechtsträgern eines Organkreises

---

386 Vgl. *Meßbacher-Hönsch* in: Boruttau, GrEStG, 2016, § 1, Rz. 1090; a.A. wohl *Weilbach*, GrEStG, 2017, § 1, Rz. 93, der von einer Anteilsvereinigung in der Hand des herrschenden Unternehmens ausgeht.

387 Vgl. Gleichlautende Erlasse der Länder v. 21.03. 2007, BStBl. I 2007, S. 422, Tz. 1.

388 Dafür spricht jedenfalls die Regelung zur Steuerschuldnerschaft in § 13 Nr. 5b GrEStG, die die beteiligten Unternehmen und Personen zum Steuerschuldner bestimmt und nicht nur das herrschende Unternehmen. So auch: Gleichlautende Erlasse der Länder v. 21.03. 2007, BStBl. I 2007, S. 422, Tz. 1; *Meßbacher-Hönsch* in: Boruttau, GrEStG 2016, § 1, § 1, Rz. 1090.

389 Vgl. *Meßbacher-Hönsch* in: Boruttau, GrEStG, 2016, § 1, Rz. 1124, 1125; a.A. *Weilbach*, GrEStG, 2017, § 1, Rz. 93, der von einer Anteilsvereinigung in der Hand des herrschenden Unternehmens ausgeht.

390 Vgl. *Meßbacher-Hönsch* in: Boruttau, GrEStG, 2016, § 1, Rz. 1124–1126.

391 Vgl. *Pahlke*, GrEStG, 2018, § 1, Rz. 339; *Meßbacher-Hönsch* in: Boruttau, GrEStG 2016, § 1, Rz. 1017. Kritisch zur unterschiedlichen Behandlung von Organschaft und Mehrheitsbeteiligung: *Heine*, UVR 2007, S. 287–288; *Verweyen*, Konzerninterne Umstrukturierungen, 2005, S. 150 ff.

gehalten wird, ausschließt.[392] In § 1 Abs. 2a GrEStG kommt eine Organschaftsbetrachtung weder nach dem Gesetz noch unter systematischen Gesichtspunkten in Frage. Denn § 1 Abs. 2a GrEStG stellt anders als § 1 Abs. 3 und Abs. 3a GrEStG nicht auf die beherrschende Position eines Gesellschafters, sondern auf die Änderung im gesamten Gesellschafterbestand ab.

bb. Schuldrechtliche Vereinbarungen

Für das Grunderwerbsteuerrecht galt lange der Grundsatz, dass eine wirtschaftliche Betrachtung und insbesondere die Regelungen des wirtschaftlichen Eigentums gem. § 39 AO nicht anwendbar seien.[393] Der BFH weicht in seiner jüngeren Rechtsprechung in mehreren Urteilen zu § 1 Abs. 2a GrEStG von dieser Sichtweise ab und ordnet Anteile dem aufgrund schuldrechtlicher Vereinbarungen vom zivilrechtlichen Eigentümer abweichenden wirtschaftlichen Eigentümer zu.[394] Die Finanzverwaltung lehnt die Anwendung von § 39 AO im Grunderwerbsteuerrecht auch weiterhin ab.[395] Sie kommt dennoch jedenfalls für die Urteilsfälle zum selben Ergebnis wie der BFH, da sie eine vom Zivilrecht abweichende Zuordnung auf eine Art analoge Anwendung der Verwertungsbefugnis des § 1 Abs. 2 GrEStG stützt.[396] Die Auffassung führt zu einer stark profiskalischen Sichtweise[397], da sowohl der Übergang des zivilrechtlichen als auch des

392 Vgl. *Joisten/Liekenbrock*, Ubg 2013, S. 474; *Tiede*, StuB 2014, S. 846; *Schober/Kuhnke*, NWB 2013, S. 2230; *Behrens*, DStR 2013, S. 1409.

393 Vgl. zur Nichtanwendung von § 39 AO im GrEStG: *Fischer* in: Boruttau, GrEStG, 2016, § 1, Rz. 638; *Pahlke*, GrEStG, 2018, § 1, Rz. 87; *Behrens/Bielinis*, DStR 2014, S. 2369; *Hofmann*, FR 2016, S. 767; zur Nichtberücksichtigung schuldrechtlicher Vereinbarungen (insbesondere im Rahmen des § 1 Abs. 3a GrEStG): *Joisten/Liekenbrock*, Ubg 2013, S. 473; *Behrens*, DStR 2013, S. 1406; *Demleitner*, SteuK 2013, S. 267, *Wagner/Mayer*, BB 2014, S. 280.

394 Vgl. BFH, Urteil v. 30.08.2017, II R 39/15, BFH/NV 2018, S. 291, Rz. 22, 24; BFH, Urteil v. 09.07.2014, II R 49/12, BStBl. II 2016, S. 57; BFH, Urteil v. 25.11.2015, II R 18/14, BFHE 251, S. 492.

395 Vgl. Gleichlautende Erlasse der Länder v. 09.12.2015, BStBl. I 2016, S. 136.

396 Vgl. Gleichlautende Erlasse der Länder v. 09.12.2015, BStBl. I 2016, S. 136. Die Anwendung von § 1 Abs. 2 GrEStG auf die Ergänzungstatbestände wird in der Literatur mit Verweis auf den auf Grundstücksgeschäfte beschränkten Anwendungsbereich abgelehnt, vgl. *Behrens*, BB 2017, S. 1047; ebenfalls kritisch: *Joisten*, DStZ 2016, S. 282; a.A. wohl *Rutemöller*, BB 2015, S. 1061.

397 Ähnlicher Auffassung wohl *Joisten*, DStZ 2016, S. 280.

wirtschaftlichen Eigentums eine Besteuerung auslösen.[398] Eine erneute Besteuerung bei zivilrechtlichem Eigentumsübergang auf den bislang wirtschaftlichen Eigentümer (z.B. durch Optionsausübung) erscheint jedenfalls nicht gerechtfertigt, ist aber nicht auszuschließen.[399]

Die bisherigen Urteile ergingen zu § 1 Abs. 2a GrEStG i.d.F. vor Änderung durch das StÄndG 2015. Bisher ist sowohl die Übertragbarkeit auf die neue Fassung des § 1 Abs. 2a GrEStG als auch auf § 1 Abs. 3 und Abs. 3a GrEStG ungeklärt.[400] Für eine Übertragbarkeit auf § 1 Abs. 3 GrEStG könnte sprechen, dass der BFH grds. auch bei § 1 Abs. 3 GrEStG auf der mittelbaren Ebene eine wirtschaftliche Betrachtung vornehmen will, die der bisher praktizierten mehrstufigen rechtlichen Betrachtungsweise[401] entgegensteht.[402] Zudem sah der BFH auch bisher schon Treuhandabreden als tatbestandsmäßig für § 1 Abs. 3 GrEStG an und beurteilte den Treugeber als mittelbaren Gesellschafter[403], obwohl auch diesem nur schuldrechtliche Ansprüche zustehen.[404] In der Literatur ist umstritten, ob die erst in den letzten Jahren eingefügten Definitionen in § 1 Abs. 2a und 3a GrEStG abschließend sind, sodass schuldrechtliche Vereinbarungen keine mittelbaren Anteilsübertragungen auslösen könnten.[405] Eine wirtschaftliche Auslegung des Begriffs der mittelbaren Übertragung oder der mittelbaren Beteiligung sollte nur dort notwendig und zulässig sein, wo der Gesetzeswortlaut

---

398 So auch *Behrens*, StJB 2014/2015, S. 565, der von einer „Meistbegünstigung" spricht, die die Anwendung des § 39 AO im Grunderwerbsteuerrecht von der Anwendung im Ertragsteuerrecht unterscheidet.

399 Mit dieser Befürchtung auch: *Joisten*, DStZ 2016, S. 280; *Behrens*, UVR 2017, S. 315–319. M.E. sollten hier dieselben Grundsätze wie bei der Verkürzung der Beteiligungskette anzuwenden sein, vgl. *Pahlke*, GrEStG, 2018, § 1, Rz. 339; *Meßbacher-Hönsch* in: Boruttau, GrEStG, 2016, § 1, Rz. 1017; gl.A. *Behrens*, UVR 2017, S. 315–319.

400 Vgl. zu Argumenten gegen eine Übertragbarkeit: *Mayer/Wagner*, BB 2016, S. 2521.

401 Vgl. BFH, Urteil v. 20.12.2000, II R 26/99, BFH/NV 2001, S. 1040; *Pahlke*, GrEStG, 2018, § 1, Rz. 333.

402 Vgl. BFH, Urteil v. 12.03.2014, II R 51/12, BStBl. II 2016, S. 356; vgl. zur möglichen Übertragbarkeit auch *Joisten*, DStZ 2016, S. 282.

403 Vgl. BFH, Urteil v. 03.03.2015; II R 30/13; BStBl. II 2015, S. 777.

404 Vgl. *Gottwald/Behrens*, Grunderwerbsteuer, 2015, Rz. 247; vgl. zur Treuhand unter C.II.4.c.cc.

405 Vgl. für eine abschließende Definition: *Behrens*, DStR 2013, S. 1406; *Bock/Weis*, GmbHR 2016, S. 206; *Behrens*, BB 2017, S. 1047; zweifelnd in Bezug auf § 1 Abs. 2a GrEStG: *Lange/Broemel*, DStR 2017, S. 361.

selbst keine weitere Begriffsbestimmung enthält.[406] Bereits zu § 1 Abs. 2a GrEStG a.F. wurde argumentiert, schuldrechtliche Vereinbarungen könnten aufgrund der notwendigen dinglichen Anteilsübertragungen keine Auswirkung haben.[407] Der BFH sah dies anders und bringt in einem obiter dictum zum Ausdruck, dass auch die Einführung von § 1 Abs. 2a S. 2–5 GrEStG zu keiner anderen Beurteilung führe.[408] Für § 1 Abs. 3a GrEStG könnte dies entsprechend gelten. Dafür spricht unter anderem, dass einige Literaturstimmen davon ausgehen, dass die ausdrückliche Normierung einer „wirtschaftlichen" Beteiligung nicht ignoriert werden könne.[409] Nach anderer Auffassung ist das Wort wirtschaftlich ohne eigene Bedeutung, da die Ermittlung der wirtschaftlichen Beteiligung abschließend beschrieben wird, sodass schuldrechtliche Vereinbarungen im Anwendungsbereich der § 1 Abs. 3a GrEStG keine Bedeutung haben.[410]

cc. Treuhandverhältnisse

Bei Treuhandvereinbarungen[411] ist zivilrechtlich der Treuhänder Gesellschafter, während dem Treugeber lediglich schuldrechtliche Ansprüche gegenüber dem

---

406 Vgl. BFH, Urteil v. 24.04.2013, II R 17/10, BStBl. II 2013, 833 zur (restriktiven) wirtschaftlichen Auslegung des nicht weiter bestimmten Begriffs der mittelbaren Beteiligung in § 1 Abs. 2a GrEStG.

407 Vgl. *Behrens*, DStR 2014, S. 1532; mit ähnlicher Argumentation zu § 1 Abs. 3a GrEStG: *Hofmann*, GrEStG, 2017, § 1, Rz. 190.

408 Vgl. BFH Urteil v. 25.11.2015, II R 18/14, BFHE 251, S. 492; vgl. auch *Meßbacher-Hönsch* in: Boruttau, GrEStG, 2016, § 1, Rz. 872, 869, die von einer Ergänzung des Satz 1 durch die Ermittlungsmethode in den Sätzen 2 bis 5 ausgeht, die keine Einschränkung herbeiführen sollte. A.A. *Behrens*, BB 2017, S. 1047.

409 So ausdrücklich *Wagner/Mayer*, BB 2014, S. 281; die aber dennoch eine allgemeine wirtschaftliche Betrachtung ablehnen und aus der Berechnungsregel einen „nominalen Anteilsbegriff" herauslesen. Für die Möglichkeit einer wirtschaftlichen Betrachtung auch bezogen auf das Eigentum an Anteilen sprechen sich dagegen *Wagner/Lieber* (DB 2013, S. 1389) aus. S. außerdem: *Illing*, DStZ 2013, S. 514; für den Problembereich wechselseitiger Beteiligungen. *Joisten/Liekenbrock*, Ubg 2013, S. 472 sprechen sich jedenfalls dafür aus, dass die wirtschaftliche Beteiligung einer eigenständigen insbesondere von der zivilrechtlich geprägten Auslegung des § 1 Abs. 3 GrEStG unabhängigen Auslegung zugänglich ist.

410 Ebenso: *Behrens*, DStZ 2013, S. 1406; *Demleitner*, SteuK 2013, S. 267; *Joisten/Liekenbrock*, Ubg 2013, S. 473; *Wagner/Mayer*, BB 2014, S. 280.

411 Treuhandvereinbarungen können als schuldrechtliche Vereinbarungen aufgrund der Vertragsfreiheit im Einzelnen sehr verschieden ausgestaltet sein (vgl. *Pahlke*, GrEStG, 2018, § 1, Rz. 102, 104; Gleichlautende Erlasse der Länder v. 12.10.2007; BStBl. I 2007, S. 761, vor Tz. 1.). Dadurch können sich insbesondere im Hinblick

Treuhänder zustehen.[412] Bei allen Tatbeständen ist eine unmittelbare Anteilsübertragung durch Übertragung auf den Treuhänder (Übertragungstreuhand), bei Rückübertragung auf den Treugeber und beim Treuhänderwechsel möglich.[413] Der Treugeber gilt jedoch weiterhin als mittelbar Beteiligter. Daher sind der Treugeberwechsel sowie die Vereinbarungstreuhand, bei der der bisherige Gesellschafter Treuhänder wird und damit zivilrechtlich Gesellschafter bleibt, unter den mittelbaren Übertragungen zu subsumieren.[414] Im Anwendungsbereich des § 1 Abs. 2a und Abs. 3a GrEStG geht die wohl h. M. davon aus, dass der Treugeber (weiterhin) als mittelbar Beteiligter anzusehen ist, obwohl der Gesetzeswortlaut nur die mehrstufigen Beteiligungsstrukturen als Anwendungsfall des mittelbaren Gesellschafterwechsels bzw. der wirtschaftlichen Beteiligung nennt.[415]

Weitgehend unklar ist bisher, wie Wechsel im Gesellschafterbestand von bzw. die Übertragung von Anteilen an Treuhänder und Treugeber zu beurteilen sind.

---

auf den Besteuerungszeitpunkt auch verschiedene grunderwerbsteuerliche Konsequenzen ergeben (vgl. *Rothenöder*, Anteil, 2009, S. 221). Auf eine detaillierte Analyse der unterschiedlichen Formen der Treuhand soll hier verzichtet werden.

412 Vgl. *Gottwald/Behrens*, Grunderwerbsteuer, 2015, Rz. 247.

413 Vgl. zu § 1 Abs. 2a GrEStG a.F.: Gleichlautende Erlasse der Länder v. 18.02.2014, BStBl. I 2014, 561, Tz. 2.2; *Pahlke*, GrEStG, 2014, § 1, Rz. 296, 305; zu § 1 Abs. 3 und Abs. 3a GrEStG: *Meßbacher-Hönsch* in: Boruttau, GrEStG, 2016, § 1, Rz. 1243; Gleichlautende Erlasse der Länder v. 12.10.2007, BStBl. I 2007, S. 761: Die Finanzverwaltung differenziert in ihrem Erlass zwischen Übertragungs- und Vereinbarungstreuhand sowie Auftragserwerb von Gesellschaftsanteilen. Sie unterscheidet jedoch nicht nach mittelbaren und unmittelbaren Anteilsübertragungen.

414 Vgl. zu § 1 Abs. 2a GrEStG a.F.: Gleichlautende Erlasse der Länder v. 18.02.2014, BStBl. I 2014, S. 561, Tz. 2.2; *Pahlke*, GrEStG, 2014, § 1, Rz. 306; zur Vereinbarungstreuhand: BFH, Urteil v. 25.11.2015, II R 18/14, BFHE 251, S. 492; zu § 1 Abs. 3 GrEStG: BFH, Urteil v. 05.11.1986, II R 237/85, BStBl. II 1987, S. 225; Urteil v. 03.03.2015; II R 30/13; BStBl. II 2015, S. 777; *Meßbacher-Hönsch* in: Boruttau, GrEStG, 2016, § 1, Rz. 1243.

415 Vgl. *Meßbacher-Hönsch* in: Boruttau, GrEStG, 2016, § 1, Rz. 890; 1243; *Pahlke*, GrEStG, 2014, § 1, Rz. 296, 305; Gleichlautende Erlasse der Länder v. 09.10.2013, BStBl. I 2013, S. 1364, Tz .1; BFH, Urteil v. 25.11.2015, II R 18/14, BFHE 251, S. 492, Rz. 19; *Demleitner*, SteuK 2013, S. 267; a.A. *Behrens*, DStR 2014, S. 1532, der Treuhandverträge bereits für § 1 Abs. 2a GrEStG a.F. nicht als tatbestandsmäßig ansieht, da es an einer dinglichen Anteilsübertragung fehle, und eine Anwendung unter Geltung der Neuregelung erst recht ablehnt, da es sich dabei um eine ausdrückliche Beschränkung auf „Anteile“ in Abgrenzung zu schuldrechtlichen Vereinbarungen handle. Mit ähnlicher Begründung zu § 1 Abs. 3a GrEStG: *Hofmann*, GrEStG, 2017, § 1, Rz. 190. Zur Relevanz schuldrechtlicher Vereinbarungen s. C.II.4.c.aa.

Nach den Grundsätzen zur Behandlung mehrstufiger Beteiligungsverhältnisse sollten Wechsel im Gesellschafterbestand des Treuhänders als dem zivilrechtlichen Gesellschafter zu mittelbaren Übertragungen führen, soweit die Voraussetzungen des jeweiligen Ergänzungstatbestands erfüllt sind. Da aber auch der Treugeber als mittelbarer Gesellschafter betrachtet wird, könnten zusätzlich Übertragungen der Anteile am Treugeber tatbestandsmäßig sein.[416] Nach *Behrens/Schmitt* sollten die Gesellschafter des unmittelbar beteiligten Treuhänders nicht als mittelbare Gesellschafter gelten, da sonst eine Verdopplung der mittelbaren Gesellschafterstellung vorläge.[417] Die Verdoppelung der mittelbaren Gesellschafterstellung durch Wechsel im Gesellschafterbestand von Treuhänder und Treugeber widerspricht m.E. den vom BFH aufgestellten Grundsätzen zur wirtschaftlichen Betrachtung auf der mittelbaren Beteiligungsebene und zur Zuordnung von Anteilen gem. § 39 Abs. 2 Nr. 1 AO.[418] Da dem Treuhänder der Gesellschaftsanteil rein zivilrechtlich, nicht aber unter wirtschaftlichen Gesichtspunkten zugerechnet werden kann, sollte auf der mittelbaren Ebene nur noch der Treugeber und Änderungen seines Gesellschafterbestands zu beachten sein. Diese auf der Rechtsprechung zu § 1 Abs. 2a GrEStG beruhende Überlegung sollte m.E. auf § 1 Abs. 3 GrEStG übertragbar sein. Denn auch wenn ein Rechtsträger über eine 95 % Beteiligung am Treuhänder verfügt, ist ihm die Sachherrschaft über die vom Treuhänder zivilrechtlich gehaltenen Anteile durch den Treuhandvertrag verwehrt.

Für § 1 Abs. 3 GrEStG können sich Besonderheiten ergeben, da die Besteuerung gem. § 1 Abs. 3 Nr. 1 und Nr. 3 GrEStG bereits an die schuldrechtliche Vereinbarung, die den Anspruch auf Übertragung begründet, anknüpft.[419] Bei

---

416 Vgl. zu § 1 Abs. 2a GrEStG: *Pahlke*, GrEStG, 2014, § 1, Rz. 307; er macht dies an der wirtschaftlichen Sichtweise des BFH (Urteil v. 24.04.2013, II R 17/10, BStBl. II 2013, S. 833) im Bereich mittelbarer Gesellschafterwechsel fest.

417 Vgl. zu § 1 Abs. 2a GrEStG: *Behrens/Schmitt*, UVR 2009, S. 241; Sie präferieren nach einem Vergleich verschiedener Lösungsansätze zur Beurteilung von Treuhandverhältnissen eine zivilrechtlich geprägte Beurteilung, nach der ausschließlich der Treuhänder als Gesellschafter anzusehen ist und Treuhandverhältnisse im Rahmen des § 1 Abs. 2a GrEStG damit unbeachtlich sind.

418 § 39 Abs. 2 Nr. 1 AO sieht eine Abweichung von der Regelzuordnung zum zivilrechtlichen Eigentümer gem. § 39 Abs. 1 AO vor. D.h. der wirtschaftliche Eigentümer tritt für steuerliche Zwecke an die Stelle des zivilrechtlichen Eigentümers. Es erfolgt gerade keine doppelte Zurechnung; vgl. *Drüen* in: Tipke/Kruse, AO/FGO, 2017, § 39 AO, Rz. 15, 16.

419 Soweit vertreten wird, dass § 1 Abs. 3a GrEStG in allen Varianten des § 1 Abs. 3 GrEStG verwirklicht werden kann, ergeben sich die nachfolgend erörterten

Übertragungstreuhand und Auftragserwerb verwirklicht der Treuhänder den Tatbestand des § 1 Abs. 3 GrEStG unmittelbar, wobei regelmäßig bereits § 1 Abs. 3 Nr. 1 oder Nr. 3 GrEStG einschlägig sind.[420] Der Treugeber hat jeweils einen Herausgabeanspruch entweder vertraglich unter aufschiebender Bedingung vereinbart oder gem. § 667 BGB[421]. Nach Ansicht der Finanzverwaltung soll lediglich der aufschiebend bedingte rechtsgeschäftliche Anspruch den Tatbestand des § 1 Abs. 3 Nr. 1 oder Nr. 3 GrEStG auslösen, da der Anspruch aus § 667 BGB kraft Gesetz und nicht kraft schuldrechtlicher Vereinbarung besteht.[422] Liegt eine solche Vereinbarung vor, kann daher bei Übertragungstreuhand und Auftragserwerb gleichzeitig ein unmittelbarer Erwerb durch Treuhänder und Treugeber verwirklicht werden, wobei die Steuer für den Treugeber erst mit Bedingungseintritt gem. § 14 Nr. 1 GrEStG entsteht. Soweit der Treugeber bereits durch die rechtsgeschäftliche Vereinbarung des Herausgabeanspruchs § 1 Abs. 3 Nr. 1 oder Nr. 3 GrEStG verwirklicht, kommt bei der späteren tatsächlichen Übertragung ein unmittelbarer Erwerb nach § 1 Abs. 3 Nr. 2 und Nr. 4 GrEStG durch den Treugeber noch für solche Grundstücke in Betracht, die bei Begründung des Treuhandverhältnisses noch nicht zum Gesellschaftsvermögen gehörten, da insoweit kein Rechtsgeschäft vorausgegangen ist.[423]

Besonderheiten auch hier, vgl. *Meßbacher-Hönsch* in: Boruttau, GrEStG, 2016, § 1, Rz. 1242–1243, 1230; Gleichlautende Erlasse der Länder v. 09.10.2013, BStBl. I 2013, S. 1364, Tz. 1. Nach a.A. ist auf aufgrund der Formulierung „inne haben" nicht auf das schuldrechtliche Verpflichtungsgeschäft sondern nur auf die dingliche Anteilsübertragung abzustellen (*Joisten/Liekenbrock*, Ubg 2013, S. 472; *Pahlke*, GrEStG, 2018, § 1, Rz. 438; *Hofmann*, GrEStG, 2017, § 1, Rz. 189).

420 Vgl. Gleichlautende Erlasse der Länder v. 12.10.2007, BStBl. I 2007, S. 761, Tz. 1.1, 3.1. Eine Ausnahme besteht bei der uneigennützigen Treuhand. Hier verwirklicht der Treuhänder mangels Übertragungsanspruches einen Vorgang nach § 1 Abs. 3 Nr. 2 oder Nr. 4 GrEStG.

421 Bei uneigennütziger Treuhand liegt regelmäßig ein Anspruch des Treugebers gem. § 667 BGB vor. Bei der seltener anzutreffenden eigennützigen Treuhand wird dagegen eine aufschiebend bedingte Rückübertragungsverpflichtung begründet, die als rechtsgeschäftlicher Anspruch des Treugebers den Tatbestand des § 1 Abs. 3 Nr. 1 oder Nr. 3 GrEStG erfüllt, vgl. Gleichlautende Erlasse der Länder v. 12.10.2007, BStBl. I 2007, S. 761, Tz. 1.2.

422 Vgl. Gleichlautende Erlasse der Länder v. 12.10.2007, BStBl. I 2007, S. 761, Tz. 1.2.

423 Vgl. Gleichlautende Erlasse der Länder v. 12.10.2007, BStBl. I 2007, S. 761, Tz. 3.2.1.1.

dd. Kapitalmaßnahmen

Unter Kapitalmaßnahmen werden hier solche Vorgänge verstanden, bei denen es nicht zu einer Übertragung bereits bestehender Anteile kommt, sondern entweder neue Anteile entstehen oder bisher bestehende Anteile untergehen, sodass sich das Kapital der jeweiligen Gesellschaft verändert. Bei Personengesellschaften sind dies An- bzw. Abwachsungsvorgänge gem. § 738 BGB. Bei Kapitalgesellschaften kommen insbesondere die Ausgabe neuer Anteile im Wege der Kapitalerhöhung (§ 55 GmbHG, §§ 182 ff AktG), die Einziehung von Anteilen (§ 34 GmbHG, §§ 237–239 AktG) und der Erwerb eigener Anteile in Betracht (§ 33 GmbHG). Im Rahmen des § 1 Abs. 2a GrEStG wirken sich Kapitalmaßnahmen der Personengesellschaft nur aus, wenn sie zum Neueintritt von Gesellschaftern führen oder sich der Anteil eines Neugesellschafters erhöht, da Anteilsverschiebungen zwischen Altgesellschaftern nicht steuerbar sind.[424] Für § 1 Abs. 3 Nr. 1 und Nr. 2 GrEStG ist dagegen ausschließlich entscheidend, dass 95 % der Anteile in der Hand eines Gesellschafters vereinigt werden. Der Beitritt neuer Gesellschafter oder die Beteiligung des betroffenen Gesellschafters am Rechtsgeschäft sind nicht nötig.[425] Im Rahmen des § 1 Abs. 3 GrEStG ist eine Anteilsvereinigung, die durch den Erwerb eigener Anteile durch die Gesellschaft ausgelöst wird, unter § 1 Abs. 3 Nr. 1 GrEStG zu subsumieren.[426] Gleiches sollte für den Erwerb neuer Anteile bei Kapitalerhöhung gelten, da auch hier ein rechtsgeschäftlicher Übertragungsanspruch besteht.[427] Die Einziehung von Anteilen sowie An- und Abwachsungsvorgänge bei Personengesellschaften stellen hingegen einen Erwerb kraft Gesetzes dar und fallen folglich unter § 1 Abs. 3 Nr. 2 GrEStG.[428] Beim Austritt des vorletzten Gesellschafters aus einer Personengesellschaft erlischt die Gesellschaft und das Vermögen wächst dem letzten Gesellschafter zu.[429] In diesem Fall kann kein Erwerb nach den Vorschriften der §§ 1 Abs. 2a, 3 und 3a GrEStG angenommen werden, da keine Gesellschaft mehr

---

424 Vgl. *Meßbacher-Hönsch* in: Boruttau, GrEStG, 2016, § 1, Rz. 837.

425 Vgl. *Meßbacher-Hönsch* in: Boruttau, GrEStG, 2016, § 1, Rz. 1006, 1009; BFH, Urteil v. 20.01.2015, II R 8/13, BStBl. II 2015, S. 553.

426 Vgl. BFH, Urteil v. 20.01.2015, II R 8/13, BStBl. II 2015, S. 553.

427 Vgl. zum Übernahmevertrag bei der GmbH: *Gummert* in: Henssler/Strohn, Gesellschaftsrecht, 2016, § 55, Rz. 12.

428 Vgl. *Pahlke*, GrEStG, 2018, § 1, Rz. 330, *Meßbacher-Hönsch* in: Boruttau, GrEStG, 2016, § 1, Rz. 1051.

429 Vgl. *Pahlke*, GrEStG, 2018, § 1, Rz. 178.

existiert.[430] Die Anwachsung des Grundvermögens aus dem Gesellschaftsvermögen auf den letzten Gesellschafter ist jedoch ein gem. § 1 Abs. 1 Nr. 3 GrEStG steuerbarer Erwerbsvorgang.[431]

Im Anwendungsbereich des § 1 Abs. 3a GrEStG auf grundbesitzende Personengesellschaften wird in der Literatur vereinzelt das Risiko gesehen, dass bei fehlender Vereinbarung fester Kapitalkonten zur Bestimmung der Beteiligung der einzelnen Gesellschafter ein steuerbarer Erwerb auch durch die Verbuchung von Gewinnen und Verlusten sowie Entnahmen und Einlagen ausgelöst werden könnte, da diese sich auf die variablen Kapitalkonten und damit auf die vermögensmäßige Beteiligung und das Verhältnis der Anteile der Gesellschafter am Gesellschaftsvermögen der grundbesitzenden Personengesellschaft auswirken.[432] Im Rahmen des § 1 Abs. 2a GrEStG sind solche Vorgänge regelmäßig als Anteilsverschiebungen zwischen Altgesellschaftern unbeachtlich und im Rahmen des § 1 Abs. 3 GrEStG bleiben sie aufgrund der sachrechtlichen Pro-Kopf-Betrachtung außer Ansatz.[433] Diese laufenden Ergebnisverbuchungen sind selbst unter Berücksichtigung des Ziels der Missbrauchsvermeidung auch wirtschaftlich nicht mit einem Rechtsträgerwechsel am Grundvermögen vergleichbar, den das GrEStG erfassen will. Insoweit könnte eine teleologische Reduktion des Wortlauts von § 1 Abs. 3a GrEStG geboten sein.[434]

ee. *Zwischengeschäfte*

Bei sog. Zwischengeschäften behält der Käufer sich das Recht vor, vor dem Vollzug des Kaufvertrags einen Dritten als Käufer zu benennen. Zivilrechtlich liegt i.d.R. eine Vertragsübernahme vor, d.h. der Dritte tritt an Stelle des Käufers in den zwischen Verkäufer und Käufer geschlossenen Vertrag ein. Die zivilrechtliche Übertragung des Vertragsgegenstandes erfolgt dann zwischen dem Käufer

430 Vgl. *Meßbacher-Hönsch* in: Boruttau, GrEStG, 2016, § 1, Rz. 836; *Pahlke*, GrEStG, 2018, § 1, Rz. 178; vgl. für § 1 Abs. 3 GrEStG: BFH, Urteil v. 05.11.2002, II R 86/00, BFH/NV 2003, S: 344; BFH, Beschluss v. 19.11.2004, II B 97/03, BFH/NV 2005, S. 576.

431 Vgl. *Pahlke*, GrEStG, 2018, § 1, Rz. 178.

432 Vgl. *Illing*, DStZ 2013, S. 510.

433 Vgl. *Illing*, DStZ 2013, S. 510. Dies sollte jedenfalls auf unmittelbarer Ebene auch nach der Rechtsprechungsänderung durch den BFH (Urteil v. 27.09.2017, II R 41/15, DStR 2018, S. 189) weiterhin gelten.

434 So *Illing*, DStZ 2013, S. 510, 511; jedoch ohne konkrete Ausführungen dazu, wie der Rechtsträgerwechsel am Grundstück von unbeachtlichen Vermögensverschiebungen durch Veränderung der Kapitalkonten abgegrenzt werden kann.

und dem eingetretenen Dritten.[435] Ist Vertragsgegenstand ein Grundstück, so erfolgt der grunderwerbsteuerliche Rechtsträgerwechsel zunächst nach § 1 Abs. 1 Nr. 1 GrEStG zwischen den ursprünglichen Vertragsparteien und anschließend gem. § 1 Abs. 1 Nr. 5 GrEStG zwischen dem ursprünglichen Käufer und dem in den Vertrag eintretenden Dritten.[436] Eine dem § 1 Abs. 1 Nr. 5 GrEStG vergleichbare Regelung fehlt jedoch für Vertragsübernahmen bei Anteilsveräußerungen. Handelt es sich um einen Anteilskaufvertrag, entsteht durch Vertragsabschluss zunächst Grunderwerbsteuer gem. § 1 Abs. 3 Nr. 1 oder Nr. 3 GrEStG, da ein Übertragungsanspruch des Erwerbers begründet wird. Die Abtretung dieses Anspruchs soll nicht erneut den Tatbestand des § 1 Abs. 3 GrEStG auslösen, da nur die Begründung eines neuen Anspruchs, nicht jedoch die Weiterübertragung eines bereits bestehenden Anspruchs von der Norm erfasst wird.[437] Durch die tatsächliche dingliche Übertragung der Anteile könnte jedoch § 1 Abs. 3 Nr. 2 oder Nr. 4 GrEStG ausgelöst werden, da das vorhergehende Rechtsgeschäft nicht zwischen dem Veräußerer und dem tatsächlichen Erwerber geschlossen wurde.[438] In diesem Fall würde durch eine Anteilsübertragung zweimal Grunderwerbsteuer ausgelöst. Der BFH hat dieser Ansicht jedoch eine Absage erteilt.[439] Es sei nicht entscheidend, dass der Erwerber an dem vorhergehenden Rechtsgeschäft nicht beteiligt war, da nicht nur der Erwerber sondern auch der Veräußerer vor einer doppelten Inanspruchnahme als Schuldner der Grunderwerbsteuer für zwei auf denselben Gegenstand gerichtete Erwerbsvorgänge geschützt werden solle. Der BFH wendet weiter die zum Verhältnis von § 1 Abs. 1 Nr. 2 zu § 1 Abs. 1 Nr. 1 GrEStG entwickelten Grundsätze entsprechend an, wonach Personenverschiebungen zwischen Verpflichtungs- und Erfüllungsgeschäft unbeachtlich sind.[440] Soweit § 1 Abs. 2a oder 3a GrEStG zur Anwendung kommen, dürfte ein Zwischengeschäft ohnehin nicht zum doppelten Anfall von Grunderwerbsteuer führen, da bei diesen Tatbeständen anders als bei § 1 Abs. 3 GrEStG ausschließlich auf die dingliche Übertragung und nicht auf den Übertragungsanspruch

---

435 Vgl. zu den Grundlagen des Zwischengeschäfts: *Heine*, GmbHR 2007, S. 468, 470.

436 Vgl. BFH, Urteil v. 22.01.2003, II R 32/01, BStBl. II 2003, S. 526.

437 Für Verträge über Grundstücke hat der Gesetzgeber in § 1 Abs. 1 Nr. 5–7 GrEStG eigene Erwerbstatbestände für die Abtretung des Übertragungsanspruchs geschaffen. Dies soll so auszulegen sein, dass dem Gesetzgeber das Problem der Zwischengeschäfte bekannt war und er sie unter § 1 Abs. 3 GrEStG ausdrücklich nicht erfassen wollte (vgl. FG Köln, Urteil v. 26.03.2014; 5 K 235/11, EFG 2014, S. 1501).

438 So urteilte das FG Köln, Urteil v. 26.03.2014; 5 K 235/11, EFG 2014, S. 1501.

439 Vgl. BFH, Urteil v. 12.05.2016, II R 26/14, BStBl. II 2016, S. 748.

440 Vgl. FG Bremen, Urteil v. 11.06.2003, 2 K 639/02, EFG 2003, S. 1323.

abgestellt wird.[441] *Figatowski* sieht in der neuen BFH-Rechtsprechung eine Möglichkeit zur Erlangung von Steuerbefreiungen und hält eine Gesetzesänderung für notwendig.[442]

5. Erwerber

Als Erwerber wird im folgenden Abschnitt derjenige betrachtet, der in einem der vorgehend dargestellten Rechtsvorgänge mittelbar oder unmittelbar einen Anteil an der grundbesitzenden Gesellschaft erwirbt.[443] Dieser Anteilserwerber, dessen Erwerb zur Erfüllung des Tatbestands beiträgt, ist zu unterscheiden vom Grundstückserwerber. Während der Anteilserwerber tatsächlich an einem Rechtsvorgang beteiligt ist, ist der Grundstückserwerb lediglich fingiert.[444] Aufgrund der Konzeption der Ergänzungstatbestände als Erwerbsfiktionen sind tatsächlicher Anteilserwerber und fingierter Grundstückserwerber nicht zwingend identisch.[445]

§ 1 Abs. 2a GrEStG normiert den Wechsel im Gesellschafterbestand einer Personengesellschaft als steuerbaren Tatbestand. Zur Erfüllung des Tatbestands können beliebig viele Erwerber beitragen, d.h. jeder Anteilserwerb, vorausgesetzt, er erfolgt durch einen Neugesellschafter innerhalb der Fünfjahresfrist, ist für den Tatbestand entscheidend. Auf die Person des einzelnen Erwerbers und die Höhe seiner Beteiligung kommt es dabei grds. nicht an.[446] Anteilsverschiebungen

---

441 Für § 1 Abs. 2a GrEStG ebenso: *Heine*, GmbHR 2007, S. 469. Die Finanzverwaltung könnte dies jedenfalls für § 1 Abs. 3a GrEStG ggfs. anders beurteilen, da sie davon ausgeht, dass ein Erwerbsvorgang nach § 1 Abs. 3a GrEStG in allen Varianten des § 1 Abs. 3 GrEStG vorliegen kann d.h. auch bereits bei Abschluss des schuldrechtlichen Verpflichtungsgeschäfts, vgl. Gleichlautende Erlasse der Länder v. 09.10.2013, BStBl. I 2013, S. 1364, Tz. 1, 4.

442 Vgl. *Figatowski*, Ubg 2016, S. 462, 462. Die Erlangung (ungerechtfertigter) Steuerbefreiungen ist nach seiner Ansicht möglich, indem der Anteilskaufvertrag zunächst zwischen nahen Angehörigen geschlossen wird, bevor der eigentliche Käufer in den Vertrag eintritt.

443 Ausdrücklich genannt ist der (Anteils-)erwerber nur in § 1 Abs. 3 Nr. 1 GrEStG, aber auch § 1 Abs. 2a und Abs. 3a GrEStG setzen einen Anteilserwerb und damit einen Erwerber voraus, vgl. *Meßbacher-Hönsch* in: Boruttau, GrEStG, 2016, § 1, Rz. 859; 1236.

444 Vgl. *Fischer* in: Boruttau, GrEStG, 2016, Vorbemerkungen, Rz. 135.

445 Dies gilt insbesondere für § 1 Abs. 2a GrEStG, da Grundstückserwerber hier die fiktiv neue Personengesellschaft ist, vgl. § 1 Abs. 2a S. 1, § 13 Nr. 6 GrEStG.

446 Ähnlich: *Bock*, GmbHR 2013, S. 868.

zwischen Gesellschaftern sind regelmäßig unbeachtlich.[447] § 1 Abs. 2a GrEStG hat damit eine gesellschaftsbezogene statt einer erwerberbezogenen Sichtweise und stellt auf den Gesellschafterbestand aus Sicht der Personengesellschaft ab. § 1 Abs. 2a GrEStG setzt den Übergang von Anteilen am Gesellschaftsvermögen auf neue Gesellschafter voraus. Die Finanzverwaltung hat auf Grundlage dieses Wortlauts in den Erlassen ein Konzept zur Definition von Alt- und Neugesellschaftern festgelegt, um die Quote der Änderung des Gesellschafterbestands innerhalb der fünfjährigen Frist zu bestimmen.[448] Altgesellschafter sind danach die Gründungsgesellschafter, alle Gesellschafter, die bereits bei Erwerb des zu betrachtenden Grundstücks an der Gesellschaft beteiligt waren, Gesellschafter, die bereits vor Beginn des maßgeblichen Fünfjahreszeitraums an der Gesellschaft beteiligt waren, sowie Gesellschafter, deren Eintritt bereits den Tatbestand des § 1 Abs. 2a GrEStG ausgelöst oder dazu beigetragen hat. Durch Aufgabe der Gesellschafterstellung geht die Altgesellschaftereigenschaft verloren, d.h. bei Wiedereintritt ist der Gesellschafter als Neugesellschafter zu beurteilen.[449] Der Formwechsel eines Altgesellschafters ist hingegen unschädlich.[450] Bei mehrstufigen Beteiligungen können Gesellschafter einer zwischengeschalteten Personengesellschaft selbst Altgesellschafter sein, wenn sie die oben genannten Voraussetzungen in Bezug auf die grundbesitzende Gesellschaft mittelbar erfüllen.[451] Neu in eine solche Personengesellschaft eintretende Gesellschafter sind als (mittelbare) Neugesellschafter anzusehen.[452] Für die Gesellschafter von

---

447 Vgl. *Meßbacher-Hönsch* in: Boruttau, GrEStG, 2016, § 1, Rz. 835.

448 Vgl. Gleichlautende Erlasse der Länder v. 18.02.2014, BStBl. I 2014, 561, Tz. 2.

449 Vgl. BFH, Urteil v. 16.05.2013, II R 3/11, BStBl. II 2013, S. 963.

450 Vgl. *Meßbacher-Hönsch* in: Boruttau, GrEStG, 2016, § 1, Rz. 844; Gleichlautende Erlasse der Länder v. 18.02.2014, BStBl. I 2014, 561, Tz. 2.1.

451 Für Erwerbe vor dem 05.11.2015 ist dies nach den Grundsätzen des BFH-Urteils v. 24.04.2013 (II R 17/10, BStBl. II 2013, S. 833) wohl anders zu beurteilen: Die unmittelbar beteiligte Personengesellschaft gilt als fiktive neue Gesellschafterin, wenn sich ihr Gesellschafterbestand im wirtschaftlichen Ergebnis vollständig ändert. Nach Aufhebung des Nichtanwendungserlasses (Gleichlautende Erlasse der Länder v. 16.09.2015, BStBl. I 2015, S. 822) ist davon auszugehen, dass die Finanzverwaltung die Rechtsprechung anwendet. Für Erwerbe nach dem 05.11.2015 sollte die Verwaltungsauffassung aufgrund der in § 1 Abs. 2a S. 2 GrEStG normierten Transparenz der Personengesellschaften gelten.

452 Vgl. *Meßbacher-Hönsch* in: Boruttau, GrEStG, 2016, § 1, Rz. 846. Der Wortlaut von § 1 Abs. 2a S. 2 GrEStG sieht die Transparenz nicht für Änderungen im Gesellschafterbestand der unmittelbar beteiligten Gesellschaft vor. Dies wird aber von der Literatur überwiegend als redaktionelles Versehen beurteilt, vgl. *Meßbacher-Hönsch*

Kapitalgesellschaften gilt dies nicht.[453] Kapitalgesellschaften können nur selbst bei unmittelbarer Beteiligung oder Beteiligung über eine zwischengeschaltete Personengesellschaft Altgesellschafter sein, ihre Anteilseigner jedoch nicht.[454] Ein Anteilseignerwechsel bei einer Kapitalgesellschaft von mehr als 95 % führt zum Verlust der Altgesellschafterstellung der Kapitalgesellschaft.[455] Derzeit ist die Auslegung des „neuen Gesellschafters" i.S.d. § 1 Abs. 2a S. 4 GrEStG allerdings noch umstritten. Teilweise wird vertreten, es müsse sich sowohl bezogen auf die Kapitalgesellschaft als auch bezogen auf die grundbesitzende Personengesellschaft um einen Neugesellschafter handeln.[456] Nach a.A. ist nur auf die Kapitalgesellschaft abzustellen, wobei eine mittelbare Altgesellschafterstellung möglich sein soll, sodass Beteiligungskettenverkürzungen weiterhin nicht zu einem Anteilseignerwechsel führen.[457] Während die erste Auffassung aus dem Gesamtzusammenhang der Norm heraus zu präferieren ist[458], könnte der Wortlaut des § 1 Abs. 2a S. 4 und 5 GrEStG sowie die „alte" Verwaltungsauffassung

---

in: Boruttau, GrEStG, 2016, § 1, Rz. 846a, 816b; *Behrens/Halaczinsky*, UVR, 2015, S. 372, mit Verweis auf die Gesetzesbegründung: BR-Drs. 121/15 v. 27.03.2015, S. 60.

453 A.A. *Meßbacher-Hönsch* in: Boruttau, GrEStG, 2016, § 1, Rz. 842, 843, die aus § 1 Abs. 2a S. 4 GrEStG nicht nur eine mögliche Altgesellschafterstellung in Bezug auf die Kapitalgesellschaft, sondern auch im Verhältnis zur grundbesitzenden Personengesellschaft annehmen will. Diese mittelbare Altgesellschafterstellung soll aber beim Erwerb einer zivilrechtlichen Beteiligung an der grundbesitzenden Personengesellschaft nicht ausreichend sein, um die Tatbestandserfüllung gem. § 1 Abs. 2a S. 1 GrEStG zu verhindern, da diese ausschließlich zivilrechtlich zu beurteilen sei.

454 Vgl. Gleichlautende Erlasse der Länder v. 18.02.2014, BStBl. I 2014, 561, Tz. 2.1; so auch FG Düsseldorf zum unmittelbaren Anteilserwerb einer zuvor mittelbar über eine Kapitalgesellschaft beteiligten Person: FG Düsseldorf, Urteil v. 29.03.2017; 7 K 429/10 GE, EFG 2017, S. 852.

455 Mit § 1 Abs. 2a S. 4 und 5 GrEStG wurde diese Verwaltungsauffassung festgeschrieben. Für Anteilseignerwechsel, die unter § 1 Abs. 2a GrEStG a.F. fallen, muss hingegen nach Auffassung des BFH (Urteil v. 24.04.2013, II R 17/10, BStBl. II 2013, S. 833) ein vollständiger Wechsel des auf der letzten Stufe Beteiligten vorliegen, sodass Wechsel unter 100 % sowie Übertragungen zwischen mittelbaren Altgesellschaftern unschädlich sind.

456 Vgl. *Behrens/Halaczinsky*, UVR 2015, S. 373; *Lange/Broemel*, DStR 2017, S. 365; *Behrens*, BB 2017, S. 1051.

457 Vgl. *Meßbacher-Hönsch* in: Boruttau, GrEStG, 2016, § 1, Rz. 848.

458 Vgl. ausführlich *Behrens/Halaczinsky*, UVR 2015, S. 373; *Lange/Broemel*, DStR 2017, S. 365, die darlegen, dass mittelbare Gesellschafterwechsel sonst schlechter gestellt würden als unmittelbare Gesellschafterwechsel.

für die zweite Auslegung sprechen.[459] M.E. ist allerdings fraglich, ob der Wortlaut des § 1 Abs. 2a S. 5 GrEStG eine Berücksichtigung mittelbarer Altgesellschafter bei Beteiligungskettenverkürzung zulässt, da er i.S. einer Trennung der Beteiligungsstufen verstanden werden könnte. Ebenfalls unklar ist die Behandlung von gemischten mehrstufigen Strukturen, da nach dem Wortlaut des § 1 Abs. 2a S. 4 und 5 GrEStG der mittelbare Wechsel im Gesellschafterbestand einer Kapitalgesellschaft[460] durch Wechsel im Gesellschafterbestand einer an ihr beteiligten Personengesellschaft nicht erfasst ist. Bei mehrstufigen Strukturen ergeben sich zudem Zweifelsfragen betreffend die Berechnung der Fünfjahresfrist.[461]

§ 1 Abs. 3 GrEStG stellt dagegen auf einen einzelnen Erwerber ab, der die Anteile an der Gesellschaft entweder sukzessive oder en bloc erwirbt und dadurch eine beherrschende Stellung erlangt. Damit liegt eine erwerberbezogene Sichtweise vor und entscheidend ist das Ergebnis des Erwerbsvorgangs.[462] Erwerber kann jeder grunderwerbsteuerlich selbstständige Rechtsträger sein, d.h. insbesondere in- und ausländische natürliche oder juristische Personen oder Gesamthandsgemeinschaften.[463] Der Erwerber der Anteile gilt kraft der Fiktion des § 1 Abs. 3 GrEStG als Erwerber des Grundstücks.[464] Der Erwerber der Anteile als Subjekt der Tatbestandsverwirklichung ist grds. auch gleichzeitig derjenige, in dessen Person die Rechtsfolge eintritt. Zu beachten ist jedoch, dass mittelbare Anteilserwerbe auch durch ein Rechtsgeschäft bei der vermittelnden Gesellschaft ausgelöst werden können.[465] In diesem Fall würde als Erwerber i.S.d. § 1 Abs. 3 GrEStG wohl auch die Gesellschaft bezeichnet, bei der die mittelbare Anteilsvereinigung eintritt.[466] Am Rechtsgeschäft über die Übertragung der Anteile an der grundbesitzenden Gesellschaft oder einer weiteren Zwischengesellschaft

459 Vgl. mit diesem Argument auch *Lange/Broemel*, DStR 2017, S. 365. Im derzeit noch geltenden Ländererlass sind Beteiligungskettenverkürzungen ausdrücklich als unschädlich aufgenommen, vgl. Gleichlautende Erlasse der Länder v. 18.02.2014, BStBl. I 2014, 561, Tz. 2.1.

460 Vgl. *Lange/Broemel*, DStR 2017, S. 363.

461 Vgl. *Lange/Broemel*, DStR 2017, S. 366; *Schanko*, UVR 2017, S. 128; s. dazu ausführlich unter C.II.7.

462 Vgl. *Bock*, GmbHR 2013, S. 868. Eine Ausnahme bilden die Einziehung von Anteilen und der Erwerb eigener Anteile. In diesen Fällen ist der Gesellschafter, in dessen Hand sich die Gesellschaftsanteile vereinigen, nicht am entscheidenden Rechtsvorgang beteiligt.

463 Vgl. *Pahlke*, GrEStG, 2018, § 1, Rz. 329.

464 Vgl. *Pahlke*, GrEStG, 2018, § 1, Rz. 318.

465 Vgl. *Kroschewski*, BB 2001, S. 1121.

466 Dafür spricht u.a. die Regelung zur Steuerschuldnerschaft in § 13 GrEStG.

ist sie jedoch nicht beteiligt. Ähnlich wie beim Erwerb eigener Anteile durch die Gesellschaft wird auch in diesen Fällen die Anteilsvereinigung durch das Handeln eines Dritten ausgelöst. Ein weiterer Sonderfall ist der Erwerb durch eine Organschaft gem. § 1 Abs. 3 Nr. 1 i.V.m. § 1 Abs. 4 GrEStG, bei der mehrere selbstständige Rechtsträger zusammen betrachtet werden.[467] Die erwerberbezogene Sichtweise entspricht dem methodischen Konzept der Sachherrschaft. Tatbestandsentscheidend ist, dass ein Gesellschafter die Sachherrschaft über die grundbesitzende Gesellschaft erlangt. Wie und von wem er die beherrschende Stellung erlangt, ist grds. nicht entscheidend.[468]

§ 1 Abs. 3a GrEStG verwendet als einziger Ergänzungstatbestand den Begriff des Rechtsträgers.[469] Dieser sollte sich jedoch nicht vom Erwerber i.S.d. § 1 Abs. 3 GrEStG unterscheiden, da auch hier nach h. M. der grunderwerbsteuerlich selbstständige Rechtsträger gemeint ist.[470] Durch die Formulierung „innehaben" wird deutlich, dass auch § 1 Abs. 3a GrEStG eine erwerberbezogene Sichtweise hat und den Tatbestandserfolg an das Ergebnis des Erwerbsvorgangs knüpft.[471] Da der Begriff Rechtsträger im Singular verwendet wird, scheidet nach überwiegender Meinung im Schrifttum die Begründung einer wirtschaftlichen Beteiligung durch einen Organkreis aus, da der Organkreis kein eigenständiger Rechtsträger ist, sondern aus mehreren unabhängigen Rechtsträgern besteht.[472] Einige Stimmen in der Literatur sprachen sich nach Einführung des § 1 Abs. 3a GrEStG für ein „Primat des obersten Rechtsträgers"[473] aus. Danach

---

467 Vgl. *Pahlke*, GrEStG, 2018, § 1, Rz. 352; Gleichlautende Erlasse d. Länder v. 21.03.2007, BStBl. I 2007, S. 422, Tz. 1; *Meßbacher-Hönsch* in: Boruttau, GrEStG, 2016, § 1, Rz. 1090. Die Organschaft ist kein eigenständiger Erwerber, sondern es sind die einzelnen Rechtsträger zusammen zu betrachten.

468 Der übertragende Rechtsträger ist lediglich im Tatbestand des § 1 Abs. 3 Nr. 2 und Nr. 4 GrEStG von Bedeutung, bei dem die Anteile en bloc übertragen werden, da in diesen Fällen eine Grundstücksübertragung zwischen dem Anteilsveräußerer und Anteilserwerber fingiert wird und diese auch gem. § 13 Nr. 1 GrEStG Gesamtschuldner sind.

469 Vgl. *Illing*, DStZ 2013, S. 507.

470 Vgl. *Pahlke*, GrEStG, 2018, § 1, Rz. 422, 329; *Meßbacher-Hönsch* in: Boruttau, GrEStG, 2016, § 1, Rz. 1217.

471 Vgl. *Bock*, GmbHR 2013, S. 868. Hierfür spricht auch die im ursprünglichen Gesetzesentwurf (BT-Drucks. 17/11844 v. 12.12.2012) vorgesehene Formulierung "erwirbt" statt "innehat".

472 Vgl. *Pahlke*, GrEStG, 2018, § 1, Rz. 422; *Meßbacher-Hönsch* in: Boruttau, GrEStG, 2016, § 1, Rz. 1217.

473 *Joisten/Liekenbrock*, Ubg 2013, S. 472.

sollte in Beteiligungsketten nur auf den obersten Rechtsträger, der die Voraussetzungen der wirtschaftlichen Beteiligung i.S.d. § 1 Abs. 3a GrEStG erfüllt, abzustellen sein. Nach dieser Ansicht wäre bspw. das Umhängen von Beteiligungen im Konzern nicht nach § 1 Abs. 3a GrEStG steuerbar, solange die Beteiligung der Konzernspitze an der grundbesitzenden Gesellschaft gleich bleibt. Eine andere Auffassung geht umgekehrt davon aus, dass der Begriff Rechtsträger gegen ein Abstellen auf höhere Beteiligungsstufen spricht, da Rechtsträger im grunderwerbsteuerrechtlichen Sinn nach ganz herrschender Auffassung auch Personen- und Kapitalgesellschaften sein können, sodass bei diesen selbst und nicht bei ihren Gesellschaftern das Vorliegen einer wirtschaftlichen Beteiligung zu prüfen ist.[474] Die Verwaltung scheint hingegen entsprechend der zu § 1 Abs. 3 GrEStG entwickelten Grundsätze davon auszugehen, dass in einer Kette von Beteiligungen auch mehrere Rechtsträger die Voraussetzungen der wirtschaftlichen Beteiligung erfüllen können.[475] Die Besteuerung soll dabei aber wohl ähnlich wie bei § 1 Abs. 3 GrEStG nur bei dem Rechtsträger erfolgen, der der grundbesitzenden Gesellschaft am nächsten ist.[476] Das Konzept „Primat des obersten Rechtsträgers" bzw. „Ultimate-Owner-Approach" würde zu einer durch die Formulierung „wirtschaftliche" Beteiligung angedeuteten wirtschaftlichen Betrachtung passen[477], die mittelbare Beteiligungen auch zugunsten des Steuerpflichtigen berücksichtigt.[478] Bei den anderen Auslegungen wirkt § 1 Abs. 3a

474 So *Scheifele/Müller*, DStR 2013, S. 1811 zur Frage, ob der sog. „Ultimate Owner Test", den der BFH in seinem Urteil v. 24.04.2013 (II R 17/10) für § 1 Abs. 2a GrEStG anordnet, auch auf § 1 Abs. 3a GrEStG übertragbar ist. Ähnlich auch *Pahlke*, GrEStG, 2018, § 1, Rz. 424, der jedenfalls davon ausgeht, dass in der Beteiligungskette Gesellschaften, die über dem ersten die Voraussetzungen der wirtschaftlichen Beteiligung erfüllenden Rechtsträger stehen, nicht als Rechtsträger i.S.d. § 1 Abs. 3a GrEStG anzusehen sein sollen.

475 Vgl. *Joisten/Liekenbrock*, Ubg 2013, S. 743 zur Auslegung der Ländererlasse; Gleichlautende Erlasse der Länder v. 09.10.2013, BStBl. I 2013, S. 1364; *Wagner/Lieber*, DB 2013, S. 1389.

476 Vgl. *Meßbacher-Hönsch* in: Boruttau, GrEStG, 2016, § 1, Rz. 1241; *Wagner/Lieber*, DB 2013, S. 1389.

477 So auch die Argumentation von *Joisten/Liekenbrock*, Ubg 2013, S. 472. Ausdrücklich gegen eine gesonderte Bedeutung des Wortes „wirtschaftlich": *Behrens*, DStR 2013, S. 1406.

478 Zu beachten ist, dass diese Sichtweise nur innerhalb des Tatbestands des § 1 Abs. 3a GrEStG in Betracht kommen kann, sodass konzerninterne Veräußerungen auf tieferen Ebenen trotzdem ggfs. der Grunderwerbsteuer gem. § 1 Abs. 3 GrEStG unterliegen können.

GrEStG als fiskalische Meistbegünstigung.[479] Denn durch die Berechnungsregel in § 1 Abs. 3a S. 3 GrEStG wird eine Transparenz aller zwischengeschalteten Gesellschaften nur geschaffen, soweit sich dadurch eine wirtschaftliche Beteiligung ergeben kann, nicht jedoch, soweit die Identität der mittelbaren Gesellschafter gegen eine Besteuerung auf unteren Ebenen sprechen würde. Für eine solche Auslegung spricht, dass § 1 Abs. 3a GrEStG zusätzliche Missbrauchstatbestände erfassen soll[480] und daher eine Erweiterung der bisherigen Ergänzungstatbestände zum Ziel hat.[481] Zu dieser Zielsetzung passt es nicht, erstmals eine zugunsten des Steuerpflichtigen wirkende Berücksichtigung mittelbarer Anteile einzuführen.[482]

6. 95 %-Grenze

a. Allgemeines

Alle drei Ersatztatbestände knüpfen den steuerbaren Tatbestand an die Grenze von 95 % der Anteile am Gesellschaftsvermögen bzw. am Kapital. Wechsel im Gesellschafterbestand (§ 1 Abs. 2a GrEStG), Anteilsvereinigungen und –übertragungen (§ 1 Abs. 3 GrEStG) sowie wirtschaftliche Beteiligungen (§ 1 Abs. 3a GrEStG) unterhalb der 95 % Grenze sind unschädlich. In ihrer methodisch-dogmatischen Begründung knüpfen die Tatbestände an einen vollständigen Wechsel bzw. eine vollständige Vereinigung der Anteile an.[483] Die 95 %-Grenze ist die vom Gesetzgeber festgelegte Grenze, bei der typisierend noch dieselben Rechtsfolgen

479 So auch *Tiede*, StuB 2014, S. 846, der dies allerdings bezogen auf das Verhältnis von § 1 Abs. 3a zu § 1 Abs. 3 GrEStG beschreibt.

480 Vgl. bereits Stellungnahme des BR zum JStG 2013, BT-Drs. 17/10604 v. 05.09.2012, S. 41; *Demleitner*, SteuK 2013, S. 265.

481 Vgl. *Meßbacher-Hönsch* in: Boruttau, GrEStG, 2016, § 1, Rz. 1169.

482 Vgl. dazu auch die Rechtsprechung des BFH zu mittelbaren Gesellschafterwechseln im Rahmen des § 1 Abs. 2a GrEStG, die ausschließlich tatbestandserweiternd wirken sollen: BFH, Beschluss v. 17.03.2006, II B 157/05, BFH/NV 2006; S. 1341. § 1 Abs. 3a GrEStG soll sich ausdrücklich im System der bisherigen Ergänzungstatbestände bewegen: vgl. BT-Drs. 17/13033 v. 10.04.2013, S. 110.

483 Für § 1 Abs. 2a GrEStG: *Wiese*, Gesamthand, 2003, S. 112; für § 1 Abs. 3 GrEStG: *Rothenöder*, Anteil, 2009, S. 72–73. § 1 Abs. 3 GrEStG i.d.F. des GrEStG 1983 sah noch die Vereinigung bzw. Übertragung von 100 % der Anteile zur Erfüllung eines steuerbaren Tatbestands vor. Durch das StEntlG 1999/2000/2001 setzte der Gesetzgeber die Grenze auf 95 % herab (Art. 15 Nr. 1 Buchst. b) StEntlG 1999/2000/2002 v. 24.03.1999, BGBl. I 1999, S. 494). In der Gesetzesbegründung heißt es dazu, die Änderung diene der Angleichung an die im § 1 Abs. 2a GrEStG festgelegte Grenze

angenommen werden können wie bei einem Wechsel von 100 % der Gesellschafter bzw. einer Vereinigung von 100 % der Anteile.[484] Die 95 % sind im Ergebnis willkürlich festgelegt, d.h. sie haben keine weitere z.B. gesellschaftsrechtliche Rechtfertigung. Lediglich für § 1 Abs. 3 GrEStG ist durch die aktienrechtliche Squeeze-Out-Regelung in § 327a AktG gewissermaßen eine nachträgliche Rechtfertigung eingetreten.[485] Die Einführung des § 1 Abs. 3a GrEStG hat zu einer deutlichen Verwässerung der 95 %-Grenze geführt.[486] Durch die dort angeordnete Durchrechnungsmethode bildet eine wirtschaftliche Beteiligung von mehr als 95 % nicht mehr die Beherrschungsmöglichkeit des Gesellschafters ab und die konzeptionelle Rechtfertigung wie sie für § 1 Abs. 3 GrEStG gegeben war passt nicht mehr.[487] Damit ist auch die Überlegung einer missbrauchsverhindernden Typisierung bereits bei 95 % statt erst bei 100 % der Beteiligung im Rahmen des § 1 Abs. 3a GrEStG nicht mehr einschlägig und es handelt sich jedenfalls für diesen Ergänzungstatbestand um eine vollständig willkürlich festgelegte Grenze.

b. Sonderfälle der Berechnung

Für § 1 Abs. 2a GrEStG kommt es auf den Übergang von min. 95 % der Anteile am Vermögen der grundbesitzenden Personengesellschaft auf neue Gesellschafter an. Entscheidend für die Berechnung der 95 % Grenze sind daher nur solche Anteilsübertragungen, die dazu führen, dass ein Gesellschafter neu eintritt oder sich der Anteil eines Neugesellschafters erhöht. Grds. sind alle Übertragungen von Anteilen am Gesellschaftsvermögen auf Neugesellschafter innerhalb der fünfjährigen Frist zu addieren. Diese Berechnung führt aber zu falschen Ergebnissen, wenn ein Neugesellschafter seine Anteile weiterüberträgt. Daher ist für die Prüfung der 95 %-Grenze in einer Art Umkehrschluss darauf abzustellen, wie viele Anteile bei den Altgesellschaftern verbleiben. § 1 Abs. 2a GrEStG ist erfüllt, wenn die bei den Altgesellschaftern verbliebenen

---

und solle die Umgehung des Tatbestands mittels der Zurückbehaltung eines Zwerganteils verhindern (vgl. BT-Drs. 14/23 v. 09.11.1998, S. 203).

484 Im Ergebnis ebenso: für § 1 Abs. 2a GrEStG: *Wiese*, Gesamthand, 2003, S. 112; für § 1 Abs. 3 GrEStG: *Kroschewski*, BB 2001, S. 1125; *Pahlke*, GrEStG, 2018, § 1, Rz. 317.

485 Vgl. *Hofmann*, GrEStG, 2017, § 1, Rz. 132, *Behrens*, UVR 2017, S. 18.

486 Vgl. *Pahlke*, GrEStG, 2018, § 1, Rz. 317.

487 Vgl. *Pahlke*, GrEStG, 2018, § 1, Rz. 405; *Behrens*, DStR 2013, S. 1406–1407, 1412; *Behrens*, StJB 2014/2015, S. 581–583.

Anteile am Gesellschaftsvermögen weniger als 5 % betragen.[488] Im Erbfall[489] übertragene Anteile bleiben bei der Berechnung der Quote gem. § 1 Abs. 2a S. 6 GrEStG außer Betracht. Insoweit kann typischerweise kein Missbrauch angenommen werden. Durch Schenkung weitergegebene Anteile sind dagegen einzubeziehen.[490] Einen Sonderfall bilden sog. Grundstücksprojektgesellschaften, die sich aufgrund eines vorgefassten Plans durch sukzessiven Beitritt von Gesellschaftern bis zum Erreichen eines bestimmten Eigenkapitalbetrags finanzieren.[491] Die Finanzverwaltung stellt für die Prüfung der 95 %-Grenze in § 1 Abs. 2a GrEStG auf den geplanten Eigenkapitalbestand am Ende der Investitionsphase ab. Wird der geplante Eigenkapitalbestand nicht erreicht, ist der tatsächliche am Ende der Investitionsphase bestehende Betrag maßgebend.[492] Die Besonderheit gilt nur für Personengesellschaften, da bei Kapitalgesellschaften auf die Anteile am Grund- oder Stammkapital abgestellt wird, das gesellschaftsvertraglich festgelegt und nicht von der Erbringung der Einlage abhängig ist.[493]

§ 1 Abs. 3 Nr. 1 GrEStG stellt auf den Anspruch auf Übereignung der Anteile, d.h. auf den schuldrechtlichen Vertrag und nicht auf die dingliche Übertragung ab. Zur Berechnung der 95 %-Grenze sind daher die Ansprüche zu addieren. Nicht erforderlich ist, dass tatsächlich i.S. einer dinglichen Übertragung 95 % der Anteile vereinigt werden. Es reicht aus, wenn alle Ansprüche auf Übereignung addiert die 95 %-Grenze überschreiten, auch wenn Anteile vor tatsächlicher Übertragung wieder verkauft werden und tatsächlich daher nie eine Beteiligung von mehr als 95 % vorliegt.[494]

---

488 Vgl. *Hofmann*, GrEStG, 2017, § 1, Rz. 120; Gleichlautende Erlasse der Länder v. 18.02.2014, BStBl. I 2014, S. 561, Tz. 3.4.

489 Das Gesetz stellt auf den „Erwerb von Todes wegen“ ab, der in § 3 ErbStG geregelt ist und insbesondere den Erwerb durch Erbanfall, Vermächtnis und Schenkung auf den Todesfall umfasst, vgl. *Meßbacher-Hönsch* in: Boruttau, GrEStG, 2016, § 1, Rz. 924.

490 Vgl. *Meßbacher-Hönsch* in: Boruttau, GrEStG, 2016, § 1, Rz. 925.

491 Vgl. *Hofmann*, GrEStG, 2017, § 1, Rz. 121.

492 Vgl. Gleichlautende Erlasse der Länder v. 18.02.2014, BStBl. I 2014, S. 561, Tz. 3.

493 S. dazu ausführlich C.II.3.

494 Vgl. BFH, Beschluss v. 15.12.2006, II B 26/06, BFH/NV 2007, S. 500.

c. Eigene Anteile und wechselseitige Beteiligungen

Für Zwecke der Berechnung der 95 %-Grenze im Anwendungsbereich des § 1 Abs. 3 GrEStG sind von einer Kapitalgesellschaft gehaltene eigene Anteile[495] nicht zu berücksichtigen.[496] Die Beteiligungen der Gesellschafter berechnen sich bezogen auf das um die eigenen Anteile geminderte Stammkapital der Gesellschaft. Dies soll sowohl für die Berechnung der unmittelbar an der grundbesitzenden Gesellschaft bestehenden Beteiligung als auch für die Berechnung der Beteiligung an zwischengeschalteten Gesellschaften im Rahmen mehrstufiger Beteiligungsstrukturen gelten.[497] Die Nichtberücksichtigung wird mit dem Argument begründet, dass die Gesellschaft keine von sich selbst verschiedene Person sein kann, die im eigenen Interesse Gesellschaftsrechte ausübt.[498] Die Grundsätze sollten auch bei § 1 Abs. 2a und 3a GrEStG Anwendung finden.[499] Denn die eigenen Anteile der Gesellschaft schmälern die Beteiligung der Fremdgesellschafter wirtschaftlich betrachtet weder vermögensmäßig noch bezogen auf die Gesellschaftsrechte. Für § 1 Abs. 2a GrEStG ist die Frage nur bei mittelbarer Beteiligung über eine Kapitalgesellschaft relevant, da eine Personengesellschaft keine eigenen Anteile halten kann.[500]

Umstritten ist dagegen, wie sich wechselseitige Beteiligungen auf die Berechnung auswirken. Teile der Literatur vertreten für § 1 Abs. 3 GrEStG die Auffassung, dass Beteiligungen, die von einer Tochtergesellschaft gehalten werden, an der die grundbesitzende Gesellschaft zu min. 95 % beteiligt ist, nicht mit in die Berechnung einzubeziehen, sondern wie eigene Anteile zu behandeln sind.[501] Dafür sprechen überwiegend wirtschaftliche Überlegungen.[502] Da die

---

495 Für Personengesellschaften stellt sich die Frage nicht, da sie keine eigenen Anteile innehaben können (Vgl. *Wischott/Schönweiß/Fröhlich*, DStR 2007, S. 838).

496 Vgl. *Pahlke*, GrEStG, 2018, § 1, Rz. 327; Verfügung OFD NRW v. 07.02.2014, S 4501–2013/4002-St 255, DB 2014, S. 456; BFH, Urteil v. 16.01.2002, II R 52/00, BFH/NV 2002, S. 1053, Rz. 16.

497 Vgl. BFH, Urteil v. 18.09.2013, II R 21/12, BStBl. II 2014, S. 326.

498 Vgl. BFH, Urteil v. 16.01.2002, II R 52/00, BFH/NV 2002, S. 1053, Rz. 16.

499 Vgl. für § 1 Abs. 3a GrEStG: *Rottenmoser*, SteuK 2014, S. 127; *Meßbacher-Hönsch* in: Boruttau, GrEStG, 2016, § 1, Rz. 1225.

500 Vgl. *Wischott/Schönweiß/Fröhlich*, DStR 2007, S. 838.

501 Vgl. *Pahlke*, GrEStG, 2018, § 1, Rz. 327; *Clemens/Lieber*, DStR 2005, S. 1764; ohne Einschränkung hinsichtlich der Beteiligungsquote an der Tochtergesellschaft: Gleichlautende Erlasse der Länder v. 09.12.2015, BStBl. I 2016, S. 477.

502 Vgl. *Clemens/Lieber*, DStR 2005, S. 1762–1763; *Rothenöder*, Anteil, 2009, S. 145. Er lehnt diese wirtschaftliche Sichtweise jedoch im Ergebnis ab, da die zwingenden

Tochtergesellschaft durch die Muttergesellschaft beherrscht sei, könne die Muttergesellschaft über die an ihr bestehende Beteiligung der Tochter verfügen wie über eigene Anteile, sodass wirtschaftlich kein Unterschied zwischen eigenen Anteilen und einer wechselseitigen Beteiligung bestehe.[503] Der BFH stimmt dieser Auffassung jedenfalls für den Fall der mittelbaren Anteilsvereinigung und einer 100%igen Tochtergesellschaft zu.[504] Nach einer anderen Auffassung sind die Anteile der Tochtergesellschaft an der grundbesitzenden Gesellschaft dagegen ohne Einschränkung zu berücksichtigen.[505] Diese Auffassung ist von rechtlichen Überlegungen getragen. Die Tochtergesellschaft sei ein von der Mutter zivilrechtlich und auch für grunderwerbsteuerliche Zwecke selbstständiger Rechtsträger. Die Argumentation zur Behandlung der eigenen Anteile, nämlich dass die Gesellschaft keine von sich selbst verschiedene Person sein könne, sei damit auf die Situation bei wechselseitigen Beteiligungen nicht übertragbar.[506] Der BFH hat zuletzt einen dritten Weg aufgezeigt. Er beurteilt die wechselseitige Beteiligung nach den Grundsätzen der mittelbaren Anteilsvereinigung und ordnet die durch die Tochtergesellschaft gehaltenen Anteile dem Gesellschafter mittelbar zu.[507] Das Urteil ist, da es die bisherigen Grundsätze zur Pro-Kopf-Betrachtung bei Personengesellschaften für mittelbare Beteiligungen verwirft, in der Literatur kritisiert worden.[508] Es spricht jedoch dafür, dass der BFH im Ergebnis

---

Vermutungsregelungen des § 1 Abs. 3 GrEStG nicht alle Formen einer faktischen Beherrschung erfasse.

503 Vgl. *Clemens/Lieber*, DStR 2005, S. 1762–1763; im Ergebnis ebenso: *Behrens*, Fiktion, 2009, S. 1143; der dies ähnlich wie der BFH (Urteil v. 12.03.2014, II R 51/12, BStBl. II 2016, S. 356, Rz. 21; s. dazu im Folgenden) jedoch mit der Zurechnung von durch die Tochtergesellschaft gehaltenen Beteiligungen im Rahmen des § 1 Abs. 3 GrEStG begründet, sodass durch diese Zurechnung bei einer min. 95 % Beteiligung faktisch eigene Anteile vorliegen.

504 Vgl. BFH, Urteil v. 18.09.2013, II R 21/12, BStBl. II 2014, S. 326, Rz. 19 und 20. Aus der Begründung des BFH ergibt sich nicht, dass auf unmittelbarer Ebene, d.h. für wechselseitige Beteiligungen an der grundbesitzenden Gesellschaft, etwas anderes gelten solle. Denn er stützt seine Begründung ausschließlich auf die Vergleichbarkeit mit eigenen Anteilen, die nach den Ausführungen im Urteil auch auf unmittelbarer Ebene nicht zu berücksichtigen sind. Vgl. zustimmend: *Meßbacher-Hönsch* in: Boruttau, GrEStG, 2016, § 1, Rz. 1015.

505 Vgl. *Illing*, DStZ 2013, S. 514; *Wischott/Schönweiß/Fröhlich*, DStR 2007, S. 838; *Rothenöder*, Anteil, 2009, S. 145.

506 Vgl. *Wischott/Schönweiß/Fröhlich*, DStR 2007, S. 838.

507 Vgl. BFH, Urteil v. 12.03.2014, II R 51/12, BStBl. II 2016, S. 356, Rz. 21.

508 Vgl. *Joisten*, Ubg 2016, S. 203, der auf die Rechtsprechung des BFH im Urteil v. 18.09.2013 (II R 21/12, BStBl. II 2014, S. 326) verweist, wonach wechselseitige

wechselseitige Beteiligungen nicht für geeignet hält, die Anteilsvereinigung gem. § 1 Abs. 3 GrEStG zu verhindern. Diese Grundsätze sollten auf § 1 Abs. 3a GrEStG zu übertragen sein[509], da bei wörtlicher Auslegung der Berechnungsmethodik andernfalls eine Zirkelberechnung droht.[510] Fraglich ist hingegen, wie wechselseitige Beteiligungen an Kapitalgesellschaften im Anwendungsbereich des § 1 Abs. 2a GrEStG zu beurteilen sind. Behrens vertritt die Auffassung, dass wechselseitige Beteiligungen im Rahmen des § 1 Abs. 2a GrEStG zur Berechnung der Quote anders als im Anwendungsbereich des § 1 Abs. 3 GrEStG berücksichtigt werden müssen.[511] Er begründet dies damit, dass bei § 1 Abs. 2a GrEStG keine Zurechnung von durch eine Tochterkapitalgesellschaft gehaltenen Beteiligungen erfolgt und damit keine Vergleichbarkeit mit eigenen Anteilen besteht. Dem könnte unter Beachtung der Argumentation des BFH im Urteil v. 12.03.2014 (II R 51/12) zu folgen sein.[512] Andererseits hat sich der BFH jedenfalls für § 1 Abs. 2a GrEStG a.F. ausdrücklich für eine wirtschaftliche Betrachtung auf mittelbarer Ebene ausgesprochen.[513] Wirtschaftlich betrachtet schmälert die wechselseitige Beteiligung jedenfalls bei einer 100 % Tochtergesellschaft nicht den Anteil der übrigen Gesellschafter am Gesellschaftsvermögen der grundbesitzenden Personengesellschaft, sodass sie für die Beurteilung des Gesellschafterwechsels unberücksichtigt bleiben könnte.

d. *Aktuelle Entwicklungen*

Die 95 % Grenze ist aktuell in der politischen Diskussion. Wie jede starre Grenze bietet auch diese Grenze die Möglichkeit, einen steuerbaren Vorgang

Beteiligungen nicht in die Berechnung einzubeziehen sind, und Überlegungen zur mittelbaren Anteilsvereinigung damit für obsolet hält. Ebenfalls kritisch: *Behrens*, StJB 2014/2015, S. 271–275.

509 Vgl. *Meßbacher-Hönsch* in: Boruttau, GrEStG, 2016, § 1, Rz. 1225; *Rottenmoser*, SteuK 2014, S. 127; *Illing*, DStZ 2013, S. 514. *Illing* plädiert zwar (vor Veröffentlichung des Urteils v. 18.09.2013, II R 21/12, BStBl. II 2014, S. 326) für eine Berücksichtigung wechselseitiger Beteiligungen bei der Berechnung der Beteiligungsgrenze im Rahmen des § 1 Abs. 3 GrEStG. Im Hinblick auf die ausdrücklich „wirtschaftliche" Beteiligung, sieht er aber ein Risiko für die Negierung wechselseitiger Beteiligungen im Rahmen des § 1 Abs. 3a GrEStG.

510 Vgl. *Behrens*, DStR 2013, S. 2729, 2730.

511 Vgl. *Behrens*, Fiktion, 2009, S. 1144.

512 Vgl. BFH, Urteil v. 12.03.2014, II R 51/12, BStBl. II 2016, S. 356, Rz. 21.

513 Vgl. BFH, Urteil v. 30.08.2017, II R 39/15, BFH/NV 2018, S. 291, Rz. 22, 24; BFH, Urteil v. 09.07.2014, II R 49/12, BStBl. II 2016, S. 57; BFH, Urteil v. 25.11.2015, II R 18/14, BFHE 251, S. 492.

zu verhindern, indem lediglich Anteile knapp unterhalb der Grenze übertragen werden.[514] Diese Möglichkeit wird in der Praxis genutzt, wenn es unternehmenspolitisch möglich ist, auf die restlichen Anteile zu verzichten und insoweit den Einfluss Dritter zuzulassen.[515] Dies wird in der öffentlichen Diskussion teils als Steuerumgehung wahrgenommen.[516] Die Finanzministerkonferenz hat daher beschlossen, an einer Gesetzesinitiative gegen sog. „Share Deals" zu arbeiten, die als Gesetzesinitiative des Bundesrates in den Bundestag eingebracht werden soll.[517] Dabei stehen im Wesentlichen zwei Vorschläge zur Debatte.[518] Ein Vorschlag sieht eine Absenkung der 95 % Grenze auf 75 % mit gleichbleibenden steuerlichen Konsequenzen (d.h. Besteuerung des gesamten Grundbesitzwertes) vor. Ein anderer Vorschlag beinhaltet eine stufenweise Besteuerung jeweils quotal bei Überschreiten einer 50 % und einer 75 % Grenze sowie zusätzlich eine vollständige Besteuerung bei Überschreiten der 95 % Grenze.[519] Dieser Vorschlag ist verbunden mit einer Anrechnungsmöglichkeit für frühere Erwerbe. Zuletzt ist auch die quotale Besteuerung jeglicher Anteilsübertragung an einer grundbesitzenden Gesellschaft denkbar.[520] Bereits ein Herabsetzen der Anteilsgrenze auf 75 % widerspricht der bisherigen Gesetzeskonzeption und methodischen Rechtfertigung der Ergänzungstatbestände.[521] Aus verfassungsrechtlicher Sicht könnten daher Verstöße gegen den Gleichheitsgrundsatz und im speziellen

---

514 Vgl. zum Effekt des Safe Haven durch spezialgesetzliche Missbrauchsvorschriften: *Hey*, DStJG Bd. 33, 2010, S. 145,147–148.

515 Auf die Möglichkeiten und Grenzen der wirtschaftlichen Aushöhlung der Zwerganteile durch schuldrechtliche Absprachen insbesondere im Hinblick auf die Mitbestimmungsrechte soll an dieser Stelle nicht eingegangen werden. Vgl. dazu ausführlich bei *Wischott u.a.*, DB 2013, S. 2237–2241.

516 Vgl. bspw.: *Hessisches Ministerium der Finanzen*, Pressemitteilung v. 08.09.2016; Zitat des Berliner Finanzsenators *M. Kollatz-Ahnen*: „Wir können und wollen nicht auf Dauer Immobilienspekulationen mit Steuerbefreiungen subventionieren" (*o.V.*, Der Spiegel v. 20.05.2016); BT-Drs. 18/8617 v. 01.06.2016, S. 1: „Keine Steuerbegünstigung für Übernahmen durch Share Deals".

517 Vgl. *Hessisches Ministerium der Finanzen*, Pressemitteilung v. 08.09.2016.

518 Vgl. zu den derzeit im Rahmen einer Bund-Länder-Arbeitsgruppe diskutierten Reformmöglichkeiten: *Behrens*, UVR 2017, S. 15 ff.

519 Vgl. zur quotalen Besteuerung bei Überschreiten einer 50 % – Grenze bereits: Antrag der Fraktion Bündnis 90/Die Grünen, BT-Drs. 18/8617 v. 01.06.2016, S. 2.

520 Fraglich ist allerdings, ob bei diesem Vorschlag nicht der Grundstücksbezug mangels Zurechnungsmöglichkeit zum Gesellschafter verloren geht und es sich daher um eine Kapitalverkehrssteuer handelt, vgl. dazu *Schanko*, UVR 2016, S. 18.

521 Vgl. dazu auch *Behrens*, UVR 2017, S. 18, der ausführt, dass bereits bei 75 % nicht mehr von einer Sachherrschaft über das Grundstück ausgegangen werden kann.

das Leistungsfähigkeitsprinzip sowie gegen das Gebot der Folgerichtigkeit angenommen werden.[522] Die quotale Besteuerung ab 50 % erinnert eher an die durch den Gesetzgeber des GrEStG 1940 aus Praktikabilitätsgesichtspunkten ausgeschlossene Konzeption der völligen Negierung der Gesellschaften[523], die dazu führt, dass jede Anteilsübertragung als Übertragung des entsprechenden Bruchteils an den Gesellschaftsgrundstücken gewertet wird. Bei einer quotalen Besteuerung trägt die Fiktion des Grundstücksübergangs nicht mehr. Mithin würde nicht mehr die Grundstücks- sondern die Anteilsübertragung besteuert.[524] Der fehlende Grundstücksbezug würde dazu führen, dass die Steuer insoweit nicht mehr vom Belastungsgrund der Grunderwerbsteuer gedeckt wäre.[525] Es läge dann keine Grunderwerbsteuer sondern ggfs. eine andere (allgemeine) Rechtsverkehrssteuer oder eine Kapitalverkehrssteuer vor.[526] Aus europarechtlicher Sicht sollte insbesondere die Einführung einer Kapitalverkehrsteuer nicht möglich sein.[527] Der wissenschaftliche Dienst des Bundestages hält jedenfalls eine Absenkung der Beteiligungsquote auf 75 % für verfassungsrechtlich möglich.[528]

7. Frist

Gem. § 1 Abs. 2a S. 1 GrEStG muss die Änderung des Gesellschafterbestands von min. 95 % innerhalb eines Fünfjahreszeitraums eintreten. § 1 Abs. 2a GrEStG beinhaltet damit als einziger Ergänzungstatbestand eine zeitliche Einschränkung. Bei sukzessiver Tatbestandserfüllung ist zu prüfen, ob alle Anteilsübertragungen in einen Fünfjahreszeitraum fallen. Werden 95 % der Anteile in einem einzigen Rechtsakt übertragen, geschieht dies in einer logischen Sekunde und die Fünfjahresfrist ist folglich stets erfüllt.[529] Der Fünfjahreszeitraum

---

Gleiches sollte für die Annahme einer fiktiv neuen Personengesellschaft gelten. Ebenfalls kritisch: *Schanko*, UVR 2016, S. 18.

522 Vgl. *Behrens*, UVR 2017, S. 18, 19.

523 Vgl. Begründung zum Grunderwerbsteuergesetz v. 29.03.1940, RStBl. 1940, S. 392.

524 Vgl. *Behrens*, UVR 2017, S. 18–19.

525 Vgl. *Schanko*, UVR 2016, S. 18.

526 Vgl. *Behrens*, UVR 2017, S. 19.

527 Vgl. *Schanko*, UVR 2016, S. 18: Die Neueinführung von Kapitalverkehrsteuern ist gem. Richtlinie 2008/7/EG v. 12.2.2008 (ABl. EU 2008, Nr. L 46, S. 11) nicht zulässig. Mit ähnlichen Bedenken: *Behrens*, UVR 2017, S. 19.

528 Vgl. Wissenschaftliche Dienste des deutschen Bundestages, Ausarbeitung WD 4-3000 – 108/16, PE 6-3000 – 122/16 v. 15.09.2016, S. 11.

529 Vgl. *Schanko*, UVR 2017, S. 128; *Meßbacher-Hönsch* in: Boruttau, GrEStG, 2016, § 1, Rz. 911.

ist grundstücksbezogen zu ermitteln. § 1 Abs. 2a GrEStG ist nur erfüllt, wenn das zu betrachtende Grundstück während des gesamten Fünfjahreszeitraums bzw. während des ggfs. kürzeren Zeitraums, indem sich die Übertragungen vollziehen, zum Vermögen der Gesellschaft gehört.[530] Schließlich hat der Fünfjahreszeitraum auch Bedeutung für die Qualifizierung des Anteilserwerbers als Alt- oder Neugesellschafter, da Neugesellschafter nach Ablauf von fünf Jahren automatisch zu Altgesellschaftern werden.[531]

Zweifelsfragen zur Fristberechnung ergeben sich bei der Berücksichtigung mittelbarer Beteiligungen.[532] Während neue Gesellschafter einer beteiligten Personengesellschaft selbst als Neugesellschafter der grundbesitzenden Personengesellschaft gelten, ist bei Kapitalgesellschaften auf jeder Ebene zu prüfen, ob sich der Gesellschafterbestand um mehr als 95 % geändert hat (§ 1 Abs. 2a S. 2–5 GrEStG). Der Wortlaut des § 1 Abs. 2a GrEStG nennt für die Gesellschafterwechsel bei Kapitalgesellschaften keine gesonderte Frist. Daher ist unklar, ob diese Gesellschafterwechsel zeitlich unbegrenzt, innerhalb derselben Fünfjahresfrist oder innerhalb von gesondert für jede Ebene zu bestimmenden Fristen verwirklicht werden müssen.[533] Gegen eine zeitliche unbegrenzte Betrachtung dürfte sprechen, dass § 1 Abs. 2a S. 4 GrEStG den Grundtatbestand des Satz 1 aufgreift und auf die mittelbaren Ebenen überträgt.[534] § 1 Abs. 2a S. 1 GrEStG fingiert das Entstehen einer neuen Personengesellschaft nur, wenn der Anteilseignerwechsel innerhalb eines Fünfjahreszeitraums stattfindet. Bei sukzessiven Gesellschafterwechseln über einen längeren Zeitraum wird hingegen ein Fortbestehen der alten Personengesellschaft angenommen und der Steuertatbestand nicht ausgelöst. Korrespondierend zum Grundtatbestand sollte auch das Entstehen einer neuen Kapitalgesellschaft, die als neue (unmittelbare oder mittelbare) Gesellschafterin der Personengesellschaft angesehen wird, nur fingiert werden, wenn deren Gesellschafterbestand innerhalb einer Fünfjahresfrist zu min. 95 % verändert wird. Die zeitlich unbegrenzte Berücksichtigung von Gesellschafterwechseln auf mittelbarer Ebene widerspräche wohl auch der methodischen Rechtfertigung sowie dem Charakter des § 1 Abs. 2a GrEStG als Missbrauchsvermeidungsnorm.[535]

---

530 Vgl. *Meßbacher-Hönsch* in: Boruttau, GrEStG, 2016, § 1, Rz. 911.

531 Vgl. Gleichlautende Erlasse der Länder v. 18.02.2014, BStBl. I 2014, S. 561, Tz. 2.2; zum Alt-/Neugesellschafterkonzept vgl. unter C.II.5.

532 Vgl. ausführlich zu den verschiedenen Auslegungsmöglichkeiten: *Behrens*, UVR 2015, S. 140.

533 Vgl. *Behrens*, UVR 2015, S. 140; *Schanko*, UVR 2017, S. 128.

534 Vgl. *Lange/Broemel*, DStR 2017, S. 366; wohl a.A. *Schanko*, UVR 2017, S. 127–128.

535 So auch *Behrens/Halaczinsky*, UVR 2015, S. 373.

Dieses Argument könnte darüber hinaus für die Anwendung desselben Fünfjahrszeitraums für alle Ebenen sprechen[536], auch wenn dies im Wortlaut des § 1 Abs. 2a S. 5 GrEStG nicht angeordnet wird. Für eine derart einschränkende Auslegung sprechen auch die Grundsätze des BFH-Urteils v. 24.04.2013, indem der BFH eine restriktive Auslegung des § 1 Abs. 2a GrEStG a.F. im Hinblick auf den Bestimmtheitsgrundsatz für notwendig hält.[537] Da die Frage der Fristberechnung für mittelbare Übertragungen bereits unter dem alten Gesetzeswortlaut umstritten war und keine Verwaltungsauffassung existierte, ist es kritisch zu sehen, dass der Gesetzgeber die Änderung des § 1 Abs. 2a GrEStG nicht genutzt hat, um eine eindeutige Regelung zu treffen.[538]

8. Subsidiarität

a. Konkurrenzen bei Vorliegen eines Rechtsvorgangs

Das Verhältnis der Ergänzungstatbestände zueinander erscheint auf den ersten Blick klar geregelt.[539] § 1 Abs. 2a GrEStG ist vorrangig anzuwenden.[540] Kommt eine Anwendung nicht in Betracht, ist § 1 Abs. 3 GrEStG zu prüfen. Erst wenn sowohl § 1 Abs. 2a als auch Abs. 3 GrEStG nicht einschlägig sind, ist der Anwendungsbereich des § 1 Abs. 3a GrEStG eröffnet.[541] Zudem normiert § 1 Abs. 3 GrEStG eine Subsidiarität innerhalb dieses Absatzes, wonach zunächst auf den schuldrechtlichen Anspruch abgestellt wird (§ 1 Abs. 3 Nr. 1 und Nr. 3 GrEStG) und nur wenn ein solcher nicht besteht, die dingliche Vereinigung oder Übertragung gem. § 1 Abs. 3 Nr. 2 und Nr. 4 GrEStG entscheidend ist.[542] Auslegungsbedürftig

536 So *Behrens*, UVR 2015, S. 141. Diese Auslegung ebenfalls befürwortend: *Meßbacher-Hönsch* in: Boruttau, GrEStG, 2016, § 1, Rz. 912; *Behrens/Halaczinsky*, UVR 2015, S. 373; *Lange/Broemel*, DStR 2017, S. 366; *Scheifele/Müller*, DStR 2013, S. 1811, die aber auch eine Auslegung, dass mehrere Fünfjahreszeiträume zu beachten sind, jedenfalls nach dem Wortlaut für möglich halten.

537 Vgl. BFH, Urteil v. 24.04.2013, I R 17/10, BStBl. II 2013, S. 833, Rz. 27. Aus Rz. 24 ergibt sich zudem, dass der BFH grds. die Anwendung einer Fünfjahresfrist auch auf mittelbarer Ebene annimmt. Die Formulierung könnte auch darauf schließen lassen, dass der BFH von einem einzigen Fünfjahreszeitraum ausgeht (mit diesem Verständnis auch *Behrens*, UVR 2015, S. 141). Er musste darüber aber mangels Relevanz für den Urteilsfall keine explizite Aussage treffen.

538 Ebenso: *Behrens/Halaczinsky*, UVR 2015, S. 373.

539 Vgl. *Rothenöder*, Anteil, 2009, S. 232.

540 Vgl. *Meßbacher-Hönsch* in: Boruttau, GrEStG, 2016, § 1, Rz. 820, 821.

541 Vgl. Gleichlautende Erlasse der Länder v. 09.10.2013, BStBl. I 2013, S. 1364, Tz. 3.

542 Vgl. *Meßbacher-Hönsch* in: Boruttau, GrEStG, 2016, § 1, Rz. 1048, 1152.

bleibt jedoch die Frage, wann die Anwendung von § 1 Abs. 2a und Abs. 3 „nicht in Betracht kommt“.[543] Der Gesetzeswortlaut wird allgemein so verstanden, dass der Anwendungsbereich der subsidiär anzuwendenden Norm immer dann eröffnet ist, wenn kein steuerbarer Vorgang nach dem vorrangig anzuwendenden Tatbestand gegeben ist.[544] Eine bloße Steuerbefreiung (§§ 3 und 4 GrEStG) oder Nichterhebung der Steuer (§§ 5–7 GrEStG) eröffnet den Anwendungsbereich der subsidiären Norm dagegen nicht.[545] Nach einer anderen Auslegung könnte der Anwendungsbereich der subsidiären Norm dagegen bereits gesperrt sein, wenn die Anwendung der vorrangigen Norm nur ernsthaft erwogen, letztlich aber abgelehnt wird.[546] Auch wenn in der Literatur die Aushöhlung des § 1 Abs. 2a GrEStG durch § 1 Abs. 3a GrEStG kritisiert wird,[547] lässt sich eine so weitgehende Subsidiarität wohl nicht rechtfertigen.[548] In zeitlicher Hinsicht dürfte die Formulierung „in Betracht kommt“ so auszulegen sein, dass die Anwendung des § 1 Abs. 3 Nr. 1 und Nr. 2 GrEStG auch dann gesperrt ist, wenn die Besteuerung nach § 1 Abs. 2a GrEStG zukünftig möglich ist.[549] Denn sonst liefe die Subsidiaritätsregelung des § 1 Abs. 3 S. 1 GrEStG ins Leere, da § 1 Abs. 3 Nr. 1 und Nr. 3 GrEStG auf das schuldrechtliche Verpflichtungsgeschäft abstellen, während § 1 Abs. 2a GrEStG erst bei dinglicher Anteilsübertragung erfüllt ist[550].

Es ist streitig, ob die Subsidiarität streng grundstücksbezogen zu prüfen ist.[551] Wird eine grundstücksbezogene Prüfung bejaht, kann aufgrund der

---

543 So lautet die Formulierung in § 1 Abs. 3 S. 1 und Abs. 3a S. 1 GrEStG.

544 Vgl. *Pahlke*, GrEStG, 2018, § 1, Rz. 413; *Meßbacher-Hönsch* in: Boruttau, GrEStG, 2016, § 1, Rz. 938, 939, 1179.

545 Vgl. *Tiede*, StuB 2014, S. 842; *Pahlke*, GrEStG, 2018, § 1, Rz. 413; Gleichlautende Erlasse der Länder v. 18.02.2014, BStBl. I 2014, S. 561, Tz. 6; Gleichlautende Erlasse der Länder v. 09.10.2013, BStBl. I 2013, S. 1364, Tz. 3.

546 Vgl. *Tiede*, StuB 2014, S. 842; der den Wortlaut wegen der Möglichkeit dieser Auslegung für ungeeignet hält. Ein Vorrang des § 1 Abs. 2a GrEStG könnte dann auch angenommen werden, wenn die Steuerbarkeit nur daran scheitert, dass der entscheidende Erwerb außerhalb der Fünfjahresfrist oder durch einen Altgesellschafter erfolgt.

547 Vgl. *Meßbacher-Hönsch* in: Boruttau, GrEStG, 2016, § 1, Rz. 1180; *Wagner/Mayer*, BB 2014, S. 283, 284.

548 Vgl. zur Möglichkeit der teleologischen Reduktion auf Anteilserwerbe durch Neugesellschafter: *Illing*, DStZ 2013, S. 811.

549 Vgl. *Pahlke*, GrEStG, 2018, § 1, Rz. 270.

550 Vgl. BFH, Urteil v. 30.08.2017, II R 39/15, BFH/NV 2018, S. 291, Rz. 12.

551 Gegen eine grundstücksbezogene Prüfung: *Wagner/Mayer*, BB 2014, S. 285 mit Verweis auf BFH-Rechtsprechung (Urteil v. 20.10.1993, II R 116/90, BStBl. II 1994,

unterschiedlichen Anknüpfung der Tatbestände an schuldrechtliches Verpflichtungsgeschäft und dingliche Anteilsübertragung mehrmals Grunderwerbsteuer entstehen, wenn zwischen schuldrechtlicher Vereinbarung und dinglicher Anteilsübertragung Grundstücke durch die Gesellschaft erworben werden.[552] Die Subsidiarität ist rechtsvorgangsbezogen und nicht erwerberbezogen zu prüfen.[553] Eine Tatbestandsverwirklichung durch verschiedene Rechtsträger aufgrund desselben Rechtsvorgangs kommt daher nicht in Betracht.[554] Diese Konstellation betrifft bspw. Fälle mehrstufiger Beteiligungen, in denen ein Rechtsvorgang auf mehreren Ebenen zur Verwirklichung von § 1 Abs. 3 und Abs. 3a GrEStG führt[555] sowie die Anteilsvereinigung durch Organschaft gem. § 1 Abs. 3 Nr. 1 GrEStG, die gleichzeitig eine wirtschaftliche Beteiligung beim Organträger auslöst.[556]

b. Mehrere aufeinanderfolgende Rechtsvorgänge

Die in § 1 Abs. 3 und Abs. 3a GrEStG normierten Subsidiaritätsregelungen gelten nur, wenn ein Rechtsvorgang gleichzeitig die Voraussetzungen mehrerer Tatbestände erfüllt.[557] Folgen dagegen mehrere Rechtsvorgänge aufeinander, regelt § 1 Abs. 6 S. 1 GrEStG ausdrücklich, dass jeder Rechtsvorgang für sich

---

S. 121) zur Verstärkung der mittelbaren zu einer unmittelbaren Anteilsvereinigung allerdings durch mehrere Rechtsvorgänge.

552 Dies gilt insbesondere innerhalb des § 1 Abs. 3 GrEStG, aber jedenfalls nach Ansicht der Finanzverwaltung auch im Anwendungsbereich des § 1 Abs. 3a GrEStG; vgl. Gleichlautende Erlasse der Länder v. 09.10.2013, BStBl. I 2013, S. 1364, Tz. 3; *Meßbacher-Hönsch* in: Boruttau, GrEStG, 2016, § 1, Rz. 1049 mit Verweis auf BFH Rechtsprechung (Urteil v. 12.07.1972, II 81/65, BStBl. II 1972, S. 913), die jedoch ausdrücklich aufgegeben wurde (Urteil v. 20.10.1993, II R 116/90, BStBl. II 1994, S. 121).

553 Vgl. für § 1 Abs. 3a GrEStG: *Joisten/Liekenbrock*, Ubg 2013, S. 471.

554 Vgl. *Meßbacher-Hönsch* in: Boruttau, GrEStG, 2016, § 1, Rz. 1183; *Wagner/Mayer*, BB 2014, S. 287; *Wagner/Lieber*, DB 2013, S. 1389.

555 Vgl. mit Beispielen: *Meßbacher-Hönsch* in: Boruttau, GrEStG, 2016, § 1, Rz. 1181–1183; *Wagner/Mayer*, BB 2014, S. 287.

556 Vgl. *Behrens*, DStR 2013, S. 1409; *Joisten/Liekenbrock*, Ubg 2013, S. 471.

557 Vgl. *Meßbacher-Hönsch* in: Boruttau, GrEStG, 2016, § 1, Rz. 1188; a.A: jedenfalls für die Anwendung des § 1 Abs. 3a GrEStG: *Joisten/Liekenbrock*, Ubg 2013, S. 471: Sie gehen von einer „abstrakten Subsidiarität" aus, nach der auch eine bereits bestehende Anteilsvereinigung gem. § 1 Abs. 3 GrEStG und damit das Ergebnis eines vorhergehenden Rechtsvorgangs die Anwendung des § 1 Abs. 3a GrEStG ausschließt. Im Ergebnis ebenso: *Wagner/Mayer*, BB 2014, S. 286; *Behrens*, DStR 2013, S. 1408.

steuerbar ist.[558] Dies ist nach h. M. Konsequenz aus dem Verkehrssteuercharakter der Grunderwerbsteuer.[559] Eine mehrfache Besteuerung des Erwerbs desselben Grundstücks auf mehreren Wegen[560] erscheint jedoch nicht sachgerecht.[561] Der Gesetzgeber hat dem durch eine in § 1 Abs. 6 S. 2 GrEStG normierte Anrechnungsregel Rechnung getragen. Bei Grundstücks- und Erwerberidentität wird die Bemessungsgrundlage des ersten Vorgangs auf die des zweiten Vorgangs angerechnet, sodass im Ergebnis nur in der Zwischenzeit erworbene Grundstücke und eine möglicherweise eingetretene Wertsteigerung berücksichtigt werden.[562] Anders zu beurteilen sind dagegen Fälle, in denen einer der aufeinanderfolgenden Rechtsvorgänge ein solcher gem. § 1 Abs. 2a GrEStG ist, da § 1 Abs. 6 GrEStG auf Vorgänge gem. § 1 Abs. 2a GrEStG nicht anwendbar ist. Eine Doppelbesteuerung kann mangels Erwerberidentität grds. nicht vorliegen, da bei § 1 Abs. 2a GrEStG die Personengesellschaft selbst (wenn auch als fiktiv neue Gesellschaft) Erwerberin und Steuerschuldnerin ist.[563] Nichtsdestotrotz kann es insbesondere durch die Zurechnung von Grundstücken von Tochtergesellschaften gem. § 1 Abs. 3 GrEStG zu Überschneidungen der Tatbestände kommen, in denen eine doppelte Besteuerung nicht gerechtfertigt erscheint.[564]

§ 1 Abs. 6 GrEStG regelt nur Fälle, bei denen die aufeinanderfolgenden Rechtsvorgänge unter verschiedene Absätze des § 1 GrEStG zu subsumieren sind, nicht

---

558 Vgl. *Meßbacher-Hönsch* in: Boruttau, GrEStG, 2016, § 1, Rz. 1187, 1256, die § 1 Abs. 6 GrEStG lediglich als klarstellend ansieht; Gleichlautende Erlasse der Länder v. 09.10.2013, BStBl. I 2013, S. 1364, Tz. 6; a.A. *Pahlke*, GrEStG, 2018, § 1, Rz. 447, 450, der sich für eine teleologische Reduktion des § 1 Abs. 3a GrEStG ausspricht, sodass jedenfalls bei Vorliegen einer wirtschaftlichen Beteiligung keine Besteuerung nachfolgender Rechtsvorgänge mehr erfolgen soll.

559 Vgl. *Meßbacher-Hönsch* in: Boruttau, GrEStG, 2016, § 1, Rz. 1256.

560 Ein Beispiel ist der Erwerb eines Grundstücks gem. § 1 Abs. 1 Nr. 1 GrEStG, das dem Erwerber bereits aufgrund § 1 Abs. 3 oder Abs. 3a GrEStG zuzurechnen ist.

561 Vgl. BFH, Urteil v. 31.08.1994, II R 108/91, BFH/NV 1995, S. 431, Rz. 22: Der Steuertatbestand wird formell zweimal, dem materiellen Grund nach jedoch nur einmal verwirklicht.

562 Vgl. *Meßbacher-Hönsch* in: Boruttau, GrEStG, 2016, § 1, Rz. 1262, 1257.

563 Vgl. *Meßbacher-Hönsch* in: Boruttau, GrEStG, 2016, § 1, Rz. 1259.

564 Vgl. *Behrens*, Fiktion, 2009, S. 1127–1128, der hier das Beispiel einer KG nennt, deren Gesellschafterbestand i.S.d. § 1 Abs. 2a GrEStG wechselt und der das Grundstück einer min. 95 %-Tochterkapitalgesellschaft zuzurechnen ist. Erwirbt die KG später das Grundstück von der Tochtergesellschaft, fällt erneut Grunderwerbsteuer gem. § 1 Abs. 1 Nr. 1 GrEStG an, ohne dass § 1 Abs. 6 GrEStG angewendet werden könnte; ebenso: *Meßbacher-Hönsch* in: Boruttau, GrEStG, 2016, § 1, Rz. 923.

jedoch Sachverhalte, bei denen zwei Rechtsvorgänge aufeinanderfolgend denselben Ergänzungstatbestand erfüllen.[565] Für Aufstockungen oberhalb der 95 % – Grenze sollte bereits nach dem Wortlaut von § 1 Abs. 3 Nr. 1 und Nr. 2 und Abs. 3a GrEStG die Annahme eines erneuten steuerbaren Vorgangs ausgeschlossen sein, da jeweils die Vereinigung oder das Innehaben aufgrund des betrachteten Rechtsvorgangs und damit erstmalig vorausgesetzt werden. In Fällen der Aufstockung liegen Vereinigung bzw. Innehaben einer wirtschaftlichen Beteiligung jedoch schon aufgrund des ersten Rechtsvorgangs vor.[566] Für § 1 Abs. 2a GrEStG stellt sich die Frage der Steuerbarkeit einer Aufstockung aufgrund des Alt- /Neugesellschafterkonzepts nicht. Ein steuerbarer Vorgang kann dagegen in der Verstärkung einer mittelbaren Beteiligung zu sehen sein. Im Anwendungsbereich des § 1 Abs. 2a GrEStG n.F. gilt dies für die mittelbare Beteiligung über eine Kapitalgesellschaft.[567] Da der mittelbar über eine Kapitalgesellschaft beteiligte Rechtsträger nicht als Altgesellschafter gilt und auf unmittelbarer Ebene eine streng zivilrechtliche Sichtweise anzuwenden ist, liegt in der Verstärkung ein steuerbarer Vorgang.[568] Für den Fall, dass die mittelbare Beteiligung bereits den Tatbestand des § 1 Abs. 2a GrEStG ausgelöst hat, wird vertreten, dass durch den Erwerb der unmittelbaren Beteiligung keine erneute Steuerpflicht ausgelöst wird.[569] Für die bloße Verstärkung einer mittelbaren Beteiligung durch Wegfall

565 Vgl. *Meßbacher-Hönsch* in: Boruttau, GrEStG, 2016, § 1, Rz. 1258.

566 Im Ergebnis ebenso: *Hofmann*, GrEStG, 2017, § 1, Rz. 146; BFH, Urteil v. 12.02.2014, II R 46/12, BStBl. II 2014, S. 536.

567 Bei einer mittelbaren Beteiligung über eine Personengesellschaft ist hingegen der mittelbar Beteiligte selbst als Altgesellschafter anzusehen, sodass eine Verstärkung seiner Beteiligung durch Beteiligungskettenverkürzung den Tatbestand des § 1 Abs. 2a GrEStG nicht auslöst (vgl. Gleichlautende Erlasse der Länder v. 18.02.2014, BStBl. I 2014, S. 561, Tz. 2). Für Erwerbe bis zum 05.11.15 ist die Rechtsprechung des BFH (Urteil v. 24.04.2013, II R 17/10, BStBl. II 2013, S. 833) zu beachten, wonach der Erwerb eines unmittelbaren Anteils auch durch einen zuvor mittelbar Beteiligten tatbestandsmäßig ist.

568 Vgl. FG Düsseldorf, Urteil v. 29.03.2017, 7 K 439/10 GE, EFG 2017, S. 852; *Meßbacher-Hönsch* in: Boruttau, GrEStG, 2016, § 1, Rz. 837; *Pahlke*, GrEStG, 2018, § 1, Rz. 291, 311. Zum Alt-/Neugesellschafterkonzept vgl. unter C.II.5.

569 Vgl. *Meßbacher-Hönsch* in: Boruttau, GrEStG, 2016, § 1, Rz. 841; *Pahlke*, GrEStG, 2018, § 1, Rz. 310. Nach a.A. sind auch mittelbare Gesellschafter als Altgesellschafter anzusehen, sodass § 1 Abs. 2a GrEStG auch dann nicht erfüllt ist, wenn der Erwerb der mittelbaren Beteiligung selbst keine Grunderwerbsteuer ausgelöst hat (*Behrens/Bock*, DStR 2012, S. 1308, 1309; *Brühl/Joisten*, GmbHR 2018, S. 141). Dagegen jedenfalls für Erwerbe bis zum 05.11.15: BFH, Urteil v. 24.04.2013, II R 17/10, BStBl.

einer Beteiligungsebene im Anwendungsbereich des § 1 Abs. 2a GrEStG a.F. ging die Verwaltung davon aus, dass bei Beteiligungen von min. 95 % auf jeder Stufe kein erneuter steuerbarer Vorgang vorliegen sollte.[570] Die gesetzliche Neuregelung sollte hier jedenfalls nicht für eine Schlechterstellung sorgen.[571]

Im Anwendungsbereich von § 1 Abs. 3 GrEStG löst weder die Verstärkung einer mittelbaren Beteiligung durch Wegfall von Beteiligungsebenen noch die Verstärkung zu einer unmittelbaren Beteiligung erneute Grunderwerbsteuer aus.[572] Begründet wird diese Ansicht damit, dass keine Verstärkung der grunderwerbsteuerlich relevanten Rechtsposition eintritt, da die nun unmittelbar gehaltenen Anteile dem Beteiligten auch zuvor über seine mittelbare Beteiligung zugerechnet wurden.[573] Voraussetzung der Nichtsteuerbarkeit eine Beteiligungskettenverkürzung ist daher, dass die Beteiligungen durchgängig min. 95 % betragen, da sonst noch keine mittelbare Anteilsvereinigung vorlag.[574] Im Bereich des § 1 Abs. 3a GrEStG sollte sich die Problematik einer Verstärkung nicht stellen, da die wirtschaftliche Beteiligung bereits als Kombination mittelbarer und unmittelbarer

---

II 2013, S. 833, der für den unmittelbaren Anteilserwerb eine streng zivilrechtliche Betrachtung vornahm (dazu kritisch: *Behrens*, UVR 2015, S. 140).

570 Vgl. Gleichlautende Erlasse der Länder v. 18.02.2014, BStBl. I 2014, S. 561, Tz. 2. Der BFH sah überhaupt nur dann einen relevanten Wechsel, wenn sich der letzte in der Beteiligungskette stehende Rechtsträger vollständig änderte, sodass nach dieser Ansicht alle Fälle der Beteiligungskettenverkürzung unschädlich waren (BFH, Urteil v. 24.04.2013, II R 17/10, BStBl. II 2013, S. 833).

571 Vgl. kritisch in Bezug auf die fehlende Begründung der Unterscheidung je nach Beteiligungsquote und zweifelnd hinsichtlich der Gültigkeit nach der gesetzlichen Neuregelung: *Meßbacher-Hönsch* in: Boruttau, GrEStG, 2016, § 1, Rz. 881. In der Literatur wird vertreten, dass es aufgrund der Formulierung in § 1 Abs. 2a S. 4 GrEStG nun auch mittelbare Altgesellschafter bei zwischengeschalteter Kapitalgesellschaft geben müsse (*Behrens/Halaczinsky*, UVR 2015, S. 373). Diese Sicht würde für eine grds. Nichterfassung der Beteiligungskettenverkürzung unabhängig von der Beteiligungshöhe sprechen.

572 Vgl. *Hofmann*, GrEStG, 2017, § 1, Rz. 162; *Meßbacher-Hönsch* in: Boruttau, GrEStG, 2016, § 1, Rz. 1017, 1019–1021; *Pahlke*, GrEStG, 2018, § 1, Rz. 340; Gleichlautende Erlasse der Länder v. 02.12.1999, BStBl. I 1999, S. 991, Tz. 3; BFH, Urteil v. 20.10.1993, II R 116/90, BStBl. II 1994, S. 121.

573 Vgl. *Hofmann*, GrEStG, 2017, § 1, Rz. 162; *Meßbacher-Hönsch* in: Boruttau, GrEStG, 2016, § 1, Rz. 1017, 1019–1021; *Pahlke*, GrEStG, 2018, § 1, Rz. 340; Gleichlautenden Erlasse der Länder v. 02.12.1999, BStBl. I 1999, S. 991, Tz. 3; BFH, Urteil v. 20.10.1993, II R 116/90, BStBl. II 1994, S. 121.

574 Vgl. *Meßbacher-Hönsch* in: Boruttau, GrEStG, 2016, § 1, Rz. 1017, 1021; *Hofmann*, GrEStG, 2017, § 1, Rz. 162; *Pahlke*, GrEStG, 2018, § 1, Rz. 340.

Beteiligungen definiert ist, sodass keine Grundlage für eine Unterscheidung der Rechtsvorgänge besteht.[575] Die Begründung einer wirtschaftlichen Beteiligung i.S.d. § 1 Abs. 3a GrEStG nach bereits bestehender Anteilsvereinigung gem. § 1 Abs. 3 GrEStG soll trotz erheblicher Kritik in der Literatur[576] grds. steuerbar sein und unter § 1 Abs. 6 GrEStG fallen.[577]

III. Rechtsfolgen

1. Erwerbsfiktion

a. Fingierte Übertragungswege des Grundstücks

Rechtsfolge aller Tatbestände ist ein fingierter Grundstückserwerb, der der Grunderwerbsteuer unterworfen wird, soweit keine Steuerbefreiungen entgegenstehen.[578] Die fingierten Übertragungswege unterscheiden sich allerdings, was insbesondere Bedeutung für die Steuerschuldnerschaft sowie Anwendung personenbezogener Steuerbefreiungsvorschriften hat.[579] Auch wenn jeweils der Übergang des Grundvermögens fingiert wird, liegt doch keine völlige Gleichstellung mit einer Grundstücksübertragung nach § 1 Abs. 1 GrEStG zwischen den Beteiligten vor.[580] Folge der Fiktion einer Grundstücksübertragung ist, dass jeweils so viele steuerpflichtige Erwerbsvorgänge vorliegen, wie Grundstücke dem Vermögen der Gesellschaft zuzurechnen sind.[581]

---

575 Eine Aufstockung einer wirtschaftlichen Beteiligung ist nicht steuerbar, vgl. *Meßbacher-Hönsch* in: Boruttau, GrEStG 2016, § 1, Rz. 1236; Gleichlautende Erlasse der Länder v. 09.10.2013, BStBl. I 2013, S. 1364, Tz. 2.

576 Es wird u.a. angeführt, dass § 1 Abs. 3a GrEStG keine zu § 1 Abs. 3 GrEStG eigenständige Regelung sei bzw. der Verweis auf § 1 Abs. 3 GrEStG eine Besteuerung nur nach einem der Tatbestände zulasse (*Wagner/Lieber*, DB 2013, S. 1389; *Wagner/Mayer*, BB 2014, S. 286) oder jedenfalls durch die wirtschaftliche Beteiligung keine besteuerungswürdige Verstärkung der Rechtsposition eintrete (*Wagner/Mayer*, BB 2014, S. 286; *Behrens*, DStR 2013, S.1408) oder aber eine abstrakte Subsidiarität die Besteuerung bei bestehender Anteilsvereinigung verhindere (*Joisten/Liekenbrock*, Ubg 2013, S. 471).

577 Vgl. *Meßbacher-Hönsch* in: Boruttau, GrEStG, 2016, § 1, Rz. 1239; Gleichlautende Erlasse der Länder v. 09.10.2013, BStBl. I 2013, S. 1364, Tz. 6.

578 Vgl. *Meßbacher-Hönsch* in: Boruttau, GrEStG, 2016, § 1, Rz. 918, 948, 1210.

579 Vgl. *Behrens*, Fiktion, 2009, S. 1119; *Meßbacher-Hönsch* in Boruttau, GrEStG 2016, § 1, Rz. 918, 949.

580 Vgl. *Behrens*, Fiktion, 2009, S. 1116.

581 Vgl. *Meßbacher-Hönsch* in: Boruttau, GrEStG, 2016, § 1, Rz. 918, 951, 1211.

§ 1 Abs. 2a GrEStG fingiert den Erwerb des Grundvermögens von der alten Personengesellschaft durch eine fiktiv neue Personengesellschaft. Die Gesellschafter, deren Anteilsübertragung den Steuertatbestand ausgelöst hat, sind an der fingierten Grundstücksübertragung damit nicht beteiligt, sondern diese vollzieht sich rein auf Ebene der (gedachten) Gesellschaften.[582] § 1 Abs. 3 Nr. 1 und Nr. 2 GrEStG fingieren die Übertragung des Grundvermögens von der Gesellschaft auf den Gesellschafter, der erstmals min. 95 % der Gesellschaftsanteile in seiner Hand vereinigt.[583] § 1 Abs. 3 Nr. 3 und Nr. 4 GrEStG unterwerfen dagegen eine gedachte Grundstücksübertragung zwischen dem Veräußerer und dem Erwerber der bereits vereinigten Anteile der Grunderwerbsteuer.[584] Die Übertragungswege sind im Hinblick auf den methodisch zugrundeliegenden Zuordnungsgedanken des § 1 Abs. 3 GrEStG konsequent, da bei einer erstmaligen Anteilsvereinigung das Grundstück zuvor der Gesellschaft zuzuordnen war und jetzt auf den zu min. 95 % beteiligten Gesellschafter übergeht, während bei den Tatbeständen der Nr. 3 und Nr. 4 bereits zuvor eine Zuordnung zum Gesellschafter vorlag, die jetzt auf einen neuen Gesellschafter übergeht. § 1 Abs. 3a GrEStG knüpft an § 1 Abs. 3 GrEStG an, sodass auch hier sowohl ein Übergang des Grundstücks von der Gesellschaft auf den Gesellschafter als auch von einem Gesellschafter auf den anderen möglich sein sollte.[585] Erstere Variante ist erfüllt, wenn erstmals eine wirtschaftliche Beteiligung begründet wird. Letztere Variante erfordert dagegen den Übergang einer bereits bestehenden wirtschaftlichen Beteiligung auf einen anderen Rechtsträger.[586] Bzgl. der im Folgenden dargestellten Konsequenzen der unterschiedlichen Übertragungswege gilt daher das zu § 1 Abs. 3 GrEStG Gesagte.[587]

Die durch die Ergänzungstatbestände fingierten Grundstücksübertragungen führen jedenfalls in den Fällen des § 1 Abs. 3 und 3a GrEStG zu einer neuen

582 Vgl. *Behrens*, Fiktion, 2009, S. 1114–1115.

583 Ständige Rechtsprechung vgl. zuletzt: BFH, Urteil v. 12.02.2014, II R 46/12, BStBl. II 2014, S. 536 (m.w.N.).

584 Vgl. BFH, Urteil v. 02.04.2008, II R 53/06, BStBl. II 2009, S. 544; *Meßbacher-Hönsch* in: Boruttau, GrEStG, 2016, § 1, Rz. 949.

585 Die Finanzverwaltung hält die Verwirklichung von § 1 Abs. 3a GrEStG in allen Varianten des § 1 Abs. 3 GrEStG für möglich und wendet die hierzu entwickelten Grundsätze entsprechend an: Gleichlautende Erlasse der Länder v. 09.10.2013, BStBl. I 2013, S. 1364, Tz. 1; vgl. *Meßbacher-Hönsch* in: Boruttau, GrEStG, 2016, § 1, Rz. 1210.

586 Vgl. *Meßbacher-Hönsch* in: Boruttau, GrEStG, 2016, § 1, Rz. 1210.

587 Vgl. zur Anwendbarkeit der Steuerbefreiungsvorschriften auf Fälle des § 1 Abs. 3a GrEStG: *Tiede*, StuB 2014, S. 888.

grunderwerbsteuerlichen Zuordnung der Grundstücke.[588] Bei einer Übertragung des Grundstücks i.S.d. § 1 Abs. 1 GrEStG erlischt regelmäßig die Zuordnung beim Veräußerer[589] und an deren Stelle tritt die Zuordnung beim Erwerber.[590] Dagegen führen jedenfalls die Tatbestände des § 1 Abs. 3 Nr. 1 und Nr. 2 GrEStG sowie die erstmalige Vereinigung von Anteilen zu einer wirtschaftlichen Beteiligung nach § 1 Abs. 3a GrEStG zu einer zusätzlichen Zuordnung des Grundstücks.[591] In den Fällen des § 1 Abs. 2a GrEStG kommt es nicht zu einer abweichenden Zuordnung, da das Grundvermögen weiterhin der Personengesellschaft (wenn auch in ihrer neuen Zusammensetzung des Gesellschafterbestands) zuzurechnen ist.[592]

b. *Anwendung der Steuerbefreiungsvorschriften*

Bei Verwirklichung eines Tatbestands nach § 1 Abs. 2a GrEStG findet dem gedachten Übertragungsweg entsprechend § 6 Abs. 3 GrEStG Anwendung, der Grundstücksübertragungen zwischen Personengesellschaften von der Besteuerung ausnimmt, soweit an beiden Gesellschaften dieselben Personen beteiligt sind.[593] Bei beteiligten Personengesellschaften ist auf deren Gesellschafter abzustellen.[594] Eine Befreiung nach § 6 Abs. 3 GrEStG kann daher vorliegen, wenn § 1 Abs. 2a GrEStG dadurch ausgelöst wird, dass eine Personengesellschaft unmittelbar neue Gesellschafterin wird, deren Gesellschafter bereits zuvor unmittelbar

---

588 Vgl. zur Zuordnungsfunktion der Ergänzungstatbestände: *Rothenöder*, Anteil, 2009, S. 43 bezogen auf § 1 Abs. 1, Abs. 2 und Abs. 3 GrEStG. Für den später eingeführten § 1 Abs. 3a GrEStG ist eine Zuordnungsfunktion ebenfalls anzunehmen: vgl. BFH, Urteil v. 11.12.2014, II R 26/12, BStBl. II 2015, S. 402.

589 Vgl. *Hofmann*, GrEStG, 2017, § 1 Rz. 148, die eine Beendigung der Zuordnung ausdrücklich nur bei Erfüllung der Tatbestände des § 1 Abs. 1 GrEStG annehmen, die Beendigung für § 1 Abs. 2 GrEStG verneinen und zu den Folgen von § 1 Abs. 3 und 3a GrEStG keine Stellung nehmen.

590 Zum Konzept des Übergangs von einem auf einen anderen Rechtsträger vgl. *Fischer* in: Boruttau, GrEStG, 2016, § 1, Rz. 12.

591 Vgl. zur Zuordnung von Grundstücken bereits ausführlich unter C.II.2.

592 Vgl. *Hofmann*, GrEStG, 2017, § 1, Rz. 148; *Pahlke*, GrEStG, 2018, § 1, Rz. 325.

593 Vgl. Gleichlautende Erlasse der Länder v. 09.12.2015, BStBl. I 2015, S. 1029, Tz. 4.1; BFH, Urteil v. 27.04.2005, II R 61/03, BStBl. II 2005, S. 649: Dabei ist der Gesellschafterbestand vor der ersten für die Verwirklichung des § 1 Abs. 2a GrEStG relevanten Anteilsübertragung mit dem Bestand nach der letzten zur Verwirklichung des Steuertatbestands führenden Übertragung zu vergleichen. Die Haltefristen gem. § 6 Abs. 4 GrEStG sind dabei zu beachten; auf die Möglichkeit der teleologischen Reduktion der Fristen soll hier nicht eingegangen werden.

594 Vgl. BFH, Urteil v. 27.04.2005, II R 61/03, BStBl. II 2005, S. 649.

oder mittelbar an der grundbesitzenden Personengesellschaft beteiligt waren.[595] Für die Beteiligungskettenverlängerung durch eine Kapitalgesellschaft sollte dies hingegen nicht gelten.[596] Im Fall der mittelbaren Änderung im Gesellschafterbestand einer Personengesellschaft mit Kapitalgesellschaften als unmittelbare Gesellschafter würde eine Wortlautauslegung von § 6 Abs. 3 GrEStG den Tatbestand des § 1 Abs. 2a GrEStG ins Leere laufen lassen, da 100 % der unmittelbaren Gesellschafter gleich bleiben.[597] Daher muss das Alt-/Neugesellschafterkonzept auf § 6 Abs. 3 GrEStG übertragen werden, sodass eine gem. § 1 Abs. 2a GrEStG als Neugesellschafter zu beurteilende Kapitalgesellschaft auch für Zwecke des § 6 Abs. 3 GrEStG als nicht an der übertragenden Personengesellschaft beteiligter neuer Gesellschafter einzustufen ist.[598]

---

595 Vgl. *Behrens/Hofmann*, DStR 2003, S. 2098; *Viskorf* in: Boruttau, GrEStG, 2016, § 6, Rz. 45. Nach Einführung von § 1 Abs. 2a S. 2 GrEStG durch das StÄndG 2015 und unter Beachtung der Grundsätze des BFH Urteils v. 24.04.2013 (II R 17/10, BStBl. II 2013, S. 833) könnte in diesen Fällen jedoch aufgrund einer sog. Ultimate-Owner-Betrachtung, die aus der transparenten Betrachtung der Personengesellschaft folgen könnte, bereits die Verwirklichung des § 1 Abs. 2a GrEStG n.F. verneint werden (so wohl *Joisten*, DStZ 2016, S. 275–276).

596 A.A. möglicherweise BFH, Urteil v. 29.02.2012, II R 57/09, BStBl. II 2012, S. 917. Der BFH verneint zwar grds. die transparente Betrachtung von Kapitalgesellschaften im Anwendungsbereich des § 6 Abs. 3 GrEStG. Er kommt im Ergebnis allerdings dennoch zu einer vollständigen Grunderwerbsteuerbefreiung, weil sich im Streitfall nach Ansicht des BFH die grunderwerbsteuerliche Beteiligung im wirtschaftlichen Ergebnis nicht geändert hat, da der ursprüngliche Gesellschafter vorher und nachher zu mehr als 95 % beteiligt und daher gem. § 1 Abs. 2a GrEStG einem sachenrechtlich Verfügungsberechtigten gleichgestellt sei. Diese Argumentation überzeugt m.E. nicht, da die Zurechnung zum Gesellschafter bei einer mehr als 95 % Beteiligung die Rechtsfolge des § 1 Abs. 3 GrEStG ist, jedoch nicht zur Dogmatik der § 1 Abs. 2a und §§ 5, 6 GrEStG passt, die eine vermögensmäßige Zurechnung des Grundstücks zum Gesellschafter unabhängig von der Beteiligungshöhe vorsehen.

597 Vgl. *Viskorf* in: Boruttau, GrEStG, 2016, § 6, Rz. 43.

598 Vgl. Gleichlautende Erlasse der Länder v. 09.12.2015, BStBl. I 2015, S. 1029, Tz. 4.1; BFH, Urteil v. 29.02.2012, II R 57/09, BStBl. II 2012, S. 917; *Viskorf* in: Boruttau, GrEStG, 2016, § 6, Rz. 48, der neben den Änderungen im Gesellschafterbestand beteiligter Kapitalgesellschaften auch noch mittelbare Änderungen durch Treuhandverhältnisse unmittelbar oder mittelbar beteiligter natürlicher Personen als Anwendungsfall nennt. A.A. *Behrens,* Fiktion, 2009, S. 1136, der dies damit begründet, dass die fiktive Neugesellschafterstellung der unmittelbar beteiligten Kapitalgesellschaft nicht aus dem Gesetzeswortlaut herausgelesen werden kann. An dieser Auffassung dürfte nach der Einführung von § 1 Abs. 2a S. 4 GrEStG durch StÄndG 2015 nicht mehr festzuhalten sein.

Für steuerbare Vorgänge gem. § 1 Abs. 3 Nr. 1 und Nr. 2 GrEStG kann, wenn es sich bei der grundbesitzenden Gesellschaft um eine Personengesellschaft handelt, § 6 Abs. 2 GrEStG einschlägig sein[599], da eine Übertragung des Grundstücks von der Gesellschaft auf den die Anteile in seiner Hand vereinenden Gesellschafter angenommen wird. Werden dagegen bereits vereinigte Anteile gem. § 1 Abs. 3 Nr. 3 und Nr. 4 GrEStG übertragen und ist der Erwerber eine Personengesellschaft, an der der Veräußerer beteiligt ist, fingiert § 1 Abs. 3 GrEStG die Übertragung eines Grundstücks vom Veräußerer auf die erwerbende Personengesellschaft, die unter die Steuerbefreiung des § 5 Abs. 2 GrEStG fällt.[600] Werden bereits vereinigte Anteile von einer Personengesellschaft i.S.d. § 1 Abs. 3 Nr. 3 oder Nr. 4 GrEStG auf einen ihrer Gesellschafter übertragen, sollte umgekehrt § 6 Abs. 2 GrEStG einschlägig sein. Sind sowohl Veräußerer als auch Erwerber der vereinigten Anteile Personengesellschaften, kommt eine Anwendung von § 6 Abs. 3 GrEStG in Betracht.[601] Da § 1 Abs. 3a GrEStG die fiktiven Übertragungswege des § 1 Abs. 3 GrEStG adaptiert, kommen die Steuerbefreiungen entsprechend beim erstmaligen Entstehen oder bei der Übertragung einer bereits bestehenden wirtschaftlichen Beteiligung in Betracht.[602]

Personenbezogene Steuerbefreiungen nach § 3 GrEStG sollten für Fälle des § 1 Abs. 2a GrEStG grds. keine unmittelbare Anwendung finden, da die Grundstücksübertragung rein zwischen den Gesellschaften fingiert wird. Da es sich aber um Personengesellschaften handelt, sind die Besonderheiten der interpolierenden Betrachtung zu beachten.[603] Durch die Kombination mit dem Transparenzgedanken des § 6 Abs. 3 GrEStG werden die Eigenschaften der Gesellschafter i.S.d. § 3 GrEStG anteilig der Personengesellschaft zugerechnet.[604] D.h. insbesondere die Befreiungen gem. § 3 Nr. 4 und Nr. 6 GrEStG können auf Vorgänge gem.

---

599 Vgl. Gleichlautende Erlasse der Länder v. 09.12.2015, BStBl. I 2015, S. 1029, Tz. 4.2; zur fehlenden Anwendbarkeit auf Kapitalgesellschaften s. auch BFH, Urteil v. 31.03.1982, II R 92/81, BStBl. II 1982, S. 424. Auch für § 6 Abs. 2 GrEStG sind die Fristen des § 6 Abs. 4 GrEStG zu beachten, die hier nicht weiter besprochen werden sollen.

600 Vgl. BFH, Urteil v. 02.04.2008, II R 53/06, BStBl. II 2009, S. 544.

601 Vgl. *Viskorf* in: Boruttau, GrEStG, 2016, § 6, Rz. 39.

602 Vgl. Gleichlautende Erlasse der Länder v. 09.10.2013, BStBl. I 2013, S. 1364, Tz. 1, 7; *Viskorf* in: Boruttau, GrEStG, 2016, § 5, Rz. 13, 17.

603 Vgl. *Meßbacher-Hönsch* in: Boruttau, GrEStG, 2016, § 3, Rz. 46, 47.

604 Vgl. Gleichlautende Erlasse der Länder v. 18.02.2014, BStBl. I 2014, S. 561, Tz. 7.2; BFH, Beschluss v. 26.02.2003, II B 202/01, BStBl. II 2003, S. 528; *Behrens*, Fiktion, 2009, S. 1122. Die Haltefristen gem. § 6 Abs. 4 GrEStG sind dabei zu beachten, auf die Möglichkeit der teleologischen Reduktion der Fristen soll hier nicht eingegangen werden.

§ 1 Abs. 2a GrEStG anzuwenden sein, soweit die Beteiligungen von verwandten Gesellschaftern an der alten und der neuen Personengesellschaft deckungsgleich sind.[605] Bei Übertragung bereits vereinigter Anteile gem. § 1 Abs. 3 Nr. 3 und Nr. 4 GrEStG sind die personenbezogenen Steuerbefreiungen (insb. § 3 Nr. 4 und Nr. 6 GrEStG) anwendbar, wenn Anteilsveräußerer und -erwerber, die gleichzeitig fiktiv Veräußerer und Erwerber des Grundstücks sind, die dort beschriebenen Verwandtschaftskriterien erfüllen.[606] Da zu einer Kapitalgesellschaft keine verwandtschaftlichen Beziehungen bestehen können und aufgrund der Intransparenz auch die Interpolation i.S.d. § 6 Abs. 3 GrEStG nicht anwendbar ist, kommt eine Steuerbefreiung nach § 3 Nr. 4 und Nr. 6 GrEStG bei Verwirklichung von § 1 Abs. 3 Nr. 1 und Nr. 2 GrEStG nur in Betracht, soweit es sich bei der fiktiv übertragenden Gesellschaft um eine Personengesellschaft handelt.[607] In diesen Fällen kann zudem wie zuvor erläutert § 6 Abs. 2 GrEStG anzuwenden sein, sodass eine Steuerbefreiung entsprechend der Beteiligungsquote erfolgt. Die Verwirklichung von § 1 Abs. 3 Nr. 1 und Nr. 2 GrEStG bei Personengesellschaften kann also sowohl aufgrund der Beziehung des Erwerbers zum Anteilsveräußerer als auch aufgrund seiner Beteiligung an der fiktiv übertragenden Personengesellschaft steuerbefreit sein.[608] Für die Verwirklichung von § 1 Abs. 3a GrEStG gelten dieselben Grundsätze wie zu § 1 Abs. 3 GrEStG.[609]

Die Steuerbefreiung des § 3 Nr. 2 GrEStG für Grundstücksschenkungen sollte aufgrund ihres Zwecks der Vermeidung einer doppelten Steuerbelastung auf alle Tatbestände anzuwenden sein, da eine solche Doppelbelastung auch vorliegt, wenn die Anteilsübertragung der Schenkungsteuer unterliegt und in Folge der Anteilsübertragung Grunderwerbsteuer gem. § 1 Abs. 2a, 3 oder 3a GrEStG ausgelöst wird.[610] Für die Anwendung von § 6a GrEStG spielen die fingierten

---

605 Vgl. *Meßbacher-Hönsch* in: Boruttau, GrEStG, 2016, § 3, Rz. 47 und Beispiel 1 in Rz. 48.

606 Vgl. *Meßbacher-Hönsch* in: Boruttau, GrEStG, 2016, § 3, Rz. 54 und 55; Gleichlautende Erlasse der Länder v. 06.03.2013, BStBl. I 2013, S. 773, Tz.1.

607 Vgl. Gleichlautende Erlasse der Länder v. 06.03.2013, BStBl. I 2013, S. 773; zur fehlenden Anwendbarkeit auf Kapitalgesellschaften s. auch BFH, Urteil v. 31.03.1982, II R 92/81, BStBl. II 1982, S. 424; *Meßbacher-Hönsch* in: Boruttau, GrEStG, 2016, § 3, Rz. 51, 52.

608 Vgl. Gleichlautende Erlasse der Länder v. 06.03.2013, BStBl. I 2013, S. 773.

609 Vgl. *Meßbacher-Hönsch* in: Boruttau, GrEStG, 2016, § 3, Rz. 57; Gleichlautende Erlasse der Länder v. 09.10.2013, BStBl. I 2013, S. 1364, Tz. 1, 7.

610 Vgl. Gleichlautende Erlasse der Länder v. 06.03.2013, BStBl. I 2013, S. 773 und v. 18.02.2014, BStBl. I 2014, S. 561, Tz. 7.1; BFH, Urteil v. 12.10.2006, II R 79/05, BStBl. II 2007, S. 709 und Urteil v. 23.05.2012, II R 21/10, BStBl. II 2012, S. 793; *Behrens*,

Übertragungswege des Grundstücks keine Rolle, da die Voraussetzungen des § 6a GrEStG unmittelbar auf den steuerbaren Rechtsvorgang, d.h. auf die tatsächliche Anteilsübertragung abstellen.

2. Verletzung von Haltefristen gem. §§ 5 und 6 GrEStG

§ 5 Abs. 3 und § 6 Abs. 3 S. 2 GrEStG normieren Haltefristen für die Beteiligung an einer Personengesellschaft nach einem begünstigten Erwerb eines Grundstückes durch die Gesamthand von einem ihrer Gesellschafter oder von einer anderen Gesamthand, soweit an ihr dieselben Personen beteiligt sind. Bei einem Gesellschafterwechsel i.S.d. § 1 Abs. 2a GrEStG kann daher gleichzeitig eine Verletzung der Haltefristen des §§ 5 Abs. 3 oder 6 Abs. 3 GrEStG gegeben sein, falls innerhalb der letzten fünf Jahre vor dem Gesellschafterwechsel ein begünstigter Grundstückserwerb durch die Personengesellschaft stattfand. § 1 Abs. 2a S. 7 GrEStG sieht für diesen Fall eine Anrechnung der Bemessungsgrundlage vor, damit es nicht zu einer Doppelbelastung mit Grunderwerbsteuer kommt.[611] Diese würde entstehen, wenn gleichzeitig Steuer gem. § 5 Abs. 3 oder § 6 Abs. 3 GrEStG nacherhoben bzw. die Begünstigung versagt und ein Gesellschafterwechsel gem. § 1 Abs. 2a GrEStG besteuert würde.[612] Zu beachten ist, dass es nicht zu einer Verletzung der Haltefrist kommt, wenn die Anteilsveräußerung durch den Gesellschafter Grunderwerbsteuer auslöst, da der Gesetzeswortlaut insoweit teleologisch reduziert wird.[613] Eine Anwendung von § 1 Abs. 2a S. 7 GrEStG kommt daher nur bei sukzessivem Gesellschafterwechsel in Betracht.[614] Der Rechtsvorgang, der die Verletzung der Haltefrist auslöst, trägt dann zwar zur Verwirklichung des § 1 Abs. 2a GrEStG bei. Zu einer Besteuerung kommt es aber nur, wenn innerhalb der Fünfjahresfrist weitere Gesellschafterwechsel zum Überschreiten der 95 % Grenze führen.[615] Liegt ein solcher Fall vor, wird auf die für den Vorgang nach § 1 Abs. 2a GrEStG ermittelte Bemessungsgrundlage die Bemessungsgrundlage angerechnet, für die die Steuerbefreiung gem. § 5 Abs. 3

Fiktion, 2009, S. 1122; *Meßbacher-Hönsch* in: Boruttau, GrEStG, 2016, § 3, Rz. 48, 51, 55, 58.

611 Vgl. zur Begründung: BT-Drs. 14/443 v. 03.03.1999, S. 42.

612 Vgl. *Meßbacher-Hönsch* in: Boruttau, GrEStG, 2016, § 1, Rz. 927.

613 Vgl. Gleichlautende Erlasse der Länder v. 09.12.2015, BStBl. I 2015, S. 1029, Tz. 7.8.1.1.

614 Vgl. Gleichlautende Erlasse der Länder v. 09.12.2015, BStBl. I 2015, S. 1029, Tz. 7.8.1.2; *Meßbacher-Hönsch* in: Boruttau, GrEStG, 2016, § 1, Rz. 930.

615 Vgl. *Meßbacher-Hönsch* in: Boruttau, GrEStG, 2016, § 1, Rz. 930.

oder § 6 Abs. 3 GrEStG zu versagen war.[616] Wird statt eines Gesellschafterwechsels sukzessive der Tatbestand des § 1 Abs. 3 oder Abs. 3a GrEStG verwirklicht, bspw. bei Erwerb durch einen Altgesellschafter, sieht das Gesetz keine Minderung der Doppelbelastung durch Anrechnung vor.[617] Der Grund dürfte darin liegen, dass formal keine Doppelbelastung besteht. Denn die Steuer nach § 1 Abs. 3 oder Abs. 3a GrEStG trägt der Erwerber bzw. der Inhaber der wirtschaftlichen Beteiligung (§ 13 Nr. 5a und Nr. 7 GrEStG). Der Wegfall der Steuervergünstigung trifft hingegen die Personengesellschaft und den Anteilsveräußerer, da er zuvor das Grundstück übertragen hatte (§ 13 Nr. 1 GrEStG).

3. Steuerschuldner

Der Steuerschuldner richtet sich bei den Ergänzungstatbeständen nach den fiktiven Grundstücksübertragungen.[618] § 13 GrEStG bestimmt als Steuerschuldner daher nicht die an der Anteilsveräußerung, sondern die an der gedachten Grundstücksveräußerung beteiligten Personen. Im Anwendungsbereich des § 1 Abs. 2a GrEStG ist Steuerschuldner die Personengesellschaft selbst (§ 13 Nr. 6 GrEStG). Da die Gesellschaft auf die Anteilsveräußerung, die zur Verwirklichung des Steuertatbestands führt, keinen Einfluss hat, liegt eine drittbestimmte Steuerpflicht vor, die jedoch überwiegend als gerechtfertigt angesehen wird.[619] Werden erstmalig alle Anteile an einer Gesellschaft gem. § 1 Abs. 3 Nr. 1 oder Nr. 2 GrEStG in einer Hand vereinigt, schuldet gem. § 13 Nr. 5 lit. a) GrEStG der Erwerber die Steuer. Hier wird die Fiktion der Grundstücksveräußerung nicht ganz konsequent nachvollzogen, da dann entsprechend den Grundsätzen des § 13 Nr. 1 GrEStG auch die Gesellschaft als am Erwerbsvorgang beteiligte Person Steuerschuldner sein müsste.[620] Wird der Tatbestand durch eine grunderwerbsteuerliche Organschaft verwirklicht, schulden alle am Erwerbsvorgang beteiligten Mitglieder des Organkreises die Grunderwerbsteuer nach § 13 Abs. 1 Nr. 5 lit. b GrEStG. Werden bereits vereinigte Anteile nach § 1 Abs. 3 Nr. 3 oder Nr. 4 GrEStG übertragen, sind Steuerschuldner nach h. M. die an der Anteilsübertragung beteiligten

---

616 Vgl. Gleichlautende Erlasse der Länder v. 09.12.2015, BStBl. I 2015, S. 1029, Tz. 7.8.1.2, Beispiel 13; zu verfahrensrechtlichen Aspekten der Anrechnung: *Meßbacher-Hönsch* in: Boruttau, GrEStG, 2016, § 1, Rz. 931.

617 Vgl. Gleichlautende Erlasse der Länder v. 09.12.2015, BStBl. I 2015, S. 1029, Tz. 7.8.2 und 7.8.3.

618 Vgl. *Behrens*, Fiktion, 2009, S. 1115.

619 Vgl. BFH, Beschluss v. 11.09.2002, II B 113/02, BStBl. II 2002, S. 777; *Behrens*, Fiktion, 2009, S. 1115 m.w.N.

620 Vgl. *Behrens*, Fiktion, 2009, S. 1115.

Parteien, da zwischen ihnen auch die Grundstücksveräußerung fingiert wird.[621] Bei Entstehen einer wirtschaftlichen Beteiligung i.S.d. § 1 Abs. 3a GrEStG bestimmt § 13 Nr. 7 GrEStG denjenigen Rechtsträger zum Steuerschuldner, der die Beteiligung innehat. Hier weicht das Gesetz erneut von der fingierten Grundstücksübertragung ab, da diese entsprechend der Regelung des § 1 Abs. 3 GrEStG zwischen Inhaber der wirtschaftlichen Beteiligung und Gesellschaft oder zwischen ehemaligem und neuem Inhaber der wirtschaftlichen Beteiligung stattfindet und nach den Grundsätzen des § 13 Nr. 1 GrEStG folglich jeweils diese beiden beteiligten Parteien auch Steuerschuldner sein müssten.[622]

4. Steuerentstehung

Der Zeitpunkt der Steuerentstehung hat unter anderem Bedeutung für die Zuordnung von Grundstücken zum Gesellschaftsvermögen, für den Zustand des Grundstücks und damit die Bemessungsgrundlage, sowie für die Anwendung neuer oder alter Gesetzesfassungen bei Gesetzesänderungen.[623] In Bezug auf Gesetzesänderungen stellt § 23 GrEStG aber regelmäßig auf die Verwirklichung des Steuertatbestandes ab, die nicht zwingend mit der Steuerentstehung identisch sein muss.[624] Die Steuer entsteht grds. gem. § 38 AO mit Erfüllung des Tatbestands.[625] Bei sukzessiver Erfüllung der Ergänzungstatbestände des § 1 Abs. 2a, 3 oder 3a GrEStG entsteht sie daher mit Abschluss des letzten Rechtsvorgangs, der zum Überschreiten der 95 %-Grenze führt.[626] Für § 1 Abs. 2a, Abs. 3 Nr. 2 und Nr. 4 und Abs. 3a GrEStG ist dabei auf die dingliche Anteilsübertragung abzustellen[627], während es für § 1 Abs. 3 Nr. 1 und Nr. 3 GrEStG auf den Abschluss

621 Vgl. *Behrens*, Fiktion, 2009, S. 1115; *Viskorf* in: Boruttau, GrEStG, 2016, § 13, Rz. 44.

622 A.A. *Viskorf* in: Boruttau, GrEStG, 2016, § 13, Rz. 48.

623 Vgl. *Viskorf* in: Boruttau, GrEStG, 2016, § 14, Rz. 22, 81–87.

624 Vgl. *Viskorf* in: Boruttau, GrEStG, 2016, § 14, Rz. 81; *Schanko*, UVR 2011, S. 316.

625 Vgl. *Viskorf* in: Boruttau, GrEStG, 2016, § 14, Rz. 14.

626 Vgl. *Meßbacher-Hönsch* in: Boruttau, GrEStG, 2016, § 1, Rz. 919, 950, 1202; *Viskorf* in: Boruttau, GrEStG, 2016, § 14, Rz. 33, 34.

627 Vgl. *Meßbacher-Hönsch* in: Boruttau, GrEStG, 2016, § 1, Rz. 854, 1051, 1230, 1231. Umstritten für § 1 Abs. 3a GrEStG: gl.A: *Joisten/Liekenbrock*, Ubg 2013, S. 472; *Pahlke*, GrEStG, 2018, § 1, Rz. 407; *Hofmann*, GrEStG, 2017, § 1, Rz. 189; *Schnitter* in Wilms/Jochum, ErbStG, 2017, § 1 GrEStG, Rz. 414.18; a.A.: Gleichlautende Erlasse der Länder v. 09.10.2013, BStBl. I 2013, S. 1364, Tz. 4; *Wagner/Mayer*, BB 2014, S. 282; *Meßbacher-Hönsch* in: Boruttau, GrEStG, 2016, § 1, Rz. 1231.

des schuldrechtlichen Geschäfts ankommt.[628] Im Regelfall sind der Zeitpunkt der Verwirklichung des Tatbestands und der Steuerentstehung daher identisch.[629] Anderes gilt für den Fall eines aufschiebend bedingten und genehmigungsbedürftigen Rechtsvorgangs. Gem. § 14 Nr. 1 GrEStG entsteht die Steuer, wenn die Wirksamkeit des Erwerbsvorgangs von einer Bedingung oder Genehmigung abhängt, erst mit Bedingungseintritt bzw. bei Erteilung der Genehmigung. § 14 gilt für alle Erwerbsvorgänge (§ 1 GrEStG)[630], d.h. auch für die Ergänzungstatbestände. Sowohl das schuldrechtliche Verpflichtungsgeschäft als auch das sachenrechtliche Verfügungsgeschäft können unter aufschiebender Bedingung abgeschlossen werden oder von einer Genehmigung abhängen.[631] In den Fällen, in denen die Ergänzungstatbestände auf den Abschluss des schuldrechtlichen Vertrags abstellen (§ 1 Abs. 3 Nr. 1 und Nr. 3 GrEStG), kann auch bei Abschluss des Vertrags unter aufschiebender Bedingung oder bei noch ausstehender Genehmigung bereits eine Verwirklichung des steuerbaren Tatbestands vorliegen. Die Steuerentstehung wird aber mittels der Sonderregel des § 14 GrEStG hinausgeschoben.[632] Für die Tatbestände, die auf die dingliche Übertragung abstellen (§ 1 Abs. 2a, Abs. 3 Nr. 2 und Nr. 4 sowie je nach Interpretation auch Abs. 3a GrEStG) dürfte § 14 GrEStG keine Bedeutung haben, da bei diesen Tatbeständen auch die Verwirklichung erst mit Bedingungseintritt/Genehmigung gegeben

628 Vgl. *Meßbacher-Hönsch* in: Boruttau, GrEStG, 2016, § 1, Rz. 1051; *Schanko*, UVR 2011, S. 320.

629 Vgl. *Viskorf* in: Boruttau, GrEStG 2016, § 14, Rz. 81.

630 Vgl. *Viskorf* in: Boruttau, GrEStG 2016, § 14, Rz. 11.

631 Vgl. *Armbrüster* in: Erman BGB, 2017, § 158, Rz. 2; *Maier-Reimer* in: Erman BGB, 2017, § 184, Rz. 12.

632 Vgl. *Halaczinsky*, UVR 2015, S. 301; eventuell a.A.: BFH, Urteil v. 11.12.2014, II R 26/12, BStBl. II 2015, S. 402, da der BFH hier wohl davon ausgeht, dass auch die Verwirklichung des Tatbestands des § 1 Abs. 1 Nr. 1 GrEStG erst mit Bedingungseintritt erfolgt. Dazu kritisch: *Graessner/El Mourabit*, NWB 2015, S. 1237–1238. Ausnahmen gelten jedoch, wenn die Wirksamkeit des Rechtsgeschäfts vom Eintritt einer Bedingung oder einer Genehmigung abhängig ist. Ist bspw. eine der Willenserklärungen genehmigungsbedürftig oder liegt eine sog. Potestativbedingung vor, die die Wirksamkeit des Rechtsgeschäfts vom Willen einer der Parteien abhängig macht, liegt ein wirksames Rechtsgeschäft und damit eine Verwirklichung des Steuertatbestands auch erst mit Bedingungseintritt oder Genehmigung vor, sodass Verwirklichung und Steuerentstehung in diesen Fällen nicht auseinanderfallen (vgl. *Schanko*, UVR 2011, S. 317, 318; *Viskorf* in: Boruttau, GrEStG, 2016, § 14, Rz. 82).

sein kann, da zuvor eine sachenrechtliche Eigentumsübertragung noch nicht stattgefunden hat.[633]

Nach § 16 GrEStG wird unter bestimmten Voraussetzungen die entstandene Steuer nicht festgesetzt bzw. die Steuerfestsetzung aufgehoben, wenn das Rechtsgeschäft rückgängig gemacht oder das Eigentum am Grundstück zurückübertragen wird. Aus § 16 Abs. 5 GrEStG lässt sich schließen, dass die Vorschrift grds. auch für die Ergänzungstatbestände gilt, da sie nicht anzuwenden sein soll, wenn der nach § 1 Abs. 2a – 3a GrEStG verwirklichte Erwerbsvorgang nicht ordnungsgemäß angezeigt wurde. Nach überwiegender Auffassung erfolgt eine Rückgängigmachung eines Ergänzungstatbestands ausschließlich durch Rückübertragung von Anteilen und die Rückgängigmachung einer Grundstücksübertragung ausschließlich durch Rückübertragung des Grundstücks.[634] Überträgt ein Gesellschafter ein Grundstück auf die Gesellschaft und löst damit Grunderwerbsteuer gem. § 1 Abs. 1 Nr. 1 GrEStG aus, greift § 16 GrEStG nicht ein, wenn er anschließend den Tatbestand des § 1 Abs. 3 oder 3a GrEStG verwirklicht, wodurch ihm das Grundstück wieder zuzurechnen ist. Begründet wird dies damit, dass das Grundstück auch weiterhin der Gesellschaft als zivilrechtlicher Eigentümerin für grunderwerbsteuerliche Zwecke zuzurechnen ist. Das Konzept der Mehrfachzurechnung des Grundstücks bzw. die unterschiedliche Art der Zurechnung verhindere ein Eingreifen von § 16 GrEStG.[635]

5. Anzeigepflichten

a. Anzeigepflichten gem. §§ 18 und 19 GrEStG

Zur Sicherung des Grunderwerbsteueraufkommens normieren die §§ 18 und 19 GrEStG verschiedene Anzeigepflichten, die den Finanzbehörden Kenntnis von potenziell steuerbaren Vorgängen verschaffen und ihnen die Möglichkeit zu weiteren Ermittlungsmaßnahmen einräumen sollen.[636] § 18 GrEStG legt dabei den Gerichten, Behörden und Notaren eine Anzeigepflicht für Rechtsvorgänge auf, die sie beurkundet haben und die Grundstücke betreffen. Daraus resultiert eine weitgespannte Anzeigepflicht, die unabhängig von den steuerlichen Auswirkungen des Rechtsvorgangs besteht, da diese Beurteilung der Finanzbehörde

---

633 Vgl. im Ergebnis ebenso: *Schanko*, UVR 2011, S. 319; BFH, Urteil v. 30.08.2017, II R 39/15, BFH/NV 2018, S. 291.

634 Vgl. *Behrens*, Fiktion, 2009, S. 1118 m.w.N.

635 Vgl. BFH, Urteil v. 28.06.1972, II 77/64, BStBl. II 1972, S. 719; *Behrens*, Fiktion, 2009, S. 1118.

636 Vgl. *Hofmann*, GrEStG, 2017, § 18, Rz. 1.

vorbehalten bleibt.[637] Die Anzeigepflicht besteht gem. § 18 Abs. 2 S. 2 GrEStG auch für alle beurkundeten Rechtsvorgänge, die die Übertragung von Anteilen an Gesellschaften betreffen, wenn zum Gesellschaftsvermögen ein inländisches Grundstück gehört. Der Anzeigepflichtige hat insoweit eine Erkundigungspflicht.[638] Darauf, ob durch den Rechtsvorgang einer der Ergänzungstatbestände tatsächlich verwirklicht wird, kommt es auch hier nicht an.[639] Die Anzeige ist gem. § 18 Abs. 3 GrEStG innerhalb von zwei Wochen nach Beurkundung unabhängig von eventuellen Steuerbefreiungen zu erstatten. Die Zweiwochenfrist gilt auch, wenn die Wirksamkeit des Rechtsgeschäfts von Bedingungen oder Fristablauf abhängt oder der Genehmigung bedarf (§ 18 Abs. 3 S. 1 GrEStG). Sie kann jedoch gem. § 109 AO verlängert werden, auch wenn es sich nicht um eine Steuererklärung handelt.[640]

Neben der Anzeigepflicht des § 18 GrEStG besteht für bestimmte Rechtsvorgänge eine zusätzliche Anzeigepflicht der Steuerschuldner gem. § 19 GrEStG. Die in § 19 Abs. 1 S. 1 GrEStG aufgezählten Fälle sind insbesondere solche, bei denen im Regelfall keine Beurkundung notwendig und deshalb keine Anzeige nach § 18 GrEStG zu erwarten ist.[641] Darunter fallen auch die in § 19 Abs. 1 S.1 Nr. 3a – Nr. 7a GrEStG aufgezählten Ergänzungstatbestände gem. § 1 Abs. 2a, Abs. 3 und Abs. 3a GrEStG.[642] Die Anzeigepflicht besteht für die in § 19 Abs. 1 S. 1 GrEStG enumerativ aufgeführten Vorgänge unabhängig von einer zusätzlichen Anzeigepflicht der Behörden oder Notare gem. § 18 GrEStG.[643] Eine

637 Vgl. *Hofmann*, GrEStG, 2017, § 18, Rz. 1–3.

638 Vgl. *Viskorf*, in: Boruttau, GrEStG, 2016, § 18, Rz. 24.

639 Vgl. *Hofmann*, GrEStG, 2017, § 18, Rz. 7.

640 Dies war umstritten, da § 109 AO eine Fristverlängerung grds. nur für Steuererklärungen und für von der Finanzbehörde gesetzte Fristen vorsieht. Der BFH hat sich aber ausdrücklich für eine Fristverlängerung aufgrund analoger Anwendung des § 109 AO auch bei § 18 GrEStG ausgesprochen: BFH, Beschluss v. 20.01.2005, II B 52/04, BStBl. II 2005, S. 492. In Anbetracht des möglicherweise bestehenden Ermittlungsbedarfs des Notars (insbesondere zum Umfang des Grundbesitzes bei Geschäften über Gesellschaftsanteile) ist diese Auslegung auch notwendig und sachgerecht (vgl. dazu: *Gottwald*, UVR 2005, S. 334).

641 Vgl. *Viskorf*, in: Boruttau, GrEStG, 2016, § 19, Rz. 13.

642 Vgl. *Hofmann*, GrEStG, 2017, § 19, Rz. 2. Teilweise ist auch für die Übertragung von Gesellschaftsanteilen eine Beurkundungspflicht vorgesehen (z.B. § 15 Abs. 3 GmbHG), sodass eine Anzeigepflicht des Notars gem. § 18 Abs. 2 S. 2 GrEStG besteht. Insbesondere bei Personengesellschaften und ausländischen Gesellschaften kann eine Beurkundung jedoch nicht sichergestellt werden (*Heine*, UVR 2002, S. 246).

643 Vgl. *Pahlke*, GrEStG, 2018, § 19, Rz. 4.

Einigung mit dem Notar dahingehend, wer die Anzeigepflicht erfüllt, ist folglich nicht möglich, sondern beide Anzeigen müssen abgegeben werden.[644] Daneben erfasst § 19 Abs. 1 S. 2 GrEStG als eine Art Auffangklausel alle Erwerbsvorgänge, bei denen eine Anzeige gem. § 18 GrEStG nicht zu erstatten ist.[645] Die Auffangklausel dürfte für die Ergänzungstatbestände keine Rolle spielen, da insoweit bereits eine zwingende, von § 18 GrEStG unabhängige Anzeigepflicht nach Satz 1 besteht.[646] Von großer Bedeutung sind dagegen die Anzeigepflichten gem. § 19 Abs. 2 Nr. 4 und Nr. 4a GrEStG.[647] Diese betreffen den Wegfall von Voraussetzungen für Steuerbefreiungen nach den §§ 5, 6 und 6a GrEStG, die häufig im Zusammenhang mit der Realisierung eines Ergänzungstatbestands auftreten dürften, da sie an Beteiligungsverhältnisse anknüpfen. Auch für die Anzeige nach § 19 GrEStG gilt eine Frist von zwei Wochen (§ 19 Abs. 3 S. 1 GrEStG)[648], die sich jedoch auf einen Monat verlängert, wenn der Anzeigepflichtige weder Wohnsitz noch gewöhnlichen Aufenthalt (natürliche Personen) bzw. weder Sitz noch Geschäftsleitung (juristische Personen) bzw. keinen Ort der Geschäftsführung (Personengesellschaften) im Inland hat.[649] Die Frist beginnt mit Kenntnisnahme vom anzeigepflichtigen Vorgang. Dabei dürfte auf Kenntnisnahme vom Sachverhalt, d.h. auf die Kenntnis vom die Steuer auslösenden Rechtsvorgang, abzustellen sein und nicht auf die Kenntnis von der Steuerpflicht, d.h. auf die zutreffende rechtliche Beurteilung.[650] Die Anzeige nach § 19 GrEStG ist anders als die Anzeige des Notars i.S.d. § 18 GrEStG eine Steuererklärung (§ 19 Abs. 5 S. 1

---

644 Vgl. BFH, Urteil v. 04.03.1999, II R 79/97, BFH/NV 1999, S. 1301.

645 Vgl. *Pahlke*, GrEStG, 2018, § 19, Rz. 7.

646 A.A. wohl *Pahlke*, GrEStG, 2018, § 19, Rz. 8, der die durch Treuhänder vermittelte Anteilsvereinigung als Anwendungsfall des § 19 Abs. 1 S. 2 GrEStG nennt.

647 Vgl. *Pahlke*, GrEStG, 2018, § 19, Rz. 9, 11, der jedoch den Wortlaut des § 19 Abs. 2 Nr. 4 GrEStG als verunglückt ansieht, da Anteilsverschiebungen zwischen den Gesellschaftern danach nicht anzeigepflichtig sind, obwohl auch diese für § 5 Abs. 3 und § 6 Abs. 3 GrEStG relevant sein können.

648 Vgl. zur verhältnismäßig kurzen Frist kritisch: *Gottwald*, UVR 2005, S. 334.

649 Diese Verlängerung wurde mit dem Gesetz zur Modernisierung des Besteuerungsverfahrens v. 18.07.2016 (BGBl. I 2016, S. 1679) eingeführt und soll der „Komplexität grunderwerbsteuerbarer Auslandssachverhalte" Rechnung tragen, vgl. BT-Drs. 18/8434 v. 11.05.2016, S. 120.

650 Vgl. BFH, Beschluss v. 20.01.2005, II B 52/04, BStBl. II 2005, S. 492. So wohl auch: *Pahlke*, GrEStG, 2018, § 19, Rz. 3.

GrEStG). Die zweiwöchige Frist ist daher als Steuererklärungsfrist gem. § 109 AO auf Antrag verlängerbar.[651]

b Form und Inhalt der Anzeigen

Die Anzeigen sind gem. § 18 Abs. 5 und § 19 Abs. 4 GrEStG schriftlich bei dem gem. § 17 GrEStG zuständigen Finanzamt einzureichen. Für die Ergänzungstatbestände gilt bzgl. der Zuständigkeit die Sonderregelung des § 17 Abs. 3 Nr. 2 GrEStG, wonach das Finanzamt zuständig ist und die Besteuerungsgrundlagen gesondert festzustellen hat, in dessen Bezirk die grundbesitzende Gesellschaft ihre Geschäftsleitung hat.[652] Bei Gesellschaften mit Geschäftsleitung im Ausland ist hingegen das Finanzamt zuständig, in dessen Bezirk sich der wertvollste Teil des Grundbesitzes befindet, § 17 Abs. 3 Nr. 2 i.V.m. § 17 Abs. 2 GrEStG. Da die Anzeige fristwahrend beim zuständigen Finanzamt eingehen muss, obliegt es dem Anzeigepflichtigen auch, das zuständige Finanzamt zu ermitteln, was insbesondere bei Auslandssachverhalten mit umfangreichem Grundbesitz komplex sein kann.[653] Für die Anzeige des Notars ist nach § 18 Abs. 1 S. 1 GrEStG die Abgabe auf amtlich vorgeschriebenem Vordruck vorgesehen, während für § 19 GrEStG keine weiteren Formvorschriften bestehen. Der Inhalt der Anzeige ist gem. § 20 GrEStG für beide Anzeigen identisch. § 20 Abs. 1 GrEStG schreibt dabei unter anderem die Angabe von Informationen über Veräußerer und Erwerber, eventuelle Begünstigungen, den anzeigepflichtigen Rechtsvorgang, das Grundvermögen sowie den Kaufpreis vor. § 20 Abs. 2 GrEStG normiert daneben für Rechtsvorgänge, die Anteile an Gesellschaften betreffen, die Pflicht zur Angabe von bestimmten Informationen über die Gesellschaft und die Gesellschaftsanteile sowie ggfs. die Abgabe einer Beteiligungsübersicht[654]. Die Notare haben

---

651 Vgl. *Pahlke*, GrEStG, 2018, § 19, Rz. 15; so wohl auch BFH, Urteil v. 27.09.2017, II R 41/15, DStR 2018, S. 189, Rz. 39.

652 Für § 1 Abs. 3 GrEStG ist dies die Gesellschaft, deren Anteile vereinigt werden, auch wenn sie bei mittelbarer Anteilsvereinigung nicht selbst zivilrechtliche Grundstückseigentümerin ist, sondern ihr der Grundbesitz lediglich zugerechnet wird (vgl. Gleichlautende Erlasse der Länder v. 01.03.2016, BStBl. I 2016, S. 282, Tz. 4 und 5).

653 Vgl. zur Problematik vor allem im Hinblick auf die kurze Frist: *Gottwald,* UVR 2005, S. 334; zu Zweifelsfragen der örtlichen Zuständigkeit und deren Relevanz für den Steuerpflichtigen: *Brühl/Joisten/Scheinbacher*, DStR 2016, S. 1503.

654 Vgl. kritisch zur Rechtfertigung der Pflicht zur Abgabe einer Beteiligungsübersicht: *Viskorf* in: Boruttau, GrEStG, 2016, § 20, Rz. 14–16. Lt. *Viskorf* besteht die Pflicht nur bei mittelbaren Änderungen im Gesellschaftsbestand einer Personen- oder Kapitalgesellschaft, die gem. § 1 Abs. 2a, 3 oder 3a GrEStG relevant sein können.

mit der Anzeige stets auch die Abschrift der Urkunde einzureichen (§ 18 Abs. 1 S. 2 GrEStG). § 19 Abs. 4 S. 2 GrEStG sieht ebenfalls eine Pflicht zur Einreichung der Abschrift vor, soweit über den Vorgang eine privatschriftliche Urkunde erstellt wurde.

c. *Folgen unterlassener oder verspäteter Anzeigen*

Die Erfüllung der Anzeigepflicht gem. § 18 GrEStG wird mittels der §§ 21 und 22 GrEStG sichergestellt, die eine Aushändigung der Urkunde von der Erteilung der Anzeige und die Eintragung im Grundbuch von der Erteilung einer Unbedenklichkeitsbescheinigung durch das Finanzamt abhängig machen. Die Nichtabgabe der Anzeige durch den Notar hat insoweit also zivilrechtlich negative Auswirkungen für die am Rechtsgeschäft beteiligten Parteien. Daneben besteht sowohl für Anzeigen gem. § 18 als auch gem. § 19 GrEStG die Möglichkeit, die Anzeigen durch Zwangsmittel nach §§ 328 ff AO durchzusetzen.[655] Da die Anzeigepflichten aber gerade dazu dienen, die Finanzbehörden auf einen potenziell steuerbaren Vorgang aufmerksam zu machen, dürfte der Fall, dass die Finanzbehörde von einer Anzeigepflicht weiß und diese mit Zwangsmitteln durchsetzt, eher unüblich sein.[656] Für Anzeigen gem. § 19 GrEStG folgt aus der Qualifizierung als Steuererklärung, dass die Vorschriften des §§ 149 ff. AO Anwendung finden. Bei verspätetet abgegebener Anzeige kann daher ein Verspätungszuschlag gem. § 152 AO festgesetzt werden.[657] Dies ist für verspätet abgegebene Anzeigen nach § 18 GrEStG nicht möglich, da es sich nicht um Steuererklärungen handelt. Außerdem unterliegt die Anzeige nach § 19 GrEStG der Berichtigungspflicht des § 153 AO.[658]

Die Erfüllung der Anzeigepflichten hat weiterhin Auswirkungen auf die Festsetzungs- bzw. Feststellungsfrist gem. § 169 ff AO (i.V.m. § 181 AO). Gem. § 170 Abs. 2 Nr. 1 AO wird der Beginn der Festsetzungsfrist hinausgeschoben, wenn eine Steuererklärung abzugeben oder eine Anzeige zu erstatten ist. Die Nichtabgabe der Anzeige schiebt damit den Beginn der Festsetzungsfrist hinaus. Dies gilt nach dem Wortlaut des § 170 Abs. 2 Nr. 1 AO sowohl für die Anzeige gem.

---

655 Vgl. *Viskorf* in: Boruttau, GrEStG, 2016, § 18, Rz. 36, § 19, Rz. 32.

656 Relevanz könnte das Zwangsgeld bei unvollständigen Anzeigen haben, da die Finanzbehörde auch die vollständige Abgabe der Anzeige mit Zwangsmitteln durchsetzen kann, vgl. *Viskorf* in: Boruttau, GrEStG, 2016, § 19, Rz. 32.

657 Vgl. *Pahlke*, GrEStG, 2018, § 19, Rz. 13; *Viskorf* in: Boruttau, GrEStG, 2016, § 18, Rz. 36.

658 Vgl. *Pahlke*, GrEStG, 2018, § 19, Rz. 13.

§ 18 GrEStG als auch für die Steuererklärung gem. § 19 GrEStG. In den Fällen, in denen beide Anzeigen abzugeben sind, wird der Beginn der Festsetzungsfrist jedoch bereits durch die erste eingehende Anzeige ausgelöst. D.h. die Festsetzungsfrist verlängert sich nicht durch eine fehlende Anzeige gem. § 19 GrEStG, wenn der Notar seiner Anzeigepflicht gem. § 18 GrEStG nachgekommen ist.[659] Die Verletzung der Anzeigepflicht kann schließlich Auswirkungen im Rahmen der Änderung eines Grunderwerbsteuerbescheids gem. § 173 Abs. 1 S. 1 Nr. 1 AO haben, wenn eine Änderung daran scheitern könnte, dass das Finanzamt seine Amtsermittlungspflicht verletzt hat. Denn der Steuerpflichtige kann der Finanzbehörde diese Pflichtverletzung nicht entgegenhalten und damit eine Änderung zu seinen Ungunsten verhindern, wenn er selbst seine Mitwirkungspflichten gem. § 19 GrEStG nicht erfüllt hat.[660] Wird eine Anzeige nicht oder nicht vollständig erstattet, schließt das für die Ergänzungstatbestände die Anwendung des § 16 GrEStG bei einer eventuellen Rückgängigmachung der Erwerbsvorgangs aus, § 16 Abs. 5 GrEStG. Die Finanzverwaltung stellt dabei hohe Anforderungen an die ordnungsgemäße Anzeige.[661] Hier ist jedoch der Auffassung des BFH zuzustimmen, der § 16 Abs. 5 GrEStG bezogen auf dessen Zweck einschränkend auslegt. § 16 Abs. 5 GrEStG soll dem Anreiz entgegenwirken, grunderwerbsteuerbare Vorgänge nicht anzuzeigen und sie bei Entdeckung durch die Behörden wieder rückgängig machen zu können. Diesem Zweck ist genügt, wenn der Finanzbehörde innerhalb der Frist die beteiligten Rechtsträger angezeigt werden, damit sie einen Vorgang gem. § 1 Abs. 2a, 3 und 3a GrEStG prüfen kann.[662]

Die Rechtsfolgen des § 16 Abs. 5 GrEStG und § 170 Abs. 2 Nr. 1 AO sowie die verfahrensrechtlichen Sanktionsmöglichkeiten (§ 152, §§ 328 ff AO) treten unabhängig davon ein, ob der Anzeigepflichtige sich seiner Verpflichtung bewusst war, da es sich um eine rein objektive Pflicht handelt.[663] Bedeutung hat die Frage der Kenntnis von der Verwirklichung eines anzeigepflichtigen Vorgangs und

---

659 Dies ist sachgerecht, da für eine Kenntnisnahme des Finanzamts vom potenziell steuerbaren Vorgang eine Anzeige ausreichend ist und es daraufhin selbstständig weitere Ermittlungshandlungen einleiten kann. Vgl. BFH, Urteil v. 06.07.2005, II R 9/04, BStBl. II 2005, S. 780.

660 Vgl. *Viskorf* in: Boruttau, GrEStG, 2016, § 19, Rz. 33; *Pahlke*, GrEStG, 2018, § 19, Rz. 16.

661 Vgl. kritisch zur Verwaltungspraxis: *Gottwald*, UVR 2005, S. 334 insbesondere zur vollständigen Bezeichnung des Grundbesitzes.

662 Vgl. BFH, Beschluss v. 20.01.2005, II B 52/04, BStBl. II 2005, S. 492.

663 Vgl. BFH, Urteil v. 27.09.2017, II R 41/15, DStR 2018, S. 189, Rz. 39; *Pahlke*, GrEStG, 2018, § 18, Rz. 1, § 19, Rz. 3.

dem Bestehen der Anzeigepflicht jedoch für die Frage, ob in der unterlassenen Anzeige eine Steuerhinterziehung oder leichtfertige Steuerverkürzung gesehen werden kann.[664] Gem. § 370 Abs. 1 Nr. 2 AO kann auch durch ein pflichtwidriges Unterlassen, das zu einer Steuerverkürzung i.S.d. § 370 Abs. 4 AO führt, der Tatbestand der Steuerhinterziehung oder leichtfertigen Steuerverkürzung (§ 378 Abs. 1 AO) erfüllt werden. Die Nichtabgabe der Anzeige i.S.d. §§ 18, 19 GrEStG kann folglich steuerstrafrechtliche Konsequenzen haben, wenn der Anzeigepflichtige sie vorsätzlich oder grob fahrlässig nicht abgegeben hat.[665] Für die Beurteilung der Leichtfertigkeit i.S.d. § 378 AO sind die persönlichen Fähigkeiten des Anzeigepflichtigen mit einzubeziehen.[666] Daher wird bei Nichtabgabe der Anzeige i.S.d. § 18 GrEStG regelmäßig eine (fremdnützige) leichtfertige Steuerverkürzung vorliegen, da der Notar im Rahmen seiner Berufsausübung von seiner Anzeigepflicht wissen und diese auch befolgen muss.[667] Bei der Anzeige des Steuerschuldners gem. § 19 GrEStG wird die Leichtfertigkeit dagegen im Einzelfall genau zu prüfen sein. Die Komplexität der Tatbestände allein reicht dabei als Exkulpationsgrund nicht aus, da es dem Steuerpflichtigen zuzumuten ist, sich steuerliche Beratung zu suchen, soweit er eine Steuerpflicht für möglich hält.[668]

IV. Beurteilung

1. Fehlende Gesamtkonzeption

Die Entstehungsgeschichte der Ergänzungstatbestände zeigt, dass ihnen keine Gesamtkonzeption zugrunde liegt, sondern sie historisch als Reaktion auf beobachtetes Verhalten der Steuerpflichtigen oder bestimmte Rechtsprechung des BFH gewachsen sind.[669] Der zunächst als einzige und abschließende Norm konzipierte § 1 Abs. 3 GrEStG wurde als nicht mehr ausreichend erachtet und selbst

---

664 Vgl. *Viskorf* in: Boruttau, GrEStG, 2016, § 19, Rz. 22.

665 Vgl. *Pahlke*, GrEStG, 2018, § 19, Rz. 16; *Weilbach*, GrEStG, 2017, § 18, Rz. 16; *Fischer/Waßmer*, BB 2002, S. 971.

666 Vgl. *Viskorf* in: Boruttau, GrEStG, 2016, § 19, Rz. 22.

667 Vgl. *Weilbach*, GrEStG, 2017, § 18, Rz. 16.

668 Vgl. *Viskorf* in: Boruttau, GrEStG, 2016, § 19, Rz. 22; *Fischer/Waßmer*, BB 2002, S. 972.

669 Vgl. zur Historie der Ergänzungstatbestände unter B.II.2. Zum fehlenden einheitlichen Konzept der Ergänzungstatbestände vgl. auch BFH, Urteil v. 24.04.2013, II R 17/10, BStBl. II 2013, S. 833, Rz. 15 und 30–32, der die Übertragbarkeit der Grundsätze des § 1 Abs. 3 GrEStG auf § 1 Abs. 2a GrEStG wegen der unterschiedlichen Zielsetzungen ablehnt und auch keine allgemeinen Rechtsgrundsätze aus dem GrEStG ableiten will.

angepasst.[670] Daneben wurde § 1 Abs. 2a GrEStG geschaffen, um auch Änderungen im Gesellschafterbestand von Personengesellschaften besteuern zu können, die aufgrund des Anteilsbegriffs faktisch nicht von § 1 Abs. 3 GrEStG erfasst wurden.[671] Bereits für § 1 Abs. 2a GrEStG stellt sich die Frage, ob nicht eine Veränderung im Anteilsbegriff des § 1 Abs. 3 GrEStG und damit dessen rechtsformneutrale Ausgestaltung sinnvoller gewesen wäre.[672] Denn § 1 Abs. 2a GrEStG lehnt sich an die BFH-Rechtsprechung zu § 42 AO an und ist konzeptionell völlig anders begründet als § 1 Abs. 3 GrEStG.[673] Dies führt zu einer zu Recht kritisierten Komplexität der Ergänzungstatbestände.[674] Durch sog. RETT-Blocker Strukturen ließen sich jedoch weiterhin beide Tatbestände umgehen, weshalb § 1 Abs. 3a GrEStG eingeführt wurde.[675] Dieser Tatbestand entbehrt einer eigenen rechtsdogmatischen Konzeption und ist ausschließlich eine Reaktion auf die in der Praxis beobachteten Gestaltungen.[676] Weitere Änderungen insbesondere in § 1 Abs. 2a GrEStG erfolgten in Reaktion auf BFH-Rechtsprechung, die der Verwaltungsauffassung widersprach.[677]

Diese experimentelle Gesetzgebung, die statt einer ganzheitlichen Konzeption jeweils nur eine punktuelle Reaktion auf konkrete Gestaltungen und Urteile war, resultiert in verschiedenen Problemen für die Auslegung und das Verständnis der Ergänzungstatbestände. In ihrem Wortlaut weisen die Tatbestände große Ähnlichkeiten auf.[678] Die unterschiedlichen rechtsdogmatischen Grundlagen, sowie Unterschiede in der Detailformulierung sorgen jedoch dafür, dass ein einheitliches Verständnis nicht möglich ist. Ein Beispiel ist die Berechnung der Beteiligungsquoten zur Bestimmung der 95 %-Grenze über mehrere Ebenen, die trotz ähnlicher Formulierung für alle drei Tatbestände unterschiedlich vorgenommen wird.[679] Vice versa wird an anderer Stelle dieselbe inhaltliche Bedeutung durch

---

670 Herabsetzung der maßgeblichen Beteiligungsgrenze auf 95 % durch Art. 15 Nr. 1 Buchst. b) StEntlG 1999/2000/2002 v. 24.03.1999, BGBl. I 1999, S. 494.

671 Art 7 Nr. 1 Buchst. a) JStG 1997 v. 20.12.1996, BGBl. I 1996, S. 2062.

672 Vgl. mit dieser Forderung: *Behrens*, UVR 2014, S. 148.

673 Vgl. dazu unter C.I.

674 Vgl. *Behrens*, UVR 2014, S. 148.

675 Vgl. Begründung zur Anrufung des Vermittlungsausschusses im Gesetzgebungsverfahren zum AmtshilfeRLUmsG, BR-Drs. 157/13 (B) v. 22.03.2013, S. 2.

676 Vgl. unter C.I und bei *Behrens*, DStR 2013, S. 1407.

677 Vgl. zuletzt die Änderung des § 1 Abs. 2a GrEStG: Art. 8 Nr. 1 StÄndG 2015 v. 02.11.2015, BGBl. I 2015, S. 1840.

678 Vgl. unter Teil C.II. zur vergleichenden Analyse der einzelnen Tatbestandsmerkmale.

679 In allen drei Tatbeständen werden Sachverhalte in mehrstufigen Beteiligungsstrukturen durch das Wort „mittelbar“ einbezogen. Die Berechnung der mittelbaren

unterschiedliche Begriffe umschrieben.[680] Die Verhältnisse der Ergänzungstatbestände zueinander sind nicht in allen Fällen zufriedenstellend geklärt. Das gilt sowohl bei der Beurteilung eines Rechtsvorgangs als auch bei Aufeinanderfolgen mehrerer Anteilsübertragungen.[681] Grund dafür ist u.a. die Mehrfachzuordnung von Grundstücken, die durch die Einführung wirtschaftlicher Tatbestände entsteht, und dem Grunderwerbsteuerrecht im Übrigen fremd ist.[682] Die unterschiedliche Anknüpfung einerseits an das schuldrechtliche Rechtsgeschäft[683] und andererseits an den sachenrechtlichen Eigentumsübergang[684] an den Anteilen lässt weitere Mängel in der Abstimmung der Tatbestände erkennen. Dies gilt in besonderem Maße für das Verhältnis des § 1 Abs. 3 GrEStG zu § 1 Abs. 2a GrEStG. Denn dort wird die gesetzlich angeordnete Subsidiarität des § 1 Abs. 3 GrEStG durch das zeitliche Moment unterlaufen.[685] Die fehlende Gesamtkonzeption zeigt sich auch in der unzureichenden Abstimmung der Fiktionen der Ergänzungstatbestände mit den Steuerbefreiungen gem. § 6 GrEStG und der Rückgängigmachung von Erwerbsvorgängen gem. § 16 GrEStG.[686] Offensichtlich unbeabsichtigte Widersprüche, wie die Aushebelung des mittelbaren Gesellschafterwechsels gem. § 1 Abs. 2a GrEStG durch § 6 Abs. 3 GrEStG, können für

---

Beteiligung erfolgt jedoch jeweils nach unterschiedlichen Berechnungsmethoden, wobei nur § 1 Abs. 2a und Abs. 3a GrEStG ausdrücklich bestimmen, wie diese Berechnung zu erfolgen hat. Vgl. kritisch zur fehlenden Abstimmung der § 1 Abs. 2a und Abs. 3 GrEStG jedenfalls bei derzeitiger Auslegung durch die Gerichte: *Brühl/Joisten*, GmbHR 2018, S .142.

680 Dies gilt z.B. für die Begriffe „Erwerber“ in § 1 Abs. 3 GrEStG und „Rechtsträger“ in § 1 Abs. 3a GrEStG, die jedenfalls nach h. M. nicht unterschiedlich auszulegen sind; vgl. *Pahlke*, GrEStG, 2018, § 1, Rz. 422, 329; *Meßbacher-Hönsch* in: Boruttau: GrEStG, 2016, § 1, Rz. 1216.

681 Vgl. unter C.II.8. zu den Zweifelsfragen in Bezug auf die Subsidiarität und die Anwendung von § 1 Abs. 6 GrEStG.

682 Vgl. zum Grundsatz des Rechtsträgerwechsels, der eine Grundstückszuordnung zu einem Rechtsträger vorsieht: *Fischer* in: Boruttau, GrEStG, 2016, § 1, Rz. 11, 12; zur Mehrfachzuordnung von Grundstücken vgl. *Wagner/Mayer*, BB 2014, S. 286; *Joisten/Liekenbrock*, Ubg 2013, S. 747; Gleichlautende Erlasse der Länder v. 02.12.1999, BStBl. I 1999, S. 991, Beispiel 4 und 5. Zur Kritik s. ausführlich unter D.IV.2.

683 § 1 Abs. 3 Nr. 1 und Nr. 3 GrEStG, umstritten für § 1 Abs. 3a GrEStG, vgl. *Joisten/Liekenbrock*, Ubg 2013, S. 745.

684 § 1 Abs. 2a GrEStG: BFH, Urteil v. 30.08.2017, II R 39/15, BFH/NV 2018, S. 291, umstritten für § 1 Abs. 3a GrEStG, vgl. *Joisten/Liekenbrock*, Ubg 2013, S. 745.

685 Vgl. zu dieser Problematik unter C.II.8.a.

686 Ebenfalls kritisch zur fehlenden Abstimmung der Fiktionen der Ergänzungstatbestände mit §§ 6 und 16 GrEStG: *Behrens*, Fiktion, 2009, S. 1119, 1137.

die Praxis im Wege der Auslegung behoben werden.[687] Kritischer zu sehen sind jedoch solche Widersprüche, die vom Gesetzgeber billigend in Kauf genommen werden, wie bspw. die Mehrfachzuordnung von Grundstücken, die es nicht ermöglicht § 16 GrEStG anzuwenden, wenn eine Grundstücksübertragung gem. § 1 Abs. 1 Nr. 1 GrEStG durch eine Zurechnung gem. § 1 Abs. 3 GrEStG faktisch rückgängig gemacht wird.[688]

2. Bestehende Zweifelsfragen

Die Ergänzungstatbestände weisen in ihrer derzeitigen Fassung eine Reihe ungeklärter Zweifelsfragen auf, die die Anwendung in der Praxis erschweren dürften. So ist der Anteilsbegriff und im Zusammenhang damit die Berechnung der 95 %-Grenze und das Vorliegen eines steuerbaren Rechtsvorgangs nicht für alle Ergänzungstatbestände abschließend definiert. In diesem Zusammenhang sind insbesondere die Behandlung wechselseitiger Beteiligungen[689] und von Veränderungen im Verhältnis der Kapitalkonten bei Personengesellschaften[690] ungeklärt. In mehrstufigen Strukturen fehlt es an eindeutigen Vorgaben für die Zurechnung von Anteilen.[691] Die jüngste BFH Rechtsprechung sieht die Möglichkeit einer wirtschaftlichen Zurechnung nach § 39 Abs. 2 Nr. 1 AO vor[692], wodurch zukünftig Treuhandgeschäfte und andere schuldrechtliche Vereinbarungen verstärkt zur abweichenden Zurechnung von Anteilen führen könnten.[693] Der

687 Vgl. dazu unter C.III.1.b. Zur Auslegung des § 6 Abs. 3 GrEStG s. Gleichlautende Erlasse der Länder v. 09.12.2015, BStBl. I 2015, S. 1029, Tz. 4.1; BFH, Urteil v. 29.02.2012, II R 57/09, BStBl. II 2012, S. 917.

688 Vgl. *Behrens*, Fiktion, 2009, S. 1118.

689 Vgl. dazu ausführlich unter C.II.6.c. und bei *Behrens*, StJB 2014/2015, S. 271–275.

690 Vgl. zu möglichen Risiken im Anwendungsbereich des § 1 Abs. 3a GrEStG: *Illing*, DStZ 2013, S. 510.

691 Vgl. dazu allein die in jüngster Zeit ergangenen Nichtanwendungserlasse der Finanzverwaltung betreffend BFH-Urteile zum mittelbaren Anteilserwerb: Gleichlautende Erlasse der Länder v. 09.10.2013, BStBl. I 2013, S. 1278 (zu BFH II R 17/10); v. 09.12.2015, BStBl. I 2016, S. 477 (zu BFH II R 51/12); v. 09.12.2015, BStBl. I 2016, S. 136 (zu BFH II R 49/12); vgl. auch *Hofmann*, FR 2016, S. 766.

692 Vgl. BFH, Urteil v. 27.09.2017, II R 41/15, DStR 2018, S. 189; Urteil v. 30.08.2017, II R 39/15, BFH/NV 2018, S. 291, Rz. 22, 24; Urteil v. 25.11.2015, II R 18/14, BFHE 251, S. 492; Urteil v. 09.07.2014, II R 49/12, BStBl. II 2016, S. 57; Urteil v. 12.03.2014, II R 51/12, BStBl. II 2016, S. 356.

693 Bisher ging die Literatur weitgehend nicht von einer Anwendbarkeit von § 39 AO auf die Grunderwerbsteuer aus. Vgl. *Fischer* in: Boruttau, GrEStG, 2016, § 1, Rz. 638, *Pahlke*, GrEStG, 2018, § 1, Rz. 87; *Behrens/Bielinis*, DStR 2014, S. 2369; *Hofmann*,

BFH differenziert außerdem nun auch bei § 1 Abs. 3 GrEStG[694] strikt zwischen unmittelbarer und mittelbarer Beteiligungsebene[695] und wendet für mittelbare Anteilsübertragungen eine wirtschaftliche Sichtweise an.[696] Generell ist bezogen auf die Rechtsprechung des BFH nicht klar, inwieweit zu einem Tatbestand gebildete Auslegungsgrundsätze auf die anderen Tatbestände übertragbar sind.[697] Einerseits sprechen die Unterschiede in der dogmatischen Grundlage der Tatbestände gegen eine Übertragbarkeit, andererseits nimmt der BFH faktisch eine solche Übertragung selbst in mehreren Urteilen vor.[698] Bei der Etablierung einer wirtschaftlichen Betrachtung könnte den relativ neuen Definitionen des mittelbaren Gesellschafterwechsels in § 1 Abs. 2a GrEStG und der wirtschaftlichen Beteiligung gem. § 1 Abs. 3a GrEStG eine große Bedeutung zukommen. Dies sorgt aber derzeit für weitere Rechtsunsicherheit, da die neuen Definitionen in der Literatur als Argumente sowohl für als auch gegen eine wirtschaftliche Betrachtung angeführt werden[699] und der BFH sich bisher soweit ersichtlich noch

FR 2016, S. 767; zur Nichtberücksichtigung schuldrechtlicher Vereinbarungen (insbesondere im Rahmen des § 1 Abs. 3a GrEStG): *Joisten/Liekenbrock*, Ubg 2013, S. 473; *Behrens*, DStR 2013, S. 1406; *Demleitner*, SteuK 2013, S. 267; *Wagner/Mayer*, BB 2014, S. 280.

694 Vgl. zu bisher für § 1 Abs. 3 GrEStG herangezogenen mehrstufigen, wirtschaftlichen Betrachtungsweise: BFH, Urteil v. 20.12.2000, II R 26/99, BFH/NV 2001, S. 1040; *Pahlke*, GrEStG, 2018, § 1, Rz. 333.

695 Vgl. zu diesem zunächst im Anwendungsbereich des § 1 Abs. 2a GrEStG aufgestellten Grundsatz: BFH, Urteil v. 24.04.2013, II R 17/10, BStBl. II 2013, S. 833.

696 Vgl. BFH, Urteil v. 12.03.2014, II R 51/12, BStBl. II 2016, S. 356, Urteil v. 27.09.2017, II R 41/15, DStR 2018, S. 189. Die Finanzverwaltung folgt dieser Sichtweise bisher nicht (Gleichlautende Erlasse der Länder v. 09.12.2015, BStBl. I 2016, S. 477). Der Grund dafür könnte sein, dass die neue Rechtsprechung die Möglichkeit einer steuerfreien Auflösung alter RETT-Blocker-Strukturen ermöglicht, wenn argumentiert wird, dass bereits eine (mittelbare) Anteilsvereinigung bestand, die lediglich aufgestockt wird (vgl. *Joisten*, Ubg 2016, S. 207).

697 Vgl. zur Übertragbarkeit der Grundsätze des BFH-Urteils v. 25.11.2015 (II R 18/14, BFHE 251, S. 492) auf § 1 Abs. 3 GrEStG: *Joisten*, DStZ 2016, S. 282.

698 Vgl. *Behrens*, StJB 2014/2015, der das Urteil des BFH v. 12.03.2014 (II R 51/12, BStBl. II 2016, S. 356) als von der Rechtsprechung zu § 1 Abs. 2a GrEStG inspiriert betrachtet. Vgl. mit einer Übertragung von Grundsätzen des § 1 Abs. 3 GrEStG auf § 1 Abs. 2a und § 6 Abs. 3 GrEStG: BFH, Urteil v. 29.02.2012, II R 57/09, BStBl. II 2012, S. 917.

699 Vgl. mit dem Argument einer abschließenden Definition gegen eine wirtschaftliche Betrachtung: *Behrens*, DStR 2013, S. 1406; *Bock/Weis*, GmbHR 2016, S. 206; *Behrens*, BB 2017, S. 1047; zweifelnd in Bezug auf § 1 Abs. 2a GrEStG: *Lange/Broemel*, DStR

nicht geäußert hat. Die Neuregelung des § 1 Abs. 2a GrEStG hat auch über die Frage der wirtschaftlichen Zuordnung hinaus Fragen ausgelöst. Neben offensichtlichen Fehlern im Wortlaut[700] existieren verschiedene Interpretationen der Alt-/Neugesellschafterstellung von Gesellschaftern einer zwischengeschalteten Kapitalgesellschaft[701] und es sind verschiedene Auslegungen der Fünfjahresfrist bei mehreren Beteiligungsebenen möglich.[702] Auch zwei Jahre nach Inkrafttreten der Neuregelung gibt es keine Verwaltungsverlautbarung. Zu § 1 Abs. 3a GrEStG existiert zwar ein Ländererlass.[703] Dennoch ist mangels höchstrichterlicher Rechtsprechung u.a. noch nicht abschließend geklärt, ob der Verweis auf § 1 Abs. 3 GrEStG als Rechtsgrund- oder Rechtsfolgenverweis zu verstehen ist[704], ob der Tatbestand bereits durch schuldrechtliche Vereinbarung verwirklicht werden kann[705] und ob der Begriff Rechtsträger eine andere Bedeutung hat als der Begriff Erwerber in § 1 Abs. 3 GrEStG[706]. Durch undifferenzierte Formulierungen des BFH ist zudem derzeit unsicher, ob für eine Zuordnung von Grundstücken

2017, S. 361; für eine (unterschiedlich ausgeprägte) wirtschaftliche Betrachtung bei § 1 Abs. 3a GrEStG: *Wagner/Mayer*, BB 2014, S. 281; *Wagner/Lieber*, DB 2013, S. 1389; *Illing*, DStZ 2013, S. 514; *Joisten/Liekenbrock*, Ubg 2013, S. 472.

700 § 1 Abs. 2a S. 2 GrEStG ist sprachlich ungenau und berücksichtigt dem Wortlaut nach keine Änderungen im Gesellschafterbestand der unmittelbar beteiligten Personengesellschaft. Dieser „redaktionelle Fehler“ sollte aber im Wege der Auslegung unbeachtlich sein (vgl. *Meßbacher-Hönsch* in: Boruttau, GrEStG, 2016, § 1 Rz. 816b; a.A. und mit ausführlicher Darstellung weiterer offener Fragen der Neuregelung: *Lange/Broemel*, DStR 2017, S. 361–362).

701 Vgl. dazu ausführlich unter C.II.5 und bei *Behrens/Halaczinsky*, UVR 2015, S. 373; *Lange/Broemel*, DStR 2017, S . 365; *Behrens*, BB 2017, S. 1051.

702 Es ist unklar, ob Gesellschafterwechsel zeitlich unbegrenzt, innerhalb derselben Fünfjahresfrist oder innerhalb von gesondert für jede Ebene zu bestimmenden Fristen verwirklicht werden müssen, vgl. *Behrens*, UVR 2015, S. 140; *Schanko*, UVR 2017, S. 128.

703 Gleichlautende Erlasse der Länder v. 09.10.2013, BStBl. I 2013, S. 1364.

704 Vgl. zum Streitstand: *Meßbacher-Hönsch* in: Boruttau, GrEStG, 2016, § 1, Rz. 1206.

705 Gegen eine Verwirklichung durch das schuldrechtliche Verpflichtungsgeschäft: *Joisten/Liekenbrock*, Ubg 2013, S. 472; *Pahlke*, GrEStG, 2018, § 1, Rz. 407; *Hofmann*, GrEStG, 2017, § 1, Rz. 189; *Schnitter* in Wilms/Jochum, ErbStG, 2017, § 1 GrEStG, Rz. 414.18; für einen Gleichlauf mit § 1 Abs. 3 GrEStG: Gleichlautende Erlasse der Länder v. 09.10.2013, BStBl. I 2013, S. 1364, Tz. 4; *Wagner/Mayer*, BB 2014, S. 282; *Meßbacher-Hönsch* in: Boruttau, GrEStG, 2016, § 1, Rz. 1231.

706 Für eine einheitliche Auslegung: *Pahlke*, GrEStG, 2018, § 1, Rz. 422, 329; *Meßbacher-Hönsch* in: Boruttau: GrEStG, 2016, § 1, Rz. 1217; mit der Möglichkeit einer eigenständigen Auslegung: *Illing*, DStZ 2013, S. 507; *Joisten/Liekenbrock*, Ubg 2013, S. 472.

zum Gesellschaftsvermögen tatsächlich ein steuerbarer Erwerbsvorgang durch die Gesellschaft selbst verwirklicht werden muss[707] oder ob es ausreichend ist, wenn gem. § 1 Abs. 3 oder Abs. 3a GrEStG erforderlichen Beteiligungsquoten erreicht werden.[708] Hinzu kommt die durch den BFH ausgelöste Unsicherheit über einen Wegfall der Zuordnung, wenn durch eine andere Gesellschaft ein Vorgang nach § 1 Abs. 3 oder Abs. 3a GrEStG verwirklicht wird.[709]

3. Vereinfachungs- und Vereinheitlichungspotenzial

Der vorgenommene Vergleich der Tatbestandsmerkmale und Rechtsfolgen zeigt, dass die einzelnen Ergänzungstatbestände an vielen Stellen Übereinstimmungen im Wortlaut zeigen, obwohl den Begriffen unterschiedliche Bedeutung beigemessen wird und an anderer Stelle wiederum für dieselbe Bedeutung verschiedene Begriffe herangezogen werden.[710] In ihren Rechtsfolgen überschneiden sich die Tatbestände, wobei eine unbeabsichtigte mehrfache Besteuerung trotz der Subsidiaritätsvorschriften und § 1 Abs. 6 GrEStG nicht immer verhindert werden kann.[711] Aus der vorgenommenen Analyse ergeben sich daher bereits ohne einen Eingriff in das grds. System der Grunderwerbsteuertatbestände, d.h. ohne eine Einschränkung oder Ausweitung des Anwendungsbereiches, Möglichkeiten zur Vereinfachung und Vereinheitlichung der Tatbestände, die im Folgenden aufgezeigt werden sollen.

Nach h. M. ist der Rechtsträger in § 1 Abs. 3a GrEStG gleichbedeutend mit dem Erwerber in § 1 Abs. 3 GrEStG.[712] Soweit dies die Intention des Gesetzgebers war, sollte sie konsequent ersichtlich sein, indem beide Vorschriften dasselbe Wort benutzen. Hierfür bietet sich der Begriff des Rechtsträgers als Alternative zum Erwerber an. Der Begriff „Erwerber" suggeriert, dass dieser am Rechtsgeschäft über die Übertragung der Anteile beteiligt sein muss. Durch die Einbeziehung mittelbarer Beteiligungen ist dies aber nicht zwingend notwendig, sondern eine Anteilsvereinigung kann auch durch den Anteilserwerb einer

707 So könnte der Wortlaut der BFH Urteile zu verstehen sein, vgl. m.w.N. zur ständigen Rechtsprechung: BFH, Urteil v. 25.08.2010, II R 65/08, BStBl. II 2011, S. 225.

708 Vgl. zur bloßen Erreichung der Quoten: *Tiede*, StuB 2014, S. 843; *Rothenöder*, Anteil, 2009, S. 170.

709 Vgl. BFH, Urteil v. 11.12.2014, II R 26/12, BStBl. II 2015, S. 402. Vgl. auch unter C.II.2.

710 s. zu einzelnen Beispielen auch unter C.IV.1.

711 Vgl. beispielhaft zu Fällen der Doppelbesteuerung aufgrund Streichung des Verweises auf § 1 Abs. 2a GrEStG in § 1 Abs. 6 GrEStG: *Behrens*, Fiktion, 2009, S. 1127–1128.

712 Vgl. *Pahlke*, GrEStG, 2018, § 1, Rz. 422, 329; *Meßbacher-Hönsch* in: Boruttau: GrEStG, 2016, § 1, Rz. 1216.

Tochtergesellschaft ausgelöst werden.[713] Sollte jedoch der Gesetzgeber bewusst zwei verschiedene Ausdrücke gewählt haben, müsste auch diese Unterscheidung deutlicher zum Ausdruck kommen. In Abgrenzung zum Erwerber in § 1 Abs. 3 GrEStG könnte der Rechtsträger i.S.d. § 1 Abs. 3a GrEStG als oberster Rechtsträger verstanden werden, sodass § 1 Abs. 3a GrEStG stets nur darauf abstellt, ob sich eine Veränderung der wirtschaftlichen Beteiligung des obersten Rechtsträgers ergibt.[714]

Weitere Vereinheitlichungen scheinen bzgl. des Zeitpunkts der Verwirklichung des Steuertatbestands möglich. Während für § 1 Abs. 2a GrEStG der Zeitpunkt der dinglichen Anteilsübertragung maßgeblich ist, stellt § 1 Abs. 3 Nr. 1 und Nr. 3 GrEStG ausdrücklich auf den Abschluss des schuldrechtlichen Rechtsgeschäfts ab. Die für § 1 Abs. 3 Nr. 2 und Nr. 4 GrEStG relevante dingliche Anteilsübertragung ist nur subsidiär anzuwenden. Für § 1 Abs. 3a GrEStG ist der Zeitpunkt umstritten. Die Finanzverwaltung stellt auf den Zeitpunkt des Rechtsgeschäfts ab.[715] Teile der Literatur sehen die dingliche Anteilsübertragung als Voraussetzung des „Innehabens" einer wirtschaftlichen Beteiligung.[716] Problematisch ist das Auseinanderfallen insbesondere bei Konkurrenzverhältnissen zwischen § 1 Abs. 3 und Abs. 2a GrEStG. Grds. sieht das Gesetz einen Vorrang von § 1 Abs. 2a GrEStG vor. Da § 1 Abs. 3 GrEStG aber regelmäßig bereits erfüllt ist, bevor die dingliche Anteilsübertragung erfolgt und damit § 1 Abs. 2a GrEStG ausgelöst wird, liefe diese Subsidiarität ins Leere.[717] In der Praxis könnte dies Bedeutung für die Anzeige gem. § 19 GrEStG haben, die bei Anwendung des § 1 Abs. 3 GrEStG früher und von einem anderen Steuerpflichtigen abzugeben wäre. Ein systematischer Grund, warum auf unterschiedliche Zeitpunkte abzustellen

713 Vgl. dazu unter C.II.5.

714 Vgl. zu dieser Interpretation: *Joisten/Liekenbrock*, Ubg 2013, S. 472, die vom „Primat des obersten Rechtsträgers" sprechen. Die Finanzverwaltung wendet hingegen die zu § 1 Abs. 3 GrEStG bestehenden Grundsätze an: Vgl. Gleichlautende Erlasse der Länder v. 09.10.2013, BStBl. I 2013, S. 1364, Tz. 1.

715 Vgl. Gleichlautende Erlasse der Länder v. 09.10.2013, BStBl. I 2013, S. 1364, Tz. 4.

716 Vgl. *Joisten/Liekenbrock*, Ubg 2013, S. 472; *Pahlke*, GrEStG, 2018, § 1, Rz. 407; *Hofmann*, GrEStG, 2017, § 1, Rz. 189; *Schnitter* in Wilms/Jochum, ErbStG, 2017, § 1 GrEStG, Rz. 414.18.

717 Die Formulierung „in Betracht kommt" sollte aber wohl so auszulegen sein, dass auch bei schuldrechtlicher Vereinbarung ein Vorrang des § 1 Abs. 2a GrEStG besteht, da auch dieses Rechtsgeschäft auf eine Verwirklichung des § 1 Abs. 2a GrEStG gerichtet ist, vgl. *Pahlke*, GrEStG, 2018, § 1, Rz. 270.

sein sollte, ist nicht ersichtlich.[718] § 1 Abs. 3 GrEStG ist dem Grundtatbestand des § 1 Abs. 1 GrEStG nachgebildet, der ebenfalls an das schuldrechtliche Rechtsgeschäft anknüpft. Eine Anknüpfung an die dingliche Übertragung ist jedenfalls subsidiär zwingend notwendig, um auch solche Vorgänge zu erfassen, bei denen kein schuldrechtliches Geschäft vorangeht. I.S. einer Vereinheitlichung der Ergänzungstatbestände könnte daher nur noch auf den Zeitpunkt der dinglichen Anteilsübertragung abgestellt werden.[719]

§ 1 Abs. 3a GrEStG verweist auf Rechtsvorgänge in § 1 Abs. 3 GrEStG und stellt im Ergebnis nur eine zusätzliche Berechnungsmöglichkeit für mittelbare Beteiligungen dar, durch die der Anwendungsbereich des § 1 Abs. 3 GrEStG erweitert wird.[720] In Folge schließt § 1 Abs. 3a GrEStG bereits einen großen Teil des Anwendungsbereichs von § 1 Abs. 3 GrEStG mit ein. Lediglich zwei Fallvarianten dürften nur von § 1 Abs. 3, nicht jedoch von § 1 Abs. 3a GrEStG erfasst sein.[721] § 1 Abs. 3a GrEStG enthält zunächst keine Regelung für die Anteilsvereinigung durch einen Organkreis. Da die Organschaft für die finanzielle Eingliederung nur eine Mehrheitsbeteiligung voraussetzt, liegt in diesen Fällen auch nicht zwingend eine wirtschaftliche Beteiligung des herrschenden Unternehmens i.S.d. § 1 Abs. 3a GrEStG vor. Ebenfalls nicht von § 1 Abs. 3a GrEStG erfasst sind mittelbare Anteilsvereinigungen, bei denen auf jeder Ebene eine Beteiligung von lediglich 95 % gegeben ist. Für eine Beherrschung gem. § 1 Abs. 3 GrEStG ist dies ausreichend.[722] Bei der in § 1 Abs. 3a GrEStG angeordneten Multiplikation der Beteiligungsquoten ergibt sich jedoch eine wirtschaftliche Beteiligung von weniger als 95 %. Aus Gründen der Übersichtlichkeit könnte überlegt werden, nur noch § 1 Abs. 3a GrEStG beizubehalten[723] und ggfs. um einen Besteuerungstatbestand für die Organschaft zu erweitern. Allerdings würde dies wohl zu einem weiteren Verlust methodisch-dogmatischer Rechtfertigung führen, da die Idee der Organschaft aus dem Sachherrschaftsprinzip entspringt, das für § 1 Abs. 3a GrEStG gerade nicht mehr einschlägig ist.[724] Unter dem Aspekt, dass

---

718 Vgl. *Englisch* in: Tipke/Lang, Steuerrecht, 2015, § 18, Rz. 9, der von rein erhebungstechnischen Gründen ausgeht.

719 Gl.A.: *Englisch* in: Tipke/Lang, Steuerrecht, 2015, § 18, Rz. 9.

720 Vgl. *Schanko*, UVR 2014, S. 46.

721 Vgl. *Wagner/Lieber*, DB 2013, S. 1390; *Joisten/Liekenbrock*, Ubg 2013, S. 477.

722 Vgl. BFH, Urteil v. 25.08.2010, II R 65/08, BStBl. II 2011, S. 225.

723 Vgl. *Schober/Kuhnke*, NWB 2013, S. 2234; *Joisten/Liekenbrock*, Ubg 2013, S. 477.

724 Vgl. dazu unter C.I.

nach der jüngsten Rechtsprechung des BFH die Pro-Kopf-Betrachtung bei Personengesellschaften auf Ebene mittelbarer Beteiligungen im Rahmen des § 1 Abs. 3 GrEStG nicht mehr gilt[725], käme auch eine Abschaffung des § 1 Abs. 3a GrEStG in Betracht. Denn die „aggressiven" RETT-Blocker-Strukturen, die der Grund für dessen Einführung waren, sind nach dieser Sichtweise nicht mehr geeignet, eine Besteuerung nach § 1 Abs. 3 GrEStG zu verhindern.[726]

725 Vgl. BFH, Urteil v. 12.03.2014, II R 51/12, BStBl. II 2016, S. 356; Urteil v. 27.09.2017, II R 41/15, DStR 2018, S. 189.

726 Vgl. *Meßbacher-Hönsch* in: Boruttau, GrEStG, 2016, § 1, Rz. 1172. Dies gilt jedenfalls für die „aggressiven" RETT-Blocker, bei denen die Beteiligung an der RETT-Blocker-Personengesellschaft weniger als 5 % betrug. § 1 Abs. 3a GrEStG erfasst darüber hinaus aber auch sog. „konservative" RETT-Blocker, bei denen die Blocker-Gesellschaft mit mehr als 5 % beteiligt ist (vgl. *Joisten,* Ubg 2016, S. 204, 207).

D. Steuersystematische Untersuchung der Ergänzungstatbestände

I. Folgerichtige Umsetzung der Belastungsentscheidung

1. Belastungsgegenstand und Belastungsgrund als Beurteilungsmaßstäbe

Die Grunderwerbsteuer ist nach h. M. als Verkehrssteuer mit ihrem Belastungsgegenstand verfassungsrechtlich legitimiert[727] und muss lediglich dem Gebot der Folgerichtigkeit genügen, d.h. in sich stimmig sein.[728] Dies beinhaltet insbesondere die folgerichtige Umsetzung des gewählten Belastungsgegenstandes.[729] Denn das Rechtsstaatsprinzip verlangt vom Gesetzgeber eine widerspruchsfreie Gesetzgebung. Die sog. Systembindung beschränkt die ansonsten weite Gestaltungsfreiheit des Gesetzgebers.[730] Der Belastungsgrund hat dagegen rein steuer- bzw. verfassungsrechtlich keine unmittelbaren Konsequenzen.[731] Er könnte allerdings eine Rolle spielen, wenn Zweifel an der Vereinbarkeit der Grunderwerbsteuer bzw. einzelner Steuertatbestände mit dem allgemeinen Gleichheitssatz des Art. 3 Abs. 1 GG bestehen.[732] Denn die Forderung nach einem Belastungsgrund der Steuer resultiert letztlich aus dem allgemeinen Gleichheitssatz.[733] Widersprechen

727 Durch die Nennung in Art. 106 Abs. 2 Nr. 3 GG ergibt sich nach h. M. eine ausdrückliche verfassungsrechtliche Billigung der Verkehrssteuern, sodass es jedenfalls aus verfassungsrechtlicher Sicht keiner weitergehenden Rechtfertigung der Grunderwerbsteuer mehr bedarf (vgl. *Fischer* in: Boruttau, GrEStG, 2016, Vorbemerkungen, Rz. 152–154; *Pahlke*, GrEStG, 2018, Einleitung, Rz. 9; zweifelnd im Hinblick auf wirtschaftliche Entwicklungen und das Verhältnis zu anderen Steuerarten (insb. Umsatzsteuer): *Kirchhof*, in: Isensee/Kirchhof, HBdSR, 2007, § 118, Rz. 251; *Englisch* in: Tipke/Lang, Steuerrecht, 2015, § 18, Rz. 6).

728 Vgl. *Hofmann*, GrEStG, 2017, Einführung, Rz. 1; *Fischer* in: Boruttau, GrEStG, 2016, Vorbemerkungen, Rz. 161; a.A. FG Niedersachsen, Vorlagebeschluss v. 18.08.1998, VII (III) 306/97; EFG 1999, S. 37, Rz. 48, das eine Ausrichtung aller Steuern am Leistungsfähigkeitsprinzip als geboten sieht.

729 Vgl. BVerfG, Beschluss v. 30.09.1998, 2 BvR 1818/91, BGBl. I 1998, S. 3430.

730 Vgl. *Weber-Grellet*, Verfassungsstaat, 2001, S. 149–150; *Kirchhof* in Isensee/Kirchhof, HBdSR, 2007, § 118, Rz. 176–178.

731 Vgl. *Fischer* in: Boruttau, GrEStG, 2016, Vorbemerkungen, Rz. 140, 142.

732 Vgl. *Fischer* in: Boruttau, GrEStG 2016, Vorbemerkungen, Rz. 141, 142.

733 Vgl. *Kirchhof* in Isensee/Kirchhof, HBdSR, 2007, § 118, Rz. 168–171, 182–183.

einzelne Normen des GrEStG dem Belastungsgrund, d.h. der Besteuerung nach der Leistungsfähigkeit, kann darin ein Verstoß gegen Art. 3 Abs. 1 GG liegen. Zudem ist der Belastungsgrund aus finanzwissenschaftlicher Perspektive bedeutsam[734], die nach einem gerechten Steuersystem verlangt.[735] Der Belastungsgrund einer Steuer muss erkennbar sein, damit eine Steuer akzeptiert und als gerecht empfunden wird und idealerweise keine Ausweichgestaltungen provoziert.[736] Die Konkretisierung der Besteuerungstatbestände muss darauf ausgerichtet sein, eine möglichst lückenlose Besteuerung aller durch den Belastungsgrund erfassten Vorgänge sicherzustellen, aber auch nicht darüber hinaus zu besteuern.[737] Im Folgenden werden die Ergänzungstatbestände daraufhin untersucht, ob sie folgerichtig an den Belastungsgegenstand anknüpfen und ob sie durch den Belastungsgrund der Grunderwerbsteuer gerechtfertigt sind.

2. Grunderwerbsteuer als Rechtsverkehrssteuer

Belastungsgegenstand der Grunderwerbsteuer ist der Eigentumserwerb an einem Grundstück aufgrund tatbestandlich abschließend definierter Erwerbsvorgänge.[738] Die Grundtatbestände knüpfen an zivilrechtliche Rechtsvorgänge an, deren Gegenstand ein Grundstück ist.[739] Im Gegensatz zur Umsatzsteuer, die als allgemeine Verkehrssteuer[740] grds. alle inländischen Lieferungen und Leistungen, d.h. den gesamten inländischen Rechtsverkehr erfasst, besteuert die Grunderwerbsteuer ausschließlich den Erwerb von Grundstücken. Sie setzt daher einen Rechtsträgerwechsel am Grundstück voraus.[741] Da die Tatbestände der § 1 Abs. 2a, 3 und 3a GrEStG an Rechtsvorgänge anknüpfen, die Anteile an Gesellschaften, nicht jedoch Grundstücke betreffen, scheint eine Besteuerung dieser Rechtsvorgänge mit der Rechtsnatur und dem Besteuerungsgegenstand

734 Vgl. *Fischer* in: Boruttau, GrEStG 2016, Vorbemerkungen, Rz. 140. Aus finanzwissenschaftlicher Perspektive ist die bloße Einordnung der Grunderwerbsteuer als „Besondere Verkehrssteuer“ anhand ihres Belastungsgegenstandes nicht ausreichend, da den besonderen Verkehrssteuern kein Systemgedanke zugrunde liege, der zur Rechtfertigung der Steuer dienen könne (vgl. *Rückle*, Mobilität, 2005, S. 236).

735 Vgl. *Weber-Grellet*, Verfassungsstaat, 2001, S. 160–161, der vom Steuerrecht als einer „Gerechtigkeitsordnung“ spricht; *Smith*, Wohlstand, 1789, S. 788.

736 Vgl. *Weber-Grellet*, Verfassungsstaat, 2001, S. 121.

737 Vgl. *Weber-Grellet*, Verfassungsstaat, 2001, S. 149–150.

738 Vgl. BVerfG, Beschluss v. 27.12.1991, 2 BvR 72/90, BStBl. II 1992, S. 212.

739 Vgl. *Fischer* in: Boruttau, GrEStG, 2016, Vorbemerkungen, Rz. 131.

740 Vgl. *Kirchhof*, in: Isensee/Kirchhof, HBdSR, 2007, § 118, Rz. 243.

741 Vgl. *Pahlke*, GrEStG, 2018, § 1, Rz. 11.

der Grunderwerbsteuer zunächst nicht vereinbar. Ein Rechtsträgerwechsel ergibt sich nur in Bezug auf die Anteile, nicht jedoch auf das Grundstück, das unverändert Eigentum der Gesellschaft bleibt. Zwar ist grds. denkbar, dass Anteilsübertragungen einer Verkehrssteuer unterliegen – es kämen bspw. eine Kapitalverkehrssteuer oder eine allgemeine Verkehrssteuer wie die Umsatzsteuer in Betracht – aber eine Besteuerung von Anteilsübertragungen durch die Grunderwerbsteuer, die ausdrücklich auf Grundstücke als Besteuerungsgegenstand beschränkt ist, kann nicht zulässig sein.

Die Ergänzungstatbestände ordnen jedoch die Fiktion einer Grundstücksübertragung an und tragen damit dem Gedanken eines wirtschaftlichen Rechtsträgerwechsels Rechnung.[742] Der Grunderwerbsteuer unterliegt damit nicht die Übertragung der Anteile selbst, sondern die fingierte Grundstücksübertragung. Für § 1 Abs. 2a GrEStG ergibt sich dies aus dem Gesetzeswortlaut, da der Wechsel im Gesellschafterbestand der Personengesellschaft von min. 95 % als Übertragung des Grundstücks auf eine neue Personengesellschaft gilt. § 1 Abs. 3 und der daran anknüpfende § 1 Abs. 3a GrEStG unterwerfen dagegen jedenfalls nach dem Wortlaut das Rechtsgeschäft der Anteilsübertragung der Steuer.[743] Die h. M. sieht auch in diesen Vorschriften eine fingierte Grundstücksübertragung.[744] Insbesondere unter Berücksichtigung der Vorschriften zur Steuerschuldnerschaft[745], dürfte dies eine nachvollziehbare Auslegung der Tatbestände sein. Die tatbestandliche Anknüpfung an bürgerlich-rechtliche Rechtsvorgänge als Charakteristika der Rechtsverkehrssteuer[746] wird durch das Abstellen auf den Rechtsvorgang des Gesellschafterwechsels in § 1 Abs. 2a GrEStG und die Anteilsübertragung in § 1 Abs. 3 und Abs. 3a GrEStG erfüllt.[747] Wird zusätzlich die Gültigkeit der Fiktion akzeptiert[748], entspricht die Besteuerung nach den Ergänzungstatbeständen der

---

742 Vgl. *Pahlke*, GrEStG, 2018, § 1, Rz. 11. Zur möglichen Zweifeln am wirtschaftlichen Rechtsträgerwechsel s. u. D.II.1.

743 Vgl. *Hey*, Umstrukturierungen, 2009, S. 227.

744 Ständige Rechtsprechung, vgl. zuletzt BFH, Urteil v. 12.02.2014, II R 46/12, BStBl. II 2014, S. 536 (m.w.N.); *Pahlke*, GrEStG, 2018, § 1, Rz. 317.

745 Vgl. dazu unter C.III.3.

746 BVerfG, Beschluss v. 08.01.1999, 1 BvL 14/98, BStBl. II 1999, S. 152, Rz. 27; BVerfG, Beschluss v. 07.05.1963, 2 BvL 8/61, 2 BvL 10/61, BVerfGE 16, S. 64.

747 Vgl. *Wiese*, Gesamthand, 2003, S. 18.

748 Vgl. zur Prüfung der Fiktion im Hinblick auf ihre Rechtfertigung nachfolgend unter D.II.

Rechtsnatur der Grunderwerbsteuer als einer Rechtsverkehrssteuer auf Grundstückserwerbe.[749]

3. Vereinbarkeit mit dem Belastungsgrund

Die Grunderwerbsteuer wird mit der Begründung erhoben, im Erwerbsvorgang zeige sich eine wirtschaftliche Leistungsfähigkeit des Erwerbers, die besteuert werden könne.[750] Bei Anteilserwerben zeigt sich eine solche Leistungsfähigkeit jedenfalls nicht unmittelbar auf das Grundstück bezogen. Zwar kann auch der Anteilserwerb eine Einkommens- bzw. Vermögensverwendung darstellen. Der Gesetzgeber hat aber als Besteuerungsgegenstand nur den Erwerb von Grundstücken als Indikator der besteuerungswürdigen Leistungsfähigkeit ausgewählt.[751] Der Anteilserwerb als solcher kann daher nicht der Grunderwerbsteuer unterliegen, sondern könnte allenfalls Gegenstand einer spezifischen Steuer auf Anteile (z.B. Kapitalverkehrssteuer)[752] oder aber einer allgemeinen Einkommens- bzw. Vermögensverwendungssteuer (z.B. Umsatzsteuer)[753] sein. Fraglich ist, ob der Anteilserwerb einem Grundstückserwerb gleichgestellt werden kann. Für § 1 Abs. 2a GrEStG scheidet eine Gleichstellung bereits aufgrund der fehlenden Erwerberidentität aus. Die Personengesellschaft, die fiktive Erwerberin des Grundstücks ist, hat keinen Vorgang der Einkommens- oder Vermögensverwendung getätigt und es ist auch kein Grund ersichtlich, aus dem ihr die Verwendung eines ihrer Gesellschafter zugerechnet werden könnte. Bei § 1 Abs. 3 und 3a GrEStG sind (abgesehen von der Organschaft) Anteilserwerber und fiktiver Grundstückserwerber dieselbe Person. Dennoch scheint auch hier eine Übertragbarkeit im Grundsatz nicht zu rechtfertigen. Denn die

---

749 Ebenso: *Wiese*, Gesamthand, 2003, S. 18.

750 Dazu ausführlich unter B.I.2.b. Vgl. auch: *Steuerreformkommission 1971*, Gutachten, 1971, Abschnitt IX Nr. 9, Rz. 106; Begründung zum GrEStG 1983, BT-Drs. 9/251 v. 19.03.1981, S. 12; grds. zustimmend: *Fischer* in: Boruttau, GrEStG, 2016, Vorbemerkungen, Rz. 142; *Pahlke*, GrEStG, 2018, Einleitung, Rz. 9, der jedoch anmerkt, dass es sich um ein „finanzwissenschaftliches Postulat" handele, dem keine normative Bindungswirkung zukomme.

751 Vgl. *Kirchhof* in Isensee/Kirchhof, HBdSR, 2007, § 118, Rz. 247, 248; vgl. ausführlich zum Belastungsgrund unter B.I.2.b.

752 Vgl. zu den zwischenzeitlich abgeschafften Kapitalverkehrssteuern: *Kirchhof* in Isensee/Kirchhof, HBdSR, 2007, § 118, Rz. 248.

753 Im Vergleich zur Umsatzsteuer belastet die Grunderwerbsteuer hingegen auch Rechtsgeschäfte von Privatpersonen, vgl. *Kirchhof* in Isensee/Kirchhof, HBdSR, 2007, § 118, Rz. 248.

Grunderwerbsteuer besteuert die Verwendung des Einkommens zum Erwerb von Grundstücken und belastet damit nur eine bestimmte Einkommensverwendung. Der Anteilserwerber entscheidet im Rahmen seiner Dispositionsfreiheit aber gerade sein Einkommen nicht zum Erwerb eines Grundstücks, sondern zum Erwerb von Gesellschaftsanteilen zu nutzen, weshalb diese Verwendung im Grundsatz nicht der Grunderwerbsteuer unterfallen darf. Eine andere Beurteilung könnte sich aber ergeben, wenn die Einkommensverwendung primär zum Erwerb des Grundstücks erfolgen soll und der Anteilserwerb nur als rechtliche Hülle diesem Zweck dient.[754]

Davon könnte auszugehen sein, wenn Gesellschaften nur dem Halten und Verwalten von Immobilien dienen. Denn in diesen Fällen besteht die Gesellschaft primär aus organisatorischen Gründen, damit mehrere Personen gemeinsam in ein Grundstück investieren können. Es könnte also argumentiert werden, dass derjenige, der zusammen mit anderen in ein Grundstück investiert und sich dafür einer Gesellschaft bedient, nicht anders zu behandeln ist als derjenige, der allein oder in Form eines Miteigentumsanteils in ein Grundstück investiert.[755] Die wirtschaftliche Intention des Erwerbers ist in beiden Fällen dieselbe. Er möchte sein Einkommen zur Investition in ein Grundstück verwenden. Der Gesellschafter einer solch speziellen Immobiliengesellschaft sollte damit grds. nicht anders zu behandeln sein als hätte er einen Teil des Grundstücks gekauft. Der Anteil an der Gesellschaft ist dann dem Grundstück bzw. einem Grundstücksteil gleichzustellen. Die Gleichstellung beruht auf den Charakteristika der Gesellschaft, die eine transparente Betrachtung rechtfertigen.

Das derzeitige GrEStG sieht keine Besteuerung nach diesen Grundsätzen vor. Die Ergänzungstatbestände des derzeitigen GrEStG stellen vielmehr auf den Zustand ab, der durch die Anteilsübertragung erreicht wird. Die nach dem Anteilserwerb bestehenden Beteiligungsverhältnisse sollen eine veränderte Zuordnung des Grundstücks rechtfertigen.[756] Auch für die Vereinbarkeit mit dem Belastungsgrund der Grunderwerbsteuer ist daher entscheidend, ob die Fiktion eines

---

754 Vgl. *Hey*, Umstrukturierungen, 2009, S. 230.

755 Diese Gleichstellung kann aber nur dann angenommen werden, wenn die Gesellschaft tatsächlich keine anderen Tätigkeiten ausübt und kein anderes Vermögen hält. Denn andernfalls erwirbt der neue Gesellschafter auch wirtschaftlich nicht nur den Teil eines Grundstücks und die mit der Grundstücksinvestition verbundenen Chancen und Risiken, sondern gleichzeitig auch das übrige Vermögen bzw. die mit den weiteren Tätigkeiten verbundenen Chancen und Risiken.

756 Vgl. ständige Rechtsprechung des BFH, zuletzt: BFH, Urteil v. 27.09.2017, II R 41/15, DStR 2018, S. 189, Rz. 13.

Grundstückserwerbs bei Erfüllung der Ergänzungstatbestände gerechtfertigt ist. Wird die Fiktion als begründet angesehen, kommt es auf den tatsächlichen Vorgang des Anteilserwerbs nicht mehr an. Die steuerliche Leistungsfähigkeit zeigt sich dann im fingierten Grundstückserwerb.[757]

II. Rechtfertigung der Fiktion einer Grundstücksübertragung

1. Wirtschaftlicher Erfolg der Anteilsübertragung

Trotz der grds. Anknüpfung der Grunderwerbsteuer an zivilrechtliche Rechtsvorgänge handelt es sich bei der Grunderwerbsteuer nach h. M. nicht um eine reine Rechtsformsteuer, die ausschließlich auf die vertragliche Gestaltung unabhängig von deren wirtschaftlichem Gehalt abstellt.[758] Sie will den wirtschaftlichen Erfolg der Rechtsvorgänge besteuern, der im Grundstückserwerb besteht.[759] Das tatbestandliche Abstellen auf bürgerlich-rechtliche Rechtsvorgänge dient primär der Einfachheit und Rechtsicherheit.[760] Allerdings kommen als Besteuerungsgegenstand nach der Wertung des Gesetzgebers auch Vorgänge in Betracht, die zwar keinen zivilrechtlichen Eigentumserwerb darstellen, diesem aber im wirtschaftlichen Ergebnis vergleichbar sind.[761] Diese Fälle müssen über Sondernormen erfasst werden, die den Grundtatbestand flankieren. Flankierende Normen kommen dort zur Anwendung, wo das Gesetz die Besteuerung an

---

757 Die finanzielle Leistungsfähigkeit wird bei den Verkehrssteuern aufgrund der Zahlungsfähigkeit typisierend vermutet (vgl. *Kirchhof* in Isensee/Kirchhof, HBdSR, 2007, § 118, Rz. 247). Soweit die Fiktion einer Grundstücksübertragung als gerechtfertigt angesehen wird, dürfte auch die Vermutung einer steuerlichen Leistungsfähigkeit begründet sein. Da es allein auf den fiktiven Grundstückerwerb ankommt, dürfte dann auch die fehlende Erwerberidentität im Rahmen des § 1 Abs. 2a GrEStG unbeachtlich sein.

758 Vgl. *Fischer* in: Boruttau, GrEStG, 2016, Vorbemerkungen, Rz. 132; *Pahlke*, GrEStG, 2018, Einleitung, Rz. 8; BFH, Urteil v. 19.11.1968, II 112/65, BStBl. II 1969, S. 68, Rz. 8.

759 Vgl. *Fischer* in: Boruttau, GrEStG, 2016, Vorbemerkungen, Rz. 132; BVerfG, Beschluss v. 27.12.1991, 2 BvR 72/90, BStBl. II 1992, S. 212; *Pahlke*, GrEStG, 2018, Einleitung, Rz. 28.

760 Vgl. Begründung zum Grunderwerbsteuergesetz v. 29.03.1940, RStBl. 1940, S. 388; mit Verweis auf die Qualifizierung der Grunderwerbsteuer als Sonderumsatzsteuer vgl. auch: *Hey*, DStJG Bd. 33, 2010, S. 159.

761 Vgl. Begründung zum Grunderwerbsteuergesetz v. 29.03.1940, RStBl. 1940, S. 388.

ein wirtschaftliches Ergebnis knüpfen will, den Steuertatbestand aber anhand eines zivilrechtlichen Vorgangs definiert.[762]

Eine solche flankierende Vorschrift ist auch § 1 Abs. 3 GrEStG.[763] I.S.d. hier vertretenen Sachherrschaftstheorie als methodisch-dogmatische Rechtfertigung des § 1 Abs. 3 GrEStG erlangt der Gesellschafter beim Erwerb aller Anteile an einer Gesellschaft eine eigentümerähnliche Stellung in Bezug auf das Grundstück.[764] Die Erlangung dieser eigentümerähnlichen Stellung rechtfertigt die Fiktion eines Grundstückserwerbs.[765] Anders als bei den zuvor dargestellten Überlegungen zur Immobiliengesellschaft spielen die Eigenschaften der Gesellschaft hier keine Rolle. Insbesondere ist es unbeachtlich, ob die Gesellschaft einen operativen Geschäftsbetrieb hat und der Anteilserwerb die Übernahme dieses Betriebs zum Ziel hat, während der Grundstückserwerb lediglich ein Nebenprodukt ist. Denn bei einem Asset Deal, dessen Ziel insgesamt ebenfalls die Übernahme eines Betriebs ist und der damit dem Share Deal wirtschaftlich vergleichbar ist, oder auch bei der Übernahme eines Einzelunternehmens fällt stets GrEStG gem. § 1 Abs. 1 GrEStG an. Die Frage der wirtschaftlichen Vergleichbarkeit kann sich daher ausschließlich auf die Vergleichbarkeit von Alleingesellschafter einer grundbesitzenden Gesellschaft und Grundstückseigentümer beziehen. Entscheidend ist allein die Verfügungsmacht des Alleingesellschafters über das Grundstück. Der wirtschaftliche Erfolg des Anteilserwerbs muss sich nicht auf den Erwerb der eigentümerähnlichen Stellung beschränken. Aber bei Erlangung der Alleingesellschafterstellung ist diese Stellung jedenfalls ein Teil des wirtschaftlichen Erfolgs des Anteilserwerbs und rechtfertigt als solche die Fiktion eines Grundstückserwerbs und die daraus folgende Belastung mit Grunderwerbsteuer.

Von einem wirtschaftlichen Erfolg der Übertragung des Unternehmensgegenstands der Gesellschaft auf den erwerbenden Gesellschafter kann nach dieser Argumentation nur bei der Übertragung aller Anteile an der grundbesitzenden Gesellschaft ausgegangen werden. Nur die Alleingesellschafterstellung vermittelt die uneingeschränkte Verfügungsmacht über das im Eigentum der Gesellschaft befindliche Grundstück. Eine dem Eigentümer vergleichbare Alleingesellschafterstellung sollte grds. auch durch die vom Gesetzgeber

762 Vgl. zu den flankierenden Normen und ihrer Abgrenzung von echten Missbrauchsvorschriften: *Hey*, DStJG Bd. 33, 2010, S. 158–159.

763 Vgl. *Hey*, DStJG Bd. 33, 2010, S. 158.

764 Vgl. zur Sachherrschaftstheorie unter C.I.

765 So bereits BVerfG, Beschluss v. 10.06.1963, 1 BvR 345/61, BverfGE 16, S. 203 zu § 1 Abs. 3 GrEStG 1940.

ausdrücklich berücksichtigte Variante der mittelbaren Anteilsvereinigung möglich sein.[766] Dafür ist es jedoch notwendig, dass der Erwerber seinen Willen in der grundbesitzenden Gesellschaft uneingeschränkt durchsetzen kann. Für die mittelbare Anteilsvereinigung ist nach h. M. eine Beherrschung auf jeder Beteiligungsstufe notwendig.[767] Mit der 95 %-Grenze fügt der Gesetzgeber aber eine weitere Typisierung des wirtschaftlichen Erfolgs ein.[768] Er geht davon aus, dass das wirtschaftliche Ergebnis einer Übertragung oder Vereinigung von 95 % der Gesellschaftsanteile der Übertragung/Vereinigung von 100 % der Anteile entspricht. Diese Überlegung scheint im Grundsatz nachvollziehbar.[769] Die Typisierung lässt sich damit begründen, dass ein Zwerganteil regelmäßig nur pro forma gehalten wird und daher am wirtschaftlichen Ergebnis des Rechtsvorgangs nichts ändert.[770] Für § 1 Abs. 3 GrEStG ist die Herrschaftsmacht des Erwerbers über die Gesellschaft entscheidend.[771] Diese wird durch den Inhaber eines Zwerganteils im wirtschaftlichen Ergebnis nicht eingeschränkt, sondern die Entscheidungsgewalt in der Gesellschaft und damit die Verfügungsbefugnis über das Grundstück liegen beim Mehrheitsgesellschafter. Durch die aktienrechtliche Squeeze-Out-Regelung in § 327a AktG ist gewissermaßen eine nachträgliche Rechtfertigung eingetreten[772], da danach auch eine rechtliche Möglichkeit besteht, den Inhaber des Zwerganteils vollständig aus der Gesellschaft auszuschließen. Je weiter jedoch die Grenze abgesenkt wird, ab derer von einer steuerbaren Anteilsvereinigung auszugehen ist, desto weniger ist der Tatbestand zur Erfassung von wirtschaftlich vergleichbaren Sachverhalten geeignet. Die Stellung des Anteilserwerbers ist dann nicht mehr mit der eines Grundstückserwerbers vergleichbar, da seine eigentümerähnliche Stellung durch die Inhaber der übrigen Anteile eingeschränkt wird. Eine weitere Absenkung, wie sie aktuell politisch diskutiert wird, würde daher dem Charakter einer den Grundtatbestand flankierenden Norm nicht

766 Vgl. zur grds. Akzeptanz von Organschaft und mittelbarer Anteilsvereinigung im Lichte der Sachherrschaftstheorie: *Rothenöder*, Anteil, 2009, S. 203, 270.

767 Vgl. *Meßbacher-Hönsch* in: Boruttau, GrEStG, 2016, § 1, Rz. 996 m.w.N.

768 Art. 15 Nr. 1 Buchst. b) StEntlG 1999/2000/2002 v. 24.03.1999, BGBl. I 1999, S. 494. Die Absenkung soll Steuerumgehungen durch Zurückbehaltung von Zwerganteilen verhindern (vgl. BT-Drs. 14/23 v. 09.11.1998, S. 203).

769 Im Ergebnis ebenso: *Kroschewski*, BB 2001, S. 1125; *Pahlke*, GrEStG, 2018, § 1, Rz. 317; *Behrens*, UVR 2017, S. 18.

770 Vgl. *Wiese*, Gesamthand, 2003, S. 112.

771 Vgl. BFH, Urteil v. 26.07.1995, II R 68/92, BStBl. II 1995, S. 736.

772 Vgl. *Hofmann*, GrEStG, 2017, § 1, Rz. 132, *Behrens*, UVR 2017, S. 18.

mehr entsprechen und dem Ergänzungstatbestand des § 1 Abs. 3 GrEStG daher seine Rechtfertigung entziehen.[773]

Eine dem Eigentümer vergleichbare Alleingesellschafterstellung sollte auch für den Fall der Organschaft typisiert angenommen werden können.[774] Die einem Alleingesellschafter vergleichbare Beherrschung der Gesellschaft wird im Fall der Organschaft aufgrund der finanziellen, wirtschaftlichen und organisatorischen Eingliederung unterstellt.[775] Sie ist damit wie auch die 95 % Grenze eine Typisierung. Die Eingliederung einer Gesellschaft in ein anderes Unternehmen führt zwar nicht zu einem Wegfall aller Interessen der im Übrigen an den Organgesellschaften beteiligten Gesellschafter. Damit kann der Organträger trotz organisatorischer Eingliederung nicht wie ein Alleineigentümer willkürlich über das Grundstück verfügen, sondern muss stets auch im Interesse der eingegliederten Gesellschaften handeln.[776] Wie auch die Einflussmöglichkeiten der Inhaber von

---

773 Vgl. auch *Behrens*, UVR 2017, S. 18, *Schanko*, UVR 2016, S. 18.

774 Vgl. zur grds. Akzeptanz von Organschaft und mittelbarer Anteilsvereinigung im Lichte der Sachherrschaftstheorie: *Rothenöder*, Anteil, 2009, S. 203, 270.

775 Das Konstrukt der Organschaft ist nach der Sachherrschaftstheorie dem Grunde nach gerechtfertigt (vgl. *Rothenöder*, Anteil, 2009, S. 270). Die Frage, ob durch die aktuelle Ausgestaltung der Organschaft nach dem Vorbild der Umsatzsteuer tatsächlich eine uneingeschränkte Beherrschung der grundbesitzenden Gesellschaft durch den Organträger sichergestellt ist, soll hier nicht problematisiert werden, da die Organschaft nicht den Fokus dieser Arbeit bildet.

776 Vgl. z.B. § 309 AktG zu einer durch Beherrschungsvertrag eingegliederten Gesellschaft (Der Beherrschungsvertrag stellt eine Möglichkeit der organisatorischen Eingliederung dar, vgl. *Weilbach*, GrEStG, 2017, § 1, Rz. 93.): Die Geschäftsführer der herrschenden Gesellschaft haben bei der Erteilung von Weisungen die Sorgfalt eines ordentlichen und gewissenhaften Geschäftsleiters anzuwenden. Zwar gilt diese Sorgfaltspflicht bei jeder Kapitalgesellschaft, d.h. auch für den Geschäftsführer einer Gesellschaft mit einem Alleinanteilseigner (vgl. z.B. für die GmbH: § 43 Abs. 1 GmbHG). Mangels anderer Gesellschafter sind die Interessen des Alleingesellschafters und der Gesellschaft aber zwingend kongruent (vgl. dazu ausführlich die Zwecksetzungstheorie bei *Kroschewski*, Anteilsvereinigung, 2001, S. 240), sodass der Geschäftsführer den Interessen des Alleingesellschafters zu folgen verpflichtet ist. Dieser kann daher im wirtschaftlichen Ergebnis wie ein Alleineigentümer über das Grundstück der Gesellschaft verfügen. Bei der Erteilung von Weisungen an die abhängige Gesellschaft ist hingegen deren durch die Gesellschafterversammlung bestimmter Zweck zu beachten, wodurch implizit auch die Interessen der übrigen an der abhängigen Gesellschaft beteiligten Gesellschafter erfasst sind. Eine Interessenkongruenz zwischen Alleingesellschafter und Gesellschaft kann daher bei der abhängigen Gesellschaft nicht angenommen werden. A.A. wohl *Rothenöder*, der nicht mit

Zwerganteilen bei Beherrschung durch min. 95%ige Beteiligung, werden diese Fremdinteressen jedoch für Zwecke des § 1 Abs. 3 GrEStG „wegtypisiert“.

Diese konzeptionelle Rechtfertigung als flankierende Norm im Einklang mit der Sachherrschaftstheorie passt für § 1 Abs. 3a GrEStG nicht mehr.[777] Durch die dort angeordnete Durchrechnungsmethode bildet eine wirtschaftliche Beteiligung von mehr als 95% nicht mehr die Beherrschungsmöglichkeit des Gesellschafters ab, da auch Beteiligungen an zwischengeschalteten Gesellschaften einbezogen werden, die nicht durch den Erwerber beherrscht werden oder/und die ihrerseits keinen herrschenden Einfluss auf die grundbesitzende Gesellschaft haben.[778] Es ist somit bereits keine Vergleichbarkeit des Inhabers einer wirtschaftlichen Beteiligung i.S.d. § 1 Abs. 3a GrEStG mit einem Alleingesellschafter gegeben und folglich ist auch das wirtschaftliche Ergebnis eines Anteilserwerbs, der zum Innehaben einer wirtschaftlichen Beteiligung führt, grds. nicht mit dem Erwerb eines Grundstücks vergleichbar.

§ 1 Abs. 2a GrEStG soll ausweislich der Gesetzesbegründung die Übertragung von Anteilen an einer Personengesellschaft der Grunderwerbsteuer unterwerfen, wenn diese im wirtschaftlichen Ergebnis einer Übertragung des Grundstücks gleich kommt.[779] Dies lässt zunächst ebenfalls auf eine den zivilrechtlichen Grundtatbestand flankierende Norm schließen.[780] Da § 1 Abs. 3 GrEStG jedoch für alle Gesellschaften gilt, ist auch die Übertragung von Anteilen an Personengesellschaften grds. bereits durch § 1 Abs. 3 GrEStG erfasst. Aufgrund des Erfordernisses der Übertragung aller Anteile konnte § 1 Abs. 3 GrEStG a.F. jedoch nur in mehrstufigen Beteiligungsstrukturen greifen, in denen mittelbar 100 % der Anteile an der grundbesitzenden Personengesellschaft vereinigt wurden. Auch nach Absenken der Beteiligungsgrenze auf 95 % ist eine Vereinigung unmittelbar gehaltener Anteile nicht möglich, da für Personengesellschaften die sachenrechtlichen Pro-Kopf-Betrachtung gilt, sodass auf unmittelbarer Ebene maximal

der Interessenkongruenz von Gesellschaft und Gesellschafter argumentiert, sondern ein Autonomiedefizit bei der durch einen alleinigen Anteilseigner beherrschten Gesellschaft annimmt, das durch die Abhängigkeit gleichsam auch für die Organschaft gelten soll (vgl. *Rothenöder*, Anteil, 2009, S. 63 ff).

777 Vgl. *Pahlke*, GrEStG, 2018, § 1, Rz. 405, *Behrens*, DStR 2013, S. 1407.

778 Vgl. *Behrens*, DStR 2013, S. 1407.

779 Vgl. BT-Drs. 13/6151 v. 15.11.1996, S. 16.

780 Vgl. zu den flankierenden Normen und ihrer Abgrenzung von echten Missbrauchsvorschriften: *Hey*, DStJG Bd. 33, 2010, S. 158–159; zur Beurteilung des § 1 Abs. 3 GrEStG als flankierende Norm s. vorstehend.

eine Vereinigung von 50 % der Anteile möglich ist.[781] Insofern könnte durchaus der Bedarf einer weiteren flankierenden Regelung bzw. einer Änderung der bestehenden Norm angenommen werden.

§ 1 Abs. 2a GrEStG unterwirft hingegen nicht die Vereinigung von Anteilen an einer Personengesellschaft in einer Hand der Grunderwerbsteuer (was durch ein Abstellen auf die Beteiligung am Vermögen statt auf den Anteil in § 1 Abs. 3 GrEStG durchaus möglich gewesen wäre), sondern besteuert den Wechsel im Gesellschafterbestand unabhängig von der Stellung des einzelnen Gesellschafters. Daher können die zu § 1 Abs. 3 GrEStG angestellten Überlegungen, dass eine Vereinigung der Anteile einer grundbesitzenden Gesellschaft mit einer zivilrechtlichen Grundstücksübertragung jedenfalls vergleichbar ist, hier nicht tragend sein. § 1 Abs. 2a GrEStG fingiert bei einem derartigen Wechsel im Gesellschafterbestand das Vorliegen einer neuen Personengesellschaft, auf die das Grundstück übertragen wird. Die wirtschaftliche Vergleichbarkeit des Gesellschafterwechsels mit einer Grundstücksübertragung liegt hier in dem Verständnis begründet, dass durch den Wechsel im Gesellschafterbestand eine neue Personengesellschaft entsteht, auf die das Grundstück übertragen wird.[782] Eine solche neue Gesellschaft liegt aber weder zivilrechtlich vor, noch sind Gründe ersichtlich, warum dies aus einer wirtschaftlichen Perspektive der Fall sein sollte.[783] Zwar ändern sich durch den Wechsel im Gesellschafterbestand die am Vermögen der Gesellschaft berechtigten Personen. Maßstab zur Beurteilung muss hier jedoch der Vergleich mit dem Grundtatbestand, d.h. der zivilrechtlichen Eigentumsübertragung an einem Grundstück sein. Diese kann nicht grds. bei einem Wechsel im Gesellschafterbestand der Personengesellschaft angenommen werden.[784] Eine Grundstücksübertragung zwischen einer alten und einer neuen Gesellschaft liegt auch wirtschaftlich betrachtet nicht vor, da sich gerade auf Gesellschaftsebene keinerlei Änderung ergibt. Es könnte lediglich eine Übertragung anteiligen durch die Gesellschaft vermittelten Eigentums von den alten auf die neuen Gesellschafter angenommen werden. Da die Gesellschafter der

781 S. dazu ausführlich unter C.II.3. und C.II.6.

782 S. zu dieser dogmatischen Rechtfertigung, die sich letztlich auf eine zivilrechtlich inzwischen durchaus umstrittene Zuordnung des Vermögens zu den Gesellschaftern in ihrer gesamthänderischen Verbundenheit begründet, bereits ausführlich unter C.I.

783 Vgl. *Pahlke/Franz*, GrEStG, 1999, § 1, Rz. 273 m.w.N. Mit ähnlichen Überlegungen zur fehlenden Vergleichbarkeit des Ergebnisses jedenfalls bei originär gewerblich tätigen Personengesellschaften: *IDW*, Wpg 1998, S. 387.

784 Vgl. zur Prüfung der Berechtigung des § 1 Abs. 2a GrEStG unter Heranziehung der Belastungsentscheidung des Grundtatbestandes: *Wiese*, Gesamthand, 2003, S. 106–107.

Personengesellschaft jedoch nicht allein über ihren ideellen Anteil verfügen können, ist ihre Stellung nicht mit der eines Bruchteilseigentümers vergleichbar.[785]

Vor Einführung des § 1 Abs. 2a GrEStG nahm der BFH den wirtschaftlichen Erfolg einer Grundstücksübertragung an, wenn alle Anteile an einer vermögensverwaltenden Personengesellschaft in engem zeitlichem Zusammenhang auf neue Gesellschafter übertragen wurden.[786] In der Folge unterwarf er diese Fälle gem. § 42 AO der Grunderwerbsteuer. § 1 Abs. 2a GrEStG stellt eine Erweiterung dieser BFH-Rechtsprechung zum Missbrauch von Gestaltungsmöglichkeiten dar. Anders als § 1 Abs. 3 GrEStG enthält er daher keinen Tatbestand, dessen Ergebnis wirtschaftlich mit einer Grundstücksübertragung vergleichbar ist. Vielmehr nimmt er eine Typisierung einer als missbräuchlich eingestuften Gestaltung vor.[787] Er stellt damit keine flankierende Norm, sondern eine eigenständige Missbrauchsvorschrift dar, deren systematische Berechtigung gesondert zu prüfen ist.[788]

Der fingierte Grundstückserwerb gem. § 1 Abs. 3 GrEStG findet seine Rechtfertigung in der wirtschaftlichen Vergleichbarkeit der Stellung des Alleingesellschafters mit einem Grundstückseigentümer. Die Gleichstellung eines mittelbaren Gesellschafters, eines Organträgers und auch eines zu 95 % Beteiligten mit dem Alleingesellschafter kann unter dem Aspekt der Verhinderung von Umgehungen akzeptiert werden. Die in § 1 Abs. 2a und Abs. 3a GrEStG normierten Tatbestände sind in ihrem Ergebnis dagegen nicht allgemein mit dem Grundstückserwerb wirtschaftlich vergleichbar. Es ist jedoch im Folgenden zu prüfen, ob sie als spezialgesetzliche Missbrauchsvorschriften ihre Rechtfertigung aus der Verhinderung von Umgehungen des Grundtatbestands ziehen können.[789]

2. Missbrauchsvermeidung

Neben der Vergleichbarkeit des wirtschaftlichen Erfolgs kommt als Begründung der in den Ergänzungstatbeständen verankerten Fiktion der Grundstücksübertragung der Zweck der Missbrauchsvermeidung in Betracht. Bei den grunderwerbsteuerlichen Ergänzungstatbeständen wird die Missbrauchsvermeidung

---

785 Vgl. zur Abgrenzung: *Schücking* in: MHB Gesellschaftsrecht, Bd. I, 2014, § 2, Rz. 8.

786 Vgl. BFH, Urteil v. 04.03.1987, II R 150/83, BStBl. II 1987, S. 394; BFH, Urteil v. 13.11.1991, II R 7/88, BStBl. II 1992, S. 202.

787 Vgl. dazu auch *Wiese*, Gesamthand, 2003, S. 107, die § 1 Abs. 2a GrEStG nur als Vorschrift zur Verhinderung von Steuerumgehungen als gerechtfertigt ansieht und ihn im Hinblick auf diesen Zweck einschränkend auslegen will.

788 Zur Abgrenzung vgl. Hey, DStJG Bd. 33, 2010, S. 147, 159.

789 Zur Rechtfertigung spezialgesetzlicher Missbrauchsvorschriften vgl.: *Hey*, DStJG Bd. 33, 2010, S. 146–147, 174.

als Normzweck allgemein angenommen[790] und ist auch aus den Gesetzesbegründungen herauszulesen[791]. Dennoch ist fraglich, ob es sich bei den einzelnen Normen tatsächlich um spezialgesetzliche Missbrauchsregeln handelt, die lediglich eine Umgehung des Grundtatbestands verhindern[792] oder ob sie nicht vielmehr einen eigenen, vom Grundtatbestand unabhängigen Steuertatbestand begründen[793].

Mit § 42 AO enthält das deutsche Steuerrecht eine allgemeine Norm zur Verhinderung von Gestaltungsmissbrauch zur Umgehung von Steuertatbeständen. Wird eine missbräuchliche Gestaltung i.S.d. § 42 AO angenommen, entsteht der Steueranspruch so, wie er bei einer dem wirtschaftlichen Vorgang angemessenen Gestaltung entstanden wäre (§ 42 Abs. 1 S. 3 AO). Dem Gesetzgeber steht es jedoch frei, neben dieser allgemeinen Regelung in § 42 AO auch spezialgesetzliche Einzelnormen zu schaffen. Der missbrauchsindizierende Tatbestand wird dabei regelmäßig typisierend beschrieben.[794] Als Rechtsfolge sollte nach dem Grundsatz des § 42 AO die Steuer so entstehen, wie dies bei einer angemessenen rechtlichen Gestaltung der Fall gewesen wäre.[795] Im Fall einer Umgehung der Grunderwerbsteuer mittels Anteilsübertragungen ist daher die Fiktion einer Grundstücksübertragung als angemessene rechtliche Gestaltung plausibel. Kritisch zu betrachten ist jedoch die durch § 1 Abs. 2a und Abs. 3a GrEStG vorgenommene Typisierung der missbräuchlichen Gestaltung. Eine durch die

---

790 Vgl. *Pahlke*, GrEStG, 2018, § 1, Rz. 4; *Meßbacher-Hönsch* in: Boruttau, GrEStG, 2016, § 1, Rz. 810; *Schnitter* in: Wilms/Jochum, ErbStG, 2017, § 1 GrEStG, Rz. 245, 291.2, 414.2;.

791 Zu § 1 Abs. 3 GrEStG: vgl. Begründung zum Grunderwerbsteuergesetz v. 29.03.1940, RStBl. 1940, S. 392; zu § 1 Abs. 2a GrEStG: BT-Drs. 13/6151 v. 15.11.1996, S. 16; zu § 1 Abs. 3a GrEStG: BT-Drs. 17/13033 v. 10.04.2013, S. 110.

792 In diesem Fall beziehen die Normen ihre Rechtfertigung aus dem Haupttatbestand dessen Umgehung sie verhindern. Kritik setzt im Wesentlichen an der Ausgestaltung des Tatbestands und damit an der typisierenden Erfassung des missbrauchindizierenden Tatbestands an (vgl. *Hey*, DStJG Bd. 33, 2010, S. 175).

793 Vgl. zur Abgrenzung spezialgesetzlicher Missbrauchsvorschriften: *Hey*, DStJG Bd. 33, 2010, S. 139 ff. Die Rechtfertigung eines eigenständigen Steuertatbestands kann für § 1 Abs. 2a und Abs. 3a GrEStG aufgrund der vorstehenden Ausführungen unter D.I. und D.II.1. bereits verneint werden.

794 Vgl. ausführlich zu spezialgesetzlichen Missbrauchsvorschriften: *Hey*, DStJG Bd. 33, 2010, S. 139 ff.

795 Vgl. zu dieser Forderung und der Kritik an der oftmals darüber hinausgehenden Normierung von Rechtsfolgen spezialgesetzlicher Missbrauchsvorschriften: *Hey*, DStJG Bd. 33, 2010, S. 151–152.

Typisierung im Einzelfall ausgelöste Besteuerung von Tatbeständen, in denen eine Umgehungsabsicht und damit ein Missbrauch nicht vorliegt, wird unter dem Aspekt der Vereinfachung in Kauf genommen und innerhalb eines gewissen Rahmens auch von den Gerichten nicht beanstandet.[796] Eine spezialgesetzliche Norm zur Missbrauchsvermeidung muss daher nicht zwingend einen Motivtest oder eine Exkulpationsmöglichkeit vorsehen.[797] Eine Grenze ist diesem Grundsatz jedoch dort gesetzt, wo die nicht missbräuchlichen Sachverhalte den Regel- und nicht mehr den Einzelfall darstellen.[798]

§ 1 Abs. 2a GrEStG soll ausweislich der Gesetzesbegründung die Übertragung von Anteilen an einer Personengesellschaft der Grunderwerbsteuer unterwerfen, wenn diese im wirtschaftlichen Ergebnis einer Übertragung des Grundstücks gleich kommt.[799] Der Gesetzgeber hatte bei Einführung des § 1 Abs. 2a GrEStG eine konkrete als missbräuchliche Steuervermeidung beurteilte Sachverhaltsgestaltung vor Augen. Der BFH hatte zuvor bereits den vollständigen Wechsel im Gesellschafterbestand einer vermögensverwaltenden, grundbesitzenden Personengesellschaft innerhalb eines kurzen Zeitraums als missbräuchlich gem. § 42 AO beurteilt und der Grunderwerbsteuer unterworfen.[800] Dies ging dem Gesetzgeber ausweislich der Gesetzesbegründung nicht weit genug, da der BFH bereits bei Verbleib eines vermögensmäßig nicht beteiligten Gesellschafters nicht mehr von einem steuerbaren Vorgang ausging.[801] Auch wenn diese missbräuchliche Gestaltung der Anlass für Einführung des § 1 Abs. 2a GrEStG war, so beschränkt sich die neu geschaffene Norm nicht auf diesen Fall.[802] Zunächst wird bereits ein Wechsel von 95 % der Gesellschafter als steuerbarer Vorgang

796 Vgl. BVerfG, Beschluss v. 8.10.1991, 1 BvL 50/86, BGBl. I 1991, S. 2170, C.I.2.; BVerfG, Beschluss v. 10.4.1997, 2 BvL 77/92, BGBl. I, 1997, S. 1690, Leitsatz 1; BVerfG, Beschluss v. 11.11.1998, 2 BvL 10/95, BGBl. I 1999, S. 370, C.I.2.; BVerfG, Beschluss v. 21.06.2006, 2 BvL 2/99, BGBl. I 2006, S. 1316, C.I.3.c.

797 Vgl. dazu auch *Hey*, DStJG Bd. 33, 2010, S. 14.

798 Vgl. grundlegend BVerfG, Beschluss v. 20.12.1966, 1 BvR 320/57, BStBl. III 1967, S. 7, B.II.1.

799 Vgl. BT-Drs. 13/6151 v. 15.11.1996, S. 16.

800 Vgl. BFH, Urteil v. 04.03.1987, II R 150/83, BStBl. II 1987, S. 394; BFH, Urteil v. 13.11.1991, II R 7/88, BStBl. II 1992, S. 202. In den Urteilsfällen lag jedoch der Zweck der Personengesellschaft ausschließlich im Halten und Verwalten des Grundbesitzes, sodass mit den Anteilen im wirtschaftlichen Ergebnis tatsächlich nur das Grundstück übertragen wurde.

801 Vgl. BT-Drs. 13/6151 v. 15.11.1996, S. 16.

802 Vgl. dazu ausführlich *Fischer* in: Boruttau, GrEStG, 2011, § 1, Rz. 822 und 823.

beurteilt.[803] Daneben ist die Norm auch auf originär gewerbliche Personengesellschaften anwendbar, deren Zweck sich folglich nicht im Halten und Verwalten von Grundstücken erschöpft. Eine Anteilsübertragung an einer Gesellschaft, die einen Gewerbebetrieb unterhält, ist aber regelmäßig nicht auf die Übertragung des Grundstücks, sondern auf die Übertragung des gesamten Betriebs gerichtet, sodass eine etwaig anzunehmende veränderte Zuordnung des Grundbesitzes lediglich ein Nebenprodukt ist.[804] Schließlich fehlt eine Anknüpfung an die missbräuchliche Absicht bzw. eine Exkulpationsmöglichkeit, z.B. mittels Nachweis außersteuerlicher Gründe. Die Norm geht damit wohl über die Typisierung des missbräuchlichen Tatbestands hinaus und begründet einen neuen „gewillkürten" Steuertatbestand.[805] Unter verfassungsrechtlichen Gesichtspunkten ist dies grds. zulässig.[806] Zwar sprechen auch Gründe für die Annahme einer reinen Missbrauchsverhinderung. Dazu zählt bspw. der typisiert festgelegte Fünfjahreszeitraum, der das Vorliegen eines Gesamtplans indizieren soll[807], sowie die Ausnahme von Anteilserwerben durch Erbfall (§ 1 Abs. 2a S. 6 GrEStG), da insoweit ein Missbrauch mangels Einflussmöglichkeit des Steuerpflichtigen ausgeschlossen scheint. Während die 95 %-Grenze im Hinblick auf die Zurückbehaltung von Zwerganteilen noch akzeptiert werden kann[808], geht aber jedenfalls die Anwendung auf Personengesellschaften, die nicht rein vermögensverwaltend sind, über den Bereich der typisierenden Missbrauchsverhinderung hinaus.[809] Nach h. M. ist eine teleologische Reduktion von § 1 Abs. 2a GrEStG etwa nur auf vermögensverwaltende Gesellschaften oder nur auf Fälle, in denen keine außersteuerlichen

---

803 Auf die ursprüngliche Gesetzesfassung des § 1 Abs. 2a GrEStG 1997, die darüber hinaus auch einen Wechsel von weniger als 95 % der Anteile am Vermögen unter Heranziehung einer „wirtschaftlichen Betrachtung" erfassen sollte, soll an dieser Stelle nicht eingegangen werden, da sie bereits 1999 durch StEntlG 1999/2000/2002 wegen der Gefahr einer verfassungswidrigen Unbestimmtheit wieder aufgehoben wurde und daher nicht mehr relevant ist.

804 Vgl. im Ergebnis ebenso: *Wiese*, Gesamthand, 2003, S. 92, 100–101.

805 Ebenso: *Hey*, DStJG Bd. 33, 2010, S. 144; *Fischer* in: Boruttau, GrEStG, 2011, § 1, Rz. 823.

806 Vgl. *Fischer* in: Boruttau, GrEStG, 2011, § 1, Rz. 819.

807 Vgl. zu Fristen als Indiz bzw. Fiktion für die Verfolgung eines Gesamtplans: *Hey*, DStJG Bd. 33, 2010, S. 160–161.

808 Vgl. *Wiese*, Gesamthand, 2003, S. 112; s. zur fehlenden wirtschaftlichen Bedeutung der Zwerganteile bereits unter D.II.1.

809 Ebenso: *Hey*, DStJG Bd. 33, 2010, S. 144.

Gründe vorliegen, nicht möglich,[810] da der Gesetzgeber die Missbrauchsvermeidung eben nur zum Anlass der Einführung des § 1 Abs. 2a GrEStG genommen, nicht jedoch zu dessen einzigem Zweck bestimmt hat.[811] § 1 Abs. 2a GrEStG ist daher in seiner derzeitigen Ausgestaltung systematisch nicht gerechtfertigt, da er neben den (typisierten) Missbrauchstatbeständen auch weitere Fälle der Anteilsübertragung mit Grunderwerbsteuer belegt, für die mangels wirtschaftlicher Vergleichbarkeit mit einer Eigentumsübertragung am Grundstück auch keine eigenständige Rechtfertigung ersichtlich ist.[812]

Für § 1 Abs. 3a GrEStG gilt im Wesentlichen dasselbe wie für § 1 Abs. 2a GrEStG. Er wurde anlässlich und ausweislich der Gesetzesbegründung auch zum Zwecke der Verhinderung einer als missbräuchlich eingestuften Sachverhaltsgestaltung – sog. RETT-Blocker-Strukturen – eingeführt.[813] § 1 Abs. 3a GrEStG könnte daher als Norm gegen die Umgehung von Missbrauchsvermeidungsnormen (§ 1 Abs. 2a und Abs. 3 GrEStG) betrachtet werden[814], sodass seine Existenz sich wiederum aus deren systematischer Begründung rechtfertigen ließe. Der Gesetzgeber hat allerdings bei dem Versuch, die RETT-Blocker-Struktur in abstrakte Tatbestandsmerkmale zu gießen, erneut einen sehr weiten, eigenständigen Steuertatbestand geschaffen.[815] Die teilweise in der Literatur geforderte teleologische Reduktion des Tatbestands im Hinblick auf seinen Zweck, die Umgehung von § 1 Abs. 2a und insbesondere § 1 Abs. 3 GrEStG zu verhindern[816], dürfte angesichts des Wortlautes daher scheitern. Denn wie bereits zu § 1 Abs. 2a GrEStG ausgeführt, ist zwar aus den Gesetzesmaterialen ersichtlich, dass die Verhinderung der RETT-Blocker auslösendes Moment für die Einführung des § 1 Abs. 3a GrEStG war. Dass er abschließend nur auf diese Fälle anzuwenden

810 Vgl. BFH, Beschluss v. 11.09.2002, II B 113/02, BStBl. II 2002, S. 777; *Fischer* in: Boruttau, GrEStG, 2011, § 1, Rz. 823.

811 Grds. wird die Charakterisierung als Missbrauchsvermeidungsvorschrift aber als Begründung für eine enge Auslegung des § 1 Abs. 2a GrEStG herangezogen, vgl. *Behrens*, BB 2017, S. 1051.

812 Zum Bedarf einer solchen zusätzlichen Rechtfertigung auch unter verfassungsrechtlichen Gesichtspunkten, vgl. *Hey*, DStJG Bd. 33, 2010, S. 175. Ebenfalls kritisch in Bezug auf die dogmatische Rechtfertigung des § 1 Abs. 2a GrEStG: *Fischer* in: Boruttau, GrEStG, 2011, § 1, Rz. 818.

813 Vgl. BT-Drs. 17/13033 v. 10.04.2013, S. 110.

814 Vgl. zu dieser „Spezialgesetzgebung in der Spezialgesetzgebung“: *Hey*, DStJG Bd. 33, 2010, S. 165–166.

815 Vgl. dazu kritisch: *Wagner/Mayer*, BB 2014, S. 279, die von einem „Super-Auffangtatbestand“ sprechen.

816 Vgl. *Wagner/Mayer*, BB 2014, S. 279.

sein soll, lässt sich allerdings weder den Gesetzesmaterialien noch dem Wortlaut entnehmen. Daraus kann vielmehr gelesen werden, dass eine neue zusätzliche Form der Zurechnung von Anteilen bzw. Grundstücken innerhalb mehrstufiger Beteiligungen geschaffen werden sollte.[817] Diese ist jedoch nicht mehr durch die dogmatische Begründung des § 1 Abs. 2a und Abs. 3 GrEStG gedeckt. Damit ist § 1 Abs. 3a GrEStG wie auch § 1 Abs. 2a GrEStG eigenständig zu beurteilen und bedarf einer eigenständigen steuersystematischen Rechtfertigung. Eine solche Rechtfertigung scheint hier jedoch nicht möglich. Denn seiner Intention nach sollte § 1 Abs. 3a GrEStG wohl tatsächlich eine spezialgesetzliche Missbrauchsvermeidungsnorm sein und typisiert die missbräuchliche Umgehung der anderen Ergänzungstatbestände mittels RETT-Blocker-Strukturen erfassen. Seine darüber hinausgehende Wirkung muss als nicht beabsichtigter Kollateralschaden eingestuft werden. Es handelt sich um eine verunglückte Missbrauchsvermeidungsnorm, die aufgrund ihres weiten Anwendungsbereichs nicht durch den umgangenen Tatbestand (§ 1 Abs. 3 GrEStG) gerechtfertigt werden kann, aber auch keine eigenständige methodische Rechtfertigung im System der Grunderwerbsteuer hat.[818]

Es bleibt daher festzuhalten, dass der Zweck der Missbrauchsvermeidung die Fiktion einer Grundstücksübertragung gem. § 1 Abs. 2a und Abs. 3a GrEStG nicht vollständig zu rechtfertigen vermag, da sie in ihrem Anwendungsbereich weit über die missbräuchlichen Tatbestände hinaus gehen. Bis zu einem gewissen Grad lassen sich überschießende Tendenzen durch den Vereinfachungsgedanken rechtfertigen.[819] Im Bereich der Ergänzungstatbestände des § 1 GrEStG wird dieser Vereinfachungsgedanke jedoch angesichts des bereits dargestellten komplexen Zusammenwirkens der Tatbestände nicht mehr als Rechtfertigungsgrund herangezogen werden können.[820]

---

817 Vgl. hierzu kritisch: *Tiede*, StuB 2014, S. 846, der von einer fiskalischen Meistbegünstigung spricht.

818 Vgl. zum Bruch mit dem bisherigen Ansatz der Beherrschung: *Behrens*, DStR 2013, S. 1411; s. zur fehlenden dogmatischen Rechtfertigung bereits unter C.I.

819 Vgl. *Hey*, DStJG Bd. 33, 2010, S. 143.

820 Vgl. zur durch Missbrauchstatbestände herbeigeführten Komplexität und eines möglichen Verstoßes gegen das Gebot der Normenklarheit: *Hey*, DStJG Bd. 33, 2010, S. 171.

III. Erreichung des Normzwecks

Das Steuersystem verlangt die Effektivität der einzelnen Normen, d.h. die Erreichung des Normzwecks. Alle vom Belastungsgrund erfassten Sachverhalte müssen möglichst lückenlos besteuert werden; allerdings darf grds. auch keine Besteuerung darüber hinaus erfolgen.[821] Diese Anforderung gilt im Besondern für die Ergänzungstatbestände, da sie gewissermaßen die besteuerungswürdigen „Randfälle" abdecken. Sie müssen daher möglichst alle Umgehungstatbestände erfassen, um die lückenlose Besteuerung zu sichern. Dabei dürfen sie aber grds. nicht über die Besteuerung der wirtschaftlich vergleichbaren oder der von der Missbrauchsvermutung umfassten Sachverhalte hinausgehen.[822] Der Zweck aller drei Ergänzungstatbestände besteht abstrakt darin, die Umgehung des Grundtatbestands in § 1 Abs. 1 GrEStG durch Einbindung von Personen- oder Kapitalgesellschaften zu verhindern.[823] Sie unterscheiden sich jedoch in der Konkretisierung des Normzwecks, der für § 1 Abs. 2a und Abs. 3a GrEStG sehr viel stärker als für § 1 Abs. 3 GrEStG auf Verhinderung ganz bestimmter Umgehungsstrukturen abzielt.[824]

Der Normzweck des § 1 Abs. 3 GrEStG kann als erfüllt angesehen werden, wenn alle Fälle vom Tatbestand umfasst werden, in denen ein Gesellschafter in Bezug auf das Gesellschaftsgrundstück eine eigentümerähnliche Stellung erlangt. Die Normzwecke von § 1 Abs. 2a und Abs. 3a GrEStG sind erfüllt, wenn die missbräuchlichen Strukturen, anlässlich derer sie eingeführt wurden, zukünftig vollständig der Besteuerung zugeführt werden. Allerdings ist zur Erreichung des Normzwecks eine zielgenaue Besteuerung erforderlich.[825] Der Normzweck kann daher nicht als erfüllt angesehen werden, wenn zwar die als missbräuchlich

---

821 Vgl. *Weber-Grellet*, Verfassungsstaat, 2001, S. 149–150.

822 An dieser Stelle soll lediglich die Effektivität im Hinblick auf die vom Wortlaut der Ergänzungstatbestände erfassten Sachverhalte geprüft werden. Daneben können sich weitere Verstöße gegen die Effektivität aus einer fehlenden Vollziehbarkeit ergeben (vgl. dazu unter E.II.).

823 Vgl. Begründung zum Grunderwerbsteuergesetz v. 29.03.1940, RStBl. 1940, S. 392; *Schnitter* in: Wilms/Jochum, ErbStG, 2017, § 1 GrEStG, Rz. 245, 291.2, 414.2; *Pahlke*, GrEStG, 2018, § 1, Rz. 4; vgl. zum Normzweck der Ergänzungstatbestände ausführlich unter C.I.

824 Vgl. zum Normzweck ausführlich unter C.I.

825 Eine darüber hinausgehende Besteuerung dürfte insoweit willkürlich und nicht vom Belastungsgrund gedeckt sein und damit gegen die Forderung nach einem „gerechten" Steuersystem verstoßen (vgl. dazu *Weber-Grellet*, Verfassungsstaat, 2001, S. 160–161; *Smith*, Wohlstand, 1789, S. 788).

eingestuften Tatbestände der Besteuerung unterfallen, darüber hinaus jedoch auch solche Sachverhalte besteuert werden, in denen eine missbräuchliche Absicht nicht unterstellt werden kann.[826]

Der Gesetzgeber hat sich gesetzestechnisch dem Wesen einer Rechtsverkehrssteuer entsprechend für eine abschließende zivilrechtliche Bestimmung der Umgehungstatbestände entschieden. Dies ist nicht zuletzt dem Bestimmtheitsgebot geschuldet, das einer unspezifizierten Einbeziehung wirtschaftlich vergleichbarer Vorgänge entgegensteht.[827] Diese Gesetzestechnik führt dazu, dass nicht alle Vorgänge besteuert werden, die wirtschaftlich den in § 1 Abs. 1 GrEStG kodifizierten Grundtatbeständen entsprechen oder nahe kommen, sondern nur solche, die der Gesetzgeber erkannt und explizit als weiteren tatbestandlich definierten Rechtsvorgang in das Gesetz aufgenommen hat.[828] Der Normzweck des § 1 Abs. 3 GrEStG kann aufgrund dessen nicht als vollständig erfüllt betrachtet werden. Nicht erfasst werden insbesondere alle Fälle der Anteilsvereinigung unterhalb der 95 %-Grenze, auch wenn das wirtschaftliche Ergebnis bei 94,9 % der Anteile nahezu dasselbe sein sollte.[829] Ein weiterer Beleg sind die nunmehr durch § 1 Abs. 3a GrEStG erfassten RETT-Blocker-Strukturen, die jedenfalls in ihrer aggressiven Form nur aufgrund der streng zivilrechtlichen Auslegung des Anteilsbegriffs möglich sind.[830]

Die abschließende, gesetzliche Normierung der missbräuchlichen Tatbestände eröffnet zudem erneut Umgehungsmöglichkeiten. Denn die spezialgesetzliche

---

826 Verfassungsrechtlich sind die Grenzen der gesetzgeberischen Typisierungsbefugnis zu beachten (vgl. grundlegend BVerfG, Beschluss v. 20.12.1966, 1 BvR 320/57, BStBl. III 1967, S. 7, B.II.1.). Der Gesetzgeber muss eine möglichst zielgenaue Typisierung finden, sodass sich die Erfassung nicht missbräuchlicher Sachverhalte auf Einzelfälle beschränkt (vgl. zur gleichheitssatzkonformen Typisierung bei *Hey*, DStJG Bd. 33, 2010, S. 168).

827 Vgl. zur ursprünglichen Fassung des § 1 Abs. 2a GrEStG: BFH, Urteil v. 30.04.2003, II R 79/00, BStBl. II 2003, S. 890.

828 Zum Verbot der Anwendung einer grds. wirtschaftlichen Betrachtungsweise zur Auslegung der Tatbestände des GrEStG s. unter D.II.1.

829 Vgl. zur fehlenden gesellschaftsrechtlichen Begründung der 95 % Grenze und der Möglichkeit einer Absenkung dieser Grenze: *Rothenöder*, Anteil, 2009, S. 75. Auch die wissenschaftlichen Dienste des Bundestages nehmen an, dass auch knapp unterhalb der 95 % Grenze noch wirtschaftlich lohnende Geschäftsmodelle möglich sind, vgl. Wissenschaftliche Dienste des Deutsche Bundestags, Ausarbeitung WD 4-3000 – 108/16, PE 6-3000 – 122/16 v. 15.09.2016, S. 10.

830 Vgl. mit entsprechenden Beispielen zu RETT-Blocker-Strukturen: *Behrens*, DStR 2013, S. 1407; *Joisten/Liekenbrock*, Ubg 2013, S. 469–470.

Regelung des missbräuchlichen Tatbestands führt zu einer Unanwendbarkeit von § 42 AO[831], sodass gewissermaßen die erweiterten Umgehungstatbestände durch die gesetzliche Festlegung typisierter Missbrauchsfälle erst ermöglicht werden. Dies gilt insbesondere für die Grenze von 95 % der Anteile, die in allen Ergänzungstatbeständen festgelegt ist, da sie eine gesicherte nicht grunderwerbsteuerbare Anteilsübertragung unterhalb dieser Grenze ermöglicht („safe haven").[832] Eine vergleichbare Wirkung erzielt die Fünfjahresfrist in § 1 Abs. 2a GrEStG.[833] Auch die in § 1 Abs. 3a GrEStG eingeführte Definition mittelbarer Anteilserwerbe könnte zu neuen Umgehungsmöglichkeiten unter Ausnutzung schuldrechtlicher Vereinbarungen führen.[834] Auf der anderen Seite führen die Typisierungen der § 1 Abs. 2a und Abs. 3a GrEStG zu überschießenden Rechtsfolgen. Beide Normen enthalten keine Möglichkeit der Exkulpation bei wirtschaftlich beachtlichen außersteuerlichen Gründen für den Gesellschafterwechsel bzw. den Anteilserwerb.[835] Sie enthalten auch kein Tatbestandsmerkmal, aufgrund dessen ein Fehlen solcher außersteuerlichen Gründe typisierend angenommen werden könnte.[836] Zudem führt insbesondere § 1 Abs. 3a GrEStG in bestimmten Fällen

---

831 Vgl. *Meßbacher-Hönsch* in: Boruttau, GrEStG, 2016, § 1, Rz. 827, 945, 1198.

832 Vgl. zum Effekt des Safe Haven durch spezialgesetzliche Missbrauchsvorschriften: *Hey*, DStJG Bd. 33, 2010, S. 145, 147–148.

833 Vgl. *Fischer* in: Boruttau, GrEStG, 2011, § 1, Rz. 822, 824. *Fischer* merkt an, dass für Zeiträume vor Einführung des § 1 Abs. 2a GrEStG auf Grundlage des § 42 AO auch die Erfassung eines über einen Zeitraum von mehr als fünf Jahren durchgeführten Gesamtplans als missbräuchliche Gestaltung möglich war.

834 Hier wird argumentiert, dass schuldrechtliche Vereinbarungen, anders als vom BFH in jüngeren Entscheidungen zu § 1 Abs. 2a GrEStG a.F. angenommen (BFH, Urteil v. 30.08.2017, II R 39/15, BFH/NV 2018, S. 291, Rz. 22, 24; Urteil v. 25.11.2015, II R 18/14, BFHE 251, S. 492; Urteil v. 09.07.2014, II R 49/12, BStBl. II 2016, S. 57), durch die abschließende Definition von § 1 Abs. 3a GrEStG nicht erfasst sein können (*Behrens*, DStZ 2013, S. 1406; *Demleitner*, SteuK 2013, S. 267; *Joisten/Liekenbrock*, Ubg 2013, S. 473; *Wagner/Mayer*, BB 2014, S. 280). Zu neuen Gestaltungsmöglichkeiten nach Einführung des § 1 Abs. 3a GrEStG vgl. beispielhaft: *Egner/Geißler*, DStZ 2015, S. 333; *Arnold*, BB 2013, S. 3031; *Wischott u.a.*, DB 2013, S. 2235.

835 Vgl. zu § 1 Abs. 2a GrEStG: *Fischer* in: Boruttau, GrEStG, 2011, § 1, Rz. 823.

836 Hier würde sich bspw. eine Einschränkung des Anwendungsbereichs auf vermögensverwaltende Gesellschaften anbieten. Vgl. zur Forderung einer diesbezüglich einschränkenden Auslegung des § 1 Abs. 2a GrEStG: *Joecks*, BB 1997, S. 1921; *Wiese*, UVR 2004, S. 58; *Pahlke/Franz*, GrEStG, 1999, § 1, Rz. 273 m.w.N. Für eine einschränkende Anwendung auf Gesellschaften, bei denen der Wertansatz der Grundstücke mehr als 50 % der Bilanzsumme ausmacht: *IDW*, Wpg 1998, S. 387; kritisch im Hinblick auf das Fehlen einer solchen Einschränkung für die „Blocker"-Gesellschaft

zu einer erneuten Besteuerung von bereits unter § 1 Abs. 3 GrEStG erfassten Fällen.[837] Auch der Normzweck von § 1 Abs. 2a und Abs. 3a GrEStG kann damit nicht als erfüllt angesehen werden, da sie keine abschließende Verhinderung von Umgehungen der Grundtatbestände sicherstellen können und zudem stark überschießende Rechtsfolgen aufweisen.

IV. Parallele Anwendung zivilrechtlicher und wirtschaftlicher Grundsätze

1. Punktuelle Einführung wirtschaftlich begründeter Steuertatbestände

Die punktuelle Einführung wirtschaftlicher Überlegungen in Form der Ergänzungstatbestände, die diese wirtschaftliche Betrachtung in einzeln definierte bürgerlich-rechtliche Rechtsvorgänge kleiden, führt zu einer Art fiskalischer Meistbegünstigung.[838] Denn die wirtschaftliche Betrachtung bewirkt ausschließlich die Besteuerung zusätzlicher Rechtsvorgänge.[839] Ist ein Grundtatbestand erfüllt, weil zivilrechtlich eine Grundstücksübertragung vorliegt, ändert sich aber wirtschaftlich betrachtet nichts, weil der wirtschaftlich über das Grundstück Verfügungsberechtigte derselbe bleibt, existiert keine Ausnahme von der Besteuerung.[840] Dieser Widerspruch besteht nicht nur zwischen Grund- und Ergänzungstatbeständen, sondern auch innerhalb der Ergänzungstatbestände. Insbesondere die Einführung von § 1 Abs. 3a GrEStG führt dazu, dass Kapitalgesellschaften als transparent betrachtet werden, wenn aufgrund dessen ein steuerpflichtiger Vorgang nach § 1 Abs. 3a GrEStG angenommen werden kann. Liegt dagegen eine Anteilsvereinigung oder –übertragung gem. § 1 Abs. 3 bzw. ein

---

und die damit verbundene Entfernung von den klassischen RETT-Blocker-Strukturen bei § 1 Abs. 3a GrEStG: *Illing*, DStZ 2013, S. 509.

837 Vgl. dazu mit der Forderung nach einer „teleologischen Reduktion des zu weit gefassten Gesetzeswortlautes": *Behrens*, DStR 2013, S. 1408. Im Ergebnis ebenso: *Joisten/Liekenbrock*, Ubg 2013, S. 471; *Wagner/Lieber*, DB 2013, S. 1387. Die Finanzverwaltung will dagegen keine Einschränkung des Wortlautes vornehmen: Gleichlautende Erlasse der Länder v. 09.10.2013, BStBl. I 2013, S. 1364, Tz. 6.

838 So *Tiede*, StuB 2014, S. 846 bezogen auf das Verhältnis von § 1 Abs. 3a zu § 1 Abs. 3 GrEStG.

839 Vgl. ebenfalls kritisch: *Kaiser*, Grunderwerbsteuerplanung, 2008, S. 63; *Pirner/Könemann*, IStR 2013, S. 426.

840 Dies zeigt sich z.B. bei einer Grundstücksübertragung zwischen Schwestergesellschaften mit demselben 100 % Anteilseigner.

Wechsel im Gesellschafterbestand gem. § 1 Abs. 2a GrEStG vor, wird dieser auch dann besteuert, wenn die Gesellschaft am oberen Ende der Beteiligungskette dieselbe bleibt und sich damit der „ultimate owner“ nicht geändert hat.[841] Insoweit liegt folglich eine intransparente Behandlung der Kapitalgesellschaften vor. Daneben ist der drittbestimmte Anfall von Grunderwerbsteuer bei § 1 Abs. 2a GrEStG und in bestimmten Konstellationen der mittelbaren Anteilsvereinigung gem. § 1 Abs. 3 und Abs. 3a GrEStG zu kritisieren.[842] Hier könnte ein Verstoß gegen das Subjektsteuerprinzip bzw. das Prinzip der Individualbesteuerung[843] vorliegen, da der Steuerschuldner nicht selbst handelnde Person ist und keinen Einfluss auf den Anfall der Steuer hat.[844]

Durch die Ausgestaltung der Grunderwerbsteuer als Rechtsverkehrssteuer ist die tatbestandliche Anknüpfung an Rechtsvorgänge vorgegeben, sodass die Ergänzungstatbestände insoweit konsequent in das System der Grunderwerbsteuer eingefügt wurden. Die fiskalische Meistbegünstigung ist dennoch keine zwingende Folge der Verkehrssteuer. Denn so wie der Gesetzgeber zusätzliche Besteuerungstatbestände schaffen kann, so kann er auf wirtschaftlichen Überlegungen beruhende Befreiungstatbestände einführen. Eine „wirtschaftliche“ Betrachtung zugunsten des Steuerpflichtigen sehen lediglich die §§ 5 und 6 GrEStG vor[845], wenn die grundbesitzende Gesellschaft eine Personengesellschaft

---

841 Vgl. BFH, Urteil v. 15.01.2003, II R 50/00, BStBl. II 2003, S. 320; kritisch in Bezug auf § 1 Abs. 2a GrEStG: *Behrens,* StJB 2010/2011, S. 544–549, zur Beteiligungskettenverlängerung bei § 1 Abs. 3 GrEStG: *Teiche,* UVR 2003, S. 266. Eine Ausnahme besteht lediglich für Beteiligungskettenverkürzungen: Gleichlautende Erlasse der Länder v. 02.12.1999, BStBl. I 1999, S. 991, Tz. 3; Gleichlautende Erlasse der Länder v. 18.02.2014, BStBl. I 2014, S. 561, Tz. 2.1. Dies dürfte auch für § 1 Abs. 3a GrEStG gelten. Eine in der Literatur vorgeschlagene Auslegung, nach der stets auf den obersten Rechtsträger als Träger der wirtschaftlichen Beteiligung abzustellen sein sollte, wurde von der Finanzverwaltung jedenfalls nicht übernommen (vgl. *Joisten/Liekenbrock,* Ubg 2013, S. 743).

842 Vgl. zu § 1 Abs. 2a GrEStG: *Behrens,* UVR 2015, S. 140; mit einem Beispielsfall zum drittbestimmten Anfall von Grunderwerbsteuer bei § 1 Abs. 3a GrEStG: *Behrens,* StJB 2014/2015, S. 582; zur Tatbestandserfüllung des § 1 Abs. 3a GrEStG durch Veränderung der variablen Kapitalkonten bei Personengesellschaften: *Illing,* DStZ 2013, S. 510.

843 Vgl. *Weber-Grellet,* Verfassungsstaat, 2001, S. 178–179.

844 Vgl. zu den daraus resultierende Problemen für die Steuerplanung und den Risiken im Bereich der Tax Compliance unter E.I.4.a.bb. und E.II.3. Der BFH scheint im drittbestimmten Anfall von Grunderwerbsteuer bisher kein verfassungsrechtliches Problem zu sehen: BFH, Beschluss v. 11.09.2002, II B 113/02, BStBl. II 2002, S. 777.

845 So auch *Viskorf* in: Boruttau, GrEStG, 2016, § 5, Rz. 4.

ist. Soweit der Gesellschafter anteilig auch nach der Transaktion als Gesamthänder am Grundstück beteiligt ist oder bereits vorher beteiligt war, wird keine Steuer erhoben. Die §§ 5 und 6 GrEStG berücksichtigen die Besonderheiten der Personengesellschaft als Gesamthand. Bei ihrer Einführung wurde der Personengesellschaft jedoch im Zivilrecht wesentlich weniger Selbstständigkeit zugebilligt als dies nach heutiger Auffassung der Fall ist.[846] Die grds. Behandlung der Personengesellschaft als eigenständigen Rechtsträger durch das Grunderwerbsteuergesetz war bei Einführung der §§ 5 und 6 GrEStG eine Abweichung zur zivilrechtlichen Behandlung. Insofern stellen die §§ 5 und 6 GrEStG weniger eine systematisch korrekte Berücksichtigung wirtschaftlicher Aspekte auch zugunsten des Steuerpflichtigen dar, sondern sind viel mehr ein Relikt, das der heutigen zivilrechtlichen Beurteilung nicht mehr entspricht.[847]

Die Konzernklausel in § 6a GrEStG kann nicht als „wirtschaftliche Betrachtung" zugunsten des Steuerpflichtigen verstanden werden. Es handelt sich vielmehr um eine steuerpolitische Entscheidung, bestimmte Umstrukturierungen, insbesondere unter dem bei Einführung der Norm herrschenden Einfluss der Finanzkrise, von der Grunderwerbsteuer zu entlasten.[848] Dies zeigt sich auch darin, dass sie als Steuerbefreiung mit strengen Voraussetzungen ausgestaltet ist und nicht bereits auf Ebene der Steuerbarkeit ansetzt. Eine Auflösung der aufgezeigten Widersprüche ergibt sich daraus auch für Konzerne nicht.[849] Anders war der Ansatz in einer zuvor bestehenden Gesetzesinitiative der Bundesregierung, die konzerninterne Grundstücksübertragungen als nicht steuerbar behandeln wollte, da es an einer Änderung der Sachherrschaft fehle.[850] Diese Überlegung beinhaltet letztlich eine Anwendung des in § 1 Abs. 3 GrEStG normierten Sachherrschaftskonzepts auch zugunsten des Steuerpflichtigen, indem ein Konzern unter

---

846 Zur Entwicklung des Meinungsstreits, s. *Schmidt,* Gesellschaftsrecht, 2002, § 8 III.

847 *Fischer* (in: Boruttau, GrEStG, 2016, § 1, Rz. 86a) vertritt die Auffassung, dass es aufgrund der §§ 5, 6 GrEStG für die gesamte Grunderwerbsteuer bei der „alten" Gesamthandsdogmatik verbleibt, wonach nicht die Gesellschaft Trägerin des Vermögens ist. Auch er scheint daher letztlich einen Widerspruch zwischen den §§ 5 und 6 GrEStG und der neuen Gesamthandslehre zu sehen. s. ebenfalls bei *Kroschewski,* GmbHR 2001, S. 707, der bemängelt, dass das GrEStG die zivilrechtliche Entwicklung der Gleichstellung von Personengesellschaften und Körperschaften bisher nicht nachvollzogen hat.

848 Vgl. BT-Drs. 17/15 v. 09.11.2009, S. 35.

849 So wohl auch *Fischer,* in: Boruttau, GrEStG, 2016, Vorbemerkungen, Rz. 163, der sich dafür ausspricht, nur entgeltliche Umsätze der Grunderwerbsteuer zu unterwerfen.

850 Vgl. BT-Drs. 14/6882 v. 10.09.2001, S. 21, Art. 7: Einführung eines § 1 Abs. 7 GrEStG.

bestimmten Voraussetzungen wie ein grunderwerbsteuerlicher Rechtsträger behandelt werden sollte.[851] Die Gesetzesinitiative scheiterte aber am Bundesrat.[852]

2. Unterschiedliche Auslegungsgrundsätze

Die enge Bindung an das Zivilrecht[853] und die abschließend definierten Tatbestände erlauben nach h. M. keine Heranziehung der im Ertragssteuerrecht angewendeten wirtschaftlichen Betrachtungsweise.[854] Aus der Existenz der Ergänzungstatbestände kann damit keine generelle Anwendung wirtschaftlicher Grundsätze für die Grunderwerbsteuer gefolgert werden. Eher das Gegenteil ist der Fall. Dadurch, dass der Gesetzgeber einzelne wirtschaftlich dem Grundstückserwerb vergleichbare Vorgänge explizit als Tatbestände erfasst und dabei den ihnen zugrundeliegenden zivilrechtlichen Rechtsvorgang als Anknüpfungspunkt der Besteuerung wählt, kann gefolgert werden, dass eine erweiterte Auslegung dieser Tatbestände unter wirtschaftlichen Gesichtspunkten nicht zulässig ist.[855] Aus der Anknüpfung an einen zivilrechtlichen Vorgang und die Entlehnung zivilrechtlicher Begriffe folgt im Grundsatz auch eine zunächst zivilrechtliche Auslegung.[856] Dies gilt bspw. für den Begriff der vom Tatbestand erfassten Gesellschaften, den Anteilsbegriff sowie bei der Beurteilung unmittelbaren Anteilsübertragungen.[857] Dieser Grundsatz ist aber dort nicht mehr haltbar, wo der Tatbestand Rechtsvorgänge oder Rechtsbegriffe beinhaltet, die dem Zivilrecht fremd sind. Damit wird neben der grds. anzuwendenden zivilrechtlichen Auslegungsweise auch eine wirtschaftliche Betrachtung notwendig.[858] Grds. ist jeweils der steuerrechtliche Bedeutungszusammenhang und der Zweck der konkreten

---

851 Vgl. *Bundesregierung*, Beilage zu FR 11/2001, S. 12.

852 Vgl. BR-Drs. 638/01 (B) v. 27.09.2001, S. 12; BT-Drs. 14/7742 v. 06.12.2001.

853 Vgl. *Pahlke*, GrEStG, 2018, Einleitung, Rz. 26; *Weber-Grellet*, Verfassungsstaat, 2001, S. 201.

854 Vgl. *Fischer* in: Boruttau, GrEStG, 2016, Vorbemerkungen, Rz. 132, 138, 218, 219; *Fischer* spricht sich allerdings grds. gegen das Begriffspaar zivilrechtliche und wirtschaftliche Betrachtung aus (a.a.O. Rz. 205ff); a.A. *Weber-Grellet*, Verfassungsstaat, 2001, S. 202.

855 Ebenso: *Pahlke*, GrEStG, 2018, Einleitung, Rz. 28, 31.

856 Vgl. *Fischer* in: Boruttau, GrEStG, 2016, Vorbemerkungen, Rz. 205, 206; *Pahlke*, GrEStG, 2018, Einleitung, Rz. 26.

857 S. dazu bereits unter C.II.

858 Vgl. ebenfalls kritisch hinsichtlich dieser Gesetzestechnik: *Pahlke*, GrEStG, 2018, Einleitung, Rz. 32; *Englisch* in: Tipke/Lang, Steuerrecht, 2015, § 18, Rz. 9.

Regelung in die Auslegung mit einzubeziehen, auch wenn es sich um einen aus einem anderen Rechtsgebiet übernommenen Begriff handelt.[859]

Aus der parallelen Anwendung zivilrechtlicher und wirtschaftlicher Auslegungsgrundsätze resultieren Wertungswidersprüche innerhalb der Ergänzungstatbestände. Dies zeigt sich bspw. bei der Beurteilung mittelbarer Anteilsübertragungen. Unmittelbare Anteilsübertragungen werden streng zivilrechtlich beurteilt und sind folglich erst dann verwirklicht, wenn entweder der schuldrechtliche Vertrag über die Veräußerung eines Gesellschaftsanteils geschlossen (§ 1 Abs. 3 GrEStG) oder aber die sachenrechtliche Übertragung stattgefunden hat. Für mittelbare Anteilsübertragungen kann nach Ansicht des BFH nicht dasselbe gelten, da das Zivilrecht mittelbare Anteile nicht kennt.[860] Zu § 1 Abs. 2a GrEStG a.F. folgerte der BFH daraus, dass unmittelbar beteiligte Gesellschafter als intransparent zu behandeln seien, während mittelbar beteiligte Gesellschaften i.S. einer sog. Ultimate Owner Betrachtung[861] vollständig transparent seien. Die dadurch ausgelöste Ungleichbehandlung unmittelbarer und mittelbarer Gesellschafterwechsel[862] wurde zwar inzwischen durch die Einführung von teilweise § 1 Abs. 2a S. 2–5 GrEStG korrigiert.[863] Widerspruchsfrei ist die Regelung indes nicht. Denn statt einer Ungleichbehandlung mittelbarer und unmittelbarer Beteiligungen kommt es nun zu einer Ungleichbehandlung von zwischengeschalteten Kapital- gegenüber zwischengeschalteten Personengesellschaften.[864] Für § 1 Abs. 3 GrEStG traf der BFH vergleichbare Entscheidungen. Er urteilte, dass die im Rahmen des § 1 Abs. 3 GrEStG für Personengesellschaften anzuwendende Pro-Kopf-Betrachtung nur für unmittelbare Beteiligungen an

---

859 Vgl. BVerfG, Beschluss v. 27.12.1991, 2 BvR 72/90, BStBl. II 1992, S. 212; *Pahlke*, GrEStG, 2018, Einleitung, Rz. 26.

860 Vgl. BFH, Urteil v. 24.04.2013, II R 17/10, BStBl. II 2013, S. 837; a.A . *Fischer* in Boruttau, GrEStG, Vorbemerkungen, Rz. 207, der es für selbstverständlich hält, dass für die Auslegung von Begriffen des Wirtschaftslebens (wie vorliegend der Anteil am Gesellschaftsvermögen) wirtschaftliche Aspekte ausschlaggebend sind und der das Urteil insoweit für missverständlich hält.

861 Vgl. zum Begriff: *Scheifele/Müller*, DStR 2013, S. 1808.

862 Vgl. dazu kritisch mit Verweis auf das Gebot der Folgerichtigkeit: *Scheifele/Müller*, DStR 2013, S. 1808.

863 Ungleichbehandlungen bestehen weiterhin bspw. im Zusammenhang mit der Verkürzung von Beteiligungsketten (FG Düsseldorf, Urteil v. 29.03.2017, 7 K 439/10 GE, EFG 2017, S. 852). Vgl. dazu kritisch: *Brühl/Joisten*, GmbHR 2018, S. 142.

864 Alternativ hätte die für Kapitalgesellschaften anzuwendende „Alles-oder-Nichts-Betrachtung“ auch für die Beteiligung über Personengesellschaften gelten können, vgl. dazu *Schmitt-Homann*, BB 2010, S. 2278, 2279.

einer grundbesitzenden Personengesellschaft gelten solle.[865] Für zwischengeschaltete Personengesellschaften bestimme sich der Anteil dagegen wie bei Kapitalgesellschaften auch nach der Beteiligung am Gesellschaftskapital.[866] Zusätzlich geht der BFH anders als die wohl bisher h. M.[867] davon aus, dass die wirtschaftliche Betrachtung mittelbarer Anteilsübertragungen auch eine Zurechnung von Anteilen aufgrund schuldrechtlicher Vereinbarungen rechtfertigt.[868] Er wendet dabei die Grundsätze des wirtschaftlichen Eigentums gem. § 39 Abs. 1 Nr. 2 AO an.[869] Anders als bei mehrstufigen Beteiligungen kommt es aufgrund dieser Betrachtung jedoch nicht zu einer unterschiedlichen Behandlung unmittelbarer und durch zwischengeschaltete Gesellschaften vermittelter Beteiligungen. Denn der BFH sieht die wirtschaftliche Zurechnung eines unmittelbar an der grundbesitzenden Gesellschaft bestehenden Anteils aufgrund schuldrechtlicher Vereinbarung als einen Fall des mittelbaren Gesellschafterwechsels.[870]

Ähnliche Widersprüche ergeben sich bei der Betrachtung der Grundstückszuordnung zu einzelnen Gesellschaften. Die sog. grunderwerbsteuerrechtliche Zuordnung[871] der Grundstücke, die sowohl das zivilrechtliche Eigentum[872] als

865 Vgl. BFH, Urteil v. 12.03.2014, II R 51/12, BStBl. II 2016, S. 356, Rz. 18–19.

866 Vgl. BFH, Urteil v. 12.03.2014, II R 51/12, BStBl. II 2016, S. 356, Rz. 20; Urteil v. 27.09.2017, II R 41/15, DStR 2018, S. 189, Rz. 19.

867 Vgl. zur Nichtanwendung von § 39 AO auf die Grunderwerbsteuer: *Fischer* in: Boruttau, GrEStG, 2016, § 1 Rz. 638; *Pahlke*, GrEStG, 2018, § 1, Rz. 87; *Behrens/Bielinis*, DStR 2014, S. 2369; *Hofmann*, FR 2016, S. 767; zur Nichtberücksichtigung schuldrechtlicher Vereinbarungen (insbesondere im Rahmen des § 1 Abs. 3a GrEStG): *Joisten/Liekenbrock*, Ubg 2013, S. 473; *Behrens*, DStR 2013, S. 1406; *Demleitner*, SteuK 2013, S. 267, *Wagner/Mayer*, BB 2014, S. 280.

868 Vgl. BFH, Urteil v. 30.08.2017, II R 39/15, BFH/NV 2018, S. 291, Rz. 22, 24; Urteil v. 25.11.2015, II R 18/14, BFHE 251, S. 492; Urteil v. 09.07.2014, II R 49/12, BStBl. II 2016, S. 57; vgl. dazu ausführlich unter C.II.4.c.bb. Die Urteile ergingen zu § 1 Abs. 2a GrEStG, eine Übertragbarkeit auf § 1 Abs. 3 und Abs. 3a GrEStG scheint jedoch grds. denkbar (so auch *Joisten*, DStZ 2016, S. 282), da auch hier eine Geltung der wirtschaftlichen Sichtweise für mittelbare Rechtsvorgänge angenommen wird (vgl. BFH, Urteil v. 12.03.2014, II R 51/12, BStBl. II 2016, S. 356).

869 Das FG Hamburg will eine Zurechnung nach § 39 Abs. 2 Nr. 1 AO jetzt auch bei der Prüfung der Steuerbefreiung des § 6 Abs. 3 GrEStG im Zusammenhang mit der Verwirklichung von § 1 Abs. 2a GrEStG anwenden (FG Hamburg, Urteil v. 28.12.2016, 3 K 172/16, EFG 2017, S. 596).

870 BFH, Urteil v. 25.11.2015, II R 18/14, BFHE 251, S. 492, Rz. 14.

871 Vgl. BFH, Urteil v. 25.08.2010, II R 65/08, BStBl. II 2011, S. 225 (m.w.N. zur ständigen Rechtsprechung).

872 Zurechnung aufgrund eines Erwerbsvorgangs gem. § 1 GrEStG.

auch eine Zurechnung nach wirtschaftlichen Grundsätzen[873] kennt, führt zu einer mehrfachen Zuordnung von Grundstücken. Denn bei einer (fingierten) Grundstücksübertragung nach den Ergänzungstatbeständen wird der Wegfall der Zurechnung beim fiktiv übertragenden Rechtsträger nicht nachvollzogen.[874] Stattdessen kommt es zu Mehrfachzurechnungen der Grundstücke[875], die sich insbesondere bei der nachfolgenden Verwirklichung von Ergänzungstatbeständen auswirkt.[876] Die Zurechnung gem. § 1 Abs. 3 GrEStG gilt darüber hinaus auch, wenn die Gesellschaft i.S.d. § 1 Abs. 3 oder Abs. 3a GrEStG an der grundbesitzenden Gesellschaft beteiligt ist, aber nicht selbst den steuerbaren Rechtsvorgang verwirklicht hat.[877] Dies kann bspw. vorkommen, wenn der Rechtsvorgang auf einer näher an der grundbesitzenden Gesellschaft liegenden Ebene besteuert wurde oder wenn die Struktur bei Erwerb des Grundstücks durch die grundbesitzende Gesellschaft schon bestand.[878] Gleichzeitig gewährt

---

873 Zurechnung aufgrund eines Erwerbsvorgangs gem. § 1 Abs. 2 – Abs. 3a GrEStG.

874 Anders möglicherweise BFH, Urteil v. 11.12.2014, II R 26/12, BStBl. II 2015, S. 412. Der BFH führt dort aus: „Umgekehrt folgt daraus, dass ein Grundstück nicht mehr zum Vermögen der Gesellschaft ‚gehört', wenn es zwar noch in ihrem Eigentum steht bzw. ihr bewertungsrechtlich zuzurechnen ist, es aber vor Entstehung der Steuerschuld Gegenstand eines Veräußerungsvorgangs i.S. des § 1 Abs. 1, 2, 3 oder 3a GrEStG war." Im Urteil kommt jedoch nicht zum Ausdruck, dass von der nach bisheriger Rechtsprechung bestehenden Möglichkeit der mehrfachen Zurechnung abgewichen werden soll (vgl. dazu u.a. BFH, Urteil v. 15.01.2003, II R 50/00, BStBl. II 2003, S. 320). S. zum Urteil bereits ausführlich unter C.II.2. Ausdrücklich für ein Fortbestehen der Zurechnung für Grundstücke, an denen ein anderer gem. § 1 Abs. 2 GrEStG die Verwertungsbefugnis erlangt hat: Gleichlautende Erlasse der Länder v. 18.02.2014, BStBl. I 2014, 561, Tz. 1.2.

875 Vgl. BFH, Urteil v. 15.01.2003, II R 50/00, BStBl. II 2003, S. 320. Dazu auch noch ausführlich und ausdrücklich *Fischer* in: Boruttau, GrEStG, 2011, § 1, Rz. 995. In der neuen Auflage wurde diese Passage zwar nicht übernommen (vgl. *Meßbacher-Hönsch* in: Boruttau, GrEStG, 2016, § 1, Rz. 1043), grds. geht jedoch auch *Meßbacher-Hönsch* von der Möglichkeit einer Mehrfachzurechnung von Grundstücken aus: *Meßbacher-Hönsch* in: Boruttau, GrEStG, 2016, § 1, Rz. 955.

876 Für die Anwendung von § 1 Abs. 2a GrEStG zählt zum Vermögen der Personengesellschaft bspw. auch ein Grundstück, das ihr gem. § 1 Abs. 3 GrEStG zuzurechnen ist, vgl. Gleichlautende Erlasse der Länder v. 18.02.2014, BStBl. I 2014, 561, Tz. 1.2.

877 Vgl. *Rothenöder*, Anteil, 2009, S. 170; ständige Rechtsprechung des BFH: Urteil v. 15.01.2003, II R 50/00, BStBl. II 2003, S. 320; Urteil v. 20.10.1993, II R 116/90, BStBl. II 1994, S. 121; Urteil v. 12.1.1994, II R 130/91, BStBl. II 1994, S. 408.

878 Vgl. *Rothenöder*, Anteil, 2009, S. 170; so auch noch *Pahlke*, GrEStG, 2014, § 1, Rz. 325 (soweit ersichtlich nicht in die Neuauflage übernommen).

die Zurechnung aufgrund § 1 Abs. 3 oder Abs. 3a GrEStG jedoch keinen Schutz vor einer (erneuten) Verwirklichung eines Erwerbsvorgangs bezogen auf das bereits zugerechnete Grundstück.[879] Insbesondere bei Aufeinanderfolge von Ergänzungstatbeständen ist dies unsystematisch[880], da sich die Stellung der erwerbenden Gesellschaft in Bezug auf das Grundstück nicht ändert, da es ihr weiterhin nicht als zivilrechtlicher Eigentümerin, sondern nur aufgrund der Fiktion des Ergänzungstatbestands zugerechnet wird. In Beteiligungsketten wäre daher eine Zuordnung nur beim obersten Rechtsträger der Beteiligungskette, der noch die Anforderungen des § 1 Abs. 3 oder Abs. 3a GrEStG erfüllt, folgerichtig.[881]

In der Literatur wird teils vertreten, dass es eine gegensätzliche zivilrechtliche oder wirtschaftliche Auslegung nicht gäbe[882], sondern es sich stets um eine spezifisch steuerrechtliche Auslegung handle. Es ist zwar zutreffend, dass der Begriff der wirtschaftlichen Betrachtung undefiniert ist, für eine Vielzahl von Auslegungen verwendet wird, die vom reinen Wortlaut einer Norm abweichen, und es wohl auch nicht eine objektiv für alle Steuerarten und Tatbestände richtige wirtschaftliche Betrachtung gibt.[883] Dennoch ist m.E. die schlichte Lösung stattdessen von einer rechtlichen[884], steuerrechtlichen[885] oder spezifisch

---

879 Vgl. *Wagner/Mayer*, BB 2014, S. 286; *Joisten/Liekenbrock*, Ubg 2013, S. 747; Gleichlautende Erlasse der Länder v. 02.12.1999, BStBl. I 1999, S. 991, Beispiel 4 und 5; *Pahlke*, GrEStG 2018, § 1, Rz. 469. Die Möglichkeit, nach § 1 Abs. 6 GrEStG eine Anrechnung der Bemessungsgrundlage des ersten Erwerbsvorgangs auf den nachfolgenden Vorgang zu erhalten, soll an dieser Stelle nicht weiter betrachtet werden. Zwar mildert sie die beschriebene überschießende Wirkung, beseitigt aber nicht den systematischen Fehler, der darin zu sehen ist, dass ein bereits zugerechnetes Grundstück erneut grunderwerbsteuerlich erworben wird. Zudem findet § 1 Abs. 6 GrEStG nicht auf alle Fälle Anwendung. Dies gilt insbesondere bei fehlender Erweridentität in mehrstufigen Strukturen (s. Beispiel bei *Pahlke*, GrEStG, 2014, § 1, Rz. 469), sowie bei Zurechnung ohne vorherigen Erwerbsvorgang. Eine Ausnahme besteht lediglich bei einer Verkürzung der Beteiligungskette, vgl. Gleichlautende Erlasse der Länder v. 02.12.1999, BStBl. I 1999, S. 991, Tz. 3; *Teiche*, UVR 2003, S. 265.

880 Gl.A.: *Verweyen,* Konzerninterne Umstrukturierungen, 2005, S. 180, die eine parallele Zurechnung nach wirtschaftlichen und zivilrechtlichen Grundsätzen nicht für systematisch konsequent hält.

881 Vgl. zu dieser Ultimate Owner Betrachtung bereits bei *Joisten/Liekenbrock*, Ubg 2013, S. 472; dort ausschließlich auf die wirtschaftliche Beteiligung gem. § 1 Abs. 3a GrEStG bezogen und als „Primat des obersten Rechtsträgers" bezeichnet.

882 Vgl. *Fischer* in: Boruttau, GrEStG, 2016, Vorbemerkungen, Rz. 207.

883 Vgl. *Fischer* in: Boruttau, GrEStG, 2016, Vorbemerkungen, Rz. 212, 212a.

884 Vgl. *Fischer* in: Boruttau, GrEStG, 2016, Vorbemerkungen, Rz. 207.

885 Vgl. BVerfG, Beschluss v. 27.12.1991, 2 BvR 72/90, BStBl. II 1992, S. 212.

grunderwerbsteuerlichen Auslegung auszugehen, die sowohl zivilrechtliche als auch eine darüber hinausgehende am wirtschaftlichen Ergebnis orientierte Auslegung umfasst, nicht zielführend. Auch eine neue, beide Sichtweisen umfassende Begrifflichkeit kann nicht über die durch das Nebeneinander der beiden Auslegungsansätze ausgelösten Widersprüche in den Ergänzungstatbeständen hinwegtäuschen.[886]

V. Ungleichbehandlung der Rechtsformen

Kapitalgesellschaften und Personengesellschaften gelten für Zwecke der Grunderwerbsteuer als selbstständige Rechtsträger, weshalb etwaige zivilrechtliche Unterschiede, soweit diese nach heutigem Rechtsverständnis überhaupt noch vorliegen[887], für die Grunderwerbsteuer keine Bedeutung haben sollten.[888] Dennoch sehen die Ergänzungstatbestände an einigen Stellen unterschiedliche Behandlungen von Personen- und Kapitalgesellschaften vor. § 1 Abs. 3 GrEStG gilt zwar grds. sowohl für Personen- als auch für Kapitalgesellschaften. Aufgrund des Wortlautes, der auf den Anteil an der Gesellschaft abstellt, läuft sein Anwendungsbereich jedenfalls auf unmittelbarer Ebene für Personengesellschaften jedoch faktisch leer.[889] § 1 Abs. 2a GrEStG gilt dagegen nur für Personengesellschaften. Dies liegt in seiner Entstehungsgeschichte begründet, die eine Reaktion auf bestimmte Steuergestaltungen war, die eine Mobilisierung von Grundvermögen durch Personengesellschaften zum Ziel hatten.[890] Soweit auch

---

886 Vgl. ebenfalls kritisch: *Kaiser*, Grunderwerbsteuerplanung, 2008, S. 63, der von einer „Zerrissenheit" des GrEStG zwischen zivilrechtlichen und wirtschaftlichen Grundsätzen spricht und *Pahlke*, GrEStG, 2018, Einleitung, Rz. 32, der die Beurteilung von Tatbestandsmerkmalen „nach disparaten Auslegungsgrundsätzen" problematisiert.

887 Vgl. zur Unterscheidung zwischen Körperschaften und Personengesellschaften und einem möglicherweise einheitlichen Verständnis beider Gesellschaftsformen als juristische Person: *Schmidt*, Gesellschaftsrecht, 2002, § 8 IV.

888 Zur Annäherung von Personengesellschaften an Kapitalgesellschaften für Zwecke der Grunderwerbsteuer vgl. *Fischer* in: Boruttau, GrEStG, 2016, § 1, Rz. 86; *Loose*, DB 2015, S. 1005; s. auch bei *Wiese*, Gesamthand, 2003, S. 200, die in der Anerkennung der Personengesellschaften als selbstständigen Rechtsträger für die Grunderwerbsteuer einen Beitrag zur Harmonisierung von Steuer- und Zivilrecht sieht.

889 Gl.A.: *Joisten/Liekenbrock*, Ubg 2013, S. 479; vgl. allgemein zur Anwendung auf Personengesellschaften: *Meßbacher-Hönsch* in: Boruttau, GrEStG, 2016, § 1, Rz. 999–1001.

890 Zur Eignung von Personengesellschaften zum „Transport" von Grundstücken vgl. *Fischer*, DStR 1997, S. 1746–1747; zu Gestaltungen auch unter Anwendung der nur

die mittelbare Beteiligungsebene betrachtet wird, sieht § 1 Abs. 2a GrEStG seit Änderung durch das StÄndG 2015 ausdrücklich eine unterschiedliche Behandlung von Personen- und Kapitalgesellschaften bei der Berechnung der Beteiligungsquoten vor (§ 1 Abs. 2a S. 2–5 GrEStG). Einzig § 1 Abs. 3a GrEStG ist rechtsformneutral.[891] Er bricht dafür jedoch vollständig und ohne methodisch dogmatische Begründung mit dem Grundsatz der Qualifizierung von Gesellschaften als eigenständige Rechtsträger i.S.d. GrEStG.[892]

Ungleichbehandlungen von Kapital- und Personengesellschaften ergeben sich auch auf der Rechtsfolgenseite. Während § 1 Abs. 2a GrEStG die Gesellschaft selbst bzw. eine fiktiv neue Gesellschaft zur Erwerberin bestimmt, werden § 1 Abs. 3 und Abs. 3a GrEStG so ausgelegt, dass der die Anteile vereinigende Gesellschafter als Erwerber des Grundstücks gilt.[893] Unterschiede ergeben sich dadurch u.a. bei der Anwendung von Steuerbefreiungen, bei der Berücksichtigung nachfolgender Erwerbstatbestände sowie bei der Steuerschuldnerschaft und damit verbunden bei den Anzeigepflichten.[894] Die ungleichen Rechtsfolgen sind insbesondere aufgrund der Subsidiarität von § 1 Abs. 3 und Abs. 3a GrEStG gegenüber § 1 Abs. 2a GrEStG bedeutsam. Bei einer Anteilsübertragung von mehr als 95 % an einen bisher nicht beteiligten Gesellschafter hängt die anwendbare Norm und damit der fiktive Grundstückserwerber einzig von der Rechtsform der grundbesitzenden Gesellschaft ab, da im Übrigen die Voraussetzungen beider Vorschriften erfüllt sind.[895] Schließlich ist trotz gleicher Rechtsfolge bei Erfüllung von § 1 Abs. 3 Nr. 1 und Nr. 2 bzw. Abs. 3a GrEStG für grundbesitzende Personen- und Kapitalgesellschaften die Befreiung der fiktiven Grundstücksübertragung nach § 6 Abs. 2 GrEStG nur für Personengesellschaften anwendbar. Dies ist zwar systematisch insofern folgerichtig, als auch der Grundstückserwerb gem. § 1 Abs. 1 GrEStG durch den Gesellschafter nur von einer Personengesellschaft,

---

für Personengesellschaften gültigen Befreiungstatbestände der §§ 5 und 6 GrEStG: *Loose*, DB 2015, S. 1004; *Fleischer*, DStR 1996, S. 1390 ff.

891 Vgl. BT-Drs. 17/13033 v. 10.04.2013, S. 110; Gleichlautende Erlasse der Länder v. 09.10.2013, BStBl. I 2013, S. 1364, Tz. 5; *Joisten/Liekenbrock*, Ubg 2013, S. 473; *Pahlke*, GrEStG, 2018, § 1, Rz. 402; *Schnitter* in Wilms/Jochum, ErbStG, 2017, § 1 GrEStG, Rz. 414.14.

892 Vgl. ebenfalls kritisch: *Behrens*, DStR 2013, S. 1407.

893 Ständige Rechtsprechung vgl. zuletzt BFH, Urteil v. 12.02.2014, II R 46/12, BStBl. II 2014, S. 536 (m.w.N.).

894 Vgl. *Behrens*, Fiktion, 2009, S. 1119; *Fischer* in: Boruttau, GrEStG, 2016, § 1, Rz. 33, 34; *Kroschewski*, GmbHR 2001, S. 708–709. S. zu den Unterschieden im Detail unter C.III.1.

895 Vgl. *Kroschewski*, GmbHR 2001, S. 709. S. zur Subsidiarität bereits unter C.II.8.

nicht jedoch von einer Kapitalgesellschaft nach § 6 Abs. 2 GrEStG begünstigt wäre. Dennoch führt es zu einer unterschiedlichen Rechtsfolge des § 1 Abs. 3 Nr. 1 und Nr. 2 und Abs. 3a GrEStG je nach Rechtsform der grundbesitzenden Gesellschaft.

Die Ungleichbehandlungen von Kapital- und Personengesellschaften sind aus heutiger Sicht kritisch zu sehen, da sie weder aus bürgerlich-rechtlicher Sicht noch aus spezifisch grunderwerbsteuerlicher Sicht geboten erscheinen. Denn in beiden Rechtsgebieten werden beide Rechtsformen grds. als selbstständige Träger von Rechten und Pflichten verstanden.[896] Es ist insbesondere kein Grund ersichtlich, warum die Berechnung der Beteiligungsquote im Rahmen des § 1 Abs. 3 GrEStG bei Personengesellschaften nach anderen Grundsätzen erfolgen sollte als die Berechnung bei Kapitalgesellschaften.[897] Dies gilt umso mehr als der Gesetzgeber in mit dem rechtsformneutral ausgestalteten § 1 Abs. 3a GrEStG zum Ausdruck bringt, dass er den rechtlichen Idealtypus der Personengesellschaft mit einer vom vermögensmäßigen Anteil unabhängigen Verteilung der Stimmrechte nach Köpfen und gemeinschaftlicher Geschäftsführung (§ 709 BGB), nicht als maßgebend ansieht.[898] Hier könnte durch eine einfache Anpassung des Wortlautes in § 1 Abs. 3 GrEStG Abhilfe geschaffen werden.[899] Ähnliche Kritik lässt sich für die Berechnung mittelbarer Beteiligungsquoten gem. § 1 Abs. 2a S. 2–5 GrEStG anführen, da auch hier keine ausreichende Rechtfertigung der Ungleichbehandlung vorliegt.[900] Im Hinblick auf die weder nach bürgerlichem Recht noch nach grunderwerbsteuerlichen Grundsätzen gebotene

896 So ausdrücklich: BFH, Urteil v. 24.04.2013, II R 17/10, BStBl. II 2013, S. 833; vgl. zur Unterscheidung zwischen Körperschaften und Personengesellschaften und einem möglicherweise einheitlichen Verständnis beider Gesellschaftsformen als juristische Person: *Schmidt*, Gesellschaftsrecht, 2002, § 8 IV. Zur Annäherung von Personengesellschaften an Kapitalgesellschaften für Zwecke der Grunderwerbsteuer vgl. *Loose*, DB 2015, S. 1004; *Fischer* in: Boruttau, GrEStG, 2016, § 1, Rz. 86.

897 So auch: BFH, Urteil v. 12.03.2014, II R 51/12, BStBl. II 2016, S. 356; Urteil v. 27.09.2017, II R 41/15, DStR 2018, S. 189, Rz. 26; *Loose*, DB 2015, S. 1004; a.A. *Joisten*, Ubg 2016, S. 203.

898 § 1 Abs. 3a GrEStG löst sich von der Sachherrschaftstheorie des § 1 Abs. 3 GrEStG und sieht eine völlige Transparenz aller Gesellschaften vor, s. unter C.I.

899 Vgl. zu einem entsprechenden Vorschlag eines Referentenentwurfs v. 28.04.2000, der jedoch nicht umgesetzt wurde: *Meßbacher-Hönsch* in: Boruttau, GrEStG, 2016, § 1, Rz. 999–1002. Vgl. zu Forderung einer rechtsformneutralen Ausgestaltung des § 1 Abs. 3 GrEStG: *Behrens*, UVR 2014, S. 148.

900 Vgl. zur Kritik: *Behrens*, StJB 2014/2015, S. 557. Insbesondere lässt sich der Beherrschungsgedanke des § 1 Abs. 3 GrEStG nicht in den Anwendungsbereich von § 1

Unterscheidung zwischen Personen- und Kapitalgesellschaften kann die Vorschrift des § 1 Abs. 2a GrEStG generell und zudem auch die Berechtigung der §§ 5 und 6 GrEStG in Zweifel gezogen werden.[901]

VI. Zusammenfassende Beurteilung

§ 1 Abs. 3 GrEStG ist vom Belastungsgrund gedeckt und knüpft mittels der Fiktion einer Grundstücksübertragung folgerichtig an den Belastungsgegenstand der Grunderwerbsteuer an, wobei die fiktive Grundstücksübertragung durch eine Vergleichbarkeit des wirtschaftlichen Erfolgs gerechtfertigt ist. Die Negierung von Minderheitsinteressen der zu höchstens 5 % beteiligten Gesellschafter und der außenstehenden Gesellschafter in Organschaftsfällen im Rahmen der Typisierung kann dabei hingenommen werden. § 1 Abs. 2a GrEStG lässt sich dem Grunde nach nur als spezialgesetzliche Vorschrift zur Missbrauchsvermeidung rechtfertigen. Der Anwendungsbereich geht aber derzeit darüber hinaus, da der Tatbestand jedenfalls in der Anwendung auf originär gewerbliche Personengesellschaften eine zu weit gehende Typisierung enthält.[902] § 1 Abs. 3a GrEStG ist als verunglückte Missbrauchsklausel zu betrachten, da er mit dem methodischen Konzept des § 1 Abs. 3 GrEStG und des § 1 Abs. 2a GrEStG bricht, um bestimmte missbräuchliche Sachverhalte zu erfassen, dabei jedoch weit überschießende Rechtsfolgen insbesondere im Zusammenwirken mit § 1 Abs. 3 GrEStG erzeugt.[903] Die Ergänzungstatbestände genügen nicht dem Gebot der Effektivität,[904]

Abs. 2a GrEStG übertragen (so auch: BFH, Urteil v. 24.04.2013, II R 17/10, BStBl. II 2013, S. 833).

901 Vgl. zur Kritik an der durch § 1 Abs. 2a GrEStG ausgelösten Ungleichbehandlung der Rechtsformen: *Behrens*, UVR 2014, S. 148. Eine ausführliche Analyse dieser Befreiungen wird aufgrund der Fokussierung dieser Arbeit auf die Tatbestände des § 1 Abs. 2a, 3 und 3a GrEStG nicht vorgenommen. S. aber zu einer ausführlichen Kritik bei *Wiese*, Gesamthand, 2003, S. 159–169, die die Befreiungen als systemfremd und auch unter wirtschaftlichen Gesichtspunkten nicht zu rechtfertigen beurteilt und im Verhältnis zu Kapitalgesellschaften von einem möglichen Verstoß gegen den Gleichheitssatz ausgeht.

902 Vgl. *Hey*, DStJG Bd. 33, 2010, S. 144; *Fischer* in: Boruttau, GrEStG, 2011, § 1, Rz. 818, 823; *Wiese*, Gesamthand, 2003, S. 110.

903 Vgl. *Wagner/Mayer*, BB 2014, S. 279; *Tiede*, StuB 2014, S. 846; *Behrens*, DStR 2013, S. 1411.

904 Vgl. *Weber-Grellet*, Verfassungsstaat, 2001, S. 158 mit Verweis und Erläuterungen zu der bereits von *Smith* (Wohlstand, 1789, S. 787, 788) geäußerten Forderung nach einem effizienten Steuersystem, das nicht zur Steuerhinterziehung oder Vermeidung ermutigt.

da sie durch die abschließend und typisierend definierten Tatbestandsmerkmale Umgehungsmöglichkeiten erzeugen, die zudem nicht mehr von § 42 AO erfasst werden können[905]. Durch die Aufnahme wirtschaftlich begründeter, aber anhand zivilrechtlicher Rechtsvorgänge definierter Tatbestände, kommt es zu einem Nebeneinander von bürgerlich-rechtlicher und wirtschaftlicher Betrachtungsweise. Dieses Nebeneinander zieht Widersprüche in der Auslegung der Tatbestände nach sich.[906] Die wirtschaftliche Sichtweise wird nur punktuell i.S. einer fiskalischen Meistbegünstigung[907] umgesetzt. Schließlich fehlt eine schlüssige Begründung für die Ungleichbehandlung von Personen- und Kapitalgesellschaften sowohl innerhalb als auch im Zusammenwirken der Ergänzungstatbestände.

905 Vgl. *Meßbacher-Hönsch* in: Boruttau, GrEStG, 2016, § 1, Rz. 827, 945, 1198.

906 Vgl. *Kaiser*, Grunderwerbsteuerplanung, 2008, S. 63; *Pahlke*, GrEStG, 2018, Einleitung, Rz. 32.

907 Vgl. *Tiede*, StuB 2014, S. 846.

E. Ergänzungstatbestände als Risikofaktoren für betriebswirtschaftliche Planung und Tax Compliance

I. Grunderwerbsteuer in der Unternehmensplanung

1. Einfluss der Grunderwerbsteuer auf die strategische Planung

Die Grunderwerbsteuer kann im Bereich der strategischen Planung einen Faktor bei der Standortwahl darstellen, da die Grunderwerbsteuersätze je nach Bundesland variieren. In Bezug auf die Unterscheidung zwischen Kapital- und Personengesellschaften in den Ersatztatbeständen, aber auch im Bereich der Steuerbefreiungen sollte sie auch bei der Rechtsformwahl Berücksichtigung finden. Dies gilt vor allem, wenn innerhalb des Konzerns eine Bündelung des Grundbesitzes in einer Gesellschaft angestrebt wird.[908] Wie bereits dargestellt, führen auch Umwandlungen unter Beteiligung von Rechtsträgern mit Grundbesitz in vielen Konstellationen zum Anfall von Grunderwerbsteuer, sei es durch Erfüllung des Grundtatbestands (§ 1 Abs. 1 Nr. 3 GrEStG) als auch durch die Ergänzungstatbestände. Durch die genannten Einflussfaktoren kann die Konzernstruktur wesentlich von grunderwerbsteuerlichen Überlegungen beeinflusst sein.[909] Schließlich ist bei der Beendigung einer Unternehmung und der Veräußerung von Grundbesitz die Grunderwerbsteuerbelastung einzuplanen. Neben diesen wesentlichen „Milestones" im Rahmen eines unternehmerischen Lebenszyklus[910] ist die Grunderwerbsteuer insbesondere zu berücksichtigen, wenn die Vorteilhaftigkeit von Einzelinvestitionen in Grundstücke oder grundbesitzende Gesellschaften beurteilt werden muss.[911] Dieser Aspekt soll im folgenden Abschnitt ausführlich dargestellt werden.

908 Vgl. *Kaiser*, Grunderwerbsteuerplanung, 2008, S. 344.

909 Bspw. werden in Konzernen mit Grundbesitz häufig Beteiligungsstrukturen zu finden sein, in denen ein RETT-Blocker zu mehr als 5 % an den grundbesitzenden Gesellschaften beteiligt ist. Vgl. zur Darstellung klassischer RETT-Blocker-Strukturen: *Joisten/Liekenbrock*, Ubg 2013, S. 470. Zu möglichen Strukturen nach Einführung des § 1 Abs. 3a GrEStG: *Wischott u.a.*, DB 2013, S. 2235–2241.

910 Vgl. dazu *Nieland*, Steuergestaltung, 1997, S. 81–154.

911 Vgl. dazu im Folgenden unter E.I.2.b.

2. Einfluss der Grunderwerbsteuer auf Investitionsentscheidungen

a. Grundsätzliches

Die wesentliche Aufgabe der Investitionsplanung ist die Entscheidung zwischen verschiedenen Handlungs-/Investitionsalternativen.[912] Eine rationale Entscheidungsfindung erfordert die Einbeziehung von Steuern, da diese sich als Zahlungsabflüsse ohne Gegenleistung (§ 3 Abs. 1 AO) auf die Ertrags- und Liquiditätslage des Unternehmens auswirken.[913] Dabei wird Komplexität der Methode, auf der die Entscheidungsfindung beruht, und damit auch der Detailierungsgrad der Einbeziehung von Steuern je nach Investition unterschiedlich sein, da die Kosten der Entscheidungsfindung im richtigen Verhältnis zu deren Auswirkung stehen müssen.[914] Bei der Betrachtung von Steuern im Bereich der unternehmerischen Planung sind grds. zwei Ansätze zu unterscheiden. Zum einen können Steuern als feststehende Belastung in Abhängigkeit von der gewählten Entscheidung verstanden werden und so die Vorteilhaftigkeit der Entscheidungsalternativen beeinflussen.[915] Zum anderen können die Steuern selbst bzw. die Minimierung der Steuerlast das Ziel der unternehmerischen Planung sein, sodass von mehreren möglichen Entscheidungsalternativen diejenige mit der geringsten Steuerlast gewählt wird.[916] Letzteres wird allgemein als Steuergestaltung bezeichnet.[917] Für den Bereich der Grunderwerbsteuer nicht relevant ist die Auswahl zwischen verschiedenen Rechtsfolgen eines verwirklichten Sachverhalts im Rahmen der Wahlrechtsausübung[918], da solche Wahlrechte im GrEStG nicht vorgesehen sind.

Die betriebswirtschaftliche Steuerlehre kennt verschiedene Modelle der Investitionsrechnung, die der objektivierten Entscheidungsfindung im Rahmen der Investitionsplanung dienen. Die Modelle dienen dazu, verschiedene mögliche Handlungsalternativen vergleichbar zu machen. Ziel ist die Maximierung finanzwirtschaftlicher Größen, insbesondere die Vermögens- oder Endwertmaximierung und die Entnahme- oder Einkommensmaximierung, wobei auch

912 Vgl. *Wittmann* in: Wittmann u.a., Handwörterbuch BWL, Bd. II, 1993, Sp. 2000.

913 Vgl. *Wagner* in: Wittmann u.a., Handwörterbuch BWL, Bd. III, 1993, Sp. 4052.

914 Vgl. zum Problem hoher Kosten bei komplexen Steuermodellen und zu Ansiedlung der Steuerfunktion als Stabstelle des Unternehmens: *Wagner* in: Wittmann u.a., Handwörterbuch BWL, Bd. III, 1993, Sp. 4060–4062.

915 Vgl. *Grotherr* in: Grotherr, Hdb. Steuerplanung, 2011, S. 6.

916 Vgl. *Grotherr* in: Grotherr, Hdb. Steuerplanung, 2011, S. 6.

917 Vgl. *Nieland*, Steuergestaltung, 1997, S. 16.

918 Sog. sachverhaltsdarstellende Aktionsparameter, vgl. *Grotherr* in: Grotherr, Hdb. Steuerplanung, 2011, S. 22.

eine Kombination beider Größen im Rahmen einer Wohlstandsmaximierung möglich ist.[919] Die Modelle werden zunächst in statischen und dynamischen Modellen unterteilt.[920] Hier sollen aufgrund ihrer Praxisrelevanz im Folgenden nur die dynamischen Verfahren betrachtet werden. Dies sind insbesondere die Kapitalwertmethode, bei der alle Zahlungsströme auf den Beginn der Investition abgezinst betrachtet werden, und die Vermögensendwertmethode, die Zahlungsströme auf das Ende der Investition aufzinst.[921] Alternativ kann statt des Kapitalwertes einer Investition nur der Steuerbarwert durch Abzinsung aller durch die Investition ausgelösten Steuerbe- und ggf. Steuerentlastungen auf den Investitionszeitpunkt berechnet werden. Dies bietet sich an, wenn eine Investitionsentscheidung danach gefällt werden soll, welche Alternative die geringste Steuerbelastung hervorruft.[922]

b. Grunderwerbsteuer als negativer Zielbeitrag in der Investitionsrechnung

Wird der Kapitalwert oder der Vermögensendwert einer Investition unter Berücksichtigung aller voraussichtlichen Zahlungsströme berechnet, stellt die Grunderwerbsteuer einen negativen Zielbeitrag, d.h. einen zu berücksichtigen Zahlungsstrom dar. Die Grunderwerbsteuer fällt einmalig an und ist in ihrer Höhe nicht von den periodischen Zahlungsüberschüssen, sondern im Regelfall von der Anfangsinvestition abhängig. Daher sollte sie grds. als Teil der Anfangsinvestition berücksichtigt werden.[923] Werden im Rahmen der periodischen Zahlungsüberschüsse auch Abschreibungen berücksichtigt, könnte die Grunderwerbsteuer je nach konkretem Sachverhalt Teil der Bemessungsgrundlage der Abschreibung sein und müsste je nach Komplexität des Modells in die Berechnung einbezogen werden. Zudem muss beachtet werden, dass die Grunderwerbsteuer im unternehmerischen Bereich regelmäßig die ertragsteuerliche Bemessungsgrundlage mindert, sei es als sofort abzugsfähige Betriebsausgabe oder als Teil der jährlichen AfA. Der Grunderwerbsteuerbelastung steht damit ein gegenläufiger Effekt für die Ertragsteuerbelastung der Investition

---

919 Vgl. *Wittmann* in: Wittmann u.a., Handwörterbuch BWL, Bd. II, 1993, Sp. 2000.

920 Vgl. *Nieland*, Steuergestaltung, 1997, S. 156.

921 Vgl. *Nieland*, Steuergestaltung, 1997, S. 66–67.

922 Vgl. zur möglichen Steuerbarwertberechnung mit Fokus auf der Grunderwerbsteuer: *Kaiser*, Grunderwerbsteuerplanung, 2008, S. 38–40.

923 Vgl. *Nieland*, Steuergestaltung, 1997, S. 158.

gegenüber.[924] Abgesehen von diesen Wechselwirkungen ist die Grunderwerbsteuer im Rahmen der Investitionsrechnung damit eine ohne großen zusätzlichen Berechnungs- und Informationsaufwand zu berücksichtigende Steuer, da sie nicht periodisch anfällt und ihre Bemessungsgrundlage regelmäßig sicher zu bestimmen ist. Voraussetzung für ihre Einbeziehung in die Investitionsplanung ist allerdings, dass sicher entschieden werden kann, ob eine Investition Grunderwerbsteuer auslöst oder nicht.

Die Einbeziehung von Steuern in die Investitionsplanung ist nur dann notwendig und sinnvoll, wenn sich die Steuerbelastungen der Investitionsalternativen unterscheiden.[925] Die Einbindung der Steuerbelastung in die Investitionsrechnung verursacht zusätzlichen Informationsaufwand[926], sodass eine Abwägung erfolgen muss, ob die Entscheidung zwischen mehreren Investitionsalternativen signifikant von der Steuerbelastung abhängt oder ob der Vorteil der besseren Entscheidung bei Einbeziehung der Steuern durch den dadurch entstehenden Informationsaufwand überkompensiert wird. Eine Einbeziehung ist nicht notwendig, wenn Steuern entweder entscheidungsfix sind, d.h. unabhängig von den in der Investitionsrechnung bestehenden Variablen anfallen oder wenn sie als Zielsteuer wirken, also Zielgrößen wie bspw. Zahlungsüberschüsse besteuert werden, da in diesem Fall die Rangfolge der Zielgrößen vor und nach Steuerbelastung dieselbe ist.[927] Beide Varianten treffen für die Grunderwerbsteuer nicht zu. Sie ist abhängig von der Variablen „Anfangsinvestition" und fällt mithin nicht auf eine Zielgröße an. Lediglich, wenn alle Investitionen gleichermaßen von der Grunderwerbsteuer betroffen wären, d.h. alle Anfangsinvestitionen in einem Grundstückskauf unter Anwendung desselben Grunderwerbsteuersatzes bestehen würden, könnte auf eine Einbeziehung der Grunderwerbsteuer ohne eine Verschlechterung der Entscheidung verzichtet werden. Stehen hingegen mehrere Investitionen zur Auswahl, die nicht alle der Grunderwerbsteuer unterliegen, kommt der möglichen Belastung einer Alternative mit Grunderwerbsteuer für die Entscheidungsfindung im Regelfall eine hohe Bedeutung zu. Problematisch sind solche Fälle, in denen nicht sicher bestimmt werden kann, ob Grunderwerbsteuer anfällt oder nicht. Dies ist u.a. denkbar, wenn Investitionsobjekt nicht

924 Vgl. zur möglichen Steuerbarwertberechnung mit Fokus auf der Grunderwerbsteuer: *Kaiser*, Grunderwerbsteuerplanung, 2008, S. 38–40; zur ertragsteuerlichen Bedeutung von Grunderwerbsteuerzahlungen: *Kaiser*, Grunderwerbsteuerplanung, 2008, S. 98ff.

925 Vgl. *Wittmann* in: Wittmann u.a., Handwörterbuch BWL, Bd. II, 1993, Sp. 2001–2002.

926 Vgl. *Wittmann* in: Wittmann u.a., Handwörterbuch BWL, Bd. II, 1993, Sp. 2002.

927 Vgl. *Wagner* in: Wittmann u.a., Handwörterbuch BWL, Bd. III, 1993, Sp. 4053.

ein Grundstück, sondern Gesellschaftsanteile sind, deren Erwerb möglicherweise zur Verwirklichung eines Ergänzungstatbestands führt. In diesen Fällen dürfte zwar eine hohe Relevanz der Grunderwerbsteuerbelastung für die Entscheidungsfindung bestehen. Andererseits sind auch die zusätzlich entstehenden Informationskosten besonders hoch, da Berater konsultiert und ggfs. eine gebührenpflichtige verbindliche Auskunft (§ 89 Abs. 2 AO) eingeholt werden muss.

c. *Gestaltungsmöglichkeiten zur Minimierung der Grunderwerbsteuer*

Neben der Einbeziehung der Steuern als einen den Zielwert beeinflussenden Zahlungsstrom beim Vergleich verschiedener Investitionen, kann die Steuerplanung auch darin bestehen, dass eine getroffene Investitionsentscheidung auf mehreren Wegen verwirklicht werden kann und der steuerlich günstigste Weg ermittelt werden soll.[928] Eine solche Gestaltung des Sachverhalts durch den Steuerpflichtigen mit dem Ziel, Zeitpunkt oder Höhe der Steuerlast zu beeinflussen, wird als Steuergestaltung bezeichnet.[929] Soll eine Investitionsentscheidung danach gefällt werden, welche Alternative die geringste Steuerbelastung hervorruft, bietet sich als Methode eine Berechnung des Steuerbarwertes an, der sich durch Abzinsung aller durch die Investition ausgelösten Steuerbe- und ggf. Steuerentlastungen auf den Investitionszeitpunkt ergibt.[930] Die Grunderwerbsteuer stellt dabei regelmäßig eine einmalige Zahlung zu Beginn des Investitionszeitraums[931] und ggfs. eine weitere zum Ende des Investitionszeitraums dar. Darüber hinaus können sich jedoch Wechselwirkungen mit anderen Steuern ergeben, wenn die Grunderwerbsteuer sich auf deren Bemessungsgrundlage auswirkt. Als Beispiel sind hier die Ertragsteuern zu nennen, da die Grunderwerbsteuer entweder als sofort abzugsfähiger Aufwand oder aber bei Aktivierung als Anschaffungskosten des Grundstücks ggfs. über die Abschreibung die ertragsteuerliche Bemessungsgrundlage mindert.[932]

Gestaltungsmöglichkeiten hinsichtlich der Grunderwerbsteuer sind insbesondere im Bereich der Unternehmenstransaktionen, d.h. bei Erwerb und

---

928 Vgl. *Wagner* in: Wittmann u.a., Handwörterbuch BWL, Bd. III, 1993, Sp. 4056/4057.

929 Vgl. *Rödder*, DStJG Bd. 33, 2010, S. 96.

930 Vgl. zur möglichen Steuerbarwertberechnung mit Fokus auf der Grunderwerbsteuer: *Kaiser*, Grunderwerbsteuerplanung, 2008, S. 38–40.

931 Vgl. *Nieland*, Steuergestaltung, 1997, S. 158.

932 Vgl. zur ertragsteuerlichen Bedeutung von Grunderwerbsteuerzahlungen: *Kaiser*, Grunderwerbsteuerplanung, 2008, S. 98 ff.

Umstrukturierung zu finden.[933] Die Sachverhaltsgestaltungen zielen dabei regelmäßig darauf ab, die in den Ersatztatbeständen festgelegte 95 %-Grenze zu unterschreiten und dennoch möglichst umfangreiche Rechte im erworbenen Unternehmen zu sichern, um so den Anfall von Grunderwerbsteuer vollständig zu verhindern.[934] Daneben können Gestaltungen aber z.B. auch darin bestehen, das Grundvermögen bereits beim Aufbau des Konzerns in einer Gesellschaft zu bündeln, die bei späteren Umstrukturierungen nicht bewegt wird.[935] Ziel kann auch die Verhinderung eines mehrfachen Anfalls von Grunderwerbsteuer bei komplexen Strukturierungsmaßnahmen sein, die mehrfache Anteilsbewegungen erfordern. Neben diesen Gestaltungen, die auf eine vollständige Verhinderung der Grunderwerbsteuer abzielen, kann u.U. auch die Höhe der Bemessungsgrundlage durch den Steuerpflichtigen beeinflusst werden.[936] So kann bspw. vor einer Anteilsübertragung bereits das Grundvermögen zu einem Wert unterhalb des gemeinen Wertes veräußert werden, da in diesem Fall die tatsächliche Gegenleistung als Bemessungsgrundlage herangezogen wird (§ 8 Abs. 1 GrEStG), während bei einem Erwerbstatbestand nach § 1 Abs. 1 Nr. 3 oder Abs. 2a, Abs. 3 und Abs. 3a GrEStG die Ersatzbemessungsgrundlage gem. § 8 Abs. 2 GrEStG und damit ein gem. § 151 Abs. 1 Nr. 1 i.V.m § 157 BewG Bedarfswert der Besteuerung zugrunde gelegt wird, der grds. dem gemeinen Wert des Grundstücks entsprechen soll.

d. Fallbeispiel zur Auswirkung der Ergänzungstatbestände auf die Wirtschaftlichkeit einer Investition

aa. Vorbemerkungen

Grunderwerbsteuer, die durch Ergänzungstatbestände ausgelöst wird, kann wie zuvor dargestellt eine Einflussgröße in der Investitionsrechnung bspw. beim geplanten Erwerb von Gesellschaftsanteilen sein. Eine besondere Wirkung der Ergänzungstatbestände ergibt sich daneben für Personengesellschaften und bei der Steuerplanung aus Konzernsicht. Ändert sich der Gesellschafterbestand einer Personengesellschaft in dem Maße, dass § 1 Abs. 2a GrEStG verwirklicht wird,

933 Vgl. hierzu die zahlreichen Beiträge in der Literatur: *Kaiser*, Grunderwerbsteuerplanung, 2008, passim; *Arnold*, Umstrukturierung, 2015, passim; *Verweyen*, Konzerninterne Umstrukturierungen, 2005, passim; *Wischott* in: Grotherr, Hdb. Steuerplanung, 2011, S. 1051–1065.

934 Vgl. *Wischott* in: Grotherr, Hdb. Steuerplanung, 2011, S. 1065.

935 Vgl. *Kaiser*, Grunderwerbsteuerplanung, 2008, S. 340.

936 Vgl. *Kaiser*, Grunderwerbsteuerplanung, 2008, S. 393, m.w.N.

schuldet die Personengesellschaft selbst die Steuer (§ 13 Abs. 1 Nr. 6 GrEStG). Ähnlich verhält es sich auf Konzernebene für alle Ergänzungstatbestände, wenn der Konzern als Einheit betrachtet wird und der Ergänzungstatbestand durch konzerninterne Anteilsverschiebungen ausgelöst wird. Denn auch in diesem Fall ist das Grundstück durchgehend dem Konzern zuzuordnen und dieser schuldet auch die Grunderwerbsteuer.[937] Ein Rechtsgeschäft mit einem Dritten, in welches die Grunderwerbsteuer eingepreist werden könnte, liegt in beiden Fällen nicht vor.[938] Sie muss daher aus dem laufenden Ertrag des Grundstücks erwirtschaftet werden. Personengesellschaften oder Konzerne, die eine Investition in ein Grundstück planen, sollten daher zur möglichst genauen Bestimmung des Kapitalwertes der Investition auch die zukünftigen durch Anteilsvereinigungen oder Wechsel im Gesellschafterbestand ausgelösten Grunderwerbsteuerzahlungen berücksichtigen. Die folgenden Beispiele sollen aufzeigen, wie sich die Besteuerung von Anteilseignerwechseln mit Grunderwerbsteuer auf die Ertragserwartungen und damit auf die Wirtschaftlichkeit einer Grundstücksinvestition auswirken.

Die Berechnungen sind angelehnt an das Modell von *Rose* zum Bruttoertragsbedarf zur Deckung von Substanzsteuern. *Rose* untersucht in seinem 1975 entwickelten Modell, welchen Ertrag eine Investition min. erzielen muss, um die auf ihr lastenden Substanzsteuern zu decken (sog. Nullwert).[939] Ähnliche Überlegungen lassen sich in den oben beschriebenen Fallkonstellationen für die Grunderwerbsteuer anstellen. Denn die durch einen Ergänzungstatbestand ausgelöste Grunderwerbsteuer fällt ähnlich wie eine Substanzsteuer unabhängig vom tatsächlichen Ertrag aus dem Grundstück und unabhängig von einem Zahlungsstrom von außen an. In den folgenden Beispielen wird daher aufgezeigt, wie viel „Mehrerträge" ein Grundstück in Abhängigkeit von den Gesellschafterwechseln im Konzern erzielen muss. Dabei soll (anders als im Modell von Rose, das lediglich eine Periode betrachtet[940]), der zeitliche Anfall der Grunderwerbsteuer berücksichtigt werden. Das Ergebnis der Berechnung stellt die Veränderung im

---

937 Formeller Steuerschuldner gem. § 13 GrEStG ist nur eine bzw. bei Übertragung bereits vereinigter Anteile innerhalb des Konzerns zwei der Konzerngesellschaften. Bei konsolidierter Betrachtung des Konzerns kann aber wirtschaftlich der Konzern als solcher als Steuerschuldner gewertet werden.

938 Vgl. zu Kritik an der Erhebung von Grunderwerbsteuer, wenn (bspw. bei konzerninternen Umstrukturierungen) keine Gegenleistung vorliegt: *Hey*, Umstrukturierungen, 2009, S. 226; *Tipke*, Steuerrechtsordnung, Bd. II, 2003, S. 1027.

939 Vgl. *Rose*, FR 1975, S. 77.

940 Vgl. *Rose*, FR 1975, S. 77.

Kapitalwert der Grundstücksinvestition aufgrund der zusätzlich ausgelösten Grunderwerbsteuer dar. Würden die zusätzlichen Steuerbelastungen nicht berücksichtigt, wäre der Kapitalwert um genau diesen Betrag zu hoch und könnte zu fehlerhaften Entscheidungen führen.

bb. Berechnungen

Die Berechnungen beruhen auf den folgenden Annahmen:

- Der Betrachtungszeitraum beträgt 50 Jahre.[941]
- Der Grundstückswert soll während des Betrachtungszeitraums konstant 1 Millionen € betragen.[942]
- Die Grunderwerbsteuer soll 6,5 % betragen.[943]
- Der Kalkulationszinsfuß[944] beträgt: 2 %[945]

941 Der Betrachtungszeitraum soll den voraussichtlichen Nutzungszeitraum des Grundstücks abbilden. Die durchschnittlich angenommene wirtschaftliche Gesamtnutzungsdauer für bebaute Geschäftsgrundstücke gem. Anlage 22 zum BewG (BGBl. I 2015, S. 1846) beträgt je nach Art des Grundstücks 30 bis 70 Jahre. Aus Vereinfachungsgründen wird hier eine 50jährige Nutzungsdauer angenommen.

942 Ein im Laufe der Zeit steigender Grundstückswert führt bei einer Kapitalwertberechnung der Grundstücksinvestition einerseits zu höheren Grunderwerbsteuerzahlungen bei Gesellschafterwechsel, andererseits aber auch zu einem höheren positiven Zahlungsstrom bei Veräußerung des Grundstücks am Ende des Investitionszeitraums.

943 Dies ist der im Jahr 2017 höchste Satz, der von den Ländern Brandenburg, Nordrhein-Westfalen, Saarland, Schleswig-Holstein und Thüringen erhoben wird.

944 Der Zins wurde aus Vereinfachungsgründen hier nicht um Ertragsteuerwirkungen korrigiert, da die Ertragsteuern im Beispiel vollständig ausgeklammert werden sollen (s. dazu ebenfalls unter Annahmen).

945 Der Kalkulationszinsfuß gibt die Renditeerwartung der Anlagealternative wieder und wird regelmäßig aus Kapitalmarktdaten bestimmt. Dabei ist ein gegenüber der Anlagealternative höheres Risiko ggfs. durch Risikozuschläge zu berücksichtigen. Hier soll mangels Relevanz auf eine ausführliche Ermittlung des Kalkulationszinsfußes verzichtet werden. Der Zinsfuß von 2 % spiegelt die derzeit niedrige Verzinsung am Kapitalmarkt zzgl. eines geringen Risikoaufschlags für die im Verhältnis zu einer Investition in sichere Kapitalanlagen (z.B. öffentliche Anleihen) risikoreichere Grundstücksinvestition wieder. Vgl. u.a. BMF-Schreiben v. 04.01.2016, IV C 7 – S 3102/07/10001, BStBl. I 2016, S. 5, das einen von der Bundesbank ermittelten Basiszins von 1,1 % für das vereinfachte Ertragswertverfahren gem. §§ 199 ff BewG für 2016 vorsieht; BMF-Schreiben v. 04.01.2018, IV C 1 – S 1980–1/14/10001:038, DStR 2018, S. 194, das einen Basiszins zur Berechnung der Vorabpauschale gem. § 18 InvStG auf den 02.01.2018 v. 0,87 % benennt.

- Anders als im Modell von Rose werden die Ertragsteuern nicht mit einbezogen. Eine Auswirkung der Grunderwerbsteuer auf die Ertragsteuerbelastung der Personengesellschaft bzw. des Konzerns ergibt sich bei einer durch die Ergänzungstatbestände ausgelösten Grunderwerbsteuer nicht. Denn diese ist anders als die Grunderwerbsteuer nach § 1 Abs. 1 GrEStG eine sofort abzugsfähige Betriebsausgabe und zählt nicht zu den Anschaffungskosten des Grundstücks oder der Beteiligung.[946] Dementsprechend muss zwar zunächst ein Ertrag in Höhe der Grunderwerbsteuer erzielt werden, dieser ist jedoch nicht mit Ertragsteuern belastet, da die Grunderwerbsteuer ohne zeitliches Auseinanderfallen und in voller Höhe abzugsfähig ist.
- Für Beispiel 1 wird ein Generationenwechsel alle 30 Jahre angenommen.[947] Vereinfachend ist davon auszugehen, dass der Generationswechsel für alle Anteile zum selben Zeitpunkt und die Übertragung durch Schenkung (vorweggenommene Erbfolge) erfolgt.
- Es gilt: $E = \sum_{t=0}^{t=50} G \times (1+i)^{-t} = \sum_{t=0}^{t=50} (W \times s) \times (1+i)^{-}$, mit:
    - $E = Bruttoertragsbedarf\ aufgrund\ Grunderwerbsteuer\ aus\ Ersatztatbeständen$
    - $G = Grunderwerbsteuerzahlungen$
    - $i = Kalkulationszinsfuß$
    - $W = Grundstückswert$
    - $s = Grunderwerbsteuersatz$
    - $t = Zeitpunkt, jeweils\ Periodenende$

Beispiel 1: Familienunternehmen mit Personengesellschaft als Konzernspitze

Die A-KG ist die Konzernspitze eines Familienkonzerns. An ihr sind die Familienmitglieder bzw. wiederum Personengesellschaften zur Abbildung der einzelnen Stämme beteiligt. Alle weiteren Konzerngesellschaften sind Kapitalgesellschaften

946 Vgl. für § 1 Abs. 2a GrEStG. BFH, Urteil v. 02.09.2014, IX R 50/13, BStBl. II 2015, S. 260; für § 1 Abs. 3 GrEStG: BFH, Urteil v. 20.04.2011, I R 2/10, BStBl. II 2011, S. 761; für § 1 Abs. 3a GrEStG sollte konsequent dasselbe gelten, vgl. *Schmudlach*, DB 2015, S. 706.

947 Diese Annahme basiert auf den jüngsten Angaben (2015) des statistischen Bundesamtes zum Durchschnittsalter der Mütter bei der Geburt: 31 Jahre, *Statistisches Bundesamt (Destatis)*, Alter der Mutter, 2015.

und es bestehen durchgängig Beteiligungsquoten von über 95 %. Entsprechend der oben genannten Annahmen erfolgt alle 30 Jahre ein vollständiger Gesellschafterwechsel durch Weitergabe der Anteile an die nächste Generation. Die Geschäftsführung entscheidet sich „in der Mitte" einer Generation zur Investition in ein Grundstück, d.h. der letzte Generationswechsel fand 15 Jahre zuvor statt. Das Grundstück soll von einer der Konzern-Kapitalgesellschaften erworben werden.

Das Grundstück der Konzerngesellschaft ist der Personengesellschaft an der Konzernspitze aufgrund der Beteiligungsquoten von mehr als 95 % gem. § 1 Abs. 3 GrEStG zuzurechnen.[948] Aufgrund des vollständigen Gesellschafterwechsels in der Personengesellschaft kommt es in den Zeitpunkten und zum Anfall von Grunderwerbsteuer gem. § 1 Abs. 2a GrEStG. Aus diesen Zahlungen ergibt sich ein Bruttoertragsbedarf des Grundstücks in folgender Höhe, der bei der Investitionsentscheidung zu berücksichtigen ist:

$$E = (1.000.000 \times 6{,}5\ \%) \times (1 + 2\ \%)^{-15} + (1.000.000 \times 6{,}5\ \%) \times (1 + 2\ \%)^{-45} = 74.958{,}75$$

Abwandlung: Familiengesellschaft mit Kapitalgesellschaft als Konzernspitze

Wie Beispiel 1, aber die Familienmitglieder bzw. die einzelnen Stämme sind an einer Kapitalgesellschaft beteiligt, die die Konzernspitze bildet. Dabei hält kein Familienmitglied 95 % oder mehr der Anteile an der Kapitalgesellschaft.

In der Abwandlung kommt es durch den Generationswechsel nicht zum Anfall von Grunderwerbsteuer. Denn § 1 Abs. 2a GrEStG gilt nur für Personengesellschaften. Anteilsübertragungen an einer Kapitalgesellschaft führen hingegen nur dann gem. § 1 Abs. 3 oder Abs. 3a GrEStG zum Anfall von Grunderwerbsteuer, wenn mittelbar oder unmittelbar mehr als 95 % der Anteile in einer Hand vereinigt werden. Dies soll lt. Sachverhalt nicht gegeben sein.[949]

948 S. dazu unter C.II.2. Vgl. auch: *Rothenöder*, Anteil, 2009, S. 170.

949 Ein anderes Ergebnis könnte sich ergeben, wenn die grundbesitzende Gesellschaft oder eine zwischen der Konzernspitze und der grundbesitzenden Gesellschaft hängende Gesellschaft die Rechtsform einer Personengesellschaft hätte. Denn gem. § 1 Abs. 2a S. 3–5 GrEStG gelten an einer Personengesellschaft beteiligte Kapitalgesellschaften als neue Gesellschafter, wenn 95 % ihres Gesellschafterbestandes wechseln. Lt. Sachverhalt handelt es sich jedoch um einen reinen Kapitalgesellschaftskonzern.

Beispiel 2: Umstrukturierungen im Konzern

Betrachtet wird ein Kapitalgesellschaftskonzern mit durchgängigen Beteiligungsquoten von mehr als 95 %. Aus Erfahrungswerten ist bekannt, dass durchschnittlich alle 10 Jahre aus strategischen Gründen größere Umstrukturierungen stattfinden, bei denen es zum Umhängen einer Vielzahl von Beteiligungen kommt. Bei der Umstrukturierung im Zeitpunkt $t = 0$ entscheidet sich die Geschäftsleitung auch zur Investition in ein Grundstück, das von einer der unteren Konzerngesellschaften gehalten werden soll.

Aufgrund der bestehenden Erfahrungswerte ist damit zu rechnen, dass es in den Zeitpunkten $t = 10$, $t = 20$, $t = 30$, $t = 40$ und $t = 50$ durch die Umstrukturierungen zum Anfall von Grunderwerbsteuer kommt. Denn das „Umhängen" einer grundbesitzenden Gesellschaft unter Beibehaltung der min. 95%igen Beteiligungsquote führt zu einem unmittelbaren Gesellschafterwechsel i.S.d. § 1 Abs. 3 Nr. 3 GrEStG. Dabei ist es unbeachtlich, dass die mittelbaren Gesellschafter dieselben bleiben.[950] Gleiches gilt auch bei „Umhängen" von an der grundbesitzenden Gesellschaft beteiligten Gesellschaften, da dann ein mittelbarer Gesellschafterwechsel i.S.d. § 1 Abs. 3 Nr. 3 GrEStG vorliegt.[951] Aus den zu erwartenden Grunderwerbsteuerzahlungen ergibt sich ein Bruttoertragsbedarf des Grundstücks in folgender Höhe, der bei der Investitionsentscheidung zu berücksichtigen ist:

$$\begin{aligned} E = &(1.000.000 \times 6{,}5\ \%) \times (1+2\ \%)^{-10} + (1.000.000 \times 6{,}5\ \%) \\ &\times (1+2\ \%)^{-20} + (1.000.000 \times 6{,}5\ \%) \times (1+2\ \%)^{-30} \\ &+ (1.000.000 \times 6{,}5\ \%) \times (1+2\ \%)^{-40} + (1.000.000 \times 6{,}5\ \%) \\ &\times (1+2\ \%)^{-50} = 186.537{,}57 \end{aligned}$$

Abwandlung: Kapitalgesellschaftskonzern mit Grundstücksgesellschaft

Wie Beispiel 2, aber der Konzern hält alle Grundstücke in einer Grundstücksgesellschaft, die direkt unter der Konzernspitze hängt und von etwaigen Umstrukturierungen nach Möglichkeit stets unberührt bleibt.

---

950 Vgl. *Wagner/Mayer*, BB 2014, S. 282; *Tiede*, StuB 2016, S. 843.

951 Eine Ausnahme besteht lediglich bei einer Verkürzung der Beteiligungskette, vgl. Gleichlautende Erlasse der Länder v. 02.12.1999, BStBl. I 1999, S. 991, Tz. 3; *Teiche*, UVR 2003, S. 265.

Die Bündelung von Grundstücken in einer Grundstücksgesellschaft führt dazu, dass in der Abwandlung nicht mit dem Anfall von Grunderwerbsteuer zu rechnen ist. Die Grundstückgesellschaft ist unmittelbar unterhalb der Konzernspitze positioniert, sodass sie von Umstrukturierungen in den anderen Konzernteilen nicht betroffen ist und sich folglich keine steuerauslösenden Gesellschafterwechsel oder Anteilsverschiebungen ergeben.

cc. Schlussfolgerungen

Die Abwandlungen zeigen, dass sich in diesen einfachen Fällen die Grunderwerbsteuer durch Sachverhaltsgestaltung verhindern lässt. In Beispiel 1 wäre es bereits ausreichend, die Übertragungen anlässlich des Generationswechsels nicht zeitgleich, sondern jeweils mit einem Mindestabstand von fünf Jahren vorzunehmen. Dennoch wird deutlich, dass bei Auslösen eines Ersatztatbestands die ursprünglichen Wirtschaftlichkeitsberechnungen einer Grundstücksinvestition ggfs. nicht mehr stimmen, da das Grundstück deutlich mehr Erträge erzielen muss, um die Steuerlast zu decken. Der Einfluss der Grunderwerbsteuer hängt dabei stark von Häufigkeit und Zeitpunkt der Gesellschafterwechsel bzw. der Anteilsverschiebungen ab. Aus finanzwissenschaftlicher Sicht und im Hinblick auf die Forderung nach Entscheidungsneutralität der Besteuerung[952] ist es kritisch zu sehen, dass die Wirtschaftlichkeit einer Grundstücksinvestition aufgrund der Besteuerung mit Grunderwerbsteuer von der Entwicklung der Gesellschafterstruktur der investierenden Gesellschaft abhängig ist.

3. Grunderwerbsteuer in der Liquiditätsplanung

In der Unternehmensplanung wird unter Liquidität die Zahlungsfähigkeit eines Unternehmens verstanden, die zeitpunktbezogen als statische Liquidität oder zeitraumbezogen als dynamische Liquidität bestimmt werden kann.[953] Liquidität stellt einen Erfolgsfaktor des Unternehmens dar und sollte optimal so bemessen sein, dass Zahlungsunfähigkeit vermieden wird, aber auch keine überschüssige Liquidität vorgehalten wird, da diese vorgehaltene Liquidität nicht anderweitig ertragbringend investiert werden kann und daher die Rentabilität des Unternehmens sinkt.[954] Die Planung und Überwachung der Zahlungsfähigkeit des Unternehmens ist nicht nur aus betriebswirtschaftlicher Sicht sinnvoll, sondern

---

952 Vgl. *Brümmerhoff/Büttner*, Finanzwissenschaft 2015, S. 543; *Weber-Grellet*, Verfassungsstaat, 2001, S. 106, 159; s. dazu auch unter G.I.2.c.

953 Vgl. *Vormbaum* in Wittmann u.a., Handwörterbuch BWL, Bd. II, 1993, Sp. 2609.

954 Vgl. *Vormbaum* in Wittmann u.a., Handwörterbuch BWL, Bd. II, 1993, Sp. 2614.

darüber hinaus rechtlich geboten, denn Zahlungsunfähigkeit verpflichtet jedenfalls bei Kapitalgesellschaften zur Stellung eines Insolvenzantrags (§ 15a Abs. 1 i.V.m. § 17 InsO).

Für die betriebliche Steuerplanung ist nicht nur die Frage relevant, ob und in welcher Höhe eine Steuer anfällt, sondern auch wann sie zu entrichten ist, da sich ein Einfluss auf die Liquiditätsplanung des Unternehmens ergibt.[955] Verschiedene Besonderheiten der Grunderwerbsteuer machen ihre Berücksichtigung im Rahmen der Liquiditätsplanung besonders wichtig. Zunächst handelt es sich um eine einmalig, d.h. nicht periodisch anfallende Steuer, die also nicht in der laufenden „Standardplanung" berücksichtigt ist, sondern stets gesondert bedacht werden muss. Hinzukommt, dass sie im Vergleich zu anderen Steuern aufgrund der regelmäßig hohen Investitionssumme bei Grundstücksinvestitionen betragsmäßig hoch sein dürfte[956], grds. in einem Betrag fällig ist und daher zu einem punktuell hohen Liquiditätsabfluss führt. Die Steuer ist gem. § 15 S. 1 GrEStG einen Monat nach Bekanntgabe des Steuerbescheids und damit mit einer den Ertragssteuern vergleichbaren Zahlungsfrist[957] fällig. Zwar darf das Finanzamt gem. § 15 S. 2 GrEStG eine längere Zahlungsfrist setzen. Dies kommt aber wohl nur unter besonderen Umständen in Betracht und zögert zudem die Erteilung der für den Grundbucheintrag notwendigen Unbedenklichkeitsbescheinigung hinaus.[958] Daneben kann eine (verzinsliche) Stundung oder Ratenzahlung wie bei allen Steuern nur unter besonderen Voraussetzungen gewährt werden[959], die bei einem „gesunden" Unternehmen regelmäßig nicht vorliegen sollten.

---

955 Vgl. *Hey*, Steuerplanungssicherheit, 2002, S. 29.

956 Vgl. *Pirner/Könemann*, IStR 2013, S. 424.

957 Vgl. § 36 Abs. 4 S. 1 EStG für die Einkommensteuer und über § 31 Abs. 1 KStG auch für die Körperschaftsteuer, § 20 Abs. 2 GewStG für die GewSt.

958 Vgl. Erlass des FM Schleswig-Holstein v. 07.10.2016, VV SH FinMin 2016-10-07 VI 355-S 4537-002, DB 2016, S. 2575, wonach eine Zahlungsfristverlängerung nur in Frage kommen soll, wenn unvorhersehbare Ereignisse mit nur vorübergehender Auswirkung auf das Vermögen des Steuerpflichtigen eintreten, bspw. unvorhersehbare Verzögerungen bei der Auszahlung fest eingeplanter Darlehen, oder der Vertrag sicher rückabgewickelt werden soll. Kein Grund soll hingegen der bloße Sitz/Wohnsitz des Steuerschuldners im Ausland sein. Zudem ist vorzugsweise eine Stundung zu gewähren, soweit die Voraussetzungen vorliegen, da diese verzinst wird (anders noch: Verfügung der OFD Magdeburg v. 25.01.2001, S 4537-1-St 333, GrESt-Kartei ST § 15, Karte 1).

959 § 222 AO: Stundung soll nur gewährt werden, wenn die Einziehung bei Fälligkeit eine erhebliche Härte für den Steuerpflichtigen bedeuten würde.

Der Liquiditätsabfluss durch die Grunderwerbsteuer sollte im Fall eines isolierten Grundstückserwerbs dennoch unproblematisch sein. Mit dem Anfall von Grunderwerbsteuer ist in diesem Fall offensichtlich zu rechnen. Die Höhe ist, von möglichen Steuersatzänderungen bis zum endgültigen Vertragsabschluss abgesehen, bereits im Voraus leicht zu berechnen und die Parteien treffen regelmäßig im Kaufvertrag eine Vereinbarung darüber, wer die Steuer zu tragen hat. Wird die Steuer vom Erwerber übernommen, wird er sie in den geplanten Liquiditätsabfluss für die Investition einrechnen und seine Finanzierung entsprechend planen. Liegt sie beim Veräußerer, wird dieser den geplanten Liquiditätszufluss aus der Veräußerung um die zu zahlende Grunderwerbsteuer kürzen.

Problematisch ist die Situation hingegen im Fall von Share Deals. Das Entstehen einer Grunderwerbsteuer ist zunächst beim Erwerb von Unternehmensanteilen weniger offensichtlich und zudem ist die rechtliche Beurteilung der Steuerpflicht schwieriger. Es kann daher unklar sein, ob Grunderwerbsteuer anfällt, weil die Rechtslage keine eindeutige Beurteilung im Vorfeld zulässt.[960] In diesem Fall wird unter Risikogesichtspunkten zwangsläufig Liquidität für eine eventuelle Zahlung eingeplant werden müssen, die dann nicht mehr anderweitig zur Verfügung steht. Insbesondere im Fall von Share Deals im Ausland, die nur über mehrere mittelbare Beteiligungen Grunderwerbsteuer auslösen, ist es denkbar, dass die Parteien aus Unkenntnis des deutschen GrEStG nicht mit einer Steuerbelastung rechnen und sie deshalb nicht einplanen.[961] Dann entsteht ein unerwarteter Liquiditätsabfluss, der zu Liquiditätsengpässen und im Extremfall zur Zahlungsunfähigkeit führen kann. Unter Liquiditätsgesichtspunkten besonders kritisch zu sehen ist schließlich der Anfall von Grunderwerbsteuer bei (konzerninternen) Umstrukturierungen und Umwandlungen, in denen keine Gegenleistungen (weder für einzelne Grundstücke noch für Unternehmensanteile) gezahlt werden. In diesem Fall entsteht ein Liquiditätsbedarf für die Grunderwerbsteuerzahlung, dem aber kein Liquiditätszufluss (z.B. aus Kaufpreiszahlung) vorausgegangen ist. Die Grunderwerbsteuer muss in diesen Fällen also gesondert finanziert werden. Grds. sollen am Leistungsfähigkeitsprinzip

---

960 Auch das Instrument der verbindlichen Auskunft kann aufgrund der nicht beeinflussbaren Bearbeitungsdauer bei der Finanzbehörde und den zusätzlichen Kosten nicht in allen Fällen für Planungssicherheit sorgen (vgl. zur Kritik insbesondere an der „Soll-Frist" von 6 Monaten gem. § 89 Abs. 2 S.4 AO und zur mehrfachen Festsetzung von Gebühren: *Brühl/Süß*, DStR 2016, S. 2621, 2622).

961 Vgl. zur möglichen Unkenntnis der Unternehmensführung über potenzielle deutsche Grunderwerbsteuer bei ausländischen Umstrukturierungen: *Pirner/Könemann*, IStR 2013, S. 425.

ausgerichtete Steuern nur dann erhoben werden, wenn auch Liquidität zur Entrichtung besteht, d.h. jedenfalls eine abstrakte Zahlungsfähigkeit besteht.[962] Daher wird in der Literatur teilweise gefordert, das Entstehen der Grunderwerbsteuer vom Vorliegen einer Gegenleistung abhängig zu machen[963], da die Grunderwerbsteuer sonst ein echtes Hindernis notwendiger Umstrukturierungen darstellt.[964]

4. Fehlende Planungssicherheit

a. Systematisierung der Gründe für Planungsunsicherheit

aa. Grundlage der Systematisierung

Die Berücksichtigung der Grunderwerbsteuer in den einzelnen Bereichen der betriebswirtschaftlichen Planung erfordern eine eindeutige Subsumtion des realisierten Sachverhaltes unter das GrEStG, um die anfallenden grunderwerbsteuerlichen Zahlungsströme ermitteln zu können. Wie bereits in Teil C deutlich geworden, existieren aber bereits im Bereich der Ergänzungstatbestände zahlreiche ungeklärte Zweifelsfragen, die eine eindeutige Subsumtion im Planungsprozess erschweren oder sogar verhindern können.[965] *Hey* hat in ihrer Forschung zur Steuerplanungssicherheit eine Systematisierung der Planungsunsicherheiten nach den Ebenen Steuergesetzgebung, Finanzverwaltung und Steuerrechtsprechung vorgenommen.[966] Die derzeit bestehenden Planungsunsicherheiten im Bereich der Grunderwerbsteuer sollen im Folgenden in dieses System eingeordnet werden.

---

962 Vgl. *Hey*, Steuerplanungssicherheit, 2002 S. 177.

963 Vgl. *Fischer* in: Boruttau, GrEStG, 2016, Vorbemerkungen, Rz. 163 m.w.N.; *Tipke*, Steuerrechtsordnung, Bd. II, 2003, S. 1027.

964 Vgl. *Wischott/Adrian/Schönweiß*, DStR 2011, S. 497; *Wischott/Schönweiß*, DStR 2009, S. 2640; *Cortez/Göbel*, ZfIR 2015, S. 693; *Fumi*, DStZ 2015, S. 433; *Hey*, Umstrukturierungen, 2009, S. 226; *Wagner/Mayer*, BB 2014, S. 289. Die Einführung von § 6a GrEStG löste das Problem (wenn überhaupt) nur teilweise, da der Anwendungsbereich sehr beschränkt ist und es sich zudem gesetzestechnisch um eine Begünstigungsregel und nicht um eine systematisch wohl eher gebotene Nichtsteuerbarkeit handelt (vgl. *Teiche*, BB 2012, S. 2660).

965 Vgl. zu einer Zusammenfassung der Zweifelsfragen unter C.IV.2.

966 Vgl. *Hey*, Steuerplanungssicherheit, 2002, S. 63ff; teilweise basierend auf der Analyse der Rechtsunsicherheiten für das Einkommensteuerrecht durch *Raupach* (*Raupach*, Niedergang, 1985, S. 15–85).

bb. Ebene der Steuergesetzgebung

Planungsunsicherheiten, die ihren Grund auf Ebene der Steuergesetzgebung haben, können u.a. aus mangelhafter Gesetzestechnik[967], häufigen, ggfs. rückwirkenden Gesetzesänderungen[968] und experimenteller Gesetzgebung[969] resultieren. Letzteres führt dazu, dass rein quantitativ zu viele Gesetze existieren und diese konzeptionell in einem Trial-and-Error-Prozess entwickelt werden, statt auf einer vorweg durchdachten gesetzgeberischen Konzeption zu fußen.[970] Dieses Phänomen taucht in besonderem Maße in der Missbrauchsgesetzgebung auf, wobei ein gesetzgeberischer (Re-)Aktionismus beobachtbar ist, mit der der Gesetzgeber in oftmals übereilten Gesetzgebungsverfahren entweder auf in der Praxis beobachtete Steuergestaltungen oder aber auf unerwünschte Rechtsprechung reagiert.[971] Im Gegensatz zu den übereilt anmutenden Änderungen bei Einzelnormen ist bei lange von Wissenschaft und Praxis geforderten Reformen dagegen eine Untätigkeit des Gesetzgebers zu beklagen.[972] Die gesetzestechnischen Missstände des Einkommensteuerrechts wurden bereits 1985 durch *Raupach* aufgezählt. Er diagnostizierte u.a. die „uneinheitliche Verwendung von Begriffen in derselben Vorschrift", die „Verwendung vager Tatbestandsmerkmale" und „unscharfe Kollisionsnormen" sowie „unklare Konkurrenzverhältnisse".[973] In den Ergänzungstatbeständen des GrEStG lassen sich die genannten Mängel in der Gesetzesqualität ebenfalls feststellen mit der Folge, dass die Planbarkeit der Grunderwerbsteuerbelastung für Unternehmen erschwert wird, da das Gesetz eine rechtssichere Subsumtion nicht ermöglicht.[974] Die fehlende Gesamtkonzeption mit ihren Ursachen wurde bereits unter C.IV.1. aufgezeigt. Sie resultiert u.a. in einer uneinheitlichen Begriffsverwendung durch die Ergänzungstatbestände, sodass derselbe Begriff je nach Tatbestand eine unterschiedliche Bedeutung haben kann[975] oder aber vice versa verschiedene Begriffe für

---

967 Vgl. *Hey*, Steuerplanungssicherheit, 2002, S. 67.

968 Vgl. *Schneeloch*, Steuerpolitik 2009, S. 10–13.

969 Vgl. *Hey*, Steuerplanungssicherheit, 2002, S. 72.

970 Vgl. *Hey*, Steuerplanungssicherheit, 2002, S. 71–73.

971 Vgl. *Hey*, DStJG Bd. 33, 2010, S. 141.

972 Vgl. *Hey*, Steuerplanungssicherheit, 2002, S. 74.

973 *Raupach*, Niedergang, 1985, S. 15–16.

974 Zu den Wirkungen der bestehenden Missstände und Zweifelsfragen auf die betriebswirtschaftliche Planung s. unter E.I.4.b.

975 Beispiele sind u.a. der unterschiedliche Anteilsbegriff und die unterschiedliche Berechnung der mittelbaren Beteiligungsquoten, s. unter C.II.3., C.II.4.b. und c. und C.II.6.

denselben Sinngehalt[976] verwendet werden.[977] Auch das Problem der unvollständigen Konkurrenzregeln ist in der fehlenden Gesamtkonzeption begründet.[978]

Die Ergänzungstatbestände enthalten zudem Begriffe, die dem Grunderwerbsteuergesetz im Übrigen fremd sind, weil sie an anderer Stelle nicht benötigt werden. Dazu gehören u.a. die Begriffe Gesellschaft, Gesellschaftsvermögen, Gesellschafter, Gesellschafterbestand, Anteil und Beteiligung. Eine eigenständige Definition der Begriffe enthält das GrEStG nicht. Ihnen ist gemein, dass sich eine Bedeutung aus dem Zivilrecht ableiten lässt. Ob dieser zivilrechtliche Sinngehalt aber uneingeschränkt übertragen werden soll oder ob den Begriffen eine eigenständig grunderwerbsteuerliche Bedeutung zukommt, ist umstritten.[979] Daneben werden einzelne Tatbestandsmerkmale untechnisch beschrieben und sind daher ebenfalls auslegungsbedürftig. Das gilt bspw. für die Zuordnung von Grundstücken zum Gesellschaftsvermögen. Das Gesetz verwendet hier das Wort „gehören", ohne weiter darauf einzugehen, ob damit eine zivilrechtliche Zuordnung nach dem Grundbuch, eine bilanzielle bzw. wirtschaftliche Zuordnung, die z.B. auch ein im wirtschaftlichen Eigentum der Gesellschaft stehendes Grundstück umfassen würde, oder aber erneut eine spezifisch grunderwerbsteuerliche Zuordnung gemeint ist.[980] Ähnlich verhält es sich mit der Einbeziehung mittelbarer Wechsel im Gesellschafterbestand bzw. mittelbarer Anteilsvereinigungen und -übertragungen. Das „wie" der Mittelbarkeit wird nicht ausreichend definiert. Im Anwendungsbereich des § 1 Abs. 2a GrEStG und des § 1 Abs. 3a GrEStG ist

---

976 Dies wird für die Begriffe „Rechtsträger" und „Erwerber" von der h. M. angenommen. S. unter C.II.5.

977 Vgl. bereits kritisch unter C.IV.1.

978 Vgl. zu gesetzlich nicht geregelten Konkurrenzen, zum Problem der unterschiedlichen zeitlichen Verwirklichung und zur „Verstärkung" im Anwendungsbereich des § 1 Abs. 3 und Abs. 3a GrEStG unter C.II.8. und kritisch unter C.IV.1.

979 Vgl. dazu unter C.II.: Beispiel Gesellschaft: Der zivilrechtliche Gesellschaftsbegriff wird für Zwecke des § 1 Abs. 3 und Abs. 3a GrEStG einerseits eingeschränkt, da u.a. Vereine und stille Gesellschaften nicht erfasst sein sollen, andererseits aber um vergleichbare ausländische Rechtsformen erweitert. S. zu ungeklärten Zweifelsfragen bei der Auslegung von Tatbestandsmerkmalen auch unter C.IV.2.

980 Vgl. dazu unter C.II.2. Die h. M. geht wohl von einer spezifisch grunderwerbsteuerlichen Zuordnung aus, die darauf abstellt, ob die Gesellschaft einen Erwerbstatbestand i.S.d. GrEStG bezogen auf das betroffene Grundstück verwirklicht hat: Vgl. BFH, Urteil v. 11.12.2014, II R 26/12, BStBl. II 2015, S. 402; BFH, Urteil v. 25.08.2010, II R 65/08, BStBl. II 2011, S. 225; Hofmann, GrEStG, 2017, § 1, Rz. 148; *Meßbacher-Hönsch* in: Boruttau, 2016, § 1 Rz. 903, 1030, 1246; *Pahlke*, GrEStG, 2018, § 1, Rz. 325.

unklar, ob die Definitionen abschließend sind.[981] Für § 1 Abs. 3 GrEStG ist weiterhin keine gesetzliche Definition einer mittelbaren Anteilsvereinigung/-übertragung vorhanden.

Zuletzt sind die sog. redaktionellen Fehler, d.h. Ungenauigkeiten im Gesetzeswortlaut, die vermutlich durch den Gesetzgeber so nicht beabsichtigt waren, zu beklagen. Solche finden sich derzeit insbesondere in § 1 Abs. 2a S. 2–5 GrEStG.[982] Zwar lässt sich der gesetzgeberische Willen anhand der Gesetzesbegründung, die die bisherige Verwaltungsauffassung festschreiben soll,[983] relativ eindeutig ermitteln. Dennoch liegt nach dem Gesetzeswortlaut eine Regelungslücke vor.[984] Dies ist insbesondere unter dem Aspekt problematisch, dass der BFH zuvor eine der nun gesetzlich kodifizierten Verwaltungsauffassung entgegenstehende Beurteilung mittelbarer Änderungen im Gesellschafterbestand angewendet hatte[985] und die Finanzverwaltung zwischenzeitlich ihre Nichtanwendungserlasse aufgehoben hat[986], sodass es jedenfalls möglich scheint, auf Fälle der Regelungslücke die alte BFH-Rechtsprechung anzuwenden.[987] Diese jüngste Änderung reiht sich in eine lange Änderungshistorie des § 1 Abs. 2a GrEStG ein, die ihn zu einem Musterbeispiel für das oben genannte Phänomen der Trial-and-Error-Gesetzgebung macht.[988] Dabei war stets eine Art Ping-Pong zwischen dem Gesetzgeber auf der einen und Literatur sowie Rechtsprechung auf der anderen Seite zu beobachten.[989] Weiterhin nicht gesetzlich geklärt wurde die Berechnungslogik der Fünfjahresfrist, d.h. die Frage, ob eine einheitliche Frist gilt oder ob für jede Ebene eine eigene Frist zu berechnen ist, sodass sich der Betrachtungszeitraum mit

---

981 Vgl. zur Diskussion insbesondere um die Einbeziehung schuldrechtlicher Vereinbarungen unter C.II.4.c.

982 Dies betrifft insbesondere die vom Wortlaut nicht umfasste Änderung im Gesellschafterbestand der unmittelbar beteiligten Personengesellschaft sowie Änderungen im Gesellschafterbestand einer über eine Kapitalgesellschaft beteiligten Personengesellschaft, vgl. bereits unter C.II.4.b. und C.IV.2.

983 Vgl. BR-Dr. 121/ 15 v. 27.03.2015, S. 59: Das Gesetz soll die Verwaltungsauffassung der Länder lt. Gleichlautender Erlasse v. 25.02.2010 (BStBl. I 2010, S. 245; Tz. 2.2) festschreiben, denen das Urteil des BFH v. 24.04.2013 (II R 17/10, BStBl. II 2013, 833) entgegensteht.

984 So auch: *Lange/Broemel*, DStR 2017, S. 362.

985 Vgl. BFH, Urteil v. 24.04.2013, II R 17/10, BStBl. II 2013, 833.

986 Vgl. Gleich lautende Erlasse der Länder vom 16.09.2015, BStBl. I 2015, S. 822.

987 So auch: *Lange/Broemel*, DStR 2017, S. 362.

988 Vgl. zur Änderungshistorie des § 1 Abs. 2a GrEStG unter B.II.2. und kritisch in Bezug auf die fehlende Gesamtkonzeption unter C.IV.1.

989 Vgl. dazu die Darstellung der Gesetzeshistorie des § 1 Abs. 2a GrEStG unter B.II.2.

zunehmender Länge der Beteiligungskette immer weiter ausdehnen könnte.[990] Hierin kann ein Beispiel für die Untätigkeit des Gesetzgebers im Bereich dringend klärungsbedürftiger Fragen gesehen werden.[991]

Neben diesen bereits von *Hey* und *Raupach* bemängelten Ursachen von Planungsunsicherheit in der Gesetzgebung ist hier m.E. auch der drittbestimmte Anfall von Steuern einzuordnen. Denn damit nimmt der Gesetzgeber billigend in Kauf, dass der Steuerpflichtige nicht nur Unsicherheiten in der Planung bewältigen muss, sondern keine Möglichkeit zur Planung hat, da er nicht die agierende, den Tatbestand auslösende Person ist. Eine drittbestimmte Steuerpflicht kann in den Ergänzungstatbeständen gleich mehrfach auftreten. Besonders deutlich ist dies im Anwendungsbereich des § 1 Abs. 2a GrEStG. Steuerpflichtige ist die grundbesitzende Personengesellschaft selbst (§ 13 Nr. 6 GrEStG), aber Auslöser der Grunderwerbsteuer ist ein (ggfs. mittelbarer) Wechsel im Gesellschafterbestand ebendieser Personengesellschaft. Da die Gesellschaft auf die Anteilsveräußerungen, die zur Verwirklichung des Steuertatbestands führen, keinen Einfluss hat, liegt eine drittbestimmte Steuerpflicht vor.[992] Für die betroffene Gesellschaft und ihre gesetzlichen Vertreter führt diese gesetzliche Anordnung zu hoher Planungsunsicherheit, da sich der Anfall der Steuer ihrem Einflussbereich entzieht und daher auch nur in geringem Maße planbar ist. Auf der unmittelbaren Ebene kann noch eine gewisse Deckungsgleichheit der Interessen von Gesellschaft und Gesellschafter vermutet werden, da sich eine Grunderwerbsteuerzahlung unmittelbar auf den Gewinnanteil der Gesellschafter auswirkt.[993] Allerdings kann auch ein Gesellschafterwechsel mehrere Ebenen oberhalb der grundbesitzenden Gesellschaft zur Tatbestandsverwirklichung führen. In diesem Fall

---

990 Vgl. zum Problem unter C.II.7. und kritisch zur fehlenden Regelung im StÄndG 2015 unter C.IV.2.

991 Vgl. ebenfalls kritisch *Behrens/Halaczinsky*, UVR 2015, S. 373.

992 Diese wird aufgrund der Besonderheiten der Personengesellschaft überwiegend als gerechtfertigt angesehen: BFH, Beschluss v. 11.09.2002, II B 113/02, BStBl. II 2002, S. 777; *Behrens*, Fiktion, 2009, S. 1115 m.w.N. Spätestens bei Einbeziehung mittelbarer Beteiligungen, die über eine Kapitalgesellschaft vermittelt werden, kann die Argumentation über § 718 BGB, §§ 105 Abs. 2, 161 Abs. 2 HGB, wonach Gesellschaftsvermögen gemeinschaftliches Vermögen der Gesellschafter ist, jedoch nicht mehr einschlägig sein, da die zwischengeschaltete Kapitalgesellschaft diese Transparenz unterbricht (vgl. *Behrens*, UVR 2015, S. 140); ebenfalls kritisch: *Wiese*, Gesamthand, 2003, S. 130.

993 *Wiese* (Gesamthand, 2003, S. 130) geht sogar davon aus, dass für den unmittelbaren Gesellschafter ein Veräußerungsverbot jedenfalls für Zwerganteile aus der Treupflicht erwächst.

sind die handelnden Gesellschafter von den Auswirkungen der Grunderwerbsteuer-Zahlung nicht betroffen und sich oftmals der grunderwerbsteuerlichen Konsequenzen ihres Handelns nicht bewusst.[994] Gleichzeitig kann es sein, dass die Personengesellschaft keine Kenntnis über die Tatbestandsverwirklichung hat[995], denn zivil- bzw. gesellschaftsrechtlich besteht kein Informationsrecht der Gesellschaft gegenüber ihren Gesellschaftern.[996] Selbst wenn Sie sich die Informationen z.B. über das Handelsregister beschaffen kann, besteht keine Möglichkeit, die Steuerlast im Vorfeld einzuplanen, da sie regelmäßig zum Zeitpunkt der Kenntnisnahme der Personengesellschaft schon entstanden und innerhalb relativ kurzer Zeit fällig sein dürfte.[997] Ähnliche Schwierigkeiten können sich auch im Anwendungsbereich des § 1 Abs. 3 und Abs. 3a GrEStG ergeben, da hier eine Tatbestandsverwirklichung auch durch den Anteilserwerb einer Tochtergesellschaft oder durch Kapitalmaßnahmen[998] wie die Anwachsung nach Austritt eines Gesellschafters aus einer Personengesellschaft oder den Erwerb eigener Anteile durch eine Kapitalgesellschaft erfolgen kann.[999]

---

994 Da § 1 Abs. 2a GrEStG nicht auf den einzelnen Gesellschafter abstellt, kann dieser die Konsequenz seiner Handlung jedenfalls bei Anteilsübertragungen unterhalb von 95 % nicht absehen, da er keine Informationen über weitere unmittelbare und mittelbare Gesellschafterwechsel hat, zumal innerhalb des Fünfjahreszeitraums auch vergangene und zukünftige Wechsel relevant sein können. Vgl. dazu bei *Wiese*, Gesamthand, 2003, S. 129.

995 Vgl. *Wiese*, Gesamthand, 2003, S. 128, 130. In der Literatur wird daher teilweise auch die Anzeigepflicht gem. § 19 Abs. 1 Nr. 3a GrEStG in Zweifel gezogen, vgl. *Pahlke*, GrEStG, 2018, § 19, Rz. 5. S. dazu nachfolgend unter E.2.C.

996 Vgl. *Pirner/Könemann*, IStR 2013, S. 425. Zur identischen Problematik im österreichischen GrEStG nach Einführung des § 1 Abs. 2a öGrEStG vgl. *Rief* in: Marschner/Stefaner, Steuerreform 2016, Rz. 5/23. *Rief* sieht neben dem Risiko einer fehlenden Kenntnis über den Gesellschafterwechsel zudem ein Risiko in Bezug auf die bei der GmbH & Co. KG geltenden Kapitalerhaltungspflichten, da es durch die Grunderwerbsteuerbelastung zu einem von der KG nicht beeinflussbaren Mittelabfluss kommt. Auch dieser Gedanke scheint auf die deutsche Rechtslage übertragbar (s. zur Kapitalerhaltung bei der GmbH & Co. KG: *Haas/Mock* in: Röhricht/Graf von Westphalen/Haas, HGB, 2014, § 172 HGB, Rz. 63–64).

997 Die Fälligkeit richtet sich nach der Bearbeitungsdauer im Finanzamt, da sie gem. § 15 S. 1 GrEStG einen Monat nach Bekanntgabe des Steuerbescheids fällig ist.

998 Vgl. zu den Kapitalmaßnahmen unter C.II.4.c.dd.

999 Vgl. mit einem Beispielsfall zum drittbestimmten Anfall von Grunderwerbsteuer bei § 1 Abs. 3a GrEStG: *Behrens*, StJB 2014/2015, S . 582; zur Tatbestandserfüllung des § 1 Abs. 3a GrEStG durch Veränderung der variablen Kapitalkonten bei Personengesellschaften: *Illing*, DStZ 2013, S. 510. Jedenfalls im Anwendungsbereich des § 1

cc. Ebene der Finanzverwaltung

Die auf Ebene der Gesetzgebung angeführten Kritikpunkte gelten im Wesentlichen auch für die Verwaltungsanweisungen, da diese notwendig an Gesetzesänderungen und zusätzlich an ggfs. ergehende Rechtsprechung angepasst werden müssen.[1000] Dies führt zu einer Flut von Verwaltungsanweisungen[1001], die für den Rechtsanwender nicht mehr zu überblicken ist. Zudem besteht die Gefahr, dass die in Verwaltungsanweisungen veröffentlichten Interpretationen der Finanzverwaltung an Stelle des Gesetzes treten und Rechtsfragen klären, die eigentlich gesetzlich normiert sein müssten. Zwar geben solche das Gesetz ergänzenden Verwaltungsanweisungen dem Steuerpflichtigen grds. mehr Rechtssicherheit, da sie eine mittelbare Außenwirkung entfalten, auf die sich der Steuerpflichtige berufen kann.[1002] Sie binden jedoch nicht die Gerichte.[1003] Bei Ergehen eines abweichenden Urteils kommt es daher zwangsläufig zu Planungsunsicherheiten für die Zukunft, da unklar ist, ob die Verwaltung an ihrer Auffassung festhält, sich dem Gericht anschließt oder es ggf. sogar zu einer rechtsprechungsbrechenden Gesetzgebung kommt. Daher ist unter dem Aspekt der Planungssicherheit ein Gesetzeswortlaut notwendig, der eine Subsumtion weitgehend ohne die Heranziehung von Verwaltungsanweisungen erlaubt.[1004]

Neben den rechtsauslegenden Verwaltungsanweisungen sind die Nichtanwendungserlasse für die Planung des Steuerpflichtigen bedeutsam. Deren

---

Abs. 3 GrEStG könnte aufgrund der rechtsdogmatisch notwendigen Beherrschung von einer Kenntnis und einer Einflussmöglichkeit des Gesellschafters ausgegangen werden, die der Annahme eines drittbestimmten Anfalls ausschließt. Zwingend ist dies jedoch m.E. gerade auch für den Fall der Anwachsung durch Austritt eines Gesellschafters aus einer Personengesellschaft nicht.

1000 Vgl. *Hey*, Steuerplanungssicherheit, 2002, S. 76.

1001 Vgl. zur „Erlaßflut" bereits *Raupach*, Niedergang, 1985, S. 47; s. zur aktuellen Lage außerdem bei *Englisch* in: Tipke/Lang, Steuerrecht, 2015, § 5, Rz. 32, der davon ausgeht, dass Finanzministerien und OFDen jährlich mehrere tausend Verwaltungsvorschriften erlassen und insgesamt mehrere zehntausend existieren.

1002 Durch Verwaltungsvorschriften sind nachgeordnete Behörden gebunden, sie entfalten keine unmittelbare Wirkung gegenüber dem Steuerpflichtigen und den Gerichten. Jedenfalls veröffentlichte Verwaltungsanweisungen schaffen jedoch über den aus Art. 3 Abs. 1 GG abgeleiteten Grundsatz der Selbstbindung der Verwaltung sowie als Vertrauensschutz begründende Dispositionsgrundlage eine mittelbare Außenwirkung, vgl. dazu *Englisch* in: Tipke/Lang, Steuerrecht, 2015, § 5, Rz. 31, 36.

1003 Vgl. *Englisch* in: Tipke/Lang, Steuerrecht, 2015, § 5, Rz. 28.

1004 Vgl. zur Gefahr einer Anwendung der Verwaltungsanweisungen an Stelle des Gesetzes bereits: *Raupach*, Niedergang, 1985, S. 48.

Wirkung im Hinblick auf die Planungssicherheit ist differenziert zu betrachten.[1005] Einerseits entziehen sie dem Steuerpflichtigen eine Planungsgrundlage, da sie Rechtsprechung, die der Steuerpflichtige seiner Planung zugrunde legen könnte, für nicht anwendbar erklären. Dies gilt umso mehr, wenn die Nichtanwendungserlasse ohne Begründung ergehen.[1006] Andererseits machen sie den Steuerpflichtigen auf eine umstrittene Rechtslage aufmerksam[1007], sodass er bei der Steuerplanung bereits berücksichtigen kann, dass die Berufung auf ein für ihn günstiges Urteil mit hoher Wahrscheinlichkeit nur im Gerichtsverfahren durchsetzbar ist, wobei im Einzelfall auch mit einer abweichenden Rechtsprechung gerechnet werden muss.[1008] Schließlich können Nichtanwendungserlasse auch eine durchgehend einheitliche Rechtslage sicherstellen. Wenn eine gefestigte Verwaltungsauffassung vom BFH verworfen und durch den Gesetzgeber in rechtsprechungsbrechender Gesetzgebung anschließend die Verwaltungsauffassung gesetzlich festgeschrieben und damit die alte Rechtslage wiederhergestellt wird, schließen Nichtanwendungserlasse die Lücke zwischen Urteilsverkündung und Erstanwendung des neuen Gesetzes.[1009]

Auch das Besteuerungsverfahren gibt Anlass zur Planungsunsicherheit, da bereits das Veranlagungsverfahren lange dauert und Bescheide häufig durch Vorläufigkeiten oder Vorbehaltsvermerke auch im Hinblick auf regelmäßig nicht zeitnah erfolgende Betriebsprüfungen offen gehalten werden.[1010] Die Ursache des langen Besteuerungsverfahrens liegt zu einem großen Teil in der Struktur der Verwaltung, die an vielen Stellen unterbesetzt und daher zu einer zeitnahen rechtlich abschließenden Beurteilung des Sachverhalts nicht in der Lage ist.[1011]

1005 Vgl. *Hey*, Steuerplanungssicherheit, 2002, S. 80.

1006 Vgl. *Spindler*, DStR 2007, S. 1063; *Hey*, Steuerplanungssicherheit, 2002, S. 80.

1007 Vgl. *Leisner*, DStZ 1999, S. 365.

1008 Letztlich gewinnt der Steuerpflichtige also nur Sicherheit über das Bestehen einer Rechtsunsicherheit. Es steht ihm jedoch offen, der Verwaltungsauffassung zu folgen und damit den sicheren, wenngleich möglicherweise ungünstigeren Weg zu wählen, vgl. *Hey*, Steuerplanungssicherheit, 2002, S. 81.

1009 Vgl. *Spindler*, DStR 2007, S. 1063; zur grds. Zulässigkeit von Nichtanwendungserlassen und zur Notwendigkeit von Übergangsregelungen bei Rechtsprechungsänderungen: *Englisch* in: Tipke/Lang, Steuerrecht, 2015, § 5, Rz. 38–39.

1010 Vgl. *Hey*, Steuerplanungssicherheit, 2002, S. 82.

1011 Vgl. dazu bereits 1985 *Raupach*, Niedergang, 1985, S. 53; dessen Aussagen aber auch heute noch Bestand haben dürften, vgl. nur Ausführungen zur Überlastung im Rahmen der ESt-Veranlagung: *Kühn*, FR 2012, S. 545. Zum ggfs. aus der Überlastung der Finanzämter resultierenden Problem eines strukturellen Vollzugsdefizits im Bereich der Grunderwerbsteuer s. unter F.II.

Rechtssicherheit tritt daher für den Steuerpflichtigen oft erst mit Ablauf der grds. vierjährigen Festsetzungsfrist ein[1012], die ggfs. durch An- und Ablaufhemmungen wesentlich verlängert wird.

Im Gegensatz zu anderen Steuergesetzen, in denen sich die wesentlichen Verwaltungsanweisungen in Form von Richtlinien als vollständiges Werk lesen lassen, existieren solche Richtlinien in der Grunderwerbsteuer nicht, sondern ergehen zu den jeweiligen Einzelfragen (häufig gleichlautende) Ländererlasse, die zusammen mit bundeslandspezifischen Einzelregelungen sowie den Erlassen und Anweisungen niedrigerer Behörden (OFD, Landesamt für Finanzen, Senat für Finanzen, etc.) in die GrESt-Karteien der Länder eingehen.[1013] Der Kritikpunkt einer unübersichtlichen Flut an Erlassen, die teilweise mangels Veröffentlichung dem Steuerpflichtigen nicht einmal bekannt sein können,[1014] gilt daher für die Grunderwerbsteuer in besonderem Maße. Die Verknüpfung zwischen Gesetzesänderungen und Erlassen zeigt sich besonders plakativ am Beispiel des § 1 Abs. 2a GrEStG. Korrespondierend zu den zahlreichen Anpassungen im Gesetzeswortlaut erschienen auch immer wieder neue Ländererlasse.[1015] Allerdings erschienen die geänderten Erlasse stets erst einige Zeit nach der Gesetzesänderung[1016], sodass bis dahin regelmäßig der vorhergehende Erlass weiter anzuwenden war, soweit er dem Gesetzeswortlaut nicht ausdrücklich entgegenstand. Auch zur Neufassung von § 1 Abs. 2a S. 2–5 GrEStG, die mit StÄndG 2015 vom 02.11.2015[1017] eingeführt wurde, sind die Ländererlasse dem Vernehmen nach noch immer in Abstimmung.[1018]

1012 Vgl. *Hey*, Steuerplanungssicherheit, 2002, S. 83.

1013 Vgl. bereits allgemein zum Grundproblem der Zuständigkeiten bei Verwaltungsvorschriften und der daraus resultierenden Unübersichtlichkeit und Unsicherheit im Hinblick auf die Anwendung: *Hey*, Steuerplanungssicherheit, 2002, S. 76–77.

1014 Vgl. zum Problem unveröffentlichter Verwaltungsanweisungen: *Raupach*, Niedergang, 1985, S. 52.

1015 Bisher wurde der Länderlass bereits fünfmal angepasst. Aktuell gelten die gleich lautenden Erlasse der Länder v. 18.02.2014 (BStBl. I 2014, S. 561). Ein Erlass, der die Zweifelsfragen der Neuregelung durch das StÄndG 2015 behandelt, ist auch über 2 Jahre nach Inkrafttreten der Gesetzesänderung noch nicht erschienen, allerdings bereits lange angekündigt.

1016 Vgl. u.a. Gleich lautende Erlasse der Länder v. 07.02.2000 (BStBl. I 2000, S. 344) aufgrund StEntlG 1999/2000/2002 v. 24.03.1999 (BGBl. I 1999, S. 401) und Gleich lautende Erlasse der Länder v. 26.02.2003 (BStBl. I 2003, S. 271) aufgrund StÄndG 2001 v. 20.12.2001 (BGBl. I 2001, S. 3794).

1017 StÄndG 2015 v. 02.11.2015, BGBl. I 2015, S. 1834.

1018 Vgl. *Lange/Broemel*, DStR 2017, S. 1631; *Behrens*, UVR 2017, S. 319.

Da jedoch viele Einzelfragen in den Ergänzungstatbeständen nicht abschließend geklärt sind, stellen die Verwaltungsanweisungen wichtige Hilfsmittel bei der Steuerplanung dar. Hier ist kritisch zu sehen, dass einzelne Fragestellungen nahezu losgelöst vom Gesetz behandelt werden. Dazu zählt bspw. die Definition der Alt- und Neugesellschafter i.S. von § 1 Abs. 2a GrEStG, die im Gesetzeswortlaut nicht auftaucht[1019], oder die Behandlung von Treuhandvereinbarungen als mittelbare Anteilsübertragungen und Gesellschafterwechsel[1020], die im Gesetz ebenfalls keinen Anknüpfungspunkt findet, da der Wortlaut nur die mehrstufigen Beteiligungen abdeckt. Für den Rechtsanwender bleibt damit die Unsicherheit, dass die bestehende Verwaltungsauffassung von der Rechtsprechung nicht geteilt und daher in Zukunft möglicherweise wie zuletzt die Berechnungsmethode im Rahmen von § 1 Abs. 2a GrEStG a.F.[1021] oder die Behandlung zwischengeschalteter Personengesellschaften für Zwecke des § 1 Abs. 3 GrEStG[1022] verworfen wird.[1023]

Aktuell existiert ein Nichtanwendungserlass der Verwaltung bzgl. des BFH-Urteils II R 49/12, soweit dort die Anwendung von § 39 Abs. 2 Nr. 1 AO auf Fälle des § 1 Abs. 2a GrEStG angeordnet wird.[1024] Die Entscheidung stellt tatsächlich eine Abkehr von der bislang h. M. dar.[1025] Allerdings ist angesichts der Tatsache,

---

1019 Auch in die ausführliche Berechnungsmethode des§ 1 Abs. 2a S. 2–5 GrEStG n.F. wurde keine Definition von Alt- und Neugesellschafter, wie sie die gleich lautenden Erlasse der Länder v. 18.02.2014 (BStBl. I 2014, S. 561) in Tz. 2 vorsehen, eingefügt. Zur Neufassung wird ein neuer Ländererlass erwartet (s. bei *Behrens*, UVR 2017, S. 319). Es wäre der siebte umfassende Erlass zum erst durch JStG 1997 eingeführten § 1 Abs. 2a GrEStG, der neben zahllosen Verfügungen zu Einzelaspekten der Norm veröffentlicht wird.

1020 Vgl. zu § 1 Abs. 2a: Gleich lautenden Erlasse der Länder v. 18.02.2014, BStBl. I 2014, S. 561, Tz. 2; zu § 1 Abs. 3: Gleich lautenden Erlasse der Länder v. 12.10.2007, BStBl. I 2007, S. 761.

1021 Vgl. BFH, Urteil v. 24.04.2013, II R 17/10, BStBl. II 2013, 833.

1022 Vgl. BFH, Urteil v. 27.09.2017, II R 41/15, DStR 2018, S. 189. Hier verneinte der BFH im Übrigen auch einen Vertrauensschutz (Tz. 34).

1023 Vgl. zur fehlenden Bindung der Gerichte an die Verwaltungsanweisungen: *Englisch* in: Tipke/Lang, Steuerrecht, 2015, § 5, Rz. 31.

1024 Vgl. für § 1 Abs. 2a GrEStG: Gleichlautende Erlasse der Länder v. 09.12.2015, BStBl. I 2016, S. 136 zur Nichtanwendung des BFH-Urteils v. 09.07.2014, II R 49/12, BStBl. II 2016, S. 57.

1025 Vgl. zur Nichtanwendung von § 39 AO auf die Grunderwerbsteuer: *Fischer* in: Boruttau, GrEStG, 2016, § 1 Rz. 638; *Pahlke*, GrEStG, 2018, § 1, Rz. 87; *Behrens/Bielinis*, DStR 2014, S. 2369; *Hofmann*, FR 2016, S. 767.

dass es bereits mehrere Urteile gibt,[1026] davon auszugehen, dass der BFH diese Rechtsprechung fortführt, sodass die Finanzverwaltung sich nicht darauf berufen kann, dass es sich um ein einzelnes Urteil handelt, in dem der BFH zu einer fehlerhaften rechtlichen Beurteilung gelangt ist.[1027] Die Besonderheit in diesen Fällen ist zudem, dass die Finanzverwaltung dem Ergebnis des BFH, d.h. der Zuordnung von Anteilen zu einem wirtschaftlichen Eigentümer letztlich zustimmt und lediglich in der Begründung abweichen will.[1028] Dies begründet eine doppelte Rechtsunsicherheit für den Steuerpflichtigen: Er kann nicht auf die Rechtsprechung des BFH vertrauen, da der Nichtanwendungserlass entgegensteht, sondern muss jedenfalls damit rechnen, seine Rechtsauffassung erst vor Gericht bringen zu müssen. Andererseits existiert aber auch kein rechtssicherer Weg, den der Steuerpflichtige einschlagen könnte. Denn bisher ist völlig offen, welche Fälle die Finanzverwaltung aufgrund der Nichtanwendung von § 39 Abs. 2 Nr. 1 AO anders beurteilen würde, da sie jedenfalls im Urteilsfall wohl zum selben Ergebnis gekommen wäre. Ebenfalls „verunglückt" scheint der Nichtanwendungserlass zur wirtschaftlichen Betrachtung im Rahmen des § 1 Abs. 2a GrEStG.[1029] Der ergangene Nichtanwendungserlass hätte zu einer gewissen Rechtssicherheit für den Steuerpflichtigen i.S. einer stetigen Rechtslage bis zur Änderung des Gesetzeswortlautes durch StÄndG 2015[1030] führen können. Allerdings hat die Finanzverwaltung den Nichtanwendungserlass wieder aufgehoben[1031], sodass damit

1026 Vgl. zu § 1 Abs. 2a GrEStG: BFH, Urteil v. 09.07.2014, II R 49/12, BStBl. II 2016, S. 57; Urteil v. 25.11.2015, II R 18/14, BFHE 251, S. 492; Urteil v. 30.08.2017, II R 39/15, BFH/NV 2018, S. 291, Rz. 22, 24; zu § 1 Abs. 3 GrEStG: BFH, Urteil v. 12.03.2014, II R 51/12, BStBl. II 2016, S. 356.

1027 Nichtanwendungserlasse werden unter verfassungsrechtlichen Gesichtspunkten dann für zulässig und geboten erachtet, wenn die Finanzverwaltung im Rahmen ihrer Pflicht zur selbstständigen Rechtsfindung begründet zu einer vom BFH abweichenden Auffassung gelangt. Sperrt sie sich aber z.B. aus fiskalischen Gründen gegen die besseren Argumente der Judikative, kann ein Missbrauch des Instruments „Nichtanwendungserlass vorliegen; vgl. zur Abgrenzung: *Englisch* in: Tipke/Lang, Steuerrecht, 2015, § 5, Rz. 38–39.

1028 Die Finanzverwaltung scheint eine wirtschaftliche Zuordnung von Anteilen bei Vorliegen schuldrechtlicher Vereinbarungen über eine Anwendung von § 1 Abs. 2 GrEStG auch auf die Übertragung von Anteilen im Rahmen der Ergänzungstatbestände vornehmen zu wollen, vgl. Gleichlautende Erlasse der Länder v. 09.12.2015, BStBl. I 2016, S. 136.

1029 Vgl. Gleichlautende Erlasse der Länder v. 09.10.2013, BStBl. I 2013, S. 1278.

1030 Art. 8 Nr. 1 StÄndG 2015 v. 02.11.2015, BGBl. I 2015, S. 1840.

1031 Vgl. Gleichlautende Erlasse der Länder v. 16.09.2015, BStBl. I 2015, S. 822.

gerechnet werden muss, dass für Erwerbsvorgänge zwischen Urteilsverkündung und Inkrafttreten der Neuregelung die Grundsätze des BFH Urteils anzuwenden sein sollen.[1032] Ein Steuerpflichtiger, der im Vertrauen auf den Nichtanwendungserlass und die weiterhin gültige Verwaltungsauffassung disponiert hat, wird dadurch in seinem Vertrauen verletzt.[1033] Ein weiterer Nichtanwendungserlass betrifft die Behandlung zwischengeschalteter Personengesellschaften für Zwecke des § 1 Abs. 3 GrEStG.[1034] Der BFH hat seine Auffassung aber inzwischen entgegen der Verwaltungsauffassung erneut bestätigt.[1035] Derzeit ist völlig offen, ob die Verwaltung sich der Auffassung des BFH nun doch anschließen wird.[1036] Für den Steuerpflichtigen besteht auf dieser Grundlage derzeit keine sichere Planungsmöglichkeit.

Schließlich ist das Besteuerungsverfahren bei der Grunderwerbsteuer im Vergleich zu anderen Steuerarten komplexer und dürfte dadurch häufig langwieriger sein.[1037] Aufgrund des in § 17 Abs. 3 GrEStG angeordneten Feststellungsverfahrens müssen bei Verwirklichung eines Ergänzungstatbestands regelmäßig drei Bescheide ergehen: die gesonderte Feststellung dem. § 17 Abs. 3 GrEStG über das Vorliegen eines steuerbaren Erwerbsvorgangs durch das Feststellungsfinanzamt sowie Bescheide über die gesonderte Feststellung der Grundbesitzwerte (§ 8 Abs. 2 GrEStG i.V.m. §§ 151 Abs. 1 Nr. 1, 157 Abs. 1 BewG) und abschließend die Steuerfestsetzungen durch die Lagefinanzämter (§ 17 Abs. 1 GrEStG).[1038] Betrifft der nach § 17 Abs. 3 GrEStG gesondert festgestellte Vorgang mehrere Grundstücke, ergeht für jedes ein gesonderter Wertfeststellungs- und Steuerbescheid. In der Praxis kommt häufig noch ein vorläufiger Schätzbescheid gem. § 161 AO hinzu, um nicht auf die zeitaufwendige Feststellung der Grundbesitzwerte

1032 Vgl. *Bock/Weis*, GmbHR 2016, S: 209.

1033 § 176 AO sieht diesen Fall nicht vor und ist zudem nur anwendbar, wenn bereits ein Bescheid vorliegt. Die bloße Disposition des Steuerpflichtigen reicht nicht aus, vgl. dazu auch unter E.I.4.a.dd.

1034 Vgl. Gleichlautende Erlasse der Länder v. 09.12.2015, BStBl. I 2016, S. 477 (zu BFH, II R 51/12).

1035 BFH, Urteil v. 27.09.2017, II R 41/15, DStR 2018, S. 189.

1036 Der Grund für den bisherigen Nichtanwendungserlass könnte sein, dass die neue Rechtsprechung die Möglichkeit einer steuerfreien Auflösung alter RETT-Blocker-Strukturen ermöglicht, wenn argumentiert wird, dass bereits eine (mittelbare) Anteilsvereinigung bestand, die lediglich aufgestockt wird (vgl. *Joisten*, Ubg 2016, S. 207).

1037 Vgl. *Schade/Rapp*, DStR 2015, S. 2167.

1038 Vgl. zum Verfahren: *Viskorf* in: Boruttau, GrEStG, 2016, § 17, Rz. 66ff.

warten zu müssen.[1039] Das Verfahren bis zum erstmaligen Ergehen eines Bescheids kann sich daher bereits über unbestimmte Zeit hinziehen.[1040] Dieser Bescheid kann dann u.U. bspw. im Hinblick auf eine Betriebsprüfung unter Vorbehalt der Nachprüfung gem. § 164 AO ergehen. Im Fall eines außergerichtlichen und ggfs. anschließenden gerichtlichen Rechtsbehelfsverfahrens dauert die Phase der Unsicherheit noch länger.[1041]

dd. Ebene der Rechtsprechung

Auch wenn Gerichtsurteile unmittelbare Wirkung nur für den zugrundeliegenden Einzelfall haben, erzielt insbesondere die BFH Rechtsprechung faktisch eine Breitenwirkung, da die Finanzverwaltung die Urteile im Regelfall allgemein anwendet.[1042] Eine Änderung der Rechtsprechung, die von der Finanzverwaltung akzeptiert wird, kann daher eine ähnliche Wirkung entfalten wie eine Gesetzesänderung.[1043] Ein Vertrauensschutz in alte Rechtsprechung besteht nach § 176 AO nur, soweit bereits ein Bescheid vorliegt. Eine durch den Steuerpflichtigen bereits getätigte Investition kann daher einer geänderten rechtlichen Beurteilung unterliegen, wenn zwischen Investition und Erlass des Steuerbescheides eine Rechtsprechungsänderung eintritt.[1044] Der Steuerpflichtige ist in solchen Fällen auf Übergangsregelungen durch die Finanzverwaltung in der Anwendung

---

1039 Vgl. FM Niedersachsen, Erlass v. 07.06.2016, S 4521-68-351, DB 2016, S. 1472.

1040 Vgl. zu weiteren Faktoren wie der Arbeitsbelastung oder Krankheitsfällen in den einzelnen Finanzämtern: *Schade/Rapp*, DStR 2015, S. 2170.

1041 Vgl. *Tipke* in: Tipke/Kruse, AO/FGO, 2017, Einf. FGO, Tz. 61; zu den Folgen für die Planungssicherheit des Steuerpflichtigen: *Hey*, Steuerplanungssicherheit, 2002, S. 89.

1042 Dies zeigt sie durch Veröffentlichung eines Urteils im BStBl. II, vgl. *Englisch* in: Tipke/Lang, Steuerrecht, 2015, § 5, Rz. 39, der sich kritisch in Bezug auf die häufig verspätete oder gänzlich unterlassene Veröffentlichung „unliebsamer" Urteile äußert.

1043 Vgl. *Hey*, Steuerplanungssicherheit, 2002, S. 83; vgl. zur „Breitenwirkung" auch: *Englisch* in: Tipke/Lang, Steuerrecht, 2015, § 5, Rz. 37.

1044 Vgl. für die Grunderwerbsteuer bspw. die Neuregelung zur Ersatzbemessungsgrundlage gem. § 8 Abs. 2 GrEStG im StÄndG 2015 (BGBl. I 2015, S. 1834), die lt. Urteil des BVerfG v. 23.06.2015 (1 BvL 13/11, 1 BvL 14/11, BGBl. I 2015, S. 1423) notwendig war. Der Vertrauensschutz, der einen Anspruch auf Anwendung eines niedrigen Grundbesitzwertes nach der Altregelung gewährt, war in diesen Fällen davon abhängig, ob bereits ein Bescheid ergangen war. Damit war der Vertrauensschutz nicht von der eigentlich zu schützenden Disposition des Steuerpflichtigen, sondern von der Bearbeitungsdauer in den Finanzämtern abhängig. Vgl. kritisch *Wischott/Keller/Uterhark*, DStR 2016, S. 1198.

der Urteilsgrundsätze angewiesen.[1045] Entscheidend für einen Vertrauensschutz bei Rechtsprechungsänderungen ist damit der in weiten Teilen vom Bearbeitungstempo der Finanzverwaltung abhängige Verfahrensstand, nicht jedoch die Sachverhaltsverwirklichung.[1046] Doch nicht nur eine Rechtsprechungsänderung schränkt die Planungssicherheit des Steuerpflichtigen ein. Auch eine erstmalige Rechtsprechung, die der bisherigen Auffassung der Finanzverwaltung widerspricht, führt für den planenden Steuerpflichtigen zu geänderten Bedingungen und Unsicherheit.[1047] Wurde der Sachverhalt bereits im Vertrauen auf die bisherige Verwaltungspraxis umgesetzt, besteht ein Vertrauensschutz nach § 176 AO nur bei bereits ergangenem Bescheid und nur, wenn die Verwaltungsauffassung in einer Verwaltungsvorschrift niedergelegt war (§ 176 Abs. 2 AO). Handelte es sich hingegen lediglich um eine von der h. M. vertretene Auffassung oder eine noch nicht in Verwaltungsvorschriften gegossene Handhabung der Finanzverwaltung, besteht kein Vertrauensschutz.[1048]

Im Bereich der grunderwerbsteuerlichen Ergänzungstatbestände scheint der BFH derzeit eine schrittweise Änderung der Rechtsprechung von einer zivilrechtlich geprägten Rechtsprechung hin zu einem verstärkten Abstellen auf eine wirtschaftliche Betrachtung bei der Zuordnung von Gesellschaftsanteilen und der Berechnung der 95 %-Grenze zu vollziehen. Bereits in mehreren Urteilen hat der BFH für die Zuordnung von Anteilen die Grundsätze des § 39 Abs. 2 Nr. 1 AO herangezogen[1049], der zuvor für im Bereich der Grunderwerbsteuer nicht anwendbar gehalten wurde[1050]. In einem obiter dictum gab er darüber hinaus zu verstehen, dass auch die neu eingeführte Berechnungssystematik in § 1 Abs. 2a S. 2–5 GrEStG eine Anwendung dieser wirtschaftlichen Betrachtung nicht ausschließt.[1051] Aufgrund der Unterschiede zwischen den Ergänzungstatbeständen ist aber bereits die Übertragbarkeit der Urteile auf andere Sachverhalte für die

1045 Vgl. *Hey*, Steuerplanungssicherheit, 2002, S. 84–85; zur Notwendigkeit von Übergangsregelungen durch die Rechtsprechung bei rechtsverschärfenden Urteilen vgl. *Tipke* in: Tipke/Kruse, AO/FGO, 2017, Einf. FGO, Tz. 59.

1046 Vgl. *Hey*, Steuerplanungssicherheit, 2002, S. 84–85.

1047 Vgl. *Hey*, Steuerplanungssicherheit, 2002, S. 88.

1048 Vgl. zur erstmaligen Präjudizienbildung: *Hey*, Steuerplanungssicherheit, 2002, S. 88–89.

1049 Vgl. zu § 1 Abs. 2a GrEStG: BFH, Urteil v. 09.07.2014, II R 49/12, BStBl. II 2016, S. 57; Urteil v. 25.11.2015, II R 18/14, BFHE 251, S. 492; Urteil v. 30.08.2017, II R 39/15, BFH/NV 2018, S. 291, Rz. 22, 24.

1050 Vgl. *Fischer* in: Boruttau, GrEStG, 2016, § 1, Rz. 638, *Pahlke*, GrEStG, 2018, § 1, Rz. 87; *Behrens/Bielinis*, DStR 2014, S. 2369; *Hofmann*, FR 2016, S. 767.

1051 Vgl. BFH, Urteil v. 09.07.2014, II R 49/12, BStBl. II 2016, S. 57.

Planung nur schwer einzuschätzen.[1052] Hinzukommt, dass die Finanzverwaltung dem BFH zwar im Ergebnis zustimmt, aber dennoch Nichtanwendungserlasse betreffend die Begründung über § 39 Abs. 2 Nr. 1 AO erlassen hat.[1053] Die Abwehrgesetzgebung gegen die Anwendung der wirtschaftlichen Betrachtung im Anwendungsbereich des § 1 Abs. 2a GrEStG[1054], die nach der Rechtsprechung des BFH zur Anwendung eines Ultimate-Owner-Konzepts geführt hatte[1055], trägt aufgrund der bereits dargestellten gesetzestechnischen Missstände ebenfalls nicht zur Rechtssicherheit bei[1056]. Im Rahmen des § 1 Abs. 3 GrEStG geht der BFH in jüngster Rechtsprechung von einer wirtschaftlichen Betrachtung für mittelbare Anteilsübertragungen aus, die dazu führt, dass auch für zwischengeschaltete Personengesellschaften auf den Anteil am Gesellschaftsvermögen abzustellen ist und die sachenrechtliche Betrachtung nicht gilt.[1057] Auch wenn die Rechtsprechungsänderung aus steuersystematischer Sicht zu begrüßen ist, stellt sie eine für den Steuerpflichtigen nachteilige und damit risikobehaftete Änderung des bisherigen rechtlichen Rahmens der Planung dar.[1058] Dies gilt umso mehr, als der BFH nicht von einer zuvor bestehenden gefestigten Rechtsprechung ausgeht, von der nun abgewichen wird.[1059]

1052 Vgl. zu Zweifeln betreffend die Übertragbarkeit der BFH-Rechtsprechung zwischen den Tatbeständen bereits unter C.IV.2.

1053 Vgl. Gleichlautende Erlasse der Länder v. 09.12.2015, BStBl. I 2016, S. 136.

1054 Vgl. Neufassung von § 1 Abs. 2a GrEStG durch Art. 8 Nr. 1 StÄndG 2015 v. 02.11.2015, BGBl. I 2015, S. 1840.

1055 Vgl. BFH, Urteil v. 24.04.2013, II R 17/10, BStBl. II 2013, 833.

1056 Vgl. dazu unter E.I.4.a.bb. Der BFH scheint jedenfalls ausweislich seines obiter dictum nicht von einer abschließenden gesetzlichen Definition auszugehen, die eine Anwendung des § 39 Abs. 2 Nr. 1 AO zukünftig ausschließt, vgl. BFH, Urteil v. 09.07.2014, II R 49/12, BStBl. II 2016, S. 57.

1057 BFH, Urteil v. 12.03.2014, II R 51/12, BStBl. II 2016, S. 356; Urteil v. 27.09.2017, II R 41/15, DStR 2018, S. 189.

1058 Durch Einführung des § 1 Abs. 3a GrEStG sollten zwar nur noch wenige Fälle gegeben sein, die auf Grundlage der alten Rechtsauffassung zu einer fehlenden Steuerbarkeit der Anteilsübertragung führten. Die Entscheidung kann sich jedoch auf noch offene Altfälle sowie auf die von § 1 Abs. 3a GrEStG nicht erfassten Fälle der Organschaft und der durchgerechneten Beteiligung unter 95 % negativ auswirken.

1059 BFH, Urteil v. 27.09.2017, II R 41/15, DStR 2018, S. 189, Rz. 32–34.

b. Auswirkungen fehlender Steuerplanungssicherheit

Fehlende Steuerplanungssicherheit bezogen auf das gesamte Steuersystem kann zu höheren Steuerplanungskosten für Unternehmen[1060] und, insbesondere wenn sie auf einer unklaren Gesetzeslage beruht, höheren Erhebungskosten auf Seiten der Verwaltung[1061] führen. Sie kann ein Investitionshindernis darstellen und einen Standortnachteil begründen, woraus sich unter Umständen auch volkswirtschaftliche Gefahren ergeben.[1062] Schließlich kann in der Rechtsunsicherheit ein Treiber sinkender Steuermoral gesehen werden.[1063]

Die dargelegten Planungsunsicherheiten bei der Grunderwerbsteuer führen zunächst zu höheren Steuerplanungskosten des betroffenen Unternehmens. Diese können sich im Rahmen der Investitionsrechnung beim Vergleich mehrerer Investitionsalternativen ergeben, da die Steuerbelastung aufwendig ermittelt werden muss. Daneben entstehen Kosten, wenn eine gewählte Investitionsalternative, bspw. eine Unternehmensakquisition, so gestaltet werden soll, dass sich eine möglichst niedrige (Grunderwerb-)Steuerbelastung ergibt.[1064] In beiden Fällen entstehen Lohnkosten für eigene Mitarbeiter einer Steuerabteilung oder/und den steuerlichen Berater. Nach erfolgter Investition wird für die Grunderwerbsteuer häufig eine Überwachung notwendig sein, um nicht durch Anteilserwerbe oder -verschiebungen in der Zukunft doch noch Grunderwerbsteuer auszulösen. Soweit eine eigene Steuerabteilung des Unternehmens mit dieser Aufgabe betraut ist, entstehen aufgrund der dargestellten häufigen Rechtsänderungen durch alle drei beteiligten Staatsgewalten Fortbildungskosten der Mitarbeiter.[1065] Soll die Steuerbelastung einer geplanten Investition abgesichert werden, wird häufig das Instrument der verbindlichen Auskunft i.S.d. § 89 Abs. 2 AO genutzt.[1066] Neben den Kosten der Erstellung des Antrags (Beraterhonorar,

---

1060 Vgl. *Hey*, Steuerplanungssicherheit, 2002, S. 98.

1061 Vgl. *Hey*, Steuerplanungssicherheit, 2002, S. 98.

1062 Vgl. *Neu/Neumann/Neumayer*, GmbHR 2005, S. 37; *Hey*, Steuerplanungssicherheit, 2002, S. 99–101, die allerdings darauf hinweist, dass für die volkswirtschaftliche Beurteilung eine differenzierte Betrachtung notwendig ist, da Rechtssicherheitsdenken auch als Hindernis für Reformen, zudem besitzstandswahrend und damit volkswirtschaftlich negativ wirken kann.

1063 Vgl. *Neu/Neumann/Neumayer*, GmbHR 2005, S. 37; *Hey*, Steuerplanungssicherheit, 2002, S. 101.

1064 Vgl. *Schiffers*, GmbH-StB 2001, S. 255.

1065 Vgl. *Neu/Neumann/Neumayer*, GmbHR 2005, S. 37; *Hey*, Steuerplanungssicherheit, 2002, S. 98.

1066 Vgl. *Schiffers*, GmbH-StB 2001, S. 255.

Lohnkosten Steuerabteilung) fällt hier zusätzlich eine Gebühr gem. § 89 Abs. 3 AO an, die sich nach dem Streitwert, d.h. der Differenz zwischen Steuerlast bei Anwendung und Steuerlast bei Ablehnung der in der verbindlichen Auskunft beantragten Rechtsauffassung, bemisst. Da es regelmäßig nicht um die Höhe der Grunderwerbsteuer, sondern um die Frage nach der grds. Steuerbarkeit gehen wird, ist der Streitwert der gesamte Grunderwerbsteuer-Betrag, sodass auch die Gebühr im Vergleich zu anderen Szenarien einer verbindlichen Auskunft relativ hoch sein wird. Eine weitere Möglichkeit des Steuerpflichtigen auf Unsicherheiten in der Steuerplanung zu reagieren, sind Steuerklauseln in Verträgen.[1067] Auch hier entstehen zusätzliche Kosten, da diese Klauseln anhand der spezifischen bestehenden Unsicherheit ausgearbeitet werden müssen.

Die Unsicherheiten bei der Bestimmung der möglichen Grunderwerbsteuer-Belastung einer Investition kann weiterhin dazu führen, dass unter Risikogesichtspunkten die Alternative gewählt wird, bei der sich die Steuer mit Sicherheit bestimmen lässt, obwohl diese Alternative einen geringeren Kapitalwert aufweist als die potenziell mit Grunderwerbsteuer belastete Alternative. Eine solche Entscheidung führt dazu, dass ein Unternehmen nicht die wirtschaftlich sinnvollste Investition tätigt und ihm folglich Gewinne entgehen. Die Grunderwerbsteuerbelastung von Anteilserwerben spielt insbesondere bei Unternehmenserwerben und Umstrukturierungen eine Rolle. Die quantitativen Auswirkungen einer aufgrund von Planungsunsicherheiten im Bereich der Grunderwerbsteuer unterlassenen Investition sind daher wesentlich höher als bei einer reinen Grundstücksinvestition. Denn das Investitionsvolumen der unterlassenen Investition umfasst den Wert des gesamten Unternehmens. Unterlassene Investitionen können neben den Auswirkungen auf das konkrete Unternehmen auch volkswirtschaftlich unerwünschte Auswirkungen haben[1068], da nicht die im volkswirtschaftlichen Sinne optimale Mittelallokation erreicht wird. Schließlich kann eine aus volkswirtschaftlicher Sicht negative Folge auch darin bestehen, dass Investitionen in andere Staaten mit einer planbareren Steuerbelastung verlagert werden.[1069]

1067 Vgl. umfassend: *Wollweber*, AG 2016, S. 78; *Hey*, Steuerplanungssicherheit, 2002, S. 91–92; *Schiffers*, GmbH-StB 2001, S. 255.

1068 Vgl. *Neu/Neumann/Neumayer*, GmbHR 2005, S. 37; *Hey*, Steuerplanungssicherheit, 2002, S. 99–101.

1069 Vgl. *Neu/Neumann/Neumayer*, GmbHR 2005, S. 37; *Hey*, Steuerplanungssicherheit, 2002, S. 101.

II. Risikopotenzial im Rahmen der unternehmerischen Tax Compliance

1. Einfluss der Besteuerung auf die unternehmerische Organisation

Die Steuergesetze legen dem Steuerpflichtigen nicht nur die Pflicht zur Steuerzahlung auf, sondern verlangen darüber hinaus umfangreiche Erklärungs- und Nachweispflichten, die der Ermittlung des steuerrelevanten Sachverhalts durch die Finanzverwaltung dienen. Die Einhaltung steuerlicher Pflichten bildet daher einen Teil der allgemeinen unternehmerischen Compliance, die als die Einhaltung von Gesetzen und unternehmensinternen Richtlinien durch die gesetzlichen Vertreter und Mitarbeiter des Unternehmens verstanden wird.[1070] Unternehmen sind gezwungen, in ihrer Organisationsstruktur sicherzustellen, dass diese steuerlichen Pflichten erfüllt werden.[1071] Die Nichterfüllung der Erklärungs- und Anzeigepflichten hat in den letzten Jahren verstärkt eine steuerstrafrechtliche Dimension bekommen[1072], da dem Steuerpflichtigen jedenfalls eine leichtfertige Steuerverkürzung auch bei einem Organisationsverschulden vorgeworfen werden kann.[1073] Zudem wird eine Steuerhinterziehung auch bei bedingtem Vorsatz angenommen, d.h. wenn der Steuerpflichtige die Unrichtigkeit seiner Erklärung billigend in Kauf nimmt.[1074] Parallel zu dieser Entwicklung ist ein verstärktes öffentliches Interesse an dem gesetzeskonformen Verhalten von Unternehmen zu verzeichnen.[1075] Werden (steuer)rechtliche Verstöße eines Unternehmens publik, zieht dies im Regelfall erhebliche Reputationsschäden nach sich, die sich auch auf den wirtschaftlichen Erfolg niederschlagen.[1076]

Bei juristischen Personen und Personengesellschaften sind die gesetzlichen Vertreter verpflichtet, das gesetzeskonforme Verhalten der Gesellschaft

1070 Vgl. IDW, PS 980, Rz. 5.

1071 Vgl. *Hey/von Wolfersdorff*, Wpg 2016, S. 935.

1072 Vgl. *Hey/von Wolfersdorff*, Wpg 2016, S. 935 m.w.N.

1073 Vgl. *Krumm* in: Tipke/Kruse, AO/FGO, 2017, § 378 AO, Rz. 16, 17: Das fahrlässige Handeln kann bereits im Vorfeld der eigentlichen Steuererklärung liegen (*Krumm* nennt hier das Beispiel der unsorgfältigen Buchhaltung). Die eigentliche Tathandlung besteht aber in der aufgrund dessen unrichtigen oder unvollständigen Erklärung, vgl. *Hey/von Wolfersdorff*, Wpg 2016, S. 937.

1074 Vgl. *Krumm* in: Tipke/Kruse, AO/FGO, 2017, § 370 AO, Rz. 124.

1075 Vgl. mit verschiedenen Beispielen aus der öffentlichen Diskussion: *Aichberger/Schwartz*, DStR 2015, S. 1760.

1076 Vgl. *Ewelt-Knauer*, Wpg 2016, S. 941; *Aichberger/Schwartz*, DStR 2015, S. 1760.

sicherzustellen.[1077] Im Rahmen ihrer Leitungsverantwortung obliegt ihnen damit auch die Pflicht, das Unternehmen so zu organisieren, dass das Risiko rechtlicher Verfehlungen durch Mitarbeiter des Unternehmens minimiert wird.[1078] Ein Mittel zur Sicherstellung kann das sog. TCMS als eines von mehreren besonderen Compliance Management Systemen eines Konzerns sein.[1079] Eine konkrete gesetzliche Kodifizierung bestimmter verpflichtender organisatorischer Maßnahmen der Unternehmensleitung fehlt jedoch, sodass eine Ahndung immer erst dann erfolgen kann, wenn aufgrund unterlassener Maßnahmen ein Gesetzesverstoß des Unternehmens erfolgt ist.[1080] Bei Verstößen gegen steuerliche Pflichten können die gesetzlichen Vertreter gleich mehrfach persönlich in Anspruch genommen werden, da sie zum einen gegenüber der Finanzverwaltung haften (§§ 69, 70, 71 AO) und zum anderen auch persönlich für den Straftatbestand der Steuerhinterziehung oder leichtfertigen Steuerverkürzung belangt werden können.[1081] Schließlich haften sie auch gegenüber der Gesellschaft soweit diese (weitere) finanzielle Schäden durch die Pflichtverletzung erlitten hat.[1082]

Das GrEStG normiert in § 19 GrEStG eine Anzeigepflicht u.a. bei Verwirklichung der Ergänzungstatbestände. Die tatsächliche Erfüllung der Anzeigepflicht setzt voraus, dass der Steuerschuldner die Verwirklichung eines Ergänzungstatbestands auch erkennt[1083], wozu er oftmals auf Informationen von anderen

1077 Für die steuerlichen Pflichten ergibt sich dies aus § 34 Abs. 1 S. 1 AO. Für die allgemeinen Pflichten der gesetzlichen Vertreter der Gesellschaften sind die jeweiligen Einzelgesetze zu beachten (§ 708 BGB; § 43 GmbHG, § 93 AktG).

1078 Vgl. ausführlich zur Pflicht und zu möglichen Konsequenzen einer Nichterfüllung bei: *von Busekist/Birkemeyer*, Ubg 2015, S. 232 und *Aichberger/Schwartz*, DStR 2015, S. 1761: Gesetzliche Grundlagen sind je nach Gesellschaftsform: § 93 Abs. 2. AktG, § 43 Abs. 2 GmbHG, § 276 Abs. 2 BGB, § 347 Abs. 1 HGB.

1079 Vgl. IDW, Praxishinweis 1/2016 v. 31.05.2017, Rz. 3, 7, 8.

1080 So kann bspw. nicht generell das Fehlen eines TCMS geahndet werden. Kommt es jedoch zu einer Steuerverkürzung und wurden nicht in ausreichendem Maße organisatorische Vorkehrungen zur Einhaltung steuerlicher Vorschriften getroffen, ist regelmäßig ein Organisationsverschulden der Unternehmensleitung anzunehmen, vgl. *Aichberger/Schwartz*, DStR 2015, S. 1761, *Hey/von Wolfersdorff*, Wpg 2016, S. 937.

1081 Die Gesellschaft als solche kann dagegen nicht strafbar gemacht werden, sondern lediglich gem. § 30 OWiG mit einem Bußgeld belegt werden. Dieses Bußgeld tritt neben die Sanktionierung der handelnden natürlichen Person; vgl. *Krumm* in: Tipke/Kruse, AO/FGO, 2017, § 370 AO, Rz. 21; § 378 AO, Rz. 6, 7, 33.

1082 Haftung gem. § 93 Abs. 2 AktG, vgl. *Aichberger/Schwartz*, DStR 2015, S. 1761.

1083 Für das Bestehen der Anzeigepflicht ist die Kenntnis der Steuerbarkeit dagegen nicht Voraussetzung: BFH, Urteil v. 27.09.2017, II R 41/15, DStR 2018, S. 189, Rz. 39.

Rechtsträgern angewiesen ist. Aus der Grunderwerbsteuer resultieren damit Compliance-Risiken auf verschiedenen Ebenen, denen der Steuerpflichtige durch organisatorische Maßnahmen begegnen muss. Im Folgenden sollen zunächst einzelne Risiken herausgearbeitet und anschließend die Eignung eines TCMS zur Minimierung dieser Risiken untersucht werden.

2. Informationsrechte und -pflichten im internationalen Konzern

Für die Erfüllung steuerlicher Erklärungs- und sonstiger Mitwirkungspflichten kommt es entscheidend auf den Informationsfluss innerhalb des Unternehmens an, da die für die steuerliche Pflichterfüllung zuständige Abteilung oder ggfs. der externe Berater alle notwendigen Informationen aus den anderen Unternehmensbereichen erhalten muss.[1084] Speziell die Verwirklichung von Ergänzungstatbeständen kann in mehrstufigen internationalen Konzernen regelmäßig nur bei einem gezielten Informationsfluss über grunderwerbsteuerlich relevante Sachverhalte zwischen den Konzerngesellschaften erkannt werden. Bspw. sind durch die Berücksichtigung mittelbarer Gesellschafterwechsel unabhängig vom Sitzstaat der beteiligten Gesellschaften Fälle denkbar, in denen es durch Anteilsübertragungen im Ausland mehrere Ebenen oberhalb der grundbesitzenden Gesellschaft zum Anfall deutscher Grunderwerbsteuer kommt.[1085] Der Konnex zwischen dem Handeln (der Anteilsbewegung) auf einer der oberen Ebenen und dem Grundbesitz auf einer der unteren Ebenen ist nicht mehr ohne weiteres ersichtlich. Es kann die Situation eintreten, dass die agierende Gesellschaft sich nicht über die Konsequenzen ihrer Handlung bewusst ist, während die grundbesitzende Gesellschaft, die um die grunderwerbsteuerlichen Konsequenzen wissen könnte, keine Kenntnis vom Handeln der oberen Gesellschaft hat.[1086]

Hier stellt sich die Frage, inwieweit der Gesetzgeber das Vorliegen der Informationen beim Steuerpflichtigen voraussetzen kann. Rechtlich sollte dies jedenfalls bei § 1 Abs. 3 und Abs. 3a GrEStG, in denen Steuerschuldner regelmäßig entweder selbst handelnder Rechtsträger, d.h. derjenige, der Anteile erwirbt, oder aber ein an diesem handelnden Rechtsträger beteiligter Rechtsträger ist,

1084 Vgl. *Aichberger/Schwartz*, DStR 2015, S. 1764.

1085 Vgl. *Pirner/Könemann*, IStR 2013, S. 424; *Behrens*, UVR 2014, S.149; *Sedemund/Fischenich*, BB 2008, S. 536.

1086 Vgl. mit entsprechenden Beispiel: *Breuninger*, JBFfSt 2013/2014, S. 218–220, 225; *Heine*, UVR 2002, S. 252; *Pirner/Könemann*, IStR 2013, S. 425; *Sedemund/Fischenich*, BB 2008, S. 536.

keine Schwierigkeiten bereiten.[1087] Der Informationsfluss über das Vorliegen von Grundbesitz muss in diesen Fällen durch die Kette der beteiligten Rechtsträger von unten nach oben erfolgen und sollte daher über die Informationsrechte der Anteilseigner eingefordert werden können.[1088] Dennoch ist fraglich, ob der deutsche Gesetzgeber es unter Verhältnismäßigkeitsgesichtspunkten einer ausländischen Gesellschaft zumuten kann, vor jedem Anteilserwerb zu prüfen, ob sie damit ihre mittelbare Beteiligung an einer anderen Gesellschaft mit deutschem Grundbesitz erhöht.[1089]

Für einen Konzern mit deutschem Grundbesitz ergeben sich Probleme insbesondere dann, wenn die Konzernspitze im Ausland sitzt. Regelmäßig wird sich dann auch die Steuerabteilung des Konzerns im Ausland befinden, wenn sie als Stabsstelle dem Stammhaus zugeordnet ist.[1090] In Bezug auf die Grunderwerbsteuer ergibt sich das Problem, dass die ggfs. in Deutschland vorhandene Steuerabteilung oder der für die deutsche Steuerdeklaration zuständige externe Berater im Regelfall nur über die Informationen der deutschen Gesellschaften verfügen wird.[1091] Die Konzernsteuerabteilung im Ausland, die für die Begleitung aller übergreifenden Themen verantwortlich ist und daher Umstrukturierungen, Anteilserwerbe etc. betreut, wird dagegen im Normalfall keine Detailkenntnisse des deutschen Grunderwerbsteuerrechts haben. Dadurch besteht jedenfalls ein Risiko, dass sie die Konsequenzen von Anteilserwerben an der Konzernspitze für

---

1087 Vgl. zum Sonderfall des drittbestimmten Anfalls von Grunderwerbsteuer, bei denen der Steuerschuldner als Anzeigepflichtiger nicht derjenige ist, der als handelnde Person am Erwerbsvorgang beteiligt ist, nachfolgend unter E.II.3.

1088 Die Auskunftsrechte der Gesellschafter ergeben sich jeweils aus den Einzelgesetzen (z.B. § 716 BGB, § 118 HGB, § 51a GmbHG, § 131 AktG). Anders könnte die Situation in Fällen des drittbestimmten Anfalls von Grunderwerbsteuer bei § 1 Abs. 2a GrEStG zu beurteilen sein, da in diesen Fällen die grundbesitzende Gesellschaft Informationen über Anteilseignerwechsel von an ihr (ggfs. nur mittelbar) beteiligten Gesellschaften benötigt. S. dazu unter E.II.3.

1089 Vgl. *Wulf*, in: Grotherr, Hdb. Steuerplanung, 2011, S. 2075, der generell die Existenz von wirksamen Erklärungspflichten (für ausländische Steuerpflichtige) in steuerlichen Randgebieten bezweifelt; a.A. wohl *Fischer/Waßmer*, BB 2002, S. 972, die zum Ergebnis kommen, dass bei unterlassener Anzeige regelmäßig eine Steuerhinterziehung vorliegt, also nicht nur eine wirksame Anzeigepflicht besteht, sondern trotz der Schwierigkeiten in Informationsbeschaffung und Subsumtion unter die komplexen Rechtsnormen keine Möglichkeit der Exkulpation besteht.

1090 Vgl. zur Eingliederung der Steuerfunktion in den Konzern: *Feller/Huber/Schanz*, DStR 2017, S. 1620.

1091 Vgl. *Sedemund/Fischenich*, BB 2008, S. 536.

grundbesitzende deutsche Konzerngesellschaften nicht zutreffend beurteilt und eine Grunderwerbsteuerpflicht schlicht übersieht.[1092] Der Konzern wird hier abwägen müssen, wie er zu vertretbaren Kosten den Informationsfluss so gewährleisten kann, dass das Risiko eines unerkannten Anfalls von Grunderwerbsteuer minimiert wird. Möglichkeiten könnten sich hier insbesondere im Rahmen des TCMS bieten.[1093] Unter Effizienzgesichtspunkten sollte versucht werden, die Konzernsteuerabteilung für mögliche Risiken aus dem deutschen Grunderwerbsteuerrecht (sowie grds. aus allen nationalen Rechtssystemen) zu sensibilisieren, sodass diese im Bedarfsfall die nationale Steuerabteilung einschalten kann.[1094] Ist dagegen die Konzernspitze und damit verbunden auch die Steuerabteilung im Inland, sollten Informationen über alle Anteilstransaktionen im Konzern sowie gleichzeitig die notwendigen grunderwerbsteuerlichen Kenntnisse vorhanden sein, sodass die Risiken für eine unerkannte Verwirklichung eines Ersatztatbestands wesentlich geringer ausfallen dürften als im umgekehrten Fall.

3. Drittbestimmter Anfall von Grunderwerbsteuer

Im Anwendungsbereich des § 1 Abs. 2a GrEStG ist Steuerpflichtige die Personengesellschaft selbst (§ 13 Nr. 6 GrEStG), da sich die Steuerpflicht entsprechend der fiktiven Grundstücksübertragung bestimmt.[1095] Da die Gesellschaft keinen Einfluss auf die Anteilsveräußerung, die zur Verwirklichung des Steuertatbestands führt, hat, liegt eine drittbestimmte Steuerpflicht vor.[1096] Dieselbe Situation kann sich für § 1 Abs. 3 und Abs. 3a GrEStG ergeben, da hier eine

---

1092 Vgl. *Pirner/Könemann*, IStR 2013, S. 425, die zutreffend anmerken, dass eine Anknüpfung der Grunderwerbsteuer an gesellschaftsrechtliche Vorgänge jedenfalls bei konzerninternen Umstrukturierungen im internationalen Vergleich ungewöhnlich ist.

1093 Vgl. *Breuninger*, JBFfSt 2013/2014, S. 225, der im Rahmen der Compliance Regelungen eine Informationspflicht der deutschen grundbesitzenden Gesellschaft gegenüber der ausländischen Steuerschuldnerin sieht.

1094 Alternativ käme in Betracht, die deutsche Steuerabteilung stets in alle Fragen zu Anteilsübertragungen einzubinden oder dauerhaft einen Mitarbeiter mit Kenntnissen im deutschen Grunderwerbsteuerrecht in die Konzernsteuerabteilung einzubinden. Beides scheint angesichts der vermutlich relativ geringen Häufigkeit der tatsächlichen Verwirklichung eines Ersatztatbestands unter Kostenaspekten nicht sinnvoll zu sein. Vgl. zu Informationsflüssen und Arbeitsverteilung zwischen der Konzernsteuerabteilung und den lokalen Einheiten: *Nowroth/Krüger*, Der Konzern 2017, S. 118.

1095 Vgl. *Behrens*, Fiktion, 2009, S. 1115.

1096 Diese wird aufgrund der Besonderheiten der Personengesellschaft überwiegend als gerechtfertigt angesehen: BFH, Beschluss v. 11.09.2002, II B 113/02, BStBl. II 2002,

Tatbestandsverwirklichung auch durch den Anteilserwerb einer Tochtergesellschaft oder durch Kapitalmaßnahmen[1097], wie die Anwachsung nach Austritt eines Gesellschafters aus einer Personengesellschaft oder den Erwerb eigener Anteile durch eine Kapitalgesellschaft, erfolgen kann.[1098] Für die betroffene Gesellschaft und ihre gesetzlichen Vertreter führt diese gesetzliche Anordnung jedenfalls im Anwendungsbereich des § 1 Abs. 2a GrEStG zu einem Compliance-Risiko, da sie zur Anzeige eines steuerbaren Vorgangs verpflichtet sind (§ 19 GrEStG), jedoch zivil- bzw. gesellschaftsrechtlich kein Informationsrecht der Gesellschaft gegenüber ihren Gesellschaftern besteht.[1099] Über mittelbare Änderungen in ihrem Gesellschafterbestand hat die Personengesellschaft nicht notwendigerweise Kenntnis.[1100] Im Anwendungsbereich des § 1 Abs. 3 und Abs. 3a GrEStG könnte zwar aufgrund der notwendigen Beherrschung der vermittelnden Gesellschaften eine Abfrage der notwendigen Informationen rechtlich durchgesetzt werden.[1101] Fraglich ist jedoch, ob diese umfassende Kenntnis sämtlicher Anteilserwerbe aller Tochtergesellschaften zumutbar ist.[1102] Da es im Rahmen des § 1 Abs. 2a GrEStG auf die durch Addition aller Wechsel ermittelte Veränderung des Gesellschafterbestands ankommt, ist die Gesellschaft gezwungen, jeden Anteilseignerwechsel unabhängig von der Größe des Anteils und der

S. 777; *Behrens*, Fiktion, 2009, S. 1115 m.w.N. Kritisch hingegen: *Behrens*, UVR 2015, S. 140.

1097 Vgl. zu den Kapitalmaßnahmen unter C.II.4.c.dd.

1098 Vgl. mit einem Beispielsfall zum drittbestimmten Anfall von Grunderwerbsteuer bei § 1 Abs. 3a GrEStG: *Behrens*, StJB 2014/2015, S. 582; zur Tatbestandserfüllung des § 1 Abs. 3a GrEStG durch Veränderung der variablen Kapitalkonten bei Personengesellschaften: *Illing*, DStZ 2013, S. 510. Kritisch in Bezug auf die Anzeigepflicht einer an der Anteilsübertragung nicht beteiligten Gesellschaft: *Götz*, GmbHR 2005, S. 353, 354.

1099 Vgl. *Pirner/Könemann*, IStR 2013, S. 425.

1100 Vgl. zur identischen Problematik für treuhänderisch gehaltene Anteile im öGrEStG nach Einführung des § 1 Abs. 2a öGrEStG: *Rief* in: Marschner/Stefaner, Steuerreform 2016, Rz. 5/23. *Rief* sieht neben dem Risiko einer fehlenden Kenntnis über den Gesellschafterwechsel zudem ein Risiko in Bezug auf die bei der GmbH & Co. KG geltenden Kapitalerhaltungspflichten, da es durch die Grunderwerbsteuerbelastung zu einem von der KG nicht beeinflussbaren Mittelabfluss kommt. Auch dieser Gedanke scheint auf die deutsche Rechtslage übertragbar (s. zur Kapitalerhaltung bei der GmbH & Co. KG: *Haas/Mock* in: Röhricht/Graf von Westphalen/Haas, HGB, 2014, § 172 HGB, Rz. 63–64).

1101 So auch BFH, Urteil v. 21.09.2005, II R 33/04, BFH/NV 2006, S. 609.

1102 Kritisch: *Götz*, GmbHR 2005, S. 353, der insbesondere eine unmittelbare Kenntniszurechnung aufgrund des Trennungsprinzips bei juristischen Personen ablehnt.

betroffenen Ebene zu dokumentieren.[1103] Es ist unklar, ob die Gesellschaft sich jedenfalls für die Anzeigepflicht des § 19 GrEStG darauf berufen kann, mangels Informationsrechten gegenüber ihren Anteilseignern bzw. im Rahmen des § 1 Abs. 3 und Abs. 3a GrEStG aus tatsächlichen Gründen keine Kenntnis von steuerbaren Vorgängen zu haben oder ob ein Zwang zur Erkundigung und ggfs. vertraglichen Absicherung besteht.[1104] Die Frist in § 19 Abs. 3 GrEStG, die eine Anzeige spätestens zwei Wochen nach Kenntnisnahme vom steuerbaren Vorgang vorschreibt, wird wohl so zu lesen sein, dass auf ein „Kennen müssen" im Rahmen der zumutbaren Sorgfaltspflichten abzustellen ist.[1105] Ein Steuerpflichtiger kann sich regelmäßig nicht durch Unkenntnis exkulpieren, wenn er bei Anwendung der erwartbaren Sorgfalt Kenntnis gehabt hätte.[1106] In der Literatur wird die Anzeigepflicht in Zweifel gezogen und vertreten, dass sie nur im Rahmen des Zumutbaren bestehen kann.[1107]

1103 Vgl. dazu kritisch *Pahlke*, GrEStG, 2018, § 19, Rz. 5, der als Beispiel eine an der Personengesellschaft beteiligte, börsennotierte AG nennt. In diesem Fall dürfte es der Personengesellschaft nicht zuzumuten sein, alle Wechsel im Gesellschafterbestand der AG zu überwachen.

1104 Die Situation ist vergleichbar mit dem durch Gesellschafterwechsel verursachten Wegfall von Verlusten gem. § 8c KStG. Auch im Anwendungsbereich dieser Norm ist strittig, inwieweit die Kapitalgesellschaft verpflichtet ist, sich Informationen über mittelbare Anteilseignerwechsel zu beschaffen. Dazu wird in der Literatur u.a. auch die Auffassung vertreten, dass keine Erkundigungspflicht über mittelbare Gesellschafterwechsel besteht (*Kraft/Kraft*, FR 2011, S. 841). Selbst bei Bestehen einer Informationsbeschaffungspflicht wäre indes fraglich, wie diese Informationen eingeholt werden können, da wohl kein zivilrechtlicher Anspruch darauf besteht (*Breuninger*, JBFfSt 2013/2014, S. 225).

1105 Für eine solche Auslegung könnte auch das BFH Urteil v. 21.09.2005 (II R 33/04, BFH/NV 2006, S. 609) sprechen. Der BFH führt dort aus, dass die Anzeigepflicht eine rein objektive Pflicht ist und die Gesellschaft sich Kenntnis über den Grundbesitz der Tochtergesellschaften hätte verschaffen können. Gleiches sollte jedenfalls für Kenntnis über Anteilserwerbe von Tochtergesellschaften gelten, die zu einem gem. § 1 Abs. 3 oder Abs. 3a GrEStG steuerbaren Tatbestand bei einer Obergesellschaft führen.

1106 Vgl. BFH, Urteil v. 12.6.1996, II R 3/93, BStBl. II 1996, S. 485, Rz. 17. Fraglich ist allerdings, ob diese Unmaßgeblichkeit der Kenntnis über die Steuerbarkeit bzw. über die Anzeigepflicht auf die fehlende Kenntnis des Sachverhalts übertragbar ist; dies ablehnend: *Götz*, GmbHR 2005, S. 353, 354.

1107 Vgl. für § 1 Abs. 2a GrEStG: *Pahlke*, GrEStG, 2018, § 19, Rz. 5; im Ergebnis ebenso für § 1 Abs. 3 GrEStG: *Götz*, GmbHR 2005, S. 353, 354.

Soweit die Anteilsübertragung im Ausland bewirkt wird, sind die erhöhten Mitwirkungspflichten des § 90 Abs. 2 S. 1–2 AO zu beachten, die den Steuerpflichtigen zur aktiven Informationsbeschaffung verpflichten.[1108] Dazu wurde gerichtlich bereits entschieden, dass es dem Steuerpflichtigen zugemutet werden kann, sich vertragliche Informationsrechte zusichern zu lassen, um seinerseits Informationspflichten gegenüber der Finanzverwaltung zu erfüllen (Beweisvorsorgepflicht).[1109] In der Praxis wird die Gesellschaft zudem schon aus steuerplanerischer Sicht ein Interesse an diesen Informationen haben.[1110] Da sie in den geschilderten Fällen keine Möglichkeit der aktiven Einflussnahme auf die Entstehung der Steuer hat, wird sie jedenfalls versuchen, eine eventuell drohende Steuerzahlung so früh wie möglich einplanen zu können. Hat sie aber tatsächliche Kenntnisse über den steuerbaren Vorgang, kann sie sich auch der Anzeigepflicht gem. § 19 GrEStG nicht mehr entziehen.[1111] Die grundbesitzende Personengesellschaft wird daher gezwungen sein, den Informationsfluss über Gesellschafterwechsel bei ihren Anteilseignern sicherzustellen, wenn sie zusätzlich zu den bereits dargestellten Unsicherheiten in der Steuerplanung nicht auch Compliancerisiken mit schlimmstenfalls strafrechtlichen Konsequenzen eingehen will.[1112] Gleiches gilt für alle Gesellschaften im Hinblick auf Anteilserwerbe durch ihre Tochtergesellschaften.

4. Strafrechtliche Dimension der Anzeigepflichten

Gem. § 19 Abs. 1 Nr. 3a – 7a GrEStG haben die Steuerschuldner die Verwirklichung eines der Ergänzungstatbestände der § 1 Abs. 2a – 3a GrEStG beim zuständigen Finanzamt anzuzeigen. Die Anzeige muss schriftlich innerhalb von zwei Wochen nach Kenntnisnahme vom anzeigepflichtigen Vorgang bzw. bei im Ausland ansässigen Steuerschuldnern innerhalb von einem Monat erfolgen (§ 19 Abs. 3 GrEStG). Sie gilt als Steuererklärung (§ 19 Abs. 5 S.1 GrEStG). Wird die Anzeige nicht oder nicht rechtzeitig erstattet und ist tatsächlich Grunderwerbsteuer entstanden, liegt eine Steuerverkürzung gem. § 370 Abs. 4 S.1 AO vor.

1108 Vgl. zu § 90 Abs. 2 AO: *Seer* in: Tipke/Kruse, AO/FGO, 2017, § 90 AO, Rz. 21–26.

1109 Vgl. FG Hamburg, Urteil v. 30.11.2001, III 101/01, EFG 2002, S. 881, nachfolgend: BFH, Beschluss v. 25.02.2004, I B 66/02, BFH/NV 2004, S. 919 (Zurückweisung der Nichtzulassungsbeschwerde).

1110 S. dazu bereits unter E.I.

1111 Dies sollte sich bereits aus dem Wortlaut des § 19 Abs. 3 S. 1 GrEStG ergeben, der auf die Kenntnis des Steuerpflichtigen abzielt.

1112 Zu den möglichen strafrechtlichen Konsequenzen einer unterlassenen Anzeige vgl. nachfolgend unter E.II.4.

Damit ist der objektive Tatbestand der Steuerhinterziehung gem. § 370 AO gegeben.[1113] Wurde die Anzeige vorsätzlich oder grob fahrlässig unterlassen, ist der Tatbestand der Steuerhinterziehung oder leichtfertigen Steuerverkürzung gänzlich erfüllt. Täter i.S.d. §§ 370 und 378 AO sind, wenn es sich beim nach § 19 GrEStG anzeigepflichtigen Steuerschuldner um eine juristischen Personen oder Personengesellschaften handelt, deren gesetzlichen Vertreter (§ 34 AO).[1114] Die Gesellschaft als solche kann dagegen nicht strafbar gemacht werden, sondern lediglich gem. § 30 OWiG mit einem Bußgeld belegt werden. Dieses Bußgeld tritt neben die Sanktionierung der handelnden natürlichen Person.[1115] Die Bußgelder dürfen bei leichtfertiger Steuerverkürzung jeweils maximal 50.000 € betragen (§ 378 Abs. 2 AO, § 30 Abs. 2 S. 2 OWiG). Wird dagegen aufgrund einer Steuerhinterziehung des gesetzlichen Vertreters ein Bußgeld gegen die Gesellschaft festgesetzt, kann dies bis zu 10.000.000 € betragen (§ 30 Abs. 2 S. 1 Nr. 1 OWiG).

Die Schwierigkeit im Bereich des Steuerstrafrechts liegt regelmäßig in der Abgrenzung von Vorsatz oder Leichtfertigkeit zu einem strafrechtlich unbeachtlichen Fehler des Steuerpflichtigen.[1116] Für die Verwirklichung von § 370 AO reicht sog. bedingter Vorsatz aus, der vorliegt, wenn der Steuerpflichtige eine Steuerbarkeit seiner Handlung jedenfalls für möglich gehalten und keine weiteren Erkundigungen eingezogen, sondern die Steuerverkürzung billigend in Kauf genommen hat.[1117] Leichtfertigkeit i.S.d. § 378 AO liegt bei einem grob fahrlässigen Handeln also einer Verletzung der Sorgfaltspflichten in ungewöhnlich hohem Maße vor.[1118] Eng mit der Frage des vorsätzlichen Handelns verbunden ist die Frage nach einem möglichen Irrtum des Steuerpflichtigen i.S.d. §§ 16 und 17 StGB. Dabei ist zwischen Tatbestandsirrtum (§ 16 StGB) und Verbotsirrtum (§ 17 StGB) zu unterscheiden. Der Verbotsirrtum schützt grds. nicht vor einer Bestrafung, d.h. die Unkenntnis des Verbotstatbestands (hier § 370 AO) lässt den Vorsatz nicht entfallen, sondern kann lediglich bei Unvermeidbarkeit zu nicht schuldhaftem Handeln führen.[1119] Der Tatbestandsirrtum gem. § 16 StGB lässt den Vorsatz dagegen entfallen.[1120] Im Steuerrecht ist umstritten, ob der Irrtum

---

1113 Vgl. *Schaumburg* in: Schaumburg/Peters, Steuerstrafrecht, 2015, Rz. 18.13, 18.18.

1114 Vgl. *Krumm* in: Tipke/Kruse, AO/FGO, 2017, § 370 AO, Rz. 21; § 378 AO, Rz. 6.

1115 Vgl. *Krumm* in: Tipke/Kruse, AO/FGO, 2017, § 370 AO, Rz. 21; § 378 AO, Rz. 6, 7, 33.

1116 Vgl. *Hey/von Wolfersdorff*, Wpg 2016, S. 935.

1117 Vgl. *Krumm* in: Tipke/Kruse, AO/FGO, 2017, § 370 AO, Rz. 123.

1118 Vgl. *Hey/von Wolfersdorff*, Wpg 2016, S. 937.

1119 Vgl. *Krumm* in: Tipke/Kruse, AO/FGO, 2017, § 370 AO, Rz. 127.

1120 Vgl. *Krumm* in: Tipke/Kruse, AO/FGO, 2017, § 370 AO, Rz. 127.

über eine steuerrechtliche Norm und damit die Existenz eines Steueranspruchs bzw. einer steuerlichen Pflicht Tatbestands- oder Verbotsirrtum ist.[1121] Für die unterlassene Anzeige gem. § 19 GrEStG können die folgenden drei Fälle von Tatbestands- oder Verbotsirrtum unterschieden werden. Unkenntnis des Anzeigepflichtigen (hier also des gesetzlichen Vertreters der steuerschuldenden Gesellschaft) über die Strafbarkeit einer unterlassenen Anzeige gem. § 370 AO stellt einen Verbotsirrtum dar und wirkt damit nicht schuldbefreiend.[1122] Unkenntnis über den relevanten Sachverhalt, d.h. die Existenz von Grundbesitz oder die Anteilsübertragung stellt einen Tatbestandsirrtum dar, sodass keine vorsätzliche Steuerhinterziehung angenommen werden kann.[1123] Umstritten ist die Rechtslage dagegen bei Unkenntnis über die §§ 1 und 19 GrEStG.[1124] Auch bei Annahme eines den Vorsatz ausschließenden Tatbestandsirrtums ist jedoch zu prüfen, ob die Unkenntnis auf einer Verletzung der Sorgfaltsanforderungen beruht, und ggfs. die Voraussetzungen einer leichtfertigen Steuerverkürzung gem. § 378 AO erfüllt sind.[1125]

1121 Zum Streitstand vgl. *Krumm* in: Tipke/Kruse, AO/FGO, 2017, § 370 AO, Rz. 127–129.

1122 Vgl. *Krumm* in: Tipke/Kruse, AO/FGO, 2017, § 370 AO, Rz. 127.

1123 M.E. könnte in diesem Fall schon fraglich sein, ob der objektive Tatbestand des § 370 Abs. 1 Nr. 2 AO erfüllt ist, da eine Anzeigepflicht gem. § 19 Abs. 3 GrEStG erst nach Kenntnisnahme des Steuerpflichtigen von der Verwirklichung des Tatbestands besteht. Ebenso wohl *Fischer/Wassmer*, StB 2002, S. 266, die bei Unkenntnis über das Vorhandensein von Grundbesitz einen schuldbefreienden Tatbestandsirrtum annehmen wollen. Der BFH scheint allerdings von einer Erkundigungspflicht und einem „Kennen Müssen“ von Grundbesitz bei Tochtergesellschaften auszugehen (vgl. BFH, Urteil v. 21.09.2005, II R 33/04, BFH/NV 2006, S. 609; s. zur Diskussion bereits unter E.II.3.).

1124 Nach Ansicht von *Krumm* (in: Tipke/Kruse, AO/FGO, 2017, § 370 AO, Rz. 127–129, 134) liegt ein Tatbestandsirrtum vor. Auch ein „Kennen-Müssen“ im Rahmen der Sorgfaltsanforderungen und Erkundigungspflichten reicht seiner Ansicht nach für den bedingten Vorsatz nicht aus. *Fischer/Wassmer* (BB 2002, S. 972) sehen jedoch lediglich einen Verbotsirrtum, der regelmäßig auch nicht unvermeidbar ist. Sie begründen das Fehlen der Unvermeidbarkeit damit, dass die Verwirklichung der Ergänzungstatbestände regelmäßig bei M&A-Transaktionen vorkommt. Bei einer solchen Transaktion im internationalen Kontext muss nach ihrer Ansicht von den gesetzlichen Vertretern erwartet werden, dass sie bei fehlender eigener Kenntnis über ausländische Steuerrechtsnormen einen kundigen Berater einschalten.

1125 Vgl. *Krumm* in: Tipke/Kruse, AO/FGO, 2017, § 378 AO, Rz. 16, 17: Das fahrlässige Handeln kann bereits im Vorfeld der eigentlichen Steuererklärung liegen (*Krumm* nennt hier das Beispiels der unsorgfältigen Buchhaltung). Die eigentliche

Grds. ist insbesondere in komplexen grenzüberschreitenden Strukturen mit einem ausländischen Steuerpflichtigen zu berücksichtigen, dass von diesem (bzw. den gesetzlichen Vertretern) wohl zunächst keine Kenntnisse im Grunderwerbsteuerrecht verlangt werden können.[1126] Allerdings trifft den Steuerpflichtigen eine Erkundigungspflicht, wenn er sich über steuerliche Konsequenzen seines Handelns im Unklaren ist. Demnach könnte vom Steuerpflichtigen die Einschaltung auch eines mit dem deutschen Recht vertrauten Beraters verlangt werden, wenn er sich über die Existenz deutschen Grundbesitzes bewusst ist.[1127] Angesichts der Tatsache, dass die Grunderwerbsteuer eine spezielle Steuer ist, die in einigen Ländern gar nicht existiert und sich nur sehr selten auf die Veräußerung von Anteilen erstreckt[1128], kann hier aber wohl auch vertreten werden, dass jedenfalls einem ausländischen Steuerpflichtigen kein (bedingter) Vorsatz und auch keine Leichtfertigkeit vorgeworfen werden kann. Dies gilt umso mehr bei lediglich mittelbaren Anteilsvereinigungen und Gesellschafterwechseln.[1129] Die Abgrenzung von Vorsatz, Leichtfertigkeit und strafrechtlich unbeachtlichen Fehlern ist im Ergebnis von allen Umständen des Einzelfalls abhängig und kann daher nicht pauschal für alle Fälle der unterlassenen Anzeige gem. § 19 GrEStG einheitlich beantwortet werden. Die Uneinigkeit innerhalb der Literatur[1130] und die Tendenz der deutschen Finanzverwaltung zur Annahme einer

---

Tathandlung besteht aber in der aufgrund dessen unrichtigen oder unvollständigen Erklärung, vgl. *Hey/von Wolfersdorff*, Wpg 2016, S. 937.

1126 Vgl. zum Risiko eines nicht erkannten Grunderwerbsteuertatbestands auch: *Pirner/Könemann*, IStR 2013, S. 425, die zutreffend anmerken, dass eine Anknüpfung der Grunderwerbsteuer an gesellschaftsrechtliche Vorgänge jedenfalls bei konzerninternen Umstrukturierungen im internationalen Vergleich ungewöhnlich ist.

1127 Vgl. *Fischer/Wassmer*, StB 2002, S. 267.

1128 S. dazu auch unter F. Einige Autoren wollen in den steuerlichen „Nebengebieten" bereits keine wirksame Erklärungspflicht für ausländische Steuerschuldner sehen, sodass bereits der objektive Tatbestand nicht erfüllt ist (*Wulf* in: Grotherr, Hdb. Steuerplanung, 2011, S. 2075). Vgl. zum internationalen Vergleich auch: *Pirner/Könemann*, IStR 2013, S. 425.

1129 Gl.A. *Schaumburg* in: Schaumburg/Peters, Steuerstrafrecht, 2015, Rz. 18.13, 18.18; die zudem als Argumente gegen die Annahme von vorsätzlichem Handeln anführen, dass sich das Ausmaß der Anzeigepflicht aus § 19 GrEStG nicht ausreichend ergibt.

1130 Vgl. *Wulf* in: Grotherr, Hdb. Steuerplanung, 2011, S. 2075 und *Schaumburg* in: Schaumburg/Peters, Steuerstrafrecht, 2015, Rz. 18.13, 18.18, die bereits eine wirksame Erklärungspflicht des § 19 GrEStG jedenfalls für Fälle des § 19 Abs. 1 Nr. 3a GrEStG in Frage stellen und vorsätzliches Handeln ausschließen wollen. A.A. *Fischer/Wassmer*, BB 2002, S. 972, die bei internationalen Transaktionen größerer Konzerne regelmäßig § 370 Abs. 1 Nr. 2 AO ohne Exkulpationsmöglichkeit bejahen.

strafrechtlichen Relevanz von unrichtigen oder unterlassenen Erklärungen[1131], zeigt jedoch, dass für die gesetzlichen Vertreter ein hohes Risiko besteht, sich jedenfalls strafrechtlichen Ermittlungen ausgesetzt zu sehen.

5. Grunderwerbsteuer im Tax Compliance Management System

Die zuvor beschriebenen Risiken könnten möglicherweise durch ein funktionierendes TCMS minimiert werden. Zum einen können die im Rahmen des TCMS definierten und einzuhaltenden Informationsprozesse und Kontrollmaßnahmen das Risiko eines Complianceverstoßes (z.B. unterlassene Anzeige gem. § 19 GrEStG) selbst minimieren. Zum anderen entlastet ein solches System ggfs. die gesetzlichen Vertreter vom Vorwurf eines Organisationsverschuldens, falls dennoch ein Verstoß vorkommen sollte. Die Diskussion um die Erforderlichkeit von TCMS ist jüngst durch das BMF-Schreiben zur Änderung des Anwendungserlasses zu § 153 AO[1132] befeuert worden.[1133] Die Finanzverwaltung normiert dort eine Indizwirkung des TCMS. Sie geht davon aus, dass das Vorliegen eines wirksamen TCMS gegen eine (bedingt) vorsätzliche Steuerhinterziehung und eine leichtfertige Steuerverkürzung spricht.[1134] Angesichts einer Verschärfung der Verwaltungspraxis in ihrer Beurteilung „normaler" Fehler als möglicherweise strafbare Steuerhinterziehung[1135], kann die Einführung eines TCMS eine wichtige Möglichkeit darstellen, strafrechtliche Risiken zu minimieren. Es besteht jedoch keine Pflicht zur Einführung eines TCMS, sondern es handelt sich vielmehr um eine unternehmerische Entscheidung der gesetzlichen Vertreter.[1136]

1131 Vgl. *Hey/von Wolfersdorff*, Wpg 2016, S. 935 m.w.N.

1132 BMF, Schreiben v. 23.05.2016, IV A 3 – S 0324/15/10001, BStBl. I 2016, S. 490.

1133 Vgl. *Nowroth/Krüger*, Der Konzern 2017, S. 118.

1134 BMF, Schreiben v. 23.05.2016, IV A 3 – S 0324/15/10001, BStBl. I 2016, S. 490: AEAO zu § 153 Nr. 2.6.

1135 Vgl. *Hey/von Wolfersdorff*, Wpg 2016, S. 935 m.w.N.; *Haarmann*, BB 2015, S. 25–26; *Aichberger/Schwartz*, DStR 2015, S. 1691–1692.

1136 Vgl. bezogen auf eine rein steuerliche Verpflichtung in der AO: *Hey/von Wolfersdorff*, Wpg 2016, S. 936; bezogen auf eine gesellschafts- oder handelsrechtliche Pflicht: *Aichberger/Schwartz*, DStR 2015, S. 1763, die aber davon ausgehen, dass jedenfalls eine faktische Notwendigkeit für ein TCMS besteht, da aufgrund der Komplexität des Steuerrechts sonst die Gefahr eines Organisationsverschuldens besteht. Vgl. außerdem *Ludwig/Eilers/Kusch*, DStR 2017, S. 1057 zu ausgewählten Regelungen anderer Länder. Die Aussage, dass keine Pflicht für ein TCMS bestehen soll, bezieht sich daher nur auf das Inland, während im Ausland ggfs. eine Verpflichtung bestehen kann. Die nachfolgenden Aussagen zur Sinnhaftigkeit der Einbindung der Grunderwerbsteuer in ein TCMS sollten auch für ausländische Systeme Gültigkeit haben,

Ein TCMS kann eines mehrerer besonderer Compliance Management Systeme eines Konzerns sein.[1137] Ziel solcher Systeme ist es primär, Risiken für mögliche Compliance-Verstöße aufzudecken und diese durch präventive Maßnahmen oder Kontrollen zu verhindern. Zur Umsetzung gehört daneben regelmäßig auch die Entwicklung und Kommunizierung einer Unternehmenspolitik, die gesetzeskonformes Verhalten verlangt und Complianceverstöße ausdrücklich verurteilt.[1138] In der Literatur wird die Einrichtung eines TCMS nahezu ausschließlich im Hinblick auf die Ertragssteuern, die Umsatzsteuer und seltener für wichtige Abzugssteuern wie die Lohnsteuer diskutiert.[1139] Die Möglichkeiten und die Sinnhaftigkeit einer Implementierung auch für weitere Steuerarten, wie etwa die Grunderwerbsteuer, ist dagegen, soweit ersichtlich, bisher nicht Gegenstand von Beiträgen gewesen.[1140]

Im Hinblick auf die beschränkten Ressourcen, die für die Implementierung und Durchführung des TCMS zur Verfügung stehen, sind bereits im Rahmen der Zielsetzung Einschränkungen z.B. nach besonders relevanten Steuerarten vorzunehmen.[1141] Basierend auf diesen Compliancezielen erfolgt die Risikoanalyse. Risiken sind anhand ihrer Eintrittswahrscheinlichkeit und ihrer Folgen zu gewichten.[1142] Hier ist fraglich, ob die Grunderwerbsteuer als ein für das Unternehmen relevantes Risiko einzustufen ist, das durch Maßnahmen des TCMS minimiert werden kann. Wird unbemerkt ein grunderwerbsteuerpflichtiger

---

da die Ziele und Grundelemente jeweils ähnlich sind (s. auch dazu bei *Ludwig/Eilers/Kusch*, DStR 2017, S. 1058).

1137 Vgl. IDW, Praxishinweis 1/2016 v. 31.05.2017, Rz. 3, 7.

1138 Vgl. IDW, PS 980, Rz. 23.

1139 Vgl. *Nowroth/Krüger*, Der Konzern 2017, S. 120; auch das IDW nennt als Beispiel nur die Ertragsteuern, Umsatzsteuer und Lohnsteuer, vgl. IDW, Praxishinweis 1/2016 v. 31.05.2017, Rz. 60.

1140 Selten gibt es Einzelhinweise zu anderen Steuerarten, vgl. bspw. bei *Aichberger/Schwartz*, DStR 2015, S. 1763, die die Grunderwerbsteuer als branchenspezifisches Einzelthema bspw. bei Immobiliengesellschaften verstehen. Ebenso bei *Besch/Starck* in Hauschka/Moosmayer/Lösler, Corporate Compliance, 2016, § 33, Rz. 55 f. Sie führen die Grunderwerbsteuer unter dem Kapitel „Spezifische Anforderungen besonderer Steuerarten und Steuerthemen" auf und weisen insbesondere auf das Risiko bei Umstrukturierungen im Konzern hin.

1141 Vgl. zum Problem der begrenzten Ressourcen der Steuerabteilung: *Nowroth/Krüger*, Der Konzern 2017, S. 120; zur Definition der Ziele des TCMS: IDW, Praxishinweis 1/2016 v. 31.05.2017, Rz. 31–34.

1142 Vgl. IDW, Praxishinweis 1/2016 v. 31.05.2017, Rz. 40–42; *Aichberger/Schwartz*, DStR 2015, S. 1763, *Nowroth/Krüger*, Der Konzern 2017, S. 119.

Tatbestand verwirklicht, kann dies zwar immense Auswirkungen auf die Ertrags- und Liquiditätslage des Unternehmens haben und damit zunächst ein wirtschaftlich bedeutsames Risiko darstellen.[1143] Allerdings handelt es sich bei den Vorgängen, die zu einer Tatbestandsverwirklichung führen, um außergewöhnliche Geschäftsvorfälle. Die Eintrittswahrscheinlichkeit einer unbemerkten Grunderwerbsteuerpflicht dürfte damit im Vergleich zu ertragsteuerlichen Risiken, die periodisch wiederkehrend auftreten, geringer sein. Die möglicherweise gravierenden finanziellen Folgen eines unbemerkten Steueranfalls könnten durch die geringe Eintrittswahrscheinlichkeit relativiert werden. Insbesondere bei Konzernen mit großem Immobilienbesitz oder bei Konzernen, deren Geschäft das Halten, Verwalten und Veräußern von Immobilienbesitz ist, sowie bei (Personengesellschaften) mit häufigen Gesellschafterwechseln oder geplanten Umstrukturierungen kann das Ergebnis jedoch auch eine hohe Risikoeinstufung sein.[1144]

Den festgestellten Risiken soll durch das Tax Compliance Programm mit einzelnen Maßnahmen begegnet werden. Präventive Maßnahmen können Checklisten und Schulungen sein. Eine detektive Maßnahme ist bspw. die Festlegung des Vier-Augen-Prinzips.[1145] Die Schwierigkeit bei der Festlegung von Maßnahmen besteht darin, dass sie in einem angemessenen Verhältnis zu den festgestellten Risiken stehen und sich zudem im Rahmen der vorhandenen Ressourcen bewegen müssen.[1146] Wurde die Grunderwerbsteuer bzw. speziell deren Auslösung mittels eines Ergänzungstatbestands als beachtliches Risiko identifiziert, stellt sich daher die Frage nach einer geeigneten Maßnahme. Anhand der in den vorigen Abschnitten aufgezeigten Risiken könnten geeignete Maßnahmen vor allem in der Schulung von Mitarbeitern in grunderwerbsteuerlichen Themen, sowie in der Sicherstellung notwendiger Informationsflüsse (bspw. anhand von Checklisten oder verpflichtender Einbindung der Konzernsteuerabteilung bei bestimmten Sachverhalten) sein.[1147] Beide Maßnahmen sind mit nicht

---

1143 Vgl. *Pirner-Könemann*, IStR 2013, S. 424.

1144 Vgl. *Aichberger/Schwartz*, DStR 2015, S. 1763, die die Grunderwerbsteuer als branchenspezifisches Einzelthema bspw. bei Immobiliengesellschaften verstehen. Ebenso: *Nowroth/Krüger*, Der Konzern 2017, S. 123.

1145 Vgl. zu einzelnen Maßnahmen des TCMS: IDW, Praxishinweis 1/2016 v. 31.05.2017, Rz. 43–45.

1146 Vgl. *Ludwig/Eilers/Kusch*, DStR 2017, S. 1059; *von Busekist/Birkemeyer*, Ubg 2015, S. 235.

1147 Vgl. zur Sicherstellung von Informationsflüssen als wesentliche Maßnahme eines TCMS bei: *Breuninger*, JBFfSt 2012/2013, S. 228; *Aichberger/Schwartz*, DStR 2015,

unerheblichen Kosten (Personalkosten, Schulungskosten, ggfs. Einbeziehung externer Berater zur erstmaligen Erstellung der Checklisten und Informationskanäle, etc.) verbunden und daher auf ihre Angemessenheit im Verhältnis zum identifizierten Risiko zu prüfen.

Wie bereits die Risikobeurteilung ist auch die Beurteilung der Angemessenheit vom jeweiligen Einzelfall abhängig. Im Vergleich zu den „klassischen" Themen des Tax CMS wie Ertragsteuern und Umsatzsteuern sind jedoch folgende Aspekte der Grunderwerbsteuer zusätzliche „Kostentreiber", die einer Implementierung von Maßnahmen entgegenstehen könnten. Die Informationsflüsse zwischen den Konzerngesellschaften bzw. einzelnen Einheiten des Unternehmens sollten routiniert, d.h. zu regelmäßig wiederkehrenden Zeitpunkten mit denselben Informationen erfolgen, um möglichst wenig Kosten zu verursachen. Im Idealfall kann dies zusammen mit Daten des internen Rechnungswesens erfolgen.[1148] Für die Ertrag- und Umsatzsteuer scheint dieses Vorgehen jedenfalls grds. möglich, indem bspw. monatlich die Daten der Finanzbuchhaltung an die Steuerabteilung weitergeleitet und für steuerliche Zwecke aufbereitet werden und ggfs. zusätzliche Hinweise bei Besonderheiten (Checkliste) gegeben werden. Für die Grunderwerbsteuer sind dagegen gewissermaßen Ad-Hoc-Mitteilungen nötig, da zur Einhaltung der Anzeigefrist von zwei bzw. vier Wochen eine bspw. monatliche Informationsweitergabe nicht ausreicht. Ähnlich verhält sich die Situation im Bereich der Schulungen. Das Steuerrecht insgesamt ist hoch komplex und verändert sich laufend, sodass bereits für die laufend anfallenden Steuern ein großer Schulungsbedarf vorhanden ist. Schulungen im Bereich der Ertrag- und Umsatzsteuern sind daher jedenfalls für Mitarbeiter einer Steuerabteilung, die auch für die Abgabe dieser Erklärungen zuständig ist, unerlässlich, da es die tägliche Arbeit betrifft. Die Grunderwerbsteuer ist dagegen jedenfalls bei vielen Unternehmen keine Steuer, die im Rahmen des Daily Business anfällt. Daher dürften auch Schulungen seltener sein als für andere Bereiche und ggfs. nur durch einzelne Spezialisten wahrgenommen werden. Dies wird häufig in Bezug auf die Verhältnismäßigkeit von Maßnahme und verhindertem Risiko

---

S. 1763–1764, wobei die Autoren die Erfordernis des Informationsflusses lediglich benennen, ohne jedoch weitere Ausführungen zu Praktikabilität und Effizienz zu machen. Zur Sensibilisierung für lokale steuerliche Besonderheiten und zur verpflichtenden Einbindung der Konzernsteuerabteilung vgl.: *Nowroth/Krüger*, Der Konzern 2017, S. 120; *von Busekist/Birkemeyer*, Ubg 2015, S. 236.

1148 Vgl. zur Nutzung der Daten des internen Rechnungswesens für die Steuerfunktion und zum prozessorientierten Aufbau eines TCMS: *Kowallik*, DB 2017, S. 387; *Kowallik*, DB 2017, S. 1346.

wirtschaftlich sinnvoll sein, birgt aber dennoch die Gefahr, dass die übrigen Mitarbeiter für grunderwerbsteuerliche Risiken nicht sensibilisiert sind. Schließlich kann die Situation eintreten, dass für identifizierte Risiken keine geeignete Maßnahme ergriffen werden kann. Für die Grunderwerbsteuer ist dies bspw. denkbar für den Fall des drittbestimmten Anfalls von Grunderwerbsteuer (§ 1 Abs. 2a GrEStG) ausgelöst durch Anteilsübertragungen oberhalb der Konzernspitze zu Lasten von grundbesitzenden Konzerngesellschaften. Für eine Überwachung ist die Mitwirkung der Anteilseigner notwendig, d.h. die Maßnahme kann aus eigener Kraft nicht implementiert werden.

Zusammenfassend lässt sich festhalten, dass eine Einbindung der Grunderwerbsteuer in ein TCMS grds. möglich ist und insbesondere durch Sicherstellung eines stetigen Informationsflusses zwischen Konzerngesellschaften und Steuerabteilung über grunderwerbsteuerliche relevante Informationen Compliance Risiken minimiert werden können. In Anbetracht der hohen Implementierungskosten ist allerdings zweifelhaft, ob für operativ tätige Konzerne ohne besonderen Schwerpunkt auf Immobiliengeschäften bzw. ohne häufige Umstrukturierungen die Einbeziehung der Grunderwerbsteuer in das TCMS wirtschaftlich sinnvoll ist.

III. Zusammenfassung der bedeutendsten Risiken

Die Grunderwerbsteuer kann ein entscheidender Faktor sowohl in der strategischen Planung als auch im Rahmen der Investitionsrechnung und Liquiditätsplanung sein. Anders als laufende Steuern kann sie durch geeignete Gestaltungen ggfs. vollständig vermieden werden.[1149] Daher wirkt sie sich in der Investitionsrechnung als Differenzierungskriterium zwischen mehreren Alternativen gravierend aus, wenn sie nur bei einzelnen Alternativen anfällt. Sie führt regelmäßig zu einem kurzfristig anfallenden, punktuell hohen Liquiditätsabfluss[1150], der rechtszeitig eingeplant werden muss. Das derzeitige Grunderwerbsteuerrecht und die Ergänzungstatbestände im Besonderen sind allerdings wenig geeignet, zur Steuerplanungssicherheit des Steuerpflichtigen beizutragen. Sowohl auf Ebene der Gesetzgebung als auch bei Verwaltung und Rechtsprechung verhindern häufige Änderungen, undefinierte und nicht abgestimmte Rechtsbegriffe sowie lang andauernde Uneinigkeit zwischen Verwaltung und Rechtsprechung über

---

1149 Zu entsprechenden Gestaltungen insbesondere im Rahmen von Umstrukturierungen vgl. *Kaiser*, Grunderwerbsteuerplanung, 2008, passim; *Arnold*, Umstrukturierung, 2015, passim.

1150 Vgl. *Pirner/Könemann*, IStR 2013, S. 424.

die Auslegung der Gesetze eine ausreichende Planungssicherheit. Die Auswirkung sind höhere Steuerplanungskosten beim Steuerpflichtigen, aber auch höhere Erhebungskosten auf Seiten des Staates.[1151] Insgesamt begründet die Planungsunsicherheit im Bereich der Grunderwerbsteuer ein Investitions- und Umstrukturierungshindernis.[1152]

Im Rahmen der unternehmerischen Tax Compliance stellt die Grunderwerbsteuer besonders für internationale Konzernstrukturen ein Risiko dar, weil grunderwerbsteuerliche Auswirkungen auch bei ausschließlicher Beteiligung ausländischer Gesellschaften auftreten können.[1153] Daher ist ein besonders guter Informationsfluss innerhalb des Konzerns notwendig, der aufgrund der kurzen Anzeigefrist des § 19 Abs. 3 GrEStG auch sehr schnell erfolgen muss.[1154] Dieser dürfte sich aber im Vergleich zu periodisch anfallenden Steuern mit routinemäßigen Berichtspflichten schwieriger umsetzen lassen. Zudem ist die Informationsbeschaffung über relevante Anteilseignerwechsel in internationalen Konzernstrukturen sowohl rechtlich als auch tatsächlich mit Schwierigkeiten behaftet.[1155] All das führt zu Compliancerisiken, die sich sowohl für das Unternehmen durch Bußgelder und Reputationsschäden[1156] als auch für die gesetzlichen Vertreter persönlich, denen schlimmstenfalls sogar strafrechtliche Konsequenzen drohen[1157], negativ auswirken. Eine Einbeziehung der Grunderwerbsteuer in ein TCMS erscheint grds. möglich. Im Einzelfall muss jedoch analysiert werden, wie hoch die Risiken eines unerkannten Grunderwerbsteuer-Anfalls sind und ob die Implementierung eines TCMS bzw. die Einbeziehung der Grunderwerbsteuer

---

1151 Vgl. *Hey*, Steuerplanungssicherheit, 2002, S. 98.

1152 So auch: *Wischott/Adrian/Schönweiß*, DStR 2011, S. 497; *Wischott/Schönweiß*, DStR 2009, S. 2640; *Cortez/Göbel*, ZfIR 2015, S. 693; *Fumi*, DStZ 2015, S. 433; *Hey*, Umstrukturierungen, 2009, S. 226; *Wagner/Mayer*, BB 2014, S. 289.

1153 Vgl. zur Anwendung der Ergänzungstatbestände auf ausländische Rechtsträger unter C.II.1.

1154 Vgl. zur Kritik an der Anzeigefrist: *Gottwald*, UVR 2005, S. 334. Das Unternehmen wird aus planerischer Sicht allerdings ein Interesse haben, den Informationsfluss bereits vor Verwirklichung des Ergänzungstatbestands sicherzustellen, um eine Steuerplanung zu ermöglichen.

1155 Vgl. *Götz*, GmbHR 2005, S. 353; *Breuninger*, JBFfSt 2013/2014, S. 218–220, 225; *Heine*, UVR 2002, S. 252; *Pirner/Könemann*, IStR 2013, S. 425; *Sedemund/Fischenich*, BB 2008, S. 536.

1156 Vgl. *Ewelt-Knauer*, Wpg 2016, S. 941; *Aichberger/Schwartz*, DStR 2015, S. 1760.

1157 Vgl. zu strafrechtlichen Konsequenzen: *Fischer/Waßmer*, BB 2002, S. 969–973; *Fischer/Waßmer*, StB 2002, S. 265–269.

wirtschaftlich sinnvoll ist.[1158] Selbst bei Berücksichtigung der Grunderwerbsteuer in einem TCMS werden sich einige Risiken jedoch nicht vermeiden lassen. Dazu zählen u.a. die Risiken aus einem nicht erkannten drittbestimmten Anfall von Grunderwerbsteuer gem. § 1 Abs. 2a GrEStG.

1158 Gem. IDW Praxishinweis 1/2016 v. 31.05.2017, Rz. 15 ist ein TCMS dann angemessen, wenn es geeignet ist, wesentliche Regelverstöße zu verhindern. Die Wesentlichkeit richtet sich nach den wirtschaftlichen Auswirkungen des Verstoßes für die betroffene Konzerneinheit.

F. Fehlende Überwachungsmöglichkeit als administratives Problem

I. Vollzugssicherungsauftrag der Steuerverwaltung

Der Staat hat nicht nur die Aufgabe im Wege der Gesetzgebung einen Rechtsrahmen zu schaffen, sondern auch dafür zu sorgen, dass die Gesetze befolgt werden.[1159] Für die Steuergesetze wird dieser Auftrag in § 85 AO konkretisiert und den Finanzbehörden im Rahmen ihrer Steuerverwaltungsaufgabe (§ 108 GG) übertragen.[1160] Sie müssen gem. § 85 S. 1 AO für eine gesetzmäßige und gleichmäßige Besteuerung sorgen und gem. § 85 S. 2 AO sicherstellen, dass keine Steuern verkürzt werden. § 85 AO setzt unmittelbar die Verfassungsprinzipien der Gesetzmäßigkeit (Art. 20 Abs. 3 GG) und des allgemeinen Gleichheitssatzes (Art. 3 Abs. 1 GG) um.[1161] Ein Verstoß der Verwaltung gegen § 85 AO kann daher zu einem Eingriff in die Grundrechte des Steuerpflichtigen führen. Dabei ist insbesondere § 85 S. 2 AO jedoch nach h. M. nicht einzelfallbezogen, sondern i.S. eines strukturellen Vollzugssicherungsauftrags zu verstehen. D.h. die Finanzbehörden müssen im Rahmen des Masseverfahrens Steuerverkürzungen mittels Verifikationsmaßnahmen strukturell verhindern.[1162] Wird dieser Auftrag bezogen auf eine einzelne Norm des Steuerrechts nicht erfüllt, kann diese Norm, obwohl sie materiell-rechtlich eine gleichmäßige Belastung vorsieht, gegen Art. 3 Abs. 1 GG verstoßen, da keine tatsächliche Belastungsgleichheit gegeben ist (strukturelles Vollzugsdefizit).[1163] Es ist davon auszugehen, dass der Aufbau der Finanzverwaltung in Deutschland grds. geeignet ist, den Steuervollzug sicherzustellen.[1164] Nach Ansicht des BVerfG können Vollzugsmängel in der Steuererhebung immer wieder vorkommen und führen für sich noch nicht zu einer verfassungswidrigen

---

1159 Vgl. *Weber-Grellet*, Verfassungsstaat, 2001, S. 36.

1160 Vgl. *Seer* in: Tipke/Kruse, AO/FGO, 2017, § 85 AO, Rz. 1–2.

1161 Vgl. *Seer* in: Tipke/Kruse, AO/FGO, 2017, § 85 AO, Rz. 3–4.

1162 Vgl. *Seer* in: Tipke/Kruse, AO/FGO, 2017, § 85 AO, Rz. 4.

1163 Vgl. BVerfG, Urteil v. 27.06.1991, 2 BvR 1493/89, BStBl. II 1991, S. 654.

1164 Selbst Autoren, die nicht nur Einzelnormen, sondern das Steuerrecht insgesamt für nicht (mehr) vollziehbar halten, führen als größten Kritikpunkt regelmäßig die Komplexität des Steuerrechts an und appellieren an den Gesetzgeber, eine Vereinfachung des Steuerrechts herbeizuführen. Ein möglicherweise bestehender Personalmangel in der Verwaltung ist lediglich ein zusätzlicher Kritikpunkt. Vgl. etwa mit Schwerpunkt auf der Einkommensteuer: *Breuer*, FR 2017, S. 89–93; *Kühn*, FR 2012, S. 547.

Belastungsungleichheit. Erst wenn der Besteuerungsanspruch aus einer Norm im bestehenden Erhebungsverfahren weitgehend nicht durchgesetzt werden kann und sich der Gesetzgeber dieser Tatsache bewusst sein musste, liegt ein Verstoß der Steuerrechtsnorm gegen Art. 3 Abs. 1 GG vor.[1165] Letztlich liegt es daher in der Verantwortung des Gesetzgebers, die einzelnen Gesetze so auszugestalten, dass ein Vollzug gewährleistet werden kann.[1166] Das BVerfG hat jedenfalls dann ein strukturelles Vollzugsdefizit angenommen, wenn die Festsetzung der Steuer allein von der Erklärung des Steuerschuldners abhängt, ohne dass der Verwaltung Kontrollmöglichkeiten zur Verfügung stehen.[1167]

II. Strukturelles Vollzugsdefizit in der Grunderwerbsteuer

1. Gesellschafterwechsel und Anteilsübertragungen im Inland

Anteilsübertragungen an inländischen Gesellschaften werden jedenfalls bei Personenhandelsgesellschaften und GmbH im Handelsregister eingetragen[1168] und in bestimmten Fällen auch beurkundet[1169]. Die Kenntnisnahme der Finanzverwaltung wird daher in vielen Fällen bereits durch die Anzeigepflicht des Notars gem. § 18 Abs. 2 S. 2 GrEStG sichergestellt. Übertragungen, die nicht beurkundet werden oder in denen die Beurkundung durch einen ausländischen Notar erfolgt[1170], könnten der Finanzverwaltung dennoch durch eine Anzeige des Registergerichts bekannt werden.[1171] Bereits bei diesen inländischen Fällen ist jedoch anzumerken, dass die Notare und Behörden für die Anzeigen gem. § 18 Abs. 2 S. 2 GrEStG über die Übertragung von Gesellschaftsanteilen nicht zu einer eigenständigen Sachverhaltsaufklärung verpflichtet sind. Sie müssen also

---

1165 Vgl. BVerfG, Urteil v. 27.06.1991, 2 BvR 1493/89, BStBl. II 1991, S. 654.

1166 Vgl. *Weber-Grellet*, Verfassungsstaat, 2001, S. 37; 226.

1167 Vgl. BVerfG, Urteil v. 27.06.1991, 2 BvR 1493/89, BStBl. II 1991, S. 654: Notwendige Ergänzung des Deklarationsprinzips durch das Verifikationsprinzip.

1168 Vgl. für OHG und KG: § 107 HGB, für die GmbH: § 40 GmbHG.

1169 Vgl. zur Beurkundungspflicht von Anteilsübertragungen an einer GmbH: § 15 Abs. 3 GmbHG. Zur Beurkundungspflicht bei Umwandlungen s. Übersicht bei: *Heckschen* in: Beck'sches Notarhandbuch, 2015, D.IV., Rz. 230.

1170 Die Anzeigepflicht des § 18 GrEStG ist in ihrem Wortlaut nicht auf inländische Notare beschränkt. Dennoch gehen die überwiegenden Stimmen in der Literatur davon aus, dass ausländische Notare nicht anzeigepflichtig sind (vgl. *Viskorf* in: Boruttau, GrEStG, 2016, § 18, Rz. 16a m.w.N.). Soweit eine Anzeigepflicht auch ausländischer Notare angenommen wird, ist jedoch aufgrund fehlender Vollzugsmöglichkeiten im Ausland deren Wirksamkeit fraglich (vgl. *Heine*, INF 2005, S. 580).

1171 Vgl. *Viskorf* in: Boruttau, GrEStG, 2016, § 18, Rz. 19.

nicht ermitteln, ob ein Ergänzungstatbestand verwirklicht wurde oder ob zum Vermögen der Gesellschaft ein Grundstück gehört, sondern haben lediglich eine Erkundigungspflicht.[1172] Die Kenntnisnahme der Finanzverwaltung hängt damit bereits bei inländischen Fällen von der Mitwirkung der am Erwerbsvorgang beteiligten Gesellschaften ab. Die Mitwirkung kann im Bemühen, einen steuerbaren Tatbestand zu verschleiern, bewusst verweigert werden. Daneben kann sie aber auch aus schlichter Unkenntnis unterbleiben. Denn wie bereits unter E.I. dargestellt ist keineswegs sicher, dass die an der Anteilsübertragung beteiligten Gesellschaften Kenntnis von einem in der Beteiligungskette vorhandenen inländischen Grundstück haben, für das im Rahmen der § 1 Abs. 2a, 3 oder 3a GrEStG eine Steuer ausgelöst wird. Hier sollte jedoch eine Aufklärung des Sachverhalts spätestens im Rahmen der BP möglich sein, in der sich ein Betriebsprüfer im Regelfall mit der gesamten Konzernstruktur auseinandersetzt und so notfalls mittels Auskunftsersuchen an einzelne Konzerngesellschaften das Vorhandensein von Grundstücken ermitteln kann.[1173] Für Anteilsübertragungen im Inland, die zu einer Grunderwerbsteuerpflicht gem. § 1 Abs. 2a, 3 oder 3a GrEStG führen, sollten daher ausreichend Kontrollmöglichkeiten bestehen, um dem vom BVerfG geforderten Verifikationsprinzip zu genügen.[1174]

2. Verwirklichung von Rechtsvorgängen im Ausland

Anders liegt der Fall bei Verwirklichung eines Ergänzungstatbestands im Ausland. Hier wird regelmäßig keine nach § 18 GrEStG anzeigepflichtige Behörde und kein Notar den Vorgang registrieren oder beurkunden[1175], sodass eine Kenntnisnahme der Finanzverwaltung auf diesem Wege unwahrscheinlich ist. Zwar legt § 90 Abs. 2 AO dem Steuerpflichtigen erhöhte Mitwirkungspflichten für die Aufklärung von im Ausland verwirklichten Sachverhalten auf, die durch das Finanzamt mangels Ermittlungsbefugnis im Ausland nicht aufgeklärt werden können.[1176] Diese gesteigerten Mitwirkungspflichten des Steuerpflichtigen finden bei Auslandssachverhalten gem. § 90 Abs. 2 AO auch für Zwecke der Grunderwerbsteuer Anwendung.[1177] Der Nutzen dieser Mitwirkungspflichten ist

1172 Vgl. *Viskorf* in: Boruttau, GrEStG, 2016, § 19, Rz. 24.

1173 Vgl. *Pirner/Könemann*, IStR 2013, S. 425.

1174 Ebenso: *Pirner/Könemann*, IStR 2013, S. 425.

1175 Vgl. zur fehlenden Anzeigepflicht ausländischer Notare: *Viskorf* in: Boruttau, GrEStG, 2016, § 18, Rz. 16a m.w.N.; a.A. *Heine*, INF 2005, S. 580.

1176 Vgl. *Seer* in: Tipke/Kruse, AO/FGO, 2017, § 90 AO, Rz. 20.

1177 Vgl. FG Berlin-Brandenburg, Urteil v. 16.06.2016, 12 K 4041/12, EFG 2016, S. 1463.

indes für die Grunderwerbsteuer zweifelhaft. Denn sie sind nur dort wirkungsvoll, wo die Finanzverwaltung auf den Steuerpflichtigen zugreifen kann. Dies sind die Fälle des drittbestimmten Anfalls von Grunderwerbsteuer bei inländischen Personengesellschaften mit ausländischen Anteilseignern gem. § 1 Abs. 2a GrEStG. Außerdem kann eine inländische Gesellschaft Steuerpflichtige für einen Tatbestand gem. § 1 Abs. 3 und Abs. 3a GrEStG werden, indem Anteilsübertragungen bei im Ausland ansässigen Tochter-, Enkel-, oder weiteren Gesellschaften in der Beteiligungskette stattfinden.[1178] Keine praktische Bedeutung dürfte die Vorschrift hingegen in solchen Fällen haben, in denen deutscher Grundbesitz vorhanden ist, aber alle relevanten Gesellschaften im Ausland ansässig sind. Zwar gilt der § 90 Abs. 2 AO auch für im Ausland ansässige Steuerpflichtige. Ihnen gegenüber hat die Finanzverwaltung jedoch keine Mittel, die Mitwirkungspflicht auch durchzusetzen, da sie im Ausland nicht selbst vollstrecken darf[1179] und daher Sanktionen wie bspw. Zwangsgeld ins Leere gehen. Eine Befugnis zur Annahme eines grunderwerbsteuerbaren Tatbestands i.S.d. § 1 Abs. 2a, 3 oder 3a GrEStG im Wege der Schätzung sollte nur in sehr seltenen Ausnahmefällen zulässig sein.[1180] In der Praxis wird das Problem jedoch darin bestehen, dass die Finanzverwaltung zunächst einen Anlass für ein Auskunftsersuchen haben muss, aufgrund dessen sie den Steuerpflichtigen zur Vorlage von Beweisen oder zur Aufklärung des Sachverhalts gem. § 90 Abs. 2 AO auffordern kann.[1181] Bei Gesellschafterwechseln im Ausland wird sie aber im Regelfall keine Kenntnis

---

1178 Vgl. zum drittbestimmten Anfall von Grunderwerbsteuer unter E.II.3.

1179 Eine Vollstreckung in den deutschen Grundbesitz dürfte m.E. allein aufgrund einer grunderwerbsteuerlichen Zurechnung nicht möglich sein, solange das Grundstück zivilrechtlich im Eigentum einer anderen Gesellschaft steht. Vgl. zum Eigentum als relevantes Recht eines Dritten i.S.d. § 262 AO: *Loose* in: Tipke/Kruse, AO/FGO, 2017, § 262 AO, Rz. 7–8.

1180 Zwar ist die Finanzbehörde grds. auch berechtigt, sog. Grundsachverhalte zu schätzen und dabei das Beweismaß zu Lasten des Steuerpflichtigen zu reduzieren, wenn dieser seinen Mitwirkungspflichten nicht nachkommt. Allerdings wird die Finanzverwaltung jedenfalls einen Anhaltspunkt für eine Verwirklichung des grunderwerbsteuerbaren Sachverhalts haben müssen. Denn Schätzungen auf bloßen Verdacht sind nicht zulässig (vgl. *Seer* in: Tipke/Kruse, AO/FGO, 2017, § 162 AO, Rz. 3, 20).

1181 Vgl. dazu *Seer* in: Tipke/Kruse, AO/FGO, 2017, § 90, Rz. 21: Die gesteigerte Mitwirkungspflicht betrifft den konkreten Einzelfall und berechtigt nicht zu allgemeinen Befragungen.

des potenziell für die Grunderwerbsteuer relevanten Sachverhalts haben.[1182] § 90 Abs. 2 GrEStG läuft dann ins Leere.

Aus dem gleichen Grund sind die Mittel der zwischenstaatlichen Amtshilfe und des Informationsaustausches[1183] für die Entdeckung grunderwerbsteuerlicher Tatbestände mit Auslandsbezug nicht erfolgversprechend. Um aktiv ein Amtshilfeersuchen stellen zu können, muss ein konkreter Anhaltspunkt für die Verwirklichung einer grunderwerbsteuerlich relevanten Anteilsübertragung im Ausland vorliegen.[1184] Soll jedoch gerade dieser Anhaltspunkt erst gefunden werden, würde dies einen flächendeckenden Informationsaustausch über Anteilsübertragungen mit allen ausländischen Staaten voraussetzen. Zwar ist ein automatischer oder spontaner Informationsaustausch rechtlich zulässig und wird in Teilbereichen auch tatsächlich praktiziert.[1185] Für den Bereich der Grunderwerbsteuer scheint das Vorgehen jedoch ungeeignet. Die Grunderwerbsteuer ist in allen Staaten unterschiedlich ausgestaltet und teils gar nicht vorhanden, sodass die Informationen nicht für alle Staaten überhaupt Relevanz haben.[1186] Ein Interesse an den Informationen dürfte aber regelmäßig die Voraussetzung sein, damit Staaten ein Abkommen zum Informationsaustausch schließen. Zudem müsste die Finanzverwaltung die erhaltenen Daten auf Relevanz für inländische Grundstücke hin auswerten und jedenfalls im Fall des § 1 Abs. 2a GrEStG auch noch zeitraumbezogen überwachen. Selbst unter Nutzung der heutigen Datenverarbeitungsmöglichkeiten scheint ein solches Vorgehen praktisch nicht umsetzbar.[1187]

1182 Vgl. zur nur zufälligen Kenntnisnahme der Finanzbehörden: *Heine*, INF 2005, S. 580; *Canz*, BB 2017, S. 792 mit dem Beispiel der Ausweitung einer ertragsteuerlichen Betriebsprüfung.

1183 Die zwischenstaatliche Amtshilfe ist unilateral in § 117 AO geregelt. Der Anspruch auf Amtshilfe oder Informationsaustausch gegenüber dem ausländischen Staat ergibt sich aus bi- oder multilateralen Abkommen oder aus dem Unionsrecht (vgl. *Seer* in: Tipke/Kruse, AO/FGO, 2017, § 117 AO, Rz. 8–20).

1184 Vgl. zu den Voraussetzungen eines Amtshilfeersuchens: *Seer* in: Tipke/Kruse, AO/FGO, 2017, § 117 AO, Rz. 23–25: Insbesondere müssen die Auskünfte für das deutsche Besteuerungsverfahren erforderlich sein und zunächst alle innerstaatlichen Mittel inklusive der Sachaufklärung mit Hilfe der Beteiligten ausgeschöpft werden.

1185 Vgl. *Seer* in: Tipke/Kruse, AO/FGO, 2017, § 117 AO, Rz. 26, 53, der als Beispiel die „Mehrseitige Vereinbarung v. 29.10.2014 über den automatischen Informationsaustausch über Finanzkonten" nennt.

1186 Vgl. zur fehlenden Vergleichbarkeit der Grunderwerbsteuer bereits in der EU: *Schanko*, UVR 2016, S. 18.

1187 Ebenso: *Pirner/Könemann*, IStR 2013, S. 424/425.

Die Kenntnisnahme der Finanzverwaltung beruht daher allein auf der Erfüllung der Anzeigepflicht gem. § 19 GrEStG durch den Steuerschuldner. Der ausländische Steuerpflichtige wird den Vorgang häufig aber nicht erkennen[1188], sodass es selbst bei unterstelltem Willen zu gesetzeskonformem Verhalten in vielen Fällen mit Auslandsbezug nicht zu einer Festsetzung der Grunderwerbsteuer kommen dürfte.[1189] Zusätzlich sind die Fälle zu nennen, in denen die fehlende Ermittlungsmöglichkeit und fehlende Anzeigepflicht ausländischer Notare bewusst zur Verschleierung eines grunderwerbsteuerbaren Tatbestands genutzt werden.[1190] Diese doppelte Gefahr der Nichterfüllung der Anzeigepflichten des § 19 GrEStG (bewusst oder unbewusst) scheint im Vergleich zu dem vom BVerfG beurteilten inländischen Fall, der lediglich die bewusste Nichterklärung von Kapitaleinkünften betraf[1191], noch stärker für ein Vollzugsdefizit zu sprechen.[1192] Das Vollzugsdefizit kann wohl auch dem Gesetzgeber zugerechnet werden, da er sich bei der unbegrenzten Ausweitung der Ergänzungstatbestände auf mittelbare Anteilsübertragungen den damit verbundenen Ermittlungsschwierigkeiten bewusst sein musste.[1193]

Gegen ein strukturelles Vollzugsdefizit könnte hingegen sprechen, dass die Defizite, wie zuvor dargestellt nur in Fällen mit Auslandsbezug auftreten.[1194] Nach Ansicht des BFH bestehen insoweit keine strukturellen Mängel, sondern lediglich Vollzugsprobleme durch begrenzte Aufklärungsmöglichkeiten im Ausland, die noch nicht zu einer Verletzung des Gleichheitssatzes führen.[1195] Dieser Auffassung des BFH könnte unter Beachtung der Grundsätze des BVerfG zuzustimmen sein, das eine strukturell gegenläufige Wirkung der Erhebungsregel

1188 Vgl. *Pirner/Könemann*, IStR 2013, S. 424/425. Vgl. zur Problematik bereits ausführlich unter E.I.

1189 Vgl. *Pirner/Könemann*, IStR 2013, S. 425; *Heine*, INF 2005, S. 580.

1190 Vgl. *Heine*, INF 2005, S. 580.

1191 Vgl. BVerfG, Urteil v. 27.06.1991, 2 BvR 1493/89, BStBl. II 1991, S. 654.

1192 Vgl. mit diesem Argument: *Pirner/Könemann*, IStR 2013, S. 425.

1193 So auch: *Pirner/Könemann*, IStR 2013, S. 425–426, die bemängeln, dass sich der Gesetzgeber „bewusst für eine Vielzahl von ausufernden Tatbeständen" entschieden hat, obwohl es anders lautende Reformvorschläge gab. Auch der BFH sieht Anwendungsschwierigkeiten jedenfalls bei § 1 Abs. 2a GrEStG als im Tatbestand begründet an, ohne jedoch daraus weitere Schlüsse hinsichtlich eines Vollzugsdefizits zu ziehen (BFH, Urteil v. 24.04.2013, II R 17/10, BStBl. II 2013, S. 833, Rz. 23.

1194 A.A. mit ausführlicher Begründung und Widerspruch zur Argumentation des BFH: *Pirner/Könemann*, IStR 2013, S. 426–427.

1195 Vgl. BFH, Urteil v. 09.04.2008, II R 39/06, BFH/NV 2008, S. 1529; Beschluss v. 18.11.2005, II B 23/05, BVH/NV 2006, S. 612.

fordert, nach der sich der Steueranspruch weitgehend nicht durchsetzen lässt.[1196] Rein quantitativ könnten daher die im Ausland verwirklichten Fälle für die Feststellung einer „weitgehend" fehlenden Durchsetzbarkeit des Steueranspruchs nicht ausreichen.[1197] Unabhängig vom Vorliegen eines verfassungswidrigen strukturellen Vollzugsdefizits bleibt aber festzuhalten, dass die Finanzbehörde die Steuererhebung bei Ergänzungstatbeständen mit Auslandsbezug selbst bei kooperativen Steuerpflichtigen nicht sicherstellen kann, da die Steuerpflicht in vielen Fällen von keinem der Beteiligten erkannt wird.[1198] Daher sind die Ergänzungstatbestände, wenn schon nicht verfassungswidrig, so doch aus finanzwissenschaftlicher Perspektive ineffektiv und ineffizient[1199], da sie sich teils gar nicht und im Übrigen nur mit hohen Kosten einer aufwendigen Sachverhaltsermittlung durchsetzen lassen.

1196 Vgl. BVerfG, Urteil v. 27.06.1991, 2 BvR 1493/89, BStBl. II 1991, S. 654. Fraglich ist die Auslegung des Wortes „weitgehend". Im entschiedenen Fall waren nach Schätzungen mehr als die Hälfte der eigentlich steuerpflichtigen Zinserträge nicht erfasst worden.

1197 Eine weitergehende Untersuchung der Frage, wie hoch der Anteil der im Ausland verwirklichten Fälle an der Gesamtzahl der verwirklichten Ergänzungstatbestände ist, wird hier nicht vorgenommen. Zum einen macht das BVerfG den empirischen Nachweis nicht zur zwingenden Voraussetzung für die Annahme eines Vollzugsdefizits (vgl. BverfGE, Urteil v. 09.03.2004, 2 BvL 17/02, BGBl. I 2004, S. 591). Daneben wird die Relevanz für das Ergebnis der Arbeit als nicht hoch genug eingeschätzt. Es reicht hier festzustellen, dass die Verifikationsmöglichkeiten der Finanzverwaltung hinter dem zu fordernden Normalzustand zurückbleiben, unabhängig davon, ob dieses Vollzugsdefizit für eine Verfassungswidrigkeit der Ergänzungstatbestände ausreicht. Vgl. aber *Pirner/Könemann*, IStR 2013, S. 427, die (ohne weiteren Nachweis) anführen, dass große Teile deutschen Immobilienvermögens von ausländischen Investoren gehalten werden und sich dieser Anteil durch die zunehmende Internationalisierung noch erhöhen dürfte. Daher spricht vieles dafür, dass die unerkannten Fälle keine zu vernachlässigende, seltene Einzelfälle sind.

1198 Vgl. *Micker*, DStZ 2009, S. 290 mit Verweis auf einen Bericht des Landesrechnungshofes NRW, der seiner Meinung nach aber auch so zu deuten sein kann, dass es sich um ein Verwaltungsdefizit handelt; *Pirner/Könemann*, IStR 2013, S. 424.

1199 Vgl. zur Forderung nach Effektivität und Effizienz (Wohlfeilheit) des Steuersystems: *Weber-Grellet*, Verfassungsstaat, 2001, S. 158 in Anlehnung an: *Smith*, Wohlstand, 1789, S. 787, 788.

G. Vergleich mit Regelungen ausgewählter anderer Länder

I. Vorbemerkungen

Steuern auf Grundvermögen sowie Transaktionssteuern auf Vermögensübergänge sind verbreitet.[1200] Nicht alle Länder haben jedoch eine der Grunderwerbsteuer vergleichbare Steuer und auch bei den Steuern, die anlässlich der Übertragung von Immobilien erhoben werden, ist nicht immer ein Vergleich mit der deutschen Grunderwerbsteuer möglich bzw. sinnvoll.[1201] In einigen Staaten ist eher ein Gebührencharakter ersichtlich, d.h. es wird eine Gebühr für Grundbucheintragungen oder ähnliche Registergebühren erhoben.[1202] In diesen Staaten stellt sich die Frage nach der Besteuerung gesellschaftsrechtlicher Vorgänge nicht, da sich die zivilrechtliche Zuordnung des Grundstücks nicht ändert und folglich keine gebührenpflichtige Grundbuchänderung stattfindet. Andere Steuern sind weiter gefasst und beziehen als allgemeine Verkehrssteuern oder Kapitalverkehrssteuern nicht nur Grundstücksübertragungen, sondern auch die Übertragung anderer Wirtschaftsgüter, insbesondere auch Gesellschaftsanteile mit ein.[1203] Unterliegt aber auch eine Anteilsübertragung der Verkehrssteuer, besteht kein Anreiz, die Steuer auf Grundstücksübertragungen mittels einer Anteilsübertragung zu umgehen und folglich auch kein Grund, den Tatbestand der Grundstücksübertragung auszuweiten.[1204] Eine dritte Variante sind spezielle Grundstücksgewinnsteuern, die bei der Übertragung von Grundstücken

---

1200 Vgl. OECD, Revenue Statistics 2016, S. 55–56 zu Vermögenssteuern; *Wruuck/Zipfel*, Immobilienbesteuerung 2015, S. 3; *Schratzenstaller*, Vermögensbezogene Steuern, 2013, S. 19.

1201 Vgl. zu Problemen beim Vergleich Immobilienbezogener Steuern: *Wruuck/Zipfel*, Immobilienbesteuerung 2015, S. 3.

1202 So z.B. in Frankreich und Luxemburg (vgl. *Schanko*, UVR 2016, S. 18.

1203 So z.B. Spanien (vgl. *Schanko*, UVR 2016, S. 18), wobei zu beachten ist, dass die Übertragungen von Anteilen grds. steuerfrei ist, außer es handelt sich um Anteile an einer Grundstücksgesellschaft (vgl.: *de la Cueva González-Cotera/Burgasé*: Spain – Corporate Taxation, 2017, Abschn. 14.2.1). Insofern scheint die Regelung entgegen *Schanko* eher mit der Besteuerung in den Niederlanden vergleichbar.

1204 Ein Anreiz könnte bestehen, wenn die Besteuerung der Anteilsübertragung aufgrund niedrigerer Bemessungsgrundlage oder Steuersatz günstiger ist. Er dürfte jedoch stets geringer sein als bei einer fehlenden Steuerbarkeit der Anteilsübertragung.

anfallen.[1205] Aufgrund der Anknüpfung an den Gewinn dürfte ein Vergleich dieser Steuern mit der als Verkehrssteuer ausgestalteten Grunderwerbsteuer jedoch nicht sinnvoll sein, da die steuersystematischen Grundlagen und Rechtfertigungsgründe sich fundamental unterscheiden.[1206] All diese Regelungen lassen sich für Überlegungen einer deutschen Grunderwerbsteuerreform nur schwer nutzbar machen, soweit der Grundcharakter der Steuer bestehen bleiben soll.[1207] Für die Vergleiche wurden daher Länder ausgewählt, die tatsächlich eine Steuer und nicht lediglich eine Gebühr erheben, deren Steuertatbestände ebenfalls an den Rechtsträgerwechsel am Grundstück anknüpfen und die ihre Steuer am Kaufpreis und nicht am durch die Veräußerung erzielten Gewinn bemessen.[1208]

II. Österreich

1. Allgemeines

Das GrEStG Österreichs entspricht in seiner Ausgestaltung weitestgehend dem deutschen Grunderwerbsteuerrecht und ist in Teilen sogar wortgleich.[1209] Dies erklärt sich dadurch, dass die heutigen Gesetzesfassungen beider Staaten auf das GrEStG 1940 zurückgehen.[1210] Auch das öGrEStG beruht auf dem System aus Grundtatbeständen (§ 1 Abs. 1 öGrEStG), die an zivilrechtliche Eigentumsübergänge am Grundstück anknüpfen, und Ergänzungstatbeständen, die wirtschaftlich vergleichbare Vorgänge erfassen sollen (§ 1 Abs. 2, 2a und 3 öGrEStG).[1211] Der Steuersatz beträgt im Regelfall 3,5 % (§ 7 Abs. 1 Zif. 3 öGrEStG) und ist auf die Gegenleistung anzuwenden (§ 4 Abs. 1 S. 1 i.V.m. § 5 öGrEStG). Bei Verwirklichung der Ergänzungstatbestände, die an eine Übertragung von Gesellschaftsanteilen anknüpfen (§ 1 Abs. 2a und 3 öGrEStG), sowie Vorgängen nach dem Umgründungssteuergesetz erfolgt die Bemessung anhand eines eigens für die Grunderwerbsteuer definierten Grundstückswertes (§ 4 Abs. 1 S. 2 und

1205 Z.B. in einigen Kantonen der Schweiz, vgl. *Eidgenössische Steuerverwaltung*, Die Handänderungssteuer, 2013, S. 2.

1206 Vgl. dazu auch unter B.I.2.

1207 Vgl. *Schanko*, UVR 2016, S. 18.

1208 Die Grunderwerbsteuerkonzepte Österreichs und der Schweiz werden im Detail betrachtet, da sie konzeptionell große Ähnlichkeiten mit dem deutschen GrEStG aufweisen. Ein Überblick über Konzepte ausgewählter anderer europäischer Länder mit Sonderregelungen zu Anteilsübertragungen schließt sich an.

1209 Vgl. *Weilbach*, GrEStG, 2017, Einführung, Rz. 11.

1210 Vgl. *Mechtler/Pinetz* in: Pinetz/Schragl/Siller/Stefaner, GrEStG, 2017, § 1, Rz. 1.

1211 Vgl. *Mechtler/Pinetz* in: Pinetz/Schragl/Siller/Stefaner, GrEStG, 2017, § 1, Rz. 5, 6.

3 öGrEStG), der dem gemeinen Wert entsprechen soll.[1212] Zudem kommt ein ermäßigter Steuersatz von 0,5 % zur Anwendung (§ 7 Abs. 1 Zif. 2 c) öGrEStG). Die Regelungen zur Steuerschuldnerschaft in § 9 öGrEStG entsprechen inhaltlich weitgehend den Regelungen des § 13 GrEStG in Deutschland. § 17 öGrEStG enthält schließlich eine dem § 16 des deutschen GrEStG vergleichbare Regelung zur Rückgängigmachung von Erwerbsvorgängen. Diese soll nach h. M. entgegen dem Wortlaut auch auf Ergänzungstatbestände Anwendung finden, wobei Voraussetzung die deckungsgleiche Rückgängigmachung einer Anteilsübertragung sein soll.[1213] Trotz derselben historischen Grundlage und der daraus folgenden gleichen Systematik der Besteuerungstatbestände des deutschen und des österreichischen GrEStG, gibt es sowohl im Gesetzeswortlaut selbst als auch in dessen Auslegung durch Gerichte, Verwaltung und Literatur deutliche Unterschiede, die nachfolgend dargestellt werden sollen, soweit sie die Ergänzungstatbestände § 1 Abs. 2a und 3 öGrEStG betreffen.

2. Ergänzungstatbestände zur Erfassung von Anteilsübertragungen

Nach österreichischem GrEStG werden sowohl Personengesellschaften als auch Kapitalgesellschaften als eigenständige von ihren Gesellschaftern zu trennende Rechtsträger behandelt.[1214] Unterschiede zur deutschen Rechtslage bestehen im Hinblick auf die Gesellschaft bürgerlichen Rechts. Diese wird in Österreich nicht als eigenständiger Rechtsträger beurteilt, sondern der Erwerb eines Grundstücks durch eine GbR ist stets ihren Gesellschaftern nach Bruchteilen zuzuordnen.[1215] In der Konsequenz finden die Ergänzungstatbestände keine Anwendung auf die Übertragung von GbR-Anteilen.[1216]

Bis einschließlich 2015 war lediglich die Vereinigung oder Übertragung aller Anteile an einer Kapital- oder Personengesellschaft gem. § 1 Abs. 3 öGrEStG steuerbar (§ 1 Abs. 3 öGrEStG a.F.). Für Personengesellschaften war eine Anteilsvereinigung durch einen Erwerber bisher nicht denkbar, da die Vereinigung

1212 Vgl. *Raab* in: Pinetz/Schragl/Siller/Stefaner, GrEStG, 2017, § 4, Rz. 25, der davon ausgeht, dass der nach § 4 Abs. 1 S. 3 öGrEStG ermittelte Grundstückswert tatsächlich bei ca. 50–80 % des gemeinen Wertes liegt.

1213 Vgl. *Volpini de Maestri/Stanek* in: Pinetz/Schragl/Siller/Stefaner, GrEStG, 2017, § 17, Rz. 99, 101. Zur identischen Auffassung in Deutschland betreffend § 16 GrEStG und zur Kritik an dieser Handhabung s.: *Behrens*, Fiktion, 2009, S. 1118–1119 m.w.N.

1214 Vgl. *Mechtler/Pinetz* in: Pinetz/Schragl/Siller/Stefaner, GrEStG, 2017, § 1, Rz. 84, 93 zur Rechtsträgereigenschaft von Offener Gesellschaft und Kapitalgesellschaft.

1215 Vgl. *Mechtler/Pinetz* in: Pinetz/Schragl/Siller/Stefaner, GrEStG, 2017, § 1, Rz. 102.

1216 Vgl. *Mechtler/Pinetz* in: Pinetz/Schragl/Siller/Stefaner, GrEStG, 2017, § 1, Rz. 800, 874.

aller Anteile zu einer Anwachsung beim Gesellschafter und zum Untergang der Gesellschaft führte.[1217] Lediglich ein Erwerb aller Anteile durch einen Organkreis wurde gem. § 1 Abs. 3 öGrEStG a.F. besteuert.[1218] Auch bei Kapitalgesellschaften konnte die Steuer durch Zurückbehaltung eines Zwerganteils vermieden werden.[1219] Durch das StRefG 2015/2016 wurde der Anwendungsbereich der Ergänzungstatbestände wesentlich ausgeweitet. Zum einen wird durch die Einführung von § 1 Abs. 2a öGrEStG nun auch Grunderwerbsteuer auf die Übertragung von Anteilen an einer Personengesellschaft innerhalb eines Fünfjahreszeitraums, die keine Anteilsvereinigung bei einem einzigen Gesellschafter darstellen, aber zu einer Änderung im Gesellschafterbestand von mindestens 95 % führen, erhoben. Des Weiteren bedarf es zur Verwirklichung des § 1 Abs. 3 GrEStG nur noch einer Vereinigung von 95 % statt bisher 100 % der Anteile. Der Wortlaut des § 1 Abs. 3 GrEStG nennt nunmehr ausdrücklich den Anteil am Vermögen der Gesellschaft. Auch für Personengesellschaften ist daher für § 1 Abs. 3 GrEStG die vermögensmäßige Beteiligung entscheidend und Anteile eines reinen Arbeitsgesellschafters ohne Beteiligung am Vermögen der Gesellschaft bleiben unberücksichtigt.[1220] Die Zurechnung von Gesellschaftsanteilen ist in der österreichischen Rechtsprechung und Literatur eine streng zivilrechtliche Zuordnung, die sich ausschließlich am zivilrechtlichen Eigentum am Gesellschaftsanteil und nicht an Stimm-, Gewinnbezugs- oder sonstigen Rechten orientiert.[1221] Auch durch schuldrechtliche Vereinbarungen wird grds. keine abweichende Zuordnung von Anteilen begründet.[1222] Im Rahmen der Steuerreform wurde jedoch eine ausdrückliche Zuordnungsregel für treuhänderisch gehaltene Anteile zum Treugeber in beiden Ergänzungstatbeständen eingefügt, um die Steuervermeidung mittels Treuhandvereinbarungen zukünftig zu verhindern.[1223] Eigene Anteile einer Kapitalgesellschaft werden bei

---

1217 Vgl. Erläuterungen zur Regierungsvorlage des StRefG 2015/2015: ErlRV, 684 der Beilagen XXV. GP, S. 34.

1218 Vgl. *Rief* in Marschner/Stefaner, Steuerreform, 2016, Rz. 5/1.

1219 Vgl. Erläuterungen zur Regierungsvorlage des StRefG 2015/2015: ErlRV, 684 der Beilagen XXV. GP, S. 34; *Mechtler/Pinetz* in: Pinetz/Schragl/Siller/Stefaner, GrEStG, 2017, § 1, Rz. 789, 790, 859.

1220 Vgl. Erläuterungen zur Regierungsvorlage des StRefG 2015/2015: ErlRV, 684 der Beilagen XXV. GP, S. 34; *Mechtler/Pinetz* in: Pinetz/Schragl/Siller/Stefaner, GrEStG, 2017, § 1, Rz. 929 i.V.m. Rz. 809–810.

1221 Vgl. *Mechtler/Pinetz* in: Pinetz/Schragl/Siller/Stefaner, GrEStG, 2017, § 1, Rz. 927–929.

1222 Vgl. VwGH, RS d. Erkenntnis v. 23.01.2003, 2002/16/0228 m.w.N.; *Mechtler/Pinetz* in: Pinetz/Schragl/Siller/Stefaner, GrEStG, 2017, § 1, Rz. 919, 924.

1223 Vgl. Erläuterungen zur Regierungsvorlage des StRefG 2015/2015: ErlRV, 684 der Beilagen XXV. GP, S. 34.

der Berechnung einbezogen, sodass auch durch das Halten eigener Anteile vor der Steuerreform eine Anteilsvereinigung verhindert werden konnte.[1224] Nach h. M. in der Literatur bleibt die Rechtsprechung zur Definition und zur Zuordnung von Gesellschaftsanteilen mit Ausnahme der Beurteilung von Treuhandvereinbarungen auf die neue Rechtslage weiterhin anwendbar.[1225] Insbesondere erkennen sie keine allgemein gültige Einführung einer wirtschaftlichen Betrachtungsweise, sondern in der ausdrücklichen Normierung der abweichenden Regelung für Treuhandvereinbarungen im Gegenteil eine Bestätigung der im Übrigen streng zivilrechtlichen Betrachtung.[1226]

Anders als die deutsche Parallelregelung enthält der neu eingeführte § 1 Abs. 2a öGrEStG keine Ausnahme für Erwerbe von Todes wegen.[1227] Ebenfalls nicht übernommen wurden die Ausnahmen von der Besteuerung nach §§ 5 und 6 des deutschen GrEStG.[1228] Personengesellschaften und ihre Gesellschafter gelten daher für grunderwerbsteuerliche Zwecke vollumfänglich als eigenständige Rechtsträger. Das österreichische GrEStG folgt damit der in Österreich auch gesellschaftsrechtlich anzunehmenden sachenrechtlichen Zuordnung des Vermögens zur Gesellschaft und nicht zu ihren Gesellschaftern.[1229] Es kann kein allgemeiner Transparenzgedanke für die Personengesellschaften im öGrEStG gesehen werden, sondern § 1 Abs. 2a GrEStG stellt lediglich einen zusätzlichen Besteuerungstatbestand dar.[1230] Dieser soll auch nicht teleologisch auf Missbrauchsfälle oder auf reine Immobiliengesellschaften reduziert werden können.[1231]

1224 Vgl. *Mechtler/Pinetz* in: Pinetz/Schragl/Siller/Stefaner, GrEStG, 2017, § 1, Rz. 941. Auch nach der Steuerreform müsste dies jedoch möglich sein, wenn die Gesellschaft mehr als 5 % ihrer Anteile selbst hält, soweit dies gesellschaftsrechtlich zulässig ist.

1225 Vgl. *Mechtler/Pinetz* in: Pinetz/Schragl/Siller/Stefaner, GrEStG, 2017, § 1, Rz. 867 m.w.N.

1226 Vgl. *Mechtler/Pinetz* in: Pinetz/Schragl/Siller/Stefaner, GrEStG, 2017, § 1, Rz. 867.

1227 Vgl. dazu kritisch: *Rief* in: Marschner/Stefaner, Steuerreform, 2016, Rz. 5/10.

1228 Die Einführung von § 1 Abs. 2a öGrEStG ohne eine mit dem deutschen Recht korrespondierende Wiedereinführung der Steuerbefreiungen wurde in der österreichischen Literatur im Hinblick auf die Benachteiligung der Personengesellschaft gegenüber Kapitalgesellschaften kritisch gesehen: vgl. *Mechtler/Pinetz* in: Pinetz/Schragl/Siller/Stefaner, GrEStG, 2017, § 1, Rz. 793; *Rief* in: Marschner/Stefaner, Steuerreform, 2016, Rz. 5/5.

1229 Vgl. *Mechtler/Pinetz* in: Pinetz/Schragl/Siller/Stefaner, GrEStG, 2017, § 1, Rz. 84, 85 für die Offene Gesellschaft, Rz. 93 für die KG.

1230 Vgl. *Mechtler/Pinetz* in: Pinetz/Schragl/Siller/Stefaner, GrEStG, 2017, § 1, Rz. 794, 795.

1231 Vgl. *Mechtler/Pinetz* in: Pinetz/Schragl/Siller/Stefaner, GrEStG, 2017, § 1, Rz. 795, 804.

Weder § 1 Abs. 2a noch Abs. 3 GrEStG beziehen ihrem Wortlaut nach mittelbare Rechtsvorgänge ein. Es ist vielmehr stets eine Vereinigung unmittelbar gehaltener Anteile oder eine Veränderung im Gesellschafterbestand der grundbesitzenden Gesellschaft selbst notwendig. Selbst der Sonderfall einer GmbH & Co. KG, bei der der einzige Kommanditist auch Gesellschafter der Komplementär-GmbH ist, wird von § 1 Abs. 3 öGrEStG nicht erfasst, solange nicht min. 95 % der (unmittelbaren) KG-Anteile entweder beim Kommanditisten oder bei der Komplementär-GmbH vereinigt sind.[1232] Eine Berücksichtigung mittelbarer Anteilsübertragungen könnte sich aber aus der Zuordnung von Grundstücken zum Gesellschaftsvermögen ergeben. Voraussetzung für die Zurechnung ist nach Rechtsprechung des VwGH, dass ein Erwerb gem. § 1 öGrEStG in Bezug auf das Grundstück stattgefunden hat.[1233] Es ist jedoch umstritten, ob dies auch für einen Erwerb gem. § 1 Abs. 3 öGrEStG gilt und ob es in der Folge zu einem Zuordnungswechsel von der Tochter- auf die Muttergesellschaft oder zu einer doppelten Zurechnung des Grundstücks käme.[1234] Wird eine Zurechnung gem. § 1 Abs. 3 öGrEStG bejaht, wäre bei einer Anteilsvereinigung an den Anteilen der Muttergesellschaft faktisch ein mittelbarer Rechtsvorgang gegeben. In der Literatur wird eine Grundstückszuordnung nach § 1 Abs. 3 öGrEStG unterschiedlich gesehen.[1235] Unklar ist, ob die Finanzverwaltung sie vornehmen wird.[1236] Eine

1232 Vgl. *Mechtler/Pinetz* in: Pinetz/Schragl/Siller/Stefaner, GrEStG, 2017, § 1, Rz. 873.

1233 Vgl. VwGH, RS d. Erkenntnis v. 01.12.1987, 85/16/0111.

1234 Vgl. zu den offenen Fragen in diesem Zusammenhang: *Mechtler/Pinetz* in: Pinetz/Schragl/Siller/Stefaner, GrEStG, 2017, § 1, Rz. 890–893.

1235 Vgl. zum Streitstand: *Mechtler/Pinetz* in: Pinetz/Schragl/Siller/Stefaner, GrEStG, 2017, § 1, Rz. 890. Die Autoren selbst sprechen sich gegen eine Zurechnung gem. § 1 Abs. 3 öGrEStG aus und begründen dies damit, dass bei Verwirklichung von § 1 Abs. 3 GrEStG gerade keine Grundstücksübertragung (auch nicht fiktiv) anzunehmen sei, sondern der streng zivilrechtlich definierte Anteilsübertragungsvorgang im Zusammenhang mit einer grundbesitzenden Gesellschaft der Steuer unterworfen würde. Zudem führen sie in Bezug auf Folgefragen der Zurechnung Praktikabilitätsgesichtspunkte gegen die Zurechnung gem. § 1 Abs. 3 öGrEStG an. Sollte dennoch eine Zurechnung auch aufgrund dieses Ergänzungstatbestands vorzunehmen sein, müsse jedenfalls die Gesellschaft selbst den Erwerbsvorgang verwirklicht haben (vgl. *Mechtler/Pinetz* in: Pinetz/Schragl/Siller/Stefaner, GrEStG, 2017, § 1, Rz. 891–893).

1236 In einer Entwurfsfassung einer BMF-Information war dem Vernehmen nach eine Grundstückszuordnung zu mittelbaren Gesellschaftern vorgesehen: vgl. dazu *Mechtler/Pinetz* in: Pinetz/Schragl/Siller/Stefaner, GrEStG, 2017, § 1, Rz. 894. In der veröffentlichten Information nimmt das BMF-Ö zu dieser Frage hingegen nicht Stellung: Information v. 04.12.2017, BMF-010206/0058-VI/5/2016.

eindeutige gerichtliche Entscheidung ausdrücklich zu § 1 Abs. 3 öGrEStG ist bisher nicht ergangen. Für § 1 Abs. 2a öGrEStG geht jedenfalls die österreichische Finanzverwaltung wohl davon aus, dass die Verwirklichung keine Zurechnung des Grundvermögens zum Gesellschafter bewirkt.[1237] Anders als die deutsche Parallelnorm ähnelt § 1 Abs. 2a GrEStG im Wortlaut dem § 1 Abs. 3 öGrEStG und enthält keine Fiktion der Übertragung des Grundstücks auf eine neue Personengesellschaft, sodass diese Auslegung nicht zwingend ist.[1238]

§ 1 Abs. 3 öGrEStG erfasst ähnlich wie die deutsche Norm auch Anteilsvereinigungen durch bzw. Anteilsübertragungen auf eine Unternehmensgruppe. Bisher wurde in Österreich diese Unternehmensgruppe durch Verweis auf die Regelungen zur umsatzsteuerlichen Organschaft bestimmt. Durch das StRefG 2015/2016 wurde dieser Verweis durch eine Bezugnahme auf die Unternehmensgruppe gem. § 9 öKStG[1239] ersetzt. Diese Änderung erfolgte wohl zur Erhöhung der Rechtssicherheit. Denn das Bestehen einer Unternehmensgruppe i.S.d. öKStG wird auf Antrag durch Bescheid festgestellt (§ 9 Abs. 8 öKStG), während die umsatzsteuerliche Organschaft kraft Gesetz eintritt, sobald die (nicht trennscharf definierten und daher oft strittigen) Voraussetzungen erfüllt sind.[1240] Die Unternehmensgruppe stellt einen eigenständigen Rechtsträger dar,

---

1237 Auch diese Aussage ist jedoch aus dem Entwurf einer BMF Information abgeleitet: vgl. dazu *Mechtler/Pinetz* in: Pinetz/Schragl/Siller/Stefaner, GrEStG, 2017, § 1, Rz. 894, die diese Auslegung jedoch im Hinblick auf die daraus folgende Unanwendbarkeit der sog. Differenzbesteuerung gem. § 1 Abs. 4 GrEStG bei nachfolgendem Erwerb des Grundstücks durch einen Gesellschafter kritisch sehen. In der veröffentlichten Information nimmt das BMF-Ö zu dieser Frage nicht Stellung: Information v. 04.12.2017, BMF-010206/0058-VI/5/2016.

1238 Es könnte argumentiert werden, dass bei einem Wechsel im Gesellschafterbestand einer Personengesellschaft gem. § 1 Abs. 2a öGrEStG Erwerber die neuen Gesellschafter sind und ihnen das Grundstück im Anschluss zuzurechnen ist. Dagegen spricht jedoch die in § 9 öGrEStG für diese Fälle normierte Steuerschuldnerschaft der Personengesellschaft.

1239 Eine Unternehmensgruppe gem. § 9 öKStG ähnelt in ihren Rechtsfolgen der deutschen körperschaftsteuerlichen Organschaft gem. § 14 ff KStG, d.h. das Einkommen der Gruppenmitglieder wird dem Gruppenträger zugerechnet und von diesem versteuert. Mitglieder und Träger einer Unternehmensgruppe können gem. § 9 Abs. 2 und 3 öKStG nur bestimmte Körperschaften sein. Zudem ist Voraussetzung eine finanzielle Verbindung der Körperschaften, die mehr als 50 % der Kapitalanteile und der Stimmrechte erfordert (§ 9 Abs. 4 öKStG).

1240 Vgl. zur Problematik der alten Fassung und ausführlich zu neuen Zweifelsfragen nach Einführung des neuen Verweises: *Mechtler/Pinetz* in: Pinetz/Schragl/Siller/Stefaner, GrEStG, 2017, § 1, Rz. 901–918.

der zusätzlich zu den weiterhin einzeln als Rechtsträger zu behandelnden Mitgliedern erfasst wird.[1241] Daher kann ein Rechtsträgerwechsel bezogen auf das Grundstück von der Unternehmensgruppe auf ein einzelnes Gruppenmitglied und vice versa vorliegen.[1242]

§ 1 Abs. 4 und Abs. 5 öGrEStG treffen Regelungen zur Anrechnung der Bemessungsgrundlage (sog. Differenzbesteuerung) bei Aufeinanderfolgen mehrerer Erwerbstatbestände bezogen auf dasselbe Grundstück.[1243] § 1 Abs. 4 S. 1 i.V.m. S. 3 öGrEStG begünstigt dabei jeweils einen Erwerb gem. § 1 Abs. 1 öGrEStG, der einem der Ergänzungstatbestände gem. § 1 Abs. 2 oder Abs. 3 öGrEStG nachfolgt. Nicht erfasst werden hingegen insbesondere das Aufeinanderfolgen von Ergänzungstatbeständen gem. § 1 Abs. 2 und Abs. 3 öGrEStG. Nicht genannt sind Erwerbe gem. § 1 Abs. 2a öGrEStG, was auf die ohnehin fehlende Identität der Beteiligten bei Annahme einer fiktiv neuen Personengesellschaft als Erwerberin zurückzuführen sein könnte. Die Rechtsfolge des § 1 Abs. 4 S. 3 öGrEStG besteht in einer Anrechnung der Bemessungsgrundlage des ersten Erwerbs auf die Bemessungsgrundlage des zweiten Erwerbs. Nur auf die Differenz wird Grunderwerbsteuer erhoben. Die Anrechnung erfolgt ungeachtet eventuell unterschiedlicher anzuwendender Steuersätze.[1244] § 1 Abs. 5 öGrEStG erweitert die Differenzbesteuerung auf die aufeinanderfolgende Verwirklichung von § 1 Abs. 3 öGrEStG durch Unternehmensgruppen und ihrer Mitglieder.

1241 Vgl. *Mechtler/Pinetz* in: Pinetz/Schragl/Siller/Stefaner, GrEStG, 2017, § 1, Rz. 937. Zur umstrittenen Rechtslage bezogen auf die Rechtsträgereigenschaft der deutschen grunderwerbsteuerlichen Organschaft s. unter C.II.4.c.aa.

1242 Vgl. dazu das Beispiel in der Information des BMF-Ö v. 13.05.2016, 010206/0058-VI/5/2016, Pkt. 1.3.6.

1243 Die Regelung des § 1 Abs. 4 S. 1 und 2 öGrEStG besagt zunächst, dass eine Steuerpflicht auch bei Aufeinanderfolgen von mehreren Tatbeständen besteht. Die Regelung stammt in ihrer ursprünglichen Fassung aus dem GrEStG 1940 und ist eine Reaktion auf die Rechtsprechung des RFH (Urteil v. 30.01.1925, II A 889/24, RStBl. 1925, S. 58), der eine Steuerbarkeit des Grundtatbestands bei vorheriger Verwirklichung des Ergänzungstatbestands verneinte. Zur Diskussion um eine lediglich deklaratorische Bedeutung vgl. bereits zur deutschen Norm (§ 1 Abs. 6 GrEStG) unter C.II.8.b. Ausführlich zur österreichischen Rechtslage: *Mechtler/Pinetz* in: Pinetz/Schragl/Siller/Stefaner, GrEStG, 2017, § 1, Rz. 965–968.

1244 Vgl. *Mechtler/Pinetz* in: Pinetz/Schragl/Siller/Stefaner, GrEStG, 2017, § 1, Rz. 989–990.

3. Vergleich mit den deutschen Ergänzungstatbeständen

Ein Vergleich zwischen der deutschen und der österreichischen Rechtslage ist insofern interessant, als beide Gesetze auf derselben Grundlage (GrEStG 1940) beruhen und daher grds. dasselbe Besteuerungssystem beinhalten. Bemerkenswert ist zunächst, dass Österreich wesentlich länger als Deutschland an § 1 Abs. 3 GrEStG in seiner ursprünglichen Fassung festgehalten und erst ab 2016 weitergehende Regelungen zur Vermeidung von Steuerumgehungen getroffen hat.[1245] Da sich sowohl die neue Grenze von 95 % als auch der Tatbestand des § 1 Abs. 2a GrEStG an den deutschen Normen orientieren[1246], ist davon auszugehen, dass sich der österreichische Gesetzgeber mit der deutschen Gesetzesfassung beschäftigt und bewusst nicht alle in der Zwischenzeit in Deutschland eingefügten Änderungen zur Verhinderung von Steuerumgehungen übernommen hat.[1247]

Der wesentliche Unterschied der österreichischen zu den deutschen Ergänzungstatbeständen ist die Nichtberücksichtigung mittelbarer Anteilsübertragungen.[1248] In der Folge erübrigt sich eine entsprechende Einführung der Berechnungsmethodik für § 1 Abs. 2a GrEStG sowie der Tatbestand des § 1 Abs. 3a GrEStG. Zudem gilt im Rahmen des § 1 Abs. 3 öGrEStG nicht die in Deutschland für Personengesellschaften anzuwendende Pro-Kopf-Betrachtung.[1249] Die Anteile an der Personengesellschaft sind vielmehr für beide Ergänzungstatbestände identisch als Anteil am Vermögen definiert. Durch die fehlende Einbeziehung mittelbarer Anteilsübertragungen sowie das Abstellen auf den Anteil am Gesellschaftsvermögen in beiden Ergänzungstatbeständen sollte die Anwendung des österreichischen GrEStG wesentlich einfacher sein als die des deutschen GrEStG.[1250] Dies wird unterstützt durch eine sehr streng

---

1245 Die Einführung der 95% Grenze und der mittelbaren Anteilsvereinigung in § 1 Abs. 3 GrEStG erfolgten durch Art. 15 Nr. 1 Buchst. b) StEntlG 1999/2000/2002 v. 24.03.1999, BGBl. I 1999, S. 494; die Einführung der ersten Fassung des § 1 Abs. 2a GrEStG durch Art 7 Nr. 1 Buchst. a) JStG 1997 v. 20.12.1996, BGBl. I 1996, S. 2062.

1246 Vgl. *Mechtler/Pinetz* in: Pinetz/Schragl/Siller/Stefaner, GrEStG, 2017, § 1, Rz. 790.

1247 Dazu zählt insbesondere die Einbeziehung mittelbarer Anteilsübertragungen, vgl. *Mechtler/Pinetz* in: Pinetz/Schragl/Siller/Stefaner, GrEStG, 2017, § 1, Rz. 889.

1248 Vgl. *Mechtler/Pinetz* in: Pinetz/Schragl/Siller/Stefaner, GrEStG, 2017, § 1, Rz. 814, 889.

1249 Vgl. zur Pro-Kopf-Betrachtung auf unmittelbarer Beteiligungsebene unter C.II.3. Zur bisherigen Anwendung auf mittelbarer Beteiligungsebene und zur in diesem Zusammenhang ergangenen Rechtsprechungsänderung s. unter C.II.4.b.

1250 Vgl. zu dieser Einschätzung auch: *Heine*, UVR 1998, S. 45.

zivilrechtliche Rechtsprechung des VwGH.[1251] Die in Deutschland geführten Diskussionen zur wirtschaftlichen Zurechnung von Gesellschaftsanteilen insbesondere im Bereich der mittelbaren Rechtsvorgänge[1252], ergibt sich in Österreich nicht. Durch den eingeschränkten Anwendungsbereich der Ergänzungstatbestände liegt ein geringerer Eingriff in das zivilrechtlich geprägte System der Grunderwerbsteuer vor, als dies in Deutschland der Fall ist. Die in Österreich vorgenommene ausdrückliche Zuordnungsregel von treuhänderisch gehaltenen Anteilen lässt die im Übrigen zivilrechtlich vorzunehmende Zuordnung im Gegensatz zur in Deutschland diskutierten wirtschaftlichen Zuordnung[1253] dagegen unberührt.[1254] Der neu eingefügte Verweis auf die körperschaftsteuerliche Unternehmensgruppe wirft zwar derzeit noch einige Zweifelsfragen auf.[1255] Dennoch sollte dieser Verweis im Vergleich zur deutschen rein für die Grunderwerbsteuer definierten Organschaft für mehr Rechtssicherheit sorgen. Allgemein sind die österreichischen Ergänzungstatbestände dem Anschein nach eindeutiger formuliert und mit weniger Zweifelsfragen und Auslegungsmöglichkeiten unbestimmter Rechtsbegriffe behaftet, was insgesamt zu größerer Rechtssicherheit führen dürfte.

Die österreichischen Regelungen sind außerdem weniger profiskalisch ausgestaltet als in Deutschland. So kann die Zurechnung treuhänderisch gehaltener Anteile zum Treugeber auch i.S.d. Steuerpflichtigen wirken, bspw. im Fall eines Treuhänderwechsels, bei erstmaliger Übertragung auf den Treuhänder oder bei Rückübertragung auf den Treugeber.[1256] In Deutschland werden dagegen i.S. einer profiskalischen Betrachtung alle diese Übertragungen für Zwecke der Ergänzungstatbestände eingerechnet, entweder durch Anwendung der zivilrechtlichen oder der wirtschaftlichen Sichtweise aufgrund derer eine mittelbare Übertragung angenommen werden kann.[1257] Ähnlich verhält es sich mit § 1 Abs. 5 öGrEStG, der eine Anrechnung der Bemessungsgrundlage für nachfolgende Erwerbe durch eine Unternehmensgruppe und eines ihrer Mitglieder vorsieht,

---

1251 Vgl. VwGH, RS d. Erkenntnis v. 23.01.2003, 2002/16/0228 m.w.N.; *Mechtler/Pinetz* in: Pinetz/Schragl/Siller/Stefaner, GrEStG, 2017, § 1, Rz. 919, 924, 927–929.

1252 Vgl. dazu unter C.II.4.b.

1253 Vgl. dazu unter C.II.4.b. und D.IV.2.

1254 Vgl. *Rief* in Marschner/Stefaner, Steuerreform, 2016, Rz. 5/14, 5/27.

1255 Vgl. dazu ausführlich: *Mechtler/Pinetz* in: Pinetz/Schragl/Siller/Stefaner, GrEStG, 2017, § 1, Rz. 901–918.

1256 Vgl. *Rief* in Marschner/Stefaner, Steuerreform, 2016, Rz. 5/14.

1257 Vgl. zur Berücksichtigung von Treuhandvereinbarungen unter C.II.4.c.cc.

die in Deutschland mangels Erwerberidentität nicht möglich wäre.[1258] Diese Anrechnung stellt die konsequente Fortsetzung des Erwerbstatbestands für die Unternehmensgruppe dar, die in Deutschland zu Lasten des Steuerpflichtigen nicht vorgenommen wird.[1259]

Aus den Dokumenten zum StRefG 2015/2016 ergibt sich nicht, ob der österreichische Gesetzgeber sich bewusst mit der Möglichkeit der Einbeziehung mittelbarer Erwerbe beschäftigt und aus welchen Gründen er sich schließlich gegen eine solche Änderung entschieden hat.[1260] Den Vorteilen in Form der besseren Anwendbarkeit und der höheren Systemkonformität[1261] steht der beachtliche Nachteil gegenüber, dass Grunderwerbsteuer auch weiterhin relativ leicht vermieden werden kann[1262], indem eine zweite Beteiligungsebene zwischengeschaltet wird. Solche Gestaltungen sollten im Regelfall wohl auch nicht unter die Sondernorm zum Missbrauch von Gestaltungsmöglichkeiten fallen.[1263]

1258 Vgl. dazu unter C.II.8.b. und *Meßbacher-Hönsch* in: Boruttau, GrEStG, 2016, § 1, Rz. 1134.

1259 Vgl. kritisch zur deutschen Regelung: *Heine*, UVR 2007, S. 287–288.

1260 *Mechtler/Pinetz* (in: Pinetz/Schragl/Siller/Stefaner, GrEStG, 2017, § 1, Rz. 889) sowie *Rief* (in: Marschner/Stefaner, Steuerreform, 2016, Rz. 5/13) gehen zwar von einer bewussten Entscheidung des Gesetzgebers in Bezug auf die Ablehnung mittelbarer Anteilsvereinigungen aus. Beweggründe des Gesetzgebers für diese bewusste Entscheidung enthalten aber auch die ergänzenden Dokumente zum Gesetzgebungsverfahren nicht.

1261 Vgl. dazu bereits für den Fall der Grundstückszurechnung auf mittelbar beteiligte Gesellschaften, der auch in Österreich ggfs. möglich ist: *Mechtler/Pinetz* in: Pinetz/Schragl/Siller/Stefaner, GrEStG, 2017, § 1, Rz. 891–892.

1262 Vgl. auch *Rief* in: Marschner/Stefaner, Steuerreform, 2016, Rz. 5/13, der davon ausgeht, dass der Gesetzgeber bewusst „eine gewisse Gestaltungsanfälligkeit“ in Kauf nimmt. Er hält zudem auch die Neuregelung zur Organschaft für gestaltungsanfälliger als die Altregelung, vgl. dazu und zu weiterer Kritik an der Anknüpfung an die ertragsteuerliche Unternehmensgruppe: Rz. 5/30.

1263 Der VwGH hat soweit ersichtlich ausschließlich in der Erkenntnis v. 05.04.2011 (2010/16/0168) einen Gestaltungsmissbrauch in Bezug auf eine Treuhandvereinbarung angenommen (vgl. *Mechtler/Pinetz* in: Pinetz/Schragl/Siller/Stefaner, GrEStG, 2017, § 1, Rz. 943). Das Urteil soll aber auch nach Ansicht des BMF-Ö nicht auf andere Fälle übertragbar sein (Verlautbarung des BMF v. 29.06.2011, BMF-010206/0149-VI/5/2011).

III. Schweiz

1. Allgemeines

In der Schweiz wird in 18 der 26 Kantone die der deutschen Grunderwerbsteuer vergleichbare Handänderungssteuer erhoben, wobei in einigen Kantonen die Steuer ganz oder teilweise durch die Gemeinden erhoben wird.[1264] Eine Bundessteuer auf Grundstücksübertragungen gibt es hingegen nicht. Andere Kantone erheben lediglich Handänderungsgebühren für die Eintragung im Grundbuch oder sog. Gemengsteuern, die teils Gebühr teils Steuer sind.[1265] Die Handänderungssteuer ist abzugrenzen von der Grundstücksgewinnsteuer, die zwar ebenfalls an den Veräußerungsvorgang anknüpft, jedoch auf den Gewinn als Bemessungsgrundlage abstellt[1266], damit eher den Ertragsteuern zuzurechnen ist und mit der deutschen Grunderwerbsteuer nicht verglichen werden kann. Aufgrund der ausschließlichen Gesetzgebungshoheit der Kantone im Bereich der Handänderungssteuer[1267] unterscheidet sich die Ausgestaltung der Handänderungssteuer je nach Kanton. Bemessungsgrundlage ist regelmäßig der Kaufpreis oder, soweit ein solcher nicht vorliegt, der Verkehrswert des übertragenen Grundstücks. Der darauf anzuwendende Steuersatz liegt je nach Kanton zwischen ca. 1 % und 3 %.[1268]

Von den 18 Kantonen, die eine Handänderungssteuer erheben, sehen elf Kantone ausdrücklich eine Besteuerung von Anteilsübertragungen vor.[1269] Diese Spezialvorschriften zu Anteilsübertragungen sind teils als eigenständige und abschließend definierte Steuertatbestände, teils nur als Beispielsfälle einer

---

1264 Dies sind die Kantone: Bern, Luzern, Obwalden, Nidwalden, Freiburg, Solothurn, Basel-Stadt, Basel-Landschaft, Appenzell-Ausserrhoden, Appenzell-Innerrhoden, St. Gallen, Graubünden, Thurgau, Waadt, Wallis, Neuenburg, Genf und Jura (vgl. *Eidgenössische Steuerverwaltung*, Die Handänderungssteuer, 2013, S. 4–5).

1265 Reine Gebühren erheben die Kantone Uri, Zürich, Glarus, Zug und Schaffhausen; sog. Gemengsteuern erheben die Kantone Aargau und Tessin (vgl. *Eidgenössische Steuerverwaltung*, Die Handänderungssteuer, 2013, S. 1, 5). Diese Kantone werden im Folgenden nicht weiter betrachtet.

1266 Vgl. *Eidgenössische Steuerverwaltung*, Die Handänderungssteuer 2013, S. 2.

1267 Vgl. *Rüegg-Peduzzi*, Handänderungssteuer, 1989, S. 37–38.

1268 Es gibt verschiedene kantonal unterschiedliche Begünstigungen, z.B. für Übertragungen innerhalb der Familie; vgl. *Eidgenössische Steuerverwaltung*, Die Handänderungssteuer, 2013, S. 22.

1269 Dies sind die Kantone: Bern, Luzern, Nidwalden, Freiburg, Solothurn, Basel-Stadt, St. Gallen, Graubünden, Genf, Jura, Wallis (vgl. *Eidgenössische Steuerverwaltung*, Die Handänderungssteuer, 2013, S. 7–10).

allgemeinen wirtschaftlichen Betrachtungsweise ausgestaltet. Weitere sechs Kantone enthalten ausschließlich eine allgemeine Regelung, die eine Besteuerung aller Rechtsgeschäfte vorsieht, die wirtschaftlich wie eine Veräußerung wirken.[1270] Daneben existieren Missbrauchsklauseln, die jeden Vorgang der Steuer unterwerfen, der zur Umgehung der Steuerpflicht dienen soll. Ähnlich wie im deutschen Grunderwerbsteuerrecht ist die Besteuerung wirtschaftlicher Grundstücksübertragungen aber ausschließlich eine zusätzlich zu den zivilrechtlichen Tatbeständen geschaffene Besteuerungsanknüpfung und führt nicht dazu, dass eine zivilrechtliche Grundstücksübertragung nicht mehr besteuert werden darf.[1271] Ebenfalls unzulässig ist die Ausweitung eines abschließend definierten Steuertatbestands i.S. einer allgemeinen wirtschaftlichen Betrachtung, ohne dass diese im Gesetz ausdrücklich genannt ist.[1272] Nach Ansicht des Bundesgerichts kann aber auch in Kantonen, die keinerlei Bestimmungen zur wirtschaftlichen Handänderung, d.h. weder eine Generalklausel noch abschließend definierte Sondertatbestände, enthalten, eine wirtschaftliche Betrachtung zulässig sein. Die Grenzen der Auslegung sollen dabei zwar enger sein als bei expliziter Nennung der wirtschaftlichen Betrachtung im Gesetz, eine Einschränkung auf reine Missbrauchsfälle ist jedoch nicht notwendig.[1273] Bei Betrachtung der verschiedenen Klauseln zur wirtschaftlichen Übertragung von Grundstücken bzw. zur Übertragung von Gesellschaftsanteilen ist zwischen Personen- und Kapitalgesellschaften zu unterscheiden, die in Deutschland und der Schweiz weitgehend gleich definiert sind.[1274]

1270 Dies sind die Kantone: Obwalden, Basel-Landschaft, Appenzell-Ausserrhoden, Appenzell-Innerrhoden, Thurgau und Neuenburg (vgl. *Eidgenössische Steuerverwaltung*, Die Handänderungssteuer, 2013, S. 7–10).

1271 Vgl. *Rüegg-Peduzzi*, Handänderungssteuer, 1989, S. 115; für den Kanton St. Gallen zudem: StB St. Gallen 2017, 241, Nr. 1, Zif. 2.

1272 Vgl. *Rüegg-Peduzzi*, Handänderungssteuer, 1989, S. 80; BG-Urteil v. 19.11.2009, 2C_355/2009.

1273 Vgl. BG, Entscheid v. 17.10.1973, BGE 99 Ia 459; a.A. teilweise in der Literatur, vgl. *Rüegg-Peduzzi*, Handänderungssteuer, 1989, S. 82–84, m.w.N.; lt. *Rüegg-Peduzzi* wird eine Besteuerung wirtschaftlicher Vorgänge in Kantonen ohne explizite Regelungen überwiegend auch nicht vorgenommen.

1274 Hier sollen mit dem Begriff Personengesellschaften für das Schweizer Recht die Rechtsformen Kollektiv- und Kommanditgesellschaft umschrieben werden, die der deutschen OHG und KG gleichen. Sonstige Gesamthandsverhältnisse, wie z.B. die einfache Gesellschaft oder die Erbengemeinschaft, die nicht nach außen in Erscheinung treten, sollen hier ausgeklammert werden. Vgl. zu den Personengesellschaften

2. Personengesellschaften

Bzgl. der Rechtsfähigkeit der Personengesellschaften besteht in der Schweiz eine ähnliche Rechtslage wie in Deutschland.[1275] Personengesellschaften sind teilrechtsfähig, d.h. sie können in bestimmten Bereichen als Trägerin von Rechten und Pflichten nach außen auftreten[1276], sind aber keine von ihren Gesellschaftern unabhängigen Rechtspersönlichkeiten wie die juristischen Personen.[1277] Während Deutschland jedoch für Grunderwerbsteuerzwecke die Personengesellschaften uneingeschränkt als eigenständigen Rechtsträger beurteilt[1278] werden in den Kantonen der Schweiz überwiegend die Gesellschafter als Steuersubjekt angesehen.[1279] Neben Gesamteigentum der Personengesellschaft (Art. 652 ff ZGB) gibt es das sog. Miteigentum (Art. 646 ff ZGB), das dem deutschen Bruchteilseigentum vergleichbar ist.[1280] Nahezu alle Kantone nehmen für die Handänderungssteuer eine Gleichstellung von Gesamt- und Miteigentum vor, indem sie die Bruchteilsbetrachtung des Miteigentums auch für das Gesamteigentum vornehmen und die Personengesellschaft damit faktisch negieren.[1281] Dies ergibt sich aus dem Grundsatz der steuerlichen Gleichbehandlung von Gesamt- und Miteigentum[1282], der jedoch in den kantonalen Vorschriften zur

---

der Schweiz: *Kolb* in: Flick/Wassermeyer/Kempermann, DBA Schweiz, 2016, Rz. 666–690.

1275 Zu den Auswirkungen der zivilrechtlichen Diskussion um die Rechtsträgereigenschaft von Personengesellschaften auf deren Behandlung für Zwecke der Grunderwerbsteuer s. unter C.I. Vgl. auch *Wiese*, Gesamthand, 2003, S. 94f; BGH, Urteil v. 29.01.2001, II ZR 331/00, BGHZ 146, S. 341.

1276 U.a. können sie auch in der Schweiz als Grundbucheigentümer im Grundbuch eingetragen werden, vgl. *Rüegg-Peduzzi*, Handänderungssteuer 1989, S. 41.

1277 Vgl. *Rüegg-Peduzzi*, Handänderungssteuer, 1989, S. 41.

1278 Vgl. *Fischer* in: Boruttau, GrEStG, 2016, § 1, Rz. 86. Die §§ 5 und 6 GrEStG enthalten zwar Abmilderungen mit Rücksicht auf die Transparenz der Personengesellschaft. Diese unterliegen aber besonderen Voraussetzungen und stellen nicht die grds. Steuerbarkeit von Erwerben durch eine Personengesellschaften in Frage.

1279 Vgl. *Rüegg-Peduzzi*, Handänderungssteuer, 1989, S. 41–42. Lediglich die Kantone Appenzell-Innerrhoden, Basel-Landschaft und Basel-Stadt bestimmen die Personengesellschaft als Steuerschuldner. Die Behandlung ist jedoch insgesamt nicht gesetzlich geregelt, sondern es handelt sich lediglich um eine Verwaltungspraxis zur Bestimmung des Steuerschuldners lt. Auskunft der Behörde.

1280 Da das ZGB ein Bundesgesetz ist, gelten diese Regelungen für alle Kantone.

1281 Vgl. *Rüegg-Peduzzi*, Handänderungssteuer, 1989, S. 111; für den Kanton St. Gallen: StB St Gallen 242, Nr. 2, Zif. 3.1.

1282 Vgl. *Rüegg-Peduzzi*, Handänderungssteuer, 1989, S. 112.

Handänderungssteuer nicht ausdrücklich niedergelegt ist.[1283] Dieser Grundsatz scheint dem für das deutsche Ertragsteuerrecht geltenden Transparenzprinzip zu ähneln[1284], wird im Unterschied zum deutschen GrEStG in der Schweiz aber auch für die Handänderungssteuer übernommen. Bei der Übertragung eines Grundstücks auf eine Personengesellschaft fällt daher Handänderungssteuer an, soweit das Grundstück nach der Übertragung anderen Gesellschaftern nach der für die Handänderungssteuer vorgenommenen Bruchteilsbetrachtung zuzuordnen ist.[1285] Die Übertragung eines Anteils an einer Personengesellschaft führt in der Konsequenz stets zum Anfall von Handänderungssteuer, da durch die Gleichstellung von Gesamt- und Miteigentum die Übertragung eines Grundstücksbruchteils angenommen wird.[1286]

3. Kapitalgesellschaften

Einige Kantone enthalten spezielle Klauseln, nach denen der Erwerb von Anteilen an Immobiliengesellschaften der Handänderungssteuer unterliegt.[1287] Die Immobiliengesellschaften werden dabei überwiegend nicht weiter definiert.

1283 Vgl. *Rüegg-Peduzzi*, Handänderungssteuer, 1989, S. 41. Ausdrückliche Regelungen zur Besteuerung von Veränderungen im Gesamthandseigentum sehen die Kantone Bern, Luzern, Nidwalden, Freiburg, Solothurn, St. Gallen, Genf und Jura vor. Weitere sieben Kantone enthalten allgemeine Klauseln zur wirtschaftlichen Betrachtung. Lediglich der Kanton Waadt enthält keinerlei Regelung; vgl. *Eidgenössische Steuerverwaltung*, Die Handänderungssteuer, 2013, S. 7–10. Auch für letztgenannte könnte aber das allgemeine Transparenzprinzip für Personengesellschaften im Schweizer Steuerrecht greifen, vgl. *Rüegg-Peduzzi*, Handänderungssteuer 1989, S. 111.

1284 Vgl. *Kolb* in: Flick/Wassermeyer/Kempermann, DBA Schweiz, 2016, Rz. 706.

1285 Einige Kantone sehen gesonderte Steuerbefreiungen für die Übertragung auf eine oder von einer Personengesellschaft bzw. für die Umwandlung von Gesamthands- in Miteigentum und umgekehrt vor, soweit die Beteiligungsverhältnisse am Grundstück gewahrt bleiben (Bern, Luzern, Obwalden, Nidwalden, Freiburg, Solothurn. Basel-Stadt, Basel-Landschaft, Waadt und Jura (vgl. *Eidgenössische Steuerverwaltung*, Die Handänderungssteuer, 2013, S. 14–19). Aufgrund der transparenten Betrachtung und des Grundsatzes der Gleichbehandlung von Gesamt- und Miteigentum sollte aber auch ohne ausdrückliche Steuerbefreiung keine Handänderungssteuer entstehen, soweit ein Grundstück vor und nach dem Rechtsvorgang demselben Gesellschafter zuzurechnen ist, vgl. *Rüegg-Peduzzi*, Handänderungssteuer, 1989, S. 111.

1286 Vgl. *Rüegg-Peduzzi*, Handänderungssteuer, 1989, S. 66.

1287 Dies sind die Kantone: Bern, Nidwalden, Freiburg, Solothurn, Basel-Stadt, Graubünden, Genf und Jura (vgl. *Eidgenössische Steuerverwaltung*, Die Handänderungssteuer, 2013, S. 7–10).

Nach h. M. können sie in der Rechtsform der AG, GmbH oder Genossenschaft auftreten.[1288] Personengesellschaften sollten hingegen nicht unter die Regelungen zu den Immobiliengesellschaften fallen, da Personengesellschaften für Handänderungssteuerzwecke überwiegend als transparent angesehen und somit jegliche Anteilsverschiebung als Grundstücksveräußerung beurteilt wird, sodass es der spezielleren Regelung zu Immobiliengesellschaften nicht mehr bedarf. Eine Immobiliengesellschaft liegt vor, wenn ihr Zweck hauptsächlich im Erwerb, der Verwaltung und dem Wiederverkauf von Grundstücken besteht. Dabei soll es nicht auf den statuarischen Zweck, sondern auf die tatsächliche Tätigkeit der Gesellschaft ankommen. Eine Betriebsgesellschaft, die ein Grundstück lediglich als Grundlage ihrer anderweitigen Tätigkeit (Produktion etc.) nutzt, ist dagegen keine Immobiliengesellschaft.[1289] Eine Ausnahme könnte hier jedoch für den Kanton Nidwalden bestehen, der als ausschließliche Voraussetzung statuiert, dass die Aktiven überwiegend aus Immobilien bestehen und damit nicht auf den Zweck oder die tatsächliche Tätigkeit der Gesellschaft abstellt.[1290] Eine weitere Ausnahme bildet der Erwerb von Anteilen an einer Holdinggesellschaft, deren Tochtergesellschaften als Immobiliengesellschaften qualifizieren. Auch ein solcher Erwerb soll Handänderungssteuer auslösen.[1291] Nach h. M. gelten die Kriterien der Immobiliengesellschaft auch in Kantonen mit einer Generalklausel zu wirtschaftlichen Handänderungen, sodass auch unter einer Generalklausel keine weitergehende Besteuerung bspw. aller Anteilserwerbe an einer grundbesitzenden Gesellschaft möglich sein soll.[1292]

Teils erfordern die kantonalen Regelungen zu den Immobiliengesellschaften den Erwerb einer Mehrheitsbeteiligung bzw. der Mehrheit der Stimmrechte oder das Erreichen einer Mehrheitsbeteiligung durch den Erwerb.[1293] Einige Klauseln nennen jedoch auch die Anteilsveräußerung bzw. den Anteilserwerb

---

1288 Vgl. *Rüegg-Peduzzi*, Handänderungssteuer, 1989, S. 85.

1289 Vgl. zur Definition der Immobiliengesellschaft: BG-Urteil v. 19.11.2009, 2C_355/2009; m.w.N. zur ständigen Rechtsprechung.

1290 Vgl. *Eidgenössische Steuerverwaltung*, Die Handänderungssteuer, 2013, S. 7.

1291 Vgl. *Rüegg-Peduzzi*, Handänderungssteuer, 1989, S. 85, m.w.N. allerdings ohne weitere Ausführungen zu möglichen Streitfällen bei der Bestimmung des Zwecks und der Tätigkeit der Holdinggesellschaft und zur Anwendung über mehrere Ebenen.

1292 Vgl. *Rüegg-Peduzzi*, Handänderungssteuer, 1989, S. 84, 87 m.w.N. u.a. auch zur Gegenauffassung, die in der Beschränkung auf Immobiliengesellschaften einen Verstoß gegen die grammatikalische Auslegung des Gesetzes sieht.

1293 S. dazu die Regelungen der Kantone Bern, Freiburg, Graubünden und Jura (vgl. *Eidgenössische Steuerverwaltung*, Die Handänderungssteuer, 2013, S. 7–10).

unabhängig von der Größe des übertragenen Anteils.[1294] In der Literatur wird mit Rückgriff auf Bundesrechtsprechung vertreten, dass stets die Übertragung einer Mehrheitsbeteiligung an der Immobiliengesellschaft erforderlich ist.[1295] Die Auffassung wird damit begründet, dass die Sonderregelungen für Immobiliengesellschaften unabhängig von der konkreten Formulierung Ausdruck einer wirtschaftlichen Betrachtung seien und eine wirtschaftliche Verfügungsmacht über das Grundstück der Immobiliengesellschaft erst bei einer Mehrheitsbeteiligung gegeben sei. Dabei wird nicht danach differenziert, ob die entsprechende kantonale Regelung lediglich die Generalklausel der wirtschaftlichen Betrachtung, oder eine Aufzählung der Immobiliengesellschaft als konkretes Beispiel der Generalklausel oder aber nur eine punktuelle Einzelregelung zur Immobiliengesellschaft enthält.

4. Vergleich mit der deutschen Grunderwerbsteuer

Bei der Behandlung von Personengesellschaften verfolgen die Kantone der Schweiz überwiegend einen anderen Weg als Deutschland, obwohl die zivilrechtlichen Grundlagen vergleichbar sind und sowohl die Handänderungssteuer als auch die Grunderwerbsteuer primär an die zivilrechtliche Grundstücksübertragung anknüpfen. Deutschland nimmt für den Grundtatbestand zunächst eine eigene Rechtsträgereigenschaft und damit eine Intransparenz der Personengesellschaft an und durchbricht diese nur punktuell durch die Ergänzungstatbestände oder die Befreiungen in §§ 5 und 6 GrEStG. Die Kantone der Schweiz betrachten hingegen in Anlehnung an das Ertragsteuerrecht die Personengesellschaft überwiegend als transparent[1296], weshalb Missbrauchsnormen wie § 1 Abs. 2a GrEStG nicht benötigt werden. Damit unterfallen zwar einerseits mehr Anteilsübertragungen der Handänderungssteuer als in Deutschland der Grunderwerbsteuer unterfallen würden, weil es keine Mindestquote gibt, die sich ändern muss. Andererseits werden Grundstückserwerbe durch die Personengesellschaft

---

1294 S. dazu die Regelungen der Kantone Nidwalden, Solothurn, Basel-Stadt und Genf (vgl. *Eidgenössische Steuerverwaltung*, Die Handänderungssteuer, 2013, S. 7–10).

1295 Vgl. *Rüegg-Peduzzi*, Handänderungssteuer 1989, S. 86–87, m.w.N. Jedenfalls das Erreichen einer Mehrheitsbeteiligung durch Erwerb eines kleineren Anteils dürfte jedoch von der Begründung auch umfasst sein und wird bspw. im Kanton Freiburg auch explizit als steuerbar benannt; vgl. *Eidgenössische Steuerverwaltung*, Die Handänderungssteuer, 2013, S. 7.

1296 Ausnahmen bilden die Regelungen der Kantone Appenzell-Innerrhoden, Basel-Landschaft und Basel-Stadt zur Steuerschuldnerschaft/Steuersubjekteigenschaft der Personengesellschaft (vgl. *Rüegg-Peduzzi*, Handänderungssteuer, 1989, S. 41–42).

unmittelbar den Gesellschaftern zugerechnet, sodass Grundstücksübertragungen zwischen Gesellschaft und Gesellschafter sowie fiktive Erwerbe (vergleichbar § 1 Abs. 2a GrEStG) konsequent nicht steuerbar sind.[1297] Eine „Zwitterrolle" der Personengesellschaft, wie sie in Deutschland durch die grds. Rechtsträgereigenschaft im Gegensatz zur in § 1 Abs. 2a und §§ 5, 6 GrEStG angeordnete Transparenz entsteht, wird in der Schweiz vermieden. Sonderregelungen zu Immobilien-Kapitalgesellschaften sind im deutschen Grunderwerbsteuerrecht nicht zu finden. Sie sind weitestgehend vergleichbar mit § 1 Abs. 3 GrEStG, der ähnlich wie die Sonderregelungen zu Immobiliengesellschaften im Regelfall den anteilserwerbenden Gesellschafter trifft.[1298] Anders als § 1 Abs. 3 GrEStG ist ihr Anwendungsbereich auf speziell definierte Immobiliengesellschaften beschränkt und enthält damit eine engere Typisierung des Missbrauchsfalls als die deutschen Ergänzungstatbestände.[1299] Auch mittelbare Erwerbe sind wohl nur in Ausnahmefällen z.B. bei Holdinggesellschaften erfasst.[1300] Allerdings muss überwiegend nur ein 50 %ige Beteiligung erreicht werden[1301], sodass die Schwelle wesentlich niedriger ist als die 95 % – Grenze der deutschen Ergänzungstatbestände.

Durch die kantonal unterschiedlichen Regelungen ist ein Detailvergleich der Schweizer Handänderungssteuer mit der deutschen Grunderwerbsteuer schwierig. Grundlegend lässt sich jedoch festhalten, dass auch die Schweizer Handänderungssteuer primär an zivilrechtliche Vorgänge anknüpft.[1302] Die Einbeziehung von wirtschaftlich vergleichbaren Vorgängen erfolgt teils gar nicht, teils durch Generalklauseln, die wiederum zum Teil mit Regelbeispielen unterfüttert sind und

1297 Die in Deutschland möglicherweise anwendbaren Steuerbefreiungen des §§ 5, 6 GrEStG sind nur eingeschränkt vergleichbar, da sie an strenge Fristen gebunden sind und bei Zwischenschaltung einer Kapitalgesellschaft nicht mehr greifen, während § 1 Abs. 2a GrEStG auch mittelbare Erwerbe der Steuer unterwirft.

1298 Zur Besonderheit des drittbestimmten Anfalls von Grunderwerbsteuer in mittelbaren Beteiligungsstrukturen vgl. unter E.II.3.

1299 Vgl. mit der Forderung insbesondere den Ergänzungstatbestand des § 1 Abs. 2a GrEStG auf Immobiliengesellschaften zu beschränken, da nur insoweit typisiert ein Missbrauch angenommen werden könne: *Joecks*, BB 1997, S. 1921; *Wiese*, UVR 2004, S. 58; *Pahlke/Franz*, GrEStG, 1999, § 1, Rz. 273 m.w.N.; *IDW*, Wpg 1998, S. 387.

1300 Vgl. zum Sonderfall der Holdinggesellschaft: *Rüegg-Peduzzi*, Handänderungssteuer, 1989, S. 85.

1301 Vgl. *Rüegg-Peduzzi*, Handänderungssteuer, 1989, S. 86–87, zur Auslegung, dass stets min. eine Übertragung von 50 % der Anteile notwendig ist.

1302 Vgl. *Rüegg-Peduzzi*, Handänderungssteuer, 1989, S. 55.

teils durch explizite zusätzlich formulierte Tatbestände.[1303] Unabhängig von der konkreten Ausgestaltung scheint in der Schweizer Bundesrechtsprechung sowie in der Literatur jedoch die Meinung vorherrschend, dass alle ergänzenden Tatbestände im Lichte ihrer Funktion der Erfassung wirtschaftlich vergleichbarer Vorgänge auszulegen sind.[1304] Die Tatbestände der wirtschaftlichen Handänderung sind nach diesem Verständnis eng auf Grundstücksgeschäfte beschränkt, sodass bspw. die Besteuerung von Anteilsübertragungen an einer Betriebsgesellschaft nicht zulässig sein soll.[1305] Dies führt im Vergleich zur deutschen Interpretation der Ergänzungstatbestände als vom Grundtatbestand losgelöste eigenständige Besteuerungstatbestände, zu einem engeren Anwendungsbereich und zu einer jedenfalls auf den ersten Blick einfacheren Rechtslage. Gleiches gilt in Bezug auf mittelbare Anteilserwerbe, die in der Schweiz jedenfalls nicht ausdrücklich der Handänderungssteuer unterliegen.[1306] Allerdings scheinen auch Steuerumgehungen wesentlich einfacher zu sein, bspw. durch ein „Nebengewerbe" der Gesellschaft, das ihre Qualifikation als Immobiliengesellschaft verhindert oder durch die Übertragung von Minderheitsbeteiligungen.[1307]

Schließlich dürften durch die konsequente Trennung zwischen Kapital- und Personengesellschaften und durch die Auslegung anhand der wirtschaftlichen Betrachtung Konflikte zwischen einzelnen Normen unwahrscheinlicher sein. Die für deutsches Recht vielfach kritisierten und ungeklärten Konkurrenzverhältnisse zwischen den einzelnen Ergänzungstatbeständen und die dadurch mögliche mehrfache Zurechnung von Grundstücken und ggfs. sogar mehrfache Besteuerung ohne zivilrechtliche Änderung des Grundstückseigentums und wirtschaftliche Rechtfertigung[1308], sollten sich aus den Gesetzen der Schweizer Kantone nicht ergeben können. Nachteilig insbesondere für die Besteuerungspraxis könnten hingegen die sehr offenen Formulierungen mit vielen

---

1303 Vgl. *Rüegg-Peduzzi*, Handänderungssteuer, 1989, S. 79–80.

1304 Vgl. *Rüegg-Peduzzi*, Handänderungssteuer, 1989, S. 84, m.w.N.

1305 Vgl. BG-Urteil v. 19.11.2009, 2C_355/2009.

1306 Zur möglichen Einbeziehung aufgrund der wirtschaftlichen Betrachtung z.B. im Sonderfall einer Holdinggesellschaft vgl. *Rüegg-Peduzzi*, Handänderungssteuer, 1989, S. 85.

1307 Inwieweit tatsächlich solche Steuerumgehungen in der Schweiz möglich sind und praktisch durchgeführt werden und inwieweit solche Umgehungsstrategien an den sehr offen formulierten Generalklauseln oder aber auch an der allgemeinen Norm zur Verhinderung missbräuchlicher Gestaltungen scheitern, wurde hier nicht untersucht.

1308 Vgl. dazu unter C.II.8. und C.IV.1.

undefinierten Rechtsbegriffen wirken.[1309] Eine Definition kann nur durch gefestigte Rechtsprechung erfolgen, wobei hier wiederum kritisch zu sehen ist, dass eine Übertragbarkeit aufgrund der kantonal unterschiedlichen Regelungen schwierig ist und auch das Bundesgericht nur eingeschränkt zur Überprüfung der Rechtsprechung der kantonalen Gerichte berechtigt ist.[1310] Im Hinblick auf Rechts- und vor allem Planungssicherheit ist die Schweizer Handänderungssteuer daher wohl eher kritisch zu sehen.

IV. Andere europäische Staaten

1. Niederlande

In den Niederlanden wird die Grunderwerbsteuer[1311] als eine von mehreren Rechtsverkehrssteuern[1312] erhoben.[1313] Ihr unterliegt der Eigentumserwerb an einem Grundstück, wobei der Erwerb wirtschaftlichen Eigentums ausreichend sein kann (Art. 2 WBRV). Der Steuersatz beträgt grds. 6 %, wird jedoch bei Nutzung zu Wohnzwecken auf 2 % reduziert. Der unmittelbare oder mittelbare Erwerb von min. 1/3 der Anteile an einer Immobiliengesellschaft ist ausdrücklich als eigener Steuertatbestand normiert („fiktive Immobilien", Art. 4 WBRV). Dabei ist es unerheblich, ob die Anteile en bloc erworben oder beim Erwerber erst vereinigt werden. Die Anteile nahestehender Personen werden zusammengerechnet. Immobiliengesellschaften sind Gesellschaften, deren Zweck in der Investition in Grundstücke bzw. in grundstücksgleiche Rechte besteht und deren Vermögen zum Zeitpunkt des Anteilserwerbs oder zu irgendeinem Zeitpunkt im vorangehenden Jahr zu min. 50 % aus Grundstücken bzw. grundstücksgleichen Rechten bestand. Gleichzeitig muss min. 30 % des Vermögens in den Niederlanden belegener Grundbesitz sein. Grds. können

---

1309 Dies gilt insbesondere für die Generalklauseln zur Erfassung wirtschaftlich vergleichbarer Rechtsgeschäfte, aber auch für die Regelungen zur Immobiliengesellschaft, die regelmäßig weder eine Definition der Immobiliengesellschaft noch Aussagen zur notwendigen Höhe des Beteiligungserwerbs enthalten.

1310 Mit Beschwerde vor dem BG kann u.a. die Verletzung von Bundesrecht, kantonal verfassungsmäßigem Recht oder interkantonalem Recht, nicht jedoch die einfachgesetzliche Auslegung kantonalen Steuerrechts gerügt werden (§ 95 BGG), vgl. auch BG-Urteil v. 26.11.2015, 2C_1040/2014.

1311 *Overdrachtsbelasting.*

1312 Geregelt ist sie daher im *Wet op belasting van rechtsverkeer (WBRV)* v. 24.12.1970.

1313 Vgl. zur Grunderwerbsteuer in den Niederlanden: *te Boekhorst*, Netherlands – Corporate Taxation, 2017, Abschn. 14.2.1.

nur Kapitalgesellschaften als Immobiliengesellschaften qualifizieren. Bei Personengesellschaften liegt dagegen ein Direkterwerb des Grundstücks vor, unabhängig von der Höhe des erworbenen Anteils und dem Zweck bzw. der Vermögensstruktur der Personengesellschaft. Ausnahmen gelten lediglich für Immobilienfonds ohne Rechtspersönlichkeit.[1314] Sie werden für Zwecke der Grunderwerbsteuer wie Kapitalgesellschaften behandelt, d.h. eine Besteuerung von Anteilsübertragungen an diesen Investmentfonds erfolgt nur, wenn die Voraussetzungen einer Immobiliengesellschaft erfüllt sind und min. 1/3 der Anteile erworben oder vereinigt werden. Für die Berechnung der Beteiligungsquote ist grds. auf den nominellen Anteil am Kapital abzustellen. Lediglich bei Trennung von Vermögens- und Stimmrechten kann eine wirtschaftliche Betrachtung zur Anwendung kommen.[1315] Steuerbefreiungen existieren für bestimmte Übertragungen von Grundstücken auf Gesellschaften als Kapitaleinlage; Übertragungen auf Gesellschafter bei Liquidation, Übertragungen im Rahmen einer Verschmelzung sowie Übertragungen bei konzerninternen Umstrukturierung. Die Ausnahme für konzerninterne Umstrukturierungen setzt eine Mindestbeteiligungsquote von 90 % voraus. Werden bezogen auf dasselbe Grundstück mehrere Erwerbsvorgänge innerhalb von sechs Monaten verwirklicht, wird nur die Differenz zum Wert der ersten Übertragung besteuert.

2. Spanien

Spanien kennt eine allgemeine „Vermögensübertragungsteuer“[1316], die unter anderem die Übertragung von Grundstücken zum Gegenstand hat.[1317] Sie wird nicht erhoben, wenn es sich um die erstmalige Übertragung eines Grundstücks oder eine mehrwertsteuerpflichtige Grundstücksveräußerung handelt. Der Steuersatz beträgt regelmäßig 7 %. Als steuerbare Grundstücksübertragung wird auch die Übertragung von Anteilen an einer Immobiliengesellschaft erfasst. Immobiliengesellschaften sind definiert als Gesellschaften, deren Aktivvermögen zu mehr als 50 % aus in Spanien belegenen Grundstücken besteht. Mittelbare Übertragungen unterliegen unter bestimmten Voraussetzungen ebenfalls der Vermögensübertragungssteuer. Dies gilt dann, wenn die Gesellschaft, deren

---

1314 Vgl. *Spierts*, IStR-LB 2013, S. 103.

1315 Vgl. *Boller/Palm*, IStR-LB 2007, S. 4.

1316 *Impuesto sobre Transmisiones Patrimoniales y Actos Jurídicos Documentados.*

1317 Vgl. zur Vermögensübertragungssteuer und ihrer Anwendung auf Grundstücksübertragungen: *de la Cueva González-Cotera/Burgasé*: Spain – Corporate Taxation, 2017, Abschn. 14.2.1.

Anteile Gegenstand des Übertragungsvorgangs sind, eine Immobiliengesellschaft kontrolliert oder durch den Übertragungsvorgang eine Kontrolle über eine Immobiliengesellschaft begründet wird. Die Steuerbarkeit von Anteilsübertragungen an Immobiliengesellschaften ist jedoch auf Fälle beschränkt, in denen die Transaktion der missbräuchlichen Steuerumgehung dient. Das Gesetz enthält eine widerlegbare Vermutung der Steuerumgehung, wenn der indirekt übertragene Grundbesitz nicht für eine wirtschaftliche Tätigkeit genutzt wird.

3. Portugal

Portugal erhebt eine der deutschen Grunderwerbsteuer vergleichbare Steuer[1318] und zusätzlich eine sog. Stempelabgabe.[1319] Der Grunderwerbsteuersatz beträgt 5 % oder 6,5 % je nach Belegenheit des Grundstücks. Steuerbare Eigentumsübertragungen sind auch die Übertragung durch Gesamtrechtsnachfolge bei Umwandlungen sowie die Einlage in Gesellschaften bzw. die Übertragung auf Gesellschafter im Rahmen der Liquidation. Anteilserwerbe können mit Grunderwerbsteuer besteuert werden, wenn als Ergebnis der Anteilsübertragung min. 75 % der Anteile an der grundbesitzenden Personen- oder Kapitalgesellschaft durch einen Gesellschafter kontrolliert werden. Dabei gelten Ehegatten in Gütergemeinschaft als ein Gesellschafter. Weitere Zusammenfassungen von Anteilen nahestehender Personen werden dagegen nicht vorgenommen. Eine Sonderregel enthält das portugiesische Grunderwerbsteuerrecht für Erwerber, die in einer Steueroase ansässig sind. Auf solche Erwerbe werden 10 % statt 5 %/6,5 % Grunderwerbsteuer erhoben.

4. Ungarn

Ungarn erhebt eine der deutschen Grunderwerbsteuer vergleichbare Steuer auf Eigentumsübertragungen an Grundstücken.[1320] Der Steuersatz beträgt grds. 4 %, wird jedoch bei Überschreitung bestimmter Wertgrenzen des Grundstückswertes für den übersteigenden Betrag auf 2 % gekappt. Anteilsübertragungen von Anteilen an Immobiliengesellschaften unterliegen der Grunderwerbsteuer, wenn der Erwerber eine Beteiligung von min. 75 % aller Anteile erreicht oder darüber hinaus aufstockt. Als Immobiliengesellschaften sind solche Gesellschaften

---

1318 *Imposto Municipal sobre as Transmissões Onerosas de Imóveis.*

1319 Zur Grunderwerbsteuer und Stempelabgabe in Portugel vgl. *Valente Vieira*: Portugal – Corporate Taxation, 2017, Abschn. 14.2.1–14.2.2.

1320 Vgl. zur Grunderwerbsteuer in Ungarn: *Torma, L.*, Hungary – Corporate Taxation, 2017, Abschn. 14.2.1.

definiert, bei denen die Buchwerte des inländischen Grundvermögens min. 75 % der Bilanzsumme ausmachen. Dabei wird die Bilanzsumme um bestimmte Posten (insbesondere Finanzmittel) korrigiert. Eine Besteuerung mittelbarer Erwerbe von Immobiliengesellschaften findet indirekt statt. Denn als Immobiliengesellschaft gilt auch eine Gesellschaft, die direkt oder indirekt 75 % der Anteile an einer anderen Immobiliengesellschaft hält. Ausnahmen von der Besteuerung bestehen u.a. für Grundstücks- oder Anteilsübertragungen im Rahmen von Umwandlungen nach der Verschmelzungsrichtlinie und zwischen verbundenen Unternehmen. Diese Steuerbefreiungen greifen nicht für Erwerber in einem Niedrigsteuerland. Zudem kann die Steuerbefreiung unter Missbrauchsgesichtspunkten versagt werden.

V. Zusammenfassende Beurteilung und Implikationen für eine Reform

Auch andere Staaten sehen bei ihren Verkehrssteuern auf Grundstücksübertragungen Anknüpfungen an wirtschaftlich vergleichbare Vorgänge wie die Anteilsübertragung an grundbesitzenden Gesellschaften vor. Bei allen hier betrachteten Staaten erscheint jedoch der Anwendungsbereich enger als im deutschen Recht. Dies zeigt sich vor allem darin, dass mittelbare Anteilsübertragungen nur ausnahmsweise erfasst sind[1321] und in einigen Ländern grds. nur der Erwerb von Anteilen an gesondert definierten Immobiliengesellschaften der Besteuerung unterliegt.[1322] Zwar gehen diese Regelungen regelmäßig mit einer geringeren erforderlichen Beteiligungsquote einher.[1323] Dennoch sollte dies im Vergleich zu

1321 Die Regelungen in den Niederlanden und Spanien ähneln den deutschen Regelungen, da sie keine besonderen Voraussetzungen haben. Die Niederlande sehen allgemein auch mittelbare Anteilserwerbe als tatbestandsmäßig an und Spanien stellt für die Einbeziehung auf eine Beherrschung der Immobiliengesellschaft ab, die jedoch bereits ab einer Beteiligung von mehr als 50 % gegeben sein soll (vgl. unter G.IV.). Bestimmte Kantone der Schweiz kennen mittelbare Übertragungen an Immobiliengesellschaften bei Holdingstrukturen (vgl. unter G.III.3.). Im Übrigen werden soweit ersichtlich nur unmittelbare Erwerbe von den beschriebenen Sonderregelungen umfasst.

1322 So in bestimmten Kantonen der Schweiz, den Niederlanden, Spanien und Ungarn, vgl. zu den entsprechenden Regelungen vorstehend unter F.III.3. und F.IV. Die spanische Regelung findet zudem nur in bestimmten als missbräuchlich eingestuften Fällen Anwendung.

1323 In der Schweiz soll jedenfalls lt. Literaturauffassung stets das Erreichen einer Mehrheitsbeteiligung notwendig sein. Spanien verlangt ebenfalls eine Beherrschung, die

den deutschen Ersatztatbeständen, die jede grundbesitzende Gesellschaft erfassen, einen engeren Tatbestand darstellen.

Bezogen auf den Gegensatz von wirtschaftlicher und zivilrechtlicher Betrachtungsweise ist die Behandlung der Personengesellschaft im Vergleich zur Schweiz und zu Österreich bemerkenswert. Während die zivilrechtliche Rechtslage in allen drei Staaten ähnlich ist[1324], sieht Österreich abweichend von der ertragsteuerlichen Beurteilung für Grunderwerbsteuerzwecke eine Intransparenz und Selbstständigkeit der Personengesellschaft vor.[1325] Diese wird lediglich durch den neu eingefügten Tatbestand des § 1 Abs. 2a GrEStG durchbrochen. Die Schweizer Kantone behandeln die Personengesellschaften dagegen für die Handänderungssteuer überwiegend vollständig transparent.[1326] Im Vergleich zu diesen gegensätzlichen Positionen nimmt die Personengesellschaft im deutschen Grunderwerbsteuerrecht eine Zwitterrolle ein. Grds. ist sie ein eigenständiger Rechtsträger, allerdings existieren gleich mehrere Normen, die diese Selbstständigkeit zugunsten einer transparenten Betrachtung punktuell negieren.[1327] Die völlig transparente Betrachtung von Gesellschaften und die damit verbundene Besteuerung jeglicher Anteilsübertragung wie sie in der Schweiz und den Niederlanden jedenfalls für Personengesellschaften vorgenommen wird, scheint für Deutschland keine realistische Option zu sein. Zum einen ist fraglich, ob eine solche Besteuerung jeglicher Übertragung praktikabel wäre, da für jede Übertragung eines Gesellschaftsanteils eine Grundstücksbewertung vorgenommen werden müsste.[1328] Spätestens bei am Aktienmarkt gehandelten Anteilen ist dies

---

ab einer 50 % Beteiligung anzunehmen sein sollte. In den Niederlanden reicht bereits der Erwerb von 1/3 der Anteile aus, wohingegen Ungarn erst ab einem Anteil von 75 % besteuert. Vgl. vorstehend unter F.III.3. und F.IV.

1324 Teilrechtsfähigkeit der Personengesellschaft, vgl. für Deutschland: *Wiese*, Gesamthand, 2003, S. 94 f.; BGH, Urteil v. 29.01.2001, II ZR 331/00, BGHZ 146, S. 431; für die Schweiz: *Rüegg-Peduzzi*, Handänderungssteuer, 1989, S. 41, für Österreich: *Mechtler/Pinetz* in: Pinetz/ Schragl/Siller/Stefaner, GrEStG, 2017, § 1, Rz. 84, 85, 93.

1325 Vgl. dazu unter F.II.2.

1326 Vgl. dazu unter F.III.2.

1327 Eine Transparenz sehen § 1 Abs. 2a GrEStG sowohl im Grundtatbestand als auch in der Rechenregel zu Berechnung mittelbarer Gesellschafterwechsel sowie die §§ 5, 6 GrEStG vor.

1328 Eine Anknüpfung an den Kaufpreis der Anteile dürfte nicht möglich sein, da der Wert des Anteils nicht zwingend dem Wert des anteiligen Grundstücks entspricht, sondern den Anteil am Wert des gesamten Unternehmens abbildet.

nicht mehr umsetzbar. Zum anderen könnten verfassungs- und europarechtliche Aspekte gegen diese Form der Besteuerung sprechen.[1329]

Eine Beurteilung der Rechtssicherheit ist ohne eine fundierte Analyse der bestehenden Rechtsprechung und Verwaltungspraxis nur schwierig möglich. Grds. ist jedoch davon auszugehen, dass solche Regelungen, die abstrakt lediglich einen Steuertatbestand für wirtschaftlich der Grundstücksübertragung vergleichbare Vorgänge normieren[1330], nicht der Rechtssicherheit dienen. Denn sie müssen erst durch Gerichte ausgelegt und in umfangreicher Kasuistik für den Steuerpflichtigen und auch die Verwaltung handhabbar gemacht werden. Ein Vergleich bzw. eine Orientierung an dieser Gesetzestechnik ist daher für das deutsche Recht nicht empfehlenswert. Dies gilt umso mehr, als der BFH eine entsprechende Formulierung in der ursprünglichen Fassung des § 1 Abs. 2a GrEStG bereits als zu unbestimmt verworfen hat.[1331]

Eine Übertragbarkeit auf das deutsche Recht könnte insbesondere für die Regelungen zur Immobiliengesellschaft möglich sein. Eine Einschränkung des Anwendungsbereichs der Ergänzungstatbestände auf Immobiliengesellschaften wurde unter dem Aspekt der zielgenauen Typisierung des missbräuchlichen Tatbestands in der Literatur auch bereits diskutiert.[1332] Nachteilig an dieser Variante ist, dass die Definition einer Immobiliengesellschaft, etwa anhand von Gesellschaftszweck und Verhältnis von Immobilien zu sonstigem Vermögen, erneut zu Umgehungsmöglichkeiten führt und Potenzial für Rechtsstreitigkeiten bietet.[1333]

Schließlich fällt beim Vergleich auf, dass die Staaten, die keine allgemeine wirtschaftliche Betrachtung vornehmen, sondern ebenfalls Ergänzungstatbestände normieren, bewusst eine Umgehungsmöglichkeit jenseits dieser definierten besteuerungswürdigen Sachverhalte hinzunehmen scheinen.[1334] Beispiele

1329 Vgl. dazu auch nachfolgend unter H.I.1.b.

1330 So z.B. in einigen Kantonen der Schweiz: Basel-Landschaft, Appenzell-Ausserrhoden, Appenzell-Innerrhoden, Thurgau und Neuenburg (vgl. *Eidgenössische Steuerverwaltung*, Die Handänderungssteuer, 2013, S. 7–10).

1331 Vgl. BFH, Urteil v. 30.04.2003, II R 79/00, BStBl. II 2003, S. 890.

1332 Vgl. bspw. für eine einschränkende Anwendung des § 1 Abs. 2a GrEStG auf Gesellschaften, bei denen der Wertansatz der Grundstücke mehr als 50 % der Bilanzsumme ausmacht: *IDW*, Wpg 1998, S. 387. Für eine Einschränkung des Anwendungsbereichs auf vermögensverwaltende Gesellschaften: *Joecks*, BB 1997, S. 1921; *Wiese*, UVR 2004, S. 58.

1333 Vgl. dazu auch *Schanko*, UVR 2016, S. 19.

1334 So jedenfalls ausdrücklich zur österreichischen Rechtslage: *Mechtler/Pinetz* (in: Pinetz/Schragl/Siller/Stefaner, GrEStG, 2017, § 1, Rz. 889) sowie *Rief* (in: Marschner/Stefaner, Steuerreform, 2016, Rz. 5/13).

sind insbesondere die abschließende Definition von Immobiliengesellschaften, die sich ggfs. bewusst vermeiden lässt, sowie die Nichteinbeziehung mittelbarer Anteilsübertragungen. Dies kann zum einen auf die Erkenntnis zurückzuführen sein, dass jede gesondert definierte Missbrauchsvermeidungsnorm mit bestimmten Aufgriffsgrenzen und Definitionen gleichzeitig einen sog. Safe Haven schafft. D.h. der Steuerpflichtige erhält die Möglichkeit, seinen Sachverhalt so zu gestalten, dass er knapp unterhalb der gesetzlichen Grenzen bleibt.[1335] Solch ein Safe Haven bleibt auch bei Ausweitung der Missbrauchsvermeidungsnorm stets bestehen, sodass es zu einer Art Ping-Pong zwischen Steuergestaltung und gesetzgeberischer Verschärfung kommt.[1336] Eine andere Erklärung könnte darin liegen, dass in anderen Staaten der Anreiz zur Vermeidung der Grunderwerbsteuer möglicherweise geringer ist als in Deutschland. Denn jedenfalls die Steuerbelastung in Österreich, der Schweiz und Ungarn ist wesentlich niedriger ist als in Deutschland.[1337] Für den Steuerpflichtigen verursachen Gestaltungen zur Vermeidung von Grunderwerbsteuer Kosten in der Planung und während ihrer Umsetzung und wirken sich möglicherweise für andere Steuerarten negativ aus.[1338] Je nach Höhe des Steuerbetrags sind sie daher ggfs. nicht lohnenswert. In der Folge dürften geringere Anstrengungen seitens des Staates zur Verhinderung solcher Umgehungen notwendig sein. Für den deutschen Gesetzgeber könnte hieraus die Empfehlung abzuleiten sein, über eine Senkung der in den letzten Jahren drastisch angestiegenen Grunderwerbsteuersätze[1339] nachzudenken. Dies würde den Anreiz für Steuervermeidungen durch Gestaltungen komplizierter mittelbarer Share Deals mindern.[1340]

1335 Vgl. zum Effekt des Safe Haven durch spezialgesetzliche Missbrauchsvorschriften: *Hey*, DStJG Bd. 33, 2010, S. 145, 147–148.

1336 Vgl. zu dem durch spezialgesetzliche Missbrauchsnormen ausgelösten „Wettbewerb" zwischen Steuerpflichtigem und Gesetzgeber und der damit verbundenen „experimentellen Gesetzgebung": *Hey*, DStJG Bd. 33, 2010, S. 141.

1337 Österreich: 3,5 %, für Ergänzungstatbestände sogar nur 0,5 %; Schweiz: je nach Kanton zwischen 1 % und 3 %; Ungarn: 4 %.

1338 Vgl. bspw. zu den Nachteilen eines Share Deals gegenüber dem Asset Deal: *Hentze/Voigtländer*, Reformoptionen, 2017, S. 18–19.

1339 Eine grafische Darstellung der Steigerungen der Grunderwerbsteuersätze seit der Übertragung der Gesetzgebungskompetenz auf die Länder findet sich bei: *Hentze/Voigtländer*, Reformoptionen, 2017, S. 7.

1340 Vgl. zum Zusammenhang von Share Deals und Höhe des Steuersatzes: *Hentze/Voigtlander*, Reformoptionen, 2017, S. 19; zum Anreiz der Gestaltung durch immer höhere Grunderwerbsteuersätze: *Wissenschaftliche Dienste des deutschen Bundestages*, Ausarbeitung WD 4 – 3000 – 108/16, PE 6 – 3000 – 122/16 v. 15.09.2016, S. 10; *Keller/*

H. Vorschlag einer Neukonzeption

I. Ableitung von Anforderungen an eine Neukonzeption

1. Anforderungen aus steuersystematischer Sicht

a. Ausrichtung an Belastungsgrund und Rechtsnatur der Grunderwerbsteuer

Der Belastungsgrund einer Steuer muss erkennbar sein, damit eine Steuer akzeptiert und als gerecht empfunden wird und idealerweise keine Ausweichgestaltungen provoziert.[1341] Diese Forderung lässt sich auf die Einzelnormen einer Steuer herunterbrechen, sodass sich der Belastungsgrund einer Steuer auch und gerade in den Ergänzungstatbeständen widerspiegeln muss.[1342] Verfassungsrechtlich ist der Gesetzgeber verpflichtet, seine einmal getroffene Belastungsentscheidung folgerichtig umzusetzen[1343], d.h. alle Normen eines Steuergesetzes müssen sich konsequent an den Besteuerungsgegenstand anschließen. Diesbezüglich sind für die Grunderwerbsteuer zwei wesentliche Aspekte zu berücksichtigen. Zum einen hat der Gesetzgeber sich ausdrücklich dafür entschieden, die Grunderwerbsteuer als Rechtsverkehrssteuer mit Anknüpfung an zivilrechtliche Rechtsvorgänge auszugestalten. Besteuerungsgegenstand der Grunderwerbsteuer, den es auch im Rahmen der Ergänzungstatbestände zu berücksichtigen gilt, ist der Eigentumserwerb an einem Grundstück aufgrund tatbestandlich abschließend definierter Erwerbsvorgänge.[1344] Zum anderen ergibt sich aus den Gesetzesmaterialien jedoch auch, dass der eigentliche Belastungsgrund nicht das formale Rechtsgeschäft, sondern der damit verbundene wirtschaftliche Erfolg des

---

Petersen, BB 2016, S. 151; *Teiche*, UVR 2003, S. 259; *Egner/Geißler*, DStZ 2015, S. 333. Auch der Gesetzgeber hat diesen Anreiz bereits 2013 erkannt (vgl. BT-Drs. 17/13033 v. 10.04.2013, S. 110 zur Einführung von § 1 Abs. 3a GrEStG), versucht ihm aber bisher durch Verschärfung und Ausweitung der Steuertatbestände zu begegnen.

1341 Vgl. *Weber-Grellet*, Verfassungsstaat, 2001, S. 121.

1342 Vgl. dazu *Hey*, DStJG Bd. 33, 2010, S. 159: Sie führt aus, dass der eigentliche Belastungsgrund der Grunderwerbsteuer erst im Ersatztatbestand § 1 Abs. 2 GrEStG zum Ausdruck kommt. Der Grundtatbestand des § 1 Abs. 1 GrEStG ist offensichtlich zu eng, um den vom Belastungsgrund wirtschaftlich erfassten Sachverhalt vollumfänglich abzubilden. Er bedarf daher flankierender Ersatz- und Ergänzungstatbestände.

1343 Vgl. BVerfG, Beschluss v. 30.09.1998, 2 BvR 1818/91, BGBl. I 1998, S. 3430.

1344 Vgl. BVerfG, Beschluss v. 27.12.1991, 2 BvR 72/90, BStBl. II 1992, S. 212.

Eigentumswechsels am Grundstück ist[1345], da in diesem eine besteuerungswürdige Leistungsfähigkeit (des Erwerbers) zum Ausdruck kommt.[1346] Daher ist auch bei ergänzenden Tatbeständen grds. die Bindung an die zivilrechtlichen Rechtsvorgänge zu wahren. Besteuerungsgegenstand muss aber stets der (ggfs. fingierte) Eigentumserwerb am Grundstück bleiben. Soweit der Gesetzgeber sich dafür entscheidet, den Grundtatbestand durch Ergänzungstatbestände zu flankieren oder Umgehungen durch spezialgesetzliche Missbrauchsklauseln zu verhindern, darf er nicht willkürlich einzelne Gestaltungen auswählen.[1347] Vielmehr müssen dann im Idealfall alle vom Belastungsgrund (wirtschaftlich) umfassten Sachverhalte unter die gesetzlichen Tatbestände zu subsumieren sein. Überschießende Rechtsfolgen, die regelmäßig durch zu stark verallgemeinernde Typisierungen entstehen, sind im Hinblick auf einen drohenden Verstoß gegen den Gleichheitsgrundsatz zu vermeiden.[1348]

b. *Erfüllung des Gleichheitsgrundsatzes*

Die Forderung nach Besteuerungsneutralität der Rechtsformen ist eine der Grundforderungen der Besteuerung. Sie soll i.S.d. Entscheidungsneutralität der Besteuerung sicherstellen, dass wirtschaftliche Überlegungen nicht zugunsten momentaner Steuervorteile in den Hintergrund treten. Eine absolute Gleichbehandlung ist indes nicht möglich. Die Unterschiede in der Besteuerung bedürfen aber einer sachlichen Legitimation.[1349] Für die Grunderwerbsteuer ist die sachliche Legitimation der derzeit bestehenden Ungleichbehandlung von Kapital- und Personengesellschaften bei den Ergänzungstatbeständen nicht erkennbar.[1350]

1345 Vgl. Begründung zum GrEStG 1940, RStBl. 1940, S. 387.

1346 Vgl. *Steuerreformkommission 1971*, Gutachten, 1971, Abschnitt IX Nr. 9, Rz. 106; Begründung zum GrEStG 1983, BT-Drs. 9/251 v. 19.03.1981, S. 12; grds. zustimmend: *Weber-Grellet*, Verfassungsstaat, 2001, S. 73; *Fischer* in: Boruttau, GrEStG, 2016, Vorbemerkungen, Rz. 142. S. ausführlich unter B.I.2.b.

1347 Vgl. dazu *Hey*, DStJG Bd. 33, 2010, S. 167. Sie nennt als Beispiel den Beschluss des BVerfG v. 30.09.1998, 2 BvR 1818/91, BGBl. I 1998, S. 3430. Dort sieht das BVerfG einen Verstoß gegen den Gleichheitsgrundsatz, da bei den Einkünften aus § 22 Nr. 3 EStG kein besonderes über die anderen Einkünfte hinausgehendes Missbrauchspotenzial ersichtlich war, das die Einschränkung der Verlustverrechnung bei diesen Einkünften rechtfertigen könnte.

1348 Vgl. zu den Anforderungen an eine gleichheitssatzkonforme Typisierung: *Hey*, DStJG Bd. 33, 2010, S. 167–168.

1349 Vgl. *Weber-Grellet*, Verfassungsstaat, 2001, S. 303.

1350 Vgl. dazu unter D.IV.

Die ungleiche Behandlung von Kapital- und Personengesellschaft im GrEStG ist hauptsächlich durch die schon isoliert betrachtet kritisch zu sehende „Zwitterrolle“ der Personengesellschaft im GrEStG verursacht.[1351] Diese teils transparente und teils intransparente Betrachtung sollte beseitigt werden.[1352] Sollen Kapital- und Personengesellschaft im GrEStG gleich behandelt werden, kann dies folglich entweder durch eine vollständige Negierung aller Gesellschaften oder durch eine vollumfängliche Anerkennung aller Personen- und Kapitalgesellschaften als selbstständige Rechtsträger umgesetzt werden. Um Systembrüche zu vermeiden, sollte diese Behandlung einheitlich für das gesamte GrEStG gelten. Die vollständige Transparenz müsste dann auch eine Transparenz dergestalt nach sich ziehen, dass die Gesellschaften nicht mehr als eigenständiger Rechtsträger für Zwecke der Grundtatbestände des § 1 Abs. 1 GrEStG anzusehen sind.

Mehrere Gründe sprechen gegen eine vollständige Transparenz der Gesellschaften für grunderwerbsteuerliche Zwecke. Zum einen stünde dies im Widerspruch zum Rechtsverkehrssteuercharakter der Grunderwerbsteuer. Anknüpfungspunkt dieser Steuern sind Geschäfte des Rechtsverkehrs, die überwiegend auf zivilrechtlicher Grundlage ausgeführt werden.[1353] Im Zivilrecht sind Personen- und Kapitalgesellschaften selbst rechts- und insbesondere grundbuchfähig.[1354] Bisher fingiert der Gesetzgeber bei Erfüllung der Tatbestände des § 1 Abs. 2a, Abs. 3 oder Abs. 3a GrEStG einen Grundstücksübergang.[1355] Die dogmatischen Begründungen und fingierten Übertragungswege sind zwar unterschiedlich.[1356] Sie werden jedoch alle von der Annahme

---

1351 Sie wird einerseits als selbstständiger Rechtsträger betrachtet, andererseits sind mehrere Sondernormen wie § 1 Abs. 2a GrEStG oder die Befreiungen des §§ 5 und 6 GrEStG dem Transparenzgedanken geschuldet.

1352 Die unterschiedliche Behandlung derselben Rechtsform in verschiedenen Normen desselben Gesetzes könnte ein Verstoß gegen die Folgerichtigkeit sein, vgl. dazu unter H.I.1.c.

1353 Vgl. zu den Anknüpfungspunkten der Verkehrssteuern: BVerfG, Beschluss v. 08.01.1999, 1 BvL 14/98, BStBl. II 1999, S. 152, Rz. 27; BVerfG, Beschluss v. 07.05.1963, 2 BvL 8/61, 2 BvL 10/61, BVerfGE 16, S. 64.

1354 Vgl. *Pahlke*, GrEStG, 2018, § 1, Rz. 16, 37.

1355 Für § 1 Abs. 2a GrEStG ergibt sich dies unmittelbar aus dem Gesetzeswortlaut („(…) gilt dies als ein auf die Übereignung eines Grundstücks auf eine neue Personengesellschaft gerichtetes Rechtsgeschäft“). Für § 1 Abs. 3 und Abs. 3a GrEStG vgl. ständige Rechtsprechung des BFH, zuletzt: BFH, Urteil v. 12.02.2014, II R 46/12, BStBl. II 2014, S. 536 (m.w.N.).

1356 Dem § 1 Abs. 2a GrEStG liegt die Vorstellung zugrunde, dass bei einem Wechsel aller Gesellschafter eine neue Personengesellschaft entsteht. § 1 Abs. 3 GrEStG stellt

getragen, dass der Übergang von 95 % der Anteile dem Übergang von 100 % der Anteile wirtschaftlich gleich kommt und daher die Übertragung des gesamten Grundstücks fingiert werden kann.[1357] Bei einer völlig transparenten Betrachtung der Gesellschaften und quotaler Besteuerung trägt die Fiktion des Grundstücksübergangs nicht mehr. Mithin würde nicht mehr die Grundstücks-, sondern die Anteilsübertragung besteuert.[1358] Der fehlende Grundstücksbezug würde dazu führen, dass die Steuer insoweit nicht mehr vom Belastungsgrund der Grunderwerbsteuer gedeckt wäre.[1359] Es läge dann keine Grunderwerbsteuer, sondern ggfs. eine andere (allgemeine) Rechtsverkehrssteuer oder eine Kapitalverkehrsteuer vor.[1360] Aus europarechtlicher Sicht sollte insbesondere die Einführung einer Kapitalverkehrsteuer nicht möglich sein.[1361] Die vollständige Transparenz der Gesellschaften stünde daneben auch im Widerspruch zu anderen Steuerarten, die überwiegend die Gesellschaften selbst und nicht ihre Gesellschafter als Steuersubjekt betrachten.[1362] Die fehlende Korrespondenz zum Zivilrecht würde zu einem erheblichen Mehraufwand im Besteuerungsverfahren führen, da bei jeder Grundstücksübertragung zwischen Gesellschaften zunächst die hinter diesen Gesellschaften stehenden natürlichen Personen ermittelt werden müssten. Eine vollständig transparente Betrachtung dürfte damit weder systematisch sinnvoll, noch praktisch handhabbar sein und unterliegt zudem verfassungs- und europarechtlichen Bedenken. Daher erscheint die gleichermaßen intransparente Betrachtung und damit die vollständige Anerkennung der Personengesellschaft als selbstständiger grunderwerbsteuerlicher Rechtsträger vorzugswürdig.

---

dagegen auf die Herrschaftsmacht des Alleingesellschafters ab, die ihm in Bezug auf das Grundstück eine eigentümerähnliche Stellung verschafft.

1357 Vgl. (zu § 1 Abs. 3 GrEStG): *Pahlke*, GrEStG, 2018, § 1, Rz. 317.

1358 Vgl. *Behrens*, UVR 2017, S. 18–19.

1359 Vgl. *Schanko*, UVR 2016, S. 18.

1360 Vgl. *Behrens*, UVR 2017, S. 19.

1361 Vgl. *Schanko*, UVR 2016, S. 18: Die Neueinführung von Kapitalverkehrsteuern ist gem. Richtlinie 2008/7/EG v. 12.2.2008 nicht zulässig. Mit ähnlichen Bedenken: *Behrens*, UVR 2017, S. 19.

1362 Eine Ausnahme bildet lediglich die Besteuerung des Einkommens der Personengesellschaft, das den Gesellschaftern zugerechnet und bei diesen besteuert wird, § 15 Abs. 1 Nr. 2 EStG. Insbesondere andere Verkehrsteuern wie etwa die Umsatzsteuer oder betriebliche Steuern wie die Gewerbesteuer knüpfen dagegen auf Ebene der Gesellschaft an (§ 5 Abs. 1 S. 3 GewStG, § 2 Abs. 1 UStG, BFH, Urteil v. 28.11.2002, V R 18/01, BStBl. II 2003, S. 442).

Aus diesem Grundsatz der gleichermaßen intransparenten Betrachtung von Personen- und Kapitalgesellschaften für Zwecke der Grunderwerbsteuer folgt zunächst, dass Ausnahmen von dieser Intransparenz rechtsformunabhängig ausgestaltet werden müssen. Etwaige Ergänzungstatbestände müssen daher sowohl auf Personen- als auch auf Kapitalgesellschaften anwendbar sein. Diese Anforderung betrifft die Tatbestandsseite bzw. den grds. Anwendungsbereich eines Ergänzungstatbestandes.[1363] Daneben sind auch einzelne Tatbestandsmerkmale rechtsformneutral auszugestalten.[1364] Schließlich müssen die Rechtsfolgen unabhängig von der Rechtsform der grundbesitzenden Gesellschaft und des Erwerbers eintreten. Dabei ist Rechtsfolge nicht nur die Steuerbarkeit eines Anteilserwerbs, sondern u.a. auch die Anwendung von Steuerbefreiungen, die Steuerschuldnerschaft, die Steuerentstehung und die Möglichkeit der Rückgängigmachung von Erwerbsvorgängen.[1365]

c. *Folgerichtigkeit innerhalb der Tatbestände*

Sollen bestimmte Sachverhalte unabhängig vom Missbrauchsgedanken aus wirtschaftlichen Gesichtspunkten einer Besteuerung unterworfen werden, muss diese wirtschaftliche Sichtweise folgerichtig umgesetzt werden.[1366] Dazu gehört, dass sie nicht einseitig nur fiskalischen Zwecken dient. Die Ergänzungstatbestände sollen dazu dienen, eine Besteuerung auch dann vorzunehmen, wenn ein Tatbestand den Grundtatbeständen vergleichbar ist.[1367] So kann bspw. auch durch eine Anteilsübertragung Grunderwerbsteuer ausgelöst werden, wenn dadurch ein dem Eigentumserwerb am Grundstück vergleichbares Ergebnis erzielt wird. Diese wirtschaftliche Sichtweise muss jedoch folgerichtig umgesetzt werden. Es

---

1363 Nach dieser Forderung dürfte § 1 Abs. 2a GrEStG nicht mehr existieren, da sein Anwendungsbereich nur für Personengesellschaften eröffnet ist.

1364 Zu den Verstößen gegen diese Forderung u.a. bei der Berechnung der mittelbaren Beteiligungsquoten für § 1 Abs. 2a und Abs. 3 GrEStG vgl. unter D.V.

1365 Vgl. zur Nichterfüllung dieser Forderung insbesondere durch die unterschiedlichen fingierten Übertragungswege unter D.V. und C.III. Kritisch in Bezug auf die unterschiedlichen Rechtsfolgen ebenfalls: *Behrens*, Fiktion, 2009, S. 1119; *Fischer* in: Boruttau, GrEStG, 2016, § 1, Rz. 33, 34; *Kroschewski*, GmbHR 2001, S. 708–709.

1366 Vgl. zum Gebot der folgerichtigen Umsetzung der einmal getroffenen Belastungsentscheidung: BVerfG, Beschluss v. 30.09.1998, 2 BvR 1818/91, BGBl. I 1998, S. 3430; *Weber-Grellet*, Verfassungsstaat, 2001, S. 149–150. Dieses Gebot der Folgerichtigkeit sollte sich weiter auf die Einzeltatbestände herunterbrechen lassen.

1367 Vgl. dazu unter D.II.1.

darf keine Steuer erhoben werden, wenn zwar zivilrechtlich, nicht aber wirtschaftlich eine Grundstücksübertragung vorliegt.[1368]

Eng mit der Forderung nach Abschaffung der fiskalischen Meistbegünstigung verbunden ist die Forderung nach einer eindeutigen Regelung zur Zuordnung von Grundstücken. Die Fiktion einer Grundstücksübertragung muss folgerichtig dahingehend umgesetzt werden, dass das Grundstück danach auch für Zwecke der anderen Erwerbstatbestände zum Vermögen der fiktiv übernehmenden und nicht mehr zum Vermögen der fiktiv übertragenden Gesellschaft gehört.[1369] Die Grundstückszuordnung muss eindeutig gesetzlich geregelt werden und in der Weise erfolgen, dass ein Grundstück stets nur einem Rechtsträger zuzuordnen ist. Eine Zuordnung aufgrund eines Ergänzungstatbestands, mithin eine wirtschaftliche Zuordnung verdrängt daher die Zuordnung zum zivilrechtlichen Grundstückseigentümer. Für grunderwerbsteuerliche Zwecke muss dem „wirtschaftlichen Eigentümer" das Grundstück vollumfänglich zugerechnet werden, sodass die Verwirklichung eines weiteren Erwerbsvorgangs nicht möglich ist.[1370] In Beteiligungsketten muss die Zuordnung konsequent beim obersten Rechtsträger der Beteiligungskette vorgenommen werden, der noch die Anforderungen der „wirtschaftlichen Zurechnung" nach den Ergänzungstatbeständen erfüllt.[1371] Die alternative Zuordnung zur erwerbenden Gesellschaft in der Kette ist nicht vorzugswürdig, da dann der spätere Erwerb des Grundstücks durch die

1368 Vgl. unter D.IV.1. Ggfs. muss diese folgerichtige Umsetzung zugunsten des Steuerpflichtigen mittels Steuerbefreiungen umgesetzt werden.

1369 Vgl. zur bisher bestehenden Möglichkeit der mehrfachen Zuordnung unter D.IV.2. Zu einem möglichen Verstoß der Mehrfachzuordnung gegen das verfassungsrechtliche Gebot der Folgerichtigkeit: *Verweyen*, Konzerninterne Umstrukturierungen, 2005, S. 180.

1370 Die Veräußerung des Grundstücks durch den zivilrechtlichen Eigentümer müsste im derzeitigen System nach diesen Grundsätzen als Veräußerung durch den Rechtsträger behandelt werden, dem das Grundstück grunderwerbsteuerlich zuzurechnen war, wenn diese Zuordnung aufgrund der Veräußerung verloren geht. Bleibt sie hingegen bestehen, etwa beim Verkauf zwischen Schwestergesellschaften, darf kein grunderwerbsteuerbarer Vorgang vorliegen. Durch diese Behandlung wird zwar das Besteuerungsverfahren erschwert. Denn anders als bisher wird bei den Grundtatbeständen stets eine Prüfung der grunderwerbsteuerlichen Grundstückszuordnung notwendig. Dies erscheint im Hinblick auf das Gebot der Folgerichtigkeit aber notwendig.

1371 Vgl. zu dieser Ultimate Owner Betrachtung bereits bei *Joisten/Liekenbrock*, Ubg 2013, S. 472; dort ausschließlich auf die wirtschaftliche Beteiligung gem. § 1 Abs. 3a GrEStG bezogen und als „Primat des obersten Rechtsträgers" bezeichnet.

Obergesellschaft einer Steuer unterliegen würde, was willkürlich erscheint, da sich ihre Position auf das Grundstück nicht verstärkt.

Zur Umsetzung der Folgerichtigkeit sollten die bisher nicht ausreichend aufeinander abgestimmten Ergänzungstatbestände durch ein einheitliches Konzept ersetzt werden. Punktuelle Änderungen unter Beibehaltung bisheriger Regelungen führten dagegen bisher zu fehlender Abstimmung im Wortlaut, Unklarheiten in der Beziehung der Tatbestände zueinander und zu einer Vielzahl dogmatischen Begründungen. Eine sog. experimentelle Gesetzgebung, die auf das Verhalten der Steuerpflichtigen oder Gerichtsentscheidungen reagiert, gilt es zwingend zu vermeiden.[1372]

2. Anforderungen aus betriebswirtschaftlicher Sicht

a. Beseitigung von Planungsunsicherheit

Planungssicherheit ist insbesondere abhängig von der Normenklarheit.[1373] Der Gesetzeswortlaut muss alle wichtigen Tatbestandsmerkmale definieren. Dies darf nicht der Verwaltung überlassen[1374] und auch nicht aufgeschoben werden, bis sich eine gefestigte Rechtsprechung gebildet hat. In der aktuellen Struktur der Ergänzungstatbestände sind zahlreiche Rechtsbegriffe enthalten, bei denen unklar bleibt, ob sie in ihrer Bedeutung aus dem Zivilrecht übernommen wurden oder aber für die Grunderwerbsteuer eigenständig auszulegen sind.[1375] Des Weiteren existieren unbestimmte Rechtsbegriffe, für die auch in anderen Rechtsgebieten keine Definition vorhanden ist. In diesem Zusammenhang ist teils unklar, ob die Bestimmungen in den Ergänzungstatbeständen abschließender Natur oder einer weiteren Auslegung zugänglich sind.[1376] Schließlich führen

---

1372 Vgl. zu den Auswirkungen der fehlenden Gesamtkonzeption aus steuersystematischer Sicht unter C.IV.1., D.IV. und zu den Folgen für die Planungssicherheit des Steuerpflichtigen unter E.I.4.

1373 Vgl. *Bültmann*, DStR 2017, S. 3.

1374 Vgl. *Bültmann*, DStR 2017, S. 3.

1375 Beispiele sind die Begriffe „Gesellschaft", „Anteil", „Gesellschaftsvermögen", s. zum Problem der Planungssicherheit in diesem Zusammenhang unter E.I.4.a.bb. sowie zu den möglichen Auslegungen der einzelnen Begriffe unter C.II. Zur Forderung nach einer eindeutigen Anknüpfung an zivilrechtliche oder eigenständig steuerjuristische Betrachtungsweise und ein verständliches Gesetz s. auch: *Kirchhof* in Isensee/Kirchhof, HBdSR, 2007, § 118, Rz. 200–201.

1376 Dies gilt z.B. für die in § 1 Abs. 3a GrEStG erstmals eingeführte „wirtschaftliche Beteiligung". Es ist umstritten, ob sie durch die in § 1 Abs. 3a GrEStG angeordnete Berechnungsmethode für mehrstufige Beteiligungen abschließend definiert ist oder

untechnische Umschreibungen zu Schwierigkeiten in der praktischen Anwendung.[1377] Eine mögliche Neuregelung der Ergänzungstatbestände muss daher klar zum Ausdruck bringen, an welcher Stelle eine Begrifflichkeit mit ihrer Bedeutung aus einem anderen Rechtsgebiet (insb. Zivilrecht) übernommen werden soll. Dies könnte idealerweise durch Verweis auf die entsprechende Norm des anderen Rechtsgebiet geschehen. Soweit ein abweichendes grunderwerbsteuerliches Verständnis vorliegt (bspw. bei der Grundstückszuordnung) oder Übernahmen aus anderen Rechtsgebieten nicht möglich sind (bspw. Mittelbarkeit) sollte eine gesetzliche Definition eingeführt werden. Dabei ist jedoch darauf zu achten, dass das Gesetz nicht ausufert, da auch überlange Gesetze die Planungssicherheit des Steuerpflichtigen behindern, da er keinen Überblick mehr über die gesetzlichen Normen hat.

Es darf keinen für den Steuerpflichtigen nicht beeinflussbaren und damit nicht planbaren Anfall von Grunderwerbsteuer geben. Das gilt umso mehr, als mit dem Anfall von Grunderwerbsteuer auch zusätzlich Erklärungspflichten verbunden sind, die der Steuerpflichtige einhalten muss.[1378] Daher muss insbesondere der drittbestimmte Anfall von Grunderwerbsteuer verhindert werden. Dies betrifft die aktuelle Konzeption des § 1 Abs. 2a GrEStG, da hier Steuerschuldner und handelnde Person, d.h. Veräußerer und Erwerber der Anteile stets auseinanderfallen.[1379] Aber auch im Anwendungsbereich von § 1 Abs. 3 und Abs. 3a GrEStG

---

aber auch weitere Fälle z.B. schuldrechtliche Vereinbarungen über Gesellschaftsanteile erfassen kann, vgl. zum Problem: *Wagner/Mayer*, BB 2014, S. 280; *Wagner/Lieber*, DB 2013, S. 2296.

1377 Vgl. bspw. das Wort „gehören" für die Zurechnung von Grundstücken zum Gesellschaftsvermögen, das offen lässt, ob zivilrechtliches oder wirtschaftliches Eigentum gemeint ist, oder die grunderwerbsteuerliche Zurechnung nach eigenständigen Kriterien erfolgen soll. Zu weiteren Beispielen s. unter C.IV.2. und D.IV.2.

1378 Vgl. zu den Risiken im Rahmen der unternehmerischen Tax Compliance unter E.II.

1379 Steuerschuldner ist gem. § 13 Nr. 6 GrEStG die Personengesellschaft. Wechsel im Gesellschafterbestand werden dagegen regelmäßig durch die Gesellschafter als handelnde Personen ausgelöst. Allenfalls bei bestimmten Kapitalmaßnahmen, die durch Organe der Personengesellschaft beschlossen werden (z.B. bei Hinzutreten neuer Gesellschafter durch originären Erwerb eines Anteils am Vermögen der Personengesellschaft), könnte eine Identität von handelndem Rechtsträger und Steuerschuldner angenommen werden. Vgl. zu Kapitalmaßnahmen unter C.II.4.c.dd. Kritisch zum drittbestimmten Anfall der Steuer vgl. auch: *Behrens*, UVR 2015, S. 140. Der BFH hält das Auseinanderfallen von handelnder Person und Steuerschuldner aufgrund der Besonderheiten der Personengesellschaften hingegen für unproblematisch: BFH, Beschluss v. 11.09.2002, II B 113/02, BStBl. II 2002, S. 777.

kann es jedenfalls in mehrstufigen Konzernstrukturen oder durch Kapitalmaßnahmen zu drittbestimmtem Anfall von Grunderwerbsteuer kommen.[1380] Dafür muss ein Anteilserwerb bei einer Tochtergesellschaft dazu führen, dass zwar nicht sie selbst eine Anteilsvereinigung verwirklicht, aber eine Gesellschaft auf höherer Ebene, der diese Anteile zugerechnet werden. Dies kann regelmäßig bei Addition von unmittelbaren und mittelbaren oder mehrerer mittelbarer Beteiligungen möglich sein.[1381] Ein drittbestimmter Anfall von Grunderwerbsteuer lässt sich vermeiden, wenn sichergestellt ist, dass der agierende Rechtsträger, der den Steuertatbestand auslöst, auch Steuerschuldner und Erklärungspflichtiger ist.

Aber auch wenn handelnder Rechtsträger und Steuerschuldner identisch sind, kann der Anfall von Steuer jedenfalls durch mittelbare Anteilsübertragungen je nach Konzernstruktur und Informationsrechten zu unplanbaren Grunderwerbsteuerzahlungen führen.[1382] In diesen Fällen liegt zwar keine drittbestimmte Steuerlast vor. Dennoch ist den handelnden Personen ggfs. die grunderwerbsteuerliche Konsequenz ihres Handelns nicht bewusst. Dadurch entstehen wie beim drittbestimmten Anfall der Steuer unkalkulierbare Risiken in der Planung und in der Erfüllung von Tax Compliance Pflichten. Grds. ist daher die unbegrenzte Einbeziehung mittelbarer Anteilsübertragungen unter dem Aspekt der Planungssicherheit abzulehnen.

Neben den konkreten Normen sind für die Planungssicherheit des Steuerpflichtigen viele weitere Faktoren entscheidend, die nicht in den Einzelsteuergesetzen, sondern für das gesamte Besteuerungsverfahren in der AO geregelt werden müssen. Möglich und wünschenswert erscheinen hier bspw. eine Verbesserung des Instruments der verbindlichen Auskunft, eine Beschleunigung der Besteuerungs- und auch Gerichtsverfahren, zeitnahe Betriebsprüfungen zur Erlangung von Rechtssicherheit sowie die übersichtliche Erstellung und Veröffentlichung von Verwaltungsanweisungen.[1383] Diese steuerübergreifenden

---

1380 Vgl. *Behrens*, StJB 2014/2015, S. 582; *Illing*, DStZ 2013, S. 510.; *Götz*, GmbHR 2005, S. 353, 354. Vgl. ausführlich unter E.II.3.

1381 Andernfalls verwirklicht regelmäßig bereits die erwerbende Gesellschaft die Anteilsvereinigung, sodass handelnde Gesellschaft und Steuerschuldner dieselbe Person sind.

1382 Vgl. zum daraus resultierenden Problem im Rahmen der Tax Compliance unter E.II.2. und mit entsprechenden Beispielen bei: *Heine*, UVR 2002, S. 252; *Pirner/Könemann*, IStR 2013, S. 425; *Sedemund/Fischenich*, BB 2008, S. 536.

1383 Vgl. mit diesen Forderungen: *Bültmann*, DStR 2017, S. 3–5.

Maßnahmen werden im Folgenden nicht mehr aufgegriffen, da diese Problematik über die konkrete Neuformulierung der Ergänzungstatbestände hinausgeht.

b. *Abbau von Risiken im Bereich Tax Compliance*

Die Risiken im Rahmen der Tax Compliance werden durch ähnliche Mängel im derzeitigen System der Ergänzungstatbestände hervorgerufen wie die Planungsrisiken. Daher sind die zuvor genannten Anforderungen auch zur leichteren Erfüllung der Tax Compliance Pflichten zielführend. Es bedarf klarerer Formulierungen des Gesetzestextes und für die Praxis handhabbarer Regelungen[1384], damit Unternehmen ihren gesetzlichen Pflichten nachkommen können.[1385] Zusätzlich ist zu fordern, dass die Sanktionen für Verstöße gegen die grunderwerbsteuerlichen Erklärungspflichten nur dort greifen, wo es den handelnden Organen rechtlich und faktisch möglich war, ihrer Erklärungspflicht nachzukommen. Wie bereits gezeigt, können die entsprechenden Informationsflüsse teils rechtlich und teils im Hinblick auf die tatsächlichen Gegebenheiten ab einer gewissen Konzerngröße bzw. bei Vorliegen mehrerer Beteiligungsstufen und Gesellschaften in mehreren Staaten nicht mehr sichergestellt werden.[1386] Daher sollte die Anforderung eines fristgerecht und vollständig erklärten Erwerbsvorgangs in § 16 Abs. 5 GrEStG als Voraussetzung für die Rückgängigmachung entfallen. Bei weiteren straf- und bußgeldrechtlichen Sanktionen sowie der Festsetzung von steuerlichen Nebenleistungen ist der Aspekt der Unmöglichkeit entweder bei der Beurteilung des Vorsatzes oder im Rahmen des Ermessens zu würdigen.[1387]

c. *Entscheidungsneutralität der Steuer*

Eine der ökonomischen Grundforderungen an ein Steuersystem besteht darin, dass es die vom Markt erzielte optimale Ressourcenallokation nicht beeinträchtigt, da sich sonst negative Effekte in Form sog. Wohlfahrtskosten ergeben.[1388]

1384 Vgl. zur Forderung nach Normenklarheit und Praktikabilität bereits unter H.I.2.a. und zur Komplexitätsreduktion unter H.I.4.

1385 Vgl. mit dieser Forderung (allerdings bezogen auf die gesamte Steuergesetzgebung) auch: *DIHK*, Positionspapier, 2017, S. 8.

1386 S. unter E.II.2.

1387 Da in diesem Abschnitt nur Anforderungen an einen neuen Ergänzungstatbestand dargestellt werden sollen, werden diese Sanktionen hier nicht detaillierter behandelt.

1388 Vgl. *Brümmerhoff/Büttner*, Finanzwissenschaft 2015, S. 543; *Weber-Grellet*, Verfassungsstaat, 2001, S. 106, 159. Die Forderung fußt auf der wohlfahrtsökonomischen Theorie der Besteuerung, die jegliche Eigeninteressen der Staatsmacht unberücksichtigt lässt und ihr wohlfahrtsmaximierendes Handeln unterstellt. Andere finanz-

Aus finanzwissenschaftlicher und volkswirtschaftlicher Perspektive soll die Steuer die wirtschaftliche Entscheidung der Unternehmen und Haushalte möglichst wenig beeinflussen. Diese Forderung nach der Entscheidungsneutralität der Steuer ist auch aus betriebswirtschaftlicher Sicht zu stellen. Denn wie unter Punkt E.1.b. erläutert, führt die Notwendigkeit der Einbeziehung von Steuern in den unternehmerischen Entscheidungsprozess zu höheren Kosten für Informationsbeschaffung und Berechnungsmodelle.[1389] Ggfs. wird die Minimierung der steuerlichen Belastung einer Investition sogar zur Zielgröße, sodass der gesamte Entscheidungsprozess an der Steuerbelastung ausgerichtet ist. Solche Kosten können hingegen vermieden werden, wenn die Steuerbelastung für alle Entscheidungsalternativen gleich hoch ist.

Bezogen auf die Grunderwerbsteuer bedeutet diese Forderung zunächst, dass wirtschaftlich vergleichbare Investitionsalternativen auch gleich besteuert werden müssen. Bei isolierter Betrachtung der Ergänzungstatbestände erfordert dies eine rechtsformneutrale Besteuerung. Gleichzeitig lässt sich durch das Erfordernis der Entscheidungsneutralität aber auch die Existenz der Ergänzungstatbestände begründen, soweit die Investition in eine grundbesitzende Gesellschaft im wirtschaftlichen Ergebnis mit der Direktinvestition in ein Grundstück vergleichbar ist. Die Entscheidungsneutralität erfordert daher entweder die grds. Anwendung einer wirtschaftlichen Betrachtung, bei der diese Vergleichbarkeit einzelfallbezogen geprüft wird. Alternativ müssten typisiert vergleichbare Fälle normiert werden, wobei jedoch das Risiko besteht, nicht alle Fälle zu erfassen und ggfs. als überschießende Rechtsfolge auch nicht vergleichbare Fälle zu besteuern. Daneben darf es möglichst wenige Möglichkeiten zur Steuervermeidung geben, da dies zu einer Ausrichtung des gesamten Entscheidungsprozesses an der Zielgröße Steuerbelastung führt.[1390] Dies spricht zunächst für eine Beibehaltung der Ergänzungstatbestände, die ja gerade zum Ziel haben, Rechtsvorgänge der Grunderwerbsteuer zu unterwerfen, die wirtschaftlich dem zivilrechtlichen Eigentumserwerb am Grundstück gleich kommen. Wie in Teil D.II. aufgezeigt,

---

wissenschaftliche Theorien, insbesondere die sog. Leviathantheorie, die auf der Annahme einer den Eigennutzen maximierenden Staatsgewalt basiert und daher als Anforderung an ein Steuersystem primär die Beschränkung und Kontrolle der Steuererhebung durch den Staat postuliert, sollen hier nicht weiter betrachtet werden. Vgl. dazu ausführlich: *Blankart*, Öffentliche Finanzen 2008, 11. Kapitel, S. 189–228.

1389 Vgl. *Wittmann* in: Wittmann u.a., Handwörterbuch BWL, Bd. II, Sp. 2002.

1390 Vgl. dazu z.B. das Konzept der (Grunderwerb-)Steuerbarwertberechnung als Entscheidungsgröße für verschiedene Möglichkeiten der Unternehmensumstrukturierung: *Kaiser*, Grunderwerbsteuerplanung, 2008, S. 38–40.

führt aber insbesondere das Nebeneinander von zivilrechtlicher und wirtschaftlicher Betrachtung zu zahlreichen Systembrüchen, die für Steuergestaltungen genutzt werden können. Eine mögliche Lösung könnte hier das Abstellen auf eine rein wirtschaftliche statt auf eine zivilrechtliche Betrachtung sein. Daneben bestehen derzeit starke Differenzen in der Behandlung von Personen- und Kapitalgesellschaften sowie in der Behandlung von mittelbaren und unmittelbaren Beteiligungen, die ebenfalls den Entscheidungsprozess der Unternehmen beeinflussen und daher möglichst nivelliert werden sollten.

Die Forderung der Entscheidungsneutralität korrespondiert daher mit mehreren bereits genannten Anforderungen. Die Entscheidungsneutralität verlangt ebenso wie der steuersystematische Gleichheitsgrundsatz die Gleichbehandlung von Personen- und Kapitalgesellschaften für Zwecke der Grunderwerbsteuer. Zur Entscheidungsneutralität bedarf es auch der bereits genannten Forderung nach Normenklarheit. Denn ohne ausreichende Vorhersehbarkeit der Rechtsfolgen besteht die Gefahr, dass die betriebswirtschaftlich sinnvollste Möglichkeit, die jedoch potenziell einen Ergänzungstatbestand auslösen könnte, aufgrund der steuerlichen Risiken oder bereits aufgrund der hohen Informationskosten gar nicht in den Entscheidungsprozess einbezogen wird.

3. Anforderungen aus administrativer Sicht

Komplexe Steuerrechtsnormen verursachen aus volkswirtschaftlicher Sicht hohe Kosten.[1391] Damit sie umgesetzt werden können, ist im Besteuerungsverfahren auf der einen Seite eine hoch entwickelte Verwaltung und auf der anderen Seite regelmäßig die Mitwirkung von Steuerberatern notwendig.[1392] Finanzwissenschaftlich betrachtet sind insbesondere die für die Verwaltung anfallenden Aufwendungen kritisch zu sehen. Denn Administrationskosten für Steuern mindern das durch Steuern erzielte Budget des Staates, das der Bereitstellung öffentlicher Güter dient. Daher wird stets auch die administrative Effizienz einer Steuer gefordert.[1393] Diese Effizienz wird insbesondere durch komplexe Gesetze, viele Sondertatbestände und hohen Ermittlungsaufwand beeinträchtigt. Neben dieser finanzwissenschaftlichen Perspektive ist die Administrierbarkeit aber auch aus verfassungsrechtlicher Sicht notwendig, da bei fehlender Durchsetzbarkeit des Steueranspruchs ein strukturelles Vollzugsdefizit mit der Folge des Verstoßes

1391 Vgl. *Weber-Grellet*, Verfassungsstaat, 2001, S. 106.

1392 Vgl. *Weber-Grellet*, Verfassungsstaat, 2001, S. 107. S. zu den Kosten für Unternehmen, insbesondere durch Einschaltung von Beratern unter E.I.4.b.

1393 Vgl. *Smith*, Wohlstand, 1789, S. 787.

gegen den allgemeinen Gleichheitssatz vorliegen kann.[1394] Aus dieser Sichtweise heraus ist eine Anknüpfung allein an den zivilrechtlichen Eigentumsübergang eines Grundstücks daher das Ideal, da dies stets durch Änderung im Grundbuch für die Verwaltung feststellbar ist und sie durch die Anzeigepflicht der Notare gem. § 18 GrEStG nahezu keinen Ermittlungsaufwand hat. Sollen daneben auch wirtschaftlich vergleichbare Vorgänge besteuert werden, müssen diese in möglichst einfache gesetzliche Formulierungen gegossen werden und für die Finanzverwaltung in der Praxis zu ermitteln sein. Für die technische Ausgestaltung der Ergänzungstatbestände ist mithin zu fordern, dass sie eine leichte Prüfbarkeit der Tatbestände zum Ziel hat. Die Prüfbarkeit ist insbesondere bei mehrstufigen Beteiligungen und bei Sachverhalten mit Auslandsberührung stark eingeschränkt. Daher sollte grds. jedenfalls keine unbegrenzte Einbeziehung mittelbarer Beteiligungen erfolgen. Die Anknüpfung der Besteuerung an im Ausland verwirklichte Sachverhalte sollte vermieden werden. Tatbestände, die wie der aktuelle § 1 Abs. 2a GrEStG einen Überwachungszeitraum beinhalten[1395], sind ebenfalls mit hohem Verwaltungsaufwand verbunden und sollten daher nach Möglichkeit im Rahmen der Neukonzeption nicht eingesetzt werden.[1396]

4. Übergreifende Anforderung: Komplexitätsreduktion

Reformüberlegungen im Steuerrecht, sei es bezogen auf das gesamte Steuersystem oder auf einen Teilbereich, beinhalten fast immer die Forderung einer Vereinfachung in Form der Komplexitätsreduktion.[1397] Die Komplexitätsreduktion dient der Planungssicherheit und der Prüfbarkeit durch die Verwaltung, die

---

1394 Vgl. BVerfG, Urteil v. 27.06.1991, 2 BvR 1493/89, BStBl. II 1991, S. 654.

1395 In der aktuellen Ausgestaltung des § 1 Abs. 2a GrEStG können sich bei mehrstufigen Beteiligungsstrukturen sogar mehrere parallel zu überwachende Zeiträume ergeben, vgl. dazu unter C.II.7. Kritisch in Bezug auf die Schwierigkeiten bei der Sachverhaltsermittlung im Rahmen des § 1 Abs. 2a GrEStG auch *Behrens*, UVR 2015, S. 140.

1396 Dies gilt umso mehr, als durch Überwachungszeiträume regelmäßig ein Missbrauch typisiert werden soll. Solche Typisierungen ermöglichen jedoch erneut Gestaltungen unter Ausnutzung dieses sog. Safe Haven und erfassen gleichzeitig Sachverhalte die nicht missbräuchlich sind (vgl. zur Funktion und Wirkung von Fristen im Rahmen der spezialgesetzlichen Missbrauchsnormen: *Hey*, DStJG Bd. 33, 2010, S. 159–162). Dadurch widersprechen sie auch den aus systematischer und betriebswirtschaftlicher Sicht aufgestellten Anforderungen nach Vermeidung überschießender Rechtsfolgen und der Verhinderung von Umgehungen zur Umsetzung der Entscheidungsneutralität der Steuer.

1397 Vgl. beispielhaft u.a. bei *Weber-Grellet*, Verfassungsstaat, 2001, S. 118; *Vinken*, Beihefter zu DStR 22 2012, S. 83; *Lang*, Steuergesetzbuch, 1993, S. 2–3.

bei weniger komplex ausgestalteten Normen leichter sein sollte. Aus systematischer Sicht findet die Forderung nach Vereinfachung dort ihre Grenze, wo sie die notwendige Differenziertheit der Gesetze beeinträchtigt. Diese Differenzierung dient der Gleichheit der Besteuerung, damit nicht ungleiche Sachverhalte gleich behandelt werden, und ist zudem erforderlich, um Umgehungsmöglichkeiten zu verhindern.[1398]

Möglichkeiten zur Vereinfachung und Vereinheitlichung ergeben sich im aktuellen System der Ergänzungstatbestände primär im Hinblick auf die Gesetzestechnik.[1399] Zunächst sollte die Wortwahl in allen Tatbeständen gleich gefasst sein, soweit sich die Bedeutung der Begriffe nicht unterscheidet. Konkret betrifft dies insbesondere die Begriffe „Erwerber" in § 1 Abs. 3 GrEStG und „Rechtsträger" in § 1 Abs. 3a GrEStG.[1400] Weitere Vereinheitlichungen sind bzgl. des Zeitpunkts der Verwirklichung des Steuertatbestands möglich.[1401] Ein systematischer Grund, warum auf unterschiedliche Zeitpunkte abzustellen sein sollte, ist nicht ersichtlich.[1402] Daher sollte die Anknüpfung an das schuldrechtliche Geschäft für die Ergänzungstatbestände verworfen und eine Verwirklichung des Steuertatbestands erst bei dinglicher Übertragung angenommen werden. Da die Ergänzungstatbestände ohnehin den zivilrechtlichen Charakter der Grunderwerbsteuer durchbrechen, scheint es in Anbetracht des Vorteils der Vereinheitlichung hinnehmbar, dass Anknüpfungspunkt nicht mehr das schuldrechtliche Geschäft ist. Zudem würde durch diese Vereinheitlichung auch die durch das zeitliche Auseinanderfallen von Verpflichtungs- und Verfügungsgeschäft bestehenden Probleme bei der Anwendung der Subsidiaritätsklausel des § 1 Abs. 3 GrEStG beseitigt.[1403]

1398 Vgl. *Weber-Grellet*, Verfassungsstaat, 2001, S. 118–119. A.A. *Lang* (Entwurf Steuergesetzbuch, 1993, S. 2), der gerade in ausufernden Differenzierungen einen Beitrag zur Verletzung der Steuergleichheit und Steuergerechtigkeit sieht.

1399 Vgl. ausführlich unter C.IV.

1400 Nach h. M. ist der Rechtsträger in § 1 Abs. 3a GrEStG gleichbedeutend mit dem Erwerber in § 1 Abs. 3 GrEStG (vgl. *Pahlke*, GrEStG, 2018, § 1, Rz. 422, 329; *Meßbacher-Hönsch* in: Boruttau, GrEStG, 2016, § 1, Rz. 1216).

1401 Bisher wird teils auf den Zeitpunkt des schuldrechtlichen Verpflichtungsgeschäfts (§ 1 Abs. 3 Nr. 1 und Nr. 3 GrEStG) und teils auf die dingliche Anteilsübertragung abgestellt, s. dazu unter C.II.8.a.

1402 Gl.A.: *Englisch* in: Tipke/Lang, Steuerrecht, 2015, § 18, Rz. 9 („rein erhebungstechnische Anknüpfung").

1403 Grds. sieht das Gesetz einen Vorrang von § 1 Abs. 2a GrEStG vor. Da § 1 Abs. 3 Nr. 1 oder Nr. 3 GrEStG aber regelmäßig bereits erfüllt ist, bevor die dingliche Anteilsübertragung erfolgt und damit § 1 Abs. 2a GrEStG ausgelöst wird, liefe diese

In der überwiegend praxisbezogenen Literatur finden sich viele Vorschläge für punktuelle Änderungen, die zu einer Vereinfachung und besseren Praktikabilität im Besteuerungsverfahren führen sollen. Beispielhaft können hier Korrekturvorschläge zur Neufassung des § 1 Abs. 2a GrEStG genannt werden.[1404] Soweit in der Neukonzeption Elemente der derzeitigen Ergänzungstatbestände beibehalten werden sollen, sind diese Änderungsvorschläge zu prüfen und ggfs. zu übernehmen.

II. Systematisierung und Gruppierung der Anforderungen

1. Vorgehensweise

Die Anforderungen werden zunächst aufgelistet und kategorisiert. Sie sind zu einem großen Teil noch stark am bisherigen System der Ergänzungstatbestände orientiert. D.h. sie bezeichnen jedenfalls teilweise noch sehr konkret bestimmte Kritikpunkte an den bestehenden Regelungen, die zukünftig nicht mehr vorliegen sollten. Mittels der Oberkategorien werden vom jetzigen System weitestgehend unabhängige Anforderungen formuliert. Damit kann sich die Lösungsfindung stärker vom bisherigen System trennen, um nicht erneut nur eine punktuelle Verbesserung einzelner Kritikpunkte zu schaffen. Zudem lassen sich so Anforderungen der unterschiedlichen Sichtweisen zusammenfassen.

Folgende Oberkategorien lassen sich aus den zuvor erläuterten Einzelanforderungen ableiten:

- Anknüpfung an zivilrechtliche Rechtsvorgänge
- Besteuerungsgegenstand: Eigentumserwerb am Grundstück
- Vollumfängliche Erfassung aller vom Belastungsgrund gedeckten Tatbestände
- Verhinderung überschießender Rechtsfolgen
- Rechtsformneutralität
- Bestimmtheit/Normenklarheit
- Prüfungsmöglichkeit
- Kein drittbestimmter Anfall von Grunderwerbsteuer
- Eingeschränkte Sanktionen
- Gleiche Steuerlast für vergleichbare Investitionen
- Ganzheitliche Konzeption
- Keine fiskalische Meistbegünstigung

Subsidiarität des § 1 Abs. 3 GrEStG ins Leere. Vgl. zum Problem unter C.II.8.a. und C.IV.1.

1404 Vgl. *Behrens*, UVR 2015, S. 142–143, *Lange/Broemel*, DStR 2017, S. 360.

2. Übersicht der Anforderungen

Tabelle 1: Übersicht der Anforderungen an eine Neukonzeption

Perspektive	Anforderung	Oberkategorie
Steuersystematisch Belastungsgrund und Rechtsnatur	Anknüpfung an zivilrechtliche Rechtsvorgänge (Rechtsverkehrssteuer)	Anknüpfung an zivilrechtliche Rechtsvorgänge Prüfungsmöglichkeit
	Besteuerungsgegenstand: Eigentumserwerb am Grundstück	Besteuerungsgegenstand: Eigentumserwerb am Grundstück
	Vollumfängliche Erfassung aller vom Belastungsgrund gedeckten Tatbestände	Vollumfängliche Erfassung aller vom Belastungsgrund gedeckten Tatbestände
	Keine (willkürliche) Auswahl einzelner missbräuchlicher Gestaltungen	Vollumfängliche Erfassung aller vom Belastungsgrund gedeckten Tatbestände
	Verhinderung überschießender Rechtsfolgen	Verhinderung überschießender Rechtsfolgen
Steuersystematisch Gleichheitsgrundsatz	Anwendung aller Tatbestände auf Kapital- und Personengesellschaften	Rechtsformneutralität
	Rechtsformneutrale Berechnung der Beteiligungsquoten	Rechtsformneutralität
	Vollständige Behandlung der PersG als eigenständiger Rechtsträger (Intransparenz)	Rechtsformneutralität
	Angleichung der Rechtsfolgen	Rechtsformneutralität
Steuersystematisch Folgerichtigkeit	wirtschaftliche Sichtweise auch zugunsten des Steuerpflichtigen	Keine fiskalische Meistbegünstigung
	Grundstückzuordnung nur zu einem Rechtsträger	Keine fiskalische Meistbegünstigung

Perspektive	Anforderung	Oberkategorie
	Keine experimentelle Änderungsgesetzgebung, sondern Gesamtkonzept	Ganzheitliche Konzeption
Betriebswirtschaftlich Planungssicherheit	eindeutige Definition aller Tatbestandsmerkmale	Bestimmtheit/ Normenklarheit
	Kein drittbestimmter Anfall von Grunderwerbsteuer	Kein drittbestimmter Anfall von Grunderwerbsteuer
	Keine (unbegrenzte) Einbeziehung mittelbarer Beteiligungen	Kein drittbestimmter Anfall von Grunderwerbsteuer Prüfungsmöglichkeit
	Keine weiteren punktuellen Änderungen	Ganzheitliche Konzeption
	Wegfall von Sanktionen bei (rechtlicher/faktischer) Unmöglichkeit der Anzeige	Eingeschränkte Sanktionen
Betriebswirtschaftlich Entscheidungsneutralität	Gleiche Steuerbelastung für wirtschaftlich vergleichbare Investitionsalternativen	Gleiche Steuerlast für vergleichbare Investitionen
	Einzelfallbezogene Prüfung der Vergleichbarkeit	Verhinderung überschießender Rechtsfolgen Gleiche Steuerlast für vergleichbare Investitionen
	Rechtsformneutrale Besteuerung innerhalb der Ergänzungstatbestände	Rechtsformneutralität
	Keine Möglichkeit zur Steuergestaltung	Gleiche Steuerlast für vergleichbare Investitionen
Administrativ	Anknüpfung ausschließlich an das Grundbuch	Prüfungsmöglichkeit Anknüpfung an zivilrechtliche Rechtsgeschäfte

Perspektive	Anforderung	Oberkategorie
	leicht zu prüfende Tatbestände	Prüfungsmöglichkeit
	Abschaffung zeitraumbezogener Überwachungserfordernisse	Prüfungsmöglichkeit
	keine Einbeziehung von Rechtsvorgängen im Ausland	Prüfungsmöglichkeit
	Keine (unbegrenzte) Einbeziehung mittelbarer Beteiligungen	Kein drittbestimmter Anfall von Grunderwerbsteuer Prüfungsmöglichkeit

Aus der Liste werden anschließend solche Anforderungen herausgefiltert, die voraussichtlich immer erfüllt werden können bzw. müssen, weil sie weder durch eine andere Anforderung noch durch höherrangiges Recht eingeschränkt werden. Sie sind damit allgemein gültig. Anforderungen, die voraussichtlich nicht erfüllbar sind, in unauflöslichem Widerspruch zu einer anderen Anforderung stehen, oder gegen höherrangiges Recht verstoßen, werden ebenfalls aus der Liste gestrichen. Die verbleibenden Anforderungen bzw. die Oberkategorien der verbleibenden Anforderungen werden abschließend nach ihrer Wichtigkeit sortiert. Dieser Anforderungskatalog dient dann zur Prüfung und als Vergleichskriterium für verschiedene Alternativen einer Neukonzeption.

3. Nicht erfüllbare Anforderungen

Die aus administrativer Sichtweise aufgestellte Forderung nach einer Beschränkung der Ergänzungstatbestände auf Rechtsvorgänge im Inland kann unter dem Gesichtspunkt der Gleichbehandlung nicht weiter verfolgt werden. Zum einen könnte bereits verfassungsrechtlich ein Verstoß gegen den allgemeinen Gleichheitssatz des Art. 3 Abs. 1 GG vorliegen.[1405] Denn Anknüpfungspunkt für das inländische Besteuerungsrecht ist bei der Grunderwerbsteuer allein die Belegenheit des Grundstücks. Ist dieser Anknüpfungspunkt erfüllt, liegt aus grunderwerbsteuerlicher Sicht ein vergleichbarer Sachverhalt unabhängig davon vor, ob die den Grundbesitz haltende Gesellschaft bzw. deren Anteilseigner auf höherer Ebene im Inland oder Ausland ansässig sind. Eine Nichtbesteuerung

1405 Vgl. ebenfalls mit dieser Befürchtung: BFH, Urteil v. 09.04.2008, II R 39/06, BFH/NV 2008, S. 1529.

von Anteilsübertragungen im Ausland wäre eine Ungleichbehandlung vergleichbarer Sachverhalte.[1406] Die fehlende Ermittlungsbefugnis der deutschen Finanzverwaltung im Ausland dürfte keine sachliche Rechtfertigung für eine Ungleichbehandlung darstellen.[1407] Zudem würde eine generelle Nichtbeachtung ausländischer Rechtsvorgänge auch neue Umgehungsmöglichkeiten schaffen und damit der Forderung nach vollständiger Verhinderung aller Umgehungen zuwider laufen.

4. Allgemeingültige Anforderungen

Bei der Lösungsfindung ist als Rahmen zunächst die Forderung nach einer ganzheitlichen Konzeption der Ergänzungstatbestände zu beachten. Die Reformvorschläge sollten keine nur punktuellen Änderungen vorsehen. Vielmehr gilt es, die bisherige experimentelle Gesetzgebung[1408], die jeweils eine Reaktion auf konkrete Gestaltungen und Urteile war[1409], vollumfänglich zu ersetzen. Dabei sind die Wirkungen der einzelnen Ergänzungstatbestände untereinander, aber auch ihr Verhältnis zu den Grundtatbeständen, den Befreiungen und verfahrensrechtlichen Fragen zu beachten. Die Vorschriften des GrEStG werden mit Ausnahme der in § 1 Abs. 2a, 3, 3a und 4 GrEStG normierten Ergänzungstatbestände zunächst als unabänderlich betrachtet.[1410] Zu diesem Gesamtkonzept gehören auch die folgerichtige Umsetzung des Belastungsgegenstandes und die Beibehaltung des Charakters einer Rechtsverkehrssteuer.[1411] Daher müssen alle in Betracht kommenden Möglichkeiten einer Neukonzeption zwingend die Besteuerung eines Eigentumserwerbs am Grundstück zum Gegenstand haben. Dieser kann

---

1406 Vgl. zur Prüfung der Ungleichbehandlung gleicher Sachverhalte im Anwendungsbereich des Art. 3 Abs. 1 GG: *Kischel* in: Epping/Hillgruber, BeckOK GG, 2015, Art. 3, Rz. 15.

1407 Zwar sind grds. auch Praktikabilitätsgründe und Verwaltungsvereinfachung als Rechtfertigung denkbar. Die Vielzahl der betroffenen Fälle dürfte hier jedoch dagegen sprechen. Vgl. *Kischel* in: Epping/Hillgruber, BeckOK GG, 2015, Art. 3, Rz. 122–125.1.

1408 Vgl. zur Kritik an dieser Art der Gesetzgebung: *Hey*, Steuerplanungssicherheit, 2002, S. 72.

1409 Vgl. zur Historie unter B.II.2. und zur fehlenden Konzeption unter C.IV.1.

1410 Diese Einschränkung ist mit Rücksicht auf den Untersuchungsbereich der Arbeit notwendig. Die Möglichkeit einer vollständigen Reform der Grunderwerbsteuer bspw. durch eine Änderung der Grundtatbestände wird hier nicht betrachtet. Änderungen in anderen Paragraphen können sich jedoch als Folgeänderung aus den neugefassten Ergänzungstatbeständen ergeben.

1411 Vgl. zu diesen aus systematischer Sicht bestehenden Forderungen unter H.I.1.

in Anlehnung an die bisher praktizierte und in Rechtsprechung und Literatur gebilligte Methode[1412] als Fiktion ausgestaltet sein, die jedoch ausreichend begründet sein muss. Zudem müssen die Tatbestände an zivilrechtliche Rechtsvorgänge anknüpfen.

Das neue System der Ergänzungstatbestände muss außerdem zwingend rechtsformneutral sein. Denn die Forderung nach Rechtsformneutralität und insbesondere nach konsequenter Behandlung der Personengesellschaft als eigenständiger Rechtsträger wird nicht durch eine andere Anforderung eingeschränkt. Einzig die Forderungen nach vollumfänglicher Erfassung aller vom Belastungsgrund gedeckten Tatbestände und nach Verhinderung aller Umgehungsmöglichkeiten könnten gegenläufig sein. Dies gilt allerdings nur solange, wie das GrEStG an anderer Stelle Unterscheidungen zwischen Personen- und Kapitalgesellschaften macht, die deren unterschiedliche Behandlung im System der Ergänzungstatbestände erfordert. Da jedoch die Rechtsformneutralität eine vollständige Gleichbehandlung von Personen- und Kapitalgesellschaften fordert, sind solche Ungleichbehandlungen insgesamt abzuschaffen. Auch die Forderung nach der konsequenten Zuordnung von Grundstücken nur zu einem Rechtsträger sollte bei jeder Form der Neukonzeption umsetzbar sein. Unabhängig davon, ob eher eine wirtschaftliche oder stark am Zivilrecht orientierte Lösung vertreten wird, ist die Zuordnung zu nur einem Rechtsträger folgerichtig. Es ist keine andere Anforderung ersichtlich, die einer eindeutigen Zuordnung per se entgegensteht.

Schließlich lässt sich auch die Forderung nach Verzicht auf Sanktionen bei Unmöglichkeit der Anzeige stets verwirklichen. Denn sie erfordert eine Änderung in § 16 GrEStG und ist unabhängig vom System der Ergänzungstatbestände. Idealerweise sollte diese Forderung durch die Neukonzeption allerdings ihre Bedeutung verlieren. Denn die Neukonzeption sollte so ausgestaltet sein, dass eine rechtliche oder faktische Unmöglichkeit der Anzeige z.B. durch unverschuldete Unkenntnis des Anzeigepflichtigen oder durch drittbestimmten Anfall von Grunderwerbsteuer nicht mehr eintritt.

1412 Zur Fiktion bei § 1 Abs. 3 GrEStG vgl. ständige Rechtsprechung des BFH, zuletzt Urteil v. 12.02.2014, II R 46/12, BStBl. II 2014, S. 536 (m.w.N.). Vgl. zur Umsetzung des Besteuerungsgegenstandes im Wege der Fiktion: *Fischer* in: Boruttau, GrEStG, 2016, Vorbemerkungen, Rz. 131, 135.

5. Rangfolge der Anforderungen

Bei der Neukonzeption ist zu berücksichtigen, dass es verschiedene Spannungsfelder gibt, in denen sich die einzelnen Anforderungen bewegen. Zunächst lassen sich zwei grundlegende Zielsetzungen unterscheiden, die sich häufig entgegenstehen werden. Auf der einen Seite steht das Ziel einer vollständigen Erfassung aller Gestaltungen zur Umgehung von Grunderwerbsteuer. Auf der anderen Seite steht das Erfordernis der Praktikabilität, nach dem das Gesetz so ausgestaltet sein muss, dass der Steuerpflichtige es befolgen und die Finanzverwaltung die Tatbestandsverwirklichung prüfen kann. Als dritte Determinante ist zu berücksichtigen, dass keine überschießenden Rechtsfolgen eintreten dürfen, d.h. eine Besteuerung nur dort vorgenommen werden darf, wo sie durch den Belastungsgrund gedeckt ist. Weder Praktikabilität noch vollständige Erfassung aller wirtschaftlich vergleichbaren Sachverhalte dürften sich absolut verwirklichen lassen, ohne das jeweils andere Ziel völlig außer Acht zu lassen oder aber stark überschießende Anwendungsbereiche zu erzeugen. Dem Ziel der Ergänzungstatbestände, alle vom Belastungsgrund gedeckten Tatbestände zu erfassen, kommt dennoch ein höherer Stellenwert zu als der Praktikabilität. Denn eine Neukonzeption, die zwar für Planungssicherheit beim Steuerpflichtigen sorgt und durch die Finanzverwaltung geprüft werden kann, aber das Oberziel der vollständigen Umsetzung des Belastungsgrundes verfehlt, ist sinnlos. Daher sind „Erfassung aller Tatbestände" und „Verhinderung überschießender Rechtsfolgen" an erster und zweiter Stelle der Rangfolge zu listen, während die Praktikabilitätsanforderungen „leichte Prüfbarkeit" und „Bestimmtheit/Normenklarheit" dahinter rücken.

Neben diesen miteinander im Konflikt stehenden Zielsetzungen der Neukonzeption wird ein zweites Spannungsfeld durch die beiden Extreme einer rein wirtschaftlichen und einer formal zivilrechtlichen Sichtweise abgesteckt. Diese Frage betrifft weniger die übergeordneten Ziele der Ergänzungstatbestände, sondern deren Transformation in einen Gesetzestext. Daher sind die hier zuzuordnenden Anforderungen in der Rangfolge erst hinter den drei Hauptzielen einzuordnen. Bei der Umsetzung dürfte es sinnvoll sein, entweder eine wirtschaftliche oder eine formal zivilrechtliche Sichtweise zu verfolgen. Denn viele der derzeit bestehenden Schwierigkeiten resultieren aus der parallelen Anwendung beider Verständnisse bzw. aus deren Vermischung.[1413] Die formal zivilrechtliche Sichtweise entspricht zwar dem Charakter der Grunderwerbsteuer als Rechtsverkehrssteuer. Allerdings liegt den Ergänzungstatbeständen naturgemäß eine wirtschaftliche Sichtweise

1413 Vgl. dazu unter D.IV.

zugrunde.[1414] Denn sie lassen sich nur damit rechtfertigen, dass durch die Übertragung der Gesellschaftsanteile unter bestimmten Voraussetzungen wirtschaftlich ein vergleichbares Ergebnis erzielt wird wie durch die Veräußerung des Grundstücks.[1415] Die gegensätzlichen Pole der zivilrechtlichen und wirtschaftlichen Betrachtung sind in besonderem Maße für die Anforderungen „Abschaffung der fiskalischen Meistbegünstigung" und „Verhinderung aller Umgehungen" relevant. Die fiskalische Meistbegünstigung ergibt sich bisher dadurch, dass die wirtschaftliche Sichtweise ausschließlich zu Lasten des Steuerpflichtigen neben die zivilrechtliche Beurteilung tritt. Eine Abschaffung ließe sich also durch eine Entscheidung für lediglich eine Sichtweise erzielen. Auch Umgehungen sind häufig nur deshalb möglich, weil die wirtschaftliche Betrachtung nur durch punktuell normierte Einzeltatbestände im Gesetz Einzug gehalten hat.[1416] I.S.d. Planungssicherheit der Steuerpflichtigen ist schließlich zu fordern, dass es zu keinem drittbestimmten Anfall von Grunderwerbsteuer kommt. Da ein großer Teilbereich dieser Anforderung bereits durch den Wegfall von § 1 Abs. 2a GrEStG erreicht wird[1417], ist sie in der Rangfolge als letztes aufgeführt.

Aus den Ausführungen ergibt sich die folgende Rangfolge:

Tabelle 2: Rangfolge der Anforderungen an eine Neukonzeption

1.	Vollumfängliche Erfassung aller vom Belastungsgrund gedeckten Tatbestände
2.	Vermeidung überschießender Rechtsfolgen
3.	Prüfungsmöglichkeit
4.	Bestimmtheit/ Normenklarheit
5.	Gleiche Steuerlast für vergleichbare Investitionen
6.	Abschaffung fiskalischer Meistbegünstigung
7.	Kein drittbestimmter Anfall von Grunderwerbsteuer

1414 Vgl. *Pahlke*, GrEStG, 2018, § 1, Rz. 4; *Cortez/Göbel*, ZfIR 2015, S. 695.

1415 Vgl. zur Rechtfertigung ausführlich unter D.I. und D.II. Zur Funktion der Ergänzungstatbestände als flankierende Normen vgl. *Hey*, DStJG Bd. 33, 2010, S. 158–159.

1416 Vgl. dazu ausführlich unter D.IV.

1417 Es bleiben lediglich die Fälle der mittelbaren Anteilsvereinigung durch die Muttergesellschaft aufgrund eines Anteilserwerbs durch die Tochter. Da in vielen Fällen der beherrschende Einfluss der Muttergesellschaft auch durch ein gemeinsames Management umgesetzt werden wird, sollten Fälle, in denen die Muttergesellschaft nichts von dem Anteilserwerb ihrer Tochter weiß, selten sein. Dennoch sind sie insbesondere bei mehrstufigen internationalen Konzernstrukturen denkbar und daher im Idealfall bereits durch eine entsprechende gesetzliche Konzeption zu verhindern.

III. Mögliche Varianten einer Neukonzeption

1. Zwingende Konsequenzen aus allgemeingültigen Anforderungen

Alle Varianten müssen als Besteuerungsgegenstand (ggfs. im Wege der Fiktion) den Eigentumserwerb am Grundstück bestimmen und an bürgerlich-rechtliche Rechtsvorgänge anknüpfen, um Belastungsgegenstand und Wesen der Grunderwerbsteuer folgerichtig umzusetzen.[1418] Die Forderung nach Rechtsformneutralität sieht zwingend eine intransparente Behandlung der Personengesellschaft vor.[1419] Dieses Grundverständnis bedeutet, dass § 1 Abs. 2a GrEStG[1420] und die Steuerbefreiungen der §§ 5 und 6 GrEStG vollständig entfallen müssen, da sie dogmatisch auf einer (jedenfalls) teilweise transparenten Betrachtung der Personengesellschaft fußen.[1421] Nach dem Wegfall der §§ 5 und 6 GrEStG sollten im GrEStG selbst keine Unterschiede mehr zwischen Kapital- und Personengesellschaften bestehen, sodass auch die Ergänzungstatbestände keine Unterscheidung mehr treffen müssen, um etwaigen Umgehungen oder ungerechtfertigten Steuervorteilen vorzubeugen. Der Anwendungsbereich der Ergänzungstatbestände muss für alle Gesellschaften eröffnet sein, die für grunderwerbsteuerliche Zwecke als eigenständige Rechtsträger behandelt werden und an denen Anteile gehalten werden können.[1422] Außerdem sind vergleichbare ausländische Rechtsformen einzubeziehen. Dies entspricht dem bisherigen Verständnis des Begriffs „Gesellschaft" in § 1 Abs. 3 GrEStG.[1423] Durch die rechtsformneutrale Erfassung

1418 Vgl. zu Belastungsgegenstand und Rechtsnatur unter B.I.2. und zur daraus abgeleiteten Forderung unter H.I.1.a.

1419 Die Alternative einer gleichermaßen transparenten Betrachtung von Personen- und Kapitalgesellschaften wurde aus systematischen und praktischen Gründen bereits verworfen, s. dazu unter H.I.1.b.

1420 Für eine Abschaffung des § 1 Abs. 2a GrEStG aufgrund der Wertungswidersprüche zwischen Personen- und Kapitalgesellschaften sowie zwischen unmittelbaren und mittelbaren Anteilsübertragungen und der problematischen Sachverhaltsermittlung: *Behrens*, UVR 2015, S. 140; *UVR* 2014, S. 149.

1421 Zu § 1 Abs. 2a GrEStG vgl. ausführlich unter C.I. Zu §§ 5 und 6 GrEStG vgl. *Pahlke*, GrEStG 2018, § 5, Rz. 2, § 6, Rz. 3.

1422 Bei Gesellschaften, die nicht als eigenständige Rechtsträger im Grunderwerbsteuerrecht gelten oder an denen keine Anteile gehalten werden können, machen Ergänzungstatbestände keinen Sinn, da sie nicht zur Mobilisierung von Grundvermögen genutzt werden können (vgl. *Pahlke*, GrEStG, 2018, § 1 Rz. 321; *Rothenöder*, Anteil, 2009, S. 101, 107).

1423 Vgl. dazu ausführlich unter C.II.1.

der Gesellschaften in den neuen Ergänzungstatbeständen[1424], entfällt gleichzeitig auch die Ungleichbehandlung der Gesellschaftsformen auf der Rechtsfolgenseite. Diese entsteht bisher u.a. durch die unterschiedlichen fingierten Übertragungswege des Grundstücks, je nachdem, ob § 1 Abs. 2a oder Abs. 3 oder Abs. 3a GrEStG erfüllt werden.[1425]

2. Mögliche Varianten einer Neukonzeption

a. Vollständiger Verzicht auf Ergänzungstatbestände

Eine Möglichkeit zur Neukonzeption der Ergänzungstatbestände könnte darin bestehen, sie vollständig abzuschaffen. Der Erwerb von Anteilen an einer grundbesitzenden Gesellschaft würde dann grds. keine Grunderwerbsteuer auslösen. Im Einzelfall könnte eine Anwendung von § 42 AO in Betracht kommen. Der BFH hatte dies vor Einführung des § 1 Abs. 2a GrEStG bspw. bei einem vollständigen Wechsel des Gesellschafterbestandes einer Personengesellschaft in engem zeitlichem Zusammenhang angenommen.[1426] Ggfs. könnte eine Anwendung auch für Fälle in Betracht kommen, die aktuell dem § 1 Abs. 3 GrEStG unterliegen.[1427] Jedenfalls unterliegt die Anwendung des § 42 AO auf Share Deals im Bereich der GrEStG nach Abschaffung der Ergänzungstatbestände keinerlei Einschränkungen mehr, da keine vorrangige spezialgesetzliche Regelung mehr existiert.[1428] Es ist jedoch zu beachten, dass der BFH den § 42 AO bisher eng auslegt[1429], dem Steuerpflichtigen

---

1424 Soweit die im Folgenden dargestellten Varianten einer Neukonzeption noch eine Regelung enthalten, die dem derzeitigen § 1 Abs. 3 GrEStG entspricht, muss auch dieser rechtsformneutral ausgestaltet werden.

1425 Vgl. *Behrens*, Fiktion, 2009, passim.

1426 Vgl. BFH, Urteil v. 04.03.1987, II R 150/83, BStBl. II 1987, S. 394; BFH, Urteil v. 13.11.1991, II R 7/88, BStBl. II 1992, S. 202.

1427 Da § 1 Abs. 3 GrEStG bereits im GrEStG 1919 enthalten war, gibt es keine Rechtsprechung zur Anwendung des § 42 AO auf Fälle der Anteilsvereinigung, da stets die spezialgesetzliche Missbrauchsklausel vorrangig anzuwenden war und es § 42 AO nicht bedurfte.

1428 Vgl. zum Vorrang und zur Sperrwirkung der Spezialvorschriften gegenüber § 42 AO: *Drüen* in: Tipke/Kruse, AO/FGO, 2017, Vorbemerkungen zur Neufassung durch das JStG 2008 § 42 (seit 1.1.2008), Rz. 13a; zum bisherigen Ausschluss von § 42 AO im Anwendungsbereich des § 1 Abs. 3 GrEStG: *Meßbacher-Hönsch* in: Boruttau, GrEStG, 2016, § 1, Rz. 945, 827.

1429 Vgl. *Werdich*, DStR 1995, S. 672; *Schüler-Täsch/Schulze*, DStR 2015, S. 1143, im Ergebnis ähnlich: *Drüen* in: Tipke/Kruse, AO/FGO, 2017, § 42 AO (bis 31.12.2007), Rz. 42.

ein Recht zur Steuergestaltung zuerkennt[1430] und insbesondere auf Dauer angelegte Strukturen regelmäßig akzeptiert.[1431] Der Anwendungsbereich des § 42 AO auf Share Deals in der Grunderwerbsteuer lässt sich daher kaum prognostizieren.

b. Generalklausel zur wirtschaftlichen Betrachtung

Das gegenteilige Extrem bildet eine Neukonzeption in Form einer Generalklausel zur wirtschaftlichen Betrachtung. Diese könnte in Anlehnung an die Schweizer Regelungen zur wirtschaftlichen Betrachtung[1432] bspw. bestimmen, dass der Grunderwerbsteuer jeder Rechtsvorgang unterliegt, der wirtschaftlich wie eine Eigentumsübertragung am Grundstück wirkt. Damit könnte auch § 1 Abs. 2 GrEStG entfallen, da die Verschaffung der Verwertungsbefugnis ebenfalls unter diese Generalklausel fallen sollte. Soll die Klausel nur eine wirtschaftliche Beurteilung für Share Deals vorschreiben[1433], könnte die Formulierung lauten: „Der Grunderwerbsteuer unterliegt jeder Rechtsvorgang, durch den Gesellschaftsrechte gleich welcher Art erworben werden und der wirtschaftlich wie eine Eigentumsübertragung am Grundstück wirkt." Anders als in den Schweizer Normen soll hier nicht auf die Verfügungsgewalt allein abgestellt werden. Dadurch würde die vermögensmäßige Betrachtung wohl vollständig ausgeschlossen. Die Einbeziehung von „Gesellschaftsrechten gleich welcher Art" soll insbesondere der Umgehung vorbeugen, die andernfalls durch eine Trennung von Mitwirkungs- und Vermögensrechten erreicht werden könnte. Die Generalklausel ist zunächst bewusst breit ausgestaltet, um tatsächlich in allen Fällen eine Einzelfallprüfung zu ermöglichen und nicht bereits potenziell relevante Fälle auszuschließen. Sie soll hier als eine Komponente der möglichen Neukonzeption geprüft werden. Ohne eine Konkretisierung durch Regelbeispiele oder widerlegbare Vermutungen dürfte sie aber nach bisheriger BFH-Auffassung wegen mangelnder Bestimmtheit nicht zulässig sein.[1434]

1430 Vgl. mit einer Übersicht der einschlägigen Rechtsprechung *Drüen* in: Tipke/Kruse, AO/FGO, 2017, § 42 AO (bis 31.12.2007), Rz. 3.

1431 Vgl. zur dauerhaften Zwischenschaltung einer Kapitalgesellschaft: BFH, Urteil v. 29.05.2008, IX R 77/06, BStBl. II 2008, S. 769.

1432 S. dazu die Regelungen der Kantone: Obwalden, Basel-Landschaft, Appenzell-Ausserrhoden, Appenzell-Innerrhoden, Thurgau und Neuenburg (vgl. *Eidgenössische Steuerverwaltung*, Die Handänderungssteuer, 2013, S. 7–10).

1433 Die übrigen Ersatz- und Ergänzungstatbestände in § 1 Abs. 1 und Abs. 2 GrEStG sind nicht Gegenstand der Betrachtung, sodass hier nur eine Generalklausel für Share Deals notwendig ist.

1434 Vgl. BFH, Urteil v. 30.04.2003, II R 79/00, BStBl. II 2003, S.890 zur ursprünglichen Fassung des § 1 Abs. 2a GrEStG.

c. „Österreichisches Modell"

Aus dem Ländervergleich eignet sich insbesondere die österreichische Regelung für eine unmittelbare Übernahme in das deutsche GrEStG. Denn aufgrund derselben Urfassung des Gesetzes (GrEStG 1940) sind keine systematischen Verwerfungen mit den Grundtatbeständen und den anderen Regelungen zu erwarten, wie dies bei einer Übernahme aus einem „fremden" Gesetz zu befürchten wäre. In Abweichung zur österreichischen Gesetzesfassung soll § 1 Abs. 2a GrEStG in seiner jetzigen Fassung jedoch zwingend wegfallen.[1435] Damit bleibt für eine Übernahme die österreichische Fassung des § 1 Abs. 3 GrEStG übrig. In Abweichung zur deutschen Regelung enthält sie keine Anordnung zur Einbeziehung mittelbarer Anteilserwerbe. Außerdem stellt sie rechtsformneutral auf den Anteil an der Gesellschaft oder den Anteil am Gesellschaftsvermögen ab.[1436] Die grunderwerbsteuerliche Organschaft bleibt bestehen, da sie auch in der österreichischen Gesetzesfassung vorgesehen ist. Da mittelbare Erwerbe nicht berücksichtigt werden, stellt sie die einzige Möglichkeit dar, Erwerbe durch verbundene Unternehmen zu besteuern.[1437] Eine Verknüpfung mit der körperschaftsteuerlichen Organschaft dürfte für das deutsche Recht jedoch ungeeignet sein, da die Formerfordernisse des Ergebnisabführungsvertrags gem. §§ 14 und 17 KStG sowie dessen tatsächlicher Durchführung für große Rechtsunsicherheit sorgen[1438], die nicht auf andere Steuerarten ausgeweitet werden sollte. Eine Alternative könnte ein Verweis auf die umsatzsteuerliche Organschaft nach Vorbild der alten österreichischen Regelung sein. § 1 Abs. 3a GrEStG fällt bei dieser Variante ersatzlos weg, denn die vermögensmäßige Betrachtung der Personengesellschaft ist durch Abstellen auf das Gesellschaftsvermögen bereits enthalten und mittelbare Beteiligungen sind nicht erfasst, sodass es keiner Berechnungsmethodik bedarf.

1435 S. unter G.II.4.

1436 Vgl. ausführlich zur österreichischen Regelung unter G.II.2.

1437 In Abgrenzung dazu soll die Organschaft in der Variante § 1 Abs. 3 GrEStG (s. unter H.III.2.d.) nicht übernommen werden, da dort bereits mittelbare Beteiligungen einbezogen werden und verschiedene systematische Kritikpunkte gegen die Organschaftsbetrachtung sprechen (s. dazu auch unter C.II.4.c.aa.).

1438 Vgl. dazu ausführliche Kommentierung von *Erle/Heurung* in: Erle/Sauter, KStG, 2010, § 14, Rz. 146–199; *Krumm* in: Blümich, EStG/KStG/GewStG, 2017, § 14 KStG, Rz. 100–199; § 17 KStG, Rz. 8–26.

d. *Modifizierter § 1 Abs. 3 GrEStG*

Das GrEStG von 1919 sowie darauf aufbauend das GrEStG von 1940 und auch noch das reformierte GrEStG 1983 sahen als Ergänzungstatbestand lediglich § 1 Abs. 3 GrEStG vor, wobei eine Vereinigung von 100 % der Anteile notwendig war. Das Abstellen auf diese ursprüngliche Regelung zu Anteilsübertragungen im Bereich der Grunderwerbsteuer würde daher einem Rückbau der spezialgesetzlichen Missbrauchsnormen gleichkommen. In Abweichung zur Ursprungsfassung sollte eine rechtsformneutrale Ausgestaltung durch Abstellen auch auf den Anteil am Gesellschaftsvermögen erfolgen.[1439] Mittelbare Rechtsvorgänge waren trotz fehlender ausdrücklicher Benennung im Gesetzeswortlaut nach der h. M. auch von § 1 Abs. 3 GrEStG 1983 bereits umfasst.[1440] Dies sollte insbesondere in Abgrenzung zur Lösungsvariante nach dem „Österreichischen Modell" auch so bleiben. Eine Zurechnung von Beteiligungen kann jedoch nach der Beherrschungsdogmatik nur bei 100 % Beteiligungen auf jeder Ebene erfolgen. Diese Regelung sollte in den Gesetzeswortlaut aufgenommen werden, um ein höheres Maß an Normenklarheit und Rechtssicherheit zu erlangen. Die Fallvariante der grunderwerbsteuerlichen Organschaft soll, obwohl bereits im GrEStG 1940 angelegt, nicht übernommen werden. Denn sie stellt einen Missbrauchstatbestand zur Verhinderung von Umgehungen der flankierenden Norm des § 1 Abs. 3 GrEStG und damit gewissermaßen die zweite Stufe spezialgesetzlicher Missbrauchsvorschriften dar.[1441]

e. *Ausschließlich § 1 Abs. 3a GrEStG*

Alternativ zu einer Modifizierung von § 1 Abs. 3 GrEStG a.F. könnte allein § 1 Abs. 3a GrEStG bestehen bleiben. Ein solches Aufgehen von § 1 Abs. 3 GrEStG in § 1 Abs. 3a GrEStG wurde bereits bei Einführung dieser Vorschrift in 2013 gefordert.[1442] Denn § 1 Abs. 3a GrEStG schließt bereits einen großen Teil des Anwendungsbereichs von § 1 Abs. 3 GrEStG mit ein. Lediglich zwei Fallvarianten dürften nicht erfasst sein.[1443] § 1 Abs. 3a GrEStG enthält zunächst keine Regelung für die

---

1439 Vgl. mit dem Vorschlag einer rechtsformneutralen Ausgestaltung des § 1 Abs. 3 GrEStG und gleichzeitiger Abschaffung von § 1 Abs. 2a und Abs. 3a GrEStG bereits: *Behrens*, UVR 2014, S. 149.

1440 Vgl. *Pahlke*, GrEStG, 2018, § 1, Rz. 333; *Meßbacher-Hönsch* in: Boruttau, GrEStG, 2016, § 1, Rz. 933; BFH, Urteil v. 11.06.1975, II R 38/69, BStBl. II 1975, S. 834; BFH, Urteil v. 05.11.2002, II R 23/00, BFH/NV 2003, S. 505; BFH, Urteil v. 20.12.2000, II R 26/99, BFH/NV 2001, S. 1040.

1441 Vgl. *Hey*, DStJG Bd. 33, 2010, S. 158, 166.

1442 Vgl. *Schober/Kuhnke*, NWB 2013, S. 2234; *Joisten/Liekenbrock*, Ubg 2013, S. 477.

1443 Vgl. *Wagner/Lieber*, DB 2013, S. 1390; *Joisten/Liekenbrock*, Ubg 2013, S. 477.

Anteilsvereinigung durch einen Organkreis. Da die Organschaft für die finanzielle Eingliederung nur eine Mehrheitsbeteiligung voraussetzt, liegt in diesen Fällen auch nicht zwingend eine wirtschaftliche Beteiligung des herrschenden Unternehmens i.S.d. § 1 Abs. 3a GrEStG vor. Ebenfalls nicht von § 1 Abs. 3a GrEStG erfasst sind mittelbare Anteilsvereinigungen, bei denen auf jeder Ebene eine Beteiligung von lediglich 95 % gegeben ist. Für eine Beherrschung gem. § 1 Abs. 3 GrEStG ist dies ausreichend. Bei der in § 1 Abs. 3a GrEStG angeordneten Multiplikation der Beteiligungsquoten ergibt sich jedoch eine wirtschaftliche Beteiligung von weniger als 95 %. Soll § 1 Abs. 3 GrEStG aus Vereinfachungsgründen in § 1 Abs. 3a GrEStG aufgehen, stellt sich daher die Frage, ob Ergänzungen insbesondere zur Organschaft vorzunehmen sind. Sowohl die Idee der grunderwerbsteuerlichen Organschaft als auch die Erfassung von mittelbaren Beteiligungen ab einer Mindestbeteiligung von 95 % beruhen auf dem Beherrschungsgedanken. Die Konzeption des § 1 Abs. 3a GrEStG ist dagegen von der vermögensmäßigen Sichtweise geprägt.[1444] Durch Multiplikation der Beteiligungsquoten wird die vermögensmäßige Beteiligung an der grundbesitzenden Gesellschaft ermittelt. Die Einflussmöglichkeit auf die grundbesitzende sowie die vermittelnden Gesellschaften spielt dagegen keine Rolle. Daher wäre eine Ergänzung des § 1 Abs. 3a GrEStG um die bisher lediglich von § 1 Abs. 3 GrEStG erfassten Fälle nicht systemgerecht. Vielmehr besteht neben dem Vereinfachungsgedanken die Möglichkeit, dem bisher als Auffangnorm ausgestalteten § 1 Abs. 3a GrEStG eine konzeptionelle Grundlage zu geben. Denn nach Wegfall von § 1 Abs. 2a und Abs. 3 GrEStG ließe sich eine dann allein gültige vermögensmäßige Betrachtung durchaus begründen.[1445] Eine zusätzliche Erfassung der bisher von § 1 Abs. 3 GrEStG darüber hinaus erfassten Fälle würde dieser Sichtweise widersprechen, dem Vereinfachungszweck zuwiderlaufen und zusätzlich erneut eine fiskalische Meistbegünstigung erzeugen.

f. Einschränkung auf Immobiliengesellschaften

Aus dem Ländervergleich geht hervor, dass mehrere Staaten dem Problem der Umgehung der Grunderwerbsteuer mittels Share Deals durch Sonderregelungen für Immobiliengesellschaften begegnen. In Teil D. wurde zudem bereits

1444 Vgl. unter C.I.

1445 Nach Wegfall der beiden anderen Tatbestände würde jedenfalls kein Widerspruch mehr im System der Ergänzungstatbestände selbst bestehen. Allerdings spricht gegen ein Abstellen auf die vermögensmäßige Beteiligung unter Nichtberücksichtigung der Verfügungsmacht weiterhin die grds. intransparente Betrachtung der Gesellschaften im GrEStG.

herausgearbeitet, dass eine Besteuerung des Anteilserwerbs an Immobiliengesellschaften vom Belastungsgrund der Grunderwerbsteuer gedeckt sein könnte.[1446] Die Anknüpfung an Immobilien kann über die Tätigkeit der Gesellschaft oder über deren Vermögen erfolgen. Bei der Tätigkeit kann wiederum formal auf den Gesellschaftszweck oder aber auf die tatsächliche Tätigkeit der Gesellschaft abgestellt werden, die bspw. an deren Umsätzen oder Gewinnen festgemacht wird. Um der vorangestellten Forderung nach Rechtsformneutralität zu entsprechen, sollte dabei eine Definition der Immobiliengesellschaft gewählt werden, die sowohl Kapital- als auch Personengesellschaften umfasst.[1447] Der gesonderten Besteuerung von Anteilserwerben an Immobiliengesellschaften liegt der Gedanke zugrunde, dass das wirtschaftliche Ergebnis eines Erwerbs von Gesellschaftsanteilen dasselbe sein kann wie der unmittelbare Grundstückserwerb, wenn das Gesellschaftsvermögen überwiegend aus Immobilien besteht.[1448] Es wird (typisiert) unterstellt, dass das wirtschaftliche Ziel des Anteilserwerbs eine Grundstücksinvestition ist und die Zwischenschaltung der Gesellschaft lediglich aus organisatorischen Gründen oder sogar bewusst zur Steuervermeidung erfolgt.[1449] Daher empfiehlt sich eine Ausgestaltung, die hohe Anforderungen an die Definition der Immobiliengesellschaft stellt und als Rechtsfolge zur vollständigen Negierung der Gesellschaft führt. D.h. es sollte jeder Anteilserwerb an einer Immobiliengesellschaft quotal besteuert werden[1450], unabhängig von der Gesamtbeteiligung des Erwerbers. Aus Gründen der Verfahrenserleichterung könnte jedoch über eine niedrige Mindestbeteiligung nachgedacht werden. Ohne eine solche Mindestquote

---

1446 Vgl. dazu unter D.I.3.

1447 Anders sind bspw. die Definitionen in den Niederlanden und einigen Schweizer Kantonen ausgestaltet, die Sonderregelungen für Immobiliengesellschaften überwiegend für Kapitalgesellschaften vorsehen, während Personengesellschaften transparent behandelt werden, vgl. dazu unter G.

1448 Diese methodisch-dogmatische Begründung ist deutlich abzugrenzen von der Rechtfertigung der bisherigen Ergänzungstatbestände, die jeweils einen fiktiven Übergang des gesamten Grundstücks unterstellen, weil ein Gesellschafter allein eine entsprechende Verfügungsmacht hat oder eine in ihrer Zusammensetzung neue Personengesellschaft vorliegt.

1449 S. zur Vergleichbarkeit des Anteils- mit dem Grundstückserwerb bereits unter D.II.1.

1450 Eine quotale Besteuerung sieht im Zusammenhang mit Immobiliengesellschaften auch Ungarn vor. Allerdings ist Voraussetzung für die Besteuerung das Erreichen oder Aufstocken einer Beteiligung von min. 75 % der Anteile (vgl. zu ungarischen Regelung unter G.IV.4.). Die quotale Besteuerung ist zudem in einigen Kantonen der Schweiz und in den Niederlanden für Personengesellschaften vorgesehen, die vollständig transparent betrachtet werden (vgl. dazu unter G.III.2. und G.IV.1.).

könnte insbesondere bei in Immobilien investierten Publikumsgesellschaften ein zu hoher Verwaltungsaufwand entstehen.[1451] Korrespondierend darf jedoch die Übertragung zwischen Immobiliengesellschaft und Gesellschafter quotal nicht besteuert werden, da die Immobiliengesellschaft konzeptionell ihre Rechtsträgereigenschaft für Zwecke der Grunderwerbsteuer verliert und dem Gesellschafter das Grundstück daher quotal in Höhe seiner Beteiligung bereits zuzurechnen ist. Um den Besteuerungsgegenstand folgerichtig zu erfassen, könnte beim Erwerb eines Anteils an der Immobiliengesellschaft der Erwerb eines Miteigentumsanteils fingiert werden, der als Grundstück i.S.d. § 2 GrEStG zählt.[1452]

IV. Vergleich der Varianten

1. Übersicht

Die folgende Tabelle zeigt als Übersicht, welche Anforderungen von den einzelnen möglichen Varianten der Neukonzeption voraussichtlich erfüllt werden können. Dabei bedeutet die Kennzeichnung 1, dass eine Anforderung vollumfänglich erfüllt wird. Die Kennzeichnung 3 bedeutet, dass eine Anforderung nicht umgesetzt werden kann. Wird eine Anforderung nur teilweise oder nur unter bestimmten Voraussetzungen erfüllt, wurde eine 2 vergeben.[1453]

Die Tabelle kann nur als erster Anhaltspunkt dafür dienen, welche Varianten für eine Neukonzeption geeignet sind. Denn zusätzlich zu der rein quantitativen Auswertung (Anzahl erfüllter Anforderungen), müssen die Anforderungen u.a. anhand der aufgestellten Rangfolge gewichtet werden. Hinzukommt, dass einige Varianten kombiniert und durch ergänzende Klauseln modifiziert werden können, wodurch die Anzahl erfüllter Anforderungen steigt. Diese qualitative Auswertung wird im folgenden Abschnitt vorgenommen.

1451 Entsprechende Befürchtungen bestehen derzeit bereits im Anwendungsbereich des § 1 Abs. 2a GrEStG, da dort grds. jeder Anteilserwerb tatbestandsmäßig sein kann (vgl. *Schanko*, UVR 2015, S. 53; *Scheifele/Müller*, DStR 2013, S. 1810). Im Unterschied zur geplanten Besteuerung der Immobiliengesellschaft bedarf es für § 1 Abs. 2a GrEStG aber lediglich einer Überwachung und nicht einer eigenständigen Steuerfestsetzung für jeden Erwerb.

1452 Vgl. *Viskorf* in: Boruttau, GrEStG, 2016, § 2, Rz. 11.

1453 Die Erläuterungen insbesondere zur nur bedingten Erfüllung der Anforderungen (Kennziffer 2) werden zusammen mit der Auswertung unter H.IV.2. ausgeführt.

Tabelle 3: Vergleich der Varianten im Hinblick auf die Erfüllung der Anforderungen

Erfüllung der Anforderungen (1 = erfüllt, 2 = teilweise erfüllt/möglicherweise erfüllt, 3 = nicht erfüllt)							
Anforderungen / **Lösungsvarianten**	Vollumfängliche Erfassung aller vom Belastungsgrund gedeckten Tatbestände	Vermeidung überschießender Rechtsfolgen	Prüfungsmöglichkeit	Bestimmtheit/ Normenklarheit	Gleiche Steuerlast für vergleichbare Investitionen	Abschaffung fiskalische Meistbegünstigung	Kein drittbestimmter Anfall von Grunderwerbsteuer
Verzicht auf Ergänzungstatbestände	3	1	1	1	3	1	1
Generalklausel für wirtschaftlich vergleichbare Sachverhalte	1	1	3	3	1	2	2
Ausschließliche Erfassung unmittelbarer Anteilserwerbe („Österreichisches Modell")	3	2	1	1	3	3	1
Ausschließlich § 1 Abs. 3a GrEStG	3	3	3	2	3	3	3
Modifizierter § 1 Abs. 3 GrEStG	3	1	2	2	3	3	3
Einschränkung auf Immobiliengesellschaften	3	2	3	2	2	2	1

2. Erläuterungen und Auswertung

a. Vollständiger Verzicht auf Ergänzungstatbestände

Variante 1 erfüllt quantitativ die meisten Anforderungen. Dennoch wird sie als mögliche Lösung nicht in Frage kommen, da sie die wichtigste Forderung, d.h. gewissermaßen die Zielsetzung der Ergänzungstatbestände, nicht erreicht. Denn bei einem vollständigen Verzicht auf Ergänzungstatbestände werden nicht alle wirtschaftlich vom Belastungsgrund umfassten Tatbestände besteuert, wodurch zudem eine unterschiedliche Steuerbelastung wirtschaftlich vergleichbarer Investitionen entsteht. Die Erfüllung aller übrigen Anforderungen tritt gegenüber der Verfehlung des Hauptzwecks in den Hintergrund. Die ersatzlose Aufhebung der Ergänzungstatbestände lässt sich auch nicht modifizieren. Die Anwendung von § 42 AO kann zwar im Einzelfall missbräuchliche Fälle erfassen. Alle wirtschaftlich vergleichbaren Fälle, in denen keine Missbrauchsabsicht des Steuerpflichtigen vorliegt, können hingegen nicht nach § 42 AO besteuert werden. Zudem erfordert § 42 AO stets eine Einzelfallprüfung. Dies widerspricht insbesondere der Forderung nach einer leichten Prüfbarkeit durch die Verwaltung.

b. Generalklausel zur wirtschaftlichen Betrachtung

Die „wirtschaftliche Generalklausel“[1454] könnte als einzige Variante tatsächlich alle vom Belastungsgrund umfassten Fälle abdecken. Denn sie würde jeweils eine Einzelfallprüfung im Hinblick auf die Vergleichbarkeit des Anteilserwerbs mit einem Grundstückserwerb erfordern. Dadurch sind gleichsam überschießende Rechtsfolgen ausgeschlossen und es kann auch nicht zu Umgehungen kommen, sodass alle vergleichbaren Sachverhalte auch gleich besteuert werden. Soweit im Einzelfall mittelbare Beteiligungen einbezogen werden, kann ein drittbestimmter Anfall von Grunderwerbsteuer nicht ausgeschlossen werden. Die fiskalische Meistbegünstigung sollte innerhalb des Ergänzungstatbestands bei einer wirtschaftlichen Generalklausel ausgeschlossen sein, da die wirtschaftliche Sichtweise stets und unabhängig von ihrer steuerlichen Auswirkung gilt. Dennoch normiert auch die wirtschaftliche Generalklausel nur zusätzliche besteuerungswürdige Tatbestände und sieht im Gegenzug keine Ausnahmen von den Grundtatbeständen des § 1 Abs. 1 GrEStG unter wirtschaftlichen Gesichtspunkten vor. Eine Einzelfallprüfung, wie sie die wirtschaftliche Generalklausel erfordert, ist

1454 Vgl. zur möglichen Formulierung unter H.III.2.b. Trotz wirtschaftlichem Gehalt der Norm würde die Rechtstechnik einer Rechtsverkehrssteuer beachtet (vgl. dazu unter B.II.), da noch immer auf Rechtsvorgänge abgestellt wird.

im Massenverfahren der Steuerveranlagung aber wohl nicht umsetzbar. Die wirtschaftliche Generalklausel erfüllt daher insbesondere nicht das Kriterium der Bestimmtheit[1455] sowie der leicht prüfbaren Tatbestände. Eine einfache Kombination mit einer der anderen Varianten kann dieses Praktikabilitätsproblem wohl nicht lösen, weil dann die wirtschaftliche Betrachtung i.S. einer Einzelfallprüfung der Vergleichbarkeit nicht mehr umsetzbar wäre. Als mögliche Modifikationen bieten sich widerlegbare Vermutungen für wirtschaftlich vergleichbare Vorgänge an. Sie vereinfachen das Verfahren sowohl für den Steuerpflichtigen in seiner Planung als auch für die Finanzverwaltung, indem sie eine Besteuerung konkret bestimmter und leicht prüfbarer Fälle vorsehen. Dabei kommt es nicht zu einer abschließenden Typisierung mit der Gefahr überschießender Rechtsfolgen. Denn im Einzelfall kann der Steuerpflichtige der Typisierung widersprechen und darlegen, warum keine wirtschaftliche Vergleichbarkeit mit einer Grundstücksübertragung vorliegt. Gleichzeitig werden Umgehungen erschwert, da die Finanzverwaltung über die widerlegbaren Vermutungen hinaus auf Grundlage der Generalklausel die Möglichkeit hat, eine wirtschaftliche Vergleichbarkeit nachzuweisen. Unabhängig von den dort konkret festgelegten besteuerungswürdigen Fällen, verbleibt es allerdings aufgrund der nicht abschließenden Bestimmtheit der besteuerungswürdigen Tatbestände für den Steuerpflichtigen bei großen Planungsunsicherheiten. Er kann die Steuer nur dann sicher bestimmen, wenn er eine der widerlegbaren Vermutungen erfüllt. Vice versa ist es aber nicht möglich, sicher mit einer Nichtbesteuerung planen zu können. Aus administrativer Sicht dürfte sich die Gefahr eines verfassungswidrigen strukturellen Vollzugsdefizits erhöhen. Denn die Finanzverwaltung wäre aufgrund der Generalklausel im Grundsatz verpflichtet, jede Anteilsübertragung auf ihre grunderwerbsteuerliche Relevanz und damit auf die Vergleichbarkeit mit einer Grundstücksübertragung zu prüfen.

c. „Österreichisches Modell“

Beim „Österreichischen Modell“ bleiben alle mittelbaren Anteilsübertragungen unberücksichtigt. Damit wird eine beträchtliche Anzahl wirtschaftlich vergleichbarer Fälle ausgeschlossen, sodass das Oberziel einer vollumfänglichen Erfassung aller vom Belastungsgrund gedeckten Tatbestände nicht erfüllt wird.

1455 Der BFH hat zu einer Generalklausel in § 1 Abs. 2a GrEStG bereits geurteilt, dass sie außerhalb des normierten Regelbeispiels (Wechsel im Gesellschafterbestand von min. 95 % innerhalb von 5 Jahren) leer läuft (Urteil v. 30.04.2003, II R 79/00, BStBl. II 2003, S. 890).

Eine sachliche Rechtfertigung dafür, dass ein vergleichbarer Vorgang lediglich bei unmittelbarer Übertragung von Anteilen der grundbesitzenden Gesellschaft, nicht jedoch bei mittelbaren Rechtsvorgängen gegeben sein soll, existiert über den Vereinfachungszweck hinaus nicht. Insbesondere kann aufgrund der wirtschaftlichen Ausrichtung der Ergänzungstatbestände[1456] nicht der zivilrechtliche Charakter einer Rechtsverkehrssteuer angeführt werden.[1457] Zudem lädt diese Variante zu Steuergestaltungen durch Zwischenschaltung einer weiteren Gesellschaft und mittelbarer Anteilsübertragung ein[1458], sodass auch die Forderung nach gleicher Besteuerung wirtschaftlich vergleichbarer Investitionen nicht erfüllt ist. Die Anforderung nach einer auch zugunsten des Steuerpflichtigen wirkenden wirtschaftlichen Betrachtung wird nicht erfüllt. Andererseits kommt es jedenfalls nicht zu systematischen Verwerfungen innerhalb der Norm durch mehrfache Anteilsvereinigung innerhalb einer Beteiligungskette.[1459] Das „Österreichische Modell" hat allerdings den Vorteil, dass unmittelbare Anteilsübertragungen einfacher zu prüfen sind als mittelbare Rechtsvorgänge. Zudem dürfte die Norm wesentlich leichter in einen eindeutigen Wortlaut zu gießen sein, als bei Einbeziehung der vielfältigen Möglichkeiten einer mittelbaren Übertragung. Schließlich ist ein drittbestimmter Anfall der Steuer bei Besteuerung nur der unmittelbaren Anteilsübertragungen nicht möglich. Dennoch ist fraglich, ob die aus methodisch-dogmatischer Sicht willkürliche Auswahl nur einer Tatbestandsalternative wirtschaftlich vergleichbarer Vorgänge allein durch die Vorteile der Praktikabilität zu rechtfertigen ist.

1456 Den Ergänzungstatbeständen liegt naturgemäß eine wirtschaftliche Sichtweise zugrunde, da sie keine Grundstücksübertragungen, sondern wirtschaftlich vergleichbare Vorgänge und missbräuchliche Gestaltungen erfassen, s. dazu auch unter D.IV.2.

1457 Das Zivilrecht kennt mittelbare Anteilsübertragungen nicht, sodass deren Nichtberücksichtigung als zivilrechtliche Ausrichtung der Ergänzungstatbestände verstanden werden könnte.

1458 Dafür ist es ausreichend, eine im Übrigen funktionslose Holdinggesellschaft zu errichten, die die Anteile an der grundbesitzenden Gesellschaft hält. Die Anteile der Holding könnten dann stets ohne grunderwerbsteuerliche Belastung übertragen werden. § 42 AO sollte nach den Grundsätzen der BFH-Rechtsprechung jedenfalls dann nicht eingreifen, wenn die Holdinggesellschaft auf Dauer zwischengeschaltet bleibt (vgl. BFH, Urteil v. 25.02.2004, I R 42/02, BStBl. II 2005, S. 14).

1459 Diese für die Varianten § 1 Abs. 3a GrEStG und modifizierter § 1 Abs. 3 GrEStG kritisierte Anwendung der Ergänzungstatbestände in mehrstufigen Beteiligungsketten jeweils nur zuungunsten des Steuerpflichtigen kann beim „Österreichischen Modell" durch die fehlende Einbeziehung mittelbarer Beteiligungen nicht auftreten.

d. *Modifizierter § 1 Abs. 3 GrEStG*

Auch § 1 Abs. 3 GrEStG in modifizierter Form wird der Anforderung, alle besteuerungswürdigen Sachverhalte zu erfassen, nicht völlig gerecht. Denn insbesondere bei Gesellschaften, die ausschließlich Immobilien halten, könnte der Anteilserwerb auch bei Beteiligungen unterhalb der 100 % im Einzelfall wirtschaftlich einem Grundstückserwerb gleichen. Zudem lassen sich Umgehungen durch die Zurückbehaltung von Zwerganteilen leicht realisieren.[1460] Daher ist auch das Kriterium der einheitlichen Besteuerung vergleichbarer Investitionen nicht erfüllt. Anders als beim „Österreichischen Modell" lassen sich jedoch systematische Gründe für die Einschränkung des Anwendungsbereichs anführen. Denn bei dieser Variante wird die wirtschaftliche Vergleichbarkeit ausschließlich bei einer Vereinigung aller Anteile angenommen, die dem Gesellschafter eine eigentümerähnliche Stellung in Bezug auf das Grundstück verschafft. Die Vereinigung von weniger als 100 % der Anteile wird dagegen nicht als vergleichbar eingeordnet, da eine unterhalb der 100 % liegende Grenze stets willkürlich sein muss.[1461] Historisch betrachtet liegt zudem ein Rückbau der Missbrauchstatbestände hin zum Zustand der letzten gesamtkonzeptionellen Gesetzesfassung von 1940 bzw. nach der Reform 1983 vor. Zur Abdeckung aller relevanten Sachverhalte könnte sich eine Kombination mit anderen Lösungsalternativen anbieten.

§ 1 Abs. 3 GrEStG dient als flankierende Normen der Erfassung von Sachverhalten, die vom Belastungsgrund gedeckt und wirtschaftlich dem Besteuerungsgegenstand vergleichbar sind, aber vom Grundtatbestand nicht erfasst werden.[1462] Unter dieser Sichtweise lassen sich überschießende Rechtsfolgen wohl verneinen. Denn die Vereinigung von 100 % der Anteile führt beim Gesellschafter dazu, dass er erstmalig eine in Bezug auf das Grundstück eigentümerähnliche Stellung

---

1460 Durch die neue Rechtsformneutralität im Vergleich zu § 1 Abs. 3 GrEStG in seiner jetzigen Fassung sind aber jedenfalls 0 %-Beteiligungen an Personengesellschaften als RETT-Blocker nicht mehr geeignet. Vgl. zur Wirkung spezialgesetzlicher Missbrauchsvorschriften als sog. Safe Haven: Hey, DStJG Bd. 33, 2010, S. 147–148.

1461 Die aktienrechtliche Squeeze-Out Regel in § 327a AktG, die in der Literatur teils als nachträgliche Rechtfertigung der 95 %-Grenze gesehen wird (vgl. *Hofmann*, GrEStG, 2017, § 1, Rz. 132, *Behrens*, UVR 2017, S. 18), könnte die 95 % nur für die Rechtsform der AG begründen. Und auch diese Begründung wäre unzureichend, da der beherrschende Gesellschafter zunächst das Squeeze-Out Verfahren durchführen muss, bevor er tatsächlich wie ein Eigentümer über das Grundstück verfügen kann (gl.A. *Rothenöder*, Anteil, 2009, S. 74).

1462 Vgl. dazu unter D.III. und bei *Hey*, DStJG Bd. 33, 2010, S. 158–159.

innehat und damit ein Grundstückserwerb fingiert werden kann.[1463] Im Hinblick auf Bestimmtheit und Normenklarheit sollte durch die Gleichbehandlung von Personen- und Kapitalgesellschaften bereits eine Verbesserung gegenüber der aktuellen Fassung des § 1 Abs. 3 GrEStG eintreten. Zusätzlich könnte nach dem Vorbild Österreichs eine gesetzliche Regelung für Treuhandgestaltungen aufgenommen werden. Dies hätte zudem den Vorteil, dass jedenfalls für diese Fallgestaltung die bisher bestehende fiskalische Meistbegünstigung abgeschafft würde.[1464] Denn die Zuordnung zum Treugeber führt dazu, dass Übertragung und Rückübertragung auf bzw. vom Treuhänder sowie der Treuhänderwechsel unbesteuert bleiben, solange der Treugeber derselbe bleibt. Aufgrund der mittelbaren Beteiligungen, die weiterhin einbezogen werden und bei denen lt. BFH eine wirtschaftliche Betrachtung geboten ist, lässt sich eine absolute Bestimmtheit der Norm ohne jegliches Auslegungspotenzial wohl nicht erreichen.[1465] Eine Regelung aller denkbaren Fälle, insbesondere im Bereich der verschiedenen Gestaltungsvarianten bei Optionsrechten scheint jedoch nicht praktikabel. Auch die Prüfung der Tatbestandserfüllung durch die Finanzverwaltung wird weiterhin problembehaftet sein, da mittelbare Rechtsvorgänge im Ausland nach wie vor relevant sein können. Durch das Erfordernis der 100 % Beteiligung auf jeder Ebene dürften allerdings weniger Fälle in den Anwendungsbereich fallen, sodass von etwaigen Mängeln im Gesetzesvollzug auch weniger Fälle betroffen wären. Außerdem wird häufig nicht die gesamte Konzernstruktur durchgeprüft werden müssen, da keine Zurechnung von Anteilen mehr erfolgt, sobald die 100 % auf einer Ebene unterschritten wurden.[1466] Der drittbestimmte Anfall von Grunderwerbsteuer kann aufgrund der Einbeziehung mittelbarer Beteiligungen nicht vollständig verhindert werden.[1467]

1463 Vgl. zur Rechtfertigung dieser Besteuerung eines vergleichbaren Tatbestands unter D.II.

1464 Im Übrigen bleibt die Meistbegünstigung bestehen, da § 1 Abs. 3 GrEStG wie auch die anderen hier vorgestellten Lösungsalternativen nur zusätzliche Besteuerungstatbestände normiert.

1465 Vgl. BFH, Urteil v. 24.04.2013, II R 17/10, BStBl. II 2013, S. 833.

1466 Dies gilt jedenfalls dort, wo ein fremder Dritter beteiligt ist, da es hier auch nicht mehr zu einer Zusammenführung der Beteiligungsstränge auf höherer Ebene kommen kann.

1467 Dadurch bleibt eine Anteilsvereinigung bei der Mutter durch Anteilserwerb einer Tochtergesellschaft weiterhin möglich.

e. *Ausschließlich § 1 Abs. 3a GrEStG*

§ 1 Abs. 3a GrEStG erfasst durch die transparente Betrachtung der Gesellschaften zwar deutlich mehr Fälle als die Variante des modifizierten § 1 Abs. 3 GrEStG und das „Österreichische Modell". Aber auch hier ist die Forderung nach einer vollumfänglichen Besteuerung aller vom Belastungsgrund gedeckten Sachverhalte nicht erfüllt. Dies liegt in der Hauptsache an der Notwendigkeit einer fixen Beteiligungsquote als Aufgriffsgrenze.[1468] Denn dadurch werden alle wirtschaftlich vergleichbaren Sachverhalte unterhalb dieser Grenze von der Besteuerung ausgeschlossen.[1469] Zudem führt die fixe Beteiligungsquote zu Umgehungsmöglichkeiten, sodass auch hier die Forderung nach derselben Steuerlast für vergleichbare Tatbestände verfehlt wird. Gleichzeitig sorgt die unterhalb von 100 % liegende Grenze verbunden mit der uneingeschränkten Durchrechnung aller Beteiligungsquoten dafür, dass eine weitgehende Typisierung vorgenommen wird. Es werden also auch Einzelfälle erfasst, die nicht mit einem Grundstückserwerb vergleichbar und auch nicht von einer Missbrauchsabsicht getragen sind.[1470] Die Vermeidung überschießender Rechtsfolgen wird damit nicht erreicht.[1471] Die vermögensmäßige Sichtweise des § 1 Abs. 3a GrEStG

1468 Diese wurde hier entsprechend der aktuellen Fassung des § 1 Abs. 3a GrEStG bei 95 % belassen. Die für die Variante „modifizierter § 1 Abs. 3 GrEStG" aufgestellten Überlegungen, die für eine 100 %-Grenze sprechen, greifen im Anwendungsbereich des § 1 Abs. 3a GrEStG nicht, da die vermögensmäßige Betrachtung die Verfügungsgewalt in Form der Sachherrschaft außer Acht lässt (vgl. dazu unter C.I.).

1469 Als Beispiel für einen besteuerungswürdigen Anteilserwerb unterhalb der 95 %-Grenze kann auch hier der Erwerb von Anteilen an einer Immobiliengesellschaft herangezogen werden. S. dazu auch nachfolgend unter H.IV.2.e. Vgl. zur Wirkung spezialgesetzlicher Missbrauchsvorschriften als sog. Safe Haven: *Hey*, DStJG Bd. 33, 2010, S. 147–148.

1470 Vgl. zur wirtschaftlichen Vergleichbarkeit unter D.II.1. und D.I.3. Die Vergleichbarkeit mit einem Grundstückserwerb sollte mit Zunahme der Beteiligungen, die zwischen dem Grundstück und dem fiktiv erwerbenden Rechtsträger stehen, abnehmen. § 1 Abs. 3a GrEStG ist aber gerade darauf ausgelegt, alle vermittelnden Beteiligungen unabhängig von deren Qualität einzubeziehen. Dies gilt sowohl bzgl. der Verfügungsmacht über das Grundstück als auch bezogen auf die vermögensmäßige Beteiligung, da auch die direkte Partizipation an Erträgen aus dem Grundstück durch die Abschirmwirkung der Gesellschaften eingeschränkt wird (z.B. durch Rücklagen und Ausschüttungssperren).

1471 Allerdings tritt durch den Wegfall von § 1 Abs. 2a und Abs. 3 GrEStG bereits eine Verbesserung ein, da es jedenfalls nicht mehr zu unsystematischen Mehrfachbelastungen aufgrund der Verwirklichung mehrerer Ergänzungstatbestände in Folge kommen

ist zwar eine Rechtfertigung für die Typisierung, die eine Nichterfassung bestimmter Fälle und gleichzeitig überschießende Rechtsfolgen in Kauf nimmt. Sie ist aber wenig überzeugend.[1472] Denn das GrEStG sieht grds. eine intransparente Betrachtung von Gesellschaften als selbstständige Rechtsträger vor. Die Abweichung von diesem Grundsatz im Rahmen des § 1 Abs. 3a GrEStG hat keine Rechtfertigung auf Ebene der Gesellschaft, sondern wird ab einer willkürlich festgelegten Grenze von 95 % auf Ebene des Gesellschafters angeordnet.[1473] § 1 Abs. 3a GrEStG weist zudem erhebliche Mängel in der Praktikabilität auf. Durch die transparente Sichtweise ist bei jedem Anteilserwerb eine Betrachtung aller Beteiligungsstränge der erwerbenden Gesellschaft selbst sowie aller an ihr beteiligten Rechtsträgern notwendig. Die Bestimmtheit des Tatbestandes ist weitestgehend gesichert, da jedenfalls die Zweifelsfragen in Bezug auf die Konkurrenz zu den anderen Ergänzungstatbeständen wegfallen.[1474] § 1 Abs. 3a GrEStG sieht weder innerhalb des Tatbestands[1475] noch im Verhältnis zu anderen Tatbeständen[1476] eine wirtschaftliche Betrachtung zugunsten des Steuerpflichtigen vor. Damit ist weiterhin eine fiskalische Meistbegünstigung vorhanden. Schließlich kann es durch die Einbeziehung mittelbarer Beteiligungen zu einem drittbestimmten Anfall von Grunderwerbsteuer kommen. Diese Gefahr ist bei § 1 Abs. 3a GrEStG höher als bei der modifizierten Variante des § 1

---

kann (vgl. dazu m.w.N. zu den Streitpositionen: *Meßbacher-Hönsch* in: Boruttau, GrEStG, 2016, § 1, Rz. 1186–1188).

1472 Dies gilt insbesondere im Vergleich zur Sachherrschaftstheorie, auf der auch die Variante modifizierter § 1 Abs. 3 GrEStG fußt, sowie zur vollständigen Transparenz bei Immobiliengesellschaften (vgl. dazu unter H.IV.2.d. und H.IV.2.f).

1473 Dies unterscheidet sie von der Variante der Immobiliengesellschaft, da dort eine Transparenz der Gesellschaft in Abhängigkeit bestimmter Charakteristika der Gesellschaft unabhängig vom Anteil des Gesellschafters angeordnet wird.

1474 Verbleibende Zweifelsfragen u.a. zur Zuordnung der Anteile bei schuldrechtlichen Vereinbarungen lassen sich gesetzlich wohl nicht abschließend regeln, da hier zu viele verschiedene Fallgestaltungen denkbar sind. Hinsichtlich des umstrittenen Zeitpunktes der Tatbestandsverwirklichung könnte dagegen eine eindeutige gesetzliche Regelung getroffen werden.

1475 So wird bspw. das „Umhängen" einer wirtschaftlichen Beteiligung zwischen Schwestergesellschaften vom Wortlaut erfasst, auch wenn die Muttergesellschaft vorher und nachher gleichermaßen wirtschaftlich Beteiligte bleibt, da es im Konzernverbund mehrere wirtschaftlich Beteiligte geben kann (vgl. kritisch *Joisten/Liekenbrock*, Ubg 2013, S. 472, 743).

1476 Wie alle Ergänzungstatbestände normiert auch § 1 Abs. 3a GrEStG nur einen zusätzlichen Besteuerungstatbestand, der nicht an der späteren Verwirklichung eines Grundtatbestands hindert (vgl. § 1 Abs. 6 GrEStG).

Abs. 3 GrEStG, da der tatbestandsauslösende Anteilserwerb auch durch eine Gesellschaft erfolgen kann, an der der Steuerpflichtige nicht mehrheitlich beteiligt ist und über die er folglich keine alleinige Entscheidungsmacht hat.[1477]

f. Einschränkung auf Immobiliengesellschaften

Die Variante Einschränkung auf gesondert definierte Immobiliengesellschaften nimmt eine Vergleichbarkeit zwischen Grundstücks- und Anteilserwerb typisierend nur bei Immobiliengesellschaften an. Die darüber hinaus möglicherweise vergleichbaren Einzelfälle werden ausgeklammert. Dadurch wird das Ziel einer vollständigen Erfassung aller vom Belastungsgrund gedeckten Tatbestände zwar nicht gänzlich erreicht. Die Norm deckt aber bereits einen sehr großen Bereich der als vergleichbar eingestuften Fälle ab.[1478] Die Lösungsalternative sollte auch nur selten zu überschießenden Rechtsfolgen führen. Es könnten Konzernfälle betroffen sein, bei denen das Immobilienvermögen aus anderen als grunderwerbsteuerlichen Gründen in einer einzelnen nicht mit dem operativen Geschäft betrauten Gesellschaft gebündelt ist.[1479] Diese überschießenden Rechtsfolgen lassen sich jedoch entweder bereits in der Definition der Immobiliengesellschaft[1480] oder jedenfalls durch Modifizierung in Form einer Exkulpationsmöglichkeit verhindern. Die Praktikabilität, d.h. die Bestimmtheit und Prüfbarkeit hängt stark von der konkreten Ausgestaltung der gesetzlichen Regelung und insbesondere von der Definition einer Immobiliengesellschaft ab. Die Einführung einer Regelung ausschließlich für Immobiliengesellschaften führt jedoch unabhängig von der Ausgestaltung der Definition immer zu mehr Prüfungsaufwand und einem zusätzlichen streitanfälligen Tatbestandmerkmal. Denn die bisherigen Ergänzungstatbestände unterscheiden nur zwischen Personen- und Kapitalgesellschaften, nicht jedoch nach Tätigkeit oder Vermögen der Gesellschaft. Da jeweils nur der unmittelbare Erwerb einer Immobiliengesellschaft besteuert werden

---

1477 Vgl. mit entsprechenden Beispielen bei *Behrens*, StJB 2014/2015, S. 581–583; *Wagner/Lieber*, DB 2013, S. 1390.

1478 S. zur grds. Kriterien der Vergleichbarkeit unter D.II.1.

1479 Ein Grund könnte, neben vielfältigen betriebswirtschaftlichen Gründen, bspw. die gewerbesteuerliche erweiterte Grundstückskürzung gem. § 9 Nr. 1 S. 2 ff GewStG sein.

1480 Hier käme bspw. eine Ausnahme von der Definition einer Immobiliengesellschaft in Betracht, wenn Grundstücke ausschließlich an Konzernmitglieder vermietet werden. Vorbild könnten die Ausnahmen vom Verwaltungsvermögen bei der Erbschaftsteuer sein (§ 13b Abs. 4 Nr. 1c ErbStG).

soll[1481], dürften aber jedenfalls die Rechtsunsicherheiten und der Prüfungsaufwand im Bereich der mittelbaren Beteiligungen geringer werden. Durch die Nichteinbeziehung von mittelbaren Beteiligungen kann es darüber hinaus nicht zu einem drittbestimmten Anfall von Grunderwerbsteuer kommen, sodass diese Anforderung erfüllt wird. Die Sonderregel für Immobiliengesellschaften stellt außerdem sicher, dass jedenfalls die Direktinvestition in ein Grundstück und die Investition über eine im Übrigen nicht operativ tätige Gesellschaft gleichgestellt werden. Eine absolute Verhinderung aller Umgehungen, wodurch die Anforderung der gleichen Steuerlast aller vergleichbaren Investitionen vollständig erfüllt wäre, lässt sich wohl nicht erzielen. Dennoch ist durch die Gleichstellung von Direktinvestition und Immobiliengesellschaft unabhängig von der Quote des erworbenen Anteils bereits ein großer Teil der vergleichbaren Fälle erfasst. Die Anforderung ist in wesentlich höherem Maße als bei den übrigen Lösungsalternativen erfüllt.[1482] Die fiskalische Meistbegünstigung, die aus dem Nebeneinander von wirtschaftlicher und zivilrechtlicher Betrachtung entsteht, bleibt bestehen. Denn die Sonderregel für Immobiliengesellschaften sieht nur zusätzliche wirtschaftlich begründete Steuertatbestände vor, jedoch keine wirtschaftlich begründete Ausnahme von der Besteuerung zugunsten des Steuerpflichtigen. Wie bereits zum „Österreichischen Modell" ausgeführt, kommt es aber nicht zu systematischen Verwerfungen innerhalb der Norm, da keine mehrfachen Erwerbe in mehrstufigen Beteiligungsstrukturen entstehen können.

3. Ergebnis: Eignung der Varianten für eine Reform der Ergänzungstatbestände

Die Möglichkeit des vollständigen Verzichts auf Ergänzungstatbestände erfüllt nicht die wichtigste Anforderung und das erklärte Oberziel der Neukonzeption, die vollumfängliche Besteuerung aller vom Belastungsgrund gedeckten Tatbestände. Zwar gelingt eine vollständige Erfassung aller besteuerungswürdigen Tatbestände wohl nur bei Umsetzung der wirtschaftlichen Generalklausel. Im Unterschied zum vollständigen Verzicht erfassen die anderen Varianten aber jedenfalls Teilbereiche der über die Grundtatbestände hinaus zu besteuernden

1481 Wobei reine Holdinggesellschaften ebenfalls als Immobiliengesellschaften gelten sollen, sodass durch einfache Zwischenschaltung einer leeren Gesellschaft keine Umgehung erreicht werden kann.

1482 Eine vollständige Erfüllung lässt sich nur durch Einzelfallprüfung der Vergleichbarkeit erzielen. Dies sieht nur die Lösungsalternative „wirtschaftliche Generalklausel" vor.

Sachverhalte. Zudem liegt der Typisierung, die der Grund für die Nichterfassung von Fällen bzw. auch für die überschießenden Rechtsfolgen ist, eine sachliche Rechtfertigung zugrunde. Schließlich bestehen bei den anderen Varianten Kombinations- und Modifikationsmöglichkeiten. Beim vollständigen Verzicht auf Ergänzungstatbestände ist hingegen weder eine Modifizierung noch eine Kombination mit anderen Lösungsvarianten denkbar. Daher wird diese Variante nicht weiter verfolgt.

Ebenfalls ausgeschlossen werden die Varianten „Österreichisches Modell" und § 1 Abs. 3a GrEStG. Sie ähneln in ihrem Anwendungsbereich der Variante modifizierter § 1 Abs. 3 GrEStG. Alle drei Varianten haben einen eingeschränkten Anwendungsbereich. Dabei ist jedoch einzig die sachliche Rechtfertigung beim modifizierten § 1 Abs. 3 GrEStG überzeugend. Zudem kann auch nur diese Variante überschießende Rechtsfolgen ausschließen. Zwar ließe sich auch das „Österreichische Modell" mit einer 100 % Grenze realisieren. Dennoch wäre der Ausschluss mittelbarer Anteilsübertragungen willkürlich. Dem kann auch die bessere Praktikabilität nicht entgegengehalten werden. Denn eine Prüfbarkeit ist letztlich nicht mehr notwendig, wenn die Norm in der Praxis durch nahezu alle Steuerpflichtigen umgangen werden kann, indem sie eine Zwischengesellschaft einschalten.

Die Einführung einer wirtschaftlichen Generalklausel wäre zwar im Hinblick auf Steuersystematik und betriebswirtschaftliche Einzelaspekte wünschenswert, da sie nach gesetzlichem Idealbild genau die Fälle erfasst, die als besteuerungswürdig gelten, ohne überschießende Rechtsfolgen in Kauf zu nehmen. Die Praktikabilität der Regelung sowohl aus unternehmensplanerischer Sicht als auch aus administrativer Perspektive dürfte sich aber gegenüber den geltenden Ergänzungstatbeständen erneut gravierend verschlechtern. Auch die Einführung widerlegbarer Vermutungen kann (unabhängig von deren konkreter Ausgestaltung) keine ausreichende Verbesserung erzielen. Die absolute Verhinderung von Umgehungen und die Erfassung aller besteuerungswürdigen Tatbestände ist danach zwar sowohl aus verfassungsrechtlicher und auch betriebswirtschaftlicher Sicht sinnvoll. Sie dürfte aber in der derzeitigen Organisationsform des Besteuerungsverfahrens nicht umsetzbar sein.[1483] Auch die wirtschaftliche Generalklausel wird daher als Reformmöglichkeit nicht weiter in Betracht gezogen.

1483 Dafür wären verwaltungsseitig Kapazitäten für eine Einzelfallprüfung jeglicher Anteilsübertragung notwendig. Selbst dann wären noch immer die Planungsunsicherheiten auf Seiten des Steuerpflichtigen zu bemängeln.

Die Sonderregel für Immobiliengesellschaften erfasst insbesondere diejenigen Fälle von Großinvestoren, die immer wieder für politische Diskussionen sorgen und jedenfalls teilweise auch Auslöser der Missbrauchsgesetzgebung der Vergangenheit gewesen sein dürften.[1484] Diese Variante würde damit einen sehr großen Bereich der besteuerungswürdigen Tatbestände abdecken und kaum überschießende Rechtsfolgen auslösen. Die Schwierigkeit besteht in der Definition der Immobiliengesellschaft. Sie muss insbesondere den Praktikabilitätsanforderungen gerecht werden, also ausreichend bestimmt und leicht prüfbar sein, ohne dabei Umgehungsmöglichkeiten zu schaffen oder stark überschießende Rechtsfolgen auszulösen. Ihr Anwendungsbereich ließe sich durch parallele Einführung der weiteren verbleibenden Variante „modifizierter § 1 Abs. 3 GrEStG" sinnvoll ergänzen, um einen größeren Anteil der besteuerungswürdigen Tatbestände abzudecken. Die konkrete Ausgestaltung dieser Kombination soll im Folgenden ausgearbeitet werden.

V. Kombination von Sonderregelung für Immobiliengesellschaften und modifiziertem § 1 Abs. 3 GrEStG

1. Ausgestaltung eines § 1a GrEStG-E zur Besteuerung von Anteilserwerben an Immobiliengesellschaften

a. Definition der Immobiliengesellschaft

Die Sonderregel für Immobiliengesellschaften soll all jene Fälle erfassen, in denen der Gesellschaft keine eigenständige wirtschaftliche Bedeutung zukommt, d.h. sie über das Halten der Immobilie hinaus keine andere Funktion erfüllt.[1485] Das erste und möglicherweise wichtigste Tatbestandsmerkmal ist daher die Immobiliengesellschaft, da sie den Anwendungsbereich des neuen Ergänzungstatbestands eröffnet. Das deutsche Steuerrecht kennt verschiedene Definitionen, die als Vorbild für die grunderwerbsteuerliche Definition der Immobiliengesellschaft dienen könnten. Hier sind zu nennen:

1484 Vgl. zur aktuellen politischen Diskussion um eine Verschärfung der Ergänzungstatbestände, um sog. Share Deals von Großinvestoren zu verhindern: BR-Drs. 622/17 v. 07.09.2017; BR-Drs. 627/17 v. 13.09.17. Zur ersten Initiative gegen RETT-Blocker-Gestaltungen, die ebenfalls bei großen Immobilientransaktionen auftraten: BR-Drs. 850/10 (B) v. 11.02.2011, S. 13.

1485 Vgl. zu den Voraussetzungen einer Vergleichbarkeit von Anteils- und Grundstückserwerb unter D.I.3. und D.II.1.

- § 9 Nr. 1 S. 2 ff GewStG, der für die erweiterte Grundstückskürzung auf die Tätigkeit der Gesellschaft abstellt,[1486]
- § 13b Abs. 4 Nr. 1 ErbStG, der an Dritte vermieteten Grundbesitz als Verwaltungsvermögen definiert, jedoch verschiedene Ausnahmen für im wirtschaftlichen Ergebnis eigenbetrieblich genutzten Grundbesitz enthält, bspw. bei Vermietung innerhalb des Konzerns oder im Rahmen einer Betriebsaufspaltung,
- Art. 13 Abs. 4 OECD-MA 2014, der das Besteuerungsrecht einer Veräußerung von Anteilen an einer Gesellschaft, deren Vermögen zu mehr als 50 % aus Immobilienvermögen besteht, abweichend von der Grundregelung dem Belegenheitsstaat des unbeweglichen Vermögens zuweist.

Neben den steuerrechtlichen Definitionsmöglichkeiten könnte das REITG eine Vorlage bieten. § 1 REITG definiert das Wesen einer deutschen Real Estate Investment Trust AG anhand ihres Unternehmensgegenstandes. Zusätzlich sieht § 12 REITG Anforderungen an Vermögen und Erträge der REIT Gesellschaften vor. Beide Größen müssen zu min. 75 % aus Immobilien(erträgen) bestehen. Das REITG ist auf AGs beschränkt. Die entscheidende Definition des Unternehmensgegenstandes ließe sich aber auch auf alle anderen Gesellschaften

---

1486 Abzugrenzen ist hingegen von der im Wesentlichen durch Rechtsprechung geprägten ertragsteuerlichen Abgrenzung zwischen Vermögensverwaltung und Gewerblichkeit, d.h. vor allem der Definition des gewerblichen Grundstückshandels (vgl. dazu ausführlich bei *Bode* in: Blümich, EStG/KStG/GewStG, 2017, § 15 EStG, Rz. 151–191). Denn für die grunderwerbsteuerliche Definition ist entscheidend, dass der Gesellschaft als solcher keine eigenständige Bedeutung zukommt. Das heißt nicht, dass sie zwingend vermögensverwaltend tätig sein muss. Entscheidend ist allein, dass sie das Grundstück nicht für eigene Zwecke nutzt, die außerhalb des Haltens und Verwaltens des Grundvermögens liegen. Denn übt die Gesellschaft eine eigene andere Tätigkeit aus, geht der Erwerb eines Anteils an ihr über den bloßen Erwerb eines Anteils am Grundvermögen hinaus. Z.B. sind mit dem Erwerb Chancen und Risiken verbunden, die sich auf diese Tätigkeit der Gesellschaft und nicht allein auf die Grundstücksinvestition beziehen. Daher würde bspw. ein gewerblicher Grundstückshandel nicht gegen die Qualifikation als Immobiliengesellschaft sprechen. Die Verwaltung anderen Vermögens bspw. von Finanzanlagen oder Beteiligungen, die nicht als gewerblich einzustufen wäre, würde hingegen der Definition als grunderwerbsteuerliche Immobiliengesellschaft entgegenstehen, da mit dem Anteilserwerb dann auch der anteilige vermögensmäßige Erwerb und die Chancen und Risiken aus diesem anderen Vermögen verbunden wären, was nicht mehr mit einem reinen Erwerb eines Grundstücks(teils) vergleichbar ist.

anwenden.[1487] Weitere Erfordernisse des REITG wie Börsennotierung, Mindeststreubesitzquote oder Mindestausschüttung sind für die grunderwerbsteuerliche Beurteilung nicht relevant, sondern liegen allein in der ertragsteuerlichen Beurteilung des REIT bzw. im gesetzliche Zielbild der Anlageform begründet.

Entscheidender Anhaltspunkt für die Übertragbarkeit ist das Zielbild der anderen Normen. Das REITG und § 9 Nr. 1 S. 2 GewStG sehen Steuerbefreiungen vor, in deren Genuss die Gesellschaft nur kommen soll, wenn sie die strengen Tätigkeits- bzw. Vermögensanforderungen erfüllt. Dementsprechend detailliert sind die dort festgelegten Definitionen einer begünstigten (Immobilien)Gesellschaft. Da der Steuerpflichtige die dort genannten Anforderungen aber regelmäßig erfüllen will, enthalten sie keine Vorkehrungen, um gezielten Umgehungen vorzubeugen. Im Gegensatz dazu trifft den Steuerpflichtigen ein steuerlicher Nachteil, wenn Teile des Vermögens als Verwaltungsvermögen i. S. d. § 13b Abs. 4 Nr. 1 ErbStG qualifizieren. Das Verwaltungsvermögen ist mit „an Dritte vermieteter Grundbesitz" zunächst sehr allgemein beschrieben. Interessant für die hier gesuchte Definition sind aber die Ausnahmen vom Verwaltungsvermögen, die aus dessen Nutzung für begünstigte eigenbetriebliche Zwecke herrühren. Für eine Übertragbarkeit auf die Definition des Grundvermögens einer grunderwerbsteuerlichen Immobiliengesellschaft eignen sich die Ausnahme für konzerninterne Vermietung (§ 13b Abs. 4 Nr. 1 lit. c) ErbStG), für die Betriebsaufspaltung (§ 13b Abs. 4 Nr. 1 lit. a) ErbStG) und für Überlassung zur Absatzförderung eigener Produkte (§ 13b Abs. 4 Nr. 1 lit. e) ErbStG). Denn Gesellschaften mit derartig genutztem Grundvermögen sollen ebenfalls nicht unter die grunderwerbsteuerliche Definition einer Immobiliengesellschaft fallen, da der Erwerb von Anteilen an dieser Gesellschaft stets auch den Erwerb von Chancen und Risiken des Gewerbebetriebs beinhaltet und nicht mit dem Direkterwerb eines Grundstücks vereinbar ist. Art. 13 Abs. 4 OECD-MA 2014 sieht als Anforderung für Immobiliengesellschaften vor, dass ihr Vermögen zu mehr als 50 % aus Immobilienvermögen bestehen muss, das im anderen Staat (Belegenheitsstaat) liegt. Ist die Voraussetzung erfüllt, steht das Besteuerungsrecht an den Anteilen dem Belegenheitsstaat der Grundstücke und nicht dem Ansässigkeitsstaat des Gesellschafters zu. Die Definition stellt nur auf das Vermögen und nicht auf die Tätigkeit der Gesellschaft ab.[1488] Sie dient dazu, dass ertragsteuerliche Besteuerungsrecht von Veräußerungsgewinnen auch dann zu

---

1487 Vgl. dazu bereits § 3 Abs. 1 REITG, der die Definition einer REIT-Personengesellschaft anhand desselben Unternehmensgegenstandes vornimmt.

1488 Vgl. Reimer in: Vogel/Lehner, DBA, 2015, Rz. 130.

sichern, wenn das unbewegliche Vermögen nicht direkt, sondern über eine Gesellschaft gehalten wird.[1489]

Die Grunderwerbsteuer knüpft an die Übertragung von Immobilienvermögen an. Dabei ist nicht relevant, welcher Tätigkeit das Grundstück dient. Daher erscheint zunächst eine Anknüpfung an die vermögensbezogenen Definitionen sinnvoll. Die Kriterien für eine Immobiliengesellschaft sollen aber die Vergleichbarkeit des Anteilserwerbs mit dem Grundstückserwerb sicherstellen. Dafür kommt es entscheidend auch auf die Tätigkeit der Gesellschaft an. Denn eine über das bloße Halten und Verwalten des Grundstücks hinausgehende eigene Tätigkeit steht der Vergleichbarkeit entgegen. Die Tätigkeit soll anhand der Ertragsquellen der Gesellschaft bestimmt werden. Den formalen Merkmalen Gesellschaftszweck und Unternehmensgegenstand soll hingegen keine eigenständige Bedeutung zukommen, da sie zu leicht beeinflussbar und damit streitanfällig sind. Die Definition des REITG ist unter Ausklammerung der rechtsformspezifischen und ertragsteuerlich begründeten Aspekte ein sinnvoller Ausgangspunkt. Denn das REITG definiert ein Vehikel zur indirekten Immobilienanlage[1490] und damit eine Alternative zur Direktinvestition in ein Grundstück. Die Definition knüpft zunächst an den Unternehmensgegenstand an (§ 1 REITG), sieht dann aber eindeutige, prüfbare Anforderungen an die Zusammensetzung von Vermögen und Ertragsquellen (§ 12 REITG) vor. Um die Bestimmtheit der Norm und eine sichere Rechtsanwendung zu gewährleisten, wird für die grunderwerbsteuerliche Neukonzeption der Unternehmensgegenstand durch die Vermögens- und Ertragsanforderungen definiert. Die Definitionen aus Art. 13 Abs. 4 OECD-MA 2014 und § 9 Nr. 1 S. 2 ff GewStG gehen in der Definition des REITG gewissermaßen auf, da das REITG sowohl auf Vermögen als auch auf Tätigkeit abstellt.

Die Definition des REITG ist an einigen Stellen entsprechend der Anforderungen des neuen grunderwerbsteuerlichen Ergänzungstatbestands anzupassen. Zunächst ist die für Vermögen und Ertragsquelle maßgebliche Grenze von 75 % anzuheben. Nebentätigkeiten der Immobiliengesellschaft sollten in

---

1489 Da lediglich das Besteuerungsrecht verteilt wird, kann nicht generell gesagt werden, ob sich die Qualifizierung als Immobiliengesellschaft für den veräußernden Steuerpflichtigen positiv oder negativ auswirkt. Art. 13 Abs. 4 OECD-MA 2014 dient dennoch der Verhinderung von Umgehungsmöglichkeiten. Der Steuerpflichtige soll die Verteilung der Besteuerungsrechte nicht steuern können, indem er unbewegliches Vermögen nicht direkt, sondern mittels Gesellschaftsanteilen veräußert (vgl. dazu *Reimer* in: Vogel/Lehner, DBA, 2015, Rz. 117).

1490 Vgl. BT-Drs. 16/4026 v. 12.01.2007, S. 1.

geringem Umfang unschädlich sein, um Gestaltungen vorzubeugen. Gleiches gilt für geringe Anteile von anderem Vermögen. Bei einer Gesellschaft, bei der 25 % des Vermögens nicht in Immobilien besteht oder 25 % der Tätigkeit nicht aus Immobilien stammt, lässt sich eine Gleichstellung von Anteils- und Grundstückserwerb jedoch nicht mehr rechtfertigen. Eine rein zum Halten und Verwalten von Immobilien konzipierte Gesellschaft wird regelmäßig als sonstiges Vermögen nur Finanzmittel, die nicht in die Verhältnisrechnung eingerechnet werden sollen, und je nach Umfang des verwalteten Vermögens eine Büroausstattung etc. benötigen. Daher sollte das Gesamtvermögen nahezu ausschließlich aus Immobilienvermögen bestehen und auch keine Nebentätigkeiten in größerem Umfang vorliegen. Zwar sehen auch die Sonderregelungen für Immobiliengesellschaften in anderen Staaten größtenteils niedrigere Quoten vor.[1491] Allerdings ist die Rechtsfolge dort auch keine völlige Transparenz der Gesellschaft, sondern eine Besteuerung ab einer bestimmten Anteilsquote.[1492] Das Verhältnis kann entweder als starre Grenze oder aber als weiche Formulierung in den Gesetzestext aufgenommen werden. Eine weiche Formulierung würde „fast ausschließlich“ Immobilienvermögen oder Erträge, die „nahezu ausschließlich“ aus Immobilienvermögen stammen, verlangen.[1493] Eine solche unbestimmte Formulierung würde zwar einen neuen „Safe Haven“[1494] verhindern, da sie auslegungsbedürftig und im Einzelfall zu prüfen wäre. Sie geht aber auch zu Lasten der Rechts- und Planungssicherheit. Daher ist eine prozentuale, gesetzlich festgelegte Grenze sinnvoller. Die Grenze soll sicherstellen, dass nur Gesellschaften der Regelung unterfallen, deren Vermögen nahezu ausschließlich aus Immobilien besteht und deren Erträge nahezu ausschließlich aus diesem Immobilienvermögen stammen. Gleichzeitig darf die Grenze nicht ohne weiteres durch „gekünstelte“ Nebentätigkeiten oder nicht notwendiges Vermögen umgangen werden können. Sinnvoll erscheint daher eine Quote von min. 90 %.[1495] Die

---

1491 In den Niederlanden und Portugal muss min. 50 % des Vermögens aus Immobilien bestehen, in Ungarn min. 75 % (vgl. dazu unter F).

1492 Für die Schweiz ist jedenfalls nach der h. M. die Erlangung einer Mehrheitsbeteiligung notwendig: vgl. Rüegg-Peduzzi, Handänderungssteuer 1989, S. 86–87, m.w.N. In den Niederlanden ist ausdrücklich ein Erwerb oder eine Vereinigung von min. 1/3 der Anteile notwendig (Art. 4 WBRV).

1493 Vgl. mit ähnlichen Formulierungen: §§ 7 und 8 AStG, § 7g EStG.

1494 Vgl. *Hey*, DStJG Bd. 33, 2010, S. 147–148.

1495 Die 90 % Grenze findet sich u.a. im AStG. Dort ist sie in § 9 AStG ausdrücklich als Freigrenze normiert, wonach von einer Hinzurechnungsbesteuerung abgesehen wird, wenn die den passiven Einkünfte i.S.d. § 8 AStG zugrundeliegenden

Quote sollte sich auf inländisches und ausländisches Immobilienvermögen und Erträge aus inländischem und ausländischem Immobilienvermögen beziehen. Alternativ könnte nach dem Vorbild der Niederlande eine zusätzliche Quote für das im Inland belegene Vermögen und die daraus stammenden Erträge eingezogen werden.[1496] Darauf soll hier jedoch verzichtet werden. Die Einschränkung auf inländisches Immobilienvermögen wird erst in der Rechtsfolge festgelegt. Denn für die Vergleichbarkeit von Grundstücks- und Anteilserwerb ist die Belegenheit des Grundbesitzes nicht entscheidend. Es kommt vielmehr auf die Art der Vermögenszusammensetzung und die Art der Tätigkeit an. Die Art der Tätigkeit und des Vermögens ist jedoch bei inländischem und ausländischem Grundvermögen dieselbe. Das Immobilienvermögen sollte auch Beteiligungen an Immobiliengesellschaften umfassen. D.h. eine Gesellschaft gilt auch dann als

---

Bruttoerträge nicht mehr als 10 % der gesamten Bruttoerträge der Gesellschaft ausmachen. Die Grenze wird auf § 7 Abs. 6 S. 3 AStG und § 8 Nr. 7 AStG übertragen, die als Tatbestandsmerkmale „fast ausschließlich" aktive Einkünfte i.S.d. Katalogs in § 8 AStG erfordern (vgl. dazu auch BFH, Urteil v. 30.08.1995, I R 77/84, BStBl. II 1996, S. 122). Die in § 7g EStG geforderte „fast ausschließlich" betriebliche Nutzung der begünstigten Wirtschaftsgüter, wird ebenfalls i.S. einer min. 90%igen betrieblichen Nutzung ausgelegt (vgl. *Brandis* in Blümich, EStG/KStG/GewStG, 2017, § 7g EStG, Rz. 45). Eine 90 % Grenze ist auch in § 26 InvStG 2018 verankert: Dort wird als Voraussetzung für die steuerliche Behandlung als Spezial-Investmentfonds festgelegt, dass min. 90 % des Wertes in die dort genannten Vermögensarten investiert sein müssen. In anderen Bereichen nimmt der BFH für eine Unbeachtlichkeit schädlicher Tätigkeiten nach dem Verhältnismäßigkeitsgrundsatz eine niedrigere Grenze an. So soll es z.B. nicht zu einer gewerblichen Infizierung aller Einkünfte nach § 15 Abs. 3 Nr. 1 EStG kommen, wenn die gewerblichen Gesamtnettoumsatzerlöse weniger als 3 % ausmachen und zudem die absolute Grenze des gewerbesteuerlichen Freibetrags von 24.500 € nicht übersteigen (vgl. BFH, Urteil v. 27.08.2014, VIII R 16/11, BStBl. II 2015, S. 996). In § 15 Abs. 3 InvStG 2018 ist gesetzlich eine Grenze von 5 % verankert: Die Gewerbesteuerbefreiung bleibt erhalten, wenn die Einnahmen aus der unternehmerischen Bewirtschaftung des Vermögens weniger als 5 % der gesamten Einnahmen des Investmentfonds betragen. Diese geringeren Grenzen sind aber stets auf schädliche Erträge bezogen. Das Überschreiten der Grenze führt zur Gewerbesteuerpflicht. Der Steuerpflichtige hat daher einen Anreiz, sie einzuhalten und nicht sie zu umgehen.

1496 Laut § 4 WBRV ist eine Immobiliengesellschaft dadurch gekennzeichnet, dass ihr Zweck in der Investition in Grundstücke/grundstücksgleiche Rechte besteht und ihr Vermögen zu min. 50 % aus Grundstücken/grundstücksgleichen Rechten besteht. Gleichzeitig muss min. 30 % des Vermögens in den Niederlanden belegener Grundbesitz sein. Vgl. zur niederländischen Regelung unter G.IV.1.

Immobiliengesellschaft, wenn ihr Vermögen zu min. 90 % aus Beteiligungen an Immobiliengesellschaften und ihre Tätigkeit im Halten und Verwalten dieser Beteiligungen besteht.[1497] Dadurch wird eine Umgehung mittels reiner Holdinggesellschaften verhindert, ohne eine vollumfängliche Einbeziehung mittelbarer Beteiligungen zu benötigen.

Zur Berechnung der Vermögensquote ist insbesondere die Wertfindung entscheidend. Der Anteil der Immobilien im Vermögen kann bspw. rein bilanziell anhand der Buchwerte im Verhältnis zur Bilanzsumme oder aber anhand gemeiner Werte im Verhältnis zum Unternehmenswert bestimmt werden. Eine zwingende Berechnung anhand gemeiner Werte ist jedoch wohl nicht praktikabel, weil sie bei jedem Anteilserwerb eine Unternehmens- und Immobilienbewertung erfordern würde. Zu Verfahrensvereinfachung ist die Vermögensquote daher nach den Buchwerten zu berechnen, „wenn dies nicht zu offensichtlich unzutreffenden Ergebnissen führt". Diese aus § 199 BewG entlehnte Formulierung stellt sicher, dass sowohl die Finanzverwaltung als auch der Steuerpflichtige eine Berechnung der Quote nach gemeinen Werten vornehmen dürfen, sofern sie der Meinung sind, dass die Berechnung nach Buchwerten zu einer Verfälschung der Quote führt. Zudem ist nach dem Vorbild der ungarischen Regelung das Finanzvermögen, unabhängig davon ob nach Buchwerten oder gemeinen Werten berechnet wird, auszuklammern.[1498] So werden willkürliche Beeinflussungen der Quote durch Einlage von Barmitteln verhindert. Bzgl. der Formulierung kann hier auf § 13b Abs. 4 Nr. 5 ErbStG zurückgegriffen werden.[1499] Schließlich sollte eine Ausnahme entsprechend der Regelungen in § 13b Abs. 4 Nr. 1 lit. a) und c) ErbStG[1500]

1497 Vgl. zu ähnlichen Regelungen in bestimmten Kantonen der Schweiz und in Spanien unter G.III.3. und G.IV.2.

1498 Vgl. zur ungarischen Regelung unter G.IV.4.

1499 § 13b Abs. 4 Nr. 5 ErbStG definiert die als Verwaltungsvermögen zu qualifizierenden Finanzmittel. Die Sonderregelungen für junge Finanzmittel sowie die unschädliche Grenze i.H.v. 15 % des Betriebsvermögens sind nicht einzubeziehen.

1500 Die Ausnahme gem. § 13b Abs. 4 Nr. 1 lit. e) ErbStG sollte dagegen keine praktische Relevanz haben, da bei einer Vermietung zur Förderung des Absatzes eigener Produkte regelmäßig bereits eine schädliche Tätigkeit vorliegen sollte, die einer Qualifizierung als Immobiliengesellschaft entgegensteht. § 13b Abs. 4 Nr. 1 lit. b) ErbStG ist aus systematischen Gründen nicht mit aufzunehmen: Bei der Betriebsverpachtung im Ganzen hat der Steuerpflichtige ein Wahlrecht, weiterhin gewerbliche Einkünfte zu erzielen oder seinen Betrieb aufzugeben und in Zukunft Vermietungseinkünfte zu realisieren. Er ist von dem Unternehmen, das den operativen Betrieb tatsächlich weiterführt, völlig unabhängig. Der Erwerber eines Anteils an einer Gesellschaft, die Grundvermögen im Rahmen der Betriebsverpachtung im

für solche Immobilien eingeführt werden, die im Ergebnis eigenbetrieblich genutzt werden. Dies trifft bei einer rein konzerninternen Vermietung zu, wenn die Gesellschaft auch nach dem Anteilserwerb Teil des Konzerns bleibt. Außerdem gilt dies bei Vermietung im Rahmen einer Betriebsaufspaltung, wenn die Betriebsaufspaltung auch nach dem Anteilserwerb fortbesteht. In beiden Fällen ist der Erwerb des Anteils nicht mit einem reinen Grundstückserwerb vergleichbar sondern im betrieblichen Kontext zu sehen.

b. Erwerbstatbestand und Rechtsfolgen

Der konzeptionelle Grundgedanke sieht eine völlige Transparenz der Immobiliengesellschaft ohne Berücksichtigung der Verhältnisse des Gesellschafters vor. Dies könnte aber bei börsennotierten Gesellschaften oder Publikumsgesellschaften zu hohem Verwaltungsaufwand führen. Bereits beim Erwerb nur einer Aktie müsste Grunderwerbsteuer festgesetzt werden. Daher sollte i.S.d. Verfahrenserleichterung eine niedrige Mindestbeteiligung eingeführt werden. Dabei ist nicht auf den erworbenen Anteil, sondern auf die Gesamtbeteiligung des Erwerbers nach dem Erwerb abzustellen. So werden Missbräuche durch Übertragung mehrerer Zwerganteile verhindert und eine einheitliche Zurechnung des Grundstücks zum Gesellschafter sichergestellt. Die Mindestbeteiligung wird in Anlehnung an § 17 EStG bei 1 % festgelegt.[1501] Eine Mindestbeteiligung zur Verfahrenserleichterung steht im Einklang mit der Bagatellregelung in § 3 Nr. 1 GrEStG. Zwar könnte die Bemessungsgrundlage gem. § 8 GrEStG bei einer nur knapp unterhalb von 1 % liegenden Beteiligung an einer Gesellschaft mit umfangreichem Immobilienvermögen wesentlich höher sein als die in § 3 Nr. 1 GrEStG festgelegten 2.500 €. Dies sollte jedoch hinnehmbar sein, weil es sich bei der Sonderregelung für Immobiliengesellschaften lediglich um eine den Grundtatbestand flankierende Norm handelt, die nur wirksam umgesetzt werden kann, wenn sie gleichsam für Steuerpflichtige und Finanzverwaltung händelbar ist. Anders als bei den bisherigen Tatbeständen wird nicht mehr auf das schuldrechtliche Rechtsgeschäft[1502], sondern nur noch auf den dinglichen Übergang der

---

Ganzen an Dritte überlässt, beteiligt sich daher nicht an den Chancen und Risiken des Gewerbebetriebs, sondern nur am vermieteten Vermögen. Der Fall unterscheidet sich nicht von einer regulären Vermietung von Grundstücken durch die Gesellschaft.

1501 Da es sich um eine bloße Verfahrenserleichterung und nicht um eine qualitative Anforderung an die Beteiligung handelt, erscheinen die im Ertragsteuerrecht angelegten Grenzen für Streubesitz zu hoch (10 % gem. § 8b Abs. 4 KStG, 15 % gem. § 9 Nr. 2a GewStG, 25 % gem. Mutter-Tochter-Richtlinie, Richtlinie 2011/96/EU v. 30.11.2011).

1502 Vgl. bisher in § 1 Abs. 3 Nr. 1 und Nr. 3 GrEStG.

Anteile abgestellt, sodass es einer ergänzenden Regelung für den Übergang ohne vorhergehendes schuldrechtliches Rechtsgeschäft nicht bedarf. Da die Beherrschung und der tatsächliche Einfluss auf die Gesellschaft bei der transparenten Betrachtung der Immobiliengesellschaft anders als beim modifizierten § 1 Abs. 3 GrEStG keine Rolle spielt, wird allein auf den Anteil am Kapital oder Vermögen abgestellt. Nach österreichischem Vorbild (§ 1 Abs. 2a S. 2 und § 1 Abs. 3 S. 2 öGrEStG) wird der Fall der Treuhand ausdrücklich gesetzlich geregelt. Danach sind treuhänderisch gehaltene Anteile stets dem Treugeber zuzurechnen. Diese ausdrückliche Regelung vermeidet eine fiskalische Meistbegünstigung durch das Nebeneinander von zivilrechtlicher und wirtschaftlicher Betrachtung.[1503] Eine ausdrückliche Regelung weiterer schuldrechtlicher Vereinbarungen, insbesondere von Optionsrechten sowie der Trennung von Mitgliedschafts- und Vermögensrechten, wird nicht in die Neukonzeption aufgenommen. Denn eine Regelung, die tatsächlich alle möglichen Fallgestaltungen[1504] abdeckt, erscheint nicht möglich. In solchen Fällen wird wie bisher durch die Rechtsprechung entschieden werden müssen, ob durch die schuldrechtliche Vereinbarung Anteile übergegangen sind oder nicht.

Beim Erwerb eines Anteils an der Immobiliengesellschaft wird der Erwerb eines Miteigentumsanteils jeweils an den einzelnen zum Gesellschaftsvermögen gehörenden inländischen Grundstücken fingiert, der als Grundstück i.S.d. § 2 GrEStG zählt[1505], um den Besteuerungsgegenstand folgerichtig zu erfassen.[1506] Die vollständig transparente Betrachtung der Gesellschaft würde grds. dazu führen, dass auch ein zivilrechtlicher Grundstückserwerb durch die Gesellschaft selbst bei den Gesellschaftern zu versteuern ist. Zur Verfahrensvereinfachung sollte die Grunderwerbsteuer jedoch in diesen Fällen auf Ebene der Gesellschaft festgesetzt werden. Damit konzeptionell dennoch die Transparenz der Gesellschaft umgesetzt werden kann, sind Regelungen insbesondere für Grundstückstransaktionen zwischen Immobiliengesellschaft und Gesellschaftern und für die Anwendung persönlicher Steuerbefreiungen bei Erwerb durch die oder von der Immobiliengesellschaft zu treffen. Die Grundstückstransaktionen zwischen Immobiliengesellschaft und Gesellschafter können nach dem Vorbild der §§ 5 und 6 GrEStG behandelt werden. Diese sollen im Zuge der Rechtsformneutralität für Personengesellschaften entfallen, lassen sich stattdessen jedoch

1503 S. dazu unter D.IV. und G.II.2.

1504 Vgl. beispielhaft zu den vielfältigen Möglichkeiten schuldrechtlicher Vereinbarungen über Gesellschaftsanteile: *Wischott u.a.*, DB 2013, S. 2235 und unter C.II.4.c.bb.

1505 Vgl. *Viskorf* in: Boruttau, GrEStG, 2016, § 2, Rz. 11.

1506 Vgl. dazu unter H.I.1.a., H.II.4. und H.III.1.

auf die Immobiliengesellschaften beziehen. Gleiches gilt für die Übertragung zwischen zwei (teilweise) beteiligungsidentischen Immobiliengesellschaften. Da der Erwerb eines Anteils an einer Immobiliengesellschaft stets grunderwerbsteuerpflichtig ist, bedarf es keiner Haltefristen zur Missbrauchsvermeidung. Transaktionen zwischen der Immobiliengesellschaft und einem mittelbaren Gesellschafter sind nur dann quotal in Höhe der durchgerechneten mittelbaren Beteiligung nicht zu besteuern, wenn die Beteiligung durch eine weitere Immobiliengesellschaft vermittelt wird. Bei den persönlichen Steuerbefreiungen gem. § 3 GrEStG ist ein letzter Satz aufzunehmen, der besagt, dass bei Erwerben durch eine oder von einer Immobiliengesellschaft auf Antrag die persönlichen Steuerbefreiungen zwischen Veräußerer bzw. Erwerber und Gesellschaftern der Immobiliengesellschaft anteilig in Höhe der Beteiligungsquote des betreffenden Gesellschafters zu berücksichtigen sind.[1507] Das Antragserfordernis dient der Verfahrenserleichterung. Denn so sind weder Finanzverwaltung noch Gesellschaft zu umfangreichen Nachforschungen im Hinblick auf persönliche Beziehungen zwischen Gesellschaftern und Erwerber bzw. Veräußerer des Grundstücks gezwungen.[1508] Solche Nachforschungen könnten andernfalls insbesondere bei Gesellschaften mit vielen Beteiligten notwendig sein, ohne eine große steuerliche Auswirkung zu erzeugen. Antragsberechtigt sollen sowohl der Erwerber bzw. Veräußerer als auch die Immobiliengesellschaft selbst sein. Die übrigen Steuerbefreiungen des § 3 GrEStG müssen zukünftig nicht nur für Grundstücke, sondern auch für Anteile an Immobiliengesellschaften gelten.[1509] Das gilt nicht nur für die Steuerbefreiungen des § 3 GrEStG, sondern auch für § 6a GrEStG. Der neue Ergänzungstatbestand für Immobiliengesellschaften (§ 1a GrEStG) ist in den Wortlaut des § 6a GrEStG aufzunehmen, da auch Umwandlungsvorgänge zu Anteilserwerben gem. § 1a GrEStG führen können und

1507 Diese sog. Interpolation ist unter der derzeitigen Rechtslage im Grundsatz für Personengesellschaften bekannt. Sie ist nicht ausdrücklich gesetzlich normiert, wird aber aus §§ 5 und 6 GrEStG i.V.m. der jeweiligen Steuerbefreiung hergeleitet, vgl. *Behrens*, Fiktion, 2009, S. 1122.

1508 Dies ist umso wichtiger als die Gesellschaft ggfs. keine rechtlichen Möglichkeiten hat, persönliche Daten wie Verwandtschaftsverhältnisse etc. von ihren Gesellschaftern abzufragen; vgl. zum Problem der fehlenden Informationsrechte unter E.II.2.

1509 Zusätzlich könnten möglicherweise auch die besonderen Steuerbefreiungen in § 4 GrEStG auf Anteile an Immobiliengesellschaften ausgeweitet werden. Betrachtungsschwerpunkt dieser Arbeit sind jedoch privatrechtliche Unternehmungen, weshalb § 4 GrEStG hier ausgeklammert wird.

wie direkte Grundstücksübertragungen von der Steuerbefreiung für Konzerne des § 6a GrEStG erfasst sein müssen.

Der Transparenzgedanke muss schließlich auch bei der Anwendung weiterer Ergänzungstatbestände, d.h. für die Anwendung des neu konzipierten § 1 Abs. 3 GrEStG umgesetzt werden. Das Grundstück ist quotal dem Gesellschafter zuzurechnen und kann daher bei Erwerb der Beteiligung an diesem Gesellschafter Gegenstand eines steuerbaren Rechtsvorgangs gem. § 1 Abs. 3 GrEStG sein. Die entsprechende Anordnung der Zurechnung sollte in § 1 Abs. 3 GrEStG selbst erfolgen. Schließlich ist als Folgeänderung zwingend eine neue Vorschrift zur Bemessungsgrundlage notwendig. Bemessungsgrundlage für die Besteuerung des Anteilserwerbs an einer Immobiliengesellschaft ist der anteilige Grundbesitzwert gem. § 151 Abs. 1 Nr. 1 GrEStG, der quotal auf den erworbenen Anteil bzw. bei einem Vorgang gem. § 1 Abs. 3 GrEStG auf den von der Gesellschaft, deren Anteile übertragen werden, gehaltenen Anteil entfällt. Da die Übertragung eines bereits bestehenden Anteils an einer Immobiliengesellschaft mit der Übertragung eines Grundstücksteils gleichgesetzt wird, sind Steuerschuldner auch beide an der Anteilsübertragung beteiligten Parteien.[1510] Lediglich beim originären Erwerb eines neuen Anteils ist Steuerschuldner ausschließlich der Erwerber.

2. Ausgestaltung eines modifizierten § 1 Abs. 3 GrEStG

Die Sonderregelung für Immobiliengesellschaften soll mit § 1 Abs. 3 GrEStG in einer leicht abgeänderten Fassung verbunden werden. § 1 Abs. 3 GrEStG-E erfasst die Fälle, in denen ein einzelner Gesellschafter alle Anteile an einer Gesellschaft in seiner Hand vereinigt. Denn seine Stellung in Bezug auf das Grundstück ist faktisch die eines Eigentümers, da er in der Verfügungsmacht keinerlei Beschränkungen unterliegt.[1511] Die erstmalige Erlangung dieser Stellung gleicht damit einem Grundstückserwerb und ist als besteuerungswürdiges Ereignis zu betrachten. Da unterhalb der 100 % – Grenze diese eigentümerähnliche Stellung nicht mehr vollständig gegeben sein kann, soll auf die Einziehung einer darunterliegenden Grenze, die stets willkürlich wäre, verzichtet werden. Anders als § 1 Abs. 3 GrEStG 1983 soll die Neukonzeption rechtsformneutral ausgestaltet werden, indem auf den Anteil am Gesellschaftsvermögen oder der

---

1510 Dies entspricht der Regelung in § 13 Nr. 1 und Nr. 2 GrEStG zu den Grundtatbeständen.

1511 Die ursprünglich methodisch-dogmatische Rechtfertigung der Sachherrschaftstheorie (vgl. dazu unter C.I.) wird daher beibehalten.

Gesellschaft abgestellt wird.[1512] Durch diese Rechtsformneutralität und den Wegfall der §§ 5 und 6 GrEStG sind bereits zwei wesentliche Gründe für die nach 1983 folgende Gesetzgebung im Bereich der Ergänzungstatbestände eliminiert.[1513] Gegen eine rechtsformneutrale Ausgestaltung des § 1 Abs. 3 GrEStG könnte zwar dessen methodisch-dogmatische Konzeption angeführt werden, die eine Beherrschung der Gesellschaft fordert. Allerdings ist das gesetzliche Idealbild einer Personengesellschaft mit einstimmiger Beschlussfassung und einer Verteilung der Gesellschaftsrechte nach Köpfen in der Praxis wohl nur selten anzutreffen.[1514] Eine Gleichbehandlung von Personen- und Kapitalgesellschaften auch unter dem Aspekt einer Beherrschung durch den Alleingesellschafter bzw. den einzigen vermögensmäßig beteiligten Gesellschafter sollte daher zu rechtfertigen sein. Dies gilt insbesondere, als dadurch weitere spezialgesetzliche Missbrauchsnormen wie § 1 Abs. 3a GrEStG, denen keinerlei methodische Konzeption zugrunde liegt[1515], vermieden werden können. Anders als in § 1 Abs. 3a GrEStG wird bewusst nicht auf den Anteil am Kapital abgestellt, da dies eine rein vermögensmäßige Sichtweise normieren würde. Es soll jedoch keine grds. Abkehr von der Sachherrschaftstheorie erzielt, sondern lediglich die rechtsformneutrale Ausgestaltung gesichert werden. Stattdessen wird die Formulierung des § 1 Abs. 3 öGrEStG übernommen.[1516] Im Übrigen gilt, wie auch bei der Immobiliengesellschaft, dass auf eine gesetzliche Regelung weiterer Einzelfälle zu schuldrechtlichen Vereinbarungen über Gesellschaftsrechte[1517] mit Ausnahme

---

1512 Dies entspricht dem Wortlaut des § 1 Abs. 3 öGrEStG. Lt. *Behrens* (UVR 2014, S. 148) war ein ähnlicher Wortlaut in einem Referentenentwurf zur Änderung des Grunderwerbsteuergesetzes v. 28.04.2000 enthalten, wurde jedoch nicht umgesetzt. Die Formulierung ist trotz der 100 % Grenze notwendig, damit eine Steuer jedenfalls nicht durch vermögenslose Beteiligung eines zweiten Gesellschafters verhindert wird (vgl. zur sachenrechtlichen Betrachtung für Personengesellschaften im Rahmen des § 1 Abs. 3 GrEStG unter C.II.3.).

1513 Vgl. zu möglichen Gestaltungen, die der Gesetzgeber mit § 1 Abs. 2a GrEStG unterbinden wollte: *Loose*, DB 2015, S. 1004; *Fischer*, DStR 1997, S. 1746–1747; *Fleischer*, DStR 1996, S. 1390 ff.

1514 Vgl. zu den praktischen Schwächen des Einstimmigkeitsprinzips und zu abweichenden Regelungen im Gesellschaftsvertrag: *Westermann*, Hdb. PersG, 2017, § 24, Rz. 514–516.

1515 Vgl. zur (fehlenden) methodisch-dogmatischen Grundlage des § 1 Abs. 3a GrEStG unter C.I.

1516 Vgl. zu dessen Rechtsformneutralität unter G.II.2.

1517 Vgl. zu möglichen Varianten unter C.II.4.c.bb.

der Regelung zu Treuhandvereinbarungen verzichtet wird.[1518] Mittelbare Beteiligungen werden wie bisher auch ausdrücklich vom Wortlaut umfasst. Sie werden aber nur dann erfasst, wenn an den vermittelnden Gesellschaften auch jeweils eine 100 prozentige Beteiligung besteht. Dieses Erfordernis der Beherrschung auf jeder Beteiligungsebene wurde auch bisher durch Rechtsprechung und h. M. angenommen.[1519] Die Regelung soll im Rahmen der Neukonzeption in den Gesetzeswortlaut aufgenommen werden, um ein höheres Maß an Normenklarheit und Rechtssicherheit zu erlangen.

Die Regelungen zur grunderwerbsteuerlichen Organschaft sollen vollständig entfallen. Sie diente allein zur Verhinderung von Umgehungen[1520] und normierte eine zusätzliche Möglichkeit der Tatbestandsverwirklichung des § 1 Abs. 3 GrEStG, ohne jedoch eine konzeptionell abgestimmte Behandlung von Konzernen für die Grunderwerbsteuer oder jedenfalls für die Ergänzungstatbestände vorzusehen.[1521] Die grunderwerbsteuerliche Organschaft ist ein gesetzlich geregelter Fall der mittelbaren Anteilsvereinigung, wobei die sonst für den mittelbaren Erwerb im Rahmen von § 1 Abs. 3 GrEStG notwendige Beherrschung der zwischengeschalteten Gesellschaft durch min. 95%ige Beteiligung durch das Abhängigkeitsverhältnis ersetzt wird.[1522] Sie stellt damit eine Typisierung dar, bei der eine Herrschaftsmacht wie bei einem Alleingesellschafter unterstellt wird, obwohl Fremdinteressen jedenfalls in geringem Umfang bestehen können.[1523] Auf solche Typisierung soll bei der Neukonzeption verzichtet werden. Zudem widerspricht die Organschaft dem Gebot der Rechtsformneutralität, da als abhängige

---

1518 Bei der Auslegung von Einzelfällen schuldrechtlicher Vereinbarungen über Anteile (z.B. Optionsrechte) und der Trennung von Vermögens- und Stimmrechten wird zu berücksichtigen sein, dass durch das zusätzliche Abstellen auf den Anteil am Gesellschaftsvermögen eine stärker vermögensbezogene Sichtweise vorliegt. Dennoch ist § 1 Abs. 3 GrEStG auch i.d.F. der Neukonzeption durch die Sachherrschaftstheorie gerechtfertigt, sodass auch die Stimmrechte nicht außer Acht gelassen werden können. Die Gerichte werden daher im Zweifel entscheiden müssen, wer tatsächlich aufgrund des Anteils zur Ausübung der Sachherrschaft in der Lage ist und wem der Anteil aufgrund dessen für Zwecke des § 1 Abs. 3 GrEStG-E zugerechnet werden muss.

1519 Vgl. *Meßbacher-Hönsch* in: Boruttau, GrEStG, 2016, § 1, Rz. 996 m.w.N.

1520 Vgl. Gesetzesbegründung zum GrEStG 1940, RGBl. Nr. 29 v. 05.04.1940, S. 392.

1521 S. zu den konzeptionellen Kritikpunkten an der grunderwerbsteuerlichen Organschaft unter C.II.4.c.aa.

1522 Vgl. BFH, Urteil v. 20.07.2005, II R 30/04, BStBl. II 2005, S. 839.

1523 Vgl. zu den nur aufgrund Typisierung unbeachtlichen „Fremdinteressen", die der Organträger berücksichtigen muss, unter D.II.1.

Gesellschaften jedenfalls nach derzeitiger Fassung keine Personengesellschaften in Betracht kommen, an denen min. eine Kapitalgesellschaft beteiligt ist.[1524] Sie stellt in ihrer einseitigen Wirkungsweise als zusätzlicher steuerbegründender Ergänzungstatbestand eine Form der fiskalischen Meistbegünstigung dar, die in der Neukonzeption möglichst verhindert werden soll. Eine Organschaft wäre nach diesen Grundsätzen nur noch dann gerechtfertigt, wenn sie für die Anwendung aller Tatbestände des Grunderwerbsteuerrechts oder jedenfalls für die Anwendung der Ergänzungstatbestände eine einheitliche Rechtsträgerstellung der Organschaft unter Aufhebung der Rechtsträgerschaft der einzelnen Gesellschaften normieren würde. Die Prüfung einer derart umfangreichen Neugestaltung der Organschaft geht indes über den Rahmen dieser Arbeit hinaus. Der Gesetzgeber des GrEStG 1940 hat die Regelungen zur Organschaft eingeführt, um Umgehungsmöglichkeiten in Konzernstrukturen zu verhindern.[1525] Durch den Wegfall dieser spezialgesetzlichen Missbrauchsklausel steht bei künstlichen, allein zum Zweck der Verhinderung von Grunderwerbsteuer geschaffenen Sachverhaltsgestaltungen der Anwendungsbereich von § 42 AO wieder offen.[1526]

Anders als die Neuregelung zu den Immobiliengesellschaften sieht § 1 Abs. 3 GrEStG-E auch keine vollständige Transparenz der Gesellschaft vor. Denn die Begründung für die Besteuerung liegt nicht in der Sphäre der Gesellschaft. Vielmehr wird als besteuerungswürdiger Tatbestand die veränderte Stellung des Gesellschafters in Bezug auf das Grundstück gesehen, die wirtschaftlich einem Grundstückserwerb gleichkommt. Dies rechtfertigt die Fiktion einer Grundstücksübertragung von der Gesellschaft auf den Alleingesellschafter bzw. bei Übertragung vereinigter Anteile vom alten auf den neuen Alleingesellschafter.[1527] Anders als bei den Grundtatbeständen ist mit der Erlangung der eigentümerähnlichen Stellung des Alleingesellschafters jedoch keine Schwächung der Position der Gesellschaft als zivilrechtliche Eigentümerin verbunden, die es rechtfertigt, ihr das Grundstück nicht mehr zuzurechnen. Es bleibt daher grds.

1524 Vgl. *Meßbacher-Hönsch* in: Boruttau, GrEStG, 2016, § 1, Rz. 1100.

1525 Vgl. Gesetzesbegründung zum GrEStG 1940, RGBl. Nr. 29 v. 05.04.1940, S. 392.

1526 Vgl. zu Einzelheiten der Konkurrenz zwischen § 42 AO und den spezialgesetzlichen Missbrauchsnormen: *Hey*, DStJG Bd. 33, 2010, S. 145 f.

1527 Vgl. zu § 1 Abs. 3 GrEStG, der in seiner Grundkonzeption und der methodisch-dogmatischen Begründung weitestgehend dem neukonzipierten § 1 Abs. 3 GrEStG-E entspricht: BFH, Urteil v. 12.02.2014, II R 46/12, BStBl. II 2014, S. 536 (m.w.N. zur ständigen Rechtsprechung); BFH, Urteil v. 02.04.2008, II R 53/06, BStBl. II 2009, S. 544; *Meßbacher-Hönsch* in: Boruttau, GrEStG, 2016, § 1, Rz. 948–949. Zur Rechtfertigung der Übertragungsfiktion s. auch unter D.II.

bei der Zurechnung des Grundstücks zur Gesellschaft. Allerdings darf es aufgrund dieser unveränderten Zurechnung nicht zu einer Doppelbesteuerung des Gesellschafters kommen, falls er das Grundstück zu einem späteren Zeitpunkt von der Gesellschaft erwirbt.[1528] Die Doppelbesteuerung ist dabei dem Grunde nach auszuschließen. Die Anrechnung der Bemessungsgrundlage gem. § 1 Abs. 6 GrEStG reicht nicht. Denn die Grunderwerbsteuer erfasst in ihrem Belastungsgrund keine Besteuerung von Wertsteigerungen bei demselben Rechtsträger, sondern nur den Grundstücksumsatz, der durch den Rechtsträgerwechsel eintritt.[1529] Ein solcher Rechtsträgerwechsel liegt nicht vor, da der Gesellschafter das Grundstück bereits nach den Vorschriften des Ergänzungstatbestandes erworben hat. Mithin ist die bestehende Vorschrift für das Aufeinanderfolgen steuerbarer Rechtsvorgänge in § 1 Abs. 6 GrEStG so zu fassen, dass sie nicht mehr lediglich eine Anrechnung der Bemessungsgrundlage des vorherigen Rechtsvorgangs, sondern einen Ausschluss der Besteuerung bei Aufeinanderfolgen von Rechtsvorgängen vorsieht. Die Steuerschuldnerschaft folgt wie bisher dem fingierten Übertragungsweg des Grundstücks. D.h. bei erstmaliger Anteilsvereinigung ist Steuerschuldner der Gesellschafter, während bei der Übertragung bereits vereinigter Anteile der Veräußerer und der Erwerber der Anteile als Steuerschuldner herangezogen werden.[1530] Anders als bisher wird die Steuerschuldnerschaft bei Anteilsübertragung explizit in das Gesetz aufgenommen. Auf eine der Übertagungsfiktion entsprechende Steuerschuldnerschaft der Gesellschaft wird im Hinblick auf die dadurch ausgelöste drittbestimmte Steuerpflicht verzichtet.

3. Bewertung der Kombination beider Tatbestände

Die Sonderregel für Immobiliengesellschaften erfasst all jene Fälle, in denen der Gesellschaft keine eigenständige wirtschaftliche Bedeutung zukommt, d.h. sie über das Halten der Immobilie hinaus keine andere Funktion erfüllt. Damit werden insbesondere die in der aktuellen politischen Diskussion häufig genannten Fälle berücksichtigt, in denen große Immobilienvermögen durch Großinvestoren ohne steuerliche Belastung übertragen werden.[1531] Daneben werden durch § 1 Abs. 3 GrEStG-E auch die Fälle erfasst, in denen ein einzelner Gesellschafter

1528 Da keine weiteren Ergänzungstatbestände mehr vorliegen, sind systematische Widersprüche hinsichtlich der Grundstückszuordnung im Übrigen nicht mehr möglich.

1529 Vgl. zum Belastungsgrund unter B.I.2.b.

1530 So auch die h. M. für die Verwirklichung von § 1 Abs. 3 Nr. 3 und Nr. 4 GrEStG, vgl. *Viskorf* in: Boruttau, GrEStG, 2016, § 13, Rz. 44.

1531 Vgl. BR-Drs. 622/17 v. 07.09.2017, S. 4; BR-Drs. 627/17 v. 13.09.2017, S. 3.

allein alle Anteile an einer Gesellschaft vereinigt und damit eine eigentümerähnliche Stellung erlangt. In Kombination decken die beiden Tatbestände einen Großteil der vom Belastungsgrund umfassten Fälle ab.[1532] Dabei sollte es nicht zu systemwidrigen Überschneidungen kommen, da § 1 Abs. 3 GrEStG-E ausdrücklich nicht für Immobiliengesellschaften gilt. Wie in den Ausführungen zur wirtschaftlichen Generalklausel dargestellt, ist eine vollständige Erfassung aller besteuerungswürdigen Sachverhalte im Hinblick auf die Notwendigkeit der Bestimmtheit und Prüfbarkeit der Tatbestände nicht zu erzielen, da sie gänzlich auf Typisierungen verzichten müsste. Die Kombination aus einer Sonderregelung für Immobiliengesellschaften und der Besteuerung vollständiger Anteilsvereinigungen ermöglicht jedoch im Vergleich zur aktuellen Rechtslage eine wesentlich zielgenauere und umfassendere Besteuerung der vom Belastungsgrund gedeckten Tatbestände. Zwar wird in Kauf genommen, dass eine Umgehung des § 1 Abs. 3 GrEStG-E durch Zurückbehaltung von Zwerganteilen möglich ist. Die relevantesten Fälle der Immobiliengesellschaften, die es hauptsächlich zu erfassen gilt, sind allerdings durch die Sonderregelung bereits der Besteuerung unterworfen, sodass es hier des § 1 Abs. 3 GrEStG-E nicht mehr bedarf. Im Gegenteil werden durch die transparente Behandlung der Immobiliengesellschaften wesentlich mehr Fälle der Besteuerung unterworfen als dies bisher der Fall war. Dabei sind jedoch anders als bei den bisherigen Ergänzungstatbeständen kaum überschießende Rechtsfolgen zu erwarten. Doch selbst wenn es, wie von *Schanko* befürchtet, zu einer Reduzierung des Steueraufkommens durch Abstellen auf Immobiliengesellschaften käme[1533], kann dies kein Argument gegen eine Neukonzeption der Ergänzungstatbestände sein. Denn die Ergänzungstatbestände sollen nur dazu dienen, den Grundtatbestand zu flankieren und Umgehungen einzuschränken.[1534] Eine überschießende Rechtsfolge kann nicht mit dem Argument der Höhe des Steueraufkommens und dem staatlichen Finanzbedarf gerechtfertigt werden. Zu Generierung neuen Steueraufkommens bedarf es eines neuen Belastungsgegenstandes.[1535]

1532 Vgl. dazu unter D.I.3.

1533 Vgl. *Schanko*, UVR 2016, S. 16.

1534 Vgl. zur Funktion der Ergänzungstatbestände für die vollständige Umsetzung des Belastungsgrundes unter D.II.

1535 Diesen Belastungsgegenstand kann der Gesetzgeber weitgehend frei bestimmen. Da er ihn aber folgerichtig umsetzen muss, ist eine Besteuerung über den gewählten Belastungsgrund hinaus nicht zulässig. Vgl. zum Grundsatz der Folgerichtigkeit: *Weber-Grellet*, Verfassungsstaat, 2001, S. 149–150; *Kirchhof* in Isensee/Kirchhof, HBdSR, 2007, § 118, Rz. 176–178. Vgl. zur Unzulässigkeit einer Verschärfung

Im Ansatz ist die hier favorisierte Neukonzeption bereits im Steuergesetzbuch von *Lang* aus dem Jahr 1993 enthalten.[1536] Er übernahm die zu diesem Zeitpunkt bestehende Regelung des § 1 Abs. 3 GrEStG i.d.F. des GrEStG 1983, d.h. die Besteuerung bei Übertragung aller Anteile an einer grundbesitzenden Gesellschaft, und ergänzte sie um eine Sonderregel für Immobiliengesellschaften. Der Erwerb von Anteilen an Immobiliengesellschaften soll nach seinem Vorschlag stets Grunderwerbsteuer auslösen.[1537] *Lang* verzichtete jedoch auf eine ausführliche Definition der Immobiliengesellschaft sowie auf Folgeänderungen bspw. im Bereich der Steuerbefreiungen, die sich aus der quasi-transparenten Betrachtung der Immobiliengesellschaft ergeben. Zudem werden die hier aus Gründen der Rechtsformneutralität verworfenen Steuerbefreiungen für Personengesellschaften beibehalten.[1538] Die Forderung nach einer rechtsformneutralen Ausgestaltung des § 1 Abs. 3 GrEStG bei gleichzeitiger Abschaffung der übrigen Ergänzungstatbestände wurde bereits von *Behrens* vertreten. Er will jedoch die 95 % Grenze beibehalten und sieht in der Abkehr von der Pro-Kopf-Betrachtung bei Personengesellschaft die Möglichkeit, Umgehungen durch Zurückbehaltung von Zwerganteilen zu verhindern.[1539]

VI. Vorschlag für einen Gesetzestext

1. § 1 GrEStG

§ 1 GrEStG-E: Erwerbsvorgänge

(1) unverändert

(2) unverändert

(2a) fällt weg

---

spezialgesetzlicher Missbrauchsnormen aus fiskalischen Gründen: *Hey*, DStJG Bd. 33, 2010, S. 169.

1536 Vgl. *Lang*, Steuergesetzbuch, 1993, S. 341.

1537 Vgl. *Lang*, Steuergesetzbuch, 1993, S. 343, § 722 Abs. 3–5. Die Begründung (S. 212–213) enthält jedoch keinerlei Angaben zum konzeptionellen Hintergrund dieser Regelung.

1538 Vgl. *Lang*, Steuergesetzbuch, 1993, S. 343, § 722 Abs. 3–5.

1539 Vgl. *Behrens*, UVR 2014, S. 148.

(3) *Gehört zum Vermögen einer Gesellschaft*[1540]*, die nicht Immobiliengesellschaft im Sinne des § 1a ist*[1541]*, ein inländisches Grundstück, so unterliegt der Steuer außerdem*

1. *die Übertragung*[1542] *eines oder mehrerer Anteile am Gesellschaftsvermögen oder an der Gesellschaft, wenn durch die Übertragung unmittelbar oder mittelbar alle Anteile in der Hand eines Rechtsträgers*[1543] *vereinigt werden;*
2. *die Übertragung unmittelbar oder mittelbar aller Anteile am Gesellschaftsvermögen oder an der Gesellschaft.*

Treuhändig gehaltene Gesellschaftsanteile sind dem Treugeber zuzurechnen. Mittelbare Übertragungen von Anteilen werden nur berücksichtigt, wenn alle Anteile der zwischengeschalteten Gesellschaft, die die Beteiligung vermittelt, beim Erwerber vereinigt sind. Bei mehreren zwischengeschalteten Gesellschaften muss die Quote von 100 % der Anteile auf jeder Beteiligungsstufe erreicht werden. Zum Vermögen der Gesellschaft gehören auch Grundstücke einer Immobiliengesellschaf im Sinne des § 1a, soweit sie ihr aufgrund

---

1540 Der durch die „Gesellschaft" eröffnete Anwendungsbereich des § 1 Abs. 3 GrEStG-E soll wie bisher alle nach deutschem Recht gegründeten Gesellschaften sowie vergleichbare ausländische Rechtsformen erfassen, die als selbstständige Rechtsträger im Grunderwerbsteuerrecht behandelt werden und an denen Anteile gehalten werden können. Da diese Auslegung bereits zu § 1 Abs. 3 GrEStG von der h. M. (*Pahlke*, GrEStG, 2018, § 1 Rz. 321; *Rothenöder*, Anteil, 2009, S. 101, 107; *Hofmann*, GrEStG, 2017, § 1 Rz. 140; *Fischer* in: Boruttau, GrEStG, 2011, § 1, Rz. 926) vertreten wurde, wird auf eine gesonderte gesetzliche Definition verzichtet. Der Gesellschaftsbegriff gilt für § 1a GrEStG-E entsprechend.

1541 Für Immobiliengesellschaften wird in § 1a GrEStG-E ein eigenes von § 1 Abs. 3 GrEStG-E unabhängiges Besteuerungsregime geschaffen. Der nach § 1a GrEStG nicht steuerbare mittelbare Erwerb von Anteilen an Immobiliengesellschaften kann nach § 1 Abs. 3 GrEStG aufgrund der gesonderten Zurechnungsregel für Grundstücke der Immobiliengesellschaft in § 1 Abs. 3 S. 5 GrEStG-E dennoch erfasst werden.

1542 Hier wird bewusst nicht mehr auf das Rechtsgeschäft, sondern auf den tatsächlichen Übergang, d.h. die dingliche Erfüllung, abgestellt. S. dazu auch unter H.I.4.

1543 In § 1 Abs. 3 Nr. 1 GrEStG-E wird nunmehr auf den Rechtsträger abgestellt, in dessen Hand die Anteilsvereinigung vorliegt. Dieser ist nicht zwingend identisch mit dem Erwerber der Anteile, da die Vereinigung durch die Einbeziehung mittelbarer Rechtsvorgänge auch durch den Anteilserwerb einer Tochtergesellschaft bei der Mutter ausgelöst werden kann. Hier liegt auch die Abgrenzung zu § 1a GrEStG. Mangels Einbeziehung mittelbarer Vorgänge kann dort direkt auf den Erwerber der Anteile abgestellt werden. Dieses Wording wird konsequent bei der Steuerschuldnerschaft weitergeführt.

einer unmittelbaren Beteiligung oder einer Beteiligung über eine weitere Immobiliengesellschaft anteilig zuzurechnen sind.[1544]

(3a) *fällt weg*

(4) *fällt weg*

(5) *unverändert*

(6) *Ein in Absatz 1 und 2 bezeichneter Rechtsvorgang unterliegt der Steuer auch dann, wenn ihm ein in einem anderen dieser Absätze bezeichneter Rechtsvorgang vorausgegangen ist. Die Steuer wird jedoch nur insoweit erhoben, als die Bemessungsgrundlage für den späteren Rechtsvorgang den Betrag übersteigt, von dem beim vorausgegangenen Rechtsvorgang die Steuer berechnet worden ist.*[1545]

(7) *Ein in Absatz 1 und 2 bezeichneter Rechtsvorgang unterliegt nicht der Steuer, wenn ihm ein in Absatz 3 bezeichneter Rechtsvorgang vorausgegangen ist.*

2. § 1a GrEStG-E – Erwerb von Anteilen an Immobiliengesellschaften

§ 1a GrEStG-E: Erwerb von Anteilen an Immobiliengesellschaften

(1) *Der Grunderwerbsteuer unterliegt auch jeder Erwerb von Anteilen am Kapital oder Vermögen von Immobiliengesellschaften, wenn der Erwerber nach dem Erwerb zu mindestens 1 % am Kapital oder Vermögen der Immobiliengesellschaft beteiligt ist. Der Erwerb eines Anteils nach Satz 1 gilt jeweils grundstücksbezogen als Erwerb eines Miteigentumsanteils an den inländischen Grundstücken im Vermögen der Immobiliengesellschaft. § 1 Abs. 3 S. 2 gilt entsprechend.*

(2) *Als Immobiliengesellschaften gelten Gesellschaften, deren Unternehmensgegenstand sich darauf beschränkt, Grundstücke oder Anteile an anderen Immobiliengesellschaften zu erwerben, zu halten, zu verwalten und zu*

1544 Durch diesen Satz wird die transparente Betrachtung der Immobiliengesellschaften umgesetzt. Da aus verfahrenstechnischen Gründen die Besteuerung der Grundtatbestände trotz der transparenten Betrachtung bei der Immobiliengesellschaft selbst vorgenommen werden soll, wird die anteilige Grundstückszuordnung nur in § 1 Abs. 3 GrEStG-E und nicht etwa in § 1a GrEStG-E selbst allgemeingültig geregelt.

1545 Das Verhältnis der Absätze 1 und 2 des § 1 GrEStG zueinander wurde in dieser Arbeit nicht geprüft. Daher bleibt die Regelung des § 1 Abs. 6 GrEStG insoweit unverändert bestehen, wie sie sich auf diese beiden Absätze bezieht.

veräußern.[1546] *Ein solcher Unternehmensgegenstand liegt ungeachtet anderer Angaben im Gesellschaftsvertrag oder Handelsregister vor, wenn*

1. *das Vermögen der Gesellschaft zu mindestens 90 % aus Grundstücken oder Anteilen an anderen Immobiliengesellschaften besteht (Vermögensquote) und*
2. *mindestens 90 % der Bruttoerträge aus der Nutzung von Grundstücken (z.B. aus Vermietung, Leasing, Verpachtung oder Veräußerung) oder Anteilen an Immobiliengesellschaften stammen (Ertragsquote).*

(3) *Die Berechnung der Quoten ist anhand des auf den letzten Stichtag vor Anteilserwerb aufgestellten Jahresabschlusses vorzunehmen. Die Vermögensquote berechnet sich als Verhältnis der Buchwerte des inländischen und ausländischen unbeweglichen Vermögens, das als Grundstück im Sinne des § 2 zu qualifizieren oder Teil eines solchen ist, und der Beteiligungen an Immobiliengesellschaften, zu der um den Bestand an Zahlungsmitteln, Geschäftsguthaben, Geldforderungen und anderen Forderungen (Finanzmittel) gekürzten Bilanzsumme. Bei der Berechnung der Vermögensquote sind solche Grundstücke des Anlagevermögens*[1547] *nicht als Teil des unbeweglichen Vermögens zu berücksichtigen,*

1. *die wesentliche Betriebsgrundlagen eines originären Gewerbebetriebs gemäß § 15 Absatz 2 Einkommensteuergesetz der Gesellschaft sind, oder*
2. *die beim nutzenden originär gewerblich tätigen Unternehmen eine wesentliche Betriebsgrundlage darstellen, wenn vor und nach dem Anteilserwerb ein Gesellschafter oder mehrere Gesellschafter gemeinsam sowohl in der überlassenden Gesellschaft als auch im nutzenden Unternehmen einen einheitlichen geschäftlichen Betätigungswillen durchsetzen können (Betriebsaufspaltung), oder*

1546 Die Grundkonzeption dieses ersten Satzes basiert auf § 1 REITG. Allerdings wurde die detaillierte Beschreibung des unbeweglichen Vermögens durch das Wort „Grundstücke" ersetzt, um den Bezug zu § 2 GrEStG herzustellen. Dies gilt gleichermaßen für die Beschreibung der Vermögens- und der Ertragsquote in Satz 2. Nur wenn sich auch Vermögens- und Ertragsquote auf Grundstücke i.S.d. § 2 GrEStG beziehen, kann eine Besteuerung gerechtfertigt werden. Der Inlandsbezug des § 2 GrEStG wurde ausdrücklich nicht übernommen (vgl. unter H.V.1.a. und § 1a Abs. 3 GrEStG-E).

1547 Die Eingrenzung auf Anlagevermögen dient insbesondere dazu, dass Gesellschaften mit gewerblichem Grundstückshandel (Gewerbebetrieb i.S.d. § 15 Abs. 2 EStG) nicht unter die Ausnahmeregelung fallen, da die Grundstücke bei ihnen Umlaufvermögen sind (vgl. unter H.V.1.a.)

3. *die vor und nach dem Anteilserwerb Sonderbetriebsvermögen einer originär gewerblich tätigen Personengesellschaft sind, oder*
4. *die dem Gewerbebetrieb im Sinne des § 15 Absatz 2 Einkommensteuergesetz des nutzenden Unternehmens dienen, wenn sowohl die überlassende Gesellschaft als auch das nutzende Unternehmen vor und nach dem Anteilserwerb zu einem Konzern im Sinne des § 4h Einkommensteuergesetz gehören.*

(4) *Die Ertragsquote berechnet sich als Verhältnis der Bruttoerträge aus der Nutzung von Grundstücken und der Beteiligung an Immobiliengesellschaften zu der um die Erträge aus Finanzmitteln gekürzten Summe aller Bruttoerträge des Geschäftsjahres. Bei der Berechnung der Ertragsquote sind solche Erträge nicht als Bruttoerträge aus der Nutzung inländischen Grundbesitzes anzusehen, die aus Vermögen im Sinne des Absatzes 3 Satz 3 stammen.*

(5) *Führt die Ermittlung der Vermögensquote nach den Absätzen 2 und 3 zu offensichtlich unzutreffenden Ergebnissen*[1548]*, kann eine Bewertung anhand gemeiner Werte auf den Tag des Anteilserwerbs vorgenommen werden. Die Korrekturen um Finanzmittel im Sinne des Absatzes 3 Satz 2 sowie eigenbetrieblich genutztes Grundvermögen im Sinne des Absatzes 3 Satz 3 sind entsprechend vorzunehmen.*

3. Folgeänderungen in anderen Paragraphen des GrEStG

a. Steuerbefreiungen

§ 3 GrEStG-E: Steuerbefreiungen

In § 3 werden nach der Aufzählung die folgenden Sätze 2 bis 5 eingefügt:

Die Steuerbefreiungen der Nummern 2, 3, 4, 5, 5a und 6 gelten entsprechend, wenn statt eines Grundstücks ein Anteil an einer Immobiliengesellschaft im Sinne des § 1a übertragen wird. Der Erwerb eines Grundstücks durch eine Immobiliengesellschaft ist auf Antrag anteilig von der Steuer befreit, soweit ein an der Gesellschaft Beteiligter im Verhältnis zum Veräußerer die Voraussetzungen der Nummern 4 oder 6 erfüllt. Der Erwerb eines Grundstücks von einer Immobiliengesellschaft ist auf Antrag anteilig von der Steuer befreit, soweit ein an der Gesellschaft Beteiligter im Verhältnis zum Erwerber die Voraussetzungen der Nummern 4 oder 6 erfüllt. Die Steuerbefreiungen nach den Sätzen 2 oder 3 sind anteilig in der Höhe

---

1548 Dies könnte z.B. der Fall sein, wenn die Vermögens- oder Ertragslage sich seit dem letzten Stichtag nachhaltig geändert hat oder das Verhältnis der Buchwerte sich maßgeblich vom Verhältnis der gemeinen Werte unterscheidet.

zu gewähren, der dem Anteil des Beteiligten, der die Voraussetzungen der Nummern 4 oder 6 erfüllt, am Kapital oder am Vermögen der Gesellschaft entspricht.[1549] *Antragsberechtigt sind die Steuerschuldner im Sinne des § 13.*

§ 5 GrEStG-E: Übergang auf eine Immobiliengesellschaft

(1) Geht ein Grundstück von mehreren Miteigentümern auf eine Immobiliengesellschaft über, so wird die Steuer nicht erhoben, soweit der Anteil des einzelnen am Kapital oder am Vermögen der Gesellschaft Beteiligten seinem Bruchteil am Grundstück entspricht.

(2) Geht ein Grundstück von einem Alleineigentümer auf eine Immobiliengesellschaft über, so wird die Steuer in Höhe des Anteils nicht erhoben, zu dem der Veräußerer am Kapital oder am Vermögen der Gesellschaft beteiligt ist.

§ 6 GrEStG-E: Übergang von einer Immobiliengesellschaft

(1) Geht ein Grundstück von einer Immobiliengesellschaft in das Miteigentum mehrerer an der Gesellschaft beteiligter Personen über, so wird die Steuer nicht erhoben, soweit der Bruchteil, den der einzelne Erwerber erhält, dem Anteil entspricht, zu dem er am Kapital oder am Vermögen der Gesellschaft beteiligt ist. Wird ein Grundstück bei der Auflösung der Immobiliengesellschaft übertragen, so ist die Auseinandersetzungsquote maßgebend, wenn die Beteiligten für den Fall der Auflösung eine vom Beteiligungsverhältnis abweichende Auseinandersetzungsquote vereinbart haben.

(2) Geht ein Grundstück von einer Immobiliengesellschaft in das Alleineigentum einer an ihr beteiligten Person über, so wird die Steuer in Höhe des Anteils nicht erhoben, zu dem der Erwerber am Kapital oder am Vermögen der Gesellschaft beteiligt ist. Geht ein Grundstück bei der Auflösung der Immobiliengesellschaft in das Alleineigentum einer an ihr beteiligten Person über, so gilt Absatz 1 Satz 2 entsprechend.

(3) Die Vorschriften des Absatzes 1 gelten entsprechend beim Übergang eines Grundstücks von einer Immobiliengesellschaft auf eine andere Immobiliengesellschaft.

(4) Die Vorschriften der Absätze 1 bis 3 gelten entsprechend beim Übergang eines Grundstücks von einer Gesellschaft, die im Zeitpunkt des Erwerbs des Grundstücks die Voraussetzungen des § 1a erfüllt hat, wenn der Erwerber zu

1549 Sog. Interpolation, vgl. dazu *Behrens*, Fiktion, 2009, S. 1122.

diesem Zeitpunkt bereits beteiligt oder sein Beteiligungserwerb nach diesem Zeitpunkt gemäß § 1a steuerbar war.[1550]

§ 6a GrEStG-E: Steuervergünstigungen bei Umstrukturierungen im Konzern
Der Verweis auf § 1 Abs. 2a und 3a GrEStG entfällt. Stattdessen wird ein Verweis auf *§ 1a GrEStG-E* neu aufgenommen.

b. Bemessungsgrundlage und Steuerschuldner

§ 8 GrEStG-E: Bemessungsgrundlage
§ 8 Abs. 1 GrEStG bleibt unverändert. In § 8 Abs. 2 GrEStG entfallen die Verweise auf § 1 Absatz 2a und Absatz 3a GrEStG. Es wird ein neuer Absatz 3 mit folgendem Inhalt eingefügt:

Bei Erwerben im Sinne des § 1a bemisst sich die Steuer nach dem Anteil am Grundbesitzwert im Sinne des § 151 Absatz 1 Nummer 1 in Verbindung mit § 157 Absatz 1 bis Absatz 3 Bewertungsgesetz, der dem erworbenen Anteil am Kapital oder am Vermögen der Immobiliengesellschaft entspricht.

§ 13 GrEStG-E: Steuerschuldner
§ 13 Nr. 1 bis Nr. 4 GrEStG bleiben unverändert. § 13 Nr. 5, Nr. 6 und Nr. 7 GrEStG-E werden wie folgt gefasst:

Nr. 5: in den Fällen des § 1 Absatz 3 Nr. 1: derjenige Rechtsträger, bei dem die Anteilsvereinigung eintritt.

Nr. 6: in den Fällen des § 1 Abs. 3 Nr. 2: der Veräußerer und der Erwerber der vereinigten Anteile.

Nr. 7: in den Fällen des § 1a: beim Erwerb neuer Anteile am Kapital oder Vermögen der Immobiliengesellschaft (originärer Erwerb) der Erwerber der Anteile und beim Erwerb bestehender Anteile am Kapital oder Vermögen der Immobiliengesellschaft (derivativer Erwerb) der Erwerber und der Veräußerer der Anteile.[1551]

1550 Diese Ergänzung ist notwendig, da es sonst zu Doppelbesteuerungen käme, wenn die Qualifizierung als Immobiliengesellschaft wegfällt. Denn die Gesellschafter haben den Erwerb bereits nach § 1a GrEStG-E oder aber durch die bei der Gesellschaft im Zeitpunkt des Grundstückserwerbs festgesetzte Grunderwerbsteuer versteuert.

1551 Die durch diese Formulierung ggfs. entstehende Steuerpflicht der Immobiliengesellschaft bei Veräußerung eigener Anteile ist nicht drittbestimmt, da sie selbst am Veräußerungsvorgang beteiligt ist.

c. *Verfahren*

§ 16 GrEStG-E: Rückgän*gigmachung von Erwerbsvorgängen*

§ 16 Abs. 5 GrEStG entfällt ersatzlos.[1552]

§§ 17 und 19 GrEStG-*E*

Die Verweise auf § 1 Abs. 2a und Abs. 3a GrEStG entfallen. An deren Stelle wird jeweils ein Verweis auf den neuen *§ 1a GrEStG-E* eingefügt.[1553]

1552 Da auch unter der Neukonzeption noch Einzelfälle möglich sind, in denen eine drittbestimmte Steuerpflicht oder aber eine für den Steuerschuldner aufgrund fehlender Informationen oder unzumutbarer rechtlicher Kenntnisse tatsächlich nicht erkennbare Steuerpflicht eintritt (vgl. H.IV.2.d. für § 1 Abs. 3 GrEStG-E, erscheint eine zusätzliche spezifisch grunderwerbsteuerliche Sanktion der nicht erfüllten Mitwirkungspflichten unverhältnismäßig.

1553 Die in diesem Abschnitt aufgeführten Folgeänderungen umfassen nur die wichtigsten aus der Neukonzeption der Ergänzungstatbestände resultierenden Anpassungen in den übrigen Paragraphen des GrEStG. Insbesondere wurde auf eine abschließende Aufführung aller redaktionellen Änderungen in Verweisen, Inhaltsverzeichnis, etc. verzichtet.

I. Zusammenfassung der wichtigsten Ergebnisse und Ausblick

I. Zusammenfassung der Ergebnisse

Die Analyse der bestehenden Ergänzungstatbestände in Teil C bestätigt die in der Einleitung aufgestellte These einer fehlenden Abstimmung der Ergänzungstatbestände untereinander. Es fehlt an einer Gesamtkonzeption sowie an einer einheitlichen dogmatischen Rechtfertigung der Besteuerung gesellschaftsrechtlicher Vorgänge. Zahlreiche Zweifelsfragen in der Auslegung, augenscheinliche Vereinheitlichungs- und Vereinfachungsmöglichkeiten sowie handwerkliche bzw. redaktionelle Fehler im Gesetzeswortlaut sind das Ergebnis einer Gesetzgebung, die stets nur auf Steuerumgehungskonzepte der Praxis und unerwünschte Finanzrechtsprechung reagiert hat. Aus steuersystematischer Sicht ist kritisch zu sehen, dass die Belastungsentscheidung der Grundtatbestände nicht in allen Ergänzungstatbeständen folgerichtig umgesetzt wird. Teil D zeigt, dass sich zwar § 1 Abs. 3 GrEStG in die Grundkonzeption des Gesetzes einfügt und vom Belastungsgrund gedeckt ist. § 1 Abs. 2a GrEStG lässt sich hingegen dem Grunde nach nur als spezialgesetzliche Vorschriften zur Missbrauchsvermeidung rechtfertigen. § 1 Abs. 3a GrEStG bricht mit dem methodischen Konzept des § 1 Abs. 3 GrEStG und des § 1 Abs. 2a GrEStG und erzeugt weit überschießende Rechtsfolgen.[1554] Dabei sind die Ergänzungstatbestände auch in ihrem Zusammenwirken nicht geeignet, die vom Gesetzgeber beabsichtigte Verhinderung von Steuerumgehungen vollständig zu erreichen und werden somit dem übergreifenden Normzweck jedenfalls nicht vollständig gerecht. Das Nebeneinander von bürgerlich-rechtlicher und wirtschaftlicher Betrachtungsweise zieht Widersprüche in der Auslegung der Tatbestände nach sich[1555] und führt zu einer fiskalischen Meistbegünstigung[1556]. Zudem nehmen die Ergänzungstatbestände

---

1554 Vgl. *Wagner/Mayer*, BB 2014, S. 279; *Tiede*, StuB 2014, S. 846; *Behrens*, DStR 2013, S. 1411.

1555 Vgl. *Kaiser*, Grunderwerbsteuerplanung, 2008, S. 63; *Pahlke*, GrEStG, 2018, Einleitung, Rz. 32.

1556 Vgl. *Tiede*, StuB 2014, S. 846.

eine nicht begründbare Ungleichbehandlung von Personen- und Kapitalgesellschaften vor.[1557]

Teil E und F analysieren die Auswirkungen dieser konzeptionellen Missstände auf die Rechtsanwender, d.h. Unternehmen und Finanzverwaltung. Aus den Ergänzungstatbeständen resultieren in ihrer jetzigen Ausgestaltung vielfältige Risiken für die unternehmerische Steuerplanung und die Tax Compliance. In der Unternehmensplanung kann die Grunderwerbsteuer u.a. für die Investitionsrechnung sowie die Liquiditätsplanung eine relevante Größe darstellen. Zudem kann sie bspw. bei Umstrukturierungen eine zu optimierende Zielgröße bei Gestaltungen zur Steuerbarwertminimierung sein.[1558] Die Berücksichtigung in der Steuerplanung wird indes durch vielfältige Faktoren erschwert. Mängel lassen sich auf allen für die Rechtsanwendung entscheidenden Ebenen, d.h. Gesetzgebung, Verwaltungshandeln und Rechtsprechung, feststellen. Beispielhaft lassen sich die häufigen Gesetzesänderungen, undefinierte und nicht abgestimmte Rechtsbegriffe sowie lang andauernde Uneinigkeit zwischen Verwaltung und Rechtsprechung über die Auslegung der Gesetze anführen. Folge der vielfältigen Planungsunsicherheiten ist, dass die Grunderwerbsteuer inzwischen ein echtes Investitionshindernis darstellt.[1559] Risiken für die unternehmerische Tax Compliance ergeben sich in besonderer Weise für internationale Konzernstrukturen, weil grunderwerbsteuerliche Auswirkungen auch bei ausschließlicher Beteiligung ausländischer Gesellschaften auftreten können.[1560] Die Ergänzungstatbestände setzen dabei einen quasi gläsernen Konzern voraus, indem alle Beteiligten über alle Informationen verfügen. Rechtliche und tatsächliche Schwierigkeiten in der Informationsweitergabe zwischen den Konzerngesellschaften[1561], führen daher zum Risiko potenziell unerkannter Erwerbsvorgänge nach den Ergänzungstatbeständen oder sogar zu drittbestimmtem Anfall von Grunderwerbsteuer. Es drohen Bußgelder und Reputationsschäden[1562] sowie schlimmstenfalls

1557 Vgl. dazu auch *Behrens*, StJB 2014/2015, S. 557.

1558 Vgl. *Kaiser*, Grunderwerbsteuerplanung, 2008, S. 38–40.

1559 So auch: *Wischott/Schönweiß*, DStR 2009, S. 2640; *Cortez/Göbel*, ZfIR 2015, S. 693; *Fumi*, DStZ 2015, S. 433; *Hey*, Umstrukturierungen, 2009, S. 226; *Wagner/Mayer*, BB 2014, S. 289.

1560 Vgl. zur Anwendung der Ergänzungstatbestände auf ausländische Rechtsträger unter C.II.1.

1561 Vgl. *Götz*, GmbHR 2005, S. 353; *Breuninger*, JBFfSt 2013/2014, S. 218–220, 225; *Heine*, UVR 2002, S. 252; *Pirner/Könemann*, IStR 2013, S. 425; *Sedemund/Fischenich*, BB 2008, S. 536.

1562 Vgl. *Ewelt-Knauer*, Wpg 2016, S. 941; *Aichberger/Schwartz*, DStR 2015, S. 1760.

strafrechtliche Konsequenzen für die gesetzlichen Vertreter.[1563] Die Einbeziehung der Grunderwerbsteuer in ein TCMS kann zwar einige Risiken mindern, dürfte jedoch für viele Unternehmen wirtschaftlich nicht sinnvoll sein. Teil F zeigt die Schwierigkeiten im Vollzug der grunderwerbsteuerlichen Ergänzungstatbestände auf. Bereits im Inlandsfall, unter Geltung der Anzeigepflichten von Notaren und Gerichten gem. § 18 GrEStG, ist die Prüfung mit Aufwand für die Finanzverwaltung verbunden, bspw. in der Überwachung aller Anteilsübertragungen innerhalb der Frist des § 1 Abs. 2a GrEStG. Im Auslandsfall sind die Kontrollmöglichkeiten der Verwaltung zudem stark begrenzt, sodass die Besteuerung in vielen Fällen allein von der Anzeige der Beteiligten nach § 19 GrEStG abhängig sein dürfte. Es mag dahinstehen, ob bereits ein verfassungsrechtlich zu beanstandendes strukturelles Vollzugsdefizit vorliegt.[1564] In jedem Fall handelt es sich um nicht praktikable und wenig effektive Besteuerungstatbestände.

Der Ländervergleich in Teil G zeigt auf, dass es zwar auch in anderen Ländern Regelungen zu Anteilsübertragung von Gesellschaften mit Grundbesitz gibt. Deren Anwendungsbereich ist aber regelmäßig stärker begrenzt als in Deutschland. Im Vergleich mit der Schweiz und Österreich, die auch ein ähnliches Gesellschaftsrecht haben, wird deutlich, dass die Personengesellschaft im deutschen Grunderwerbsteuergesetz eine Art Zwitterrolle einnimmt. Während sie in Österreich konsequent intransparent behandelt wird und in der Schweiz in den meisten Kantonen eine vollständige Negierung vorgenommen wird, lassen sich im deutschen GrEStG beide Elemente finden. Für den deutschen Steuergesetzgeber dürfte vor allem der Vergleich mit Österreich interessant sein, da das dortige GrEStG auf derselben Grundlage beruht (GrEStG 1940). Hier ist die fehlende Einbeziehung mittelbarer Anteilsübertragungen in § 1 Abs. 2a und Abs. 3 öGrEStG hervorzuheben, die zu eine starken Vereinfachung in der Anwendbarkeit führen dürfte. Für eine Übernahme in das deutsche Grunderwerbsteuerrecht bieten sich außerdem die vielfältigen Sonderregelungen für speziell definierte Immobiliengesellschaften bspw. in der Schweiz, den Niederlanden, Spanien, Ungarn und Portugal an.

Das Ergebnis der Analyseteile C bis F ist ein Katalog von Anforderungen aus steuersystematischer, betriebswirtschaftlicher und administrativer Sicht, anhand dessen sich potenzielle Reformalternativen für die grunderwerbsteuerlichen Ergänzungstatbestände vergleichen lassen. Dabei soll Grundvoraussetzung für alle

---

1563 Vgl. zu strafrechtlichen Konsequenzen: *Fischer/Waßmer*, BB 2002, S. 969–973; *Fischer/Waßmer*, StB 2002, S. 265–269.

1564 Vgl. dazu ausführlich: *Pirner/Könemann*, IStR 2013, S. 425–427.

Alternativen sein, dass es sich um ein Gesamtkonzept handelt, das den Rechtsverkehrssteuercharakter der Grunderwerbsteuer beibehält und rechtsformneutral ist. Weitere Anforderungen sind die Einbeziehung möglichst aller vom Belastungsgrund gedeckten Tatbestände bei Verhinderung überschießender Rechtsfolgen, leichte Prüfbarkeit und klarer Gesetzeswortlaut (Bestimmtheit), die Wahrung der Entscheidungsneutralität durch eine gleiche Steuerlast für vergleichbare Investitionen sowie die Vermeidung von fiskalischen Meistbegünstigungen und drittbestimmtem Steueranfall. Mögliche Reformalternativen ergeben sich aus dem Ländervergleich sowie aus der Rechtshistorie bzw. durch Streichungen und Vereinheitlichungen der aktuellen Ergänzungstatbestände.

Der Vergleich der Alternativen zeigt, dass der aus steuersystematischer Sicht optimale Fall einer Erfassung aller vom Belastungsgrund gedeckten Tatbestände ohne überschießende Rechtsfolgen nur durch eine Generalklausel zur wirtschaftlichen Betrachtung umsetzbar ist. Eine danach notwendige Einzelfallprüfung ist jedoch sowohl aus betriebswirtschaftlicher als auch aus administrativer Sicht abzulehnen. Der als Kompromiss zwischen allen Anforderungen ermittelte Reformvorschlag besteht aus einer rechtshistorischen Komponente in Form eines modifizierten § 1 Abs. 3 GrEStG sowie einer Sonderregel für Immobiliengesellschaften. Durch den modifizierten § 1 Abs. 3 GrEStG werden solche Fälle abgedeckt, in denen der Anteilserwerber mit dem Grundstückseigentümer wirtschaftlich gleichgesetzt werden kann, weil er eine Alleingesellschafterstellung erlangt. Die Sonderregel für Immobiliengesellschaften sieht dagegen eine Transparenz der Gesellschaft vor, sodass der Anteilserwerb wirtschaftlich dem Erwerb eines Grundstücksteils gleichgesetzt werden kann. Eine solche faktische Negierung der Gesellschaft wird jedoch an strenge Voraussetzungen geknüpft. Vor allem Vermögens- und Ertragsstruktur der Gesellschaft dienen dabei als Indiz dafür, dass der Gesellschaft über das Halten und Verwalten von Grundbesitz keine eigene Bedeutung zukommt. Der Gesetzesvorschlag berücksichtigt über die konkrete Formulierung des Ergänzungstatbestands hinaus auch die notwendigen Anpassungen bei Steuerbefreiungen, Bemessungsgrundlage und Besteuerungsverfahren. Das Konzept von Grund- und Ergänzungstatbeständen bleibt also bestehen. Im Vergleich zu den derzeitigen Ergänzungstatbeständen sollte der Reformvorschlag aber zu einer zielgenaueren und umfassenderen Besteuerung der vom Belastungsgrund gedeckten Tatbestände führen. Die Zurückbehaltung von Zwerganteilen könnte zwar noch immer als Gestaltungsmittel zur Verhinderung von Grunderwerbsteuer genutzt werden. Allerdings gilt dies nicht mehr für Immobiliengesellschaften, sodass die wesentlichen politisch kritisierten Fallgestaltungen[1565] nach dem Reformvorschlag von der Steuer erfasst wären.

II. Ausblick

In dieser Arbeit wurde der Ansatz verfolgt, eine Reform der Ergänzungstatbestände zu finden, die sich innerhalb des bestehenden Systems der Grunderwerbsteuer bewegt. Darüber hinaus kann aber im Hinblick auf die Gesetzestechnik auch diskutiert werden, ob ein Abstellen auf zivilrechtliche Merkmale im Grundtatbestand sinnvoll ist, oder ob sich die Belastungsentscheidung nicht eindeutiger durch das Anknüpfen an wirtschaftliche Merkmale umsetzen ließe.[1566] Hier käme bspw. eine Anknüpfung an Grundstücksumsätze wie bei der Umsatzsteuer in Betracht. Eine dadurch normierte umfassende Ausrichtung am wirtschaftlichen Umsatz und die Abkehr von der zivilrechtlichen Prägung der Grunderwerbsteuer würden das derzeit bestehende Paradoxon der zivilrechtlichen Definition von Ergänzungstatbeständen, die auf wirtschaftlichen Erwägungen beruhen, auflösen. Die Gefahr einer solchen Änderung liegt allerdings darin, dass sich die Diskussion darüber, was ein wirtschaftlicher Grundstücksumsatz ist, lediglich noch stärker als bisher in den (unsicheren) Bereich der Rechtsprechung bzw. der Normierung durch Verwaltungsanweisungen verlagert. Dies gilt umso mehr, als bei einer derart drastischen Neuausrichtung der Grunderwerbsteuer Großteile der bisher durch Rechtsprechung, Verwaltung und Literatur entwickelten Grundsätze wohl nicht mehr anwendbar wären. Gegenüber einer solchen Lösung dürfte die Überführung der Grunderwerbsteuer in die Umsatzsteuer, wie sie immer wieder in der Literatur diskutiert wird[1567] praktikabler und wahrscheinlicher sein.

Soll die Grunderwerbsteuer in ihrer Grundform beibehalten werden, bietet sich eine Rückbesinnung auf die Grunderwerbsteuerreform 1983[1568] an. Dort wurde die Bemessungsgrundlage zugunsten niedrigerer Steuersätze verbreitert.

1565 Vgl. beispielhaft: BR-Drs. 622/17 v. 07.09.2017, S. 4; BR-Drs. 627/17 v. 13.09.2017, S. 3.

1566 Vgl. mit der Forderung einer Anknüpfung des Grundtatbestands an die Erlangung der wirtschaftlichen Verfügungsmacht: *Englisch* in: Tipke/Lang, Steuerrecht, 2015, § 18, Rz. 9.

1567 Vgl. zum Vorschlag der Einbeziehung in die Umsatzsteuer: *Baur,* Integration Umsatzsteuer, 1975, passim; *Englisch* in: Tipke/Lang, Steuerrecht, 2015, § 18, Rz. 3; *Rückle,* Mobilität, 2005, S. 242 ff; *Scherf/Dresselhaus,* WD 2016, S. 746–747.

1568 Zur Reform s. unter B.I.1.

Gleichzeitig wurde eine starke Vereinfachung durch Abschaffung komplexer und prüfungsintensiver einzelner Steuerbefreiungen erzielt.[1569] Bezogen auf die Steuervermeidung großer Unternehmen lässt sich die These aufstellen, dass niedrigere Steuersätze den Anreiz zur Steuergestaltung verringern könnten.[1570] Denn für den Steuerpflichtigen verursachen Gestaltungen zur Vermeidung von Grunderwerbsteuer Kosten in der Planung und während ihrer Umsetzung und wirken sich möglicherweise für andere Steuerarten negativ aus.[1571] Je nach Höhe des Steuerbetrags sind sie daher ggfs. nicht lohnenswert. Die Folge niedrigerer Steuersätze wäre damit, dass geringere Anstrengungen seitens des Staates zur Verhinderung von Umgehungen notwendig wären und durch die Steuervereinfachung Erhebungskosten der Verwaltung sinken könnten. Diese These könnte historisch oder aber bezogen auf andere Länder in einer empirischen Untersuchung geprüft werden.[1572] Sollte sie sich bestätigen, wäre für den Gesetzgeber hieraus die Empfehlung abzuleiten sein, über eine Senkung der in den letzten Jahren drastisch angestiegenen Grunderwerbsteuersätze nachzudenken.[1573] Die aktuellen politischen Bestrebungen führen hingegen weiter in die entgegengesetzte Richtung. In jüngsten Anträgen der Länder wurden Steuerbefreiungen für Familienheime bei gleichzeitiger Verschärfung der Ergänzungstatbestände für Anteilserwerbe gefordert.[1574] Die Abschaffung von Share Deals zur Steuerumgehung bei der Grunderwerbsteuer ist auch als Vorhaben in den Koalitionsvertrag von CDU, CSU und SPD aufgenommen worden.[1575] Nach den dortigen

---

1569 Vgl. zu den wesentlichen Errungenschaften der Grunderwerbsteuerreform 1982: *Pahlke*, GrEStG, 2018, Einleitung, Rz. 4; *Hofmann*, GrEStG, 2017, Einführung, Rz. 3; *Weilbach*, GrEStG, 2017, Einführung, Rz. 2.

1570 Vgl. zum Zusammenhang von Share Deals und Höhe des Steuersatzes: *Hentze/Voigtländer*, Reformoptionen, 2017, S. 19; zur Anreizwirkung immer höhere Grunderwerbsteuersätze: *Keller/Petersen*, BB 2016, S. 151; *Teiche*, UVR 2003, S. 259; *Egner/Geißler*, DStZ 2015, S. 333.

1571 Vgl. zu den Kosten für Planung und Gestaltung in Teil E. Zu den Nachteilen von Share Deals s. außerdem bei *Hentze/Voigtländer*, Reformoptionen, 2017, S. 18–19.

1572 Vgl. zu dieser These auf Grundlage des Ländervergleichs bereits unter G.V.

1573 Eine grafische Darstellung der Steigerungen der Grunderwerbsteuersätze seit der Übertragung der Gesetzgebungskompetenz auf die Länder findet sich bei: *Hentze/Voigtländer*, Reformoptionen, 2017, S. 7.

1574 BR-Drs. 622/17 v. 07.09.2017, S. 4; BR-Drs. 627/17 v. 13.09.2017, S. 3.

1575 Vgl. *CDU/CSU/SPD*, Koalitionsvertrag 2018, S. 110. Die dortige Formulierung „eine effektive und rechtssichere gesetzliche Regelung" umsetzen zu wollen, spricht dafür, dass wesentliche im Analyseteil dieser Arbeit dargestellte Probleme der jetzigen Ergänzungstatbestände erkannt wurden und behoben werden sollen. Ob dies durch

Plänen sollen dadurch erzielte steuerliche Mehreinnahmen von den Ländern zur Senkung der Steuersätze genutzt werden können.[1576] Es wird sich zeigen, ob diese Wechselwirkung tatsächlich eintritt.[1577]

eine bloße Verschärfung der bestehenden Ergänzungstatbestände erreicht werden kann (vgl. zu den bisher diskutierten Änderungsmöglichkeiten bei *Behrens,* UVR 2017, S. 15 ff.), bleibt indes zweifelhaft.

1576 Vgl. *CDU/CSU/SPD*, Koalitionsvertrag 2018, S. 110.

1577 Vgl. kritisch: *ZIA*, Pressemitteilung v. 02.02.2018, S. 1–2: Der *ZIA* hält eine Absenkung der Grunderwerbsteuersätze angesichts der Verpflichtung der Länder zur Konsolidierung ihrer Haushalte und der Mechanismen des Länderfinanzausgleichs für unwahrscheinlich.

Literaturverzeichnis

Aichberger, T./Schwartz, T. [zit.: DStR 2015]: Tax Compliance – Der Vorstand im Fokus? (Teil I), in: DStR 2015, S. 1691–1698

Aichberger, T./Schwartz, T. [zit.: DStR 2015]: Tax Compliance – Der Vorstand im Fokus? (Teil II), in: DStR 2015, S. 1758–1764

Armbrüster, C. in: Grunewald, B./Maier-Reimer, G./Westermann, H.P. (Hrsg.) [zit.: Erman, BGB, 2017]: BGB, 15. Aufl., Köln 2017, § 158 BGB

Arnold, N. [zit.: BB 2013]: Modifiziertes RETT-Blocker-Modell zur vollständigen Übertragung von Kapitalgesellschaftsanteilen unter Befreiung nach § 6a GrEStG, in: BB 2013, S. 3031–3038

Arnold, N. [zit.: Umstrukturierungen, 2015]: Umstrukturierung inländischer Konzerne unter Beachtung des § 6a GrEStG – Steuerwirkung, Steuerplanung, Reformbedarf, Wiesbaden 2015

Besch, C./Starck, A. in Hauschka, C./Moosmayer, K./Lösler, T. (Hrsg.) [zit.: Corporate Compliance, 2016]: Corporate Compliance – Handbuch der Haftungsvermeidung im Unternehmen, 3. Aufl., München 2016, § 33

Baur, U. [zit.: Integration Umsatzsteuer, 1975]: Steuersystematisches Postulat und steuertechnische Möglichkeit der Integration der Grunderwerbsteuer in die Umsatzsteuer, Dissertation, Köln 1975

Bayer, W. in: Lutter, M./Hommelhoff, P. (Hrsg.): GmbHG Kommentar, 19. Aufl., Köln 2016, § 14

Behrens, S./Hofmann, A. [zit.: DStR 2003]: Grunderwerbsteuer auf Umstrukturierungen bei doppelstöckigen Personengesellschaften, in: DStR 2003, S. 2093–2099

Behrens, S./Schmitt, R. [zit.: UVR 2005]: Zur Auslegung des Begriffs „Anteil am Gesellschaftsvermögen" i. S. v. § 1 Abs. 2a GrEStG, in: UVR 2005, S. 378–387

Behrens, S./Schmitt, R. [zit.: UVR 2009]: Treuhandverhältnisse in Bezug auf Beteiligungen an grundbesitzenden Personengesellschaften und § 1 Abs. 2a GrEStG, in: UVR 2009, S. 240–247

Behrens, S. [zit.: Fiktion, 2009]: Zur Relevanz der Fiktion von Grundstückserwerben bei Anteilsgeschäften im Grunderwerbsteuerrecht, in: Spindler, W./Tipke, K./Rödder, T. (Hrsg.), Steuerzentrierte Rechtsberatung – Festschrift für Harald Schaumburg zum 65. Geburtstag, Köln 2009, S. 1107–1146

Behrens, S. [zit.: StJB 2010/2011]: Gestaltungsrisiken bei der Grunderwerbsteuer, in: StJB 2010/2011, Köln 2011, S. 523–555

Behrens, S. [zit.: DStR 2013]: Neue RETT-Blocker-Vermeidungsvorschrift in § 1 Abs. 3a GrEStG durch AmtshilfeRLUmsG – Rechtliche Anteilsvereinigung aufgrund „Innehabens" von (ggf. durchgerechnet) mindestens 95 % an grundbesitzender Gesellschaft, in: DStR 2013, S. 1405–1412

Behrens, S. [zit.: DStR 2013]: Schlussfolgerungen aus den gleichlautenden Länder-Erlassen zu § 1 Abs. 3a und § 6a GrEStG n.F. vom 09.10.2013, in: DStR 2013, S. 2726–2734

Behrens, S. [zit.: Ubg 2013]: Mittelbarer Gesellschafterwechsel i. S. v. § 1 Abs. 2a GrEStG – Anmerkungen zum BFH-Urteil II R 17/10 vom 24.04.2013, in: Ubg 2013, S. 434–441

Behrens, S. [zit.: DStR 2014]: Anmerkungen zum gleich lautenden Länder-Erlass zu § 1 Abs. 2a GrEStG vom 18.2.2014, in: DStR 2014, S. 1526–1535

Behrens, S./Bielinis, A. [zit.: DStR 2014]: Grunderwerbsteuerrechtliche Zurechnung von Gesellschaftsanteilen nach § 39 Abs. 2 Nr. 1 AO ? Anmerkungen zum BFH-Urteil vom 9.7.2014, II R 49/12, in: DStR 2014, S. 2369–2376

Behrens, S. [zit.: UVR 2014]: Reform- und Änderungsbedarf bei der Grunderwerbsteuer, in: UVR 2014, S. 147–154

Behrens, S. [zit.: StJB 2014/2015]: Aktuelle Praxisfragen des Grunderwerbsteuerrechts, in: StJB 2014/2015, Köln 2015, S. 547–593

Behrens, S./Bielinis, A. [zit.: UVR 2015]: Verwirklichung von § 1 Abs. 3 Nr. 3 oder Nr. 4 oder Abs. 3a GrEStG infolge anteilsbezogener Zwischengeschäfte? Zugleich Anmerkung zum Urteil des FG Köln vom 26.3.2014, 5 K 235/11, in: UVR 2015, S. 91–95

Behrens, S. [zit.: UVR 2015]: Anmerkungen zu den Änderungsvorschlägen zur Grunderwerbsteuer im Gesetzentwurf der Bundesregierung eines ProtokollerklärungsUmsG vom 27.3.2015, in: UVR 2015, S. 138–145

Behrens, S./Halaczinsky, R. [zit.: UVR 2015]: Steueränderungsgesetz 2015: Änderungen bei der GrESt, der ErbSt sowie bei der Bewertung, in: UVR 2015, S. 371–381

Behrens, S. [zit.: UVR 2017]: Inwieweit ist die mögliche Verschärfung der Grunderwerbsteuer-Regelungen betr. Share Deals schon jetzt zu berücksichtigen?, in: UVR 2017, S. 15–22

Behrens, S. [zit.: BB 2017]: Mittelbare Gesellschafterwechsel bei § 1 Abs. 2a GrEStG nach dessen Änderung durch das StÄndG 2015, in: BB 2017, S. 1046–1052

Behrens, S. [zit.: UVR 2017]: Besteuert § 1 Abs. 2a GrEStG den Übergang des unmittelbar an der Personengesellschaft bestehenden Anteils auf den bisher nur wirtschaftlichen Eigentümer des Anteils?: UVR 2017, S. 315–319

Blankart, C. [zit.: Öffentliche Finanzen, 2008]: Öffentliche Finanzen in der Demokratie, 7. Aufl., München 2008

Bock, A. [zit.: GmbHR 2013]: Die neue wirtschaftliche Betrachtungsweise des BFH beim mittelbaren Gesellschafterwechsel nach § 1 Abs. 2a GrEStG, in: GmbHR 2013, S. 862–868

Bode, W. in: Heuermann, B./Brandis, P. (Hrsg.) [zit.: Blümich, EStG/KStG/GewStG, 2017]: Blümich EStG/KStG/GewStG Kommentar, München, Loseblattwerk, Stand 11/2017, § 15 EStG

Bock, A./Weis, P. [zit.: GmbHR 2016]: Änderungen beim mittelbaren Gesellschafterwechsel (§ 1 Abs. 2a GrEStG) und der grunderwerbsteuerlichen Ersatzbemessungsgrundlage durch das Steueränderungsgesetz 2015, in: GmbHR 2016, S. 205–213

Boller, T./Palm, A. [zit.: IStR-LB 2007]: Niederlande: Prinsjesdag, in: IStR-LB 2007, S. 4–5

Brandis, P. in: Heuermann, B./Brandis, P. (Hrsg.) [zit.: Blümich, EStG/KStG/GewStG, 2017]: Blümich EStG/KStG/GewStG Kommentar, München, Loseblattwerk, Stand 11/2017, § 7g EStG

Breuer, F. [zit.: FR 2017]: Aussichtsloser Alltag eines Finanzbeamten – Die Finanzämter im Treibsand des deutschen Steuerrechts, in: FR 2017, S. 89–93

Breuninger, G. [zit.: JBFfSt 2013/2014]: Tax Compliance im Internationalen Konzern mit Konzernspitze im In- oder Ausland (und Konsequenzen bei Fehlern), in: Drüen, K.-D. (Hrsg.), Jahrbuch der Fachanwälte für Steuerrecht 2013/2014, Herne 2013, S. 218–233

Brühl, M./Joisten, C./Scheinbacher, A. [zit.: DStR 2016]: Ausgewählte Zweifelsfragen zur örtlichen Zuständigkeit bei Umwandlungen im Grunderwerbsteuerrecht, in: DStR 2016, S. 1503–1508

Brühl, M./Süß, C. [zit.: DStR 2016]: Die neuen §§ 163 und 89 AO: Alte Probleme beseitigt – neue geschaffen?, in: DStR 2016, S. 2617–2623

Brühl, M./Joisten, C. [zit.: GmbHR 2018]: Aktuelle Entwicklungen bei § 1 Abs. 2a GrEStG, in: GmbHR 2018, S. 139–148

Brümmerhoff, D./Büttner, T. [zit.: Finanzwissenschaft, 2015]: Finanzwissenschaft, 11. Aufl., Berlin/München/Boston 2015

Bültmann, B. [zit.: DStR 2017]: Staatscompliance – ein Appell für mehr Rechtstreue durch den Staat, in: DStR 2017, S. 1–7

Bundesregierung [zit.: Beilage zu FR 11/2001]: Bericht der Bundesregierung an den Finanzausschuss des Deutschen Bundestages zur Fortentwicklung des Unternehmenssteuerrechts v. 18.04.2001, FR 2001, Beilage zu Nr. 11

Canz, S. [zit.: BB 2017]: Die Prüfungserweiterung wegen Grunderwerbsteuer, in: BB 2017, S. 791–794

Clemens, M./Lieber, B. [zit.: DStR 2005]: Zirkulare (wechselseitige) Beteiligungen im Grunderwerbsteuerrecht, in: DStR 2005, S. 1761–1764

Cortez, B./Göbel, B. [zit.: ZfIR 2015]: Die Neben- und Ergänzungstatbestände der Grunderwerbsteuer – Eine fallbezogene Darstellung gängiger Praxiskonstellationen mit Hinweis auf das Urteil des BVerfG vom 23.6.2015, in: ZfIR 2015, S. 693–703

Demleitner, A. [zit.: SteuK 2013]: Das Ende der RETT-Blocker durch den neuen § 1 Abs. 3a GrEStG?, in: SteuK 2013, S. 265–269

Deutscher Industrie- und Handelskammertag (DIHK) (Hrsg.) [zit.: *DIHK*, Positionspapier, 2017]: Positionspapier – „Aktuelle Steuerpolitik und Steuerreform 2018", Berlin, 29.03.2017

Drüen, K.-D. in: Tipke, K./Kruse, H.-W. (Hrsg.) [zit.: Tipke/Kruse, AO/FGO, 2017]: Kommentar zur AO und FGO (ohne Steuerstrafrecht), Köln, Loseblattwerk, Stand 10/2017, § 39 AO, § 42 AO (bis 31.12.2007), Vorbemerkungen zur Neufassung durch das JStG 2008 § 42 AO (seit 01.01.2008)

Egner, T./Geißler, P. [zit.: DStZ 2015]: Die Stiftung als „long-term-RETT-Blocker" – Gestaltungsideen zur Vermeidung von Grunderwerbsteuer im Rahmen grunderwerbsteuerlicher Ergänzungstatbestände, in: DStZ 2015, S. 333–340

Englisch, J. in: Tipke, K./Lang, J. (Hrsg.) [zit.: Tipke/Lang, Steuerrecht, 2015]: Steuerrecht, 22. Aufl., Köln 2015, § 5: Rechtsanwendung im Steuerrecht, § 18: Spezielle Verkehr- und Verbrauchsteuern

Erle, B./Heurung, R. in: Erle, B/Sauter, T. [zit.: Erle/Sauter, KStG, 2010]: Körperschaftsteuergesetz – Die Besteuerung der Kapitalgesellschaften und ihrer Anteilseigner, 3. Aufl., Heidelberg, 2010, § 14 KStG

Ewelt-Knauer, C. [zit.: Wpg 2016]: Lohnen sich Compliance-Maßnahmen?, in: Wpg 2016, S. 941–941

Feller, A./Huber, S./Schanz, D. [zit.: DStR 2017]: Aufbau und Arbeitsweisen der Steuerabteilungen großer deutscher Kapitalgesellschaften (Teil I), in: DStR 2017, 1617–1622

Figatowski, M. [zit.: Ubg 2016]: Regelungslücken beim derivativen Erwerb von Anteilen an einer Kapitalgesellschaft gemäß § 1 Abs. 3 Nr. 3 oder Nr. 4 GrEStG? – zugleich Anmerkung zum BFH-Urteil vom 12.05.2016 – 11 R 26/14 -, in: Ubg 2016, S. 457–462

Fischer, H-J./Waßmer, P. [zit.: BB 2002]: Steuerstrafrechtliche Aspekte grunderwerbsteuerlicher Sachverhalte bei Unternehmensakquisitionen im Rahmen internationaler M&A-Transaktionen, in: BB 2002, S. 969–973

Fischer, H-J./Waßmer, P. [zit.: StB 2002]: Steuerstrafrechtliche Verantwortlichkeit bei mittelbarem Erwerb grundbesitzender deutscher Kapitalgesellschaften durch inländische Erwerber, in: StB 2002, S. 265–269

Fischer, P. [zit.: DStR 1997]: „Wirtschaftliche Betrachtungsweise" als gesetzliches Tatbestandsmerkmal der Grunderwerbsteuer – § 1 Abs. 2a Satz 2 GrEStG ist verfassungswidrig unbestimmt –, in: DStR 1997, S. 1745–1749

Fischer, P. in: Boruttau, E.-P. [zit.: Boruttau, GrEStG, 2011]: Grunderwerbsteuergesetz, 17. Aufl., München 2011, § 1

Fischer, P. in: Boruttau, E.-P. [zit.: Boruttau, GrEStG, 2016]: Grunderwerbsteuergesetz, 18. Aufl., München 2016, Vorbemerkungen, § 1 Rz. 1–800

Fleischer, H. [zit.: DStR 1996]: Die Vermeidung von Grunderwerbsteuer durch steuergünstige Gestaltungen bei der Umstrukturierung von Unternehmen, in: DStR 1996, S. 1390–1397

Fumi, H.-D. [zit.: DStZ 2015]: Grunderwerbsteuer bei Umwandlungen – Die vergessene Abgabe?, in: DStZ 2015, S. 432–438

Gassner, W. [zit.: Anteilsvereinigung und Übergang, 1970]: Anteilsvereinigung und Übergang aller Anteile an einer Gesellschaft im Grunderwerbsteuerrecht, Dissertation, Wien 1970

Götz, H. [zit.: GmbHR 2005]: Grunderwerbsteuerliche Anzeigepflichten im Falle einer mittelbaren Anteilsvereinigung nach § 1 Abs. 3 GrEStG, in: GmbHR 2005, S. 352–354

Gottwald, S. [zit.: UVR 2005]: Grunderwerbsteuerliche Anzeigepflichten in den Fällen des § 1 Abs. 2a und § 1 Abs. 3 GrEStG – zugleich Anmerkung zum Beschluss des BFH vom 20.1.2005, Az. II B 52/04 und zum Urteil des BFH vom 6.7.2005, Az. II R 9/04 -, in: UVR 2005, S. 434–436

Gottwald, S./Behrens, S. [zit.: Grunderwerbsteuer, 2015]: Grunderwerbsteuer, 5. Aufl., Köln 2015

Graessner, H.-C./El Mourabit, F. [zit.: NWB 2015]: Grunderwerbsteuerliche Zurechnung von Grundstücken bei Erwerb von Anteilen an Immobiliengesellschaften – BFH-Urteil vom 11.12.2014 – II R 26/12 -, in: NWB 2015, 1234–1239

Grotherr, S. in: Grotherr, S. (Hrsg.) [zit.: Grotherr, Hdb. Steuerplanung, 2011]: Handbuch der Internationalen Steuerplanung, 3. Aufl., Herne 2011, Teil 1, S. 1–30

Gummert, H. in: Henssler, M./Strohn, L. (Hrsg.) [zit.: Henssler/Strohn, Gesellschaftsrecht]: Gesellschaftsrecht, 3. Aufl., München 2016, § 55

Haas, U./Mock, S. in: Röhricht, V./Graf von Westphalen, F./Haas, U. [zit.: Röhricht/Graf von Westphalen/Haas, HGB]: HGB, 4. Aufl., Köln 2014, § 172

Haarmann, W. [zit.: BB 2015]: Steuerrecht 2014/2015 – eine Anamnese, in: BB 2015, S. 22–32

Halaczinsky, R. [zit.: UVR 2015]: Zeitpunkt der Verwirklichung des grunderwerbsteuerbaren Rechtsvorgangs und Zeitpunkt des Entstehens der Grunderwerbsteuer, in: UVR 2015, S. 300–309

Heckschen, H. in: Heckschen, H./Herrler, S./Starke, T. (Hrsg.) [zit.: Beck'sches Notarhandbuch, 2015]: Beck'sches Notarhandbuch, 6. Aufl., München 2015, Kapitel D.IV. Umwandlung

Heine, K. [zit.: UVR 1998]: Das Grunderwerbsteuerrecht in den Ländern der Europäischen Union und in der Schweiz – Teil I – , in: UVR 1998, S. 44–47

Heine, K. [zit.: UVR 2002]: Anzeigepflichten bei der Grunderwerbsteuer – Gesetzliche Grundlagen, Rechtsprechung und Praxis -, in: UVR 2002, S. 246–254

Heine, K. [zit.: INF 2003]: Anteile an Personen- und Kapitalgesellschaften im Sinne des § 1 Abs. 2a und 3 GrEStG, in: INF 2003, S. 817–820

Heine, K. [zit.: INF 2005]: Nur zufällige Erfassung der nach dem Grunderwerbsteuergesetz steuerpflichtigen Erwerbe bei grenzüberschreitenden Konzernen?, in: INF 2005, S. 580–584

Heine, K. [zit.: GmbHR 2006]: Steuerpflichtiger Gesellschafterwechsel bei der GmbH durch die Hintertür des § 1 Abs. 2 a GrEStG? – Problematische Zurechnung der Grundstücke einer GmbH zum Vermögen ihrer Gesellschafterin (Personengesellschaft) -, in: GmbHR 2006, S. 350–355

Heine, K. [zit.: GmbHR 2007]: Zwischenerwerb und doppelte Grunderwerbsteuerpflicht nach § 1 Abs. 3 GrEStG?, in: GmbHR 2007, S. 467–474

Heine, K. [zit.: UVR 2007]: Anwendung des § 1 Abs. 3 GrEStG in Verbindung mit Abs. 4 auf Organschaftsfälle?, in: UVR 2007, S. 278–288

Heine, K. [zit.: UVR 2013]: RETT-BLOCKER – Nach Erhöhung der Steuersätze nun auch Verbreiterung der Besteuerungsbasis?, in: UVR 2013, S. 152–155

Heine, K. [zit.: Stbg 2014]: Neue Anwendungserlasse zu § 1 Abs. 3a GrEStG – Erläuterungen und ergänzende Hinweise zu den gleichlautenden Erlassen der Länder –, in: Stbg 2014, S. 215–221

Hentze, T./Voigtländer, M. [zit.: Reformoptionen, 2017]: Reformoptionen für die Grunderwerbsteuer, IW policy paper 17/2017, Institut der deutschen Wirtschaft Köln, Köln 2017

Hey, J. [zit.: Steuerplanungssicherheit, 2002]: Steuerplanungssicherheit als Rechtsproblem, Köln 2002

Hey, J. [zit.: Umstrukturierungen, 2009]: Grunderwerbsteuer und Umstrukturierungen – Einige Überlegungen zum Reformbedarf aus steuersystematischer Sicht, in: Wachter, T. (Hrsg.), Festschrift für Sebastian Spiegelberger zum

70. Geburtstag – Vertragsgestaltung im Zivil- und Steuerrecht, Bonn 2009, S. 225–231

Hey, J. [zit.: DStJG Bd. 33, 2010]: Spezialgesetzgebung und Typologie zum Gestaltungsmissbrauch, in: Hüttemann, R. (Hrsg.): Gestaltungsfreiheit und Gestaltungsmissbrauch im Steuerrecht, DStJG Bd. 33, Köln 2010, S. 139–176

Hey, J./von Wolfersdorff, J. [zit.: Wpg 2016]: Was kann ein Tax-Compliance-Management-System leisten? Zur Änderung des AEAO zu § 153 AO durch BMF vom 23.05.2016, in: Wpg 2016, S. 934–940

Hofmann, G./Hofmann, R. [zit.: Hofmann, GrEStG, 2001]: Grunderwerbsteuergesetz Kommentar, 7. Aufl., Herne/Berlin 2001

Hofmann, G./Hofmann, R. [zit.: Hofmann, GrEStG, 2004]: Grunderwerbsteuergesetz Kommentar, 8. Aufl., Herne/Berlin 2004

Hofmann, G. [zit.: FR 2016]: Aktuelle Entwicklungen im Grunderwerbsteuerrecht, in: FR 2016, S. 766–769

Hofmann, G./Hofmann, R. [zit.: Hofmann, GrEStG, 2017]: Grunderwerbsteuergesetz Kommentar, 11. Aufl., Herne/Berlin 2017

Institut der Wirtschaftsprüfer (IDW), [zit.: Wpg 1998]: Stellungnahme v. 20.03.1998 gegenüber dem BMF: Anwendungsbereich des § 1 Abs. 2a GrEStG, in: Wpg 1998, S. 386–388

Illing, S. [zit.: DStZ 2013]: Das Ende für Gestaltungsmodelle mit RETT-Blocker-Strukturen in der Grunderwerbsteuer durch das Gesetz zur Umsetzung der Amtshilferichtlinie sowie zur Änderung steuerlicher Vorschriften – Eine Analyse der Neuregelung des § 1 Abs. 3a GrEStG und Gestaltungsüberlegungen –, DStZ 2013, S. 504–516

Jochum, G. in: Wilms, H./Jochum, G./Götz, H./Meßbacher-Hönsch, C. (Hrsg.) [zit.: Wilms/Jochum, ErbStG, 2008]: Erbschaftsteuer- und Schenkungsteuergesetz mit Bewertungsgesetz und Grunderwerbsteuergesetz, Jena, Loseblattwerk, Stand 08/2008, GrEStG, Einführung zum Grunderwerbsteuergesetz

Joecks, W. [zit.: BB 1997]: Gesellschafterwechsel als Grunderwerbsteuertatbestand (§ 1 Abs. 2a GrEStG), in: BB 1997, S. 1921–1929

Joisten, C./Liekenbrock, B. [zit.: Ubg 2013]: Die neue Anti-RETT-Blockerregelung nach § 1 Abs. 3a GrEStG, S. 470–479

Joisten, C./Liekenbrock, B. [zit.: Ubg 2013]: Der Ländererlass zu § 1 Abs. 3a GrEStG – geregelte und ungeregelte Fälle, in: Ubg 2013, S. 743–754

Joisten, C. [zit.: DStZ 2016]: Die wirtschaftliche Betrachtungsweise im Anwendungsbereich des § 1 Abs. 2a GrEStG, in: DStZ 2016, S. 272–282

Joisten, C. [zit.: Ubg 2016]: Abschaffung der Pro-Kopf-Betrachtung bei vermittelnden Personengesellschaften im Anwendungsbereich des § 1 Abs. 3

GrEStG – Zugleich Anmerkungen zum BFH-Urteil vom 12.03.2014 – II R 51/12 und zum Urteil des FG Berlin-Brandenburg vom 18.06.2015–15 K 3256112 -, in: Ubg 2016, S. 201–207

Kaiser, A. [zit.: Grunderwerbsteuerplanung, 2008]: Grunderwerbsteuerplanung bei Umstrukturierung und Unternehmenserwerb, Herne 2008

Karrer G. in: Gummert, H. (Hrsg.) [zit.: MAH Personengesellschaftsrecht, 2015]: Münchener Anwaltshandbuch Personengesellschaftsrecht, 2. Aufl. München 2015, § 16

Keller, F./Petersen, N. [zit.: BB 2016]: Berücksichtigung der Grunderwerbsteuer bei M&A-Transaktionen (Teil 1), in: BB 2016, S. 151–159

Keller, F./Petersen, N. [zit.: BB 2016]: Berücksichtigung der Grunderwerbsteuer bei M&A-Transaktionen (Teil II), in: BB 2016, S. 218–227

Kirchhof, P. in: Isensee, J./Kirchhof, P. (Hrsg.) [zit.: Isensee/Kirchhof, HBdSR]: Handbuch des Staatsrechts, Bd. V, Rechtsquellen, Organisation, Finanzen, 3. Aufl., Heidelberg 2007, § 118, S. 959–1099

Kischel, U. in: Epping, V./Hillgruber, C: (Hrsg.) [zit.: Epping/Hillgruber, Beck-OK GG, 2015]: Beck'scher Online-Kommentar Grundgesetz, München Stand: 01.09.2015, Art. 3

Klein, F. in: Gerloff, W./Neumark, F. (Hrsg.) [zit.: Gerloff/Neumark, HBdF, 1956]: Handbuch der Finanzwissenschaft, Bd. II, 2. Aufl., Tübingen 1956, S. 601–634

Kolb, A. in: Flick/Wassermeyer/Kempermann [zit.: Flick/Wassermeyer/Kempermann, DBA Schweiz, 2016]: DBA Deutschland – Schweiz, Köln Loseblattwerk, Stand 04/2016, Steuerrecht der Schweiz

Kowallik, A. [zit.: DB 2017]: Vom innerbetrieblichen Kontrollsystem für Steuern zum Tax Compliance Management System – Aktuelle Entwicklungen, praktische Umsetzung sowie Ausblick –, in: DB 2017, S. 385–391

Kowallik, A. [zit.: DB 2017]: Vom IKS für Steuern zum Tax CMS – Aktueller Stand sowie Anpassungsbedarf beim Outsourcing, in: DB 2017, S. 1344–1348

Kraft, C./Kraft, G. [zit.: FR 2011]: Mittelbare Anteilserwerbe, Verlustuntergang und steuerliche Mitwirkungspflichten des Managements von Kapitalgesellschaften, in: FR 2011, S. 841–846

Kroschewski, R. [zit.: Anteilsvereinigung, 2001]: Grunderwerbsteuerliche Anteilsvereinigung im Unternehmensverbund, Regensburg 2001

Kroschewski, R. [zit.: BB 2001]: Zur Steuerbarkeit der unmittelbaren Anteilsvereinigung bei beherrschten Gesellschaften gemäß § 1 Abs. 3 GrEStG, in: BB 2001, S. 1121–1126

Kroschewski, R. [zit.: GmbHR 2001]: Differenzierung der Grunderwerbsteuer zwischen Kapital- und Personengesellschaften bei der Umstrukturierung von Unternehmensgruppen, in: GmbHR 2001, S. 707–712

Krumm, M. in: Tipke, K./Kruse, H.-W. (Hrsg.) [zit.: Tipke/Kruse, AO/FGO, 2017]: Kommentar zur AO und FGO (ohne Steuerstrafrecht), Köln, Loseblattwerk, Stand 10/2017, § 370 AO, § 378 AO

Krumm, M. in: Heuermann, B./Brandis, P. (Hrsg.) [zit.: Blümich, EStG/KStG/GewStG, 2017]: Blümich EStG/KStG/GewStG Kommentar, München, Loseblattwerk, Stand 11/2017, § 14 KStG, § 17 KStG

Kühn, M. [zit.: FR 2012]: Stand und Perspektiven der Einkommensteuer-Vereinfachung, in: FR 2012, S. 543–550

Lang, J. [zit.: Steuergesetzbuch, 1993]: Entwurf eines Steuergesetzbuchs, in: BMF (Hrsg.), Schriftenreihe, Heft 49, Bonn 1993

Lange, C./Broemel, K. [zit.: DStR 2017]: Zweifelsfragen zum mittelbaren Gesellschafterwechsel in § 1 Abs. 2a GrEStG, in: DStR 2017, S. 360–366

Lange, C./Broemel, K. [zit.: DStR 2017]: Übertragungen zwischen Altgesellschaftern i.S.d. § 1 Abs. 2a GrEStG – Führt die Rechtsprechung des BFH zum mittelbaren Gesellschafterwechsel zu einer neuen Sichtweise?, in: DStR 2017, S. 1625–1631

Leisner, A. [zit.: DStZ 1999]: Vorbehaltsfestsetzung und Vertrauensschutz, in: DStZ 1999, S. 358–365

Loose, M. in: Tipke, K./Kruse, H.-W. (Hrsg.) [zit.: Tipke/Kruse, AO/FGO, 2017]: Kommentar zur AO und FGO (ohne Steuerstrafrecht), Köln, Loseblattwerk, Stand 10/2017, § 262 AO

Loose, M. [zit.: DB 2015]: Mittelbare Veränderungen im Gesellschafterbestand einer grundbesitzenden Personengesellschaft i.S.d. § 1 Abs. 2a GrEStG – Geplante Änderung durch das Gesetz zur Umsetzung der Protokollerklärung zum ZK-Anpassungsgesetz –, in: DB 2015, S. 1003–1006

Ludwig, S./Eilers, H./Kusch, S. [zit.: DStR 2017]: Der Weg zu einem globalen steuerlichen Kontrollsystem, in: DStR 2017, S. 1056–1060

Lutter, M./Hommelhoff, P. in: Lutter, M./Hommelhoff, P. (Hrsg.): GmbHG Kommentar, 19. Aufl., Köln 2016, Einleitung

Maier-Reimer, G. in: Grunewald, B./Maier-Reimer, G./Westermann, H.P. (Hrsg.) [zit.: Erman, BGB]: BGB, 15. Aufl., Köln 2017, § 184 BGB

Mayer, S./Wagner, J. [zit.: BB 2016]: Transaktionspraxis: Die Rechtsprechung des BFH im Grunderwerbsteuerrecht 2014/2015, in: BB 2016, S. 2519–2526

Mechtler, L./Pinetz, E. in: Pinetz, E./Schragl, M./Siller, W./Stefaner, M. (Hrsg.) [zit.: Pinetz/Schragl/Siller/Stefaner, GrEStG, 2017]: Grunderwerbsteuergesetz Kommentar, 1. Aufl., Wien 2017, § 1

Meßbacher-Hönsch, C. in: Boruttau [zit.: Boruttau, GrEStG, 2016]: Grunderwerbsteuergesetz, 18. Aufl., München 2016, § 1 Rz. 810–1276, § 3

Micker, L. [zit.: DStZ 2009]: Typisierungsbefugnis versus Folgerichtigkeit bei § 1 Abs. 2a GrEStG, in: DStZ 2009, S. 286–291

Mirre, L. in: Gerloff, W./ Meisel, F. (Hrsg.) [zit.: Gerloff/Meisel, HBdF, 1927]: Handbuch der Finanzwissenschaft, Bd. II, 1. Aufl., Tübingen 1927, S. 274–309

Mutter, C./Angsten, M. in: Gummert, H. (Hrsg.) [zit.: MAH Personengesellschaftsrecht, 2015]: Münchener Anwaltshandbuch Personengesellschaftsrecht, 2. Aufl. München 2015, § 1

Neu, N./Neumann, R./Neumayer, J. [zit.: GmbHR 2005]: Mehr Steuerplanungs-Sicherheit für die mittelständische GmbH – ein „Wunschzettel" an den Gesetzgeber, in: GmbHR 2005, S. 24–39

Nieland, M. [zit.: Steuergestaltung, 1997]: Betriebliche Steuergestaltung, Herne/Berlin 1997

Nowroth, T./Krüger, S. [zit.: DK 2017]: Tax Compliance: Tax Health Check (THC) als Maßnahme des Tax-Compliance-Management-Systems (TCMS), in: DK 2017, S. 118–126

Pahlke, A./Franz, W. [zit.: GrEStG, 1999]: Grunderwerbsteuergesetz, 2. Aufl., München 1999

Pahlke, A./Franz, W. [zit.: GrEStG, 2005]: Grunderwerbsteuergesetz, 3. Aufl., München 2005

Pahlke, A. [zit.: GrEStG, 2014]: Grunderwerbsteuergesetz, 5. Aufl., München 2014

Pahlke, A. [zit.: GrEStG, 2018]: Grunderwerbsteuergesetz, 6. Aufl., München 2018

Peffekoven, R. in: Neumark, F. (Hrsg.) [zit.: Neumark, HBdF, 1980]: Handbuch der Finanzwissenschaft, Bd. II, 3. Aufl., Tübingen 1980, S. 417–452

Pirner, M./Könemann, R. [zit.: IStR 2013]: Eine Steuer für Ehrliche und Pechvögel? Zum strukturellen Vollzugsdefizit bei der Grunderwerbsteuer im Zusammenhang mit Umstrukturierungen internationaler Konzerne, in: IStR 2013, S. 423–428

Raab, M. in: Pinetz, E./Schragl, M./Siller, W./Stefaner, M. (Hrsg.) [zit.: Pinetz/Schragl/Siller/Stefaner, GrEStG, 2017]: Grunderwerbsteuergesetz Kommentar, 1. Aufl., Wien 2017, § 4

Raupach, A. [zit.: Niedergang, 1985]: Der Niedergang des deutschen Einkommensteuerrechts – Möglichkeiten einer Neubesinnung, in: Raupach, A./Tipke, K./Uelner, A. (Hrsg.): Niedergang oder Neuordnung des deutschen Einkommensteuerrechts?, Köln 1985, S. 15–132

Rief, R. in: Marschner, E./Stefaner, M. (Hrsg.) [zit.: Marschner/Stefaner, Steuerreform, 2016]: Steuerreform 2015/2016, Wien 2016, Kapitel V. Grunderwerbsteuer

Rödder, T. [zit.: DStJG Bd. 33, 2010]: Steuergestaltung aus Sicht der Beratungspraxis, in: Hüttemann, R. (Hrsg.): Gestaltungsfreiheit und Gestaltungsmissbrauch im Steuerrecht, DStJG Bd. 33, Köln 2010, S. 93–106

Rose, G. [zit.: Betriebswirtschaftliche Steuerlehre, 1992]: Betriebswirtschaftliche Steuerlehre – Eine Einführung für Fortgeschrittene, 3. Aufl., Wiesbaden 1992

Rose, G. [zit.: FR 1975]: Ärgernis Substanzbesteuerung – Betriebswirtschaftliche Untersuchungen zur Belastung gewerblicher Betriebe mit periodischen Substanzsteuem ab 1975, in: FR 1975, S. 77–82

Rothenöder, S. [zit.: DStZ 2010]: Der Anteilsbegriff des § 1 Abs. 3 GrEStG, in: DStZ 2010, S. 334–339

Rothenöder, S. [zit.: Anteil, 2009]: Der Anteil im Sinne des § 1 Abs. 3 GrEStG – Zugleich eine Erörterung des Normzwecks nach Absenkung der Mindestbeteiligungshöhe auf 95 v. H. der Anteile, Berlin 2009

Rottenmoser, G. [zit.: SteuK 2014]: Anmerkung zu BFH, 18.09.2013 – II R 21/12, Anteilsvereinigung bei wechselseitiger Beteiligung auf Ebene einer Zwischengesellschaft, in: SteuK 2014, S. 127–127

Rückle, D. [zit.: Mobilität, 2005]: Berufliche Mobilität und Förderung von Wohneigentum – Zu Widersprüchen zwischen Wirtschafts- und Gesellschaftspolitik und Steuerpolitik, in: Siegel, T./Kirchhof, P./Schneeloch, D./Schramm, U. (Hrsg.): Steuertheorie, Steuerpolitik und Steuerpraxis – Festschrift für Peter Bareis zum 65. Geburtstag, Stuttgart 2005, S. 231–249

Rüegg-Peduzzi, G. [zit.: Handänderungssteuer, 1989]: Die Handänderungssteuer in der Schweiz, Dissertation, Zürich 1989

Rutemöller, M. [zit.: BB 2015]: Das Ende schuldrechtlicher Gestaltungsmöglichkeiten im Rahmen mittelbarer Änderungen des Gesellschafterbestands gem. § 1 Abs. 2a GrEStG?, in: BB 2015, S. 1058–1061

Schade, D./Rapp, B. [zit.: DStR 2015]: Verfassungswidrigkeit des § 8 Abs. 2 GrEStG: Worauf darf der Steuerpflichtige vertrauen?, in: DStR 2015, S. 2166–2171

Schanko, J. [zit.: UVR 2010]: Die aktuelle Verwaltungsauffassung zum § 1 Abs. 2a GrEStG, in: UVR 2010, S. 148–152

Schanko, J. [zit.: UVR 2011]: Erhöhung des Steuersatzes bei der Grunderwerbsteuer – Wann wird der Erwerbsvorgang verwirklicht?, in: UVR 2011, S. 316–320

Schanko, J. [zit.: UVR 2014]: Der Anwendungserlass zum neuen Ergänzungstatbestand § 1 Abs. 3a GrEStG, in: UVR 2014, S. 44–54

Schanko, J. [zit.: UVR 2015]: Die Mittelbarkeit bei den Ergänzungstatbeständen des GrEStG in der aktuellen BFH-Rechtsprechung, in: UVR 2015, S. 49–53

Schanko, J. [zit.: UVR 2016]: Flexibilisierung der Grunderwerbsteuer als Reaktion auf steigende Steuersätze, in: UVR 2016, S. 16–19

Schanko, J. [zit.: UVR 2017]: § 1 Abs. 2a GrEStG: Auswirkung des sukzessiven Anteilseignerwechsels bei einer an einer Personengesellschaft beteiligten Kapitalgesellschaft auf die Fünfjahresfrist, in: UVR 2017, S. 126–128

Schaumburg, H. in: Schaumburg, H./Peters, S. (Hrsg.) [zit.: Schaumburg/Peters, Steuerstrafrecht, 2015]: Internationales Steuerstrafrecht, 1. Aufl., Köln 2015, Kapitel 18 Grunderwerbsteuerrecht

Scheifele, M./Müller, F. [zit.: DStR 2013]: Die mittelbare Änderung des Gesellschafterbestands i. S. des § 1 Abs. 2a GrEStG – Zugleich Besprechung des BFH-Urteils vom 24. 4. 2013, II R 17/10, in: DStR 2013, S. 1805–1814

Scherf, W./Dresselhaus, C. [zit.: WD 2016]: Plädoyer für einen Ersatz der Grunderwerbsteuer, in: WD 2016, S. 740–747

Schiffers, J. [zit.: GmbH-StB 2001]: Steueroptimierung in kleineren Unternehmensgruppen – Gestaltungsziele und Überblick über das Instrumentarium, in: GmbH-StB 2001, S. 254–258

Schmidt, K. [zit.: Gesellschaftsrecht, 2002]: Gesellschaftsrecht, 4. Aufl., Köln u.a. 2002

Schmitt-Homann, F. [zit.: BB 2010]: Grunderwerbsteuer: Die 95 %-Grenze – „Durchrechnung“ oder „Alles-oder-Nichtsbetrachtung“ zur Ermittlung der Beteiligungshöhe?, in: BB 2010, S. 2276–2282

Schmölders, G. in: Gerloff, W./Neumark, F. (Hrsg.) [zit.: Gerloff/Neumark, HBdF, 1956]: Handbuch der Finanzwissenschaft, Bd. II, 2. Aufl., Tübingen 1956, S. 565–600

Schmudlach, C. [zit.: DB 2015]: Grunderwerbsteuer beim Wechsel im Gesellschafterbestand einer PersGes. und bei der Anteilsvereinigung – Überblick über ausgewählte Fiktionstatbestände des GrEStG und deren bilanzielle Behandlung –, in: DB 2015, S. 703–708

Schneeloch, D. [zit.: Steuerpolitik, 2009]: Betriebswirtschaftliche Steuerlehre, Bd. II: Betriebliche Steuerpolitik, 3. Aufl., München 2009

Schnitter, G. in: Wilms, H./Jochum, G./Götz, H./Meßbacher-Hönsch, C. (Hrsg.) [zit.: Wilms/Jochum, ErbStG, 2017]: Erbschaftsteuer- und Schenkungsteuergesetz mit Bewertungsgesetz und Grunderwerbsteuergesetz, Jena, Loseblattwerk, Stand 08/2017, GrEStG, § 1

Schober, T./Kuhnke, N. [zit.: NWB 2013]: Die „Anti-RETT-Blocker"-Regelung des § 1 Abs. 3a GrEStG – Anmerkungen, Probleme und Zweifelsfragen zum neuen Grunderwerbsteuertatbestand, in: NWB 2013, S. 2225–2234

Schratzenstaller, M. [zit.: Vermögensbezogene Steuern, 2013]: Vermögensbezogene Steuern – Ansatzpunkte, Internationaler Vergleich und Optionen für Deutschland, in: Österreichisches Institut für Wirtschaftsforschung (Hrsg.), Kurzgutachten im Auftrag des Wirtschafts- und Sozialwissenschaftlichen Instituts in der Hans Böckler Stiftung, Wien 2013, abrufbar unter: http://media.boeckler.de/Sites/A/Online-Archiv/12836

Schücking, C. in: Gummert, H./Weipert, L. (Hrsg.) [zit.: Gummert/Weipert, MHB Gesellschaftsrecht]: Münchener Handbuch des Gesellschaftsrechts, Bd. I, 4. Aufl., München 2014, § 2

Schüler-Täsch, S./Schulze, M. [zit.: DStR 2015]: Die Entwicklung des Steuerverfassungsrechts und Missbrauchsregelungen im Steuerrecht in: DStR 2015, S. 1137–1146

Sedemund, J./Fischenich, B. [zit.: BB 2008]: Die neuen Mantelkaufregelungen und Grunderwerbsteuer als verfassungs- und europarechtlich bedenkliche Bremse von internationalen Umstrukturierungen, in: BB 2008, S. 535–539

Seer, R. in: Tipke, K./Kruse, H.-W. (Hrsg.) [zit.: Tipke/Kruse, AO/FGO, 2017]: Kommentar zur AO und FGO (ohne Steuerstrafrecht), Köln, Loseblattwerk, Stand 10/2017, § 85 AO, § 90 AO, § 117 AO, § 162 AO

Smith, A. [zit.: Wohlstand, 1789]: Untersuchung über Wesen und Ursachen des Reichtums der Völker, Originaltitel: *An Inquiry into the Nature and Causes of the Wealth of Nations*, 5. Aufl. London, 1789, aus dem Englischen übersetzt nach *The Glasgow Edition of Works and Correspondence of Adam Smith*, Oxford 1976 von Streissler, M., herausgegeben und eingeleitet von Streissler, E.W. (Hrsg.), Düsseldorf 1999

Spierts, E. [zit.: IStR-LB 2013]: Niederlande: Wichtige Änderungen für die Immobilienbranche, in: IStR-LB 2013, S. 103–104

Spindler, W. [zit.: DStR 2007]: Der Nichtanwendungserlass im Steuerrecht, in: DStR 2001, S. 1061–1066

Steuerreformkommission 1971 [zit.: Gutachten, 1971]: Gutachten der Steuerreformkommission 1971, in: BMF (Hrsg.), Schriftenreihe, Heft 17, Bonn 1971

Teiche, A., [zit.: UVR 2003]: Entstehung von Grunderwerbsteuer nach § 1 Abs. 2a und 3 GrEStG bei Umstrukturierungen innerhalb eines Konzerns – Teil 1 -, in: UVR 2003, S. 258–269

Teiche, A., [zit.: BB 2012]: Die schleichende „Entfremdung" des § 6a GrEStG, in: BB 2012, S. 2659–2666

Tiede, K., [zit.: StuB 2014]: Grunderwerbsteuertatbestände bei grundbesitzenden Gesellschaften – Übersicht über die relevanten Regelungen, in: StuB 2014, S. 571–577

Tiede, K., [zit.: StuB 2014]: Die Tatbestandsvoraussetzungen der Anti-RETT-Blocker-Regelung – Neuregelung des § 1 Abs. 3a GrEStG, in: StuB 2014, S. 765–769

Tiede, K., [zit.: StuB 2014]: Verhältnis der Anti-RETT-Blocker-Regelung zu § 1 Abs. 3 GrEStG – Neuregelung des § 1 Abs. 3a GrEStG, in: StuB 2014, S. 842–846

Tiede, K., [zit.: StuB 2014]: § 1 Abs. 3a GrEStG – Anwendbarkeit von Steuerbefreiungen – Geltung der Steuerbefreiungsvorschriften, in: StuB 2014, S. 888–892

Tipke, K. [zit.: UStR 1972]: Die Umsatzsteuer im Steuersystem, in: UStR 1972, S. 2–6

Tipke, K. [zit.: Steuerrechtsordnung, Bd. II, 2003]: Die Steuerrechtsordnung, Bd. II: Steuerrechtfertigungstheorie, Anwendung auf alle Steuerarten, sachgerechtes Steuersystem, 2. Aufl., Köln 2003

Tipke, K. in: Tipke, K./Kruse, H.-W. (Hrsg.) [zit.: Tipke/Kruse, AO/FGO, 2017]: Kommentar zur AO und FGO (ohne Steuerstrafrecht), Köln, Loseblattwerk, Stand 10/2017, Einführung FGO

Verweyen, E. [zit.: Umstrukturierungen, 2005]: Grunderwerbsteuer bei konzerninternen Umstrukturierungen: eine rechtssystematische und verfassungsrechtliche Untersuchung, Lohmar 2005

Vinken, H. [zit.: Beihefter zu DStR 22 2012]: Praxistauglichkeit verbessern – mehr Rechtssicherheit im Steuerrecht schaffen, in: Beihefter zu DStR 22 2012, S. 81–84

Viskorf, H.-U. in: Boruttau [zit.: Boruttau, GrEStG, 2016]: Grunderwerbsteuergesetz, 18. Aufl., München 2016, § 1, § 2, § 5, § 6, § 13, § 14, § 17, § 18, § 19, § 20

Vogel, H. in: Neumark, F. (Hrsg.) [zit.: Neumark, Hdb. Finanzwissenschaft, 1980]: Handbuch der Finanzwissenschaft, Bd. II, 3. Aufl., Tübingen 1980, S. 266–315

Volpini Maestri, J./Stanek, P. in: Pinetz, E./Schragl, M./Siller, W./Stefaner, M. (Hrsg.) [zit.: Pinetz/Schragl/Siller/Stefaner, GrEStG, 2017]: Grunderwerbsteuergesetz Kommentar, 1. Aufl., Wien 2017, § 17

Vormbaum, H. in: Wittmann, W./Kern, W./Köhler, R./Küpper, H.-U./v. Wysocki, K. (Hrsg.) [zit.: Wittmann u.a., Handwörterbuch BWL, Bd. II, 1993]: Handwörterbuch der Betriebswirtschaft, 5. Aufl., Stuttgart 1993, Bd. II, „Liquidität“, Sp. 2608–2614

Von Busekist, K./Birkemeyer, E. [zit. Ubg 2015]: Tax Compliance – Organisatorische Anforderungen an die Steuerfunktion eines Unternehmens, in: Ubg 2015, S. 231 240

Von Stein, L. [zit.: Lehrbuch Finanzwissenschaft, 1886]: Lehrbuch der Finanzwissenschaft, Bd. II, Zweiter Theil, Zweite Abteilung, 5. Aufl., Leipzig 1886, Nachdruck: Hildesheim/New York 1975

Vossel, S./Peter, M./Hellstern, G. [zit. Ubg 2016]: Ausweitung der grunderwerbsteuerlichen Organschaft durch das EuGH-Urteil vom 16.07.2015?, in: DB 2016, S. 271–275

Voßkuhl, S./Hunsmann, D. [zit. UVR 2005]: Zum Begriff der „Anteile“ im Sinne des § 1 Abs. 3 GrEStG und sich hieraus ergebende Gestaltungshinweise, in: UVR 2005, S. 51–57

Wagner, T./Lieber, B. [zit. DB 2013]: Änderungen bei der GrESt: Vermeidung von RETT-Blockern und Erweiterung von § 6a GrEStG, in: DB 2013, S. 1387–1390

Wagner, T./Lieber, B. [zit. DB 2013]: Grunderwerbsteuer bei share deals: Erwartete Klarstellung zu § 1 Abs. 3a GrEStG durch die Finanzverwaltung, in: DB 2013, S. 2295–2297

Wagner, J./Mayer, S. [zit.: BB 2014]: Der neue § 1 Abs. 3a GrEStG als „Super-Auffangtatbestand“? – Offene Fragen nach den gleichlautenden Erlassen der Länder vom 9.10.2013, in: BB 2014, S. 281–289

Wagner, F. in: Wittmann, W./Kern, W./Köhler, R./Küpper, H.-U./v. Wysocki, K. (Hrsg.) [zit.: Wittmann u.a., Handwörterbuch BWL, Bd. III, 1993]: Handwörterbuch der Betriebswirtschaft, 5. Aufl., Stuttgart 1993, Bd. III, „Steuerplanung“, Sp. 4051–4062

Weber-Grellet, H. [zit.: Verfassungsstaat, 2001]: Steuern im modernen Verfassungsstaat, Köln 2001

Werdich, H. [zit.: DStR 1995]: Steuerlicher Gestaltungsmißbrauch in der neueren BFH–Rechtsprechung, in: DStR 1995, S. 672–674

Wesselbaum-Neugebauer, C. [zit.: Staatsfinanzierung, 2002]: Steuern als Instrument der Staatsfinanzierung – Historische Entwicklung und aktuelle Bedeutung, in: Barens, I./Pickhardt, M. (Hrsg.), Rolle des Staates in der Ökonomie – Finanzwissenschaftliche Perspektiven – Festschrift für Otto Roloff zum 65. Geburtstag, Marburg 2002, S. 185–216

Westermann, P. in: Westermann, P./Wertenbruch, J. (Hrsg.) [zit.: Westermann/Wertenbruch, Hdb. PersG, 2017]: Handbuch Personengesellschaften, Köln, Loseblattwerk, Stand 05/2017, § 24

Wiese, G. [zit.: Gesamthand 2003]: Die Gesamthand im Grunderwerbsteuerrecht, Dissertation, Bochum 2003

Wiese, G. [zit.: UVR 2004]: § 1 Abs. 2a GrEStG und die "werbende" Personengesellschaft – Zugleich ein Beitrag zu den grunderwerbsteuerrechtlichen Konsequenzen des BGH-Urteils vom 29. Januar 2001 zur BGB-Außengesellschaft, in: UVR 2004, S. 58–64

Wischott, F./Schönweiß, R./Fröhlich, G. [zit.: DStR 2007]: Grunderwerbsteuerliche Gestaltungsmöglichkeiten durch wechselseitige Beteiligungen – Wirtschaftliche oder rechtliche Betrachtungsweise im Rahmen der Übertragungsfiktionen?, in: DStR 2007, S. 833–839

Wischott, F./Schönweiß, R. [zit.: DStR 2009]: Wachstumsbeschleunigungsgesetz – Einführung einer Grunderwerbsteuerbefreiung für Umwandlungsvorgänge, in: DStR 2009, S. 2638–2646

Wischott, F./Adrian, G./Schönweiß, R. [zit.: DStR 2011]: Anmerkungen zum Anwendungserlass zu § 6a GrEStG vom 1.12.2010, in: DStR 2011, S. 497–503

Wischott, F. in: Grotherr, S. (Hrsg.) [zit.: Grotherr, Hdb. Steuerplanung, 2011]: Handbuch der Internationalen Steuerplanung, 3. Aufl., Herne 2011, Teil 3, Abschnitt G, Kapitel 1, S. 1051–1067

Wischott, F./Keller, F./Graessner, H.-C./Bakeberg, T. [zit.: Wischott u.a., DB 2013]: Auswirkungen des § 1 Abs. 3a GrEStG n.F. auf die Transaktionspraxis – Leitfaden für die künftige Beteiligung unabhängiger Dritter als Co-Investoren –, in: DB 2013, S. 2235–2241

Wischott, F./Keller, F./Uterhark, J. [zit.: DStR 2016]: Die zeitliche Anwendung des § 8 Abs. 2 GrEStG nF – Ist die Gleichmäßigkeit der Besteuerung sichergestellt?, in: DStR 2016, S. 1191–1198

Wittmann, F. in: Wittmann, W./Kern, W./Köhler, R./Küpper, H.-U./v. Wysocki, K. (Hrsg.), [zit.: Wittmann u.a., Handwörterbuch BWL, Bd. II, 1993]: Handwörterbuch der Betriebswirtschaft, 5. Aufl., Stuttgart 1993, Bd. II, „Investition und Investitionsplanung“, Sp. 2000–2011

Wollweber, M. [zit.: AG 2016]: Der Steuerirrtum bei Umstrukturierung – Zu den Rechtsfolgen steuerlicher Fehlvorstellungen bei Vertragsschluss -, in: AG 2016, S. 78–84

Wulf, M. in: Grotherr, S. (Hrsg.) [zit.: Grotherr, Hdb. Steuerplanung, 2011]: Handbuch der Internationalen Steuerplanung, 3. Aufl., Herne 2011, Teil 11, Kapitel 3, S. 2069–2092

Wruuck, P./Zipfel, F. [zit.: Immobilienbesteuerung 2015]: Einheit in Vielfalt? Trends und Treiber von Immobilienbesteuerung in Europa und Deutschland, in: DB Research (Hrsg.); DB Research Briefing, 26.05.2015, abrufbar unter: http://www.izshop.de/buch-50532/einheit-in-vielfalt

Rechtsprechungsverzeichnis

Bundesverfassungsgericht

Beschluss v.	07.05.1963	2 BvL 8/61, 2 BvL 10/61	BVerfGE 16	S. 64
Beschluss v.	10.06.1963	1 BvR 345/61	BVerfGE 16	S. 203
Beschluss v.	20.12.1966	1 BvR 320/57	BStBl. III 1967	S. 7
Beschluss v.	16.05.1969	1 BvR 600/66	HFR 1969	S. 398
Urteil v.	27.06.1991	2 BvR 1493/89	BStBl. II 1991	S. 654
Beschluss v.	08.10.1991	1 BvL 50/86	BGBl. I 1991	S. 2170
Beschluss v.	27.12.1991	2 BvR 72/90	BStBl. II 1992	S. 212
Beschluss v.	10.04.1997	2 BvL 77/92	BGBl. I 1997	S. 1690
Beschluss v.	11.11.1998	2 BvL 10/95	BGBl. I 1999	S. 370
Beschluss v.	30.09.1998	2 BvR 1818/91	BGBl. I 1998	S. 3430
Beschluss v.	08.01.1999	1 BvL 14/98	BStBl. II 1999	S. 152
Urteil v.	09.03.2004	2 BvL 17/02	BGBl. I 2004	S. 591
Beschluss v.	21.06.2006	2 BvL 2/99	BGBl. I 2006	S. 1316
Beschluss v.	23.06.2015	1 BvL 13/11 1 BvL 14/11	BGBl. I 2015	S. 1423

Reichsfinanzhof

Urteil v.	30.01.1925	II A 889/24	RStBl. 1925	S. 58

Bundesfinanzhof

Urteil v.	16.03.1966	II 70/63	BStBl. III 1966	S. 378
Urteil v.	19.11.1968	II 112/65	BStBl. II 1969	S. 68
Urteil v.	12.07.1972	II 81/65	BStBl. II 1972	S. 913
Urteil v.	20.03.1974	II R 185/66	BStBl. II 1974	S. 769
Urteil v.	11.06.1975	II R 38/69	BStBl. II 1975	S. 834
Urteil v.	19.03.1980	II R 23/77	BStBl. II 1980	S. 598
Urteil v.	31.03.1982	II R 92/81	BStBl. II 1982	S. 424
Urteil v.	05.11.1986	II R 237/85	BStBl. II 1987	S. 225

Urteil v.	04.03.1987	II R 150/83	BStBl. II 1987	S. 394
Urteil v.	20.03.1988	II R 76/87	BStBl. II 1988	S. 550
Urteil v.	13.11.1991	II R 7/88	BStBl. II 1992	S. 202
Urteil v.	03.03.1993	II R 4/90	BFH/NV 1993	S: 494
Urteil v.	20.10.1993	II R 116/90	BStBl. II 1994	S. 121
Urteil v.	12.01.1994	II R 130/91	BStBl. II 1994	S. 408
Urteil v.	31.08.1994	II R 108/91	BFH/NV 1995	S. 431
Urteil v.	26.07.1995	II R 68/92	BStBl. II 1995	S. 736
Urteil v.	30.08.1995	I R 77/84	BStBl. II 1996	S. 122
Urteil v.	12.06.1996	II R 3/93	BStBl. II 1996	S. 485
Urteil v.	16.07.1997	II R 8/95	BFH/NV 1998	S. 81
Urteil v.	04.03.1999	II R 79/97	BFH/NV 1999	S. 1301
Urteil v.	08.11.2000	II R 64/98	BStBl. II 2001	S. 422
Urteil v.	20.12.2000	II R 26/99	BFH/NV 2001	S. 1040
Urteil v.	08.08.2001	II R 66/98	BStBl. II 2002	S. 156
Urteil v.	16.01.2002	II R 52/00	BFH/NV 2002	S. 1053
Beschluss v.	11.09.2002	II B 113/02	BStBl. II 2002	S. 777
Urteil v.	05.11.2002	II R 23/00	BFH/NV 2003	S. 505
Urteil v.	28.11.2002	V R 18/01	BStBl. II 2003	S. 442
Urteil v.	15.01.2003	II R 50/00	BStBl. II 2003	S. 320
Urteil v.	22.01.2003	II R 32/01	BStBl. II 2003	S. 526
Beschluss v.	26.02.2003	II B 202/01	BStBl. II 2003	S. 528
Urteil v.	30.04.2003	II R 79/00	BStBl. II 2003	S. 890
Urteil v.	25.02.2004	I R 42/02	BStBl. II 2005	S. 14
Beschluss v	25.02.2004	I B 66/02	BFH/NV 2004	S. 919
Beschluss v	20.01.2005	II B 52/04	BStBl. II 2005	S. 492
Urteil v	27.04.2005	II R 61/03	BStBl. II 2005	S. 649
Urteil v	06.07.2005	II R 9/04	BStBl. II 2005	S. 780
Urteil v	20.07.2005	II R 30/04	BStBl. II 2005	S. 839
Urteil v	21.09.2005	II R 33/04	BFH/NV 2006	S. 609
Beschluss v.	18.11.2005	II B 23/05	BFH/NV 2006	S. 612

Beschluss v	17.03.2006	II B 157/05	BFH/NV 2006	S. 1341
Urteil v	12.10.2006	II R 79/05	BStBl. II 2007	S. 709
Beschluss v.	15.12.2006	II B 26/06	BFH/NV 2007	S. 500
Urteil v.	02.04.2008	II R 53/06	BStBl. II 2009	S. 544
Urteil v.	09.04.2008	II R 32/06	BFH/NV 2008	S. 1526
Urteil v.	09.04.2008	II R 39/06	BFH/NV 2008	S. 1529
Urteil v.	29.05.2008	IX R 77/06	BStBl. II 2008	S. 769
Urteil v.	20.08.2008	I R 34/08	BStBl. II 2009	S. 263
Urteil v.	25.08.2010	II R 65/08	BStBl. II 2011	S. 225
Urteil v.	20.04.2011	I R 2/10	BStBl. II 2011	S. 761
Beschluss v.	29.05.2011	II B 133/10	BFH/NV 2011	S. 1539
Urteil v.	29.02.2012	II R 57/09	BStBl. II 2012	S. 917
Urteil v.	24.04.2013	II R 17/10	BStBl. II 2013	S. 833
Urteil v.	16.05.2013	II R 3/11	BStBl. II 2013	S. 963
Urteil v.	18.09.2013	II R 21/12	BStBl. II 2014	S. 326
Urteil v.	12.02.2014	II R 46/12	BStBl. II 2014	S. 536
Urteil v.	12.03.2014	II R 51/12	BFH/NV 2014	S. 1315
Urteil v.	09.07.2014	II R 49/12	BStBl. II 2016	S. 57
Urteil v.	27.08.2014	VIII R 16/11	BStBl. II 2015	S. 996
Urteil v.	02.09.2014	IX R 50/13	BStBl. II 2015	S. 260
Urteil v.	11.12.2014	II R 26/12	BStBl. II 2015	S. 402
Urteil v.	20.01.2015	II R 8/13	BStBl. II 2015	S. 553
Urteil v.	03.03.2015	II R 30/13	BStBl. II 2015	S. 777
Urteil v.	25.11.2015	II R 18/14	BFHE 251	S. 492
Urteil v.	12.05.2016	II R 26/14	BStBl. II 2016	S. 748
Urteil v.	30.08.2017	II R 39/15	BFH/NV 2018	S. 291
Urteil v.	27.09.2017	II R 41/15	DStR 2018	S. 189

Bundesgerichtshof

Urteil v.	14.05.1986	IVa ZR 155/84	BGHZ 98	S. 48
Urteil v.	29.01.2001	II ZR 331/00	BGHZ 146	S. 341

Finanzgerichte

FG Niedersachsen Urteil v.	09.10.1985	III 153/82	EFG 1986	S. 196
FG Niedersachsen, Beschluss v.	18.08.1998	VII (III) 306/97	EFG 1999	S. 31
FG Hamburg Urteil v.	30.11.2001	III 101/01	EFG 2002	S. 881
FG Bremen Urteil v.	11.06.2003	2 K 639/02	EFG 2003	S. 1323
FG Köln Urteil v.	26.03.2014	5 K 235/11	EFG 2014	S. 1501
FG Berlin-Brandenburg, Urteil v.	16.06.2016	12 K 4041/12	EFG 2016	S. 1463
FG Hamburg Urteil v.	28.12.2016	3 K 172/16	EFG 2017	S. 596
FG Düsseldorf Urteil v.	29.03.2017	7 K 429/10 GE	EFG 2017	S. 852

Schweizerisches Bundesgericht

Entscheid v.	17.10.1973	BGE 99 Ia 459
Urteil v.	19.11.2009	2C_355/2009
Urteil v.	26.11.2015	2C_1040/2014

Die Urteile und Entscheide des BG sind abrufbar unter: https://www.bger.ch/index/juridiction.htm

Verwaltungsgerichtshof Österreich

Erkenntnis v.	01.12.1987	85/16/0111
Erkenntnis v.	23.01.2003	2002/16/0228
Erkenntnis v.	05.04.2011	2010/16/0168

Die RS und Entscheidungstexte der genannten VwGH-Erkenntnisse sind abrufbar unter: https://www.ris.bka.gv.at/Judikatur/

Quellenverzeichnis

Gesetze

Gesetze der Bundesrepublik Deutschland

AktG: Aktiengesetz v. 06.09.1965 (BGBl. I 1965, S. 1089), zuletzt geändert durch Art. 9 des Gesetzes v. 17.07.2017 (BGBl. I 2017, S. 2446)

Anlage 22 (zu § 185 Abs. 3 S. 3, § 190 Abs. 4 S. 2 BewG) in der Fassung der Bekanntmachung v. 02.11.2015 (BGBl. I 2015, S. 1834)

AmtshilfeRLUmsG: Gesetz zu Umsetzung der Amtshilferichtlinie sowie zur Änderung steuerlicher Vorschriften (Amtshilferichtlinie – Umsetzungsgesetz) v. 26.06.2013 (BGBl. I 2013, S. 1809)

AO: Abgabenordnung in der Fassung der Bekanntmachung v. 01.10.2002 (BGBl. I 2002, S. 3866; BGBl. I 2003, S. 61), zuletzt geändert durch Art. 6 des Gesetzes v. 18.07.2017 (BGBl. I 2017, S. 2745)

AStG: Gesetz über die Besteuerung bei Auslandsbeziehungen (Außensteuergesetz) v. 08.09.1972 (BGBl. I 1972, S. 1713), zuletzt geändert durch Art. 5 des Gesetzes v. 27.06.2017 (BGBl. I 2017, S. 2074)

BewG: Bewertungsgesetz in der Fassung der Bekanntmachung v. 01.02.1991 (BGBl. I 1991, S. 230), zuletzt geändert durch Art. 2 des Gesetzes v. 04.11.2016 (BGBl. I 2011, S. 2464)

BGB: Bürgerliches Gesetzbuch in der Fassung der Bekanntmachung v. 02.01.2002 (BGBl. I 2002, S. 42, 2909; BGBl. I 2003 S. 738), zuletzt geändert durch Art. 1 des Gesetzes v. 20.07.2017 (BGBl. I 2017, S. 2787)

EStG: Einkommensteuergesetz in der Fassung der Bekanntmachung v. 08.10.2009 (BGBl. I 2009, S. 3366, 3862), zuletzt geändert durch Art. 9 des Gesetzes v. 14.08.2017 (BGBl. I 2017, S. 3214)

ErbStG: Erbschaftsteuer- und Schenkungsteuergesetz in der Fassung der Bekanntmachung v. 27.02.1997 (BGBl. I 1997, S. 378), zuletzt geändert durch Art. 6 des Gesetzes v. 18.07.2017 (BGBl. I 2017, S. 2730)

EWIVAG: Gesetz zur Ausführung der EWG-Verordnung über die Europäische wirtschaftliche Interessenvereinigung (EWIV-Ausführungsgesetz) v. 14.04.1988 (BGBl. I 1988, S. 514), zuletzt geändert durch Art. 16 des Gesetzes v. 23.10.2008 (BGBl. I 2008, S. 2026)

Finanzreformgesetz: Einundzwanzigstes Gesetz zur Änderung des Grundgesetzes (Finanzreformgesetz) v. 12.05.1969, BGBl. I 1969, S. 359

Gesetz zur Änderung des Grundgesetzes v. 02.08.2006; BGBl. I 2006, S. 2034

Gesetz zur Modernisierung des Besteuerungsverfahrens v. 18.07.2016, BGBl. I 2016, S. 1679

Gesetz zur Reform des Seehandelsrechts v. 20.04.2013, BGBl. I 2013, S. 831

GewStG: Gewerbesteuergesetz in der Fassung der Bekanntmachung v. 15.10.2002 (BGBl. I 2002, S. 4167), zuletzt geändert durch Art. 4 des Gesetzes v. 27.06.2017 (BGBl. I 2017, S. 2074)

GG: Grundgesetz für die Bundesrepublik Deutschland v. 23.05.1949 (BGBl. S. 1), zuletzt geändert durch Art. 1 des Gesetzes v. 13.07.2017 (BGBl. I 2017, S. 2347)

GmbHG: Gesetz betreffend die Gesellschaften mit beschränkter Haftung in der Fassung der Bekanntmachung v. 20.05.1898 (RGBl. 1898, S. 369, S. 846), zuletzt geändert durch Art. 10 des Gesetzes v. 17.07.2017 (BGBl. I 2017, S. 2446)

GrEStG 1919: Grunderwerbsteuergesetz v. 12.09.1919 (RGBl 1919, S. 1617)

GrEStG 1940: Grunderwerbsteuergesetz v. 29.03.1940 (RGBl. I 1940, S. 585); Gesetzesfassung mit Gesetzesbegründung: RStBl. 1940, S. 377

GrEStG 1983: Grunderwerbsteuergesetz in der Fassung der Bekanntmachung v. 17.12.1982 (BGBl. I 1982, S. 1777)

GrEStG: Grunderwerbsteuergesetz in der Fassung der Bekanntmachung v. 26.02.1997 (BGBl. I 1997, S. 418, 1804), zuletzt geändert durch Art. 18 des Gesetzes v. 18.07.2016 (BGBl. I 2016, S. 1679)

Grundgesetz für die Bundesrepublik Deutschland v. 23.05.1949, BGBl. 1949, S. 1 in der Fassung bis zur Änderung durch das Finanzreformgesetz v. 12.05.1969, BGBl. I 1969, S. 359

HGB: Handelsgesetzbuch v. 10.05.1897 (RGBl. 1897, S. 219), zuletzt geändert durch Art. 11 Abs. 28 des Gesetzes v. 18.07.2017 (BGBl. I 2017, S. 2745)

InsO: Insolvenzordnung v. 05.10.1994 (BGBl. I, S. 2866), zuletzt geändert durch Art. 24 Abs. 3 des Gesetzes v. 23.06.2017 (BGBl. I 2017, S. 1693)

JStG 1997: Jahressteuergesetz 1997 v. 20.12.1996, BGBl. I 1996, S. 2049

KStG: Körperschaftsteuergesetz in der Fassung der Bekanntmachung v. 15.10.2002 (BGBl. I 2002, S. 4144), zuletzt geändert durch Art. 5 des Gesetzes v. 18.07.2017 (BGBl. I 2017, S. 2730)

OWiG: Gesetz über Ordnungswidrigkeiten in der Fassung der Bekanntmachung v. 19.02.1987 (BGBl. I 1987, S. 602), zuletzt geändert durch Art. 5 des Gesetzes v. 27.08.2017 (BGBl. I 2017, S. 3295)

PartGG: Gesetz über Partnerschaftsgesellschaften Angehöriger Freier Berufe (Partnerschaftsgesellschaftsgesetz) v. 25.07.1994 (BGBl. I 1994, S. 1744), zuletzt geändert durch Art. 7 des Gesetzes v. 22.12.2015 (BGBl. I 2015, S. 2565)

Reichsstempelgesetz: Gesetz wegen Änderung des Reichsstempelgesetzes v. 15.07.1909 (RGBl. 1909, S. 717)

REITG: Gesetz über deutsche Immobilien-Aktiengesellschaften mit börsennotierten Anteilen v. 28.05.2007 (BGBl. I 2007, S. 914), zuletzt geändert durch Art. 24 Abs. 18 des Gesetzes v. 23.06.2017 (BGBl. I 2017, S. 1693)

StÄndG 2001: Steueränderungsgesetz 2001 v. 20.12.2001, BGBl. I 2001, S. 3794

StÄndG 2015: Steueränderungsgesetz 2015 v. 02.11.2015, BGBl. I 2015, S. 1834

StEntlG 1999/2000/2002: Steuerentlastungsgesetz 1999/2000/2002 v. 24.03.1999, BGBl. I 1999, S. 402

StGB: Strafgesetzbuch in der Fassung der Bekanntmachung v. 13.11.1998 (BGBl. I 1998, S. 3322), zuletzt geändert durch Art. 1 des Gesetzes v. 30.10.2017 (BGBl. I 2017, S. 3618)

UStG: Umsatzsteuergesetz in der Fassung der Bekanntmachung v. 21.02.2005 (BGBl. I 2005, S. 386), zuletzt geändert durch Art. 11 Abs. 35 des Gesetzes v. 18.07.2017 (BGBl. I 2017, S. 2745)

Gesetze anderer Staaten

BGG (Schweiz): Bundesgesetz über das Bundesgericht (Bundesgerichtsgesetz) v. 17.06.2005 (AS 2006, S. 1205), zuletzt geändert durch Erlass v. 17.03.2017 (AS 2017, S. 5769), abrufbar unter: https://www.admin.ch/gov/de/start/bundesrecht.html

öGrEStG (Österreich): Bundesgesetz v. 02.07.1987 betreffend die Erhebung einer Grunderwerbsteuer (BGBl. Nr. 309/1987), zuletzt geändert durch Gesetz v. 28.12.2015 (BGBl. I Nr. 163/2015), abrufbar unter: https://www.ris.bka.gv.at/Bund/

öKStG: Bundesgesetz v. 07.07.1988 über die Besteuerung des Einkommens von Körperschaften (BGBl. Nr. 401/1988), zuletzt geändert durch Gesetz v. 18.10.2017 (BGBl. I Nr. 142/2017)

StRefG 2015/2016 (Österreich): Steuerreformgesetz 2015/2016 v. 14.08.2015 (BGBl. I Nr. 118/2015), abrufbar unter: https://www.ris.bka.gv.at/Dokumente/BgblAuth/BGBLA_2015_I_118/BGBLA_2015_I_118.pdfsig

Umgründungsteuergesetz: Bundesgesetz, mit dem abgabenrechtliche Maßnahmen bei der Umgründung von Unternehmen getroffen werden (BGBl. Nr. 699/1991), zuletzt geändert durch Gesetz v. 30.12.2016 (BGBl. I Nr. 117/2016), abrufbar unter: https://www.ris.bka.gv.at/Bund/

WBRV (Niederlande): Wet op belastingen van rechtsverkeer v. 24.12.1970, abrufbar unter: http://maxius.nl/wet-op-belastingen-van-rechtsverkeer

ZGB (Schweiz): Schweizerisches Zivilgesetzbuch v. 10.12.1907 (AS 24, S. 233), zuletzt geändert durch Erlass v. 17.06.2017 (AS 2017, S. 3699), abrufbar unter: https://www.admin.ch/gov/de/start/bundesrecht.html

Abkommen

OECD-MA 2014: OECD-Musterabkommen zur Vermeidung der Doppelbesteuerung auf dem Gebiet der Steuern v. Einkommen und Vermögen v. 15.07.2014. (Übersetzung des Beck-Verlags, abrufbar unter: https://beck-online.beck.de/?vpath=bibdata%2Fges%5Fdba%2FOECD%5FMUSTERABK%2Fcont%2FOECD%5FMUSTERABK%2Ehtm)

Verwaltungsanweisungen

Bundesministerium der Finanzen

Schreiben v. 19.03.2004: DBA USA; Steuerliche Einordnung der nach dem Recht der Bundesstaaten der USA gegründeten Limited Liability Company, IV B 4 – S 1301 USA – 22/04, BStBl. I 2004, S. 411

Schreiben v. 26.09.2014: Anwendung der Doppelbesteuerungsabkommen (DBA) auf Personengesellschaften, IV B 5 – S 1300/09/10003, BStBl. I 2014, S. 1258

Schreiben v. 04.01.2016: Bewertung nicht notierter Anteile an Kapitalgesellschaften und des Betriebsvermögens; Basiszins für das vereinfachte Ertragswertverfahren nach § 203 Absatz 2 BewG, IV C 7 – S 3102/07/10001, BStBl. I 2016, S. 5

Schreiben v. 23.05.2016: Anwendungserlass zu § 153 AO, IV A 3 – S 0324/15/10001, BStBl. I 2016, S. 490

Schreiben v. 04.01.2018, Basiszins zur Berechnung der Vorabpauschale gemäß § 18 Abs. 4 InvStG 2018, IV C 1 – S 1980 – 1/14/10001:038, DStR 2018, S. 194

Bundesministerium für Finanzen (Österreich)

Erlass v. 29.06.2011: Anteilsvereinigung gemäß § 1 Abs. 3 GrEStG 1987 und Missbrauch iSd § 22 BAO, BMF-010206/0149-VI/5/2011, abrufbar unter: https://findok.bmf.gv.at/findok?execution=e100000s1&segmentId=e1916fab-f4f4-42e1-a2f7-8584e9f85bbe

Information v. 13.05.2016: Vorgangsweise bei verschiedenen Sachverhalten im Zusammenhang mit dem Grunderwerbsteuergesetz in der Fassung des StRefG 2015/2016 und des AbgÄG 2015, BMF-010206/0058-VI/5/2016, abrufbar unter: https://findok.bmf.gv.at/findok?execution=e100000s1&segmentId=74e8394d-ea8d-4bb0-8aac-f82e80611079

Information v. 04.12.2017: Ergänzung der Information des BMF v. 13. Mai 2016 zum Grunderwerbsteuergesetz, BMF-010206/0058-VI/5/2016, abrufbar unter: https://findok.bmf.gv.at/findok?execution=e100000s1&segmentId=7ae57517-e57d-499c-9a38-8d82ed8f7640

Oberste Finanzbehörden der Länder

Gleich lautende Erlasse v. 13.06.1997: Anwendung des § 1 Abs. 2a GrEStG, BStBl. I 1997, S. 632

Gleichlautende Erlasse v. 02.12.1999: Anwendung des § 1 Abs. 3 GrEStG in der Fassung der Bekanntmachung des Steuerentlastungsgesetzes 1999/2000/2002, BStBl. I 1999, S. 991

Gleich lautende Erlasse v. 07.02.2000: Anwendung des § 1 Abs. 2a GrEStG in der Fassung der Bekanntmachung des Steuerentlastungsgesetzes 1999/2000/2002, BStBl. I 2000, S. 344

Gleich lautende Erlasse v. 26.02.2003: Anwendung des § 1 Abs. 2a GrEStG in der Fassung der Bekanntmachung des Steuerentlastungsgesetzes 1999/2000/2002 und des Steueränderungsgesetzes 2001, BStBl. I 2003, S. 271

Gleichlautende Erlasse v. 21.03.2007 zur Anwendung des § 1 Abs. 3 in Verbindung mit Abs. 4 GrEStG auf Organschaftsfälle, BStBl. I 2007, S. 422

Gleichlautende Erlasse v. 12.10.2007 zu Erwerbsvorgängen im Sinne des § 1 Abs. 3 GrEStG im Zusammenhang mit Treuhandgeschäften und Auftragserwerben bzw. Geschäftsbesorgungen, BStBl. I 2007, S. 761

Gleich lautende Erlasse v. 25.02.2010: Anwendung des § 1 Abs. 2a GrEStG, BStBl. I 2010, S. 245

Gleichlautender Erlass v. 06.03.2013 betr. Anwendung der §§ 3 und 6 GrEStG in den Fällen des § 1 Abs. 3 GrEStG, BStBl. I 2013, S. 773

Gleichlautende Erlasse v. 09.10.2013: Mittelbare Änderung des Gesellschafterbestandes einer grundstücksbesitzenden Personengesellschaft i. S. des § 1 Abs. 2a GrEStG; Konsequenzen aus dem BFH-Urteil v. 24. April 2013 – II R 17/10 – (BStBl. 2013 II S. 822), BStBl. I 2013, S. 1278

Gleichlautende Erlasse v. 09.10.2013: Anwendung des § 1 Abs. 3a GrEStG, BStBl. I 2013, S. 1364

Gleich lautende Erlasse v. 18.02.2014: Anwendung des § 1 Abs. 2a GrEStG, BStBl. I 2014, S. 561

Gleichlautende Erlasse v. 16.09.2015: Mittelbare Änderung des Gesellschafterbestandes einer grundstücksbesitzenden Personengesellschaft i. S. des § 1 Abs. 2a GrEStG; Aufhebung der gleich lautenden Erlasse der obersten Finanzbehörden der Länder v. 9. Oktober 2013 zu dem BFH-Urteil v. 24. April 2013 – II R 17/10 -, BStBl. I 2015, S. 822

Gleichlautende Erlasse v. 09.12.2015: Anwendung der §§ 5 und 6 GrEStG , BStBl. I 2015, S. 1029

Gleichlautende Erlasse v. 09.12.2015: Mittelbare Änderung des Gesellschafterbestandes einer grundstücksbesitzenden Personengesellschaft i. S. des § 1

Abs. 2a GrEStG; Hinweise zu dem BFH-Urteil v. 9. Juli 2014 – II R 49/12 –, BStBl. I 2016, S. 136

Gleichlautende Erlasse v. 09.12.2015: Mittelbare Änderung des Gesellschafterbestandes einer grundbesitzenden (Personen-)Gesellschaft i.S.d. § 1 Abs. 3 GrEStG; Konsequenzen aus dem BFH-Urteil v. 12.3.2014 – II R 51/12 – , BStBl. I 2016, S. 477

Gleichlautende Erlasse v. 01.03.2016: Durchführung der gesonderten Feststellung nach § 17 GrEStG , BStBl. I 2016, S. 282

Sonstige Verwaltungsanweisungen

Finanzministerium Niedersachsen, Erlass v. 07.06.2016 betr. Grunderwerbsteuer; Schätzung der Ersatzbemessungsgrundlage nach § 8 Abs. 2 GrEStG, §§ 151, 157 ff. BewG; Schätzungsfaktoren, S 4521-68-351, DB 2016, S. 1472

Finanzministerium Schleswig-Holstein, Verfügung v. 07.10.2016 betr. Grunderwerbsteuer; Fälligkeit der Steuer (§ 15 GrEStG), VI 355-S 4537-002, DB 2016, S. 2575

OFD Magdeburg, Verfügung v. 25.01.2001: Verlängerung der Zahlungsfrist, S 4537-1-St 333, GrESt-Kartei ST, § 15, Karte 1

OFD NRW, Verfügung v. 07.02.2014: Beurteilung von wechselseitigen Beteiligungen bei der Berechnung der maßgeblichen Anteilsgrenze i.S.v. § 1 Abs. 3 GrEStG, S 4501-2013/4002-St 255, DB 2014, S. 456

Parlamentarische Dokumente

Bundestags-Drucksachen

BT-Drs. 9/251 v. 19.03.1981: Gesetzentwurf des Bundesrates: Entwurf eines Grunderwerbsteuergesetzes (GrEStG 1980)

BT-Drs. 13/5359 v. 26.08.1996: Gesetzentwurf der Bundesregierung: Entwurf eines Jahressteuergesetzes (JStG) 1997

BT-Drs. 13/6151 v. 15.11.1996: Unterrichtung durch den Bundesrat: Jahressteuergesetz (JStG) 1997 – Drucksachen 13/4839,13/5951,13/5952 -, hier: Anrufung des Vermittlungsausschusses gemäß Art. 77 Abs. 2 des Grundgesetzes

BT-Drs. 14/23 v. 09.11.1998: Gesetzentwurf der Fraktionen SPD und BÜNDNIS 90/DIE GRÜNEN: Entwurf eines Steuerentlastungsgesetzes 1999/2000/2002

BT-Drs. 14/443 v. 03.03.1999: Dritter Bericht des Finanzausschusses (7. Ausschuss) zu dem Gesetzentwurf der Fraktionen SPD und BÜNDNIS 90/DIE GRÜNEN – Drucksache 14/23 –, Entwurf eines Steuerentlastungsgesetzes 1999/2000/2002

BT-Drs. 14/6877 v. 07.09.2001: Gesetzentwurf der Bundesregierung: Entwurf eines Gesetzes zur Änderung steuerlicher Vorschriften (Steueränderungsgesetz – StÄndG 2001)

BT-Drs. 14/6882 v. 10.09.2001: Gesetzentwurf der Bundesregierung: Entwurf eines Gesetzes zur Fortentwicklung des Unternehmensteuerrechts (Unternehmensteuerfortentwicklungsgesetz – UntStFG)

BT-Drs. 14/7742 v. 06.12.2001: Unterrichtung durch den Bundesrat: Gesetz zur Fortentwicklung des Unternehmensteuerrechts (Unternehmensteuerfortentwicklungsgesetz – UntStFG) – Drucksachen 14/6882, 14/7343 –

BT-Drs. 16/4026 v. 12.01.2007: Gesetzentwurf der Bundesregierung: Entwurf eines Gesetzes zur Schaffung deutscher Immobilien-Aktiengesellschaften mit börsennotierten Anteilen

BT-Drs. 17/15 v. 09.11.2009: Gesetzentwurf der Fraktionen der CDU/CSU und FDP: Entwurf eines Gesetzes zur Beschleunigung des Wirtschaftswachstums (Wachstumsbeschleunigungsgesetz)

BT-Drs. 17/10604 v. 05.09.2012: Unterrichtung durch die Bundesregierung: Entwurf eines Jahressteuergesetzes 2013 – Drucksache 17/10000 –, Stellungnahme des Bundesrates und Gegenäußerung der Bundesregierung

BT-Drs. 17/13033 v. 10.04.2013: Gesetzentwurf des Bundesrates: Entwurf eines Jahressteuergesetzes 2013

BT-Drs. 17/11844 v. 13.12.2012: Beschlussempfehlung des Vermittlungsausschusses zu dem Jahressteuergesetz 2013

BT-Drs. 18/8434 v. 11.05.2016: Beschlussempfehlung und Bericht des Finanzausschusses (7. Ausschuss) zu dem Gesetzentwurf der Bundesregierung – Drucksache 18/7457 –, Entwurf eines Gesetzes zur Modernisierung des Besteuerungsverfahrens

BT-Drs. 18/8617 v. 01.06.2016: Antrag der Abgeordneten Lisa Paus, Christian Kühn (Tübingen), Kerstin Andreae, Oliver Krischer, Friedrich Ostendorff, Dr. Gerhard Schick, Dr. Thomas Gambke, Britta Haßelmann, Corinna Rüffer, Bärbel Höhn, Sven-Christian Kindler, Steffi Lemke, Dr. Tobias Lindner, Peter Meiwald und der Fraktion BÜNDNIS 90/DIE GRÜNEN: Spekulation mit Immobilien und Land beenden – Keine Steuerbegünstigung für Übernahmen durch Share Deals

Bundesrats-Drucksachen

BR-Drs. 638/01 (B) v. 27.09.2001: Stellungnahme des Bundesrates: Entwurf eines Gesetzes zur Fortentwicklung des Unternehmenssteuerrechts (Unternehmenssteuerfortentwicklungsgesetz – UntStFG)

BR-Drs. 850/10 (B) v. 11.02.2011: Stellungnahme des Bundesrates: Entwurf eines Gesetzes zur Umsetzung der Richtlinie 2009/65/EG zur Koordinierung der Rechts- und Verwaltungsvorschriften betreffend bestimmte Organismen für gemeinsame Anlagen in Wertpapieren (OGAW-IV-Umsetzungsgesetz – OGAW-IV-UmsG)

BR-Drs. 33/13 v. 17.01.2013: Beschluss des Deutschen Bundestages – Jahressteuergesetz 2013

BR-Drs. 157/13 (B) v. 22.03.2013: Anrufung des Vermittlungsausschusses durch den Bundesrat: Gesetz zur Umsetzung der Amtshilferichtlinie sowie zur Änderung steuerlicher Vorschriften (Amtshilferichtlinie-Umsetzungsgesetz – AmtshilfeRLUmsG)

BR-Drs. 121/15 v. 27.03.2015: Gesetzentwurf der Bundesregierung: Entwurf eines Gesetzes zur Umsetzung der Protokollerklärung zum Gesetz zur Anpassung der Abgabenordnung an den Zollkodex der Union und zur Änderung weiterer steuerlicher Vorschriften

BR-Drs. 622/17 v. 07.09.2017: Antrag des Landes Nordrhein-Westfalen: Entschließung des Bundesrates "Einführung eines Freibetrags für selbst genutztes Wohneigentum im Grunderwerbsteuerrecht"

BR-Drs. 627/17 v. 13.09.2017: Antrag des Landes Schleswig-Holstein: Entschließung des Bundesrates zur Beseitigung von Steuergestaltungen im Rahmen von share deals und zur Unterstützung des Ersterwerbs von eigengenutzten Wohnimmobilien

Parlamentarische Dokumente Österreich

Erläuterungen zur Regierungsvorlage des Steuerreformgesetz 2015/2016, ErlRV, 684 der Beilagen XXV. GP, abrufbar unter: https://www.parlament.gv.at/PAKT/VHG/XXV/I/I_00684/fname_423793.pdf

Wissenschaftliche Dienste des deutschen Bundestages

Wissenschaftliche Dienste des deutschen Bundestages, Ausarbeitung WD 4 – 3000 – 108/16, PE 6 – 3000 – 122/16 v. 15.09.2016, S. 11; abrufbar unter: https://www.bundestag.de/blob/474530/e23b3b90b831cac1986e94b3d980db1d/pe-6-122-16-pdf-data.pdf

IDW Standards und Praxishinweise

IDW PS 980 v. 11.03.2011: Grundsätze ordnungsmäßiger Prüfung von Compliance Management Systemen, FN-IDW 2011, S. 203

IDW Praxishinweis 1/2016 v. 31.05.2017: Ausgestaltung und Prüfung eines Tax Compliance Management Systems gemäß IDW PS 980, IDW-Life 2017, S. 837

Richtlinien der Europäischen Union

Richtlinie 2008/7/EG des Rates v. 12.2.2008 betreffend die indirekten Steuern auf die Ansammlung von Kapital, ABl. EU 2008, Nr. L 46, S. 11

Richtlinie 2011/96/EU des Rates v. 30.11.2011 über das gemeinsame Steuersystem der Mutter- und Tochtergesellschaften verschiedener Mitgliedstaaten (Mutter-Tochter-Richtlinie): ABl. EU 2011, Nr. L 345, S. 8

Datenbankeinträge

de la Cueva González-Cotera, Á./Morlán Burgasé, C. [zit.: Spain – Corporate Taxation, 2017]: Spain – Corporate Taxation, Sec. 14, Stand: 08.05.2017, in: Country Analyses IBFD 2017, https://online.ibfd.org/document/cta_es_s_14. (abgerufen: 26.09.2017)

te Boekhorst, P.J. [zit.: Netherlands – Corporate Taxation, 2017]: Netherlands – Corporate Taxation, Sec. 14, Stand: 01.07.2017, in: Country Analyses IBFD 2017, https://online.ibfd.org/document/cta_nl_s_14. (abgerufen: 26.09.2017)

Torma, L. [zit.: Hungary – Corporate Taxation, 2017]: Hungary – Corporate Taxation, Sec. 14, Stand: 01.08.2017, in: Country Analyses IBFD 2017, https://online.ibfd.org/document/cta_hu_s_14. (abgerufen: 26.09.2017)

Valente Vieira, A. [zit.: Portugal – Corporate Taxation, 2017]: Portugal – Corporate Taxation, Sec. 14, Stand: 15.05.2017, in: Country Analyses IBFD 2017, https://online.ibfd.org/document/cta_pt_s_14. (abgerufen: 26.09.2017)

Statistiken

OECD (Hrsg.) [zit.: Revenue Statistics 2016]: Revenue Statistics 1965–2016, Paris 2017, abrufbar unter: http://dx.doi.org/10.1787/9789264283183-en

Statistisches Bundesamt (Destatis) (Hrsg.) [zit.: Alter der Mutter, 2015]: Durchschnittliches Alter der Mutter bei der Geburt des Kindes 2015 (biologische Geburtenfolge) nach Bundesländern; https://www.destatis.de/DE/ZahlenFakten/GesellschaftStaat/Bevoelkerung/Geburten/Tabellen/GeburtenMutterAlterBundeslaender.html (abgerufen: 14.02.2018)

Sonstige Internetquellen

Christlich Demokratische Union Deutschlands (CDU), Christlich Soziale Union in Bayern (CSU), Sozialdemokratische Partei Deutschland (SPD) (Hrsg.) [zit.: Koalitionsvertrag 2018]: Ein neuer Aufbruch für Europa – Eine neue Dynamik für Deutschland – Ein neuer Zusammenhalt für unser Land – Koalitionsvertrag zwischen CDU, CSU und SPD, Berlin 07.02.2018, https://www.cdu.de/system/tdf/media/dokumente/koalitionsvertrag_2018.pdf?file=1 (abgerufen: 18.02.2018)

Team Dokumentation und Steuerinformation Eidgenössische Steuerverwaltung [zit.: *Eidgenössische Steuerverwaltung*, Die Handänderungssteuer, 2013]: Die Handänderungssteuer (Stand der Gesetzgebung 01.01.2014), in: Schweizer Steuerkonferenz (SSK), Steuerinformationen, Bern 2013, Teil D, https://www.estv.admin.ch/dam/estv/de/dokumente/allgemein/Dokumentation/Publikationen/dossier_steuerinformationen/d/Die%20Handaenderungssteuer.pdf.download.pdf/d_handaenderungssteuer_d.pdf (abgerufen: 09.02.2018)

Hessisches Ministerium der Finanzen, Pressemitteilung v. 08.09.2016: Finanzminister Dr. Schäfer stößt Reform der Grunderwerbsteuer an, https://finanzen.hessen.de/presse/pressemitteilung/finanzminister-dr-schaefer-stoesst-reform-der-grunderwerbsteuer (abgerufen: 24.09.2016)

Kantonales Steueramt St. Gallen (Hrsg.) [zit.: StB St. Gallen, 2017]: St. Galler Steuerbuch, Stand 07/2017, https://www.steuern.sg.ch/home/unternehmen/knowledge_center/steuerbuch.html (abgerufen: 18.02.2018)

o. V. [zit.: Der Spiegel v. 20.05.2016]: Finanzminister wollen Steuerschlupfloch schließen; http://www.spiegel.de/spiegel/vorab/grunderwerbsteuer-finanzminister-wollen-steuerschlupfloch-schliessen-a-1093278.html (abgerufen: 09.02.2018)

Zentraler Immobilien Ausschuss e.V. (ZIA) (Hrsg.) [zit.: Pressemitteilung v. 02.02.2018]: Koalitionsgespräche: Abschaffung von Share Deals führt nicht zu sinkenden Grunderwerbsteuer-Sätzen, Pressemitteilung v. 02.02.2018, https://www.zia-deutschland.de/fileadmin/Redaktion/Pressemitteilungen/Downloads/180202_PM_ZIA_Abschaffung_von_Share_Deals_fuehrt_nicht_zu_sinkenden_Grunderwerbsteuersaetzen.pdf (abgerufen: 18.02.2018)

Internationale Steuerlehre, Steuerrecht und Wirtschaftsprüfung

Herausgegeben von Rainer Heurung, Gerd Morgenthaler und Andreas Dutzi

Band 1	Markus Gsödl: Entstrickungstatbestände des Einkommen- und Körperschaftsteuergesetzes. Eine Analyse unter dem Aspekt der Gerechtigkeit. 2010.
Band 2	Philipp Seidel: Ertragsbesteuerung periodischer Auslandseinkünfte aus Direktinvestitionen. 2011.
Band 3	Hans-Jürgen Lappat: Die in- und ausländische Besteuerung schweizerischer Betriebsstätten deutscher Personenhandelsgesellschaften. 2011.
Band 4	Jens Kalbitzer: Wegzugsbesteuerung nach § 6 AStG. Betriebswirtschaftliche Analyse und Gestaltungsempfehlungen. 2012.
Band 5	Bastian Thiedemann: Die Entwicklung einer modernen, europarechtskonformen und zukunftsweisenden Gruppenbesteuerung für Deutschland. Eine Untersuchung insbesondere unter gemeinschaftsrechtlichen und steuersystematischen Gesichtspunkten. 2013.
Band 6	Michael Fritz: Ermittlung von Umtauschverhältnissen im Rahmen von grenzüberschreitenden Verschmelzungstatbeständen. 2015.
Band 7	Markus Schneider: Steuerliches Verrechnungspreis-Risikomanagement im internationalen Konzern. Analyse und Bewertung von Instrumenten zur Begegnung steuerlicher Verrechnungspreisrisiken. 2016.
Band 8	Ariane Bresgen: Qualifikationskonflikte bei Personengesellschaften im Internationalen Steuerrecht. Eine Analyse der abkommensrechtlichen Behandlung von grenzüberschreitend gezahlten Sondervergütungen bei Mitunternehmerschaften. 2016.
Band 9	Katja Fröhr: Der internationale Erbfall Deutschland-Schweiz. Eine rechtsvergleichende und ökonomische Analyse der erbschaftsteuerlichen Regelungen im Lichte aktueller Entwicklungen. 2016.
Band 10	Bastian Rausch: Rechnungslegung in wirtschaftlichen Krisenzeiten. Eine empirische Analyse der bilanzpolitischen Einflussnahme mittelständischer Unternehmen vor einer Insolvenz. 2017.
Band 11	Corinna Tigges: Ergänzungstatbestände in der Grunderwerbsteuer. Möglichkeiten einer Neukonzeption unter Berücksichtigung steuersystematischer, betriebswirtschaftlicher und administrativer Anforderungen. 2018.

www.peterlang.com